本书为中国社会科学院重点研究课题
"宋代三礼学综合研究"(2011-2013)最终成果

2012年度国家社科基金重大招标项目
"中国礼制变迁及其现代价值研究"(编号：12&ZD134)阶段性成果

中国社会科学院文库
哲学宗教研究系列
The Selected Works of CASS
Philosophy and Religion

中国社会科学院创新工程学术出版资助项目

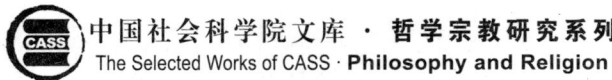

北宋礼学研究

RITUAL AND ITS MEANINGS:
An Intellectual Study on Ritual Books in Northern Song China

刘 丰 著

中国社会科学出版社

图书在版编目（CIP）数据

北宋礼学研究／刘丰著 . —北京：中国社会科学出版社，2016.4
ISBN 978-7-5161-7269-8

Ⅰ.①北… Ⅱ.①刘… Ⅲ.①礼仪—研究—中国—北宋 Ⅳ.①K892.9

中国版本图书馆 CIP 数据核字（2015）第 301091 号

出 版 人	赵剑英
责任编辑	罗　莉
特约编辑	孙少华
责任校对	李　林
责任印制	戴　宽

出　　版	中国社会科学出版社
社　　址	北京鼓楼西大街甲 158 号
邮　　编	100720
网　　址	http://www.csspw.cn
发 行 部	010-84083685
门 市 部	010-84029450
经　　销	新华书店及其他书店

印刷装订	北京君升印刷有限公司
版　　次	2016 年 4 月第 1 版
印　　次	2016 年 4 月第 1 次印刷

开　　本	710×1000　1/16
印　　张	40.5
字　　数	656 千字
定　　价	138.00 元

凡购买中国社会科学出版社图书，如有质量问题请与本社营销中心联系调换
电话：010-84083683
版权所有　侵权必究

《中国社会科学院文库》出版说明

《中国社会科学院文库》（全称为《中国社会科学院重点研究课题成果文库》）是中国社会科学院组织出版的系列学术丛书。组织出版《中国社会科学院文库》，是我院进一步加强课题成果管理和学术成果出版的规范化、制度化建设的重要举措。

建院以来，我院广大科研人员坚持以马克思主义为指导，在中国特色社会主义理论和实践的双重探索中做出了重要贡献，在推进马克思主义理论创新、为建设中国特色社会主义提供智力支持和各学科基础建设方面，推出了大量的研究成果，其中每年完成的专著类成果就有三四百种之多。从现在起，我们经过一定的鉴定、结项、评审程序，逐年从中选出一批通过各类别课题研究工作而完成的具有较高学术水平和一定代表性的著作，编入《中国社会科学院文库》集中出版。我们希望这能够从一个侧面展示我院整体科研状况和学术成就，同时为优秀学术成果的面世创造更好的条件。

《中国社会科学院文库》分设马克思主义研究、文学语言研究、历史考古研究、哲学宗教研究、经济研究、法学社会学研究、国际问题研究七个系列，选收范围包括专著、研究报告集、学术资料、古籍整理、译著、工具书等。

中国社会科学院科研局
2006 年 11 月

目　录

绪论 …………………………………………………………… (1)

第一章　宋代礼学的发展 ……………………………………… (1)
　第一节　礼学研究的三条途径 ……………………………… (7)
　第二节　宋代的礼图学 ……………………………………… (15)
　　一　宋代礼图学的兴起及主要内容 ……………………… (17)
　　二　金石学与礼图学的发展 ……………………………… (27)
　　三　宋代礼图学的意义 …………………………………… (38)
　第三节　经世学派 …………………………………………… (42)
　第四节　义理学派 …………………………………………… (53)
　附　宋代礼学著作简表 ……………………………………… (69)

第二章　《周礼》与北宋儒学的发展 ………………………… (93)
　第一节　近现代《周礼》研究的回顾 ……………………… (94)
　　一　利用金文资料和文献考证对《周礼》成书时代的研究 …… (96)
　　二　《周礼》的思想史研究与成书时代的判断 ………… (100)
　　三　《周礼》的时代背景与成书时代的研究 …………… (106)
　　四　几点简单的看法 ……………………………………… (108)
　第二节　《周礼》的成书与战国时代的社会变革 ………… (112)
　　一　战国时期统一思潮的勃兴与天子礼的制定 ………… (114)
　　二　从中国古代国家形态的演进看《周礼》的成书 …… (123)
　　三　从战国时期儒家所设计的王礼看《周礼》当中王的
　　　　地位和意义 …………………………………………… (132)
　第三节　《周礼》与北宋儒学的发展 ……………………… (138)

一　从"古"到"三代" …………………………………………… (141)
　　二　《周礼》在北宋儒学发展过程中的意义 …………………… (155)
　　三　《周礼》与"推明治道" …………………………………… (165)
　　四　"必有《关雎》《麟趾》之意,然后可以行《周官》之法度" … (195)
　　五　北宋时期礼学发展的历史背景 ……………………………… (203)

第三章　政治与学术之间：王安石的《周官新义》 ………………… (212)
　第一节　《周官新义》的编撰 ……………………………………… (216)
　第二节　王安石的礼学思想 ………………………………………… (231)
　　一　王安石思想的主旨 …………………………………………… (232)
　　二　王安石的礼乐论与心性论 …………………………………… (236)
　　三　王安石的礼乐论与宋代儒学的发展 ………………………… (245)
　第三节　《周官新义》与熙宁变法 ………………………………… (247)
　第四节　《周官新义》的经学成就 ………………………………… (256)
　　一　融合各家的思想倾向 ………………………………………… (257)
　　二　独具特色的训诂 ……………………………………………… (262)
　　三　重视经文的内在一致性和逻辑性 …………………………… (266)
　第五节　《周官新义》与宋代政治文化 …………………………… (276)

第四章　《周官新义》与宋代的《周礼》学 ………………………… (286)
　第一节　荆公后学的《周礼》学 …………………………………… (287)
　第二节　两种有影响的看法 ………………………………………… (294)
　　一　刘歆伪造说的出现 …………………………………………… (296)
　　二　《冬官》未亡说的流行 ……………………………………… (307)
　第三节　永嘉礼学 …………………………………………………… (325)
　　一　永嘉礼学的渊源 ……………………………………………… (327)
　　二　永嘉礼学的主要内容 ………………………………………… (334)
　　三　永嘉礼学的主旨 ……………………………………………… (344)
　　四　永嘉礼学与理学 ……………………………………………… (350)

第五章　礼学与理学的互动 …………………………………………… (355)
　第一节　王肃的三《礼》学与"郑王之争" ……………………… (355)
　　一　礼学是王肃经学的核心 ……………………………………… (357)

二　郑玄与王肃礼学的争论 …………………………………（361）
　　三　郑王礼学之争的性质 ……………………………………（372）
　　四　王肃礼学的义理化倾向 …………………………………（374）
第二节　魏晋南北朝时期礼学思想的发展与转向 ………………（378）
　　一　情礼的冲突与融合 ………………………………………（379）
　　二　三年之丧的确立及其思想史意义 ………………………（388）
　　三　变礼的意义 ………………………………………………（394）
　　四　《周礼》地位的提升及其意义 ……………………………（401）
　　五　魏晋南北朝礼学思想的转向 ……………………………（408）
第三节　二程的礼学思想与宋代礼学的新发展 …………………（415）
　　一　二程的三《礼》学 …………………………………………（416）
　　二　二程的礼学思想 …………………………………………（420）
　　三　"克己复礼"的诠释与宋代儒学的发展 …………………（434）
第四节　张载的礼学思想 …………………………………………（440）
　　一　"以易为宗"与"以礼立教" ………………………………（441）
　　二　张载礼学思想的三层含义 ………………………………（450）
　　三　知礼成性 …………………………………………………（461）
　　四　变化气质 …………………………………………………（470）
　　五　以礼立教的政治哲学 ……………………………………（473）
第五节　吕大临的《礼记解》与宋代理学的发展 …………………（480）
　　一　吕大临的《礼记解》与《中庸解》 …………………………（481）
　　二　吕大临《礼记解》的诠释特色及其影响 …………………（488）
　　三　《礼记解》中的"敬"及其与二程的分歧 …………………（497）
　　四　吕大临论"中"及其与二程的争论 ………………………（503）
第六节　叶时《礼经会元》与宋代儒学的发展 ……………………（508）
　　一　叶时对于《周礼》的评价 …………………………………（509）
　　二　以《中庸》解《周礼》：理学与礼学的融合 ………………（516）
　　三　《礼经会元》与宋代儒学的发展 …………………………（519）
　　附 ………………………………………………………………（527）

第六章　意义的呈现：礼制与思想的交融 ………………………（529）
　第一节　战国时期儒家的变礼思想
　　　　——以国家政权转移的理论为中心 ……………………（531）

一　禅让 …………………………………………………（534）
　　二　革命 …………………………………………………（539）
　　三　王鲁 …………………………………………………（542）
　　四　选举 …………………………………………………（546）
　　五　余论 …………………………………………………（550）
　第二节　周公"摄政称王"及其与儒家政治哲学的几个问题 ……（551）
　　一　周公"摄政称王"与汉代今文学 ……………………（552）
　　二　北宋儒学发展中的周公"摄政称王"问题 …………（557）
　　三　周公"摄政称王"的政治哲学意义 …………………（564）
　第三节　家礼中的政治意识及其政治作用
　　　　　——以《礼记》为中心 ………………………………（569）
　　一　家礼的实质 …………………………………………（572）
　　二　家礼中的等级观念 …………………………………（574）
　　三　家礼中的政治意识 …………………………………（581）
　　四　孝的政治意识和政治作用 …………………………（585）
　　五　家礼与社会秩序的稳定 ……………………………（592）
　第四节　"濮议"与北宋儒学的发展 …………………………（596）
　　一　"濮议"中"亲亲"与"尊尊"的争论 …………………（597）
　　二　"濮议"中父子与君臣之间的矛盾 …………………（602）
　　三　何为"父子"？ ………………………………………（605）
　　四　"濮议"与宋代儒学的发展 …………………………（609）

主要参考书目 …………………………………………………（612）

后记 ……………………………………………………………（620）

绪 论

一

孟子曾说："礼，门也。"（《孟子·万章下》）对于儒学以及中国的历史与文化来说，孟子的这个断语非常贴切，而且包含了很多的含义与可以引申的空间。依笔者之见，礼的确是进入儒学以及中国文化之"门"，进了这道门，里面曲径通幽，别有洞天，可以尽揽儒学与中国文化之奥秘；若不由这道门进入，则不见宗庙之美、百官之富（用子贡评价孔子语，见《论语·子张》），对于儒学的理解和中国文化的把握也始终在外围盘旋，不能见得其真谛。因此之故，古今学者大多承认，礼是中国文化的重要特征，研究儒学、研究中国历史文化，不能不谈礼。那么，我们应该如何理解礼是中国文化的特征呢？

处在历史情境中的古人其实也意识到了这个问题，他们谈论礼的重要性，一般是从两个方面来说。一是认为礼与天地并列，突出礼的重要性，如《左传》记载春秋时期人们的看法："夫礼，天之经也，地之义也，民之行也。"（《左传·昭公二十五年》）《礼记》也说："是故夫礼，必本于大一，分而为天地，转而为阴阳，变而为四时，列而为鬼神。"（《礼记·礼运》）在传统中国的思维观念中，以天地为大。认为礼与天地并列，是天经地义，这是对礼的重要性的最好说明。二是认为礼自人类文明开化之初就已出现，突出了礼在中国历史文化中的悠久性。如《礼记》中就提出礼始诸饮食（《礼记·礼运》）、始于男女之别（《礼记·内则》）等不同的说法。杜佑在《通典》中进一步总结说："自伏羲以来，五礼始彰。尧舜之时，五礼咸备。"[①] 如果按照这样的说法，礼当是文明产生的标志，

---

① 杜佑：《通典》卷四十一《礼一·沿革一》，中华书局1988年版，第1119页。

其历史久远，意义自然重大。

传统的看法认为礼起自人类文明开化之初，这种看法虽然很有意义，但若从严格的学术角度来看，实则多为推测之辞，在近代以来的学术发展脉络中就显得有些粗略。在近代的史学发展中，学者们结合新的材料与理论，将这个问题转换为对礼的起源的探讨，并取得了很大的突破与进展。王国维结合殷墟卜辞的研究，对礼的起源做了进一步的考证，认为礼起源于宗教祭祀仪式。其实这种说法是对《说文解字》的进一步落实。《说文解字》指出："禮，履也，所以事神致福也。从示从豐。豐亦声。又豐部：豐，行礼之器也。"这是说，礼起源于祀神求福的宗教祭祀仪式。王国维认为，礼的古字"皆象二玉在器之形。古者行礼以玉，故《说文》曰'豐，行礼之器'，其说古矣"。礼的本义就是器皿中盛两串玉以祭献神灵。后来也兼指以酒祭献神灵，再后来则一切祭神之事皆称为礼。① 王国维借助甲骨文的研究，从文字学的角度入手来考察礼的起源，支持了《说文》的看法，得到后来许多学者的肯定，成为学术界较为通行的一种观点。②

此外，还有另一种观点也较有代表性，认为礼起源于原始社会的风俗习惯，这种看法以杨宽先生《古史新探》中的一系列文章最为典型。杨先生通过对古代冠礼、籍田礼、乡饮酒礼、射礼等起源的研究，认为"礼的起源很早，远在原始氏族公社中，人们已习惯于把重要行动加上特殊的礼仪。……这些礼仪，不仅长期成为社会生活的传统习惯，而且常被用作维护社会秩序、巩固社会组织和加强部落之间联系的手段。进入阶级社会后，许多礼仪还被大家沿用着，其中部分礼仪往往被统治阶级所利用和改变，作为巩固统治阶级内部组织和统治人民的一种手段"。"西周时代贵族所推行的'周礼'，是有其悠久的历史根源的，许多具体的礼文、

---

① 王国维：《观堂集林》卷六《释礼》，中华书局1959年版，第290—291页。
② 随着古文字学研究的深入，也有学者对王国维的观点提出一些修正。如裘锡圭先生认为，礼字并不从"豆"，而是从"壴"。"豐字应该分析为从壴从玨"，本意指的是一种鼓，为鼓之初文。"至于'豐'字为什么从'玨'，还有待研究。也许这表示豐是用玉装饰的贵重大鼓吧。"参见裘锡圭《甲骨文中的几种乐器名称》，《中华文史论丛》1980年第二辑，上海古籍出版社1980年版。林沄先生则认为，"豊"字从玨从壴，是因为古代行礼时常用玉和鼓。从孔子感慨的"礼云礼云，玉帛云乎哉！乐云乐云，钟鼓云乎哉！"可以看出古代的礼仪正是以玉帛、钟鼓为代表物的。参见林沄《豊豐辨》，《古文字研究》第十二辑，中华书局1985年版。

仪式都是从周代氏族末期的礼仪转化出来的。"①

认为礼起源于宗教祭祀仪式，或者来源于上古社会的风俗习惯，都是近代以来学者从较为实证、科学的角度对礼的起源做的进一步的探讨，比起传统礼书中的诸种看法，已经有了质的飞跃。但是，无论是传统的看法如《礼记》所说，认为礼起源于饮食、男女之别，还是进一步认为礼源自宗教祭祀仪式，或者上古社会形成的风俗习惯，这些其实都是人类社会普遍存在的文化现象，如果仅就这几个方面来说，都不足以凸显礼在中国文化中的重要性与独特性。我们认为，礼之所以在中国历史文化中独具特色，且具有重要地位和意义，还有两方面重要的原因。

第一，礼虽然源自上古社会人们逐渐形成的一些风俗习惯，或宗教祭祀仪式，但是经过了周公的制作和孔子的继承，礼纳入了儒学，成为儒学所传承的重要内容。古代的儒家一致认为，周公曾"制礼作乐"，西周灿烂盛大的礼乐制度都是出自周公的创制。其实，历史地看，周公不可能亲自制定繁复细致的礼制，也不可能创作出《周礼》，但是，周公在礼的发展历程中却是承前启后的关键人物。孔子就曾经说，三代之礼是"损益"发展的，而且"周监于二代"（《论语·八佾》），周礼是对夏、殷二代之礼以及二代文化的继承与发展，从这个方面来看，周公作为西周初期政治、文化方面的核心人物，虽然不可能一一亲自制定周的礼仪制度，但他对礼制有所损益，制定周的礼仪法度的原则，这应该是合理的。因此，我们对周公"制礼作乐"应该作全面的、广义的理解。正如顾颉刚先生所说："'周公制礼'这件事是应该肯定的"，周初的礼制"既然有所损益，就必定有创造的成分在内，所以未尝不可说是周公所制"。② 我们应该从这个角度来理解周公制礼作乐。孔子生活在礼坏乐崩的春秋末期，他对于"郁郁乎文哉"的周礼推崇备至，孔子一生的志向是"从周"（《论语·

---

① 杨宽：《古史新探》，中华书局1965年版，第234页。其实，认为礼源于俗，前人就有这样的看法。战国时期的慎子就指出"礼从俗"。近代学者研究礼的起源，也有从这个角度来考察的，如刘师培认为："上古之时，礼源于俗。典礼变迁，可以考民风之同异。"（刘师培：《古政原始论》，《刘申叔遗书》，江苏古籍出版社1997年版，第683页）李安宅先生为近代中国社会学的奠基人之一，他从社会学的角度探讨礼的起源，认为礼并不如古人所认为的是圣王的创造，而是"人群应付生活条件的努力"，其实也就是认为礼是从社会生活的风俗习惯中逐渐发展而来的。参见李安宅《仪礼与礼记之社会学的研究》，商务印书馆1931年版，第4页。

② 顾颉刚：《"周公制礼"的传说和〈周官〉一书的出现》，《文史》第六辑，中华书局1979年版，第4页。

八佾》），复周礼。孔子认为，僵化的礼文并不是真正的礼。孔子以仁释礼，将传统的礼学与儒家的仁学联系起来，因此在孔子开创的儒学中，仁与礼是两个重要的支柱，也是两个重要的层面，缺一不可。虽然后世儒学的发展在不同阶段对两个方面有所偏重，但绝没有偏废，礼始终是儒学的重要内容。

经过了周公的制作与孔子的传承，礼就绝不仅只是源于上古社会的冠昏丧祭等各种仪式了，礼还成为儒学的重要特征，成为儒学传承的重要内容。历代儒家学者对三《礼》文献的梳理、考证，对上古礼仪制度的探讨，就逐渐发展为儒家的礼学。另外，如前文所指出的，古人认为礼与天地并列，对于这样的论断，如果没有充分的论证，它的丰富的思想内涵还不足以展现。对礼做理论上的阐释，主要也是由后世的儒家所完成的，历代的大儒对礼均有深刻的阐释，由此形成了儒学当中丰富的礼学思想，这些内容不仅是儒学的重要组成部分，而且对中国传统哲学也产生了很大的影响，同时也使礼成为中国哲学思想的一个重要特征。

第二，礼不仅是儒学传承的一门专门之学，而且还对中国古代社会政治的发展，产生了极其深远的影响，礼成为中国政治历史的一个重要特征。早在先秦时期，人们就已经认识到，礼具有明确的政治含义，如："礼，经国家，定社稷，序民人，利后嗣者也。"（《左传·隐公十一年》）"礼，国之干也。"（《左传·僖公十一年》）"礼者，君之大柄也。所以别嫌明微，傧鬼神，考制度，别仁义，所以治政安君也。"（《礼记·礼运》）"礼之于正国也，犹衡之于轻重也，绳墨之于曲直也，规矩之于方圆也。"（《礼记·经解》）"人之命在天，国之命在礼。"（《荀子·强国》）"礼者，所以御民也；辔者，所以御马也。无礼而能治国家者，晏未之闻也。"（《晏子春秋·谏上》）礼之所以能治国，就是因为礼是权力的象征。[①] 礼具有丰富而又明确的政治含义。

按照司马迁的看法，秦的朝仪是"悉内六国礼仪，采择其善，虽不合圣制，其尊君抑臣，朝廷济济，依古以来"（《史记·礼书》），秦礼是在区分尊卑等级秩序的前提下杂采六国礼仪而成的。叔孙通制作的汉仪在此基础之上增减损益而成。汉代的建立者刘邦及其追随者都出自社会下层，他们在推翻了秦帝国之后，虽然废除了秦的各项严刑酷法，以"简

[①] 参见刘丰《先秦礼学思想与社会的整合》第五章，中国人民大学出版社2003年版。

易"为尚，但是在朝廷之上"群臣饮酒争功，醉或妄呼，拔剑击柱"，深为高祖所患（《史记·叔孙通列传》）。儒生叔孙通看到这样的局面，感到既有损于帝国的威严，也不利于朝廷的长治久安，因此在征得高祖同意之后，征鲁诸生三十余人及学者弟子共百余人，演习一月有余，制定了汉的朝仪。这套仪式尊卑有序，在演习之后竟然令高祖曰："吾乃今日知为皇帝之贵也。"（《史记·叔孙通列传》）让刘邦感到当皇帝的尊贵的当然是礼制的威严。

秦汉的朝仪也就是当时的国家礼典，包含了"君臣朝廷尊卑贵贱之序，下及黎庶车舆衣服宫室饮食嫁娶丧祭之分"（《史记·礼书》）。魏晋以后，国家礼仪制作有了进一步的发展，其主要表现就是在《周礼》的"五礼"基础上，形成了严格而完整的五礼制度，以此作为每一个时期的礼典。这些国家层面的礼典礼制，不但属于国家的大经大法，在国家政治发展中具有重要意义，而且历代的礼典礼制的制作也多是在儒家的指导下完成的。除此之外，历代的法典也明显受到礼的影响，礼是中国古代法的指导思想，这一点也是得到大多数学者所承认的。[①] 从这个角度来看，儒家的礼学主导了中国古代政治制度史的发展，使中国古代的政治文化具有鲜明的特色。

综上所述，礼是儒学的重要特征与主体内容，在儒家的指导下形成的礼典贯穿了秦汉以后中国古代历史的发展。礼学不仅是中国传统思想、学术的一个重要方面，而且还是指导国家政治与民众生活的准则。从这两个方面来看，礼不仅是所有的人类社会都具有的一种文化形态，更在中国传统思想文化当中具有重要的地位和影响。正是在后一种意义上，我们才可以说礼是中国文化的重要特征，是认识儒学与中国文化传统之"门"。

礼是儒学的重要内容与本质特征，而且还弥散在中国文化的各个方面，因此对礼的研究也可以从多个方面展开。就目前学术界的研究来看，主要有两个方面的研究取向。一是在经学史（包括经学思想史）的研究脉络中对礼学的研究，二是礼制史的研究，这个方面的研究主要限于史学界（尤其是制度史的研究）。经学史的研究侧重于文献，而礼制史的研究则重在制度史与政治史、社会史等领域的结合。本书的研究与这两个方面

[①] 笔者在《先秦礼学思想与社会的整合》的第五章中对中国古代的礼与法的关系有较为详细的讨论，而且还引述了很多学者的看法，可以参看。

的研究取向均有不同。本书立足于儒学，采取的是一种以哲学思想的分析为主，结合经学文献、社会政治以及礼仪制度而形成的较为综合的研究。具体来说，本书研究的主要内容是北宋时期的儒家礼学。之所以选择宋代的礼学作为研究对象，是出于两个方面的原因。第一，从中国哲学研究的角度来看，由于理学是传统儒学发展的顶峰，因而宋代的儒学研究主要侧重于理学，这方面的研究至少从20世纪80年代以来，已经取得了很大的进展，成果纷呈，名家辈出，自不待言。但是，仁和礼是孔子和儒家思想的两个方面，尽管宋代的心性义理之学空前发达，对儒学的心性内圣之学做深入的研究阐发固然重要，也是必须的，如果顾此失彼，忽视了对礼的研究，对制度外王之学的探究，那么对儒学的理解就是不完整的，对儒学的研究也是有缺陷的。近些年来，学术界已经意识到这个问题，指出应当对宋代的儒学做完整的理解和把握，甚至还提出整体的"宋学"概念，将儒学的外围也包括在研究范围之内，以期对宋代的儒学有完整的把握。第二，从儒家礼学的角度来看，传统礼学研究的重点是两汉礼学和清代礼学，而对于这两个阶段之间的宋代礼学则较为忽略。在礼学当中，三《礼》的成书、传承以及礼学当中所有的纷争都要上溯到两汉时期，因此两汉礼学历来是礼学研究以及整个经学研究中的重点。清代振兴汉学，以考据为主的礼学自然受到乾嘉汉学家的重视。更为重要的是，乾嘉礼学推尊汉学，因此对宋代理学化了的礼学、以理代礼的礼学痛加批斥。此风延续甚久，甚至清末较为平实的经学史家（如皮锡瑞）以及现代以来的一些礼学、经学研究，都受此影响，多认为宋代的礼学背离了礼是实学的传统，因而成就不高，不足为观。

其实，如果就三《礼》的注疏考证成就来看，宋代虽然没有出现像清代那样的总结性、集大成之作，但依然数量可观，且独具特色。仅《宋史·艺文志》礼类就收录著作一百一十三部，共计一千三百九十九卷。另外还有不著录者二十六部，四百六十九卷。这些著作大多为宋人作品。其中王安石《周官新义》、王昭禹《周礼详解》、朱熹与门人弟子共同编纂的《仪礼经传通解》以及宋末卫湜《礼记集说》等，在三《礼》学的注疏历史上也都是重要的作品。从内容来看，宋代的礼学以《周礼》学为主，这一方面是由于宋代的儒学重视通经致用，儒学发展的目标是建立合理的、儒家式的理想社会，而且内圣学的发展最终也要落实到外王的理想上面来，在儒家经典当中，《周礼》恰好具有这样的思想品格，因而格外受到重视。另外，由于王安石以《周礼》行新法而引起了士人群体的分化，很多人由于反对新法进而反对新学，这也刺激了宋代学者对《周礼》的关注，甚至釜底抽薪，认为《周礼》是刘歆伪造的观点也是在这样的背景之下提出来的。由此可见，在北宋特殊的政治背景之下，古老的《周礼》又一次走到了政治的前台，儒家礼学与现实政治之间的复杂关系再次得到了充分的展现。对于这些问题，我们应当不受前人成见的束缚，站在客观的立场上作深入的研究，学术的归学术，政治的归政治，甚至学术与政治之间胶着不清的地方也应作合理细致的分析。从哲学思想的研究来看，宋代的儒学虽然以义理学为特色，成就也最高，但是从整体上来看，在义理学的体系中，如何安置传统儒家所重视的以伦常日用、社会秩序为标识的礼，如何厘清礼与理的关系，依然是理学以及儒学发展必须解决的问题。宋代的理学家对礼均有非常深入的论述，他们将礼纳入天理的叙述结构当中，这样，礼论其实也成为理学家思想当中的重要内容。先秦以及两汉时期的思想家，尤其是儒学家，固然非常重视礼，但他们对于礼的认识，总体上来说还是重视礼的功能，多从礼对于维系人伦社会秩序的角度来阐释礼的作用。而理学家对礼的解释则从天理的角度着眼，这样就从本质上提升了礼的地位，"礼者理也"，也正是在这样的理论框架中礼才真正具有了哲学含义。对于这些内容，以往的理学和儒学研究注意不够，因此这也是促使我们研究宋代礼学思想的一个重要缘由。

　　最后，有必要指出的是，虽然我们在本书中一再强调宋代礼学是儒家礼学发展过程中的一个重要环节，不能受清代学者的成见而贬低宋代礼学；我们的研究也表明，理学家对礼的解释具有重要的理论意义，他们从天理论的角度捍卫了儒学的价值与立场。理学家不再简单地以传统儒家的礼作为与外来文化相抗衡的工具，而是对礼做了更新的、深入的解释，使礼具有了天理的依据，也使天理具有了具体的内涵，这样不但从更深的层次肯定了礼的功能，而且还赋予礼本体的地位，这样也表明了儒学的真正复兴。但是，我们在肯定宋代礼学具有重要的学术价值与意义的同时，也要指出，礼的定亲疏、别贵贱的本质并没有因为礼的形上化而改变，礼依然是区分尊卑贵贱等级的标志。指出这一点尤为重要，它可以使我们对传统礼学保持清醒的认识，做出恰如其分的历史评价。随意贬低礼学固然不可取，但是任意拔高、美化礼学，沉醉于钟鸣鼎食、诗书簪缨的礼学研究之中而有意无意淡化礼的本质，尤其在礼学思想的研究当中脱离文本语境和历史情境来抽象地讲"礼之以和为贵",刻意回避礼与当代某些价值(如法治、正义等)之间的冲突,也不是历史的态度。

二

本书名为《北宋礼学研究》,但其实并未曾对北宋时期所有的三《礼》学注疏著作,以及北宋时期所有儒学家、理学家的礼学思想做全面的研究。这主要有两个方面的原因,一是从文献目录来看,宋代的三《礼》学注疏著作虽然为数不少,但很多都已佚失,完整流传至今的并不多见。若作全面的研究,除了尽量利用后世学者辑佚的一些资料之外,还需在史料方面下大量的功夫钩沉辑佚,这项学术工作既非本人专长,也是费时耗力的一件事。若不从扩展资料入手,仅依现存的一些文献目录(如《经义考》等),大多仅能做一些较为空泛的介绍,难以深入。因此,本书的研究主要以现有资料为主,包括前人已经辑佚的作品(如中国台湾学者程元敏辑佚的王安石《周官新义》)。这样,本书对北宋时期的三《礼》学就不能算作是一个全面的研究,而只是针对某些著作做较为深入的专题研究。二是就北宋时期的儒家学者来说,虽然他们很多人都有丰富的关于礼的思想和论述,如欧阳修、司马光甚至苏轼等,但一则学界已有一些专门的研究,更主要的是,从整体上来看,他们的思想同质化较明显,均是在与佛老的抗争中肯定礼的作用与意义。这样的看法虽然有一定的思想史意义,但对礼学思想的发展,却没有太多的实质性的推进。因此,本书只选取了理学家中有代表性的张载、二程与吕大临,这是因为他们对于儒家礼学思想的论述相比以往有了本质的提升,而且在他们各自的思想当中,也比较完整地体现出新兴的理学与传统礼学之间的互动甚至冲突,这些内容不仅对于礼学思想的发展有重要意义,而且对于理学以及儒学的发展,也都有很重要的意义。出于这两个方面的原因,笔者认为,与其做面面俱到但难以深入的"全面"研究,这样的专题探讨更有意义一些。

针对礼学的特殊性,传统的礼学研究在方法上也各有特色。如清人总结出来礼学研究有"分节、绘图、释例"三法,对于礼书的流传和礼经中的名物制度,一般又多用辨伪考证的方法。对于历代编定的礼典与礼制研究,史学界的研究较多,且方法更加多样。对前辈学者的研究,无论采取何种方式方法,只要其成果对礼学研究有所推进,惠及后学,我们均对之充满敬意，但是我们的研究则并没有遵从传统礼学以考证辨伪为主的研究方法，而更多采用的是思想史分析研究的方法，将礼学放在宋代儒学发展和哲学思想演变的脉络当中，将礼学与北宋时期特定的政治背景和历史发展联系起来，试图对礼学与宋代儒学的发展作综合的考察。我们关注的问题是：《周礼》在宋代儒学发展过程中的作用与意义是什么？怎样理解与把握宋代围绕《周礼》而形成的学术与政治之间的纠缠与争斗？传统儒家的礼学与新兴的理学之间是何关系？我们究竟应当怎样理解"礼者理也"这个命题？理学的兴起是否意味着对传统儒学的彻底超越？笔者对北宋时期礼学的研究主要就是围绕这些问题而展开的。下面对本书的主要内容做一简要的叙述。

本书的第一章从整体上对宋代礼学的发展作了分析。传统学术思想的研究首先重视"辨章学术，考镜源流"，对宋代的礼学从整体上作分辨与把握是非常必要的。我们参考了传统的学术史（如《宋元学案》）和哲学史对宋代理学、宋代哲学不同学派的辨析与研究，将宋代的礼学大致划分为三个派别，即礼图学派、经世学派和义理学派。

礼图学是宋代礼学中较为专门的一派，这是参考了清代学者陈澧、曹元弼等人的看法而提出的。以图解经本来就是经学研究的一种行之有效的方法，但是，图谱学的真正兴起是在宋代，其中以易学、礼学尤为突出。就礼学来说，宋代学者已经非常有意识地用图来研究三《礼》，出现了诸如聂崇义《三礼图》、杨甲《六经图》、杨复《仪礼图》以及大量的《周礼》图著作，礼图成为宋代礼学当中自成门类的一派。另外，宋代新兴的学问金石学以著录、考辨古器物为主，而这些所谓的古器物又大多属于三代礼器，因此，《考古图》《博古图》之类的著作，其实也应属于礼图学。宋代还出现了从理论上说明图谱的价值、功能以及在学术研究中的意义的作品，这以郑樵《通志》二十略中的《图谱略》为代表。郑樵所谓的"图"，大多与礼图有关，而且有一些内容完全就是礼制（如器用、车旃、衣裳、坛兆、名物等），因此郑樵对图谱的理论总结，其实在很大程度上也是对礼图的功能、价值与意义的总结。正是出于这几个方面的原因，我们将礼图学作为宋代礼学中独立的一个派别。

儒家认为"制度在礼"（《礼记·仲尼燕居》），礼学中蕴含着儒家所规划的社会的礼乐制度、伦理规范和政治理想。在北宋儒学复兴的过程中贯穿着建立合理的社会秩序这样一条内在的线索，而社会秩序在儒学当中的资源就是礼，因此范仲淹说"天下之制存乎礼"。宋代学者重视礼学，其实也是他们实现社会政治理想的一种体现。具体来说，宋代学者围绕《周礼》而引发出的经世致用的主张，其中主要以李觏和王安石的《周礼》研究为代表。另外，王安石新学派的其他学者对于《周礼》的研究（如王昭禹《周礼详解》）以及南宋的永嘉礼学在整体上也都属于经世学派。

　　与经世相对应的义理派，主要是以理学家对礼的探讨为主而形成的重视礼的义理的一种礼学流派。自清代以来，学者们立足于汉学的传统，多认为"礼是实学"，对宋代以理代礼的礼学提出了很多批评。其实，历史地来看，礼学的发展从来没有脱离过礼学思想的更新。理学家重视天理性命，但是他们这一套形而上的理论最终还是要落实于现实社会，因此理与礼是无论如何也分割不开的。虽然早在《礼记》中就提出了"礼者理也"的看法，但这个命题只有在理学的观照之下，才真正具有了哲学含义。

　　我们在本书中一再指出，我们参照学术史研究的通例，把宋代的礼学按照其内容与特色划分为三个不同的派别，这样的划分只是为了对研究对象有更清晰的全面把握，这三派之间其实并不是绝然对立的，它们只具有相对的意义，如果按照人物来看，其间也有很多重合的地方。如吕大临编有《考古图》和《续考古图》，这是宋代金石学发展中很有代表性的古器物图录，我们把它放在礼图学当中加以论述；他与张载等人一同讨论宗法等问题，这又是以礼学经世的重要内容；当然，最为重要的，吕大临还是北宋时期礼学义理化过程中的一位重要代表，由于他曾学于张载与二程，对传统的礼学与二程的理学均有深入的体会，在他的身上明显地体现出礼学与理学的冲突与融合。因此，就吕大临来说，虽然他主要是义理派的重要代表，但他其实身兼三派。又如，我们以李觏、王安石的礼学作为北宋经世礼学的代表，但理学家张载等人热烈讨论的井田、封建、宗法等问题，也是典型的以礼经世的做法。

　　宋代学者以《周礼》经世，从而形成了礼学研究中重视经世致用的一派，因此，我们对于北宋时期礼学的研究也是以《周礼》入手，这是本书的第二、三、四章的主要内容。我们的《周礼》研究和传统以注疏、考证为主的《周礼》研究不同，我们更重视从哲学史、经学史和社会思潮之间的综合的、整体的角度来考察宋代学者对于《周礼》的看法以及《周礼》在北宋时期的社会意义和价值。历史上，儒学主要是以注释经典和经典诠释的形式发展。在关于宋代儒学和理学的研究中，很多学者都已经注意到了《易》学、《春秋》学、"四书"学与宋代儒学和理学发展演进之间的关系，并且做出了很好的研究成果。我们则以《周礼》为主，首先从整体上考察了《周礼》与北宋儒学发展之间的关系。笔者认为，由于北宋时期的儒家学者普遍重视《周礼》，因此自中唐以来的儒学复兴的目标，就从韩愈还比较模糊的"古道"明确为"三代"，这对于儒学的复兴是有力的推进，同时也表明北宋时期的儒学发展到了更高的一个层次。李觏、王安石、张载以及二程等人以《周礼》"推明治道"，针对北宋社会面临的诸种社会矛盾，讨论了封建、井田、宗法等问题。尽管当时和后世都有人对此提出批评，认为他们的这些看法不切实际，流于空想，但是我们还是要指出，他们关注、讨论的这些古代礼书中的问题，回应了北宋时期的社会危机以及中国古代社会自中唐以后转型而产生的新问题，如以井田制回应北宋时期由于土地占有集中而引起的社会危机，以封建与《周礼》中的乡遂制回应北宋由于实行强干弱枝政策而导致的地方势力的削弱和军事上的失利，以宗法来回应中唐以后由于门阀制度的消减而形成的新的社会结构，等等。从《周礼》以及传统儒家而来的封建、井田等主张，历来是儒家学者应对社会问题的主要理论资源，因此，我们对于北宋儒家学者提出的这些经世主张，不能简单以"复古"而忽视甚至否定它们内在的理论意义。

　　本书第三章是对王安石的《周官新义》的专题研究。《周官新义》是王安石学术思想和政治思想的集中体现，自北宋后期始，就有学者由批评新法新政开始进而批评新学，从而对《周官新义》彻底否定。我们认为，对于《周官新义》应当有全面的认识，既要看到它指导新法的政治性，同时也不能否认它是北宋时期一部有影响、有价值的独立的经学著作。王安石从儒家经典中选中了"三经"，从三《礼》中选中了《周礼》，它不仅体现了王安石的经学思想与政治思想，而且也反映出北宋儒学发展的趋势。我们在本章既讨论了《周官新义》与熙宁新法之间的关系，也重视它作为一部经学著作本身所取得的成就和存在的问题，以及从《周官新义》当中反映出来的宋代政治文化。

　　由于王安石借《周礼》而行新法，这样就刺激了宋代学者对《周礼》的关注与研究。荆公学派很多学者都擅长礼学，著名者如王昭禹著《周礼详解》四十卷，是对《周官新义》的进一步发挥。南宋时期出现的永嘉礼学也继承了北宋时期以礼经世的传统。反对者则有杨时《周礼义辨疑》、王居正《周礼辨学》等，专门以批驳《周官新义》为目的。另外，很多学者由于反对新法而反对新学，进而对新学所依据的经典《周礼》也提出怀疑与批驳，司马光、胡安国、胡寅、胡宏、苏辙、晁说之、洪迈、黄震等人提出的刘歆伪造《周礼》说，就是在这时出现的。刘歆伪造说在《周礼》研究史上是一个重要问题，但通过我们这里的研究，主要是揭示出这一观点出现的背景以及由此反映出的与《周礼》相关的学术与政治之争。除此之外，对于宋代出现并延续至明代的"《冬官》未亡说"以及辑补《冬官》的热潮，我们也认为，不必如《四库》馆臣那样对此严厉批评，而是应有一种同情之理解。我们认为，辑补《冬官》与宋初以来疑经改经的学风是一脉相承的，而且其前提是认为《周礼》是一部完整的经典，这对于怀疑《周礼》，甚至认为《周礼》出自刘歆的伪造，是一种有力的回击，同时也证明《周礼》在儒家经典中的权威地位不容撼动。我们还以理学家对《大学》文本的调整与争论，甚至不惜改动、补阙《大学》为参照，说明俞庭椿、王与之等改动《周礼》在儒学内部并非仅有。虽然二者在哲学意义方面并不完全对等，但如果将"《冬官》未亡"、辑补《冬官》看做是毫无意义，那也是有失公允的。宋明以来兴起的辑补《冬官》的做法，其目的是恢复《周礼》的完整性，证明《周礼》是"全经"，并由此确认《周礼》是周公所制的一王大法，是儒家政治理念与政治设计的典范，从这个角度来看，也是有意义的。

我们从北宋时期对《周礼》的关注与讨论可以看出宋代礼学鲜明的经世特色，同时，理学家对礼的重视以及理论阐发，则是宋代礼学重视义理的另一特色。本书第五章"礼学与理学的互动"包含了六篇独立的专题论文，其主题则集中讨论了儒学在义理化的过程中形成的理学与传统礼学之间的复杂关系，礼学的义理化、天理化过程，以及礼在天理论的叙述模式中的地位和意义。笔者一直认为，其实从来就没有脱离了思想史发展脉络的所谓实学的礼学。从孔子以仁释礼开始，儒家礼学在发展过程中与各个时代的主流思潮之间一直存在着深刻的互动与影响，这也是推动礼学发展的一个重要因素。战国时期，儒家学者讨论礼的时候就与当时流行的阴阳五行思想相结合，从而形成了战国至汉代以阴阳五行为特色的礼学思想。关于这一点，笔者曾在《先秦礼学思想与社会的整合》一书中有较为详细的讨论。因此，从严格的意义上来说，礼学与哲学思想的结合并不始自宋代。当然，在理学的脉络当中，将作为人伦秩序的礼与天理相关联，这对于传统儒家的礼学思想是一个极大的提升与飞跃，当我们集中讨论宋代义理化的礼学的时候，从历史发展的源流来看，结合中国古代哲学思想史的发展演进，至少在之前的魏晋时代，就已经出现了对两汉礼学的反动而逐步义理化的思想倾向。本章首先研究了王肃的三《礼》学，其主旨则是揭示王肃的礼学删繁就简，是礼学义理化过程中的一个重要环节。对魏晋南北朝时期礼学思想的发展与转向的研究也具有同样的目的。魏晋时期是中国历史上的一个分裂动乱的时代，但也唯有在这样的时代，才能对礼的价值与功能有更加深入的认识，同时对礼之本也有了更多的看法。但这些所谓"本"，如道德规范、婚姻制度、农桑事务等还是以伦理秩序为主，而且多停留在经验的层面，还不具有哲学上本体的含义。裴頠针对"贵无"而提出"崇有"，这是在"越名教而任自然"的时代背景之下对儒家礼乐纲常的正面肯定。但是，儒家的礼乐除了它的社会功能之外，是否还有更深层次的哲学上的依据？虽然东晋南朝出现了"礼玄双修"，但在这个根本的理论问题上，礼学还没有达到玄学的高度。宋代理学的兴起，则接续了这个思想环节。

二程、张载都属于北宋道学的奠基者，尽管他们的思想还是有很大的差异，但在论证"礼者理也"这一点上，将儒家思想当中代表人伦社会秩序的礼提升到和天理同等的高度，他们是有相通之处的。尤其是张载，按照余敦康先生的看法，"在儒学史上，把儒家所服膺之礼提到天道性命的哲学高度进行系统的论证，从而为礼学奠定了一个坚实的理论基础，应以张载为第一人"。[①] 但是，如果我们进一步分析，二程和张载对于礼的认识以及礼在道学体系中的位置还是有一些不同。就二程来说，他们认为"礼者理也"这个命题并不是简单地将礼和理并列起来，将礼提高到天理的高度，而是将礼纳入天理论的论述当中来看待礼。具体来说，在二程的思想当中，理与礼的关系，相当于形上形下的关系，相当于理气的关系，同样也相当于体用的关系。这样，礼在理学的论述当中，就与理贯通一体。从礼的角度来说，作为人伦秩序的礼有天理的依据，从理的角度来说，天理不仅高妙，更为重要的是，天理是充实的、具体的，它有具体的

---

① 余敦康：《内圣外王的贯通——北宋易学的现代阐释》，学林出版社1997年版，第348—349页。

社会内容,与人类社会是联系在一起的。这样的天理就与佛教有关理的思想划清了界限,说明道学的天理是儒理。本来,理学天理论的建立所针对的主要是玄学以无为本的本体论和佛学以现世为空虚的世界观。程颐提出理事一致说,认为理与礼是"体用一源",这都是从哲学上对玄学和佛学的否定,从而从正面建立了儒学的本体论,确立了儒学的价值立场。

"以礼立教"是张载建立的关学的一个重要特征。二程认为理与礼是体用的关系,礼的地位是靠理的绝对性来保证的,张载则直接认为,礼本身就是"合体与用"的。从理论上来说,这个看法一方面批评了佛学有体而无用的否定人伦秩序的虚无思想,另一方面也指出,礼不仅只是纲常名教,而且是体用皆备的。与北宋初期重视礼的学者如欧阳修、李觏等人相比,张载真正将礼提升到本体的地位,从本体的角度说明了礼的地位与价值。

吕大临从学于张载和二程,对关学与洛学均有深刻的体悟。吕大临思想的特色是礼学精博,这反映出关学的影响。他注解的《礼记解》,既受到时代思潮的影响,重视对礼的义理的解释,又尽量保持了传统礼学以及关学朴实笃厚的学术传统,不离开具体的礼仪制度来空谈礼的义理。在从学二程以后,他的思想又有所变化,在一些方面放弃了早年的主张而更加接近二程洛学。这两个方面在吕大临的早期著作《礼记解》和后来的《中庸解》当中均有明显的体现。从吕大临思想的转向以及与二程之间的分歧,更典型地反映出理学在形成过程中与传统儒家礼学之间的冲突与融合。

从对二程、张载和吕大临礼学思想的分析,我们基本可以看到在道学兴起发展的过程中,礼学逐渐纳入道学的论述方式中而义理化的过程。这对于礼学、对于道学以及儒学,都是有重要意义的。

本章最后还收录了一篇研究南宋叶时《礼经会元》的论文。叶时是南宋与朱熹同时期的一位学者型官僚,他著的《礼经会元》是研究《周礼》的一部专题论文集。此书后世评价颇高,认为"实可缉濂洛之未备"。《礼经会元》的一个突出特色是以《中庸》解《周礼》。南宋时期,《中庸》已经确立了道学性理之书的经典地位,但是叶时却将《中庸》与儒家的经世之书《周礼》联系起来,认为"欲观《周礼》,必先观《中庸》",《中庸》是探讨《周礼》的原则与依据。叶时认为,一方面,贯穿《周礼》以及儒家所重视的礼乐制度的是中庸思想,另一方面,中庸之道虽然优优大哉，但是最终还是要落实到礼书与礼制当中。为了实现中庸，需要有礼乐的保证。叶时的《礼经会元》虽然没有从理论上将儒家的性理之学和礼乐制度完全融合起来，但是他指出二者应该相结合，内圣与外王应当相贯通，也是礼学与理学融合互动的一个典型例证，而且也有助于我们对宋代的儒学有完整的把握和理解。

本书第六章是礼制与思想史结合的研究，这其实也是笔者研究儒家礼学所关注的一个方面，这里收录的四篇论文反映了笔者在这方面所做的一些初步的探讨。从儒家经典以及当代宗教学、符号学等不同角度来看，我们可以确信，礼绝不仅仅体现为各种名物典章制度与进退揖让等仪节。礼是有意义的。在各种名物、仪节以及容貌颜色的背后，体现的是政治、社会、思想等复杂的含义。礼是中国历史文化的一个重要特征，这不仅体现在儒家三《礼》的注疏当中，而且自汉代以后，尤其是魏晋时期五礼制度确立之后，上至国家的政治结构、宗庙祭祀、外交往来，下至普通民众的婚丧嫁娶等日常生活，都有各种详细的礼制规定，而这些礼制最终又汇总为一个时代的礼典。正是由于礼不只是停留在儒家的经典与注疏当中，而且还广泛地渗透到社会的各个方面与领域，这才决定了礼对于中国历史文化的重要性。就礼制研究来说，近些年的研究取得了很大的成就，对于各个时代的礼制与变迁，都有了较为深入的研究。笔者认为，对于礼制研究，探讨各种具体礼制的来龙去脉，在文献缺失或模糊不清的地方用力钩沉，查遗补缺，进而探讨礼制与政治权力、社会发展之间的复杂关系，都是非常重要而有学术价值的研究。① 但是除此之外，探讨礼制与礼制变革中蕴含的思想意义，将礼制研究与思想史和社会史的研究结合起来，既对于深化礼制研究极有裨益，同时也拓宽了礼学研究的范围，是礼学研究在探讨礼的哲学观念，考证名物制度，梳理三《礼》注疏文献之外，值得重视的课题。当然，正如笔者在本书当中所指出的，将礼制研究与思想史研究相结合，从浩如烟海的礼典、礼制当中选择出具有思想史内涵的内容进行研究，是有一定难度的。本章的四篇论文虽然是在这样一种学术理解之下所做的探讨，但总体来说，距离完美地实现这一学术目标还有很大的

---

① 如吴丽娱老师对于唐代的礼制（尤其是丧礼）与政治权力及政治制度发展变迁之间复杂关系的一系列研究，就很有代表性。参见吴丽娱《终极之典：中古丧葬制度研究》，中华书局2012年版。

差距，这也将是笔者日后礼学研究主要拓展的一个方面。

三

本书是以北宋时期儒家礼学为主要内容的一部专著，其中的各个章节，其实都是围绕着宋代礼学这个主题而展开的一系列的专题研究论文。笔者最初对宋代礼学的关注始于王安石的《周官新义》，此后顺着这个脉络不断扩展，并向前后延伸，最终形成了目前这样的研究成果。虽不敢说集腋成裘，但自认为各项专题研究多少还都有一见之得。其中的部分内容写成后以论文的形式发表，另有若干篇也曾在国内主办的以礼学为主题的学术讨论会上宣读过。下面按照本书的目录顺序，对已经公开发表过的论文做一交代。

第二章第一节"近现代《周礼》研究的回顾"，曾以《百年来〈周礼〉研究的回顾》为题，收入《中国思想史论集》第三辑（张岂之主编，广西师范大学出版社2008年版）。第二节"《周礼》的成书年代与战国时代的社会变革"，收入《经学与中国哲学》（蔡方鹿主编，华东师范大学出版社2009年版）。

第三章第二节"王安石的礼学思想"曾以《王安石的礼乐论与心性论》为题，发表于《中国哲学史》2010年第2期。

第五章第一节"王肃的三《礼》学与'郑王之争'"，发表于《中国哲学史》2014年第4期，又收入《反思中的思想世界——刘泽华先生八秩华诞纪念文集》（天津人民出版社2014年版）。第三节"二程的礼学思想与宋代礼学的新发展"曾以《宋代礼学的新发展——以二程的礼学思想为中心》为题，发表于《中国哲学史》2013年第4期。第五节"吕大临的《礼记解》与宋代理学的发展"曾以《礼学与理学的互动——吕大临的〈礼记解〉与宋代理学的发展》为题，发表于《中国儒学》第八辑（王中江、李存山主编，中国社会科学出版社2013年版）。第六节"叶时《礼经会元》与宋代儒学的发展"，发表于《中国哲学史》2012年第2期。

第六章第一节"战国时期儒家的变礼思想——以国家政权转移的理论为中心"，发表于《世界哲学》2007年第6期。第二节"周公'摄政称王'及其与儒家政治哲学的几个问题"，发表于《人文杂志》2008年第 4 期，又收入韩国成均馆大学主办的《儒教文化研究》第十一辑（2009 年）。第三节"家礼中的政治意识及其政治作用——以《礼记》为中心"，曾以摘略的形式发表于《湖南大学学报》2005 年第 4 期。第四节"'濮议'与北宋儒学的发展"曾以《再论濮议》为题，发表于《中国思想与社会研究》第一辑（刘泽华主编，中国社会科学出版社 2007 年版）。

另外，笔者还于 2012 年参加了国家社科基金重大招标项目"中国礼制变迁与现代价值研究"，课题组成员均为国内礼学研究领域的专家。笔者参加了课题组分别于 2014 年 8 月在沈阳和 2015 年 4 月在西安举办的"中华礼制变迁与现代社会"两次学术研讨会，本书第五章第二节"魏晋南北朝时期礼学思想的发展与转向"和第四章第三节"永嘉礼学"，就是分别在这两次会议上宣读的论文。

由于本书各篇均以独立论文完成，因此在相关背景的介绍、材料的征引方面，难免会有一些重复之处。在统编成书的过程中，虽然进行了删改与调整，但还是难以完全避免。其实，各篇的重点不同，材料征引的角度、叙述的繁简也各不相同，因此书中个别地方存在论述和引文稍有重复之处，也是出于这样的缘由。

第一章

宋代礼学的发展

皮锡瑞在《经学历史》中讲到宋代三《礼》学时说：

> 宋时三《礼》之学，讲习亦盛。王安石以《周礼》取士。后有王昭禹、易祓、叶时，皆可观。《仪礼》有李如圭《集释》、《释官》，张淳《识误》，并实事求是之学。《礼记》，卫湜《集说》一百六十卷，采摭宏富，可比李鼎祚《周易》。而陈祥道之《礼书》一百五十卷，贯通经传，晁公武、陈振孙服其精博。……宋人尽反先儒，一切武断；改古人之事实，以就我之义理；变三代之典礼，以合今之制度；是皆未敢附和以为必然者也。朱子《仪礼经传通解》，以十七篇为主，取大、小戴及他书所载系于礼者附之，仅成家、乡、邦国、王朝礼，丧、祭二礼未就而朱子殁，黄榦续成之。其书甚便学者，为江永《礼书纲目》、秦蕙田《五礼通考》所自出。①

刘师培《经学教科书》述及宋代《礼》学时也指出：

> 宋儒治三礼者，始于张淳。淳作《仪礼识误》，考订注疏。而李如圭《仪礼集释》（又有《仪礼释官》），杨复《礼仪图》，魏了翁《仪礼要义》，皆以纂辑旧说为主。朱子作《仪礼经传通解》，亦以《仪礼》为经，以《周礼》诸书为传，门人黄榦续成之，惟篇目不从《仪礼》。
>
> 治《礼记》者，始于卫湜《集说》，征引该博，惟掇采未精。及元吴澄作《纂言》复位篇次，陈澔作《集说》，立说亦趋浅显。

---

① 皮锡瑞：《经学历史》，中华书局2004年版，第184页。

治《周礼》者，始于王安石《新义》（王昭禹《周礼详解》本之），若郑伯谦（《太平经国之书》）、王与之（《周礼订义》）之书则长于论议，不考典章。及俞庭椿作《复古编》，以"五官"补《冬官》之缺，陈友仁（《周礼集说》）从其说。而易袚《周官补义》亦以臆说解经，惟朱申《周礼句解》为稍实。

说"三礼"总义者，以宋陈祥道《礼书》为最著。然掊击古义，穿凿浅陋，殊不足观。①

若从传统经学的立场来看，皮锡瑞与刘师培一主今文，一主古文，二人对经学史的判断、评价有许多不同，甚至完全对立的看法。但是，他们对于宋代三《礼》学的评价，却基本是一致的。学术界普遍认为，宋代新兴的理学是传统儒学发展的高峰，但宋代的礼学则成就不高。当代也有学者认为，宋代是礼学发展的衰微时期。"三礼学在宋明时期趋于衰微"。具体来说，宋代虽有王安石《周官新义》与朱熹晚年编撰《仪礼》经传，"使此二礼稍有所振"，但总的来说，由于时代风气、学术思潮的变化，"礼学在理学兴起的风气冲击下，失去昔日的兴盛"。②

我们认为，宋代是儒学发展的新时期，道学的产生与发展标志着儒学关于性命天道的哲学思维发展到空前的高度。宋代的礼学作为宋代儒学与宋代经学的重要内容，它与之前的汉唐与之后的清代相比，虽然没有出现非常有影响的三《礼》注疏作品，也没有清代学者考证辨析之精深，注疏之广博，但依然自成体系，自有特色，在古代礼学的发展史上是不可或缺的重要环节，具有独特的成就。

《宋史·艺文志》礼类收录著作一百一十三部，共计一千三百九十九卷。另外还有不著录者二十六部，四百六十九卷。这些著作大多为宋人作品。另据《宋史·艺文志补》，礼类著作有十一家三十六卷。在这些著作当中，有关三《礼》通论类的主要有聂崇义《三礼图集注》二十卷、欧阳丙《三礼名义》五卷等；有关《周礼》的主要有王安石《新经周礼义》二十二卷、王昭禹《周礼详解》四十卷、史浩《周官讲义》十四卷、易袚《周礼总义》三十六卷、王与之《周礼订义》八十卷；有关《仪

---

① 刘师培：《经学教科书》，上海古籍出版社2006年版，第109—110页。
② 参见林存阳《清初三礼学》，社会科学文献出版社2002年版，第85—86页。

礼》的主要有李如圭《仪礼集释》十七卷、朱熹《仪礼经传通解》二十三卷、黄榦《续仪礼经传通解》二十九卷、周燔《仪礼详解》十七卷；有关《礼记》的有陆佃《礼记解》四十卷、陈旸《礼记解义》十卷、李格非《礼记精义》十六卷、方慤《礼记解义》二十卷以及卫湜《礼记集说》一百六十卷。这些作品大多已经佚失，有的也仅存残篇，但从其标题和分量来看，都是关于三《礼》的比较详细的注疏与解说。

另外需要说明的是，《宋史·艺文志》礼类著作还收录了大量的宋儒解读《大学》《中庸》的作品。《学》《庸》是理学家所依据的重要理论经典，他们凭借对《学》《庸》的解说，讨论了理气心性、已发未发等理学问题，解释发展出一整套体系严密、论证详尽且又流派纷呈的哲学体系。从这个角度来说，《学》《庸》已经脱离了《礼记》与三《礼》系统，而与《论语》《孟子》一起成为独立的"四书"经典体系。但是另一方面，《宋史》以及后世的目录学著作（如《文献通考》《经义考》）依然将关于《学》《庸》的解释、注解著作放在三《礼》类作品当中，再者，宋儒在讨论《学》《庸》中的哲学问题时，也涉及对《学》《庸》作者的考证、分章分段等问题，这些文献考订的方法和内容属于传统礼学研究的范畴，而且他们提出的一些看法对于深入认识《学》《庸》本身以及儒学发展史上的一些关键问题，提供了有价值的思路，一些观点在今日依然具有学术意义。因此，从这个角度来看，至少在目录文献学方面，宋儒关于《学》《庸》的解说依然还可以从传统三《礼》学的脉络来考察。

宋代的三《礼》学虽然在很多方面受到理学的影响，但它依然还在传统经学的脉络当中，因此经学研究的方法、视角，依然是我们研究宋代礼学必须参考的。经学在两汉时期有完整且严格的传授谱系，形成了经学中的师法与家法，所谓"师法者，溯其源；家法者，衍其流也"。① 每一经的传承都有清晰明确的谱系。这是经学发展的基本形式。如西汉的易学，都源自田何，其后又有施、孟、梁丘三家易，且均立为博士。相对于田何易学来说，三家《易》是家法，但两汉易学都是从三家《易》演化而来的，因此，施、孟、梁丘三家又被称为两汉易学的师法。西汉时期的经学，据《汉书》记载："初，《书》唯有欧阳，《礼》后，《易》杨，

---

① 皮锡瑞：《经学历史》四《经学极盛时代》，第91页。

《春秋》公羊而已。至孝宣世，复立大、小夏侯《尚书》，大、小戴《礼》，施、孟、梁丘《易》，穀梁《春秋》。至元帝世，复立京氏《易》。平帝时，又立《左氏春秋》、《毛诗》、《逸礼》、《古文尚书》，所以罔罗遗失，兼而存之，是在其中矣。"（《汉书·儒林传》）东汉时期则确立了五经十四博士："于是立五经博士，各以家法教授。《易》有施、孟、梁丘、京氏，《尚书》欧阳、大小夏侯，《诗》齐、鲁、韩，《礼》大、小戴，《春秋》严、颜，凡十四博士，太常差次总领焉。"（《后汉书·儒林列传》）十四博士均为今文学，是东汉今文经学的标志。此后即使在南北分裂的魏晋时期，依然设博士，而且曹魏时期已经开始增设古文经学博士，如《春秋穀梁传》、费氏《易》、《古文尚书》、《毛诗》、《周礼》等①，经学依然大体保持了较为完整的师承谱系。

魏晋时期社会动荡，尤其是永嘉之乱后，对经学的打击是致命的。皮锡瑞称这一时期为经学中衰时代，"晋所立博士，无一为汉十四博士所传者，而今文之师法遂绝"。② 但即便如此，西晋所立的郑氏、王氏等，还是大体沿袭了两汉的经学家法与师承。这种经学的传承至宋代则发生了变化。

经学发展至宋代，皮锡瑞称之为"经学变古时代"，经学的传授及谱系发生了变化。以经学当中重要的《易》学系统来看，宋代易学家朱震在《汉上易解》中说到北宋时期易学的传授系统：

> 陈抟以《先天图》传种放，放传穆修，穆修传李之才，之才传邵雍。放以《河图》、《洛书》传李溉，溉传许坚，许坚传范谔昌，谔昌传刘牧。穆修以《太极图》传周惇颐，惇颐传程颢、程颐。是时，张载讲学于二程、邵雍之间。故雍著《皇极经世书》，牧陈天地五十有五之数，惇颐作《通书》，程颐著《易传》，载造《太和》、《参两》篇。（《宋史》卷四三五《儒林传五·朱震传》）

朱震是南宋易学家，他从象数学的角度来讲述北宋易学的发展线索，

---

① 参见王国维《汉魏博士考》，《观堂集林》卷四，中华书局1959年影印本，尤其是第187—192页。

② 皮锡瑞：《经学历史》，第110页。

是可靠的资料。黄宗羲也提到了北宋易学的传授：

> 然而魏伯阳之《参同契》，陈希夷之《图》《书》，远有端绪，世之好奇者，卑王注之淡薄，未尝不以别传私之。逮伊川作《易传》，收其昆仑为旁薄者，散之于六十四卦中，理则语精，《易》道于是大定矣。其时，康节上接放种、穆修、李之才之传而创为《河图》先天之说，是亦不过一家之学耳。①

虽然以上所说的北宋易学传授系统还不尽完善，但总体来说，易学的传承谱系还是很清晰的。此外，易学发展至宋代，也形成了不同的流派。《四库全书总目》说："汉儒言象数，去古未远也，一变而为京、焦，入于禨祥，再变而为陈、邵，务穷造化，易遂不切于民用。王弼尽黜象数，说以老庄，一变而为胡瑗、程子，始阐明儒理，再变而为李光、杨万里，又参证史事，易遂日启其论端。此两派六宗，已相互攻驳。"②两派六宗是对整个易学史的概括。《周易》为六经之首，是经学中的大宗。从宋代易学的发展来看，其发展线索以及义理、象数两派的特色，都是非常清晰明确的。与此相比，宋代的礼学则缺少较为明确完整的传授系统。

朱熹曾指出："古者礼学是专门名家，始终理会此事，故学者有所传授，终身守而行之。……汉唐时犹有此意。如今直是无人如前者。"③这一方面是说，当时已无人，也不可能完全实现古礼，另一方面，宋代礼学已经没有类似于汉代礼学那种完整严密的家法与传授系统了。甚至像宋代易学那样发展传承的学统，也不可见了。因此，对于宋代的三《礼》学，我们不能采取像研究汉代经学、汉代礼学那样的研究方式。但是，正如传统的易学有两派六宗的不同派别，如果我们借用宋代哲学史、思想史的研究对宋代儒学的不同分派，那么对于宋代的礼学，我们也可以清理出几个具有不同特色的派别。其实，对一个时期的学术思潮，我们从为学宗旨、内容、方法等方面进行分类，"辨章学术，考竟源流"，这是学术研究的

---

① 黄宗羲：《象学数论·自序》，《黄宗羲全集》（增订版）第九册，浙江古籍出版社2005年版，第1—2页。
② 《四库全书总目》卷一，中华书局1965年影印本，第1页。
③ 黎靖德编：《朱子语类》卷八十四，中华书局1994年版，第2184页。

基础工作。对于宋代的礼学，也应当有这样的基础研究。

关于宋代学术，当时以及后世如《宋元学案》等都有明确的分派，如北宋时期主要的学派有明道学、伊川学、横渠学、荆公新学、蜀学等，南宋的学术，全祖望说："乾、淳诸老既殁，学术之会，总为朱、陆二派，而水心龂龂其间，遂称鼎力"①，这是将南宋学术分为朱学、陆学和永嘉学三大派。从道学的角度来看，一般认为，宋代道学从地域来说有濂、洛、关、闽不同的派系，从理论体系来说有程朱和陆王两大派，如果再加细分，又可以说宋代理学（道学）有理学、心学和气学三大派。

理学是宋代儒学的主体，但又不是宋代儒学的全体。从哲学的角度来说，如朱伯崑先生指出，宋代哲学有理学派、数学派、气学派、心学派和功利学派五大流派。② 这些不同的分别派系，有助于我们从不同的角度对宋代哲学、宋代道学以及宋代学术有更加深入的了解。近来有学者在研究宋代礼学的时候也试图参照学术史上的分类，区分宋代礼学的主要流派，如有学者认为宋代礼学主要有涑水学派、荆公学派、横渠学派、伊洛学派、永嘉学派、象山学派、朱子学派、蜀湘学派、东莱学派以及一些经注学家。③ 这种划分主要还是依据《宋元学案》，且没有超出《宋元学案》的学派划分，对于深入研究宋代礼学没有太多的价值。我们认为，对于宋代礼学研究内部的不同流派，应当参考学术界对于宋代儒学与宋代哲学的不同分派，并且根据宋代礼学的实际内容，从为学主旨、价值取向等基本方面，做出适当的区分。根据这样的思路与标准，我们可以将宋代的礼学大致分为（1）礼图学派，（2）经世学派，（3）义理学派。当然，正如思想史上所有的分别派系一样，各种派别的划分都不是绝对的。因此，我们将宋代礼学分为三个派别，也仅是就其大致相同或相近的思想主旨和内容而言。三派之间一定会有一些交叉重合，尤其是经世学派与义理学派，本身也是宋代儒学的两个基本特征。我们用它来概括宋代礼学的两个不同层面，也是就其主要方面来说的。

---

① 《宋元学案》卷五十四《水心学案》上，中华书局1986年版，第1738页。
② 参见朱伯崑《易学哲学史》中册，北京大学出版社1988年版，第6页。
③ 参见王启发《宋代礼学的承传发展及其学派分流》，见饶宗颐主编《华学》第八辑，紫禁城出版社2006年版。

第一节　礼学研究的三条途径

清代学者陈澧在《东塾读书记》中说：

  《仪礼》难读，昔人读之之法，略有数端：一曰分节，二曰绘图，三曰释例。今人生古人后，得其法以读之，通此经不难矣。①

  清代礼学大盛，成绩斐然。清人总结出来的分节、绘图、释例的方法，不但是研读《仪礼》，同时也是研究礼学的行之有效的途径。其实，这些方法并非清人的独见发明，而是两千多年来在礼学的发展过程中为经学家们逐渐发展起来的。

  关于"分节"，郑玄注似已开始有分节的意识。郑注《仪礼》屡言"自某句至某句"，显然是分节的思路，只是没有明确地显示在经注当中。《士冠礼》："筮于庙门"。贾疏："自此至'宗人告事毕'一节，论将行冠礼，先筮取日之事。"② 从此例可见，贾疏已经明显对经注划分了章节。

  南北朝时期，儒家经学在形式上受到佛教义疏体的影响，其表现之一就是分章分段。从保存至今的皇侃《论语义疏》来看，就是分章分段的。如《论语·学而》疏云："《论语》是此书总名。《学而》为第一篇别目，中间讲说，多分为科段矣。"③ 这里明确说明，将《论语》每篇之内都划分了章段。"学而时习之"疏云：

  此以下，孔子言也。就此一章，分为三段。自此至"不亦悦乎"为第一，明学者幼少之时也。学从幼起，故以幼为先也。又从"有朋"至"不亦乐乎"为第二，明学业稍成，能招朋聚友之由也。既学已经时，故能招友为次也。故《学记》云"一年视离经辨志，三年视敬业乐群，五年视博习亲师，七年视论学取友，谓之小成"是

---

① 陈澧：《东塾读书记》卷八，上海古籍出版社2012年版，第127页。
② 《仪礼注疏》卷一，上海古籍出版社2008年标点本，第4页。
③ 皇侃：《论语义疏》卷一，中华书局2013年版，第1页。

也。又从"人不知"讫"不（亦）君子乎"为第三，明学业已成，能为师为君之法也。先能招友，故后乃学成为师君也。①

《论语》每篇都有若干章，皇侃的《义疏》又将每章之内分为若干段落。这种科判形式，有利于对经文义理的理解。皇侃的《礼记义疏》没有流传至今，但其部分内容保存在孔颖达《礼记正义》当中。从《礼记正义》所收内容来看，《礼记义疏》与《论语义疏》类似，也是将《礼记》经文划分节、段，使之层次分明。如《礼运》开篇一句"昔者仲尼与于蜡宾"，《正义》引皇疏曰："从'昔者仲尼'以下至于篇末，凡为四段"②。因为皇侃往往分段解释经文，因此还在段首总结每段大义，这样更加便于从整体上把握经文。

至唐贾公彦作《周礼正义》与《仪礼正义》，也是吸取了科分形式。前引《士冠礼》"筮于庙门"就是明显的例证。但唐以前的注疏家没有给《仪礼》分章划节。直至朱子晚年修《仪礼经传通解》，始仿章句体例，开始厘析经文，划分章节。朱子说：

> 累年欲修《仪礼》一书，厘析章句而附以传记……元来典礼淆讹处古人都已说了，只是其书袞作一片，不成段落，使人难看。故人不曾看，便为忺人舞文弄法，迷国误朝。若梳洗得此书头面出来，令人易看，则此辈无所匿其奸矣，于世亦非少助也。③

> 前贤常患《仪礼》难读，以今观之，只是经不分章，记不随经，而注疏各为一书，故使读者不能遽晓。今定此本，尽去此诸弊，恨不得令韩文公见之也。④

由此可知，在朱子看来，不分章节是《仪礼》难读的一个重要原因。朱子修定《仪礼经传通解》，首先就是对《仪礼》经文厘析章句。此后杨复《仪礼图》、敖继公《仪礼集说》均遵照朱子划分章次的做法而又各有

---

① 皇侃：《论语义疏》卷一，中华书局2013年版，第2页。
② 《礼记正义》卷二十九，上海古籍出版社2008年标点本，第876页。
③ 《朱子文集》卷三十八《答李季章》，《朱子全书》第二十一册，上海古籍出版社、安徽教育出版社2002年版，第1707—1708页。
④ 《朱子文集》卷五十四《答应仁仲》，《朱子全书》第二十三册，第2550页。

异同。到了清代，经学家们更加认识到划分章次在《仪礼》经文研究中的重要性。清代礼学家吴廷华曾说："章次不分，则礼之始终度数与宾尸介绍，冠服玉帛牲牢尊俎之陈，如满屋散钱，毫无条贯。"① 划分章次犹如把握《仪礼》的条贯纲目，可见其重要性。张尔岐《仪礼郑注句读》、盛世佐《仪礼集编》以及徐乾学《读礼通考》、秦蕙田《五礼通考》等这些清代礼学研究的重要代表性成果，均采用了划分章节段落的方法来研究《仪礼》以及礼学。②

关于"释例"，也称作条例、义例，是根据经书文义而归纳出的准则，是研读经典的重要方法。在经学系统中有条例的首先是《春秋》学。《左传》自创立之始就有"条例"。《左传》书中的"五十凡"，其实就是《左传》的条例，因此条例是古文经学《春秋左传》一派非常重视的学问。郑兴于新莽天凤年间受到刘歆的委托，"使撰条例、章句、传诂"（《后汉书》卷三十六"本传"）。郑兴撰有《春秋左氏传条例》，《七录》著录为九卷，有学者认为，从"使撰条例"的措辞来看，刘歆当为《春秋左氏传条例》一书编撰工作的主持者。③ 郑兴子郑众"从父受《左氏春秋》"，撰有《春秋难记条例》一书（《后汉书》卷三十六"本传"）。又贾逵父徽撰《左氏条例》二十一篇（《后汉书》卷三十六"本传"），荀爽撰《春秋条例》（《后汉书》卷六十二"本传"），颖容"著《春秋左氏条例》五万余言"（《后汉书》卷七十九下《儒林传下》）。这些都是总结《春秋》学条例的著作。

经过郑众、贾徽、贾逵、颖容等人的增添与发展，《春秋左传》学逐渐走向条例化和义理化。《隋书·经籍志》著录有《春秋条例》《春秋经例》《春秋左氏传条例》《春秋义例》《春秋左传例苑》等，其中以杜预《春秋释例》最为著名。

杜预在《春秋序》中说："其发凡以言例，皆经国之常制，周公之垂法，史书之旧章，仲尼从而修之，以成一经之通体。"④ 杜预认为，《春

---

① 吴廷华：《仪礼章句》卷首，"皇清经解本"。又见桂文灿《经学博采录》卷八，中国基本古籍库收"民国刻敬跻堂丛书本"。
② 参见邓声国《清代〈仪礼〉文献研究》，上海古籍出版社2006年版，第45—46页。
③ 参见王葆玹《今古文经学新论》（增订版），中国社会科学出版社2004年版，第177页。
④ 《春秋左传正义》卷一，阮元校刻《十三经注疏》下册，中华书局1980年影印本，第1703页。

秋》是孔子根据周公遗制而修的一部经典，贯穿其中的义例是"经国之常制"。杜预将《左传》中的"五十凡"称作"旧例"或"正例"，"经之条贯，必出于传；传之义例，总归于凡。《左传》称凡者五十，其别四十有九，皆周公之垂法，史书之旧章。仲尼因而修之，以成一经之通体。诸称'书'、'不书'、'先书'、'故书'、'不言'、'不称'、'书曰'之类，皆所以起新辞，发大义，谓之变例。"（《四库全书总目》卷二十六《春秋释例》提要）杜预还将《左传》书中未用"凡"字而用"书曰""不书曰"等归纳的义例称作"新例"或"变例"。经过杜预的整理与研究，《春秋》学的条例得到了极大的发展，这同时也刺激了《春秋》学本身的发展。

朱彝尊对汉代以来的《春秋》条例作了这样的总结：

> 以例说《春秋》，自汉儒始。曰牒例，郑众、刘实也；曰谥例，何休也；曰释例，颖容、杜预也；曰条例，荀爽、刘陶、崔灵恩也；曰经例，方范也；曰传例，范宁也；曰诡例，吴略也；曰略例，刘献之也；曰通例，韩滉、陆希声、胡安国、毕良史也；曰统例，啖助、丁副、朱临也；曰纂例，陆淳、李应龙、戚崇僧也；曰总例，韦表微、成元、孙明复、周希孟、叶梦得、吴澄也；曰凡例，李瑾、曾元生也；曰说例，刘敞也；曰忘例，冯正符也；曰演例，刘熙也；曰义例，赵瞻、陈知柔也；曰刊例，张思伯也……①

朱彝尊还提到明例、新例、门例、地例、会例、断例、异同例、显微例、类例、序例、括例、义例，等等。由此可见《春秋》学条例之丰富。其实，汉代《春秋》学的条例化不仅是《左传》一系，《公羊》学也重视条例。何休《公羊解诂》中提到"胡毋生《条例》多得其正"语。②胡毋生为汉代公羊学经师，从何休的话中可知他也重视《春秋》的条例。不过，正如王葆玹先生指出的，"我们不能否认早期公羊学当中有一种类似于'条例'的学问存在，何休所谓'胡毋生条例'即是关于此种学问

---

① 朱彝尊：《曝书亭集》卷三十四《涪陵崔氏春秋本例序》，文渊阁四库全书本。
② 朱彝尊：《经义考》卷一百七十一，《经义考新校》第七册，上海古籍出版社2010年版，第3113页。

的泛称，不过在早期公羊学里，这种学问尚处次要的位置，处于主要地位的乃是'微言大义'，而'微言大义'在经学中是与'条例'不同的概念"。① 指出这一点也是很有必要的。

《春秋》学的凡例、条例也影响到《易》学与《礼》学。其实从内容来看，《左传》的"五十凡"当中，有十九条言"礼"、言"常"，杨向奎先生就称之为"礼经"②，是与礼制相关的内容。《左传》重礼，清人总结出来的"说《春秋》必以周礼明之"（刘文淇语），是研究《春秋左传》学非常有效的方法，由此也说明《春秋》学的义例影响到《礼》学，也是很自然的。

东汉的仲长统曾认为《周礼》为礼之经，《礼记》为礼之传，"经有条例，《记》有明义"（《后汉书》志九《祭祀下》），说明在汉代，礼学也是有条例的。北朝经学家熊安生的《礼记义疏》是南北朝时期《礼记》注疏研究的一部重要著作。这部书尤其重视将散落在三《礼》以及其他经典中的同一或相关问题联系起来，作整体的综合研究，并从中归纳出礼学中具有规律性、普遍性的一些原则。例如：

《礼记·文王世子》"始立学者，既兴器用币，然后释菜"，熊安生对"释奠""释菜""释币"之数作了总结，说："凡释奠有六：始立学释奠，一也；四时释奠有四，通前五也；《王制》师还'释奠于学'，六也。释菜有三：春入学，释菜，合舞，一也；此兴器释菜，二也；《学记》'皮弁祭菜'，三也。'秋颁学，合声'，无释菜之文，则不释菜也。释币唯一也，即此兴器用币是也。"③

《礼器》"天子之席五重，诸侯之席三重，大夫再重"，熊安生总结了《仪礼》用席之例，曰："凡《仪礼》之例，一种席皆称重，故《燕礼》注云'重席，重蒲筵'是也。所以《乡射》'大夫辞加席'，亦是一种。称'加'者，以上已云'公三重，大夫再重'，故变云'加'耳。所余经，虽异席亦称重，则此经是也。凡席有两则称二重，有一则称一重，与棺重别也。"④

---

① 王葆玹：《今古文经学新论》（增订版），第176页。
② 参见杨向奎《略论"五十凡"》，《绎史斋学术文集》，上海人民出版社1983年版，第215—227页。
③ 《礼记正义》卷二十八，第842页。
④ 《礼记正义》卷三十二，第968页。

《郊特牲》"故祭求诸阴阳之义也，殷人先求诸阳，周人先求诸阴"，熊安生对大祭三始所用之礼乐进行了总结，曰："凡大祭并有三始：祭天以乐为致神始，以烟为歆神始，以血为陈馔始。祭地以乐为致神始，以腥为歆神始，以血为陈馔始。祭宗庙亦以乐为致神始，以灌为歆神始，以腥为陈馔始。"①

由以上诸例可见，熊安生注解《礼记》，力图从分散、杂乱的经文中归纳、概括出一些具有规律性的规则，这对于研究古代礼制、贯通三《礼》是非常重要的。虽然熊安生对具体条目的总结未必完全准确，但他使用的方法则是礼学研究的一条正确而行之有效的方法，为后世的礼学家所一直沿用。

在三《礼》当中，《仪礼》内容尤其纷繁复杂，从《仪礼》中总结出条例就更为重要，更有意义，对礼学研究也会有极大的推动。

在宋代的礼学著作当中，有陈祥道《礼例详解》十卷、不知作者的《周礼类例义断》二卷。仅从书名来看，也可大略知道这些著作研究的是礼学中的礼例或义例。遗憾的是，这些著作已经佚失，其详细内容已不得而知，也不能确定宋代礼学研究在礼例方面取得了哪些具体的成果。另外，宋人张大亨撰有《春秋五礼例宗》十卷，此书虽然属《春秋》学，但其内容是归纳《春秋》当中的礼例，也算是和礼学以及礼例有一定的关系。由此也可以看出，宋代学者对礼学中的礼例以及经学当中的礼例也是相当重视的。

清代礼学发达，有关三《礼》的注疏除了出现了有影响的、集大成之作之外，在礼学的综合研究方面，礼学家更加重视礼的凡例、义例的研究。江永是清初礼学家，他的礼学著作《礼书纲目》《周礼疑义举要》都是清代礼学的代表作。此外，他还著有《仪礼释例》一卷，四库收入"存目"。其实此书只有"释服"一类，当为未成之作。

凌廷堪积二十余年成书的《礼经释例》是总结《仪礼》凡例的集大成之作。此书以杜预《春秋释例》为模本，分为八类十三卷：通例二卷，饮食三卷，宾客之例一卷，射例一卷，变例一卷，祭例二卷，器服之例二卷，杂例一卷。这些凡例，有的是在《仪礼》的"记"中提及的，有的是在郑玄注里提到的，但更多的是凌廷堪通过《仪礼》的研究而归纳总

---

① 《礼记正义》卷三十六，第1099页。

结出来的。凌廷堪在《序》中说：

> 《仪礼》十七篇，礼之本经也。其节文威仪，委曲繁重。骤阅之如治丝而棼，细绎之皆有经纬可分也。乍睹之如入山而迷，徐历之皆有途径可跻也。是故不得其经纬途径，虽上哲亦苦其难；苟其得之，中材固可以勉而赴焉。经纬途径之谓何？例而已矣。①

这里明确说明"例"对于研究《仪礼》以及礼学的重要性。"不会通其例，一以贯之，祗厌其胶葛重复而已耳，乌睹所谓经纬途径者哉"。名物训诂对于礼学研究固然非常重要，但在整体的会通基础之上提炼出的"例"更为重要，"必以例为主，有非诂训名物所能赅者"。②

对于凌廷堪的《礼经释例》，后代学者评价非常高。阮元的儿子阮常生为廷堪受业弟子，他认为此书"其功不在后仓、大小戴、庆普诸人之下，海内学人，当不苦其难读矣"③。将廷堪与后仓、大小戴等人并列在一起，其在礼学史上的重要地位，由此可见。当代也有学者认为"《礼经释例》是一部大有助于学习《仪礼》的最好著作"④，这也是由于研究《仪礼》要把握住《仪礼》的凡例，这样才能做到纲举目张，不至于陷入繁复的礼节中而迷失了对礼的整体的理解与把握。

除"分节""释例"之外，绘图也是研究礼学的一个重要且实用的方法。陈澧指出：

> 郑、贾作注作疏时，皆必先绘图，今读注疏，触处皆见其踪迹。如《士冠礼》"筮人许诺，右还，即席，坐"，注云："东面受命，右还北行就席。"疏云："郑知东面受命者，以其上文有司在西方东面，主人在门东西面。今从门西东面主人之宰命之，故东面受命可知也。知右还北行就席者，以其主人在门外之东南，席在门中，故知右还北行，乃得西面就席坐也。"如此之类，乃显而易见者也。又如《燕礼》"主人盥洗象觯"，注云："取象觯者东面。"疏云："以膳篚南有臣之篚，不得北面取，又不得南面背君

---

① 凌廷堪：《礼经释例序》，《礼经释例》，北京大学出版社2012年版，第2页。
② 同上书，第3页。
③ 阮常生：《礼经释例序》，见凌廷堪《礼经释例》，第1页。
④ 钱玄：《三礼通论》，南京师范大学出版社1996年版，第67页。

取，从西阶来，不得筐东西面取，以是知取象斛者东面也。"此必郑有图，故知东面取；贾有图，故知不得北面南面西面，而必东面也。《大射仪》："揖以耦左还，上射于左"，注云："上射转居左，便其反位也。上射少北乃东面。"疏云："知不少南者，以其次在楅东面，得东当次也。"此亦郑有图，故知少北；贾有图，故知不得少南，皆确不可易也。

《乡饮酒礼》"主人实爵介之席前，西南面献介"，疏云："以介席东面，故邪向之。"《特牲馈食礼》记主妇及内宾宗妇亦旅西面，注云："其拜及饮者皆西面，主妇之东南。"疏云："知在主妇之东南者，以其不背主妇，又得邪角相向也。"《乡射礼》"司射还，当上耦，西面作上耦射"，注云："还，左还也。"疏云："知左还者，经云'还，当上耦'，上耦位在司射之西南，东面；司射还，欲西面与上耦相当，故知左还回身当之，取便可知也。"《少牢馈食礼》"主人西面，三拜飨者，飨者奠举于俎，皆答拜"，注云："在东面席者东面拜，在西面席者皆南面拜。"疏云："知面位如此者，以主人在户内，西面，三拜餕者。餕者在东面而答主人拜，可知在西面位者，以主人在南，西面，不得与主人同面而拜，明回身南面，向主人而拜，故郑以义解之如此也。"如此之类，或邪向，或回身，与平直易见者不同。非有图，安能知之？

《乡射礼》"司马出于下射之南，还其后，降自西阶"，注云："围下射者，明为二人命去侯。"疏云："司马由上射之后，立于物间，命去侯讫。物间南行，西向，适阶降，是其顺矣。今命去侯讫，乃围下射之后，绕下射之东，南行，而适西阶去。若出物间，西行，则似直为上射命去侯，是以并下射围绕之，明为二人命去侯也。"《燕礼》"若君命皆致，则序进，奠觯于篚"，注云："序进，往来由尊北，交于东楹之北。"疏云："以其酒尊所陈，在东楹之西，西向而陈；其尊有四，并执幂者在南，不得南头以之君所；又唯君面尊，尊东西面酌酒以背君；故先酌者东面酌讫，由尊北又楹北往君所，奠讫右还而反；后酌者亦于尊北，又于楹北与反者而交。先者于南西过，后者于北东行，奠讫亦右还而反，相随降自西阶。"如此类者，围绕交错，绘图亦殊不易，或绵蕞习之，乃知之耳。即以疏文而论，曲而能达，栩栩欲动。①

---

① 陈澧：《东塾读书记》卷八，第129—131页。

清末礼学家曹元弼之《礼经学》，是通论礼学的一部著作，颇受近现代学者的推崇。其中"读经例、注疏通例"一节，几乎原文转抄了陈澧《东塾读书记》中的相关论述。① 皮锡瑞《经学通论》也是如此。这说明陈澧关于礼学研究的总结，得到了清代礼学家一致的肯定。

　　本来，礼就是象征符号。礼的外在表现形式是各种繁复的舆服车马制度、进退揖让的仪式，研究礼，除了探讨礼的意义、归纳礼例之外，以画图的方法来研究这些具体的宫室、车马、器物、舆服等制度，是非常直观且有效的一种方法，可以起到事半功倍的作用。

　　清代学者胡渭说：

　　　　古者有书必有图，图以佐书之所不能尽也。凡天文地理，鸟兽草木，宫室车旗，服饰器用，世系位著之类，非图则无以示隐赜之形，明古今之制，故《诗》、《书》、《礼》、《乐》、《春秋》皆不可以无图。唯《易》则无所用图。②

　　胡渭反对易学中的图书象数学，因此说六经中只有《易》不必用图，这个看法可以暂且不论；但他指出的以图佐经，则是经学研究，尤其是礼学研究的重要手段。宋代礼学的发展中一个特别突出的特色就是礼图学的兴盛与发达。

第二节　宋代的礼图学

　　在中国传统学术思想的谱系中，图与书常常相配，所谓"左图右史"就是关于中国古代历史记载的传说。与书相配的图包罗万象，如地图、宗教祭祀中所用的各种图像等，这些图在今天分属不同的学科门类，如地理学、美术史、科技史、宗教学等，并且都有专门的研究。与本课题研究相关的礼图，在传统学术体系中属于经图的一类。

　　以图解经，本是经学研究中的一种方法。经学史家马宗霍说，汉代经学体例在传、注、章句等之外，"别有谱学图学（如郑玄《诗谱》《三礼

---

　　① 参见曹元弼《礼经学·明例第一》之"读经例　注疏通例"，北京大学出版社2012年版，第42—46页。
　　② 胡渭：《易图明辨》"题辞"，中华书局2008年版，第1页。

图》之类），纲举目张，力鲜思寡，盖亦与经说相发明者也"。① 据《隋书·经籍志》，郑玄以及东汉阮谌等曾撰有《三礼图》九卷。据此，从郑玄就开始就用图谱来注解三《礼》及其他经典了。

除《三礼图》之外，《隋书·经籍志》还著录了其他一些解经的谱图，如礼类的有《周官礼图》十四卷，注中提及梁时有《郊祀图》二卷；祁谌撰《周室王城明堂宗庙图》一卷，注中还提到《冠服图》一卷，《五宗图》一卷，《月令图》一卷；王俭撰《丧服图》一卷；贺游撰《丧服图》一卷；崔逸《丧服图》一卷，注里又提到《戴氏丧服五家要记图谱》五卷，《丧服君臣图仪》一卷；还有不署作者名的《五服图》《五服图仪》《丧服礼图》等。此外还有乐类的《乐悬图》，《尔雅》类的《尔雅图》等。这些著作主要以丧服图为主，且大多是魏晋南北朝时期的作品，说明魏晋南朝丧服礼学兴盛的时候，已经出现了一批以图解经的作品。《通志·艺文略》在经类的《易》《书》《诗》《春秋》《尔雅》下面，礼类的《周官》、"丧服""会礼"等诸小类下面，都专门列了"图"类，汇集了一些以图解经的著作，不过这些著作大多也都是宋代以前的作品。到了宋代，以图解经的方法得到了充分的发展，图谱成为经学研究当中的一个重要的门类。《宋史·艺文志》礼类收录了宋代重要的礼图学著作，如聂崇义《三礼图集注》二十卷、龚原《礼图》十卷、郑景炎《周礼开方图说》一卷、项安世《周礼丘乘图说》、杨复《仪礼图解》十七卷等，经解类收录了杨甲《六经图》六卷、叶仲堪《六经图》七卷、俞言《六经图说》十二卷等。与过去相比，宋代的礼图学著作不但在数量上有了较大幅度的增加，而且每部分的分量也明显变重了，这也说明宋代的礼图学已经有了长足的进展。

从中国现代学术发展演进的角度来看，图谱学在宋代有了很大的发展，郑樵《通志》二十略中有《图谱略》，正式将图谱学作为一门独立的专学。郑樵在《图谱略》的《索象》篇中，首先回顾了图谱学的发展历史。在郑樵看来，本来，河出图，洛出书，图书在上古三代的学术发展中是并存的。即使秦代废儒学，也没有完全废弃图书，这是因为"诚以为国之具，不可一日无图"。② 郑樵对刘向歆父子批评很多，其中一个主要的原因就是因为他们在整理古籍的时候"只收书，不收图，艺文之目，

---

① 马宗霍：《中国经学史》，商务印书馆1998年版，第56页。
② 郑樵：《通志·图谱略》，见《通志二十略》，中华书局1995年版，第1825页。

递相因习，故天禄、兰台，三馆四库，内外之藏，但闻有书而已"。① 只有南朝的王俭作《七志》，其中开创了《图谱志》。这在中国古代目录学的发展历史上是一创举。但后来的阮孝绪《七录》并没有继承这一传统，《七录》"散图而归部录，杂谱而归记注"②，将图谱散落在其他部类当中，而没有当作一个独立的门类进行收录、研究。图谱学的真正兴起是从宋代开始的。在经学研究当中，重视图谱也是宋代经学的一大特色，同时礼图学也成为宋代礼学的一个重要的分支。

郑樵指出：

> 今总天下之书，古今之学术，而条其所以为图谱之用者十有六：一曰天文，二曰地理，三曰宫室，四曰器用，五曰车旗，六曰衣裳，七曰坛兆，八曰都邑，九曰城筑，十曰田里，十一曰会计，十二曰法制，十三曰班爵，十四曰古今，十五曰名物，十六曰书。凡此十六类，有书无图，不可用也。③

郑樵指出的治学需要图谱的这十六个方面中，宫室、器用、车旗、衣裳、坛兆、都邑、城筑、班爵、名物等，显然都属于礼学研究的内容，即使在其他领域，也有一些内容涉及到礼。郑樵《图谱略》还有"记有"和"记无"两篇，其中"记无"篇包括地理图、会要图、纪运图、百官图、易图、诗图、礼图、乐图、春秋图、孝经图、论语图、经学图、小学图、刑法图、天文图、时令图、算数图、阴阳图、道家图、释氏图、符瑞图、兵家图、艺术图、食货图、医药图、世系图等。在这些图类当中，除了专门的礼图之外，其他门类当中（如诗图、春秋图、经学图等）也都与礼有一定的关联。因此，从郑樵的总结来看，礼学研究与图谱的关系最为密切。郑樵的《图谱略》也可以作为宋代礼图学的一篇纲领性文献。

一 宋代礼图学的兴起及主要内容

北宋时期图书学的兴起与发展，不但是宋代学术史上的一项重要内

---

① 郑樵：《通志·图谱略》，见《通志二十略》，中华书局1995年版，第1826页。
② 同上。
③ 同上书，第1828页。

容，同时对于当时的哲学思想与学术的发展，也都产生了不同程度的影响。朱伯崑先生指出："北宋时期，图书学派十分流行，成为学术界的一大思潮。宋中期的道学家周敦颐和邵雍都是从图书学派中分化出来的哲学家。宋明的哲学史也可以说是从图书学派开始的。"① 这样的评价，对于图书学派在宋代思想学术界以及整个中国古代哲学史上的地位，是非常精确恰当的，可谓一目了然。

图书学起源于易学。易学在发展演变中逐渐形成象数与义理两大派。前人总结说：

> 汉儒言象数，去古未远也，一变而为京、焦，入于机祥，再变而为陈、邵，务穷造化，易遂不切于民用。王弼尽黜象数，说以老庄，一变而为胡瑗、程子，始阐明儒理，再变而李光、杨万里，又参证史事。易遂日启其论端。此两派六宗，已互相攻驳。②

这是从汉代至宋代易学发展的基本形态。宋人解《易》，从传统的象数学中又分化出图书学一派。《四库总目提要》说："汉儒言易多主象数，至宋而象数之中复歧出图书一派。"③ 按照朱伯崑先生的说法，图书学派"来源于道教的解易系统。魏伯阳《参同契》的易学，被唐朝和五代的道教继承下来，并以种种图式，表示其炼丹的理论。此种解易的学风，到宋代演变为图书学派。此派推崇河图和洛书，并以此解释《周易》的原理"。④

在现存先秦典籍当中，《尚书·顾命》篇最早出现"河图"一词。《论语·子罕》篇记孔子之言曰："凤鸟不至，河不出图，吾已矣夫。"从孔子的感慨来推测，他所谓的"河图"大约相当于祥瑞一类的事物。《周易·系辞》有"河出图，洛出书，圣人则之"一语，河图洛书至此与易学发生了关系。孔安国以及王肃都说《尚书·顾命》篇说的"河图"是"八卦"。图书学就是依照《系辞》中的这句话来构造不同的图解与易学体系。但是，《尚书》以及孔子都没有明确说明河图（以及洛书）的具体

---

① 朱伯崑：《易学哲学史》中册，北京大学出版社1988年版，第9页。
② 《四库全书总目》卷一，中华书局1965年影印本，第1页。
③ 《四库全书总目》卷二《易数钩隐图》，第5页。
④ 朱伯崑：《易学哲学史》中册，第7页。

所指，汉唐时期的易学家也没有具体的说明。宋初的象数学派在道教的影响下，将《系辞》中的大衍之数、天地之数同河洛联系起来，并为河图洛书制定了不同的图式，用来解释《周易》的原理。这样，就形成了易学当中的图书学派。

北宋易学的图书派始于陈抟。前文引述过朱震所叙述的宋代易学的传承，就是始于陈抟的《先天图》（见《宋史》卷四三五《儒林传五·朱震传》）。陈抟是宋初的炼丹家。朱熹就曾说："《先天图》传自希夷，希夷又自有所传。盖方士技术用以修炼，《参同契》所言是也。"[1] 自唐五代以来，就出现了用《周易》的卦象解释炼丹术的各种图式，如五代彭晓注《参同契》，有《明镜图》《水火匡廓图》《三五至精图》等，这已形成一种风气。陈抟继承了这种解《易》的风气，他研究《周易》，以图式代替文字，用《周易》中的卦爻象和阴阳之数来解释道教《参同契》中的炼丹术。因此，以图式解《易》是陈抟易学的一大特征。

据朱震所叙述的宋代易学传授系统，陈抟的图书学经传种放、李溉、许坚、范谔昌，至刘牧。刘牧是北宋中期图书学的代表人物，他继承了陈抟的龙图，并将它发展至五十五图。刘牧著《易数钩隐图》，《郡斋读书志》著录为三卷。《四库总目提要》说："其学盛行于仁宗时，黄黎献作《略例》、《隐诀》，吴秘作《通神》，程大昌作《易原》，皆发明牧说。而叶昌龄则作《图义》以驳之。宋咸则作《王刘易辨》以攻之，李觏复有《删定易图论》。"[2]

黄黎献受学于刘牧，作《略例》一卷、《隐诀》一卷。吴秘受学于黄黎献，作《通神》三十四篇，用以解释《易数钩隐图》。另外，还有常豫撰《易源》，石汝砺撰《乾生归一图》二卷，徐庸撰《易蕴》一卷，鲜于侁撰《周易圣断》七卷，皆为发挥刘牧图书学的著作。南宋时期，朱震《汉上易传》附《卦图》三卷，程大昌《易原》八卷，亦多发挥刘牧之说。

对于刘牧的图学，也有学者持批评态度。李觏撰《删定易图序论》，认为刘牧的图书学"穿凿以从佹异，考之破碎，鲜可信用。大惧诖误学

---

[1] 黎靖德编：《朱子语类》卷一百，第2552页。
[2] 《四库全书总目》卷二，第5页。

子，坏堕世教"①，将其图删去五十二图，只保留了《河图》《洛书》与《八卦》三图。宋咸作《王刘易辨》二卷，指责刘牧象数学穿凿附会之处。叶昌龄又撰《周易图义》二卷（见《中兴馆阁书目》），列举出四十五条材料，对刘牧《钩隐图》作了系统的批驳。

陈抟以图解《易》，他提出的图主要有《先天太极图》《龙图》和《无极图》。他提出的这些图式虽然与道教有着十分密切的关系，但通过传授，直接影响了周敦颐与邵雍，而他们又从儒家的立场继承并发展了这些图式，成为理学的开创者。

周敦颐是理学的开山。黄百家说："孔、孟而后，汉儒止有传经之学，性道微言之绝久矣。元公崛起，二程嗣之，又复横渠诸大儒辈出，圣学大昌。故安定、徂徕卓乎有儒者之规矩，然仅可谓有开之必先。若论阐发心性义理之精微，端数元公之破暗也。"② 从今日学术史研究的角度而论，周敦颐与二程、张载未必有如此密切的学脉承接关系，但从道学内部的立场来看，周敦颐确实是道学的开山。由于他的"崛起"，打破了儒学自孔孟以后千年的幽暗历史，从此心性义理之学彰显，成为儒学发展的源头活水。周敦颐有首创之功，之后二程、张载辈兴起，由此促成了道学的兴盛。

周敦颐的理学著作中重要的一篇是《太极图说》。经清代学者的考证，周敦颐的《太极图》来源于道教系统，与陈抟的《无极图》有渊源关系，这一点是确定无疑的。道教用此图来说明宇宙的形成，其目的是讲炼丹术。而周敦颐则从儒家的立场解释《太极图》，说明了宇宙的产生、仁义道德的基础以及圣人的内在依据。周敦颐的《太极图说》的框架是理学的，而且对首句"无极而太极"或"自无极而为太极"的争论，成为理学内部争论的重要问题，在某种程度上也是促使道学分化、推动道学发展的内部动因。

邵雍是北宋著名的易学家。他的以图解《易》的方式也来源于陈抟，并且进一步发展了陈抟易学的数学特色。邵雍的易学也称作先天学，因为他认为《周易》的八卦中，以乾坤坎离为正四卦的图式是伏羲所画，这类图式为先天图，其学为先天学；汉易中以坎离震兑为正四卦的图式是文

---

① 李觏：《删定易图序论》，《李觏集》卷四，中华书局2011年版，第54页。
② 《宋元学案》卷十一《濂溪学案》上，中华书局1986年版，第482页。

王易，是对伏羲易的推演，为后天学。朱熹曾说："据邵氏说，先天者，伏羲所画之易也；后天者，文王所演之易也。伏羲之易初无文字，只有一图以寓其象数，而天地万物之理，阴阳终始之变具焉。文王之易即今之《周易》，而孔子所为作传者是也。"① 朱熹的概括基本符合邵雍的思想。邵雍易学的重点是对先天易学图式的推演与研究。据后来学者推测，邵雍的先天图共有十四图，朱熹的《周易本义》中将《伏羲先天图》归结为《伏羲八卦次序图》《伏羲八卦方位图》《伏羲六十四卦次序图》与《伏羲六十四卦方位图》四种。朱子归纳的伏羲四图是邵雍易学的基本内容，对后来易学与理学的发展都产生了重要的影响。钱穆先生指出："朱子治《易》既重象数，乃亦深信邵康节之《先天图》。"②

由以上叙述可知，宋代易学继承了传统象数学的图式以及道教为炼丹而改造的各种《易》图，提出了各种图式，宋代著名的易学家陈抟、刘牧、李之才、周敦颐、邵雍等都用各种图式来解释易学思想。在朱子的《周易本义》中依然保留了九幅易图。

在宋代的思想学术界，由于易图的兴盛，图书学的流行成为学界的一大思潮。在这种风气的影响之下，再加上礼学本来就有以图解经的传统，因而在宋代出现了大量礼图学的著作，礼图学也成为宋代图书学派中的重要组成部分。

宋代的易图多有道教的渊源，除了对八卦、六十四卦的次序、方位的排比、推演之外，重点用图式说明《易传》当中"易有太极，是生两仪""天地之数五十五"等比较抽象的宇宙生化过程，以及河图洛书、易与阴阳二气的变化、五行的生成等问题。与此相比较，礼图则通常用具体、形象的图形、图式，来说明繁复的礼器、礼制以及礼仪操演的过程。

有宋一代经图、礼图著作不断出现，礼图学成为礼学的一个重要分支，除了受到易学图书学的影响之外，统治者制礼作乐的礼制建设的需求，也是一个重要的因素。宋代的儒家学者与帝王相互配合，相互鼓励，以实现三代理想为最高目标，因此，制礼作乐也成为宋代政治活动中的重要内容。《玉海·艺文》除了收录《三礼图》，还著录了其他近五十种图谱，如《淳化大射图》《咸平龙图阁五经图》《景德崇和殿尚书礼记图》

---

① 朱熹：《文集》卷三十八《答袁机仲书》，《朱子全书》第二十一册，第1665页。
② 钱穆：《朱子新学案》中册，巴蜀书社1986年版，第1255页。

《中庸图》《祥符尚书图》《景德礼记图》《祥符释奠祭器图》《祥符四图》《天禧大礼称庆合班图》《皇祐迩英阁无逸图》《孝经图》《至和周礼器图》《嘉祐周礼乐图》《仁宗御制洛书五事图》《治平八庙图》《元祐无逸图》《绍兴讲殿御书无逸图》《绍兴资善堂孝经图》《乾道御制敬天图》《嘉熙敬天图》等。从这些经图、礼图的名称就可以知道，这些礼图的内容都是有关礼制、礼器的，这在当时的现实政治中是非常实用的。从整体上来看，宋代礼图学当中具有代表性的是以下几部著作。

（一）聂崇义《三礼图》

据《宋史》卷四三一《儒林传》，聂崇义为河南洛阳人。"少举《三礼》，善礼学，通经旨。"后汉乾祐中，累官至国子《礼记》博士。后周显德中，累迁国子司业兼太常博士。北宋建隆中，聂崇义根据世传六种旧礼图，参校考定，撰成《新定三礼图》。[①]

聂崇义编纂的《三礼图》共二十卷，依次为：冕服图、后服图、冠冕图、宫室图、投壶图、射侯图上、射侯图下、弓矢图、旌旗图、玉瑞图、祭玉图、匏爵图、鼎俎图、尊彝图、丧服图上、丧服图下、袭敛图、丧器图上、丧器图下和目录，总共三百八十一图。聂崇义《三礼图》是在综合前人礼图的基础上删定而成的。他所参考的六种旧礼图，《郡斋读书志》说"以郑康成、阮谌等六家图刊定"。《直斋书录解题》又说："盖用旧图六本参定，故题集注。"《四库提要》对六家说得更加明确：

考礼图始于后汉侍中阮谌，其后有梁正者，题谌图云："陈留阮士信，受学于颍川綦母君，取其说为图三卷，多不案礼文而引汉事，与郑君之文违错正称。"《隋书·经籍志》列郑玄及阮谌等《三礼图》九卷，《唐书·艺文志》有夏侯伏朗《三礼图》十二卷，张镒《三礼图》九卷。《崇文总目》有梁正《三礼图》九卷。《宋史》载吏部尚书张昭等奏云："《四部书目》内有《三礼图》十二卷，是开皇中敕礼部修撰。其图第一、第二题云'梁氏'，第十后题云'郑氏'，今

[①] 当代学术界有关《三礼图》的研究主要有：金中枢《宋代学术思想研究》一书的第一章第一节对聂崇义《三礼图》有较为详细的研究与批评。王锷在评论丁鼎整理的《三礼图》时也比较全面地评述了《三礼图》的编纂与价值。参见金中枢《宋代学术思想研究》，台北：幼狮文化事业公司1989年版，第17—56页。王锷：《宋聂崇义〈新定三礼图〉的价值和整理——兼评丁鼎先生整理的〈新定三礼图〉》，《孔子研究》2008年第2期。

书府有《三礼图》，亦题梁氏、郑氏。"则所谓六本者，郑玄一，阮谌二，夏侯伏朗三，张镒四，梁正五，开皇所撰六也。然勘验郑志，玄实未尝为图，殆习郑氏学者作图，归之郑氏欤？①

这里对聂崇义所参考的六种旧礼图讲得非常明确。聂崇义就是在这些旧图的基础之上，考定参校出新的《三礼图》。《三礼图》颁行后广为流传，成为当时制礼的重要参考标准。但其错误也在所难免。如哲宗时太常博士陈祥道专于礼乐，作《礼书》一百五十卷，"比之聂崇义图，尤为精密"，因此范祖禹建议"请付太常寺，与聂崇义图参用"。②《四库提要》也说：

> 沈括《梦溪笔谈》讥其牺象尊、黄目尊之误，欧阳修《集古录》讥其簠图与刘原甫所得真古簠不同，赵彦卫《云麓漫钞》讥其爵为雀背承一器，牺象尊作一器绘牛象，林光朝亦讥之曰："聂氏《三礼图》全无来历，榖璧则画榖，蒲璧则画蒲，皆以意为之，不知榖璧止如今腰带銙上粟文耳。"是宋代诸儒亦不以所图为然。然其书钞撮诸家，亦颇承旧式，不尽出于杜撰。③

《四库提要》虽然也引用了宋人的一些批评，但总体上还是肯定了聂崇义《三礼图》抄撮诸家的贡献。当代也有学者还在陆续指出《三礼图》的一些错误。④ 但不可否认的是，聂崇义的《三礼图》是汉唐以来以图的形式研究三《礼》的一部集大成之作，在礼图学以及礼学发展史上具有承前启后的重要作用。正如钱玄先生所指出的："这是一部继往开来的书，清人戴震、程瑶田的《考工记》图，黄以周《礼书通故》中的名物图，都是从聂图发展而来的。"⑤

（二）杨甲《六经图》六卷

杨甲《六经图》成于南宋绍兴（1131—1162）中。毛邦翰补杨甲本，

---

① 《四库全书总目》卷二十二，第 176 页。
② 《续资治通鉴长编》卷四百五十，中华书局 2004 年版，第 10808 页。
③ 《四库全书总目》卷二十二，第 176 页。
④ 如金中枢在《宋代学术思想研究》一书中对聂图的批评。另外参见乔辉、骆瑞鹤《聂崇义〈三礼图集注〉指瑕四则》，《广西社会科学》2014 年第 7 期。
⑤ 钱玄：《三礼通论》，第 61 页。

成于乾道元年（1165），此书或称程森汇刻大本。继杨毛本之后，又有叶仲堪重编毛邦翰之本，以及杨复《仪礼图》十七卷。

《四库提要》说：

> 宋杨甲撰，毛邦翰补。甲，字鼎卿，昌州人。乾道二年进士。成都《文类》载其数诗，而不详其仕履。其书成于绍兴中。邦翰不知何许人，尝官抚州教授。其书成于乾道中。据王象之《舆地纪胜》碑目，甲图尝勒碑昌州郡学，今未见拓本，无由考其原目。陈振孙《书录解题》引《馆阁书目》，载邦翰所补之本，《易》七十图，《书》五十有五图，《诗》四十有七图，《周礼》六十有五图，《礼记》四十有三图，《春秋》二十有九图，合为三百有九图。此本惟《易》、《书》二经图与《馆阁书目》数相合。《诗》则四十有五，《礼记》四十有一，皆较原数少二。《周礼》六十有八，较原数多三。《春秋》四十有三，较原数多十四。不知何人所更定。考《书录解题》载有东嘉叶仲堪字思文，重编毛氏之书，定为《易》图一百三十，《书》图六十三、《周礼》图六十一、《礼记》图六十三、《春秋图》七十二，惟《诗》图无所增损。其卷则增为七，亦与此本不符。然则亦非仲堪书。盖明人刊刻旧本，无不臆为窜乱者。其损益之源委，无从究诘。以其本出杨毛二家，姑从始事之例，题甲及邦翰名云尔。①

由《四库提要》的叙述可知，由于此书历代均有增补，所以《六经图》中每一经图的具体数字也有多种说法。据通行的四库本，《六经图》中《周礼》图《周礼文物大全图》依次为：

> 天官冢宰、地官司徒、春官宗伯、秋官司寇、冬官考工记、王宫制图、营国制图、经九轨图、朝位寝应社稷图、宗庙图、社稷图、治朝图、燕朝图、外朝图、夏世室、商重屋、周明堂、宫寝制图、次宸制图、几筵制图、王畿千里图、王畿乡遂采地图、井田之法图、四井为邑图、四邑为丘图、四丘为甸图、四甸为县图、四县为都图、四都为同图、六乡图、六遂图、五等采地图、六乡乡地图、职方氏九服

---

① 《四库全书总目》卷三十三，第271页。

图、职方氏九州图、行人六服朝贡图、王公侯卿士冕服图、后服制图、圭璧璋瓒缫藉制图、圆丘乐图、方丘乐图、宗庙乐图、分舞乐图、笋簴钟磬制图、凫氏图、木铎金铎、鼓人四金图、舞师乐师舞制图、鼓制图、乐器制图、祭器制图、六尊制图、六彝制图、掌客器图、巾人制图、金车玉辂制图、墨车制度图、厌翟车制图、轮人为盖图、九旗制图、射侯制图、冯相太岁图、龟人图、筮人图、土圭测日图、水地法图、传授图。

《礼记》图为《礼记制度示掌图》，依次为：

> 四十九篇数、二十四气图、七十二候图、月令中星图、月令明堂图、十二律还相为宫图、月令十二律管候气图、月令所属图、月令仲春昏星图、月令仲夏昏星图、月令仲秋昏星图、月令仲冬昏星图、五社制度图、五帝坐位图、王制商建国图、王制周建国图、王制公卿大夫图、天子县内图、周公明堂图、武舞表位图、冠冕制图、器用制图、七庙制图、祫庙制图、五庙三庙图、别子祖宗图、郊禘宗祖图、堂上昭穆图、室中昭穆图、燕礼图、投壶礼图、乡饮礼图、养老礼图、冠礼器图、昏礼器图、习射礼图、飨礼图、内外用事之日图、祭祀用樽之数图、礼记名数图、礼记传授图。

从这些名目来看，《六经图》书中的礼图的范围是很广的。礼书中的重要制度，如井田、乡遂、明堂等，以及礼仪形式、名物，用图可以非常直观明了地把握与理解。此外，礼经的传授、礼经的主体结构也可以用图表示，对礼学研究也可以起到提纲挈领的作用。正如南宋苗昌言《六经图序》说："盖尝论之，自汉儒章句传注之学行，而士之道学益不明，逮本朝以经术取士，大儒继出，讲解一新，而后天下之士皆知渊源之归。今是图之作，凡六籍之制度、名数，粲然可一二数，使学者因是求其全书而读之，则造微诣远，兹实其指南也。"① 这正说明了用图解经的作用与意义。

除了礼图之外，《尚书轨范撮要图》中的"十二章服图""尧制五服图""弼成五服图""商七庙图"等，《毛诗正变指南图》中的"我将明

---

① 朱彝尊：《经义考》卷二百四十三，《经义考新校》第九册，第4375—4376页。

堂图""清庙宫图""辟雍泮宫图"等，也都与礼图相关。

另外，《宋史·艺文志》还有俞言《六经图说》十二卷、赵元辅《六经图》五卷、叶仲堪《六经图》七卷。《千顷堂书目》还收录了赵元辅《大易象数钩深图》三卷，有学者认为可能就是《六经图》的《易》图部分。① 此外，《直斋书录解题》有唐仲友《帝王经世图谱》（亦称《六经图谱》）十卷，一百二十二篇。周必大《题辞》云："凡天文、地理、礼乐、刑政、阴阳、度数、兵农、王霸，皆本之经典，兼采传注，类聚群分，旁通午贯，使事时相参，形声相配，或推消长之象，或列休咎之证，而于郊庙、学校、畿疆、井野，尤致详焉。各为总说附其后，始终条理，如指诸掌。"②

（三）南宋杨复《仪礼图》十七卷

其序曰：

> 学者多苦《仪礼》难读……虽然，莫难明于《易》，可以象而求；莫难读于《礼仪》，可以图而见。图亦象也。复曩从先师朱文公读《仪礼》，求其辞而不可得，则拟为图以象之，图成而易显。凡依位之先后秩序，物之轻重权衡，礼之恭逊文明，仁之忠厚恳至，义之时措从宜，智之文理密察，精粗本末，昭然可见。……赵彦肃尝作特牲、少牢二礼图，质诸先师，先师喜曰："更得冠昏礼及堂室制度并考之，乃为佳耳。"盖《仪礼》原未有图，故先师欲学者考订以成之也。

据此，《仪礼图》是按照朱熹的意见而作的，因此在义例上亦本于《仪礼经传通解》。全书共分冠礼、士昏礼、士相见礼、乡饮酒礼、乡射礼、燕礼、大射礼、聘礼、公食大夫礼、觐礼、丧服礼、士丧礼、既夕礼、士虞礼、特牲馈食礼、少牢馈食礼、有司彻十七门，共二百零五图。书末又附《仪礼旁通图》一卷，分宫庙、冕弁、牲鼎礼器三门，共有二十五图。正文部分先录《仪礼经传通解》原文，然后绘图，再加详细考证说明。

（四）《周礼》的礼图

在宋代的礼图学当中，《周礼》的礼图是比较专门的一类。其实，《周礼》一书本身就是由三百多个职官按照六官的体系构筑而成的，其中

---

① 张富祥：《宋代文献学研究》，上海古籍出版社2006年版，第510页。
② 《文献通考》卷二百二十八《经籍考》五十五，中华书局2011年版，第6267页。

有很多内容涉及上古时期的政治、经济、军事等制度。如果就文字来看，缠绕复杂，但如果把这些内容用图表的形式直观地表现出来，则一目了然，易于理解和把握。《六经图》当中关于《周礼》的礼图，就是这样的。因此，在宋代的礼图学当中还有一些有关《周礼》名物制度的专门的礼图。如《宋史·艺文志》收录有龚原《周礼图》十卷、郑景炎《周礼开方图说》一卷、项安世《周礼丘乘图说》一卷等，其中后二书应该是有关《周礼》的专题礼图。在《周礼》的各种礼图中，南宋夏休的《周礼井田谱》二十卷，是具有代表性的一部著作。《四库提要》指出：

> 其书因井田之法，别以己意推演，创立规制。于乡遂之官联，沟遂之纵横，王侯之畿疆，田莱之差数，兵农之相因，颁禄之多寡，门子游倅之法，兆域昭穆之制，郊社宗庙之位，城郭内外之分，以及次舍庐室、市廛次叙、三鼓四金、五常九旗、五路五车、和门八节，皆摹绘为图，若真可坐言起行者。其考订旧文，亦多出新意。①

南宋陈傅良对此书评价颇高。他在《夏休井田谱序》中说："苟得如《井田谱》与近时所传林勋《本证书》者数十家，各致其说，取其通如此者，去其泥不通如彼者，则周制可得而考矣。周制可得而考，则天下亦几于理矣。"② 陈序多有溢美之辞，但他的真实意图其实还是很明确的。用图谱可以非常直观地表达井田之法，这对于破解这个聚讼千年的难题大有益处，同时也可以由此探究三代先王政治之美意，而这正是宋代礼学以及儒学所要达到的目的。

另外，还有余希文《井田王制图》一卷三十二图③。林希逸《考工记解》二卷，是有关《周礼·考工记》的专著，其中也有几十幅附图。在这些图谱中，井田图应当是《周礼》礼图当中比较突出的一类。

二 金石学与礼图学的发展

金石学也是宋代形成的一门新兴的学问。王国维曾说："古来新学问

---

① 《四库全书总目》卷二十三，第 188—189 页。
② 《宋元学案》卷五十三《止斋学案》，第 1717—1718 页。
③ 《玉海·艺文》卷五，见武秀成、赵庶洋《玉海艺文校证》卷五，凤凰出版社 2013 年版，第 216 页。

起，大都由于新发见。有孔子壁中书出，而后有汉以来古文家之学。有赵宋古器出，而后有宋以来古器物、古文字之学。"① 从先秦直至隋唐时期，对古代青铜器以及铭文的搜集、考释，仅有一些零星的、不成系统的记载。宋代儒学复兴，士大夫普遍有超越汉唐而直达三代的豪迈志愿，对三代遗存自然有着特殊的爱好与兴趣，对古代器物的收集、研究蔚然成风，由此在传统学术体系当中形成了一门相对独立的学问。宋代金石学主要包括搜集古器物及其拓本，鉴定古器物与考释金石文字，以及由古器物及金石文字的考订而考订三代历史以及典章制度。刘敞《先秦古器图》是宋代著录、考释、研究古器的较早的一部比较成型的著作，他在序言中说：

> 先秦古器，十有一物，制作精巧，有款识，皆科斗书，为古学者莫能尽通，以它书参之，乃十得五六。就其可知者校其世，或出周文、武时，于今盖二千有余岁矣。嗟乎！三王之事，万不存一，《诗》《书》所记，圣王所立，有可长太息者矣。独器也乎哉？兑之戈，和之弓，离磬崇鼎，三代传以为宝，非赖其用也，亦云上古而已矣。孔子曰："多见而识之，知之次也。"众不可盖，安知天下无能尽辨之者哉？使工模其文，刻于石，又并图其象，以俟好古博雅之君子焉。终此意者，礼家明其制度，小学正其文字，谱牒次其世谥，乃为能尽之。②

刘敞是宋初儒学复兴过程中一位承前启后的重要人物。南宋吴曾引《国史》云："庆历以前，学者尚文辞，多守章句注疏之学。至刘原父为《七经小传》，始异诸儒之说。王荆公修经义，盖本于原父。"③《四库总目》也说："盖好以已意改经，变先儒淳实之风者，实自敞始。"④ 这都说明，刘敞在《七经小传》中对儒家经典提出的诸多质疑刺激并推动了宋代儒学的发展，这是刘敞在宋代儒学史上的贡献。同时，刘敞也是宋代金石学的首倡者之一，他说的明制度、正文字、次世系，正是当时人们热衷

---

① 王国维：《最近二三十年中中国新发见之学问》，收入《静庵文集续编》，见《王国维遗书》第三册，上海书店出版社2011年影印本，第699—700页。
② 《宋文鉴》卷七十九《先秦古器记》，见《吕祖谦全集》第十三册，浙江古籍出版社2008年版，第444页。
③ 吴曾：《能改斋漫录》卷二，文渊阁四库全书本；又见《郡斋读书志》卷一上。
④ 《四库全书总目》卷三十三，第270页。

于金石学的主要学术兴趣。因此，宋人的金石学并非仅仅是出于博古的雅好，而是通过研究古代器物、考释古代文字，最终达到通晓古代历史与礼制，进而认识三代理想的目的。

宋代金石学家主要研究的是古代器物的形制以及文字的考释，这样的学问在今天属于考古学、历史学以及古文字学的范畴，但由于古代器物多为礼器，其形制大多属于礼制的范围，因此古铜器图多与礼器图并列，一同著录，而且与现实中的实用礼器也有关系。这样，宋代金石学所搜集、描摹的古代器物图也属于礼图的范围，因此《玉海·艺文》将宋代重要的古器物图录都汇拢到《建隆重集三礼图》和《至道国子监三礼图》条下，说明这些古器图也属于礼图，同时也是礼学研究的一个分支。

对宋代金石学的发展，当时人已经有了相当自觉的认识。时人蔡絛曾说：

> 虞夏而降，制器尚象，著焉后世。……独国朝来寖乃珍重，始则有刘原父侍读公为之倡，而成于欧阳文忠公。又后而和之者，则若伯父君谟（蔡襄）、东坡数公云尔。初，原父号博雅，有盛名，曩时出守长安。长安号多古簠、敦、镜、甗、尊、彝之属，因自著一书，号《先秦古器记》。而文忠公喜集往古石刻，遂又著书名《集古录》，咸载原父所得古器铭款。由是学士大夫雅多好之，此风遂一煽矣。元丰后，又有文士李公麟者出。公麟字伯时，实善画，性希古，则又取平生所得暨其闻睹者，作为图状，说其所以，而名之曰《考古图》，传流至元符间，太上皇帝即位，宪章古始，眇然追唐、虞之思，因大宗尚。及大观初，乃效公麟之《考古》，作《宣和殿博古图》。凡所藏者，为大小礼器，则已五百有几。世既知其所以贵爱，故有得一器，其直为钱数十万，后动至百万不翅者。于是天下塚墓，破伐殆尽矣。独政和间为最盛，尚方所贮至六千余数，百器遂尽。见三代典礼文章，而读先儒所讲说，殆有可哂者。……于是圣朝郊庙礼乐，一旦遂复古，跨越先代。①

叶梦得也指出：

---

① 蔡絛：《铁围山丛谈》卷四，中华书局1983年版，第79—80页。

宣和间，内府尚古器。士大夫家所藏三代秦汉遗物无敢隐者，悉献于上。而好事者复争寻求，不较重价，一器有直千缗者。利之所趋，人竞搜剔山泽，发掘冢墓，无所不至。往往数千载之藏，一旦皆见，不可胜数矣。吴珏为光州固始令，光，申伯之国，而楚之故封也，间有异物，而以僻远，人未之知。乃令民有罪，皆入古器自赎。既而罢官，几得五六十器，与余遇汴上，出以相示。其间数十器尚三代物。后余中表继为守，闻之，微用其法，亦得十余器，乃知此类在世间未见者尚多也。范之才为湖北访察，有给言泽中有鼎，不知其大小，而耳见于外，其间可过六七岁小儿。亟以上闻，诏本部使者发民掘之。凡境内陂泽悉干之，掘数十丈，讫无有。之才寻见谪。①

从以上两段记述可知，上有所好，下必趋之，由于皇帝喜爱古器物，致使当时社会从上到下兴起了一股收藏、发掘、倒卖古器物的风气。这虽是帝王文人的雅好，但其实也间接地刺激了金石学的发展。据当代学者的研究，北宋时期兴起的金石学大致可以分为三个发展阶段：第一阶段是从仁宗嘉祐到神宗熙宁年间的兴起阶段，其代表著作是刘敞的《先秦古器图记》和欧阳修的《集古录》；第二阶段是从神宗元丰到哲宗元符年间的发展阶段，其代表著作是李公麟和吕大临的两种《考古图》；第三阶段是徽宗在位时的全盛阶段，代表著作是官修的《宣和博古图》和赵明诚的《金石录》。这一时期，北宋在社会政治方面危机四伏，摇摇欲坠，但金石学作为一门新兴的学问却在帝王与士大夫的共同推动下取得了空前的成就，"宋代金石学研究的成果，以这六七十年间所得最为集中"。②

南宋绍兴年间翟耆年撰《籀史》，收录了当时所能见到的古器物图录与考释之书三十四种，大致反映了宋代金石学研究的状况。此书共上下两卷。下卷已佚，今只存上卷。清王士禛《居易录》保存了《籀史》原书的目录，倪涛《六艺之一录》所收《籀史》也存下卷目录。

---

① 叶梦得：《避暑录话》卷三，见《石林燕语 避暑录话》，上海古籍出版社2012年版，第144—145页。

② 参见张富祥《宋代文献学研究》，第419页。

上卷

《宣和博古图》 三十卷 题宋徽宗御撰

《祀圜丘方泽太庙明堂礼器款识》 三卷 题宋徽宗御撰

《政和四年夏祭方泽礼器款识》 一卷 题宋徽宗御撰

《比干墓铜槃记》

《周穆王东巡题名》 一卷

《周宣王吉日碑》 一卷（按："宣"当作"穆"）

《石鼓碑》 一卷

《先圣篆延陵季子墓碑》 一卷

《古钲铭碑》 一卷 徐铉释文，国子监摹版

《皇祐三馆古器图》 杨元明序释

《古器图》 一卷 知和州胡俛刻于熙宁元年，据皇祐初仁宗观书太清楼时所赐摹本上石，不载王洙释文

《考古图》 五卷 李公麟撰

《周鉴图》 一卷 李公麟撰

《考古图》 二十卷 吕大临撰

《先秦古器图碑》 一卷 刘敞撰

《周秦古器铭碑》 一卷 天禧元年僧湛洤立碑

《米氏史章训古》 一卷 米芾以钟鼎字篆书宋徽宗文

《古器物铭碑》 十五卷 赵明诚撰

《晏氏鼎彝谱》 一卷 晏溥撰

下卷

《安州古器图》 一卷

《吕氏考古图释》 不分卷 赵九成撰

《维扬燕衎堂古器铭》 一卷 石公弼撰

《黄氏古器款字》 一卷

《广川董氏古文集类》 十卷 董逌撰

《赵氏获古庵记》 一卷

《洛阳安氏牧敦图》 一卷

《越州刻漏铭》 一卷

《梓州雎彝记》 一卷

《青州古器古玉图》　一卷
《严真观古器图》　一卷
《蔡氏古器款识》　三卷（按：原未录撰人，当为蔡肇撰）
《荣氏考古录》　十五卷（按：原未录撰人，当为荣咨道撰）
《历代钟鼎彝器款识法帖》　二十卷　薛尚功撰
《翟氏三代钟鼎款识》　三卷（按：未详撰人，疑当为耆年自编之书）①

这些著作大多以收录先秦古器物为主，其中具有代表性的是吕大临《考古图》与《宣和博古图》。

（一）吕大临《考古图》十卷

吕大临是北宋时期"躬行礼教"的关学传人，在张载去世之后又转学二程，他在受到二程理学影响的同时依然保持了重礼的思想特征。吕大临的《考古图》是他考索三代礼制的一部作品。《郡斋读书志》说，此书"裒诸家所藏三代、秦、汉尊彝鼎敦之属，绘之于幅而辨论形制文字"。②《直斋书录解题》记载："其书作于元祐七年，所纪自御府之外凡三十六家所藏古器物，皆图而录之。"③ 书中所收共古铜器二百二十四件、玉器十三件。

吕大临认为，古代流传下来的器物，"制度法象之所寓，圣人之精义存焉，有古今之所同然，百代所不得变者"④。吕大临多方搜访，"于士大夫之家所阅多矣，每得传摹图写，寝盈卷轴，尚病窾启，未能深考，暇日论次成书，非敢以器为玩也"⑤。吕大临对于每件器物皆确定其名称，然后摹绘图形、款识，记录大小尺寸，考释铭文。由于吕大临创作此书的指导思想是"探其制作之原，以补经传之阙亡，正诸儒之谬误"⑥，因此他在摹绘每件器物之后，又根据文献资料讨论器物的时代、用途以及相关礼

---

① 《六艺之一录》卷一百九十四，文渊阁四库全书本；又参见张富祥《宋代文献学研究》，第447—448页。
② 晁公武：《郡斋读书志》卷四，上海古籍出版社1990年版，第170页。
③ 陈振孙：《直斋书录解题》卷八，上海古籍出版社1987年版，第234页。
④ 吕大临：《考古图后记》，见陈俊民《蓝田吕氏遗著辑校》，中华书局1993年版，第591页。
⑤ 同上书，第592页。
⑥ 同上。

制。因此,《考古图》也属于研究三代礼制的一部礼图学专著。

在吕大临之前,李公麟也著有《考古图》一卷。据《宋史》记载,李公麟"好古博学,长于诗,多识奇字,自夏商以来钟鼎尊彝,皆能考定世次,辨测款识"。(《宋史》卷四四四《文苑传六·李公麟传》)《籀史》也说:

> 李公麟,字伯时,舒城人也。著《考古图》,每卷每器各为图,叙其释制作、镂文、款字、义训及所用,复总为前序后赞,天下传之。士大夫知留意三代鼎彝之学,实始于伯时。(《六艺之一录》卷一百九十四)

李公麟还是当时著名的大画家,因此他所摹绘的《考古图》形制更加准确,为后人所称赞。吕大临《考古图》中不但收录了李公麟的许多藏器,而且书中按语多次称引"李氏《录》"。有学者指出,作为吕大临重要参考资料之一的"李氏《录》"其实就是李公麟的《考古图》。因此,吕大临的《考古图》"实以李氏之书为基础,又广搜众本汇聚而成,既非出于家藏器物,亦非尽由个人传摹图写"。① 李公麟的《考古图》一书后来佚失了,但其主体内容大多保留在吕大临的书中。

今本吕大临《考古图》后还附有《续考古图》五卷、《释文》一卷。旧题皆为吕大临所作,但《四库提要》则认为"盖南宋人续大临之书而佚其名氏"②。其实,这种说法未必准确。《续考古图》与《考古图释文》也当为吕氏遗著,后由赵九成整理成书。

宋代金石学是后世古器物学的基础。吕大临的《考古图》与《续考古图》是现存最早、最为详尽的古器物图录。从礼图学发展的角度来说,《考古图》以最为直观的形式展示了三代礼器的原貌,充实、完善了礼图,从而也是对三《礼》学以及礼学研究的一个有力补充。从制图技法的角度来看,吕大临的《考古图》在宋代金石学中也是最有成就的。从总体上来说,正如当代著名考古学家李济先生所指出的:"就很多方面说,这部书的出现,不但在中国历史上,并且在世界文化史上,是一件了不得的事件。在这部书内,我们可以看见,还在十一世纪的时候,中国的

---

① 参见张富祥《宋代文献学研究》,第 454—456 页;引文见第 455 页。
② 《四库全书总目》卷一一五《考古图》,第 982 页。

史学家就能用最准确的方法，最简单的文字，以最客观的态度，处理一批最容易动人感情的材料。他们开始，并且很成功地，用图像摹绘代替文字描写；所测量的，不但是每一器物的高度、宽度、长度，连容量与重量都记录下来了；注意的范围，已由器物的本身扩大到它们的流传经过及原在地位；考订的方面，除款识外，兼及器物的形制与纹饰。"① 李济先生从考古学的角度高度评价了这部书的意义与价值，并且指出了它对此后出现的《宣和博古图》的影响。正因为《考古图》在古器物的测绘方面取得了如此大的成就，因此它同样也推动了宋代礼图学的发展，成为宋代礼图学发展过程中的一部重要著作。

（二）王黼《宣和博古图》

此书由王黼奉敕编撰，又名《博古图录》，成书于北宋大观年间。据《宋史》本传，王黼"为人美风姿，目睛如金，有口辩，才疏隽而寡学术，然多智善佞。中崇宁进士第，调相州司理参军，编修《九域图志》"。（《宋史》卷四七〇《佞幸传·王黼传》）王黼在徽宗、钦宗朝为官贪腐，入《佞幸传》，在政治、人品各方面均无所取，但他编撰的这部《博古图》在宋代的礼图学史上却占有一定的地位。

据文献记载：

> （大观二年）十一月辛酉，兵部尚书、议礼局详议官薛昂奏："有司所用礼器，如尊爵簠簋之类，与士大夫家所藏古器不同。盖古器多出于墟墓之间（原作'问'），无虑千数百年，其制作必有所受，非伪为也。传曰：礼失则求之野。今朝廷欲讨正礼文，则苟可以备稽考者，宜博访而取质焉。欲乞下州县，委守令访问士大夫，或民间有蓄藏古礼器者，遣人即其家，图其形制，送议礼局。"从之。（《宋通鉴长编纪事本末》卷一百三十三，中国基本古籍库收"清嘉庆宛委别藏本"）

> 政和三年七月己亥，诏：……比衷集三代鼎彝、簠簋、盘匜、爵豆之类，凡五百余器，载之于图，考其制而尚其象，与今荐天地、绘宗庙之器无一有合，去古既远，礼失其传矣。……诏有司悉从改造。

---

① 李济：《中国古器物学的新基础》，原载台湾大学《文史哲学报》第 1 期（1950 年），收入《李济文集》卷一，上海人民出版社 2006 年版，第 334 页。

宫室车服冠冕之度，昏冠丧葬之节，多寡之数，等衰之别，虽尝考定，未能如古。秦汉之弊未革也。（《宋通鉴长编纪事本末》卷一百三十四）

又注文中说：

崇宁以来，稽古殿多聚三代礼器，若鼎彝、簠簋、牺象、尊罍、祭（原作"登"）豆、爵斝、瓬洗，凡古制器悉出，因得见商周之旧，始验先儒所传太讹。若谓罍山尊但为器画山雷而已，虽王氏亦曰如是，此殆非也。制度今已传，故不详录。政和既置礼制局，乃请御府所藏悉加讨论，尽改以从古，荐之郊庙，焕然大备。（《宋通鉴长编纪事本末》卷一百三十四）

从这些记载可见，北宋从大观年间开始，政府由于制礼的需求，开始从民间搜集古器物，并重设议礼局，后又置礼制局，以制造、改造礼器。北宋崇礼、制礼的风气是非常浓厚的。《宣和博古图》就是在这种风气之下而产生的。

晁公武《郡斋读书志》记载《博古图》二十卷，"皇朝王楚集三代秦汉彝器，绘其形范，辨其款识，增多于吕氏《考古》十倍矣"。① 又据《玉海》引《中兴馆阁书目》："《博古图》三十卷。宣和殿所藏彝鼎古器，图其形，辨其款识，推原制器之意而订正同异。"②

《四库总目提要》指出：

案晁公武《读书志》称《宣和博古图》为王楚撰，而钱曾《读书敏求记》称元至大中重刻《博古图》，凡臣王黼撰云云，都为削去，殆以人废书。则是书实王黼撰，楚字为传写之伪矣。曾又称《博古图》成于宣和年间，而谓之重修者，盖以采取黄长睿《博古图说》在前也。考陈振孙《书录解题》曰，《博古图说》十卷，秘书郎

---
① 晁公武：《郡斋读书志》卷四，第171页。
② 《玉海艺文校正》卷二十二，凤凰出版社2013年版，第1080页。《博古图》，《直斋书录解题》作三十卷（卷八，第234页），《宋史·艺文志》作"《宣和重修博古图录》"三十卷"，《通志·艺文略》作六十卷。

昭武黄伯思长睿撰，凡诸器五十九品，其数五百二十七，印章十七品，其数四十五。长睿没于政和八年，其后修《博古图》颇采用之，而亦有删改云云。钱曾所说，良信。然考蔡绦《铁围山丛谈》曰：李公麟字伯时，最善画，性喜古，取生平所得及其闻睹者作为图状，而名之曰《考古图》。及大观初，乃仿公麟之《考古》，作《宣和殿博古图》。则此书踵李公麟而作，非踵黄伯思而作，且作于大观初，不作于宣和中。绦，蔡京之子，所说皆其目睹，当必不误，陈氏盖考之未审。其时未有宣和年号，而曰《宣和博古图》者，盖徽宗禁中有宣和殿以藏古器书画。后政和八年改元重和，右丞范致虚言犯辽国年号，徽宗不乐，遂以常所处殿名其年，且自号曰宣和人。亦见《铁围山丛谈》。则是书实以殿名，不以年号明。自洪迈《容斋随笔》始误称政和、宣和间朝廷置书局以数十计，其荒陋而可笑莫若《博古图》云云。钱曾遂沿以立说，亦失考也。绦又称尚方所贮至六千余数百器，遂尽见三代典礼文章，而读先儒所讲说，殆有可哂者。而洪迈则摘其父癸匜、周义母匜、汉注水匜、楚姬盘、汉梁山鋗及州吁高克诸条，以为诟厉，皆确中其病。知绦说乃回护时局，不为定评。然其书考证虽疏，而形模未失，音释虽谬，而字画俱存，读者尚可因其所绘，以识三代鼎彝之制，款识之文，以重为之核订。当时裒集之功，亦不可没。其支离悠谬之说，不足以当驳诘，置之不论不议可矣。①

《四库总目提要》对历来的各种说法作了较为详尽的考订。第一，《宣和博古图》的作者为王黼。这一点是正确的。第二，据蔡绦《铁围山丛谈》，王黼此书是续李公麟的《考古图》。李公麟的《考古图》已经佚失。第三，《宣和博古图》之"宣和"源于殿名，而非年号。第四，《宣和博古图》虽然有很多缺陷，如"附会古人，动成舛谬"，但总体上说它的"裒集之功，亦不可没"。《四库提要》的这几点结论基本是准确的。

今存《重修宣和博古图》为三十卷，二十大类，收录古器物五十九种，五百三十九器（壶类的上卷少计一器，故全书实收五百四十器），其中相当一部分为礼器，如书中数量最多的为鼎类，共计一百二十六器。

---

① 《四库全书总目》卷一一五，第983页。

《宣和博古图》在器物的考订、文字的考释以及器物的鉴定等方面都有一些纰漏，南宋人洪迈还专门列举出书中许多"荒陋而可笑"之处，①但它与吕大临的《考古图》一样，在宋代金石学发展历史上的地位是不容否认的。同样，由于书中的图大多为礼器图，因此这部书也是宋代礼图学当中的一部重要著作。

由以上叙述可见，各种器物图样是宋代金石学著作当中十分珍贵且有价值的部分。仅吕大临的《考古图》和《续考古图》以及《宣和博古图》这三部著作就有图一千二百五十张，"可谓规模宏大，其图绘之精，体例之严，阅之有'时代虽遥，犹足动人'之感"。从科学制图的角度来看，"这些金石学著作用图样摹绘代替文字描写是十分成功的，这些古器物图样，全面而科学地记录了古代器物的实况和形制，体现了古人制器尚象的图学传统"。② 正因为它全面科学地记录了古器物的实况，从而为当时的制礼提供了实物依据，也为后世了解宋代所收藏的三代器物提供了丰富的资料。王国维在《宋代之金石学》一文中专门谈到金石学的运用，其中主要内容还是宋代的礼图在宋代制礼作乐中的实际用途。文中说：

> 更就应用一方面言之，则宋初郊庙礼器皆用聂崇义《三礼图》之说。聂图虽本汉人旧图，然三代礼器自汉已失其制，及宋时古器大出，于是陆农师（佃）作《礼象》十五卷，以改旧图之失。其尊、爵、彝、舟，皆取公卿家及秘府所藏古彝器，与聂图大异。逮徽宗政和中，圜丘、方泽、太庙、明堂，皆别铸新器，一以古礼器为式。后或铸以赐大臣，讫于近世，犹有存者。元明以后各省文庙礼器，皆承用之。然其改革，实自宋人始。又仁宗景祐间李照修雅乐，所铸钟皆圆，与古制颇异。会官帑中获宝酥钟，其形如铃，而不圆，于是做之作新钟。……可见宋人金石之学并运用于实际，非徒空言考订而已。③

---

① 参见洪迈《容斋随笔》卷十四"博古图"条、《容斋三笔》卷十三"再书博古图"条，中华书局2005年版，第182—183、578—580页。
② 参见刘克明《中国图学思想史》，科学出版社2008年版，第377、378页。
③ 王国维：《宋代之金石学》，收入《静庵文集续编》，见《王国维遗书》第三册，第717页。

由以上的论述我们可以知道，古器物的绘图、研究，是中国古代礼制研究与礼学研究的一部分。由礼器实物及其图像可以"尽见三代典礼文章"，这也是宋代学者倾注大量热情心血去收集、摹写、研究古代器物的重要原因。

三　宋代礼图学的意义

郑樵的《图谱略》在中国古代史学史上具有重要的意义和价值。梁启超曾指出，中国古代最值得肯定的三位史学家是唐代的刘知几、宋代的郑樵和清代的章学诚，其中郑樵的"学说在《通志·总序》及《艺文略》、《校雠略》、《图谱略》"[1]。梁启超对于中国古代史学的评价当然仅是一家之言，但郑樵作为中国古代最有识见的史学家之一，《通志》的"二十略"是《通志》全书的精华，而《图谱略》与《艺文略》《校雠略》又是"二十略"中最有价值的部分，同时也是最能体现郑樵史识和史学创见的内容，这一点应该是准确的。不仅如此，正如前文曾经指出的，郑樵的《图谱略》还是宋代礼图学发展过程中的一篇纲领性文献。宋代不仅出现了大量官修、私修的以著录古器物图像为主要内容的《博古图》一类的礼图学著作，而且还出现了像郑樵的《图谱略》这种从理论上总结图谱学的发展、作用与意义的著作，由此我们也可以进一步确认，礼图学已成为宋代礼学发展过程中一个相对独立的分支。

郑樵曾经批评司马迁、班固以及刘向等以往的史学家不重视图谱在史学著作和图书分类中的作用，其实这种现象在礼学研究中也同样存在。即使在现代的礼学研究中，礼图学同样没有受到相应的重视。一般来说，在文献学的研究中会涉及到图谱学，如张富祥著《宋代文献学研究》一书中以图谱学作为宋代文献学的一个分支，其中有一些关于经图和礼图著作的叙述与介绍。另外，科技史的研究中从绘图技术发展的角度对中国古代的经图和礼图也有一些专题研究。但是，在经学尤其礼学的研究领域，学者们普遍忽视礼图的研究与整理，更没有将礼图学作为礼学当中的一个相对独立的派别而给予应有的重视。宋代由于易学图书学的发达而带动了其他领域图书学的兴盛，使图书学成为宋代学术发展过程中一项重要的内容与特色，在这一过程中同样也涌现出大量礼图学的著作。另外，宋人好

---

[1] 梁启超：《中国历史研究法》，上海古籍出版社 2006 年版，第 26 页。

古，金石学成为宋代新兴的一门学问，在宋人收集、著录上古三代古器物的金石学著作中，也涉及大量的礼器和礼图，这样就更增加了礼图学的内容与分量，也使得礼图学成为礼学研究当中的一个独立的分支。本书将宋代的礼图学作为宋代礼学发展中的一个相对独立且又专门的派别，就是针对学术界的这种状况而发的，同时也希望能够引起学术界的重视，从多角度对宋代的礼图学作进一步的深入研究。

郑樵的《图谱略》是《通志》"二十略"中非常有价值的一篇，在这篇文章中，郑樵对于图谱的功能、价值及其在史学与其他领域的学术发展中的意义有非常深入的认识。郑樵所说的"图谱"之"谱"，相当于《史记》中的"表"，即历史年表。郑樵认为，"表"对于认识、研究历史具有非常重要的提纲挈领的作用。他说："《史记》一书，功在十表，犹衣裳之有冠冕，木水之有本原。"[①] 在郑樵看来，谱表可以用简明扼要的形式来表述复杂的历史。郑樵还说："图载象，谱载系，为图所以周知远近，为谱所谓洞察古今。"[②] 虽然郑樵一再强调图谱相辅相成，但总的来说，与"谱"相比，"图"具有更加重要的作用。郑樵曾经指出，天文、地理、宫室、器用、车旗、衣裳、坛兆、都邑、城筑、田里、会计、法制、班爵、古今、名物、书（即音韵文字）等十六个方面都需要有图的配合，其实，从实际内容来看，这些大多都与礼图相关，有些甚至完全就是礼制的内容（如器用、车旗、衣裳、坛兆、名物等），因此郑樵对图谱的功能、价值与意义的论述，在很大程度上我们也可以将它看作是对礼图的功能、价值与意义的评论。因此之故，我们将郑樵的《图谱略》作为宋代礼图学的一篇理论总结。

郑樵指出：

> 河出图，天地有自然之象。洛出书，天地有自然之理。天地出此二物以示圣人，使百代宪章必本于此而不可偏废者也。图，经也。书，纬也。一经一纬，相错而成文。图，植物也。书，动物也。一动一植，相须而成变化。见书不见图，闻其声不见其形；见图不见书，见其人不闻其语。图至约也，书至博也，即图而求易，即书而求难。

[①] 郑樵：《通志·总序》，见《通志二十略》，中华书局1995年版，第2页。
[②] 郑樵：《通志》卷二十一《年谱·年谱序》，中华书局1987年影印本，第405页。

古之学者为学有要，置图于左，置书于右，索象于图，索理于书，故人亦易为学，学亦易为功，举而措之，如执左契。后之学者离图即书，尚辞务说，故人亦难为学，学亦难为功，虽平日胸中有千章万卷，及寘之行事之间，则茫茫然不知所尚。①

郑樵在这里重点强调的是图的重要性。郑樵说图经书纬，这是针对传统学术体系中重书而轻图的倾向而言的。学者如离图而即书，则学问无头绪；如图与书互相配合，"索象于图，索理于书"，则学问会事半而功倍。就礼学来说更是如此，绘图是前人在研究实践中总结出来的研究礼学行之有效的方法之一。用图像来表示礼制、礼器等礼学当中复杂的问题，可以达到以简驭繁、纲举目张的目的与效果。郑樵又说：

人生覆载之间，而不知天文、地里，此学者之大患也。在天成象，在地成形，星辰之次舍，日月之往来，非图无以见天之象。山川之纪，夷夏之分，非图无以见地之形。天官有书，书不可以仰观，地里有志，志不可以俯察。故曰天文地里，无图有书，不可用也。稽之人事，有宫室之制，有宗庙之制，有明堂辟雍之制，有居庐垩室之制，有台省府寺之制，有庭霤户牖之制。凡宫室之属，非图无以作室。有尊彝爵斝之制，有簠簋俎豆之制，有弓矢鈇钺之制，有圭璋璧琮之制，有玺节之制，有金鼓之制，有棺椁之制，有重主之制，有明器祭器之制，有钩盾之制。凡器用之属，非图无以制器。为车旗者，则有车舆之制，有骖服之制，有旗旐之制，有仪卫卤簿之制，非图何以明章程？为衣服者，则有弁冕之制，有之制衣裳，有履舄之制，有笄总之制，有禭含之制，有杖绖之制，非图何以明制度？为坛域者，则有坛墠之制，有丘泽之制，有社稷之制，有兆域之制，大小高深之形，非图不有辨。为都邑者，则有京辅之制，有郡国之制，有闾井之制，有市朝之制，有蕃服之制，内外重轻之势，非图不能纪。为城筑者，则有郭郛之制，有苑囿之制，有台门魏阙之制，有营垒斥候之制，非图无以明关要。为田里者，则有夫家之制，有沟洫之制，有原隰之制，非图无以别经界。为会计者，则有货泉之制，有贡赋之制，

---

① 郑樵：《通志·图谱略》，见《通志二十略》，第1825页。

有户口之制，非图无以知本末。法有制，非图无以定其制。爵有班，非图无以正其班。有五刑，有五服，五刑之属有适轻重者，五服之别有大宗小宗。权量所以同四海，规矩所以正百工，五声、八音、十二律有节，三歌、六舞有序，昭夏、肆夏，宫陈、轩陈，皆法制之目也，非图不能举。内而公卿大夫，外而州牧侯伯，贵而妃嫔、贱而妾媵，官有品，命有数，禄秩有多寡，考课有殿最，缳籍有数，玉帛有等，上下异仪，尊卑异事，皆班爵之序也，非图不能举要。通古今者，不可以不识三统、五运，而三统之数，五运之纪，非图无以通要。别名物者，不可以不识虫鱼草木，而虫鱼之形，草木之状，非图无以别要。明书者，不可以不识文字、音韵，而音韵之清浊，文字之子母，非图无以明。凡此十六种，可以类举，为学者而不知此，则章句无所用，为治者而不知此，则纲纪文物无所施。①

郑樵在这里详细地说明了图在为学的十六个方面所具有的作用与功能。由于这些图大多属于礼图或与礼图相关，"非图无以作室"，"非图无以制器"，"非图何以明章程"，"非图何以明制度"，因此，郑樵的这段文字详细地说明了礼图在研究古代礼制以及现实社会制礼中的作用。后明人李维桢在郑樵此说的基础之上进一步提升，将礼图的作用更加抽象地概括为"载道之器"。他说："《礼》有之：礼器，是故大备。大备，盛德也。图者，载道之器也。无图则无器，无器则道何以形，礼何以备，而盛德何以见乎？"按，"礼器，是故大备。大备，盛德也"出自《礼记·礼器》篇的首句。此篇名《礼器》，如孙希旦所言，"以其在简端耳"②，即以此篇的前两个字来名篇，这本是先秦古籍取名的一个通例，并没有其他特殊的含义。但是，宋人则从道器的角度来解释，如《礼记集解》引宋人方悫言曰："形而上者谓之道，形而下者谓之器。道运而无名，器运而有迹。《礼运》言道之运，《礼器》言器之用。"③ 认为礼有道和器两个方面，这是典型的宋儒的看法。礼器是三代礼乐盛世以及儒家三代理想的物质载体，而礼图则是对礼器的真实摹写，这样，礼图与儒家的政治理想之

---

① 郑樵：《通志·图谱略》，见《通志二十略》，第 1828—1830 页。
② 孙希旦：《礼记集解》卷二十三《礼器》，中华书局1989年版，第 624 页。
③ 同上。

间，道与器之间，就发生了必然的有机联系，从而也显示了礼器以及礼图在儒学当中的重要地位。

郑樵的《图谱略》中还有《原学》一篇，专门论述古代学术。郑樵认为，后代学术不及三代之学，主要有两个原因：

> 一者义理之学，二者辞章之学。义理之学尚攻击，辞章之学务雕搜。耽义理者则以辞章之士为不达渊源，玩辞章者则以义理之士为无文彩。要之，辞章虽富，如朝霞晚照，徒焜耀人耳目，义理虽深，如空谷寻声，靡所底止。二者殊途而同归，是皆从事于语言之末，而非为实学也。①

郑樵是历史学家，他在这里所说的是否对义理之学和辞章之学有偏见，可以暂且不论，但有必要指出的是，第一，他将图谱学定性为"实学"，并说"图谱之学不传，则实学尽化为虚文矣"。② 郑樵所说的"实学"含义比较广泛，除了包括图谱学之外，还包括史学中的典章制度，天文地理、草木鱼虫等自然科学方面的知识，以及理解儒家经籍的手段文字音韵等。③ 第二，郑樵将图谱学与义理学、辞章学并列，并说"图谱之学，学术之大者"④，由此大大提升了图谱在传统学术门类中地位与价值。

由上所述，我们可以看出，由于时代思潮的影响，帝王的雅好，文人的兴趣以及制礼作乐的现实需求，在这些不同因素的影响之下，北宋时期的礼图学极为兴盛，有理论，有实践，成为宋代礼学中极具特色的一个独立流派。

第三节 经世学派

重实用、重现实是中国文化的一个基本特征。司马谈《论六家要旨》中就说，先秦时期的诸子百家虽然在思想理论方面千差万别，但有一点是相同的，即他们都是"务为治者"。这是诸子百家殊途同归的所"归"之

---

① 郑樵：《通志·图谱略》，见《通志二十略》，第1827页。
② 同上。
③ 参见吴怀祺《宋代史学思想史》，黄山书社1992年版，第142—143页；吴怀祺：《郑樵研究》，厦门大学出版社2010年版，第74—79页。
④ 郑樵：《通志·图谱略》，见《通志二十略》，第1828页。

处。先秦诸子的这个共同特征也影响甚至决定了中国文化的基调。

两汉经学重微言大义，重章句训诂，但经学研究并非纯粹的学术研究，两汉经学始终与现实政治、社会有着密切的关系。如《春秋》，孟子就曾经指出："昔者禹抑洪水而天下平，周公兼夷狄，驱猛兽而百姓宁，孔子成《春秋》而乱臣贼子惧。"（《孟子·滕文公下》）"世衰道微，邪说暴行有作，臣弑其君者有之，子弑其父者有之。孔子惧，作《春秋》。《春秋》，天子之事也。是故孔子曰：'知我者其惟《春秋》乎！罪我者其惟《春秋》乎！'"（《孟子·滕文公下》）从孟子对孔子作《春秋》的解释中可以看出，《春秋》并非仅仅是一部史书，而且还蕴含有深刻的现实关怀和政治意义。另外，《韩非子·内储说上》记载：

鲁哀公问于仲尼曰："《春秋》之记曰：'冬十二月霣霜不杀菽。'何为记此？"仲尼对曰："此言可以杀而不杀也。夫宜杀而不杀，桃李冬实。天失道，草木犹犯干支，而况于人君乎！"

这里所记载的不一定是孔子真的所言，但表明战国时代学者对《春秋》的一种普遍的理解，即从现实政治的角度来解释《春秋》中的条文。

汉代有"《春秋》为汉制法"的说法，这是当时学者普遍的一种看法，如董仲舒认为，孔子作《春秋》是为了"上探正天端……下明得失，起贤才，以待后圣"（《春秋繁露·俞序》），"《春秋》应天作新王之事"（《春秋繁露·三代改制质文》），何休注《公羊传》"制《春秋》之义，以俟后世"一句为"待圣汉之王以为法"，王充《论衡》说："《春秋》为汉制法。"（《须颂》）

"《春秋》为汉制法"说明汉人对《春秋》非常实用化的理解。不唯《春秋》，对于其他经书，汉人也是从实用的角度加以阐释和利用。正如皮锡瑞所谓的"以《禹贡》治河，以《洪范》察变，以《春秋》决狱，以三百五篇当谏书"[①]，这些话表明经典在现实政治中具有重要的实用功能。以《春秋》决狱为例，《后汉书》记载："故胶西相董仲舒老病致仕，朝廷每有政议，数遣廷尉张汤亲至陋巷，问其得失。于是作《春秋决狱》二百三十二事，动以经对，言之详矣。"（《应劭传》）董仲舒作的《春秋

---

① 皮锡瑞：《经学历史》，第56页。

决狱》就是以《春秋》之义治狱的具体案例。《春秋》本是一部历史书，但自孟子开始，就极力强调《春秋》书中蕴含的深刻的政治意义。到了汉代，由于儒家经学列于学官，儒学成为官学，因而更加突出强调经书的政治意义。董仲舒认为，《春秋》"上明三王之道，下辨人事之纪，别嫌疑，明是非，定犹豫，善善恶恶，贤贤贱不肖，存亡国，继绝世，补敝起废，王道之大者也"（《史记·太史公自序》），完全将《春秋》看作一部政治理论著作。到东汉时，以《春秋》决狱得到进一步的发展。本师刘泽华先生在《中国政治思想史》书中对此有详细的叙述，可以参看。[1] 除了《春秋》学之外，礼学与两汉政治同样也有密切关系，汉代礼学中争议激烈的郊祀、明堂、辟雍、庙制等问题同时也是与现实休戚相关的政治问题。[2] 当然，由于今文礼学本身的缺陷，也致使礼学不能完全满足现实的政治需求，因此刘歆才会说："信口说而背传记，是末师而非往古，至于国家将有大事，若立辟雍、封禅、巡狩之仪则幽冥而莫知其原。"（刘歆《移书让太常博士》，《汉书》卷三十六《楚元王刘交传附刘歆传》）待到王莽"发得《周礼》"，儒家礼学应对现实政治时捉襟见肘的局面彻底改变，王莽依据《周礼》实行居摄直至践天子位，更是集中展现了《周礼》与现实政治斗争之间的复杂关系，从而也酿成了中国学术史上的第一大公案。因此，从汉代政治发展演变的角度来看，也从多个方面展现了礼学与社会政治之间的关系，说明礼学研究绝非仅仅是善于考证辨伪的饾饤之学，也不仅仅是进退揖让、钟鸣鼎食的繁文缛节，而是与国家的制度建设甚至政权更替有着深刻且内在的关系。因此，礼学的经世致用传统在儒家经学当中是最为显著的。

在中国思想文化史上，汉学与宋学是两种主要的文化形态，章句之学与义理之学是中国传统学术的两个基本面向。从两汉的章句之学过渡到宋代的义理之学，是中国思想文化内在发展演进的结果。但另一方面，儒学经世致用的传统并没有随着义理学的发展、两汉经学的衰微而消失。北宋中期以后，在内忧外患的社会现实的刺激下，儒学的经世传统很快高涨起来，通经致用成为宋代思想文化的一个重要特征。钱穆先生在通论宋代学

---

[1] 参见刘泽华主编《中国政治思想史》（秦汉魏晋南北朝卷），浙江人民出版社1996年版，第150—154页。

[2] 参见汤志钧等《西汉经学与政治》，上海古籍出版社1994年版。另外，王葆玹先生《今古文经学新论》中的相关章节也有关于汉代礼学与政治之关系的论述，可以参看。

术时指出："北宋学术,不外经术、政事两端","宋学精神,厥有两端:一曰革新政令,二曰创通经义"。① 这两个方面是密切结合在一起的。邓广铭先生也指出,宋学有两个基本的共同特点:第一,都力求突破前代儒家学者寻章摘句的学风,向义理的纵深处进行探索;第二,都怀有经世致用的要求。② 从前辈学者的这些论断可以看出,在宋代儒学关于天道性命的义理学发展的同时,通经致用的传统依然延续下来,并且成为以义理为主的宋学的另一显著特征。

《礼记·仲尼燕居》说:"制度在礼。"礼学中蕴含着儒家所规划的社会的礼乐制度、伦理规范和政治理想。按照余英时先生的研究,宋初儒学的发展以及王安石新学的兴起与道学的产生,其间有一条内在的一以贯之的线索,即建立合理的社会秩序,这是宋代儒学发展的内在动因与终极目标。在儒家看来,礼就是社会秩序的体现。宋代儒学的努力是建立合理的社会秩序,也就是使儒家所倡导、传承的礼能够广泛地实施于现实社会,实现"天下有道"的理想。因此,范仲淹说:"天下之制存乎《礼》"③,欧阳修也说:"《礼》《乐》之书虽不完,而杂出于诸儒之记,然其大要治国修身之法也。六经之所载皆人事之切于世者,是以言之甚详"④。在这个意义上,北宋时期儒家学者普遍重视礼学,其实就是他们实现社会政治理想的一种体现。

但是,宋代三《礼》学的发展并不是均衡的,而是以《周礼》为主。正如有学者所指出的,"宋人轻《礼记》、《仪礼》而最重《周礼》"。⑤ 就宋代三《礼》学的发展来看,这个判断大体是准确的。宋代学者在三《礼》中选择了《周礼》,也主要是因为《周礼》在儒家经典中是治理国家的大法,与现实政治关系密切,在三《礼》当中更加符合宋代学者经世的主张。宋代学者从礼学传统中引发出来的经世致用的主张及其争论,主要是围绕《周礼》而展开的,由此形成了宋代礼学当中的经世学派。

---

① 钱穆:《中国近三百年学术史》,商务印书馆1997年版,第5、7页。
② 邓广铭:《略谈宋学》,《邓广铭治史丛稿》,北京大学出版社2010年版,第130页。
③ 《范文正公文集》卷十《上时相议制举书》,《范仲淹全集》,凤凰出版社2004年版,第208页。
④ 《欧阳修全集》卷四十七《答李诩第二书》,中华书局2001年版,第669页。
⑤ 刘子健:《中国转向内在:两宋之际的文化内向》,江苏人民出版社2002年版,第25页。

这一派主要以李觏和王安石的《周礼》研究为代表。另外，王安石后学的礼学研究以及南宋的永嘉礼学在整体上也属于经世学派。

李觏是北宋时期一位极为重视礼的学者。他说："夫礼，人道之准，世教之主也。圣人之所以治天下国家，修身正心，无他，一于礼而已矣。"① 李觏的思想特点是礼论，他重视的礼就是《周礼》。

李觏著有《周礼致太平论》，这是宋代礼学发展史上第一部具有社会政治意义的著作。《周礼致太平论》不是一部疏解经文的经学著作，而是体现李觏个人政治思想的一部专著。全书分为《内治》《国用》《军卫》《刑禁》《官人》《教道》六个部分，都是李觏所关切的有关国计民生的重大问题。

针对北宋时期积贫积弱的社会现实，李觏积极提倡富国富民的主张。他指出：

> 愚窃观儒者之论，鲜不贵义而贱利，其言非道德教化则不出诸口矣。然《洪范》八政，"一曰食，二曰货"。孔子曰："足食，足兵，民信之矣。"是则治国之实，必本于财用。盖城郭宫室，非财不完；羞服车马，非财不具；百官群吏，非财不养；军旅征戍，非财不给；郊社宗庙，非财不事；兄弟婚媾，非财不亲；诸侯四夷朝觐聘问，非财不接；矜寡孤独，凶荒札瘥，非财不恤。礼以是举，政以是成，爱以是立，威以是行。舍是而克为治者，未之有也。是故贤圣之君，经济之士，必先富其国焉。②

李觏明确地反对儒家传统的贵义贱利说，而是主张富国富民。在李觏看来，《周礼》中其实已经包含了这种思想。他说：

> 大司徒以"保息六养万民"。"六曰安富"，谓平其繇役，不专取也。大哉先王之法，其所以有天下而民不斁者乎？孔子谓"既庶矣，富之；既富矣，教之。"《管子》有言，"仓廪实，知礼节；衣食足，知荣辱"。然则民不富，仓廪不实，衣食不足，而欲教以礼节，使之

---

① 李觏：《礼论》第一，《李觏集》卷二，中华书局2011年版，第5页。
② 李觏：《富国策》第一，《李觏集》卷十六，第133页。

趋荣而避辱，学者皆知其难也。①

这是以《周礼·大司徒》"安富"作为经典依据来阐述儒家的富民思想。另外，如何理财，增加政府的财政收入，是北宋政府面临的一个巨大难题。《周礼·泉府》记载："泉府掌以市之征布，敛市之不售"，因文中提出的税收问题，曾在王安石变法时成为争论的焦点之一。李觏在对原文作了基本的解释之后，说：

> 天之生物，而不自用，用之者人；人之有财，而不自治，治之者君。《系辞》曰："理财正辞，禁民为非曰义。"是也。君不理，则权在商贾；商贾操市井之权，断民物之命。缓急人之所时有也，虽贱不得不卖，裁其价大半可矣；虽贵不得不买，倍其本什百可矣。如此，茕茕之氓，何以能育？是故，不售之货则敛之，不时而买则与之，物楬而书，使知其价，而况赊物以备礼，贷本以治生，皆所以纾贫窭而钳并兼，养民之政不亦善乎？②

从这里可以看出，李觏也是明确主张要理财的。他还认为，明君应该掌握理财的大权。如果理财的大权掌握在商贾手中，他们就可以操纵市场，贱买贵卖，从而聚敛财富，压榨百姓。李觏还对历史上以理财、变革而著称的人物作了积极的评价："管仲通轻重而桓公以霸，李悝平籴而魏国富强。耿寿昌筑常平而民便之，师古之效也。宜其流风遂及于今。"③李觏重视理财，而且主张要将理财的权力集中在政府手中，这样的看法正是针对当时的社会现实而提出的。只是由于李觏没有获得将他的主张付诸实践的实际权力，因此他的这些看法也就大多停留于纸上而已。

李觏重视《周礼》，主张积极的财政措施，在这个意义上李觏正是王安石的"先导"。与李觏一样，王安石也重视《周礼》，但他看重《周礼》的是因为"一部《周礼》，理财居其半"（《临川先生文集》卷七十三《答曾公立书》），正因如此，《周礼》成为新法的经典依据，王安石亲

---

① 李觏：《周礼致太平论·国用》第十六，《李觏集》卷八，第89页。
② 同上书，第85页。
③ 同上书，第86页。

自训解《周礼》而作的《周官新义》，也与新法联系在一起。

宋神宗曾与王安石之间有这样一段对话：

> （神宗）谓之（安石）曰："人皆不能知卿，以卿但知经术，不晓世务。"安石对曰："经术正所以经世务。"①

王安石对神宗郑重地回答，研究经学的目的就是为了要经世。王安石早年非常重视性命义理之学。晁公武《郡斋读书志》中的《王介甫临川集》下和《读书后志》中的《王氏杂说》下，都引了蔡卞的《王安石传》中的一大段话，现摘引如下：

> 自先王泽竭，国异家殊，由汉迄唐，源流浸深。宋兴，文物盛矣，然士习卑陋，不知道德性命之理。安石奋乎百世之下，追尧舜三代，通乎昼夜阴阳不能测而入于神。
>
> 初著《杂说》数万言，世谓其言与孟轲相上下。于是天下之士，始原道德之意，窥性命之端云。
>
> 晚以所学，考字画奇耦横直，深造天地阴阳造化之理，著《字说》，包括万象，与《易》相表里。②

从这段话可知，王安石曾是北宋时期探求道德性命之学的开创者。因此，王安石的思想学问是重视义理的，例如他对《周易》的解释就曾受到二程的重视。

王安石重视疏解经典当中的义理，因此他"自诸子百家之书，及于《难经》、《素问》、《本草》诸小说，无所不读，农夫女工，无所不问，然后于经为能知其大体而无疑"（《临川先生文集》卷七十三《答曾子固书》）。王安石知识面宽，学问渊博，但他的学问并非以"杂"见长，而

---

① 陈邦瞻：《宋史纪事本末》卷三十七《王安石变法》，中华书局1977年版，第326—327页。

② 《郡斋读书志》后志卷二，文渊阁四库全书本。邓广铭先生在《王安石在北宋儒家学派中的地位——附说理学家的开山问题》一文中引录了这段资料。据邓广铭先生的推测，蔡卞的《王安石传》"可能是附在《神宗实录》后的"。参见《邓广铭治史丛稿》，第144页。另外，原文作"蔡京"，但学者一般认为，作《王安石传》的应为蔡卞。蔡卞为王安石之婿。

是将各种思想的义理融会贯通。王安石与神宗有这样一段对话：

> 安石曰："臣观佛书乃与经合，盖理如此，则虽相去远，其合犹符节也。"上曰："佛西域人，言语即异，道理何缘异？"安石曰："臣愚以为，苟合于理，虽鬼神异趣，要无以易。"①

王安石在《涟水军淳化院经藏记》中也说："盖有见于'无思无为'、'退藏于密'、'寂然不动'者，中国之老庄，西域之佛也。"(《临川先生文集》卷八十三)从这些资料来看，王安石对于佛教的态度是相当开放的，他完全是从义理的角度来衡量各家思想，只要于理相通，儒佛道三教是没有什么区别的。也正是在这个意义上，很多批评家认为王安石的思想出于刑名法术，甚至是杂糅了佛道的异端。王安石甚至不惜穿凿附会以求义理通畅，他晚年所著的《字说》就是一个明显的例子。

王安石作为北宋时期儒学复兴过程初期的一个代表人物，他反对汉唐的训诂之学，重视义理学，反映了宋学的时代特征。但是另一方面，王安石重视、融汇经典当中的义理，最终的目的还是为了经世以致用。

王安石在政治上推行变法的同时，在学术上主持、编撰了《三经新义》。无论从政治方面，还是从学术思想的方面来看，这二者之间不能没有关系。在《三经新义》中贯彻了王安石的政治主张，同时他也希望以《三经新义》的颁行进一步促进变法的成功。王安石在《周礼义序》中指出：

> 自周之衰以至于今，历岁千数百矣，太平之遗迹扫荡几尽，学者所见无复全经。于是时也，乃欲训而发之，臣诚不自揆，然知其难也。以训而发之之为难，则又以知夫立政造事、追而复之之为难。然窃观圣上致法就功，取成于心，训迪在位，有冯有翼，亹亹乎乡六服承德之世矣。以所观乎今，考所学乎古，所谓见而知之者，臣诚不自揆，妄以为庶几焉。(《临川先生文集》卷八十四)

王安石认为，西周以后，三代礼乐已经崩坏，在千余年之后的宋代训

---

① 《续资治通鉴长编》卷二百三十三熙宁五年，第5660页。

解《周礼》，已不可能完全恢复《周礼》的原貌，因此"以所观乎今，考所学乎古"，从立足于现实的角度去考察古代的《周礼》，是研究《周礼》的理性的态度。由此可见，王安石亲自训解《周礼》，就是因为他判定《周礼》一书"理财居其半"，可以用来解决现实的财政问题。通经致用的目的是很显然的。

在《书义序》中，王安石说：

> 惟虞夏商周之遗文，更秦而几亡，遭汉而仅存。赖学士大夫颂说，以故不泯。而世主莫或知其可用。天纵皇帝大知，实始操之以验物，考之以决事；又命训其义，兼明天下后世，而臣父子以区区所闻承乏与荣焉。然言之渊懿而释以浅陋，命之重大而承以轻眇，兹荣也只所以为愧欤。（《临川先生文集》卷八十四）

王安石认为，训解《尚书》依然是为了后世"操之以验物，考之以决事"，是为了在现实政治中实现其功用。王安石《诗义序》中也说：

> 《诗》，上通乎道德，下止乎礼义。放其言之文，君子以兴焉；循其道之序，圣人以成焉。然以孔子之门人，赐也商也有得于一言，则孔子悦而进之，盖其说之难明如此，则自周衰以迄于今，泯泯纷纷，岂不宜哉！……微言奥义既自得之，又命承学之臣训释厥遗，乐与天下共之。（《临川先生文集》卷八十四）

这种看法与传统儒家对《诗经》的理解一样，它不是从文学的、艺术的角度来欣赏、评价《诗》三百篇，而是重视从《诗经》引发出来的道德礼义与微言奥义，王安石看重的依然是《诗》的社会政治功能。

王安石的《三经新义》撰成以后，立于学官，行于场屋，在相当长的时间里是北宋政府官方的经学教科书，对士人以及宋代儒学的发展都产生了深远的影响。王安石的新法饱受指责，后来逐条废除，但王安石的《三经新义》在相当长的时间里都受到肯定，即使是政治反对派也不能完全否定它的价值。据史料记载：

> 故相王安石训经旨，视诸儒义说得圣人之意为多，故先帝以其书

立之于学，以启迪多士。而安石晚年溺于《字说》、释典，是以近制禁学者毋习此二者而已。至其所颁经义，盖与先儒之说并行而兼存，未尝禁也。隐猥见安石政事多已更改，辄尔妄意迎合傅会，因欲废安石之学，每见生员试卷引用，隐辄排斥其说，此学者所以疑惑而怨之深也。夫安石相业虽有间，然至于经术、学谊，有天下公论所在，岂隐之所能知也？朝廷既立其书，又禁学者之习，此何理哉。①

这段话出自于司马光的弟子刘挚为劾国子司业黄隐排斥《三经新义》而作的奏疏之中。其中虽然对王安石的学问有所批评，尤其对王安石晚年沉溺于《字说》与佛典更为不满，但从国家学制的角度来说，还是对王安石的新经学持肯定的态度，称之为"有天下公论所在"。朱熹也说：

"王氏《新经》尽有好处，盖其极平生心力，岂无见得著处？"因举书中改古注点句数处，云："皆如此读得好。此等文字，某尝欲看一过，与摭撮其好者耳未暇。"②

朱熹对新法与新学有很多严厉的批评，但同时也不否认新学有一些合理之处。从这些评价也可以看出，王安石《三经新义》并没有因新法而遭到学者的彻底否定，说明它具有独立的学术价值，因此在新法罢废以后依然能够流传。其中《周官新义》尤其如此，它作为宋代礼学发展过程中重视经世致用一系的重要代表，足以反映出宋代礼学以及宋学的重要特征，并且对宋代的《周礼》研究以及三《礼》学都产生了深远的影响。

对王安石《周官新义》，《四库总目提要》有一段评论：

安石以《周礼》乱宋，学者类能言之。然《周礼》之不可行于后世，微特人人知之，安石亦未尝不知也。安石之意，本以宋当积弱之后，而欲济之以富强，又惧富强之说必为儒者所排击，于是附会经义，以钳儒者之口，实非真信《周礼》为可行。迨其后用之不得其人，行之不得其道，百弊丛生，而宋以大坏。其弊亦非真缘《周礼》

---

① 《续资治通鉴长编》卷三百九十元祐元年，第9497页。
② 黎靖德编：《朱子语类》卷一百三十，第3099页。

以致误。①

清人胡玉缙也有类似的看法："安石之意，本以宋当积弱之后，而欲济之以富强，又惧富强之说必为儒者所排击，于是附会经义，以钳儒者之口，实非真信《周礼》为可行。惟训诂多用《字说》，病其牵合。"②

这就是说，王安石重视《周礼》并非是出于纯粹的学术动机，而是从一种完全实用的目的来利用《周礼》。这种评价并非完全准确，但其中有一点是正确的，即王安石是从经世致用的角度来研究《周礼》的。由于王安石在当时政界、学界居于崇高的地位，《周官新义》又与轰轰烈烈的新法紧密联系在一起，因此，在《周官新义》颁行之后，无论赞同还是反对，《周礼》都成为学界争论的焦点。王安石的后学依照王安石的学术路径对《周礼》做了更加详尽的训解，但更多的是由于反对新法，进而反对《周官新义》以及《周礼》本身，一时间《周礼》成为学者攻击、否定的对象，这也从另外一个方面促使《周礼》成为礼学以及儒学研究中的一个焦点。

需要指出的是，经世致用与义理学并不矛盾冲突，二者并行不悖。我们将宋代的礼学大致分为三种类型或三个流派，其中的经世致用派与义理派只是说明他们研究的重点、所依托的经典以及价值取向有所偏重。从义理学的方面来看，宋代兴起的道学主要探究的是天道性命之学，将儒学的义理发展到空前的高度。以往学术界大多认为，道学是内圣之学，关注的重点是道德性命、理气心性等抽象的、超越的问题，因此有宋代儒学转向内在的说法。这种说法目前已遭到普遍的怀疑，并基本上为学界所否定。现在一般认为，道学作为儒学的新形态，并未抛弃儒学内圣外王的传统。理学的重点与特点是心性之学，但道学家依然具有强烈的经世致用精神和外王理想。只是道学家认为外王的理想应该有坚实的内圣学的基础。由此可见，经世是宋代儒学与士大夫普遍的共识，义理学也是宋代儒学共有的学理特征，因此，经世与义理的区别只有相对的意义。从宋代礼学的发展来看也是如此，经世与义理两派的划分，绝不意味着二者是对立的、毫无共通处可言，它们只是宋代礼学发展的两个面向而已。

---

① 《四库全书总目》卷十九《周官新义》，第150页。
② 《三经新义辑考汇评——周礼》，华东师范大学出版社2011年版，第9页。

第四节 义理学派

"宋儒专言义理",宋代学术的显著特点是与汉唐训诂学相对的义理之学。"独研义理"作为一种方法,是与专注训诂考据的汉唐儒学相对立的。这是宋学的主要特征。一个广为人知的观点是与宋学对立的汉学只讲训诂而不重义理。其实,汉代的儒学以阴阳五行思想为框架,广泛吸收了法家、道家等其他先秦时期形成、流传下来的百家之学,形成了弘厚淳实的新的儒学。汉代儒学的主流今文经学派重视阴阳灾异,着重发挥经典中的微言大义,这当然也是义理,只不过这些义理过于实用,过于政治化。再加上累世传承儒学而逐渐形成的儒学世族与贵族世家大族相互结合,甚至相互融合,这就使得在整体上汉代的儒学与政治过于紧密地结合在一起,这样,在汉末以来的政治动乱中,儒学大族遭受了沉重以至于致命的打击,这同时也殃及儒学本身。因此,在魏晋之后,儒学就从现实政治的纠葛中逐渐"抽身",朝着融合道家的玄学方向发展。宋代的新儒学是这个发展趋势的进一步推进与升华。所以对于训诂与义理的对立,汉学与宋学的差异,我们必须从大处着眼,注意到其相对意义。宋代儒学重视义理,一方面,这种义理是超越了狭隘的实际政治之上的关于天地性命的较为纯粹的义理,另一方面,宋代理学家也看重训诂章句,朱熹的《四书章句集注》就是很好的例证。因此,宋学重义理,是在较为相对的意义上来说的,也是就宋学的主要特征而言的。

从经学的发展来看,皮锡瑞说宋代经学为经学之变古时代。所谓"变古",就是自创新义。本来,两汉经学重师法、家法,如皮锡瑞所说:"汉人最重师法。师之所传,弟之所受,一字毋敢出入;背师说即不用。师法之严如此。"[①] 两汉以后直至宋代前期经学的发展,以北宋庆历时期为一重要的转折。庆历之后,学风大变,笃守古义、各承师传的汉唐注疏之学迅速衰微,如王应麟说:"自汉儒至于庆历间,谈经者守训故而不凿。《七经小传》出而稍尚新奇矣。至《三经义》行,视汉儒之学若土梗。"陆游也说:"唐及国初,学者不敢议孔安国、郑康成,况圣人乎!自庆历后,诸儒发明经旨,非前人所及;然排《系辞》,毁《周礼》,疑

---

① 皮锡瑞:《经学历史》,第46页。

《孟子》，讥《书》之《胤征》、《顾命》，黜《诗》之序，不难于议经，况传注乎！"① 这是两段为人所熟知的史料，从宋人的这些描述可知，自庆历之后，由疑经惑传开始，宋代的经学以及儒学迅速发展为以义理学为主导的新局面。

皮锡瑞又指出："宋人说经之书传于今者，比唐不止多出十倍，乃不以为盛而以为衰者，唐人犹守古义而宋人多矜新义也。"② 皮锡瑞从清代汉学的角度认为宋代经学多出新义是经学衰落的表现，其实这正是宋代经学的特征。

礼学研究本来重视的是古代的名物制度的考订、礼仪礼器的梳理、三《礼》文献的辨析，这样的学问多依据训诂与考据，是"实学"，但另一方面，至少从春秋战国时代开始，礼学从未脱离时代的主流思潮而独自偏安于训诂考证之一隅。孔子以仁释礼，说"克己复礼为仁"（《论语·颜渊》），又说："人而不仁，如礼何？人而不仁，如乐何？"（《论语·八佾》）这样，礼就超越了具体的典章制度与仪式规范，而与儒家仁学思想密切联系在一起。孔子说："不学礼，无以立"（《论语·季氏》），又说："恭而无礼则劳，慎而无礼则葸，勇而无礼则乱，直而无礼则绞。"（《论语·泰伯》）礼对于儒家所强调的各种道德规范还有一种调节的作用，对于儒家的德性伦理起到一种规范与制衡的作用，因此，从孔子对于仁和礼的解释中我们可以得知，儒家不仅传承了上古三代以来的礼仪礼典，而且礼已经内化于儒学的本质当中，成为儒学之为儒学的本质之一。在儒学的发展过程中，礼不仅仅是仪容与国家礼制、典礼，它不但随着儒学的发展而发展，而且还与时代思潮有着密切的互动。礼与战国至汉代的阴阳五行思想，与魏晋时代的玄学，都有着内在的思想关联。宋代儒学复兴过程中形成的道学是吸取了大量佛、道的理论思维而形成的儒学的新形态，是高度义理化的新儒学。但同时，道学依然属于儒学，道学作为儒学的本质并未改变。在道学的形成、发展过程中，礼同样具有重要的意义，理学家对礼的地位与价值的阐发与论证，同样说明了礼学是内在于道学的发展的。

礼学与宋代的道学有密切关系。张载、二程等理学家都认为"礼者，理也"，作为典章制度以及社会秩序的礼与作为宇宙本体的天理联系在一

---

① 王应麟：《困学纪闻》卷八《经说》，上海古籍出版社2008年版，第1095页。
② 皮锡瑞：《经学历史》，第202页。

起，而且理学家还认为二者是贯通的，一致的。这样，传统儒家的礼以及礼学思想就有了新的内涵与意义。因此，道学家对于礼的解释、说明与论证，极大地丰富、发展了传统的礼学思想，同时道学家对于礼书的编纂也作出了特殊的贡献。这样，以道学家为主体，就形成了宋代礼学发展当中的义理派的礼学。

理学家都很重视礼。虽然自清代以来，不断有人批评理学家以理代礼，将"礼学""理学"化，但不可否认的是，理学家对礼学的发展，尤其是对礼学思想的发展，作出了独特而重要的贡献，在宋代礼学发展史上以及整个礼学史上，自成一派。具体来说，主要体现在以下几个方面。

第一，理学家都认为"礼者理也"，将传统儒家的礼和他们的天理论贯通起来，极大地提升了礼在儒学中的地位，使礼具有了本体的意义。这是宋代义理化的礼学的重要内容。

其实，若就字源来说，早在《礼记》以及其他一些先秦文献当中就已经将"礼"训作"理"。但是，这个"理"仅仅是指事物的条理。因此，《礼记》以及先秦文献当中所说的"礼者理也"，并不具有理学意义上的哲学本体论的意义。

在北宋道学的发展过程中，张载最先指出："礼者理也"[1]，张载还说："时措之宜便是礼，礼即时措时中见之事业者。"[2] "时措""时义"既是天理，也是礼。张载的这些表述，其实都是礼即理的不同说法。把这些论说结合张载的整体思想来看，这与先秦时期所说的"礼者理也"的意义完全不同。余敦康先生指出："在儒学史上，把儒家所服膺之礼提到天道性命的哲学高度进行系统的论证，从而为礼学奠定了一个坚实的理论基础，应以张载为第一人。"[3] 这个评价是恰当的，也表明了张载在宋代礼学发展史上的地位与贡献。

张载之外，二程作为理学的奠基者，也多次明确指出："礼者，理也，文也。理者，实也，本也"。[4] "礼亦理也"[5]。我们将二程对于礼与

---

[1] 张载：《张子语录·语录下》，《张载集》，中华书局1978年版，第326页。
[2] 张载：《经学理窟·礼乐》，《张载集》，第264页。
[3] 余敦康：《内圣外王的贯通——北宋易学的现代阐释》，学林出版社1997年版，第348—349页。
[4] 《河南程氏遗书》卷十一，《二程集》，中华书局1981年版，第125页。
[5] 《河南程氏外书》卷三，《二程集》，第367页。

理的解释放在他们的整体思想当中来考察，可以看出，理与礼的关系是形上形下的关系，是理与气的关系，也是体用的关系。尤其值得注意的是，二程在解释易学时提出的"体用一源"的思想，也可以用来解释礼与理的关系。这样一来，不仅具体的礼仪形式有了更高的本体的理论依据，而且这种看法也扩展、完善了二程本人的儒学思想，使他们的理论的一致性在更加宽泛的层面得以印证。在本书的第五章我们会对这些问题有详细的讨论。

朱子作为宋代理学的集大成者，不但将儒学的抽象义理发展到空前的高度，同时对传统的礼学也有非常精到深入的研究。朱子指出：

> 礼学是一大事，不可不讲，然亦须看得义理分明，有余力时及之乃佳。不然，徒弊精神，无补于学问之实也。①

这是朱子答陈才卿书中的一段话。此书作于庆元三年（1197）②，书中还提到他自己"今年足疾为害，甚于常年，气全满，凭不得几，缘此《礼书》不得整顿"。据此我们认为，这段话虽然简短，但应是朱子晚年对于儒家礼学主旨的一个整体的看法，值得重视。这里包含了三层含义：第一，礼学作为儒学的重要内容，应该是儒家学者必须重视、研究的课题之一。第二，研究礼学重要的是研究礼学的思想含义。礼学应与义理之学相结合。第三，研究礼学需要在学问有了一定的根基或基础之后才可以进行，这样可以更好地认识礼学中的义理，以及礼学在儒学整体中的位置与意义。否则很容易陷入繁琐的名物制度的纠缠中。很显然，这三方面是密切联系在一起的，是朱子对礼学的一个完整的看法。

与张载、二程等理学先辈一样，朱子也认为应当将儒家所传承的礼提升到天理的高度来认识。他说：

> "天叙有典，自我五典五敦哉。天秩有礼，自我五礼五庸哉。"这个典礼，自是天理之当然，欠他一毫不得，添他一毫不得。惟是圣人之心与天合一，故行出这礼，无一不与天合。其间曲折厚薄浅深，

---

① 朱熹：《文集》卷五十九《答陈才卿》，《朱子全书》第二十三册，第 2848 页。
② 参见陈来《朱子书信编年考证》（增订本），三联书店 2007 年版，第 443 页。

莫不恰好。这都不是圣人白撰出，都是天理决定合著如此。后之人此心未得似圣人之心，只得将圣人已行底，圣人所传与后世底，依这样子做。做得合时，便是合天理之自然。①

朱子还说："圣人有法度之言，如《春秋》《书》《礼》是也，一字皆有理。"② "看《礼》书，见古人极有精密处，事无细微，各各有义理。"③ "礼乐者，皆天理之自然。"④

理学主要讨论理气心性、性命天道，这些的确是中国哲学当中最为精要的问题。理学家对于理愈辨愈精，但同时也愈来愈高，理过于高妙，就有脱离具体的人伦日用的倾向，只有上达而无下学，有"理"而无"礼"，这也正是清儒所批评的"以理易礼"。如果这样，"礼"就完全变成了"理"，成为只可玄谈讲论的道理，而缺少实地务行的践行。如果儒学按照这样的路径发展，一方面确实是抽象、思辨的义理学的高度发展，但另一方面，这种发展同时也包含着否定儒学的倾向。二程已经认识到这个问题，但是他们并没有将礼和理的关系在儒学的范围内安置妥当，二程的弟子已经有一些因追求玄理而堕入禅门的表现。因此，如何平衡理与礼之间的关系，使儒学既有高度思辨的哲学理论，同时又保持了传统儒家沿袭至今的礼乐传统，明确划清儒佛之间的界限，确实是儒学发展的一个关键问题。真正把这个问题说透的还是朱熹。

我们以理学家对《论语》"克己复礼"章的解释为例。二程将"克己复礼"之"己"解释为"私"，将"礼"解释为"理"，这样就将传统儒学"克己复礼"的问题转化为"天理人欲"的理学问题。二程将礼解释为天理，提升了礼的地位与意义，但是从整体上来看，二程还是以"先识仁"作为切入儒学的方法路径，体现了他们对于儒学本质特征的理解。二程将儒学定位为仁学，虽然他们在理论上也明确肯定了礼的地位与意义，强调洒扫应对等礼仪实践的重要性，但是从整体上来说，他们还是更加突出了仁的优先性。二程后学对礼的解释表现出某种空虚化的倾向，就与此有一定的关系。

---

① 黎靖德编：《朱子语类》卷八十四，第 2184 页。
② 黎靖德编：《朱子语类》卷八十，第 2082 页。
③ 黎靖德编：《朱子语类》卷八十四，第 2186 页。
④ 黎靖德编：《朱子语类》卷八十七，第 2253 页。

例如游酢认为：

> 孟子曰："仁，人心也。"则仁之为言，得其本心而已。心之本体则喜怒哀乐之未发者是也。惟其徇己之私则汩于忿欲，而人道熄矣。诚能胜人心之私，以还道心之公，则将视人如己，视物如人，而心之本体见矣。自此而亲亲，自此而仁民，自此而爱物，皆其本心，随物而见者然也，故曰克己复礼为仁。礼者，性之中也。且心之本体一而已，非事事而为之，物物而爱之，又非积日累月而后可至也。一日反本复常，则万物一体，无适而非仁矣。故曰："一日克己复礼，天下归仁焉。"①

游酢将礼解释为"性之中"，将礼内化为人性之中，这样，礼实际上就丧失了作为外在规范的客观性。谢良佐认为：

> 礼者，摄心之规矩。循理而天，则动作语默无非天也。内外如一，则视听言动无非我矣。②

游、谢的解释都遭到了朱子的批评。朱熹说："游氏之说，以为视人如己视物如人，则其失近于吕氏，而无天序天秩之本。"③ 吕大临认为："仁者以天下为一体，天秩天叙莫不具存。"④ 朱子认为，吕大临将"克己复礼为仁"解释为天地万物为一体，这只是"想象恍惚"之辞，缺少具体实际内容。游酢的解释与吕类似，也是缺少复礼这一环节。

谢良佐释礼为"摄心之规矩"，朱子认为虽然很好，"然必以理易礼，而又有循理而天、自然合礼之说焉，亦未免失之过高，而无可持循之实。盖圣人所谓礼者，正以礼文而言，其所以为操存持守之地者密矣。若曰循理而天，自然合理，则又何规矩之可言哉？"⑤ 朱子还批评尹焞的解释也有"以理易礼"的倾向，失去了《论语》本来的意义。

---

① 朱熹：《论孟精义》卷六，《朱子全书》第七册，第414页。
② 《宋元学案》卷二十四《上蔡学案》，第920页。
③ 朱熹：《论语或问》卷十二，《四书或问》，上海古籍出版社2001年版，第297页。
④ 吕大临：《论语解》，《蓝田吕氏遗著辑校》，中华书局1993年版，第454页。
⑤ 朱熹：《论语或问》卷十二，《四书或问》，第297页。

朱子多次批评谢良佐《论语解》中的一些看法失之过高。朱子的这个看法当然是包含多方面含义和层次的，其中有一点，就是谢良佐所理解的儒学思想太偏重心性，对礼的解释多从内在心性的角度立论，且较为简略，如他对《论语·乡党》篇的解释就相对很简略。朱子还说"必如谢氏之说，将使学者先获而后难，不安于下学，而妄意于上达"①，批评谢良佐舍礼而求理、求心，这样的理解最终会将儒学引向歧途。

面对北宋以来理学发展的过程当中对礼的解释的某些偏颇，朱熹从整体上扭转了理学重仁轻礼，对礼的解释重内在而轻外在的倾向。他在与门人的讨论中反复强调：

"克己复礼"，不可将"理"字来训"礼"字。克去己私，固即能复天理。不成克己后，便都没事。惟是克去己私了，到这里恰好着精细底工夫，故必又复礼，方是仁。圣人却不只说克己为仁，须说"克己复礼为仁"。见得礼，便事事有个自然底规矩准则。②

正淳问："程子曰：'礼，即理也。不是天理，便是人欲。'尹氏曰：'礼者，理也。去人欲，则复天理。'《或问》不取尹说，以为失程子之意，何也？"曰："某之意，不欲其只说复理而不说'礼'字。盖说复礼，即说得着实；若说作理，则悬空，是个甚物事？"③

只说理，却空去了。这个礼，是那天理节文，教人有准则处。④

朱子反复说，礼是规矩准则，它是在实现仁的过程中绝不可或缺的重要环节。不仅如此，朱子还认为，复礼还是儒学区别于佛老的本质所在。朱子早年就逐渐认识到，儒佛之辨的关键之处还在于礼。其实，若单纯就这种看法来说，朱熹的观点并没有什么新奇之处。北宋时期，欧阳修在《本论》中就极力主张用儒家的礼作为战胜佛法的重要理论资源，认为礼是儒学区别于佛教的本质。但是，欧阳修同时又极力反对儒家的心性理论，因而，他主张的礼还是自先秦以来的礼仪规范和纲常名教。朱熹在大量吸收了佛教的心性理论之后又转而强调儒佛的区别之处关键还在礼，这种认

---

① 朱熹：《论语或问》卷十九，《四书或问》，第 403 页。
② 黎靖德编：《朱子语类》卷四十一，第 1045 页。
③ 同上书，第 1065 页。
④ 同上书，第 1048 页。

识相比欧阳修的看法，已经有了本质的发展和飞跃。据年谱记载，早在绍兴二十六年（1156）初春，朱子在春寒料峭的寒夜苦读《论语》，在子规声中始悟"子夏之门人小子"章。后来他在与门人的谈话中还多次提到那一晚上的体悟。① 朱子的理解最终都集中体现在《论语集注·子张》篇。朱子引用了程子之言："君子教人有序，先传以小者近者，而后教以大者远者。非先传以近小，而后不教以远大也。"② 程颐与朱熹这里所说的不仅是为学的次第，更主要的是对于作为成人之学的儒学的本质的理解。按照朱熹的看法，儒学就在于由近即远，由小即大，这个过程非常重要，绝对不能省略。如果一开始就从远、大处着手，那么必然会流于高妙而空疏，这就与佛老没有什么区别了。朱子在《或问》中详细解释了这个意思。他说：

> 无大小者，理也；有序者，事也。正以理无大小，而无不在，是以教人者，不可以不由其序，而有所遗也。盖由其序，则事之本末巨细，无不各得其理，而理之无大小者，莫不随其所在而无所遗。不由其序，而舍近求远，处下窥高，则不惟其所妄意者不可得，而理之全体，固已亏于切近细微之中矣。此所以理无大小，而教人者尤欲必由其序也。子游之说，盖失于此。故不知理之无大小，则以洒扫应对为末而无本；不知教人之有序，故于门人小子，而欲直教之精义入神之事，以尽夫形而上者之全体也。③

朱子这里是对程颐"理无大小"与"教人有序"的进一步详细解释。朱子在《集注》中引用了程颐说的"洒扫应对，便是形而上者"，所谓"便是"，是说"不离乎是耳"④，意思是洒扫应对的礼仪中蕴含着形而上之道，各种礼仪形式与形而上之理是关联在一起的，二者不是毫不相关的两截；更为重要的是，朱子详细反复地说明了程颐所说的"君子教人有序"，这显然是针对当时的学者而言的，尤其是一些程门后学对儒学的理解主要从高远处立论，而忽视了下达、洒扫应对这些必要的环节。朱子认

---

① 参见束景南《朱熹年谱长编》，华东师范大学出版社 2001 年版，第 204—205 页。尤其是其中引用《朱子语类》中朱子后来对此事的回忆。
② 朱熹：《论语集注》，《四书章句集注》，中华书局 1983 年版，第 190 页。
③ 朱熹：《论语或问》卷十九，《四书或问》，第 402 页。
④ 同上书，第 401 页。

为，下学而上达，由礼而即理，这是为学必须要经历的过程。如果贪图快捷，只是追求理论的高深完美，只从精义入神方面入手，最终必然会背离儒学的本质而流于异端。朱子还说："释氏之学，只是克己，更无复礼工夫，所以不中节文，便至以君臣为父子，父子为君臣，一齐乱了。吾儒克己便是复礼，见得工夫精细。圣人说得来本末精粗具举。"① 朱子极力强调礼的重要性，并非是朱子重礼而不重仁，而是针对此前儒学发展过程中暴露出来的问题而努力纠正儒学当中偏废了礼的作用与意义而言的。在朱子看来，如果过分强调克己就可以实现仁，容易混淆儒学与佛老之间的界限，因为佛老就是能克己而不能复礼。由此可见，朱子是将礼看作儒学的本质的。当然，这样的看法也并不是什么新鲜的见解，而是再次回到了孔子儒学那里，是对儒学之为儒学的再次确认。朱子作为道学发展的集大成者，对于儒学"性与天道"的问题当然有着深入的思考、辨析与阐发，但是从整体上来说，这些内容可以为儒学增加新鲜的色彩，但还不是儒学之成为儒学、儒学与佛老等其他思想学派的本质区别。只有将儒家所传承的礼学与性理之学有机、辩证地结合起来，既发展了礼学，又使得新兴的理学不失传统儒学的基础，这样，朱熹才超越了韩愈、欧阳修等人的看法，将儒学的发展推向了新的高度。这也是我们以程朱等道学家作为宋代礼学义理学派的一个主要原因。

第二，宋代的理学家除了从天理的高度对礼做详尽的阐发之外，还都对编修礼书充满热情。张载、二程都有修定礼书的规划，但由于种种原因，他们的计划并没有全部完成，而且已经编修完成的部分在后世也散失严重。（详细内容参见本书第五章）在理学家当中，除了张载、二程之外，朱熹也有全面、大规模编修礼书的计划。朱子整顿礼书，是他晚年学术的重点与归宿。②

朱熹晚年的主要学术工作之一是修定礼书。他在《乞修三礼劄子》中说：

---

① 黎靖德编：《朱子语类》卷四十一，第1046页。
② 关于朱子编修礼书，王启发有较为详细的研究。参见王启发《朱熹〈仪礼经传通解〉的编纂及其礼学价值》，收入《炎黄文化研究》第三辑，大象出版社2006年版；《朱熹的礼学及其相关问题》，收入《中国社会科学院历史研究所学刊》第六集，商务印书馆2010年版。尤其是第一节"朱熹的礼学生涯及其心路历程"。

臣闻之：六经之道同归，而《礼》《乐》之用为急。遭秦灭学，《礼》《乐》先坏。汉晋以来，诸儒补缉，竟无全书。其颇存者，《三礼》而已。《周官》一书，固为礼之纲领，至其仪法度数，则《仪礼》乃其本经，而《礼记》《郊特牲》、《冠义》等篇乃其义说耳。前此犹有《三礼》、通礼、学究诸科，礼虽不行，而士犹得以诵习而知其说。熙宁以来，王安石变乱旧制，废罢《仪礼》，而独存《礼记》之科，弃经任传，遗本宗末，其失已甚。而博士诸生又不过诵其虚文以供应举。……

　　故臣顷在山林，尝与一二学者考订其说，欲以《仪礼》为经，而取《礼记》及诸经史杂书所载有及于礼者，皆以附于本经之下，具列注疏诸儒之说，略有端绪。而私家无书检阅、无人抄写，久之未成。会蒙除用，学徒分散，遂不能就。而钟律之制，则士友间亦有得其遗意者。窃欲更加参考，别为一书，以补六艺之阙，而亦未能具也。①

这是朱子向皇帝写的劄子，其中系统、集中地表述了他的礼学见解，即以《仪礼》为经，以《礼记》及其他礼书、经史著作中的相关记载附属于后，从而形成完备的礼学新著。从《语类》以及《文集》中的往返书信讨论中可知，朱子对他的这些看法有具体的解释，并与门人弟子组成了一个庞大的、遍布各地的编修班子，对编修礼书有非常详细的说明，从拟定大纲宗旨、分类篇次、各部类的负责人手以及具体的工作程序，都有细致的规划。《文集》记载：

　　所喻买书以备剪贴，恐亦不济事。盖尝试为之，大小高下既不齐等，不免又写一番，不如只就正本籤记起止，直授笔吏写成之为快也。又修书之式，只可作草卷，疏行大字，（欲可添注。）每段空纸一行，（以备剪贴。）只似公案折叠成沓，逐卷各以纸索穿其腰背，（史院修书例如此，取其便于改易也。）此其大略也。②

---

①　朱熹：《文集》卷十四《乞修三礼劄子》，《朱子全书》第二十册，第687—688页。
②　朱熹：《文集》卷六十三《答余正甫》，《朱子全书》第二十三册，第3079页。

朱子的规划、指导如此详细，可见他对修定礼书的重视以及规划之细致、完备。朱子最初将这部新修定的礼书定名为《仪礼经传集注》，后更名为《通解》。将《礼书》定为《集注》，"说明《礼书》原本是与《四书集注》一个体例，位置也是同等重要的。至于后来为何将'集注'易名为'通解'，可能是因为朱子基于礼要同行于百姓的特点，或者是因为《集注》工作量太大，难于完成，不得已易名为'通解'"。①

朱熹说："某已衰老，其间合要理会文字，皆起得个头在。及见其成与不见其成，皆未可知。万一不及见此书之成，诸公千万勉力整理。得成此书，所系甚大！"② 这段话说得很沉重，有似"托孤"，由此可以看出朱子晚年对编修礼书极其重视。他将晚年的学术重点放在礼书方面，这主要是朱子认为，礼不但要讲明其义理，而且更为重要的是，礼要有坚实的依据。从北宋以来儒学以及道学的发展来看，后者显得尤为重要与迫切。朱子说："若是如今古礼散失，百无一二存者，如何悬空于上面说义！"③ 正是由于礼不能"悬空于上面说义"，这才促使朱子在晚年倾其全力去系统整理儒家的礼书。"须是且将散失诸礼错综参考，令节文度数一一著实，方可推明其义。"④

朱子晚年对于礼学的认识，也是他的思想发展的必然所致。他说：

> 所谓道之全体虽高且大，而其实未尝不贯乎日用细微切近之间，苟悦其高而忽于近，慕于大而略于细，则无渐次经由之实，而徒有悬想跂望之劳，亦终不能以自达矣。故圣人之教循循有序，不过使人反而求之至近至小之中，博之以文，以开其讲学之端；约之以礼，以严其践履之实，使之得寸则守其寸，得尺则守其尺。如是久之，日滋月益，然后道之全体乃有所乡望而渐可识，有所循习而渐可能。⑤

---

① 牟坚：《朱子"实理"观下的礼学实践以及礼在朱子之学中的位置》，收入《中国社会科学院历史研究所学刊》第七集，商务印书馆 2011 年版，第 323 页。
② 黎靖德编：《朱子语类》卷八十四，第 2188 页。
③ 同上书，第 2178 页。
④ 同上。
⑤ 朱熹：《文集》卷五十四《答王季和》，《朱子全书》第二十三册，第 2555 页。

据陈来先生的考证，此书作于庆元四年戊午（1198）①，也是朱子晚年所作。他在这里所说的高大的道体必须寓于细微切近之间，既是对于传统儒家思想的再阐发，又是道学思想的完整表述。在朱子看来，儒家所谓的道，体用兼备，有本有末；博学于文，约之以礼，这才是道之全体。如果离了现实生活中的细微切近之处去求道，这样高悬于空中的道体无论义理多么深刻，它在本质上已经背离了儒学的传统。正因如此，面对儒学在发展过程中表现出来的种种问题，朱子将解决问题的重点放在礼学方面，并以系统整理礼学文献为道学的发展奠定坚实的基础，这正是在更高的层面又回到了儒学的本义。

理学家热衷于整理儒家的三《礼》文献，有三《礼》本身的原因，如三《礼》文献本身就有残缺，在历史的流传过程中问题多多，值得系统研究，也有宋代儒学复兴这样宏大的历史文化背景。除此之外，还有一个具体的原因值得关注。书籍作为文化的载体，在思想文化的发展、传承中具有重要的意义。从北宋中后期开始，印刷业迅速发展，中国社会逐渐从手抄文化转变为印刷文化。对于这个问题，学术界从社会史、文化史的角度已经有了相当专门、深入的研究，近来又有学者从文学史的角度开始研究这一转变对于文学作品的传播，以及由此带来的对于文本的接受、文学观念的变化等方面的影响。②对于书籍流通形式的变革不是我们这里关注的重点问题，但是，宋代的理学家们正是处在这一变革当中，而且书籍的快速刊刻、印刷、流通为理学家们大规模整理三《礼》文献提供了可能，这也是理学家整顿礼书的社会与文化背景。

第三，正如理学是儒学的一个部分，理学家虽然热衷于探讨理气心性等形上问题，但他们儒者的本色并未改变。在现实生活中，理学家依然是儒家礼学的实践者。

王夫之曾说："吾儒步步有个礼在，充实光辉，壁立千仞。"③ 讲礼、守礼是儒家之为儒家的一个本质特征。礼是儒学的本质，这有两层含义。其一，礼是儒学的重要内容，在儒学当中，一定必须要给礼有适当的位置；其二，作为一个儒家学者，在日常的修习过程中也一定要以守礼为基

---

① 陈来：《朱子书信编年考证》（增订本），第472页。
② 参见王宇根《万卷：黄庭坚和北宋晚期诗学中的阅读与写作》，三联书店2015年版。尤其是"绪论"部分。
③ 王夫之：《读四书大全说》卷六《论语·颜渊篇》，中华书局1975年版，第378页。

本的要求。在《论语·乡党》篇中我们不但可以看到宣称、主张复礼的孔子，而且同时还可以看到守礼、践行周礼的孔子。在孔子看来，礼首先应当体现在日常生活的践行当中。正因如此，礼才成为儒学区别于其他学派的一个显著的特征。王夫之说的"吾儒步步有个礼在"，这种对儒学的理解，在理学家的身上也都有不同程度的体现。

"躬行礼教"是关学的一大特征。吕大临《横渠先生行状》记载：

> 近世丧祭无法，丧惟致隆三年，自期以下，未始有衰麻之变；祭先之礼，一用流俗节序，燕亵不严。先生继遭期功之丧，始治丧服，轻重如礼；家祭始行四时之荐，曲尽诚洁。闻者始或疑笑，终乃信而从之，一变从古者甚众，皆先生倡之。①

二程指出："关中学者正礼文，乃一时之事尔。必也修身立教，然后风化及乎后世。"② 张载自己也说："关中学者，用礼渐成俗。"③

二程是道学的创始者，同时他们也谨守礼仪规范，保持了儒者的本色。据文献记载，程颐"谨于礼四五十年"④；又：

> 伊川主温公丧事，子瞻周视无阙礼，乃曰："正叔丧礼何其熟也？"又曰："轼闻居丧未葬读丧礼。太中康宁，何为读丧礼乎？"伊川不答。邹至完闻之曰："伊川之母先亡，独不可以治丧礼乎？"⑤

程颐还写有《四箴》，对《论语》"四勿"作了进一步的发挥：

> 颜渊问克己复礼之目，夫子曰："非礼勿视，非礼勿听，非礼勿言，非礼勿动。"四者身之用也，由乎中而应乎外，制于外所以养其中也。颜渊事斯语，所以进于圣人。后之学圣人者，宜服膺而勿失也。因箴以自警。

---

① 《吕大临横渠先生行状》，《张载集》附录，第383页。
② 《河南程氏粹言》卷一，《二程集》，第1221页。
③ 《河南程氏遗书》卷十《洛阳议论》，《二程集》，第114页。
④ 《河南程氏遗书》卷一，《二程集》，第8页。
⑤ 《河南程氏外书》卷十一，《二程集》，第416页。

视箴：心兮本虚，应物无迹；操之有要，视为之则。蔽交于前，其中则迁；制之于外，以安其内。克己复礼，久而诚矣。

听箴：人有秉彝，本乎天性；知诱物化，遂亡其正。卓彼先觉，知止有定；闲邪存诚，非礼勿听。

言箴：人心之动，因言以宣；发禁躁妄，内斯静专。矧是枢机，兴戎出好；吉凶荣辱，惟其所召。伤易则诞，伤烦则支；己肆物忤，出悖来违。非法不道，钦哉训辞。

动箴：哲人知几，诚之于思；志士励行，守之于为。顺理则裕，从欲惟危；造次克念，战兢自持；习与性成，圣贤同归。①

这些内容是对儒学关于日常践履的非常细致的规定，成为儒学工夫论的重要内容。

朱熹作为道学发展的集大成者，同时也是谨守礼仪的一代醇儒。黄榦在《行状》中记载：

其可见之行，则修诸身者，其色庄，其言厉，其行舒而恭，其坐端而直。其闲居也，未明而起，深衣幅巾方履，拜于家庙以及先圣。退坐书室，几案必正，书籍器用必整。其饮食也，羹食行列有定位，匕箸举措有定所。倦而休也，瞑目端坐。休而起也，整步徐行。中夜而寝，既寝而寤，则拥衾而坐，或至达旦。威仪容止之则，自少至老，祁寒盛暑，造次颠沛，未尝有须臾之离也。行于家者，奉亲极其孝，抚下极其慈，闺庭之间，内外斩斩，恩义之笃，怡怡如也。其祭祀也，事无纤巨，必诚必敬，小不如仪，则终日不乐，已祭无违礼，则油然而喜。死丧之礼，哀戚备至，饮食衰绖，各称其情。宾客往来，无不延遇，称家有无，常尽其欢。于亲故，虽疏远必致其爱；于乡闾，虽微贱必致其恭。吉凶庆吊，礼无所遗；赒恤问遗，恩无所缺。②

朱子的这些日常活动，可与《论语·乡党》篇所记孔子的日常生活

---

① 《河南程氏文集》卷八，《二程集》，第588—589页。
② 王懋竑：《朱熹年谱》，中华书局1998年版，第273页。

相比。在《语类》中，也详细记载了朱子平日有关冠昏丧祭及各种杂仪的看法与具体礼仪实践，其中尤以祭礼最为详尽。另外，朱子还编订了《家礼》，就祧庙问题曾与楼钥、陈傅良等展开论争，所有这些事实都表明，礼学不但在朱子的思想中占了重要部分，同时也体现在朱子的日常践履当中。

倡导"心即理"，主张"简易工夫"的陆九渊及其兄弟在现实生活中对待儒家的礼学与礼教其实并不"简易"。陆九渊与其兄弟陆九韶、陆九龄生于重视礼学的大族。《宋史》记载：

> 其家累世义居，一人最长者为家长，一家之事听命焉。岁迁子弟分任家事，凡田畴、租税、出内、疱爨、宾客之事，各有主者。九韶以训诫之辞为韵语。晨兴，家长率众子弟谒先祠毕，击鼓诵其辞，使列听之。子弟有过，家长会众子弟责而训之；不改，则挞之；终不改，度不可容，则言之官府，屏之远方焉。（《宋史》卷四三四《儒林传四》）

这是陆九韶以礼治家的经验。陆九韶还将其经验原则写成《陆梭山公家制》，流传后世。其父陆贺"尝采司马氏冠昏丧祭仪行于家"（《宋史》卷四三四《儒林传四》），陆九龄"继其父志，益修礼学，治家有法。阖门百口，男女以班各供其职，闺门之内严若朝廷。而忠敬乐易，乡人化之，皆逊弟也"（《宋史》卷四三四《儒林传四》）。陆九渊出生于这样的礼学大家，从其父、其兄，也可大致窥见陆九渊。陆九渊答朱子著名的诗中首联即说"墟墓兴哀宗庙钦，斯人千古不磨心"，这千古不灭之心指的就是祭礼、宗法，这才是"易简功夫终久大，支离事业竟浮沈"的支撑所在。[①]综合以上所述，我们认为，道学家在理论上提升了礼的地位与意义，将礼纳入天理的理论框架当中，这样便极大地推进了礼学思想的发展；与此同时，他们在现实生活中也都是谨守礼教的楷模，他们所讲的礼有理论，有实践，不仅在理论上认为礼是天理的基础，是儒学的本质特征，明

[①] 参见牟坚《朱子"实理"观下的礼学实践以及礼在朱子之学中的位置》，收入《中国社会科学院历史研究所学刊》第七集，第330页。

确地划清了儒佛的分界，而且在实践中也完美地体现出儒学与儒者的本色。在儒学的发展历程中其实需要对儒学之为儒学作不断的反思，道学家尤其是朱熹对礼的论述，对礼与理之关系的讨论，以及对礼学与道学关系的一再确认，其实也就是对儒学本质的不断反思与确认。道学不但是中国古代哲学发展的高峰，而且对于礼学以及礼学思想的发展，也同样有极大的贡献，在宋代礼学的发展过程中以及中国传统礼学史上，都有重要的意义。

附：宋代礼学著作简表

说明：

一、本表按传统礼学著作的分类，分为《周礼》类、《仪礼》类、《礼记》类和三《礼》总类。

二、本表主要参考了《宋史·艺文志》《经义考》《两浙著书考》以及当代学者王锷的《三礼研究论著提要》等。

三、《中庸》《大学》在宋代的学术体系中其实已经脱离了《礼记》，而与《论语》《孟子》组成"四书"学系统，但是在传统的目录学分类当中依然还是纳入《礼记》当中。本表采用《宋志》《经义考》的分类，依然将《学》《庸》的研究著作纳入《礼记》类当中。

一、《周礼》类

序号	作者	书名	存佚	出处	备注
1	王洙	《周礼礼器图》	佚	《经义考》	
2	黄君俞	《周礼关言》	佚	《通志·艺文略》	王锷认为"疑为唐至北宋时人"
3	李觏	《周礼致太平论》十卷	存	《李觏集》	
4	杨杰	《周礼讲义》	佚	《经义考》	
5	刘彝	《周礼中义》十卷	佚	《宋志》	《文献通考》作八卷
6	刘恕	《周礼记》	佚	《经义考》	
	周谞	《周礼解》	佚	《经义考》	
7	王安石	《新经周礼义》二十二卷	存	《宋史》本传	四库有辑本。今存十六卷并附《考工记解》二卷
8	龚原	《周礼图》十卷	佚	《宋志》	《经义考》作"未见"
9	陈祥道	《周礼纂图》	佚	《经义考》	

续表

序号	作者	书名	存佚	出处	备注
10	陈祥道	《考工记解》	不详		《四库全书总目》卷一九《鬳斋考工记解》言有此书
11	王昭禹	《周礼详解》四十卷	存	《宋志》	
12	章縡	《周官议》十六篇	佚	《经义考》	
13	徐庚	《周礼讲义》	佚	《经义考》	
14	黄裳	《周礼讲义》六卷	存	《经义考》	
15	闻人宏	《周官通解》	佚	《经义考》	
16	林之奇	《周礼讲义》四十九卷	佚	《经义考》	《经义考》作"未见"。《玉海》作三十九卷
17	史浩	《周官讲义》十四卷		《宋志》《文献通考》	《中国善本书提要》："《周官讲义》残存八卷"
18	史浩	《周礼天地二官讲义》十四卷		《宋志》	《经义考》作"阙"。《玉海》卷四十三："浩为建王府直讲时撰,止天地二官。"《周礼天地二官讲义》与《周官讲义》当为一书
19	杨时	《周礼义辨疑》一卷	存	《宋志》	
20	黄颖	《周礼解义》	佚	《经义考》	
21	董渍	《周官辨疑》	佚	《经义考》	
22	王居正	《周礼辨学》五卷	佚	《经义考》	
23	程瑀	《周礼义》	佚	《经义考》	

第一章 宋代礼学的发展　71

续表

序号	作者	书名	存佚	出处	备注
24	孙奇	《周礼备检》	佚	《经义考》	
25	徐焕	《周官辨略》十八卷	佚	《宋志》	
26	胡铨	《周礼传》十二卷	佚	《宋志》	今存胡铨《周礼解》六卷
27	吴沆	《周礼本制图论》	佚	《经义考》	
28	吴沆	《六官析微论》	佚	《经义考》	
29	周必大	《周官讲义》	佚	《经义考》	
30	周必大	《周礼庖人讲义》一篇	存	《三礼研究论著提要》	
31	尤袤	《周礼辨义》	佚	《经义考》	
32	王十朋	《周礼详说》	佚	《经义考》	
33	郑锷	《周礼解义》二十二卷	佚	《宋志》	《经义考》作"未见"
34	薛季宣	《周礼辨疑》		《经义考》	《经义考》作"未见"
35	陈傅良	《周礼说》一卷		《宋志》	《经义考》作"未见"；《郡斋读书志附志》《直斋书录解题》作三卷
36	陈傅良 徐元德	《周官制度精华》二十卷		《经义考》	《经义考》作"未见"
37	易祓	《周礼总义》三十六卷		《宋志》	《经义考》作"未见"；《郡斋读书志附志》作三十卷；四库辑《永乐大典本》作三十卷
38	胡维宁	《周官类编》	佚	《经义考》	
39	黄硕	《周官讲义》	佚	《经义考》	
40	俞庭椿	《周官复古编》三卷	存	《宋志》	四库本作一卷
41	许奕	《周礼讲义》六卷	佚	《经义考》	

续表

序号	作者	书名	存佚	出处	备注
42	薛衡	《周礼序官考》		《经义考》	《经义考》作"未见"
43	李叔宝	《周礼精意》		《经义考》	《经义考》作"未见"
44	戴仔	《周礼传》	佚	《经义考》	
45	俞嘉	《周礼释》	佚	《经义考》	
46	高崇	《周官解》十二卷	佚	《经义考》	
47	马之纯	《周礼随释类编》	佚	《经义考》	
48	马之纯	《周礼说》	佚	《续文献通考》	
49	史守道	《周礼略》十卷	佚	《经义考》	
50	赵汝谈	《周礼注》	佚	《经义考》	
51	乐思忠	《周礼考疑》七卷		《经义考》	《经义考》作"未见"
52	乔行简	《周礼总说》	佚	《经义考》	
53	余复	《经礼类说》	佚	《经义考》	
54	叶秀发	《周礼说》	佚	《经义考》	
55	徐筠	《周礼微言》十卷		《宋志》	《经义考》作"未见"
56	曹叔远	《周官讲义》	佚	《经义考》	
57	曹叔远	《周礼地官讲义》	佚	《经义考》	
58	徐邦宪	《周礼解》六卷	未见	《两浙著书考》	
59	林椅	《周礼纲目》八卷	佚	《宋志》	
60	林椅	《周礼摭说》一卷	佚	《宋志》	
61	陈兢	《周礼解》	佚	《经义考》	
62	陈汪	《周官小集》	佚	《经义考》	
63	郑若	《周礼疑误解》	佚	《两浙著书考》	
64	孙之宏	《周礼说》	佚	《经义考》	
65	杨恪	《周礼辨疑》	佚	《经义考》	
66	陈汲	《周礼辨疑》	佚	《经义考》	
67	陈谦	《周礼说》	佚	《经义考》	
68	徐畸	《周礼发微》三卷	佚	《经义考》	

续表

序号	作者	书名	存佚	出处	备注
69	陈尧英	《周礼说》三卷	佚	《两浙著书考》	
70	郑伯谦	《太平经国之书统集》	存	《宋志》	四库本无"统集"二字。《宋志》作七卷，今本十一卷
71	唐诸儒	《周礼要义》	佚	《文渊阁书目》	
72	魏了翁	《周礼要义》三十卷		《经义考》	《经义考》作"未见"
73	魏了翁	《周礼井田图说》	佚	《经义考》	
74	包恢	《六官疑辨》	佚	《经义考》	
75	王与之	《周礼订义》八十卷	存	《宋志》	
76	王与之	《周官补遗》	佚	《经义考》	丘葵《周礼全书序》云王与之有此书
77	王与之	《周礼十五图》	佚	焦竑《国史经籍志》	
78	江致尧	《周礼解》		《经义考》	《经义考》作"未见"
79	王奕	《周礼答问》	佚	《经义考》	
80	税与权	《周礼折衷》	存	《经义考》	《文献通考》作二卷。《宋志》作魏了翁
81	黄锺	《周礼集解》	佚	《经义考》	
82	朱申	《周礼句解》十二卷	存		
83	金叔明	《周礼疑答》	佚	《经义考》	
84	叶时	《礼经会元》四卷	存	《经义考》	
85	叶时撰、夏惟宁辑	《礼经会元节要》四卷	存	《中国古籍善本书目》	
86	黄震	《读周礼日抄》一卷	存	《经义考》	
87	陈普	《周礼讲义》三篇	不详	《经义考》	《经义考》作"存"

续表

序号	作者	书名	存佚	出处	备注
88	陈已	《周礼详说》		《江苏艺文志·南京卷》	
89	丘葵	《周礼全书》六卷	存		一曰《周礼补亡》
90	胡一桂	《古周礼补正》一百卷	佚	《经义考》	
91	王氏	《周礼详说》		《经义考》	《经义考》作"未见"
92		《周礼类例义断》二卷		《宋志》	《经义考》作"未见"
93		《周礼图说》	佚	《经义考》	
94		《礼库》		《经义考》	《经义考》作"未见"
95		《周礼集说》十二卷		《经义考》	《经义考》作"阙"。四库本作十卷
96	吴澄	《周礼考注》十五卷	存	《经义考》	
97	沈季长	《周礼讲义》	佚		《三礼研究论著提要》据《江苏艺文志·扬州卷》
98	黄度	《周礼五官说》五卷	不详	《宋志》	《经义考》作"存"
99	曹津	《周礼五官集传》五卷	存	《经义考》	
100	魏校	《周礼天官沿革传》六卷	存	《经义考》	
101	夏休	《周礼井田谱》二十卷		《宋志》	《经义考》作"未见"。《北京大学图书馆藏善本书目》有清无名氏抄《周礼井田谱》二十卷，有缺页。王锷"疑即夏休是书"

续表

序号	作者	书名	存佚	出处	备注
102	程霆	《周礼井田议》	佚	《经义考》	
103	林亦之	《考工记解》一卷	不详	《经义考》	《经义考》作"未见"
104	王炎	《考工记解》	佚	《经义考》	
105	叶皆	《考工记辨疑》	佚	《经义考》	
106	林希逸	《鬳斋考工记解》三卷	存	《经义考》	今存为二卷
107	项安世	《周礼丘乘图说》	佚	《宋志》	
108	郑景炎	《周礼开方图说》一卷	佚	《宋志》	
109	江与之	《周礼秋官讲义》一卷	佚	《宋志》	《经义考》作"江与山"
110	尹躬	《冬官解》	佚	《经义考》	
111	赵溥	《兰江考工记解》	佚	《经义考》	

二、《仪礼》类

序号	作者	书名	存佚	出处	备注
1	陈祥道	《注解仪礼》三十二卷	佚	《宋志》	
2	陈祥道	《礼例详解》十卷	佚	《宋志》	
3	陆佃	《仪礼义》十七卷	佚	《宋志》	
4	张淳	《校定古礼》十七卷	佚	《文献通考》	张淳另有《释文》一卷、《识误》三卷（《宋志》作一卷）
5	李如圭	《集释古礼》十七卷	存	《经义考》	李如圭另有《纲目》一卷。《经义考》作"未见"
6	李如圭	《仪礼释宫》一卷	存	《经义考》	《经义考》著录朱熹《仪礼释宫》一卷，即此书
7	周燔	《仪礼详解》十七卷		《宋志》	《经义考》作"未见"

续表

序号	作者	书名	存佚	出处	备注
8	朱熹	《仪礼经传通解》二十三卷	存	《宋志》	四库本三十七卷
9	黄榦	《续仪礼经传通解》二十九卷	存	《宋志》	
10	黄士毅	《类注仪礼》	佚	《经义考》	
11	叶味道	《仪礼解》	佚	《经义考》	
12	刘爚	《仪礼云庄经解》二十卷	佚	《经义考》	
13	杨复	《仪礼图》十七卷	存	《宋志》	
14	杨复	《仪礼旁通图》一卷	存	《经义考》	
15	杨复	《续仪礼经传通解》十四卷	存	《经义考》	
16	魏了翁	《仪礼要义》五十卷	存	《宋志》	《经义考》作"未见"
17	马廷鸾	《仪礼本经疏会》九卷	佚	《经义考》	
18	方回	《仪礼考》		《经义考》	《经义考》作"未见"
19	高斯得	《仪礼合抄》	佚	《经义考》	
20	陈普	《仪礼说》一卷	存	《经义考》	
21		《礼仪类例》十卷	佚	《宋志》	
22	吴澂	《仪礼逸经》八篇	存	《经义考》	四库有《仪礼逸经传》二卷
23	吴澂	《仪礼传》十篇	存	《经义考》	
24	郑起	《乡饮酒书》	佚	《经义考》	
25	刘筠	《五服年月数》一卷	佚	《宋志》	
26	刘敞	《士相见义》一卷	存	《经义考》	
27	刘敞	《公食大夫义》一卷	不详	《经义考》	《经义考》作"存"

第一章　宋代礼学的发展　77

续表

序号	作者	书名	存佚	出处	备注
28	陈师道	《士相见礼》一卷	佚	《经义考》	《经义考》作"未见"
29	舒芬	《士相见礼仪》一卷		《经义考》	《经义考》作"存"
30	郑樵	《乡饮礼》三卷	佚	《宋志》	《经义考》："又图三卷"
31	高闶	《乡饮酒仪》	佚	《经义考》	
32	王炎	《乡饮酒仪》一卷		《经义考》	《经义考》作"未见"
33	王时会	《乡饮酒礼辨疑》一卷	佚	《经义考》	
34	史定之	《乡饮酒仪》一卷	佚	《宋志》	
35	朱熹	《乡射疑误》一篇	存	《经义考》	
36	张诜	《丧服》十卷	佚	《宋志》	
37	沈清臣	《丧服六事》一卷	佚	《两浙著书考》	
38	吕大临	《编礼》三卷	佚	《经义考》	《经义考》作"未见"
39	郑文遹	《丧服长编》	佚	《经义考》	
40	黄宣	《丧礼》	佚	《续文献通考》	
41	林保	《乡饮酒礼》	佚	《两浙著书考》	
42		《五服志》三卷	佚	《宋志》	
43		《丧服加减》一卷	佚	《宋志》	
44		《五服仪》一卷	佚	《经义考》	
45		《五服法纂》一卷	佚	《经义考》	《经义考》："以上二书载绍兴续到四库阙书目。"
46	梁观国	《丧礼》五卷	佚	《经义考》	
47	韩挺	《服制》一卷	佚	《宋志》	
48	李随	《吉凶五服仪》一卷	佚	《宋志》	
49	刘筠	《五服年月数》一卷	佚	《宋志》	
50	沈括	《丧服后传》	佚	《经义考》	

续表

序号	作者	书名	存佚	出处	备注
51	杨简	《丧礼家记》一卷	佚	《经义考》	
52	冯椅	《丧礼》	佚	《经义考》	
53	叶起	《丧礼会经》		《经义考》	《经义考》作"未见"
54	叶起	《丧礼会记》	佚	《经义考》	
55	车垓	《内外服制通释》九卷	存	《经义考》	后二卷佚
56	罗愿	《昏问》一卷	存	《经义考》	
57	赵彦肃	《士冠士昏馈食礼图》	佚	《两浙著书考》	
58	杨简	《冠记》一篇	佚	《经义考》	
59	杨简	《昏记》一篇	佚	《经义考》	
60	钱时	《冠昏礼》	佚	《经义考》	
61	黄宜	《丧礼》二卷	佚	《两浙著书考》	
62	杨明复	《冠婚丧祭图》	佚	《两浙著书考》	

三、《礼记》类

序号	作者	书名	存佚	出处	备注
1	邢昺	《礼选》二十卷	佚	《经义考》	
2	李清臣	《礼论》二篇	不详	《经义考》	
3	张载	《礼记说》三卷	不详	《经义考》	《经义考》作"未见"
4	章望之	《礼论》一篇	佚	《经义考》	
5	刘彝	《礼记中义》四十卷	佚	《经义考》	
6	李格非	《礼记精义》十六卷		《宋志》	《经义考》作"未见"
7	王安石	《礼记发明》一卷	佚	《经义考》	《经义考》作"未见"
8	王安石	《礼记要义》二卷	佚	《经义考》	《经义考》作"未见"
9	陈襄	《礼记讲义》一卷	存	《三礼研究论著提要》	收入《古灵集》卷十二
10	周谞	《礼记解》	佚	《经义考》	《经义考》作"未见"

续表

序号	作者	书名	存佚	出处	备注
11	陈祥道	《礼记讲义》二十四卷	佚	《经义考》	《经义考》作"未见"
12	陈旸	《礼记解义》十卷	佚	《宋志》	
13	方慤	《礼记解》二十卷	佚	《宋志》	《经义考》作"未见"
14	马晞孟	《礼记解》七十卷	佚	《经义考》	《经义考》作"未见"
15	吕大临	《芸阁礼记解》十卷	存	《经义考》	《经义考》作"未见"。《文献通考》作十卷，《中兴书目》作一卷。今有辑本
16	吕大临	《礼记传》十六卷		《宋志》	《经义考》作"未见"。《经义考》将吕大临此二书分载，疑当为一书
17	何述	《礼记传》二十卷	佚	《经义考》	
18	杨训	《礼记解》二十卷	佚	《经义考》	
19	慕容彦达	《礼记解》	佚	《经义考》	
20	周行己	《礼记讲义》	佚	《两浙著书考》	
21	陆佃	《礼记解》四十卷	佚	《宋志》	
22	陆佃	《述礼新说》四卷	佚	《宋志》	
23	陆佃	《礼象》十五卷	存	《宋志》	《经义考》注"未见全本"
24	叶梦得	《礼记解》	存	《经义考》	《经义考》作"未见"；又作《石林先生礼记解》
25	李夔	《礼记义》十卷	佚	《经义考》	
26		《礼记小疏》二十卷	佚	《宋志》	
27		《礼记名义》十卷	佚	《经义考》	
28		《礼记名数要记》三卷	佚	《经义考》	
29		《礼记外传名数》二卷	佚	《经义考》	

续表

序号	作者	书名	存佚	出处	备注
30		《礼记评要》十五卷	佚	《经义考》	
31		《礼枢》一卷	佚	《经义考》	《经义考》注："见绍兴续到阙书目。"
32		《礼鎋》	佚	《经义考》	《经义考》注："见朱子语类。"
33		《礼记举要图》一卷	存	《三礼研究论著提要》	台湾《"国立中央"图书馆善本目录》："《礼记举要图》一卷，宋不著撰人，宋建刊本，清黄子羽手书题记。"
34	胡铨	《礼记传》十八卷	佚	《宋志》	今存《礼记解》十四卷，收入乾隆五十二年余杭官署刊本《胡忠简公经解》
35	陈长方	《礼记传》	佚	《经义考》	
36	刘懋	《礼记集说》	佚	《经义考》	
37	夏休	《破礼记》二十卷	佚	《宋志》	《经义考》作"未见"
38	黄祖舜	《礼记说》	佚	《经义考》	
39	吴仁杰	《礼记解》	佚	《经义考》	
40	蒋继周	《礼记大义》七卷	佚	《经义考》	
41	游桂	《礼记经学》十二卷	佚	《经义考》	
42	樊光远	《礼记讲义》二卷	佚	《经义考》	
43	吕祖谦	《礼记详节》	佚	《经义考》	《三礼研究论著提要》著录为《礼记详解》

续表

序号	作者	书名	存佚	出处	备注
44	朱熹	《礼记章句》十卷	不详	《三礼研究论著提要》	《提要》云："《皖人书录》载之，并云有乾隆刻本，今存佚不详。"
45	沈焕	《礼记订义》	佚	《两浙著书考》	
46	王炎	《礼记解》	佚	《经义考》	
47	杨炳	《礼记解》	佚	《经义考》	
48	庄夏	《礼记解》	佚	《经义考》	
49	黄樵仲	《礼记解》	佚	《经义考》	
50	曾光祖	《礼记精义》十五卷	佚	《经义考》	
51	徐自明	《礼记说》	佚	《两浙著书考》	
52	郭叔云	《礼经疑》	佚	《经义考》	《经义考》作"阙"，并引《广东通志》曰："有《礼经疑》二十余条，见《文公集》中"。今《朱子文集》中存二十多条
53	颜棫	《礼记解》	佚	《经义考》	
54	辅广	《礼记解》	佚	《经义考》	《经义考》作"未见"
55	刘熵	《礼记解》	佚	《经义考》	
56	许升	《礼记文解》	佚	《经义考》	
57	赵汝谈	《礼记注》	佚	《经义考》	
58	李心传	《礼辨》二十三卷	佚	《经义考》	
59	余复	《礼记类说》	佚	《经义考》	
60	林震	《礼问》	佚	《经义考》	

续表

序号	作者	书名	存佚	出处	备注
61	舒璘	《礼解》	佚	《经义考》	
62	邵囦	《礼解》	佚	《经义考》	《经义考》作"未见"
63	应镛	《礼记纂义》二十卷	佚	《经义考》	《经义考》作"未见"
64	岳珂	《小戴记集解》	佚	《经义考》	又作《集解小戴记》
65	魏了翁	《礼记要义》三十三卷	存	《经义考》	《经义考》作"未见"
66	卫湜	《礼记集说》一百六十卷	存	《宋志》	
67	竺大年	《礼记订义》	佚	《经义考》	
68	戴良齐	《礼辨》	佚	《经义考》	
69	黄以翼	《礼记说》	佚	《经义考》	
70	杨畿	《礼记口义》	佚	《经义考》	
71	宋闻礼	《礼记解》	佚	《经义考》	
72	范锺	《礼记解》	佚	《经义考》	
73	徐畸	《戴记心法》二十卷	佚	《经义考》	
74	韩谨	《礼记义解》	佚	《经义考》	
75	张泳	《礼记遗说》	佚	《经义考》	
76	韩悖	《礼义解》	佚	《经义考》	
77	何炎	《礼记注》	佚	《经义考》	
78	黄震	《读礼记日抄》十六卷	存	《经义考》	
79	朱申	《礼记详解》十八卷	存	《经义考》	《经义考》作"佚"。《续修四库全书总目提要》作《礼记句解》十卷,今存
80	郑朴翁	《礼记正义》一卷	佚	《经义考》	《经义考》作"未见"
81	缪主一	《礼记通考》	佚	《经义考》	
82	陈普	《礼记讲义》一卷	佚	《经义考》	

续表

序号	作者	书名	存佚	出处	备注
83	陈焕	《礼记释》	佚	《经义考》	
84	贾蒙	《礼记辑解》	佚	《经义考》	
85	张应辰	《礼记集解》	佚	《经义考》	
86	汪自明	《礼记义林》四十卷	佚	《经义考》	
87	杨逢殷	《礼记音训指说》二十卷	佚	《宋志》	《经义考》作"未见"
88	（新安王氏）	《礼记解》	佚	《经义考》	《经义考》作"未见"
89	张氏	《礼记讲义》十卷	佚	《经义考》	《经义考》作"未见"
90	吴澂	《礼记篡言》三十六卷	存	《经义考》	
91	傅崧卿	《夏小正戴氏传》四卷	存	《经义考》	
92	张方	《夏时考异》一卷	佚	《宋志》	
93	吴观万	《夏小正辨》一卷	佚	《经义考》	
94	朱申	《夏小正传》一卷	佚	《经义考》	
95	史季敷	《夏小正经传考》三卷	存	《经义考》	
96	王应麟	《践阼篇集解》一卷	存	《经义考》	
97	苏总龟	《儒行解》一卷	佚	《经义考》	
98	李觏	《读儒行》一篇	存	《经义考》	
99	李觏	《明堂定制图》一卷	图佚	《经义考》	
100	姚舜哲	《明堂训解》一卷	佚	《经义考》	
101	姚舜仁	《明堂定制图序》	佚	《经义考》	
102	王炎	《明堂议》一篇	存	《经义考》	
103	朱熹	《明堂图说》一卷	存	《经义考》	
104	陈藻	《明堂问》一篇	不详	《经义考》	
105	卜恕	《投壶新律》一卷	佚	《宋志》	
106	锺唐卿	《投壶格》一卷	佚	《经义考》	
107	刘敞	《投壶义》一篇	存	《经义考》	

续表

序号	作者	书名	存佚	出处	备注
108	司马光	《投壶新格》一卷	存	《宋志》	
109	王趯	《投壶礼格》二卷	佚	《宋志》	
110	朱熹	《投壶说》一篇	存	《经义考》	
111	方承养	《投壶图》一卷	佚	《经义考》	
112	上官均	《曲礼讲义》二卷	佚	《宋志》	
113	邵囦	《曲礼解》一卷	佚	《宋志》	
114	戴溪	《曲礼口义》二卷	佚	《宋志》	
115	汪汝懋	《礼学幼范》七卷	佚	《经义考》	
116	刘永澄	《曲礼删注》二卷		《经义考》	《经义考》作"未见"
117	邓元锡	《曲礼》二卷		《经义考》	《经义考》作"未见"
118	邵囦	《乐记解》一卷	佚	《经义考》	
119	刘敞	《小功不税解》一篇	存	《经义考》	
120	刘敞	《君臣临丧辨》一篇	存	《经义考》	
121	阮逸	《王制井田图》一卷	佚	《经义考》	
122	余希文	《王制井田图》一卷	佚	《经义考》	
123	朱熹	《井田类说》一篇	存	《经义考》	
124	邵囦	《王制解》一卷	佚	《经义考》	
125	陈埴	《王制章句》一卷		《经义考》	《经义考》作"未见"
126	范浚	《月令论》一篇	存	《经义考》	
127	刘先之	《月令图》一卷	佚	《宋志》	
128	张虙	《月令解》十二卷	存	《宋志》	《经义考》作"未见"
129	张九成	《少仪论》一卷	不详	《经义考》	
130	吕祖谦	《少仪外传》二卷	不详	《经义考》	《经义考》作"未见"
131	戴溪	《学记口义》三卷	佚	《宋志》	
132	刘敞	《祭法小传》一卷	存	《经义考》	
133	杨简	《孔子闲居解》一卷	存	《宋志》	
134	郑起	《深衣书》	佚	《经义考》	

续表

序号	作者	书名	存佚	出处	备注
135	王普	《深衣制度》一卷	佚	《宋志》	
136	朱熹	《深衣制度》一卷	存	《经义考》	
137	冯公亮	《深衣考正》一卷	佚	《经义考》	
138	文天祥	《深衣吉凶通服说》一卷	不详	《经义考》	
139	舒岳祥	《深衣图说》一卷	佚	《经义考》	
140	陈骙	《檀弓评》一卷	佚	《经义考》	《经义考》作"未见"
141	徐人杰	《檀弓传》一卷	佚	《经义考》	《经义考》作"未见"
142	陈普	《檀弓辨》一卷	佚	《经义考》	
143	刘敞	《与为人后议》一篇	存	《经义考》	
144	胡瑗	《中庸义》一卷		《经义考》	《经义考》作"未见"
145	陈襄	《中庸讲义》一卷	存	《经义考》	
146	余象	《中庸大义》一卷	佚	《经义考》	
147	乔执中	《中庸义》一卷	佚	《宋志》	
148	司马光	《中庸广义》一卷		《经义考》	《经义考》作"未见"
149	张方平	《中庸论》三篇	存	《经义考》	
150	姚子张	《中庸说》	佚	《经义考》	《四库备要本》作"中庸集"
151	范祖禹	《中庸论》一卷	存	《经义考》	
152	苏轼	《中庸论》三篇	存	《经义考》	
153	程颢	《中庸解》一卷	存	《宋志》	《宋志》作《中庸义》
154	吕大临	《中庸解》一卷	存	《经义考》	即《二程集》中所载本
155	吕大临	《中庸后解》一卷	佚	《宋志》	
156	晁说之	《中庸传》一卷	存	《经义考》	

续表

序号	作者	书名	存佚	出处	备注
157	游酢	《中庸解义》五卷		《经义考》	《文献通考》作"一卷"。《经义考》作"未见"
158	杨时	《中庸解》一卷		《宋志》	《经义考》作"未见"
159	侯仲良	《中庸说》一卷		《经义考》	《经义考》作"未见"
160	郭忠孝	《中庸说》一卷	佚	《宋志》	
161	张浚	《中庸解》一卷		《经义考》	《经义考》作"未见"
162	郭雍	《中庸说》一卷	佚	《宋志》	
163	关注	《中庸义》一卷	佚	《经义考》	
164	张九成	《中庸说》一卷		《经义考》	《经义考》作"未见"
165	晁公武	《中庸大传》一卷		《宋志》	《经义考》作"未见"
166	郑耕老	《中庸训解》一卷	佚	《经义考》	
167	林光朝	《中庸解》一卷		《经义考》	《经义考》作"未见"
168	徐存	《中庸解》	佚	《经义考》	
169	谭惟寅	《中庸义》	佚	《经义考》	
170	陈渊	《中庸解义》一卷	存	《经义考》	
171	石𡼖	《中庸集解》二卷	存	《经义考》	
172	朱熹	《中庸辑略》二卷	存	《宋志》	《四库本》三卷
173	朱熹	《中庸章句》一卷	存	《宋志》	
174	朱熹	《中庸或问》二卷	存	《宋志》	
175	马之纯	《中庸解》一卷	佚	《经义考》	
176	薛季宣	《中庸说》一卷	佚	《经义考》	
177	倪思	《中庸集义》一卷	佚	《宋志》	
178	熊节	《中庸解》三卷		《经义考》	《经义考》作"未见"
179	项安世	《中庸说》一卷		《宋志》	《经义考》作"未见"
180	黄幹	《中庸总论》《续说》各一篇	存	《经义考》	

续表

序号	作者	书名	存佚	出处	备注
181	熊以宁	《中庸续说》一卷	佚	《经义考》	
182	林夔孙	《中庸章句》一卷	佚	《经义考》	
183	孙调	《中庸发题》一卷	佚	《经义考》	
184	蔡渊	《中庸通旨》一卷		《经义考》	《经义考》作"未见"
185	刘黻	《中庸就正录》一卷	佚	《经义考》	
186	徐寓	《中庸说》一卷	存	《经义考》	
187	万人杰	《中庸说》一卷	佚	《经义考》	
188	黄㮚	《中庸解》一卷	佚	《经义考》	
189	潘好古	《中庸说》一卷	佚	《经义考》	
190	袁甫	《中庸详说》二卷	佚	《宋志》	
191	王万	《中庸说》	佚	《经义考》	
192	钱文子	《中庸集传》一卷	佚	《宋志》	
193	邵因	《中庸解》一卷	佚	《经义考》	
194	赵善湘	《中庸约说》一卷	佚	《经义考》	
195	郑霖	《中庸讲义》一卷	佚	《经义考》	
196	贾蒙	《中庸集解》	佚	《经义考》	
197	陈尧道	《中庸说》十三卷	佚	《宋志》	
198	吴之巽	《中庸口义》三卷	佚	《经义考》	
199	魏天祐	《中庸说》	佚	《经义考》	
200	王奕	《中庸本义》一卷	佚	《经义考》	
201	陈华祖	《中庸提纲》	佚	《经义考》	
202	江泳	《中庸解》一卷	佚	《经义考》	
203	陈义宏	《中庸解》一卷	佚	《经义考》	
204	方逢辰	《中庸注》一卷	佚	《经义考》	
205	黎立武	《中庸指归》一卷	存	《经义考》	
206	黎立武	《中庸分章》一卷	存	《经义考》	
207	何梦桂	《中庸致用》一卷	佚	《经义考》	

续表

序号	作者	书名	存佚	出处	备注
208	郑彦明	《中庸说》一卷	佚	《经义考》	
209	何基	《中庸发挥》八卷		《经义考》	《经义考》作"未见"
210	王柏	《订古中庸》二卷		《经义考》	《经义考》作"未见"
211	赵若焕	《中庸讲义》一卷	佚	《经义考》	
212	司马光	《大学广义》一卷		《经义考》	《经义考》作"未见"
213	程颢	《大学定本》一卷	存	《经义考》	
214	程颐	《大学定本》一卷	存	《经义考》	
215	吕大临	《大学解》一卷	存	《宋志》	《经义考》作"未见"
216	苏总龟	《大学解》一卷	佚	《经义考》	
217	萧欲仁	《大学篇》一卷	佚	《经义考》	
218	廖刚	《大学讲义》一卷	存	《经义考》	
219	谭惟寅	《大学义》	佚	《经义考》	
220	何侗	《大学讲义》	佚	《经义考》	
221	喻樗	《大学解》一卷	佚	《宋志》	
222	张九成	《大学说》一卷		《宋志》	《经义考》作"未见"
223	朱熹	《大学章句》一卷	存	《宋志》	
224	朱熹	《大学或问》二卷	存	《宋志》	
225	倪思	《大学辨》一卷	佚	《经义考》	
226	薛季宣	《大学说》一卷	佚	《经义考》	
227	孙礿	《大学讲义》一卷	佚	《经义考》	
228	黄幹	《大学圣经解》一卷	存	《经义考》	
229		《大学章句疏议》一卷	存	《经义考》	
230	叶味道	《大学讲义》一卷	佚	《经义考》	
231	邵囦	《大学解》一卷	佚	《经义考》	
232	熊以宁	《大学释义》一卷	佚	《经义考》	
233	赵善湘	《大学解》十卷	佚	《经义考》	
234	真德秀	《大学衍义》四十三卷	存	《宋志》	

续表

序号	作者	书名	存佚	出处	备注
235	董槐	《大学记》	佚	《经义考》	
236	蔡模	《大学演说》一卷		《经义考》	《经义考》作"未见"
237	陈尧道	《大学说》十一卷	佚	《宋志》	
238	余学古	《大学辨问》一卷	佚	《经义考》	
239	陈华祖	《大学审明》	佚	《经义考》	
240	吴浩	《大学讲义》一卷		《经义考》	《经义考》作"未见"
241	庐孝孙	《大学通义》一卷		《经义考》	《经义考》作"未见"
242	黎立武	《大学发微》一卷	存	《经义考》	
243	黎立武	《大学本旨》一卷	存	《经义考》	
244	车若水	《大学沿革论》一卷		《经义考》	《经义考》作"未见"
245	何梦桂	《大学讲义》二卷		《经义考》	《经义考》作"未见"
246	方禾	《大学讲义》一卷	佚	《经义考》	
247	何基	《大学发挥》四卷		《经义考》	《经义考》作"未见"
248	王柏	《大学》		《经义考》	《经义考》作"未见"
249	金履祥	《大学章句疏义》《大学指义》各一卷		《经义考》	《经义考》作"未见"
250	《司马光等六家》	《中庸大学解义》一卷		《宋志》	《经义考》作"未见"
251	蔡元鼎	《中庸大学解》	佚	《经义考》	
252	陈孔硕	《中庸大学讲义》		《经义考》	《经义考》作"未见"
253	陈淳	《中庸大学讲义》一卷		《经义考》	《经义考》作"未见"
254	魏文翁	《中庸大学讲义》二卷	佚	《经义考》	《经义考》作"未见"
255	蔡渊	《中庸大学思问》		《经义考》	《经义考》作"未见"
256	李起渭	《中庸大学要语》	佚	《经义考》	
257	柴元祐	《中庸大学说》	佚	《经义考》	
258	谢兴甫	《中庸大学讲义》三卷	佚	《经义考》	
259	牟少真	《中庸大学发蒙俗解》	佚	《经义考》	

续表

序号	作者	书名	存佚	出处	备注
260	熊庆胄	《庸学绪言》一卷	佚	《经义考》	
261	谢升贤	《中庸大学解》	佚	《经义考》	
262	黄必昌	《中庸大学讲稿》	佚	《经义考》	
263	方逢辰	《中庸大学释传》三卷		《经义考》	《经义考》作"未见"
264	戴景魏	《中庸大学要义》	佚	《经义考》	

四、三《礼》总义类

序号	作者	书名	存佚	出处	备注
1	聂崇义	《三礼图集注》二十卷	存	《宋志》	
2	杨杰	《补正三礼图》三十八卷		《经义考》	《经义考》作"未见"
3	欧阳丙	《三礼名义》五卷	佚	《宋志》	
4	鲁有开	《三礼通义》五卷	佚	《宋志》	
5	胡铨	《二礼讲义》一卷		《宋志》	《经义考》作"未见"
6	赵汝谈	《二礼注》		《经义考》	《经义考》作"未见"
7	王宗道	《二礼说》七卷	佚	《经义考》	
8	赵敦临	《三礼发微》四卷	佚	《经义考》	《经义考》作"未见"。《续文献通考》《两浙著书考》作五十卷
9	李心传	《丁丑三礼辨》二十三卷	佚	《宋志》	
10	真德秀	《三礼考》一卷	存	《三礼研究论著提要》	
11	熊庆胄	《三礼通议》	佚	《经义考》	
12	练耒	《二礼疑释》	佚	《经义考》	

续表

序号	作者	书名	存佚	出处	备注
13	熊禾	《三礼考异》	佚	《经义考》	
14	吴澂	《三礼考注》六十四卷	存	《经义考》	
15	王奕	《三礼会元》	佚	《两浙著书考》	
16	郑氏	《三礼名义疏》五卷	佚	《宋志》	
17	郑氏	《三礼图》十二卷	佚	《宋志》	
18		《礼经奥指》一卷	存	《四库全书总目提要》	旧题郑樵作
19		《三礼图驳议》二十卷	佚	《宋志》	
20		《二礼分门统要》三十六卷	佚	《宋志》	
21	吴仁杰	《禘祫绵蕞书》三卷	佚	《宋志》	
22	徐昭	《郊祀禘祫辨》	佚	《两浙著书考》	
23	陈亮	《伊洛遗礼》	佚	《两浙著书考》	
24	陈亮	《伊洛礼书补亡》	佚	《两浙著书考》	
25	叶味道	《祭法宗庙庙享郊祀外传》	佚	《两浙著书考》	
26	陈傅良	《伊洛礼书补亡》	佚	《续文献通考》	
27	郑鼎新	《礼学举要》	佚	《经义考》	《经义考》作《礼乐举要》，《续文献通考》亦载
28	郑鼎新	《礼学从宜》	佚	《经义考》	《经义考》作《礼乐从宜集》，《续文献通考》亦载
29	苏太古	《古礼书叙略》一卷	佚	《两浙著书考》	
30	王义朝	《礼制》五卷	佚	《两浙著书考》	
31	陈普	《礼编》	佚	《经义考》	

续表

序号	作者	书名	存佚	出处	备注
32	殷介集	《五礼极义》一卷	佚	《宋志》	
33	李洪泽	《直礼》一卷	佚	《宋志》	
34	何洵直	《礼论》一卷	佚	《宋志》	
35	王恁	《中礼》八卷	佚	《宋志》	
36	林震	《礼问》三十卷	佚	《续文献通考》	
37	司马光、程颐、张载	《三家冠婚丧祭礼》五卷	佚	《宋志》	
38	司马光	《书仪》十卷	存	《宋志》	
39	陆佃	《大裘议》一卷	佚	《宋志》	
40	朱熹	《纂图集注文公家礼》十卷	存	《铁琴铜剑楼藏书目录》	此书是否为朱子所作，历代有争议，但对后世影响很大
41	应武	《家礼辨俗论》一卷	佚	《两浙著书考》	
42	卢祖皋	《卢氏正岁会拜录》	佚	《两浙著书考》	
43	周瑞朝	《冠婚丧祭礼》二卷	佚	《两浙著书考》	
44	陈寿	《家礼准今》	佚	《两浙著书考》	

第二章

《周礼》与北宋儒学的发展

在中国传统学术思想中,《周礼》主要是今古文经学争论的焦点。《周礼》虽然在汉武帝时候就已经被发现,但直到西汉末期刘歆"发得《周礼》",《周礼》才真正进入了学术史的脉络,成为古文经学的大宗,同时也成为今文经学攻击古文学的主要对象。东汉今古文学的争论主要是围绕着《周礼》而展开的。到了晚清,今古文学的争论又再起。今文学派由反对《周礼》进而否定了整个古文学,因此之故,《周礼》的真伪问题再次成为经学以及整个思想学术界的主要议题。近代以来,随着经学的瓦解,儒家经学传统中的《周礼》也逐渐分散在历史学、考古学、古文字学等各门学科当中。总之,在近代以前的传统儒学脉络当中,《周礼》主要是在今古文的经学传统中受到关注,学术界对于《周礼》与儒学以及儒家思想发展之间的关系则探讨不多。这一方面是由于与《周易》《春秋》以及"四书"等其他经典相比,《周礼》书中具有引领、推动儒学发展的议题相对来说不是很多。另一方面,学者对于儒学研究主要关注的是儒学的哲学理论,《周礼》在这方面能够产生的话题并不多。但是,如果我们转换一下视角,从儒学的整体来考量,《周礼》作为周公致太平之迹,作为儒家的大经大法,体现了儒家关于社会政治的主要设想。因此,《周礼》并不外在于儒学的发展,它对于儒家思想的发展在某些历史时期还产生了一定的积极作用。

宋代形成的新儒学是儒学发展历程中的一次彻底转型。儒学大量吸取了佛、道的思想理论,在心性义理方面有了很大的发展,完善了原始儒学在这方面的先天不足。同时,宋代的儒学是全方位的转型,不但在哲学义理方面,而且在关于社会政治等方面,都有了很大的发展与提升。宋代儒学的理想是复三代之古,《周礼》正是这一理想的集中体现。我们不必刻意夸大《周礼》在宋代儒学发展过程中的作用,但需要客观地指出,《周礼》作为儒学重要的典籍，与《周易》、"四书"等一样，同样推动了宋代儒学的发展。虽然它们用力的方式、方向各不相同，但它们从不同的方面和角度，共同推进了宋代儒学的发展与演进。另外，由于《周礼》本身的特殊性，宋代历史上再次出现了由《周礼》引发的学术与政治纠结胶着的现象。王安石依照《周礼》实行新法，引发了各派学者对《周礼》的非议。《周礼》在学术与政治之间的紧张关系，同样也成为宋代儒学发展中非常有意义的议题。

以往学术界从思想史的角度对《周礼》在儒学发展过程中的作用、意义研究不多，尤其对于宋代儒学的发展，除了对宋代的理学作深入详尽的研究之外，从经典诠释的角度来看，"四书"与宋代理学，易学与宋代理学，也都是学界关注较多的问题。本章则从儒家经典中选择《周礼》作为研究的切入点，将《周礼》放在宋代儒学发展的脉络中，着重考察从《周礼》当中引发的话题对于宋代儒学的推动。由于《周礼》本身的特殊性与重要性，《周礼》一书的真伪是研究《周礼》不可回避的问题，因此，本章首先考察了《周礼》的成书与时代，并且回顾了近现代以来《周礼》的研究史。这些问题可以作为我们研究《周礼》与宋代儒学发展及关联的前提，尤其是通过对近现代以来《周礼》研究史的回顾，可以为我们从思想史的角度研究《周礼》，将《周礼》与儒学的发展结合起来研究，起到一个很好的学术史的铺垫。而且《周礼》本书的一些问题，也会成为《周礼》在宋代儒学发展中发挥影响和作用的来源。

第一节　近现代《周礼》研究的回顾

《周礼》是一部重要的儒家经典，是三《礼》当中的一部大经，它不但是儒家所认定的"一王大法"，而且也始终是经学史上争论的焦点。孙诒让于光绪二十五年（1899）完成的《周礼正义》，标志着传统《周礼》研究的集大成，同时也可以说是传统《周礼》研究的终结。在这之后，随着经学传统的瓦解，《周礼》研究也从经学的脉络当中走出，散落到历史学、考古学、文献学、古文字学等相关学科当中。不仅研究先秦历史、考古需要重视《周礼》，合理地利用《周礼》当中的材料，而且研究中国古代思想史，尤其是儒家思想史，同样需要重视《周礼》。为了进一步推动《周礼》研究，在思想史的研究当中更加合理、充分地利用《周礼》，对近现代以来的《周礼》研究作一系统地回顾与整理，对研究《周礼》的各种观点、方法作一反省，是很有必要的。

20 世纪以来，有关《周礼》研究的论著相当多，但是在学术界影响较大，对《周礼》研究在观点、材料、方法上起过推动作用的，主要有以下几部论著：

（1）郭沫若：《周官质疑》，1932 年；

（2）钱穆：《周官著作时代考》，1932 年；

（3）杨向奎：《〈周礼〉的内容分析及其成书年代》，1954 年；

（4）顾颉刚：《"周公制礼"的传说和〈周官〉一书的出现》，1979 年；

（5）徐复观：《〈周官〉成立之时代及其思想性格》，1980 年；

（6）彭林：《〈周礼〉主体思想与成书年代研究》，1991 年；

（7）金春峰：《周官之成书及其反映的文化与时代新考》，1993 年。

这几部论著基本涉及了现代学术史上关于《周礼》研究的主要问题，具有典范的意义。从这几部有代表性的论著当中可见，近现代以来百余年间的《周礼》研究主要集中在两个问题上：第一，《周礼》的成书时代，这是《周礼》研究当中最重要的问题。断定《周礼》的成书年代关系到对《周礼》的整体评价与定位。与此相关的问题是，《周礼》是否为周公所作，抑或为刘歆伪造？第二，《周礼》的思想史研究，即研究《周礼》当中的各种思想，如政治思想、经济思想、管理思想等；研究《周礼》当中各个学派的思想，由此来断定《周礼》的学派属性。我们整理百余年来的《周礼》研究，不准备对有关《周礼》研究的所有文献作全面的梳理，而是以这七部论著为主，以这两个问题为线索，就其中涉及的主要问题、观点、方法，作一综合评介。

另外，有必要说明的是，关于《周礼》还有另一种研究路径，即对《周礼》的作者与成书时代等问题不加讨论，对《周礼》本身的思想内容不作研究，而是直接把《周礼》放在汉代经学发展的过程中进行讨论，这主要是经学史的研究方法。王葆玹先生的《今古文经学新论》当中有关《周礼》的论述就是一个典型的例证。王先生在书中讨论了《周官》《逸礼》的对立及王莽、刘歆礼学的异同，《周礼》的传承谱系，郑玄以《周礼》为主总结古文经等问题。王葆玹先生虽然没有讨论《周礼》的成书时代等《周礼》本身的问题，但这并不妨碍对经学史上的《周礼》作深入的研究。本节是从学术史的角度对《周礼》本书的研究作一整理，因此对经学史当中《周礼》研究暂不涉及。

一 利用金文资料和文献考证对《周礼》成书时代的研究

《周礼》的成书年代、真伪问题与经学史上的今古文之争交织在一起，最为复杂。历代经学家大都认为《周礼》为周公所作，这一观点经过20世纪疑古思潮的批判，现已基本被学者们所否定。宋人首先提出的《周礼》为刘歆伪造的说法，经晚清今文学家的大力提倡，至今还为一些学者所认可。但是从整体上说，现在大多数学者都否定了周公作《周礼》说和刘歆伪造说。但关于《周礼》究竟成书于何时，学术界还有不同的看法，主要有西周说、春秋说、战国说、周秦之际说、西汉说等几种观点。其中以《周礼》成书于战国时期这个说法在学术界影响最大，为大多数学者所接受。但是，在学术研究中，我们不但要了解每一种观点，而且更重要的是要清楚地认识作者在研究过程中所利用的史料和使用的方法。在现代学术的脉络中研究《周礼》的成书时代，除了运用传统的考据方法，还需结合金文，利用金文研究的成果来判定《周礼》的成书时代。这个方面以郭沫若的《周官质疑》为代表。

郭沫若指出，关于《周礼》一书，两千年来"疑者自疑，信者自信"，是非终未能决。"余今于前人之所已聚讼者不再牵涉以资纷扰，仅就彝铭中所见之周代官制揭橥于次而加以考覆，则其真伪纯驳与其时代之早晚，可以瞭然矣。"[1] 由于《周礼》是以职官为纲，因此以可靠的金文中所见的西周官制为坐标，可以判定《周礼》是否为西周的政典，并且由此可以推断《周礼》的成书时代。郭著从金文中选取了卿事寮、大史寮，三左三右，作册，宰，宗伯，大祝，司卜、冢司徒，司工，司寇，司马，司射，左右戏毓荆，左右走马，左右虎臣，师氏，善夫，小辅、鼓钟，里君，有司，诸侯诸监等二十项职官，并与《周礼》做了比较，结论是：这二十项职官"乃彝铭中言周代官制之卓著者，同于《周官》者虽亦稍稍有之，然其骨干则大相违背。……如是而尤可谓《周官》必为

---

[1] 郭沫若：《周官质疑》，收入《金文丛考》，1932年；《郭沫若全集·考古编》第五卷，科学出版社2002年版，第129页。

周公致太平之迹，直可谓之迂诞而已"。① 据此，郭沫若否定了传统经学所认为的《周礼》出于周公的看法。20世纪上半期，学者研究《周礼》的成书时代，首先面对的就是传统经学所认为的周公作《周礼》的观点。若依据这种看法，《周礼》是周公制礼作乐时创作的典籍，因此《周礼》反映的自然是西周时期的职官与制度。学者要破除经学的迷信，首先就要通过严密的考证研究来证明《周礼》与西周时期的典章制度不相符合。郭沫若如此，其他学者（如钱穆）也是如此。

郭沫若还指出，春秋末期以来方有私人著书之事。此前的古书都是在漫长的岁月演进中逐渐积累而成的。"《周官》则有异于是。今考其编制，以天地四时配六官，官各六十职，六六三百六十，恰合于黄道周天之度数，是乃准据星历智识之钩心结构，绝非自然发生者可必。仅此已足知其书不能出于春秋以前矣。"② 这是从另一个角度指出，《周礼》不可能出于春秋以前。

郭沫若否定了《周礼》是西周时期的典籍，认为《周礼》成书的时代为战国后期："《周官》一书，盖赵人荀卿子之弟子所为，袭其师'爵名从周'之意，纂集遗闻佚志，参以己见而成一家言。其书盖为未竣之业，故书与作者均不得传于世。知此，则其书自身之矛盾，及与旧说之龃龉，均可无庸置辩。"③

在郭沫若之前，也有学者据金文资料来研究周代官制和《周礼》，如杨筠如于1928年发表的《周代官名略考》（发表于《国立中山大学语言历史学研究所周刊》第二集第20期，1928年3月），便是"从文献及金文中搜寻材料用以证明《周礼》一书保存了部分周代官制"④，但郭沫若用金文资料系统、全面研究《周礼》，是建立在《两周金文辞大系》对金文的深入研究基础之上的，因此郭老所取得的成就，先前学者是无法与之相比的。"《周官质疑》一文可以看作是第一篇系统地使用金文材料对《周礼》进行研究的论文。"⑤ 但是，也正如金文专家所言，郭沫若的《周官质疑》用20世纪30年代金文研究的水平、标准来看，"材料是够

---

① 郭沫若：《周官质疑》，《郭沫若全集·考古编》第五卷，第182页。
② 同上书，第183—184页。
③ 同上书，第185页。
④ 参见张亚初、刘雨《西周金文官制研究》，中华书局1986年版，第173页。
⑤ 同上书，第166页。

充分的了"，可是"从今天的角度看，尚有不足之处。主要是作者在论述《周礼》一书性质时不免带有一定的片面性，否定的方面谈得比较具体，肯定的方面则谈得比较笼统"。①

利用金文资料研究西周官制，并用金文资料和《周礼》进行对比考证，进而推论《周礼》的成书时代，是《周礼》研究的一个主要方向。在郭沫若之后，随着金文研究的逐渐深入，这方面的研究也有了很大的进展，其中以张亚初、刘雨于1986年出版的《西周金文官制研究》为代表。该著是利用金文资料系统研究西周官制的著作，但是，由于这个问题与《周礼》密切相关，因此在判定《周礼》的时代问题方面，提供了更加充足的论据。从官制研究的角度来看，作者"在前人研究的基础上，对西周职官方面的铭文作了比较彻底的清理"，同时通过对铭文的断代研究，"比较清楚地揭示出了西周职官组织和职官地位、名称升降变化的一般情况。在这个基础上，我们进行了西周官制系统的构拟，初步揭示出西周官制的基本面貌"。② 从《周礼》研究的角度来看，由于该著全面清理了有关职官的西周铭文，并对资料进行断代研究，这样就以第一手资料为依据，"重新对《周礼》作了一分为二的研究"。作者认为："完全肯定和基本否定《周礼》，是两个极端，都是不妥当的。《周礼》在主要内容上，与西周铭文所反映的西周官制，颇多一致或相近的地方。正确认识和充分利用《周礼》，是西周职官问题研究中不容忽视的问题。"③ 同样，充分利用金文资料对《周礼》研究也是极有意义的。

作者对西周金文有关职官的铭文系统研究之后，认为金文中的职官有许多与《周礼》相合，并对西周金文官制与《周礼》官制作了对比："《周礼》天官六十四官，与西周金文有相同或相近者十九官；地官八十官有二十六官；春官七十一官有十三官；夏官七十四官有二十七官；秋官六十七官有十一官。总计《周礼》三百五十六官有九十六官与西周金文相同或相近。这说明《周礼》中有四分之一以上的职官在西周金文中可找到根据。有如此众多的相似之处，无论如何不能说成是偶然的巧合，只能证实《周礼》一书在成书时一定是参照了西周时的职官实况。"④ 这是

---

① 张亚初、刘雨：《西周金文官制研究》，第166页。
② 张亚初、刘雨：《西周金文官制研究·前言》，第3页。
③ 同上书，第3页。
④ 张亚初、刘雨：《西周金文官制研究》，第140页。

从横向的方面来考察。再从《周礼》中的职官体制、乡遂制度、三等爵等问题来看，更可以明确地看出"《周礼》一书在其主要内容上是参照了西周官制的，《周礼》的作者一定是一位十分熟悉西周典章制度的宿儒"。①

由于《周礼》中的职官有相当一部分可以从金文中找到依据，因此研究西周官制问题，《周礼》就有很大的史料价值。另一方面，就《周礼》研究来看，从该书的研究可以推断，《周礼》虽不是西周官制的实录，但保存了相当多的西周官制，因此《周礼》一书肯定不是虚构，而且成书距离西周不远。这是《西周金文官制研究》一书运用金文资料研究西周官制，对《周礼》研究的主要贡献。其中最有价值的是，《周礼》有四分之一以上的职官可以在西周金文中找到依据。作者没有明确说《周礼》究竟成于何时，只是从具体的数字推论距离西周不远。这个结论是有针对性的，即过去对《周礼》否定的太多，因此作者特别强调《周礼》与西周铭文所反映的西周官制"颇多一致或相近的地方"。

刘起釪先生曾撰《两周战国职官考》（1947），后又写《〈周礼〉真伪之争及其书写成的真实依据》一文，也利用了金文资料，认为"《周礼》一书所有官职资料，都不出春秋时期承自西周的周、鲁、卫、郑四国官制范围"，"所以《周官》一书，最初作为官职之汇编，至迟必成于春秋前期。它录集自西周后期以来逐渐完整的姬周系统之六官官制资料，再加以条理系统以成书"。②刘起釪先生也指出，《周礼》书中后来又增益了一些战国及汉代的资料，但它的主体内容取自前有所承的春秋时代的周官。刘起釪先生还引《西周金文官制研究》的主要观点以证实《周礼》至迟成于春秋时期。

由上可见，在郭沫若之后，随着金文研究的深入，对郭老的具体观点虽有一些修正，但郭老所开启的运用金文官制资料研究《周礼》成书时代的方法，却是前后一致的。这也显示出金文官制研究在《周礼》研究中的重要性。就在郭沫若运用金文资料对《周礼》的年代做出新的论证的同一年，钱穆发表《周官制作时代考》。钱先生使用的依然是传统的、

---

① 张亚初、刘雨：《西周金文官制研究》，第144页。
② 刘起釪：《〈周礼〉真伪之争及其书写成的真实依据》，《古史续辨》，中国社会科学出版社1991年版，第642页。

纯粹的文献考证方法，从祀典、刑法、田制等几个方面对《周礼》产生的时代作了详细的考证。何休曾指出《周官》"为六国阴谋之书"，钱穆指出，"与其谓《周官》乃周公所著，或刘歆伪造，均不如何氏之说遥为近情"。① 具体来说，"《周官》书出战国晚世，当在道家思想转成阴阳学派之后；而或者尚在吕不韦宾客著书之前"②。

钱穆的《周官制作时代考》及《刘向歆父子年谱》是以历史学、文献考据学的方法来研究《周礼》的著作时代，在当时的学术界产生了很大的影响。《周礼》的真伪与成书时代问题在传统学术史上属于经学的范围，钱穆主张，研究经学应该打通经史，而主史学的立场。"经学上之问题，同时即为史学上之问题，自春秋以下，历战国，经秦迄汉，全据历史记载，就于史学立场，而为经学显真是。"③ 这个立场在当时是很有代表性的。他的《刘向歆父子年谱》就是以历史实证的方法，批判了今文学家所谓的刘歆伪造诸经的观点。《周官著作时代考》继之以详细的考证，批驳了《周礼》为周公所作，或为刘歆伪造的观点，认为《周礼》成书于战国时期。钱穆通过文献考证得出的结论，与郭沫若通过金文研究得出的结论，几乎完全相同。而且他们所使用的方法，即运用金文资料和文献考证，也是20世纪以来《周礼》研究的主要方法。从这个角度来说，这两篇文章是具有典范意义的。

郭沫若和钱穆的这两篇文章发表以后，基本上否定了《周礼》出于周公或刘歆的传统观点。尽管学术界还有不同的看法，但《周礼》成书于战国时代已为学术界普遍接受。

二 《周礼》的思想史研究与成书时代的判断

新史学兴起以来，研究《周礼》的成书时代，还有一种新的方法，就是通过分析《周礼》书中的思想内容，找出《周礼》书中反映的思想流派和主体思想，然后把它放入由思想史研究所建立起来的序列当中，由此便可以推断《周礼》的成书时代。

杨向奎先生《〈周礼〉的内容分析及其成书年代》一文就是用这种新

---

① 钱穆：《周官制作时代考》，《两汉经学今古文平议》，商务印书馆2001年版，第322页。
② 同上书，第369页。
③ 钱穆：《两汉经学今古文平议·自序》，第6页。

的方法来研究《周礼》的较早的，也是较典型的一篇文章。该文从整体上研究了《周礼》书中的思想内容，然后由此判定《周礼》的成书时代。对于《周礼》的内容分析，杨向奎研究了《周礼》中的社会经济制度、政治与法律制度、学术思想（如历法、宗教、阴阳五行思想等），尽管还不够全面，但《周礼》中的主要内容都已涉及到了。根据《周礼》书中所反映的这些思想内容，杨先生判定《周礼》"是战国中叶前后的作品，可能出于齐国"。[①] 这是因为：第一，就《周礼》所反映的社会经济制度来看，具有领主封建社会的特点，这还是封建社会的初期，有原始社会制度的残余，有奴隶制度的残余，但以封建所有制的生产关系为主。这时主要生产者是农民，领主给农民分配土地，但地主阶级已经产生，要求中央集权的专制主义因素有了萌芽。这是春秋中叶以后才发生的现象，在《周礼》中得到了反映。第二，《周礼》中有些法令、习惯是战国时期风行的。第三，《周礼》中有两种历法通行，这是春秋战国时期的特色。另外，在宗教崇拜上，《周礼》有矛盾，既有昊天上帝的祭祀，又有五帝的祭祀，这说明封建国家内部族的复杂，不能以一族神作为全国的上帝。在五行说的系统上，《周礼》近于管子学说而时代稍前。这一切说明《周礼》不是战国晚期的作品。

杨向奎先生运用的这种以《周礼》书中思想的整体性、时代性着眼来考察《周礼》的成书时代，从方法上开辟了《周礼》研究的新的角度，启发了后来学者进一步的深入研究。彭林《〈周礼〉主体思想与成书年代研究》一书运用的也是这种以思想断时代的方法。彭著比较系统地研究了《周礼》当中的阴阳五行思想、治民思想、治官思想、理财思想和《周礼》所设计的国家政权模式，认为《周礼》主体思想的基本特征是"多元一体"。所谓"多元"，是指它的思想构成具有复合性，即治民思想具有鲜明的儒家色彩，治官、理财思想具有强烈的法家气息，而设官分职、祭神祀祖的种种安排之中又弥漫着阴阳五行学说。《周礼》的主体思想是由儒、法、阴阳五行三家复合而成的。所谓"一体"，是指《周礼》中的儒、法、阴阳五行思想并非彼此独立、各成系统的三部分，而是彼此以交融、凝结为一个有机的整体。

[①] 杨向奎：《〈周礼〉的内容分析及其成书年代》，原载《山东大学学报》1954年第4期；收入杨向奎《绎史斋学术文集》，上海人民出版社1983年版，第271页。

《周礼》书中的儒、法、阴阳五行思想之间有主有从，互为补充。《周礼》六官的外在形式象征阴阳五行，由此确定了全书的总格局，构筑起一个宏大而完备的理论框架。但是，《周礼》书中阴阳五行思想的作用也仅仅止于此，它不是贯穿全书的主线，而只是国家政权的一种外在装潢。全书的主干思想是儒家思想，它是万民的纲纪。天子居天地四方之中，君临天下，上起六卿，下至一般百姓，都要接受儒家的思想。法家思想在《周礼》中表现为一整套严密的法治机制，主要运用于驭官和理财的过程中，但它始终是从属于礼治教化的手段，是儒家的补充。①

　　彭著从整体上把握《周礼》的主体思想和时代特征，然后由此推断它的成书时代。彭林认为，《周礼》不可能成书于西周、春秋时期，因为《周礼》书中的阴阳五行、儒、法思想都已经表现得相当成熟，不是初始阶段上的阴阳五行、儒家和法家思想了。另一方面，《周礼》也不能成书于战国时期。因为从总的思想特征来看，《周礼》与战国时代的思想主流不相符合。战国时代的思想潮流是由百家争鸣逐渐走向思想融合和统一，思想特征表现为兼收并蓄、杂采众家，如《管子》《吕氏春秋》，而《周礼》主体思想的显著特征是"合"，阴阳五行、儒、法思想在《周礼》中相互结合，浑然一体，几乎看不出糅合的痕迹，其整体性、条理性和成熟性，远远高于《管子》和《吕氏春秋》，因此，《周礼》的成书年代必然晚于战国。

　　彭林认为，《周礼》成书于汉初。这是因为，经过了战国时期的思想融合和秦的焚书坑儒，汉初的思想学术表现为兼收并蓄，融百家为一炉的时代特色。儒法结合，儒家与阴阳五行结合，是这个时代思想发展的必然。汉初学者都以系统总结先秦思想文化为己任，努力为大一统的王朝提供治国方案。《周礼》的主体思想符合这样的时代思潮，因此《周礼》就是在这样的时代背景之下产生的。另一方面，《周礼》中没有道家思想，也少有谶纬、灾异之说，由此可以推断《周礼》成书年代的下限，即道家思想尚未成为主流之前，也就是说，《周礼》成书年代的下限不得晚于文景之世。

　　从思想发展的线索来证明《周礼》的成书时代，还有一个典型的研

---

① 彭林：《〈周礼〉主体思想与成书年代研究》，中国社会科学出版社1991年版，第229—230页。

究案例，就是徐复观《〈周官〉成立之时代及其思想性格》。尽管他们得出的结论大相径庭，但是在研究方法上，徐著与杨向奎、彭林还是有很多的相似之处。在具体的结论上，徐先生在宋人提出的刘歆伪造说的基础上更进一步，提出了《周官》是"王莽草创于前，刘歆整理于后"[①]的看法，认为"《周官》乃王莽、刘歆们用官制以表达他们政治理想之书"[②]。对此观点，徐先生从思想线索和文献线索两个方面作了考证。

从思想线索方面来看，徐复观指出，在中国古代的政治思想史中，用官制表达政治理想，是政治思想史发展出的一种特殊形式。但这种思想出现较晚，在《诗经》《尚书》《左传》《国语》以及诸子百家的著作当中还没有出现。"以官制表现政治理想，是战国中期前后才逐渐发展出来的"[③]。这种思想形式从《荀子》的《王制》、《管子》的《立政》等篇开始，在汉代还在继续发展，如贾谊《新书》《淮南子》《春秋繁露》以及《礼记》，但是从这些材料来看，"官制的数字、名称及与天道配合的方式，可以说是参差错杂，虽有发展的线索可寻，但无划一之规模可准。这正是此种思想线索，在摸索中前进的应有现象。此种摸索的结果，便是《周官》的出现。《周官》可以说是集这一方面思想的大成，规模既甚宏，条理亦较密"[④]。文中有三节对这一线索作了详细的梳理。

从文献线索的考察来看，徐复观首先指出，《汉书·河间献王传》中所说的《周官》和《史记·封禅书》中所引的《周官》，其实指的都是已经亡佚的《尚书》中的《周官》篇，和今本《周官》不是一本书。其次，《汉书·艺文志》六艺略礼家首《礼》古经五十六篇，其次为《记》百三十一篇，《明堂阴阳》三十三篇，《王史氏》二十一篇，《曲台后仓》九篇，《中庸说》二篇，《明堂阴阳说》五篇，又其次为《周官经》六篇，《周官传》四篇。既然称《周官》为"经"，则不应著录于《礼》古经的传记之后。由此可以推见，这是在改名《周礼》之前所补录。[⑤] 最后，根据王莽"发得《周礼》"一语，从文献上考证了《周礼》与王莽

[①] 徐复观：《〈周官〉成立之时代及其思想性格》，收入《徐复观论经学史二种》，上海书店出版社 2002 年版，第 249 页。

[②] 同上书，第 203 页。

[③] 同上书，第 213 页。

[④] 同上书，第 228 页。

[⑤] 同上书，第 240—241 页。

的关系。

王莽、刘歆伪造《周礼》，虽然他们托之于周公，但还是在许多不经意处露了马脚，反映出了时代的特色。如"《周官》在文字结构中所反映出的时代背景"一节，徐先生特别指出，在《周官》的夏官大司马的分职上，典型地体现出歆莽时代的特征。西汉自霍光专政以后，大司马便成为实质的宰相，而宰相则徒有虚名。王莽以大司马秉政，因此王莽、刘歆便巧妙地在《周礼》中把拥有最高权力的王架空，使王成为虚位，而完全由大司马控制。《周礼》中王与大司马的关系，反映的就是现实的政治关系。又如"《周官》在思想构成中所反映出的时代背景"一节，徐先生指出，西汉中后期以后，社会现实是土地兼并，贫富悬殊，人民逃避虐政。王莽、刘歆在政治上特别强调"均"的观念（这在《周礼》书中有明显的体现），想以此来解决由贫富悬殊所引起的社会政治问题。在他们设计的《周官》的国家模式中，他们更将管仲内政寄军令的方法加以扩大，使政治、社会成为一个严密的便于彻底控制的组织体，想由此根本解决由流亡所引起的各种问题。这也是社会现实在《周礼》当中的反映。

《周礼》的主要思想（徐复观称之为"思想性格"），是由形成《周礼》一书的三大支柱而体现出来的。所谓三大支柱，就是组织体（即《周礼》所设计的严密的社会组织结构）、赋役制度和刑法制度。"由这三大支柱合而为一所表现的思想性格，乃是法家思想的性格。但王莽、刘歆们生于儒学甚行的时代，又以儒家的远祖周公为号召，其中当然有由儒家思想而来的设施，但仅处于次要的地位，甚至是一种缘饰的性格。形成三大支柱背景的，一是管仲，一是法家思想，另一是桑弘羊的财经政策。"[①] 认为《周礼》的主体思想是法家，前人就已经指出。如钱穆先生认为，《周礼》"似属晋人作品，远承李悝、吴起、商鞅，参以孟子"[②]。杨向奎先生也认为："《周礼》虽然近于杂家的作品，然而也有它的中心思想，是一部重视刑罚而有儒家气息的书，因此有人以为出于荀子学派，这虽然有待证明，它出于齐国有儒家气息的法家是可以肯定的。"[③] "《周礼》的作者实在是和儒家接近的法家"[④]。但徐复观先生走得更远，他基本否定

---

① 徐复观：《〈周官〉成立之时代及其思想性格》，《徐复观论经学史二种》，第275页。
② 钱穆：《周官制作时代考》，《两汉经学今古文平议》，第405页。
③ 杨向奎：《〈周礼〉的内容分析及其成书年代》，《绎史斋学术文集》，第275页。
④ 同上书，第267页。

了《周礼》中的儒家因素，明确肯定《周礼》的法家属性。

余英时先生在为金春峰的《周官之成书及其反映的文化与时代新考》一书所写的序中，对徐复观先生的这部著作有所评论。余先生尽管对徐先生表示"敬意"，但还是认为徐先生对一些文献的解释是"横生波澜"，"求深反惑，极尽曲解之能事"①。这个评判是恰当的。徐著有一个既定的观念在前，然后根据这个观念去判断文献。徐复观认为，先秦的孔孟儒家具有民本思想，有民主政治思想的萌芽，但是秦汉以后，法家的专制思想混入儒家。《周礼》对国家政权模式的设计，是明显的法家思想，这样的思想和著作不应出现在先秦。徐著也研究了《周礼》的主要社会制度和思想内容，如《周礼》中的土田制度与生产观念，《周礼》中的赋役制度，《周礼》中的商业与商税，《周礼》中的刑罚制度，《周礼》中的教化思想等，但这些研究都是为了更加突出《周礼》的法家性质。如《周礼》当中的教化（教育）思想，我们一般理解为儒家思想的反映，但徐复观却认为，《周礼》强调的重点是赋役刑罚、"以吏为师"，教化在《周礼》的设计当中并没有实际的作用，只是一种缘饰点缀而已。

徐复观对《周礼》的研究，与他对中国思想史的整体看法以及他个人的特殊经历有关，如他所说，"'时代经验'必然在古典研究中发生伟大地启发作用"②。他的观点基本回到了传统的看法，与现代学者的看法很不相同。但是，他的这个看法，在其整体思想当中，在现代学术史上，还是有一定的学术意义。

以思想的时代性断定《周礼》的成书时代，虽然在《周礼》的整体研究上，在《周礼》的思想史、文献学研究方面，有很大的启发作用，但是，如果过度从主观方面来考虑《周礼》的思想性以及它与社会政治的对应关系，背离了史料的基本限制，并且以一些先入为主的预设为前提，那么在研究方法上就会本末倒置，所得结论则会距离事实太遥远。从这个意义上说，徐复观先生的《周礼》研究，可以作为我们反省《周礼》研究的一个有益的视角。

---

① 余英时：《〈周礼〉考证和〈周礼〉的现代启示——金春峰〈周官之成书及其反映的文化与时代新考〉序》，原文见金春峰书前序，又收入余英时《犹记风吹水上鳞——钱穆与现代中国学术》，台北：三民书局1991年版，第147页。

② 徐复观：《〈周官〉成立之时代及其思想性格》，《徐复观论经学史二种》，第209页。

三 《周礼》的时代背景与成书时代的研究

近代以来，《周礼》的研究逐渐从经学的脉络中剥离了出来，主要还原为一种史学的研究。与此相对应的是，近代以来马克思主义史学在中国的史学界居于主导地位。马克思主义史学强调，任何历史事件、思想观念、文献著作，都要从社会历史背景中去寻找根本的原因，要结合社会历史作深入的研究，而不能只是就事论事。就《周礼》研究来说，研究者不但要重视《周礼》成书时代的研究，而且更要重视其成书的时代背景，把《周礼》放在特定的时代背景之下来考察其成书年代，也就是《周礼》所反映的时代特征，这比单纯研究《周礼》的时代问题要更进一步，也更深入。顾颉刚先生于1979年发表的《"周公制礼"的传说和〈周官〉一书的出现》一文，就是这种研究方法的体现。

顾颉刚先生早年曾受今文学的影响，认为《周礼》系刘歆伪造。但是到了晚年，顾先生改变了前说，著《"周公制礼"的传说和〈周官〉一书的出现》一文，不但肯定了"周公制礼这件事"，而且还认为《周礼》出于战国后期，与刘歆和王莽无涉。

顾颉刚对于《周礼》的看法，受到清人杨椿的影响。杨椿曾著《周礼考》，认为："是书非周公作也。疑其先出于文种、李悝、吴起、申不害之徒，务在富国强兵，以攻伐、聚敛为贤；而其人类皆坚强猛鸷，有果毅不群之才，故能谋之而必行，行之而必成，而其书亦遂得传于世。遭秦之火，散亡遗佚，间有存者。后人网罗撷拾，汇为此书……其残篇断简，亦或意为增损，故复重缺裂，自相矛盾，且以周、秦后事附人者在在有之。"顾先生说："我们读了这几句话，真象获得了打开千年铁门的一把钥匙：知道这原是一部战国时代的法家著作，在散亡之余，为汉代的儒家所获得，加以补苴增损，勉强凑足了五官；然而由于儒、法两家思想的不同，竟成了一个'四不像'的动物标本！这就是我写这篇文字的结论。"[①]

顾先生的这篇文章的贡献其实并不在于考订《周礼》出于战国后期的法家，而在于从宏观的历史背景说明"《周官》一书的出现"。文章从战国时代的统一希望及其实现帝制的准备工作开始，分析了孟子的周代

---

① 顾颉刚：《"周公制礼"的传说和〈周官〉一书的出现》，《文史》第六辑，中华书局1979年版，第40页。

"王政"说、荀子的"法后王"说及其论设官分职的大纲，并比较了《管子》书中的六官说和组织人民的思想与《周官》之间的关系。在秦统一以前，设计统一天下的制度早已准备了一百多年。如魏国有《周食田法》，可能是魏人对于班禄的预定计划而托之于周；《尚书》中的《禹贡》篇可能是秦人对于统一后预定的贡赋计划而托之于禹的。《周官》一书就是在这样的历史背景之下出现的，它和《管子》相似，是齐人关于组织人民、充实府库，以求达到统一寰宇的目的而设计的一套制度。《周官》出于齐国或别国的法家而托之于周，与周公和儒家没有关系。

顾颉刚先生把《周礼》放在先秦时期宏观的历史背景之下来讨论，不但探讨了它产生的时代，更主要的是说明了《周礼》一书的出现所体现的时代性。顾先生的文章虽然较为简略，但他开启的研究思路和方法却是非常有启发性的。金春峰著的《周官之成书及其反映的文化与时代新考》一书，就是在这样研究思路之下的一部专著，并且在一些具体的论断方面有所推进。

金春峰先生的这部著作在研究方法上"是考证与思想分析相结合，用考证来确定《周官》成书的时代及其文化内涵的背景，用分析来系统说明《周官》各种制度的性质与全书的思想倾向。考证是基础，分析立足于考证之上"。① 金著将《周礼》中所记的各种制度，如授田制、军制、分封制、乡遂制、度量衡、货币制以及社会行政组织、商业、教育、祭祀、法律、风俗等，放在战国时代的宏观背景之下来考察，发现它们与秦的历史环境与文化背景是相符合的。因此，金春峰的观点是：《周礼》是战国末年入秦的学者所作。作者不但使用了相关的文献资料，而且还大量运用了出土的秦简作印证，这使作者的结论更加可靠。

既然认为《周礼》出于秦，那么就有必要对《周礼》与《吕氏春秋》作一比较。金春峰先生认为，《周官》的主导思想是儒法兼综，企图以儒家思想调和与修正法家的现实制度。《吕氏春秋》总结历史经验教训，提出秦统一以后，政治思想应以儒家为主。《周官》亦是如此，故其官职设置和制度设计的蓝图及指导思想，亦是为新的统一王朝服务的。因为反映相同的时代与社会背景，故《周官》与《吕氏春秋》类似，有系

---

① 金春峰：《周官之成书及其反映的文化与时代新考·自序》，台北：东大图书股份有限公司1993年版，第7页。

统的阴阳五行思想,有齐文化,如《管子》等的影响,并反映战国末期特别是秦的许多社会、政治、经济、文化、宗教与风习,同时也继承了周文化的许多典礼、制度与风习。①

金春峰先生认为《周礼》出于秦,具有儒法兼综的思想特征,由此便会对战国时期秦的思想文化传统(主要是儒学)以及战国后期儒学发展的新动向,有新的认识。过去研究秦之所以统一六国,多强调秦的武力与法家影响;研究战国儒学,多重视孟、荀的理论,而忽视了儒学与现实政治之间的关系。金春峰先生关于《周礼》的研究,显示出《周礼》在战国思想史上的意义,对思考以上问题有所启发。

四 几点简单的看法

从近现代以来百余年的《周礼》研究中我们可以看出,尽管学者的观点还各有不同,但在有些方面还是一致的,这些一致性反映出《周礼》研究中的一些普遍问题。

第一,完全从史学的角度去看待《周礼》,把《周礼》还原为史料。研究《周礼》,主要是利用它的史料价值。杨向奎先生的一段话很有代表性:"假使《周礼》真出于周公而是西周政典的话,也只有史料上的价值,作为我们研究西周历史的一种材料。假使它不是一部西周的作品,出于后人的伪托,我们当它是一部假古董,分析它、批判它,看它还有没有一些史料上的价值。"② 这是现代学者(尤其是历史学家)对待《周礼》的基本态度。研究《周礼》的成书年代,也是为了把《周礼》更加客观地放在那个时代当中,作为反映那个时代的史料来使用。

第二,研究《周礼》的真伪或成书年代,多运用统计的方法。由于《周礼》本身的特殊形式,所以研究官制的学者多将《周礼》与西周或春秋时期的官制作比较。张亚初、刘雨通过对西周金文官制的研究,认为"《周礼》三百五十六官有九十六官与西周金文相同或相近",这种相似"只能证实《周礼》一书在成书时一定是参照了西周时的官职实况"。国外学者布罗曼(Sven Broman)把《周礼》所列官职之名与先秦未经儒家篡改诸书作了详细比较,发现百分之三十八的职官之名皆相符合。《周

---

① 金春峰:《周官之成书及其反映的文化与时代新考·自序》,第5—6页。
② 杨向奎:《〈周礼〉的内容分析及其成书年代》,《绎史斋学术文集》,第228页。

礼》官名统计大部以低级者居多，而周代其他文献中往往仅言及较多高级官名。若以大夫以上职官比较，则相符率高至百分之八十。① 这些统计数字说明，《周礼》保存了相当多的西周制度。由此可以推断，《周礼》成书当在距离西周不远的春秋时期。张亚初、刘雨的书虽未明言，但这个意思也是很明显的。刘起釪则以张亚初、刘雨的统计数字为论据，明确支持了他所认为的《周礼》成书于春秋时期的看法。

另有学者将西周官制、春秋时期的官制和《周礼》所记载的职官系统进行比较，认为《周礼》的官制更接近于春秋官制，由此可以判断《周礼》的成书年代不会早于春秋末期，或当在战国早期。作者列表统计：

	《周礼》职官数	与春秋职官相同或相近之数
天官	64	26
地官	80	27
春官	71	41
夏官	74	30
秋官	67	12
总计	356	136

根据这些数字，作者得出的结论是："总之，从春秋职官、西周职官与《周礼》相同或相近的数字比较上看，只能认定《周礼》一书的作者所参照的主要是春秋时期的职官体系，他是一位更了解春秋典章制度的'宿儒'。"②

运用统计的方法，将《周礼》中的职官与西周、春秋时期的官制作比较，这样得出的结论，在说明《周礼》保存了较多的西周官制或春秋官制这个方面，是比较充足的，但是由此论证《周礼》的成书时代，还

---

① Sven Broman: "Studies on the Chou Li", *Bulletin of the Museum of Far Eastern Antiquities*, No. 33 (1961). 转引自何炳棣《原礼》,《二十一世纪》1992 年第 6 期。

② 沈长云、李晶：《春秋官制与〈周礼〉比较研究——〈周礼〉成书年代再探讨》,《历史研究》2004 年第 6 期。

是有些不充分。沈长云、李晶也指出，要确切研究、断定《周礼》的成书时代，这样的比较"是不能完全说明问题的，还应当在更深入的层面上，从整个职官体制及其发展的脉络上将这两个时期的职官系统与《周礼》进行比较，通过这样的比较，问题才会趋于更加明朗"。

运用统计的方法将《周礼》的职官与西周、春秋时期的职官作比较，当然有很大的合理性与有效性，但是这种方法一般都是将《周礼》的职官系统拆开，对各个职官逐一作统计比较，这样就破坏了《周礼》的整体性。彭林在他的著作中对此方法也有反省。彭著曾引用朱子和明人陈仁锡的看法。朱子说："《周礼》一书，也是做得缜密，真个盛水不漏！"①陈仁锡说："夫《周礼》一书，圣人用意深远精密，其设一官分一职，即如府、史、胥、徒之贱，酒、醴、盐、酱之微，好用、匪颁之末，分步联属，靡不各有意义。"（《周礼五官考·古周礼阙冬官辨》）这里所谓的"缜密"，"用意深远精密"，都说明《周礼》是一个不可分割的整体。这正是抓住了《周礼》的本质。彭林也指出："《周礼》职官体系决不是可以任意割裂或添加的松散组合。"②

这里关系到对《周礼》要有整体的认识，认识《周礼》的本质。《周礼》一书不是许多职官的随意累加，而是设计完整的一套国家政权体系或模式，它是一个整体。部分地研究考证《周礼》当中某一职官是历史上实有的，还是虚构的；是西周的，还是春秋的，只对那个职官本身有意义，而对《周礼》整体来说，则并没有太多的意义。因此，今后的《周礼》研究，应多注重从整体着眼，充分认识《周礼》的整体性。由此对《周礼》的成书时代以及它的思想史意义，也会有新的认识。

与此问题相关的是，《周礼》是否作于一时、成于一人？一种普遍的看法是，《周礼》"不成于一人，也不作于一时"③。对于先秦大多数古籍来说，这个看法是适用的。但是《周礼》是一部性质特殊的著作，它是通过三百多个职官设计组合而成的一个国家政权模式。这样一个完整的模式恐怕不是多人历时多年能够逐渐累加完成的。著名经济史家胡寄窗先生在为李普国著的《〈周礼〉的经济制度与经济思想》一书所写的序言中指

---

① 黎靖德编：《朱子语类》卷八十六，中华书局1994年版，第2204页。
② 彭林：《〈周礼〉主体思想与成书年代研究》，第20页。
③ 顾颉刚：《"周公制礼"的传说和〈周官〉一书的出现》，《文史》第六辑，第38页。

出，《周礼》"系统地记载了一个封建大王国的中央各部门和每一部门的各级行政机构的周密编制体系。不论这些记载系来自直接、间接知识，或系来自主观虚构，仅凭这一点而言，即足以断定《周礼》不可能是若干人非一时之作"。"《周礼》的主要轮廓应以成于一人之手才较合理，他人只能作一些无关大体的小的增补改订。"① 彭林也认为，"《周礼》不成于一人一时"之说不可信。他认为："《周礼》有缜密的结构、主体思想多元而一体，它只能出于一人之手。"② 当然，由于史料的限制，学者们目前还不可能对这个问题再作深入的探讨。但是，这个问题本身值得引起研究者的重视。尤其对《周礼》作思想史的研究，研究《周礼》的主体思想，这个问题是应该顾及到的。

第三，笔者认为，尽管研究者关于《周礼》有不同的看法，但是，认识到每一种观点后面所蕴含的思想史、学术史意义，要比简单地判定每一种观点的是非对错，更有意义。宋人首先提出《周礼》系刘歆伪造，这是由于他们反对王安石据《周礼》变法，因此把《周礼》说成是伪书。康有为《新学伪经考》力主此说，并非由于这个假说的学术论据更多，而是有着近代特殊的政治、学术背景。梁启超说，康有为的"诸所主张，是否悉当，且勿论，要之此说一出，而所生影响有二：第一，清学正统派之立脚点，根本动摇；第二，一切古书，皆须从新检查估价；此实思想界之一大飓风也。"③ 康有为认为包括《周礼》在内的古文经皆是刘歆伪造的，虽然在学理上牵强附会，但在当时的思想、学术界确实有很大的震动。徐复观《〈周官〉成立之时代及其思想性格》一书又回到了传统的观点，并对传统的观点做了一点修正，认为《周礼》系"王莽草创于前，刘歆整理于后"，这也是由于徐复观对儒家的独特看法而形成的论点。在徐复观看来，《周礼》所设计的是一个国家的乌托邦，有严刑峻法，这是法家的思想，而儒家思想（尤其是先秦儒家）当中不应有这样的内容，因此它是出于后人的伪造而混入儒家著作当中。

《周礼》在儒家经典当中比较特殊的一点是，它有着非常强烈的现实意义，总是和历史上的社会政治变革联系在一起，因此有必要注重《周

---

① 参见李普国《〈周礼〉的经济制度与经济思想·序言》，中州古籍出版社1987年版，第1、2页。
② 彭林：《〈周礼〉主体思想与成书年代研究》，第231页。
③ 梁启超：《清代学术概论》，中国人民大学出版社2004年版，第199页。

礼》研究史的研究。历代学者关于《周礼》的注释，对《周礼》的看法，与当时的社会政治环境、作者的学术思想背景，有密切的关系。因此，研究历代的《周礼》研究，不但是《周礼》研究的深化，而且对于政治史、思想史研究，也有很重要的学术意义。

第二节 《周礼》的成书与战国时代的社会变革

《周礼》本名《周官》，是一部以官制为纲的著作。历代有很多学者据此认为《周礼》是讲官制的，且并非周公制礼作乐的产物，为"六国阴谋之书"，与周礼无关。近来还有学者甚至认为，《周官》的"周"，并非是指周代，而是"周详完备之意"。[①] 这样就完全否定了《周礼》是与西周礼制相关的一部著作。但是另一方面，《周官》自从刘歆改称《周礼》、郑玄为之作注以来，就成为三《礼》之首，是儒家礼学的重要经典，并且对后世的政治结构、政治变革等产生了深远的影响，《周礼》还是后世王朝典礼的依据。"自梁以来，始以其当时所行傅于《周官》五礼之名，各立一家之学。"（《新唐书》卷十一《礼乐志一》）自魏晋南北朝时期形成完整的五礼制度之后，历代王朝制定礼典，都以《周礼》的吉礼、凶礼、宾礼、军礼和嘉礼五礼为准绳。《周礼》的五礼系统成为王朝礼典的原则，《周礼》在礼学经典当中也变得更加重要。从这个角度来看，把《周礼》看作礼书有着充分的历史依据。

就《周礼》本身的内容来看，它以六官为纲，但在其所属的许多官职的具体职掌中，又有很多牵涉到礼制。无论这些礼制是三代礼制的实录，还是作者的空想与创作，都表明它与礼还是有密切的关系。正如贾公彦所言："以设位言之，谓之《周官》；以制作言之，谓之《周礼》。"[②] 因此，我们研究中国古代礼学的发展沿革，不能不谈《周礼》，而且也离不开《周礼》。

《周礼》一书是在汉代才被人们发现的一部"古文先秦旧书"。据《汉书·景十三王传》的记载：

[①] 金春峰：《周官之成书及其反映的文化与时代新考·自序》，第7页。
[②] 见武秀成、赵庶洋《玉海艺文校证》卷五，凤凰出版社2013年版，第193页。

> 河间献王德以孝景前二年立，修学好古，实事求是。从民得善书，必为好写与之，留其真，加金帛赐以招之。繇是四方道术之人不远千里，或有先祖旧书，多奉以奏献王者，故得书多，与汉朝等。是时，淮南王安亦好书，所招致率多浮辩。献王所得书皆古文先秦旧书，《周官》、《尚书》、《礼》、《礼记》、《孟子》、《老子》之属，皆经传说记，七十子之徒所论。其学举六艺，立《毛氏诗》、《左氏春秋》博士。修礼乐，被服儒术，造次必于儒者。山东诸儒多从而游。

《周礼》是河间献王从民间收集到的先秦古籍，献王将此书敬献给汉廷，但并没有得到预想的重视。直至西汉后期刘歆、王莽"发得《周礼》"，王莽又将《周礼》列于学官，《周礼》一书始受到政界、学界的高度重视，并成为儒家经学史上争论的焦点。

把经学问题还原为史学问题，是中国现代学术研究的主要特征之一，是解决经学争端的一条有效途径。现代学术史上的《周礼》研究，重点是《周礼》的成书时代。这是由于现代《周礼》研究，首先面对的问题是晚清今文学所申论的刘歆伪造说。再由于古文字、古器物等相关学科研究的进展，给《周礼》一个恰当的时代定位，成为《周礼》研究以及古史研究的一个重要问题。杨向奎先生的一段话很有代表性："假使《周礼》真出于周公而是西周政典的话，也只有史料上的价值，作为我们研究西周历史的一种材料。假使它不是一部西周的作品，出于后人的伪托，我们当它是一部假古董，分析它、批判它，看它还有没有一些史料上的价值。"[①] 这是现代学者（尤其是历史学家）对待《周礼》的基本态度。研究《周礼》的成书年代，就是为了把《周礼》更加客观地放在那个时代当中，作为反映那个时代的史料来使用。

虽然经学大师郑玄深信《周礼》为周公致太平之迹，但当时就有学者认为，《周礼》一书其实作于战国时期，与周公无关。贾公彦《序周礼废兴》指出：

> 然则《周礼》起于成帝、刘歆，而成于郑玄。附离之者太半，

[①] 杨向奎：《〈周礼〉的内容分析及其成书年代》，原载《山东大学学报》1954年第4期；收入杨向奎《绎史斋学术文集》，上海人民出版社1983年版，第228页。

故林孝存以为武帝知《周官》末世渎乱不验之书，故作《十论》、《七难》以排弃之。何休亦以为六国阴谋之书。①

据现代学者的研究，何休指出的《周礼》成书于战国时期的看法为大多数学者所接受。除此之外，关于《周礼》一书的成书时代，还有春秋说、西汉说等各种观点。依目前的研究来看，在现有材料下，有关《周礼》的成书时代研究，很难再取得进一步的进展，且各种观点也是各执一词，难以达成一致。

我们不欲对《周礼》的成书时代再作进一步的探讨，而是接受目前学术界比较普遍的看法，认为《周礼》一书成于战国时期。把《周礼》一书放在战国的时代背景之下，来考察《周礼》一书出现的时代原因以及时代意义，应是一项有意义的探索。关于这方面的研究，前辈学者顾颉刚等先生已经有了初步的研究。

顾颉刚先生早年曾受今文学的影响，认为《周礼》系刘歆伪造。但是到了晚年，顾先生改变了前说，著《"周公制礼"的传说和〈周官〉一书的出现》一文，不但肯定了"周公制礼这件事"，而且还认为《周礼》出于战国后期，与刘歆和王莽无涉。顾先生的这篇文章的贡献其实并不在于考订《周礼》出于战国后期的法家，而在于从宏观的历史背景说明"《周官》一书的出现"。

顾颉刚先生把《周礼》放在先秦宏观的历史背景之下来讨论，不但探讨了它产生的时代，更主要的是说明了《周礼》一书的出现所体现的时代性。顾先生的这篇文章开启的研究思路和方法是非常有启发性的。金春峰先生的《周官之成书及其反映的文化与时代新考》一书，也是在这种研究思路之下的一部专著，并且在一些具体的论断方面有所推进。本节欲在顾先生等前辈学者研究的基础之上，对战国时代的历史背景与《周礼》一书的产生这个问题作进一步的探讨。

一　战国时期统一思潮的勃兴与天子礼的制定

从西汉儒家正统的礼学来看，汉代儒家礼学的经典是《仪礼》，而《仪礼》的主要内容是士礼。《周礼》虽然在武帝时就已被发现，但在西

---

① 《周礼正义序》，见《周礼注疏》，上海古籍出版社2010年标点本，第7页。

汉时期基本是"秘而不传"①。当时立于学官的《礼经》是《仪礼》。刘歆发现《周礼》以后，经与当时官方的《礼经》比较研究，认为官方以《仪礼》为首的礼学有很大的弊病。刘歆指出：

> 往者缀学之士不思废绝之阙，苟因陋就寡，分文析字，烦言碎辞，学者罢老且不能究其一艺。信口说而背传记，是末师而非往古，至于国家将有大事，若立辟雍、封禅、巡狩之仪则幽冥而莫知其原。（刘歆《移书让太常博士》，见《汉书》卷三十六《楚元王传》附刘歆传）

> 有乡礼二、士礼七、大夫礼二、诸侯礼四、诸公礼一，而天子之礼无一传者。②

在这里，刘歆明确攻击今文礼学只有士礼而无天子礼。汉代礼学直接来源于战国时期儒家礼学的传授。汉代古文经师攻击今文礼学无天子礼，正是以《周礼》对照《仪礼》，指出汉代儒家礼学重视的只是士礼。另外如王充也指出：

> 案今礼不见六典，无三百六十官，又不见天子，天子礼何废时？岂秦灭之哉？（《论衡·谢短篇》）

这种情况当然是由秦代焚书而导致的汉代儒家经典的传授受到的时代制约而决定的。但是，我们并不能由此而断定儒家礼学只注重士礼，而不注重天子礼。如果我们返回到战国时期的史料中，则可以看到，随着政治统一的趋势日渐明朗，这个时期的学者是很重视天子礼的，对天子礼乐以及国家礼制作了很多详细的规定，出现了很多以天子礼仪和国家礼制为中心的礼书。

战国中期以后，随着各国兼并战争的进一步激烈，政治统一的趋向也

---

① 贾公彦：《序周礼废兴》，见《周礼正义序》，《周礼注疏》，第5页。
② 晁说之《嵩山文集》卷十五《答贾子庄书》引刘歆语（中国基本古籍库收四部丛刊续编景旧钞本）。又，王应麟《汉书艺文志考证》卷十、《玉海》卷五十二也引用了刘歆的这段话。参见王应麟《汉书艺文志考证》卷十，中华书局2011年标点本，第305—306页；武秀成、赵庶洋：《玉海艺文校正》卷十八，第884页。

越来越明显。各国都有统一天下的野心与计划。《孟子》书中记载,"望之不似人君"的梁襄王见了孟子竟然也问:"天下恶乎定?"(《孟子·梁惠王上》)当时一个很平庸的君主关心的也是如何使天下统一安定的问题。

配合着各国实现统一的准备,学者们也在为政治的统一作准备,拟议新的制度,规划新的礼制。

战国思想学术有不同的谱系与派别,但另一方面,各派均是"务为治者",他们面临着共同的时代问题,都在为即将统一的新时代作规划。就儒家来说,儒家各派也都在积极地规划天子礼,其中最主要的成果便是《周礼》。

《周礼》是汉代经学史、礼学史上争论的焦点。按照今文学的看法,《周礼》是一部来历不明的著作,而古文学则认为《周礼》是周公所制作的皇皇大典。其实,汉代的今古文之争应该上溯到战国时代的学术脉络中来理解。也就是说,从战国时期思想学术界齐学、鲁学、三晋之学的分野,来理解儒家思想的分化,以及后世的今古文之争。① 这种思路是破解经学史上有关《周礼》争论的有效途径。

鲁国是儒家学说的中心。鲁国虽然在战国时期是个一蹶不振的二等国,但当时鲁国也有一些儒家学者在关心讨论天下统一之大势。鲁国是儒家礼学的中心地区,顾颉刚先生曾指出,鲁国儒生不太重视统一王朝的大典章,他们所讲的礼只是士、大夫阶层的冠、昏、丧、祭、乡、射、朝、聘等仪节,也就是《仪礼》。② 齐鲁地区的礼学是有差异的,鲁国礼学虽然偏重士阶层的仪节,但也有一些关于国家礼典的内容。这里我们应该讨论的是汉代所谓的《礼古经》或《逸礼》。《汉书·艺文志》指出:

> 《礼古经》者,出于鲁淹中及孔氏,与十七篇文相似,多三十九篇。及《明堂阴阳》、《王史氏记》所见,多天子诸侯卿大夫之制,虽不能备,犹瘉仓等推《士礼》而致于天子之说。

---

① 参见蒙文通先生《经学抉原》中的相关论述。
② 顾颉刚:《"周公制礼"的传说和〈周官〉一书的出现》,《文史》第六辑,中华书局1979年版,第9页。

《汉志》明确地说《礼古经》出于鲁淹中。淹中即奄中，古奄国故地，在曲阜奄里。《汉志》所言当为《礼古经》"出于鲁淹中及孔氏"，"及"字衍。① 由此可见，《礼古经》亦出于孔壁，应是鲁国学者的撰述。汉代学者将《礼古经》与当时的礼经（即《仪礼》）相比照，发现《礼古经》多天子礼。刘师培撰有《逸礼考》一文，举出《礼古经》比今文《仪礼》多出的三十九篇中篇名可考证者有十篇：朝贡礼、天子巡狩礼、烝尝礼、中霤礼、鲁郊礼、禘于太庙礼、奔丧礼、投壶礼、王居明堂礼、军礼②。这些篇中，明显属于天子礼的有天子巡狩礼、禘于太庙礼、王居明堂礼。由此可见《汉志》所说的《礼古经》"多天子诸侯卿大夫之制"是正确的。

　　《礼古经》是出现在汉代的先秦鲁国旧籍，书中"多天子诸侯卿大夫之制"，说明战国时期鲁国也有一些关于天子礼制的规定与礼书的撰述。

　　鲁国在春秋时期曾僭越地使用过天子礼乐，但遭到了孔子的批评，孔子说："鲁之郊禘，非礼也，周公其衰矣。"（《礼记·礼运》）在文献当中，《礼记·明堂位》篇却极力盛赞鲁国所用的天子礼乐。这些记载或有相当的历史成分，但总体上说是出于战国时期鲁地儒家学者的创造。

　　齐鲁渊源甚久，儒学在齐国也有很大的发展。齐威、宣王时期又营造稷下学宫，招揽各国学者，一时成为人文荟萃之地，因此齐国的文化学术也非常发达。

　　齐国自春秋以来就一直是东方的大国。齐桓公时提出"尊王攘夷"的口号，号召诸侯共同拥戴周王，抵抗楚、狄，在很长一段时间内充当了诸侯的霸主。到战国时期，齐虽然失去了统领诸侯的号召力，但依然是国力富强的大国。秦王欲称帝时，还要致齐为"东帝"。《孟子》书中记载了孟子与齐宣王的一段对话，孟子层层设问，最终迫使宣王承认他的目标就是"莅中国而抚四夷"，实现天下由齐而统一。（《孟子·梁惠王上》）

　　配合着齐国的政治计划，当时齐国的一些学者也在拟议新的天子礼仪。文献中明确提到的有《王度记》。据刘向《别录》记载："《王度记》似齐宣王时淳于髡等所说也。"③ 从现在所能见到的《王度记》的一些辑

---

① 参见王葆玹《今古文经学新论》（增订版），中国社会科学出版社2004年版，第115页。
② 刘师培：《逸礼考》，《刘申叔遗书》，江苏古籍出版社1997年影印本，第159—165页。
③ 王应麟：《困学纪闻》卷五，上海古籍出版社2008年版，第645页。

佚资料可见，《王度记》对天子、诸侯等各个级别的礼仪都作了详细的规定，例如：

> 天子以鬯，诸侯以薰，大夫以兰、芝，士以萧，庶人以艾。（《周礼疏·郁人》引）
> 天子驾六，诸侯与卿驾四，大夫驾三，士驾二，庶人驾一。（《诗正义·干旄》引）
> 天子诸侯一娶九女。（《白虎通·嫁娶篇》引）
> 天子冢宰一人，爵禄如天子之大夫。（《白虎通·爵篇》引）①

这是齐国儒生们所记述的天子礼制，这些规定很像《礼记》中的一些篇章。其实，《王度记》也是属于《礼记》后来遗失的一部分。王应麟曰："《记》百三十一篇。今逸篇之名可见者有《三正记》、《别名记》、《亲属记》、《明堂记》、《曾子记》、《礼运记》、《五帝记》、《王度记》、《王霸记》、《瑞命记》、《辨名记》、《孔子三朝记》、《月令记》、《大学志》。"②《四库全书总目提要》也认为，《王度记》《三正记》《别名记》《亲属记》等都是"《礼》之逸篇"。③从这些说法可以看出，《王度记》当属《礼记》之逸篇，是确定无误的。

《礼记》逸篇当中，有很多地方涉及天子礼。古籍当中有所谓的《礼记逸礼》，就包括了很多有关天子的礼仪。如《文选·东都赋》李注引《礼记逸礼》曰："王者以巡狩之礼，尊天重人也。"④《太平御览》卷五百三十七亦引《礼记逸礼》云："王者必制巡狩之礼何？尊天重民也。所以五年一巡狩何？五岁再闰，天道大备，所以至四岳者，盛德之山，四方之中，能兴云致雨也。巡狩者何？巡，循也，狩，牧也，为天循行牧民也。"⑤又《文选·王元长三月三日曲水诗序》李注引《礼记逸礼》曰：

---

① 参见金德建《司马迁所见书考·论淳于髡著作〈王度记〉的渊源》，上海人民出版社1963年版，第272—273页。
② 朱彝尊：《经义考》卷一百三十九，《经义考新校》第六册，上海古籍出版社2010年版，第2569页。
③ 《四库全书总目》卷一一八《白虎通义》，中华书局1965年影印本，第1015页。
④ 《文选》卷一《赋甲·京都上》，上海古籍出版社1986年版，第32页。
⑤ 《太平御览》卷五三七《礼仪部十六·巡狩》，中华书局1960年影印本，第2435页。

"三皇禅云云,五帝禅亭亭"。① 这些《礼记逸礼》,如刘师培所指出的,是大小戴《礼记》之外的"逸记"②,也就是《礼记》之逸篇。这些《礼记》之逸篇,包括《王度记》,很可能大多是齐国学者所作。

今本《礼记》书中有很多篇明确地规定了天子、诸侯、大夫、士各个级别的礼制。《礼记》是汉代学者编纂成书的,属于今文礼学一系,但古文学者攻击今文礼学无天子礼,主要还是以《仪礼》为礼经,认为《礼记》属于"记",是后世儒家学者的创作,还不够"经"的资格。但我们从今天的角度来看,《礼记》大多篇章成于战国时期,战国儒家对天子礼的追忆或创造,正反映出这一时期学者们拟议天子礼的热潮。

除齐鲁之外,三晋地区的儒学也很发达。《史记·儒林列传》记载:

> 自孔子卒后,七十子之徒散游诸侯,大者为师傅卿相,小者友教士大夫,或隐而不见。故子路居卫,子张居陈,澹台子羽居楚,子夏居西河,子贡终于齐。如田子方、段干木、吴起、禽滑釐之属,皆受业于子夏之伦,为王者师。是时独魏文侯好学。

《史记·仲尼弟子列传》也说:"孔子既没,子夏居西河教授,为魏文侯师。"子夏在魏国传授儒学,应是三晋地区儒学发达之始。又《汉书·贾山传》:"贾山,颍川人也。祖父袪,故魏王时博士弟子也。"可知魏国也曾设有博士。

据《晋书·束皙传》记载,晋代发现的战国魏襄王墓中,出土了许多古籍,其中有《周食田法》,顾颉刚先生认为:"说不定就是魏人对于班禄的预定计划而托之于周的。"③ 虽然现存文献不足,对此难以有进一步的认识,但可以推想,由于魏国在战国初年一度很强大,三晋地区的儒者们对于统一天下也有很多设想,应该是大致不错的。

蒙文通先生指出:"三晋以旧法之史为学也。""独悉史记晋学也,《周官》晋书也。"④ 由于文献缺失,我们今天还很难将《周官》出自三晋进一步落实,但这个思路大致是正确的。

---

① 《文选》卷四十六《序下·三月三日曲水诗序》,第2064页。
② 刘师培:《逸礼考》,《刘申叔遗书》,第165页。
③ 顾颉刚:《"周公制礼"的传说和〈周官〉一书的出现》,《文史》第六辑,第28页。
④ 蒙文通:《经学抉原》,《经史抉原》,巴蜀书社1995年版,第96、97页。

《周礼》就是配合着战国时代的统一趋势，由儒家学者创作的一部以国家为主体的礼典。它可能出自三晋地区，虽然我们还不能完全坐实，但总的来说，《周礼》与战国时代的思潮是完全一致的。《周礼》是典型的以天子礼为主体的礼书。古代的礼仪形式很多，所谓"经礼三百，曲礼三千"，古代文献中还有三礼、六礼、八纲、九礼等各种区分。尤其是《礼记》诸篇中提出的六礼、八礼、九礼，这些冠、昏、丧、祭等礼仪，都是以人的日常生活为主。而《周礼》概括的五礼，"以吉礼事邦国之鬼神示"，"以凶礼哀邦国之忧"，"以宾礼亲邦国"，"以军礼同邦国"，"以嘉礼亲万民"（《周礼·春官·大宗伯》），这是以国家为主体。邵懿辰说："吉、凶、宾、军、嘉五者，特作《周官》者创此目，以括王朝之礼"。① 这是对《周礼》五礼很好的一个概括。《大戴礼记·盛德》也有类似的记载："古之御政以治天下者，冢宰之官以成道，司徒之官以成德，宗伯之官以成仁，司马之官以成圣，司寇之官以成义，司空之官以成礼。"这里的冢宰、司徒等六官其实就是《周礼》的六官。《盛德》篇说六官是用于"治天下者"，也是对《周礼》以国家为主体的性质的概括。

以上我们从战国时代的学术分野来说明各个地区的学者关注的同一个时代问题就是积极应对即将到来的统一时代，为新的时代规划王朝礼制。除典型的《周礼》之外，由于材料散失，我们今天已所见不多，保存至今的主要还有《王制》与《月令》。

《礼记·王制》篇，《史记·封禅书》记载汉文帝"使博士诸生刺《六经》中作《王制》，谋议巡狩封禅事"。历代有学者认为此《王制》即收入《礼记》的《王制》篇。但也有学者持相反的意见。孙志祖（《读书脞录·王制》条）、臧庸（《拜经日记·王制》条）、孙星衍（《平津馆文稿》卷上《王制月令非秦汉人所撰辨》）等人认为《礼记·王制》篇与汉文帝时所作的《王制》没有关系。② 顾颉刚先生认为，《王制》即刘向《别录》所说的"文帝所造书有《本制》"的《本制》篇③，于文献上也没有其他的证据，不足取信。任铭善先生认为："孔疏引卢植云：'汉孝文皇帝令博士诸生作此王制之书。'卢君盖据《史记》言汉文帝令

---

① 邵懿辰：《礼经通论》"论五礼"条。
② 转引自金德建《司马迁所见书考》，第176页。
③ 顾颉刚：《"周公制礼"的传说和〈周官〉一书的出现》，《文史》第六辑，第25页。

博士刺六经作王制，谋议封禅巡守事。然其言在《封禅书》，则文帝所作王制宜重其事，其遗文或有见于《封禅书》及《白虎通》者，而此篇曾无一字及之；司马贞《索隐》引《别录》，更谓文帝书有《本制》、《兵制》、《服制》诸篇，此篇亦无其文；则此《王制》非文帝《王制》至明。"① 任铭善先生又据郑玄答临硕云："孟子当赧王之际，《王制》之作，复在其后"②，认为"《王制》据孟子而在孟子后"，"作于战国之末纪"。③ 我们认为，任铭善先生的考辨是有道理的，认为《礼记·王制》篇作于战国后期也是公允之见。

晚清今文学家甚至认为，《王制》为孔子所作。康有为把《王制》从《礼记》中独立出来，认为此书"大理物博，恢恢乎经纬天人之书"。④ 但他还认为《王制》是"七十子之说，孔子之微言大义多存焉"。至廖平，以《王制》与《周礼》划分今古，《王制》的重要性更加突出，同时这种看法也更加明确地显示出《王制》与《周礼》的相关性。廖平说："盖《王制》孔子所作，以为《春秋》礼传。"⑤ 皮锡瑞是晚清今文学当中治学较为稳健平实的一位学者，他也坚持以《王制》与《周礼》判分今古的标准，"《王制》为今文大宗，《周礼》为古文大宗，两相对峙，一是周时旧法，一是孔子《春秋》所立新法"。⑥ 并引古文学大师俞樾"《王制》为素王所定之制"之说来佐证《王制》为孔子所作。皮锡瑞指出：

  《周礼》、《王制》皆详制度，用其书皆可治天下。《周礼》详悉，《王制》简明，《周礼》难行而多弊，《王制》易行而少弊。王莽、苏绰、王安石强行《周礼》，未有行《王制》者，盖以《周礼》出周公而信用之，《王制》出汉博士而不信用耳。今据俞樾说《王制》为素王所定之制，疏通证明其义，有举而措之者，知王道之易易，岂同于郢书治国乎？⑦

---

① 任铭善：《礼记目录后案》，齐鲁书社1982年版，第11页。
② 《礼记正义》卷十五《王制》，上海古籍出版社2008年标点本，第449页。
③ 任铭善：《礼记目录后案》，第12页。
④ 康有为：《考订王制经文序》，《康有为全集》卷二，上海人民出版社1990年版。
⑤ 廖平：《今古学考》，《廖平选集》，巴蜀书社1998年版，第91页。
⑥ 皮锡瑞：《经学通论·论王制为今文大宗即春秋素王之制》。
⑦ 皮锡瑞：《王制笺序》，见王锦民《王制笺校笺》，华夏出版社2005年版，第6—8页。

这里明显是在抑《周礼》而褒《王制》，一为西周旧制，一为孔子新说。但如果我们撇开今文学的立场，依然能够从皮锡瑞的上述论断中看到《王制》与《周礼》的相关性或一致性。《周礼》并非全是西周制度的实录，而《王制》也并非全是儒家的创新。

就《王制》的内容来看，郑玄《目录》说："名《王制》者，以其记先王班爵、授禄、祭祀、养老之法度。"① 孙希旦也说："其中言封建、授田、巡守、朝觐、丧祭、田猎、学校、刑政，皆王者之大经大法。"② 名为"王制"，也就是一部王朝典礼，它与《周礼》的性质是一样的。

与《王制》相类似，战国时期出现的《月令》更是一部以王朝礼典为中心的礼书。按王梦鸥的解释，"所谓'月'，乃包举天时；所谓'令'，即其所列举之政事。故合'月''令'而言，恰为'承天以治人'之一施政纲领"。③ 这个说法是恰当的。《月令》把以王为中心的四时教令更加系统化，是为即将出现的统一的中央集权的政权制定的行政月历。它以一年十二个月为纲，把五方、五行、天象、帝神、五色、音律、祭祀、物候、人事等各方面的内容都安排进去，但其中心是王居明堂以行政令，规定王的政治要与天时、自然相符合，否则就会带来灾异。由此来看，《月令》是一部典型的"王礼"。

与《月令》同时属于战国中后期的《管子》当中的《四时》《五行》《幼官》《轻重己》等篇，也是按照四时、五行的框架，把天时、物候、政事包括进去，其中心依然是君王。《管子》是齐国学者的著作。郭沫若认为，《管子》书中有"一部分是齐国的旧档案，一部分是汉时开献书之令时由齐地汇献而来的"④，而顾颉刚则认为《管子》是"稷下丛书"⑤，书中的《四时》《五行》等篇当是齐国学者制定的天子礼制。《管子·五行》篇说："以天为父，以地为母，以开乎万物，以总一统。"这是给君王提出的要求，要君王把天道、地道、人道统一起来。因此，在四时政令中要以天子为中心。《五行》篇按五行把一年分为五个阶段，每段七十二

---

① 《礼记正义》卷十五《王制》，第449页。
② 孙希旦：《礼记集解》，中华书局1989年版，第309页。
③ 王梦鸥：《礼记月令校读后记》，收入李曰刚等《三礼论文集》，台湾黎明文化事业股份有限公司1982年版，第251页。
④ 郭沫若：《宋鈃尹文遗著考》，《青铜时代》，科学出版社1957年版，第249页。
⑤ 顾颉刚：《"周公制礼"的传说和〈周官〉一书的出现》，《文史》第六辑。

日，都以"天子出令"为核心。《幼官》篇也属于明堂阴阳，它也是以四方、四季为纲，以君王为中心，将一年的政事统领其中。因此，《四时》篇总结说："圣王务时而寄政焉，作教而寄武，作祀而寄德焉。此三者圣王所以合于天地之行也。""是以圣王治天下，穷则反，终则始。德始于春，长于夏；刑始于秋，流于冬。刑德不失，四时如一。"四时政令是以王为中心，"圣王务时而寄政"是《月令》系统的核心内容。今本《月令》就是继承了此前千百年间形成的顺天守时的思想，并更加系统化，它是以王居明堂为核心而编制的国家行政规划，是一部典型的国家礼典。

由上可见，配合着战国时期政治统一趋势以及统一思潮的兴起，各国各地区的学者都在热烈讨论着新的王朝典礼。这些讨论反映在文献当中，虽然有很多是以记述三代时期的天子礼乐的形式出现的，但从另一个方面来看，它们同时也是为新的王朝而规划的。在这个意义上，托古与创制是合而为一的。在这些学者们的拟议中，主要的有《王制》《月令》以及《周礼》。这就是《周礼》一书出现的思想学术渊源与背景。虽然由于后世今古学的对垒，将《周礼》《王制》看作不同阵营的两大代表，但其实它们的性质是一致的。东汉蔡邕《月令问答》说："《月令》与《周官》，并为时王政令之记，异文而同体"[1]，前引皮锡瑞也说"《周礼》、《王制》皆详制度，用其书皆可治天下"，这些看法说明，它们是性质相同而又各有侧重的王朝典礼。

《周礼》并非历史实录，而是一部理想的政典。以上我们分析了《周礼》一书出现的时代背景，由此进一步证实了《周礼》作于战国时期。此外，《周礼》书中的思想内容，以及兼采各家的思想特征，也都反映出战国时代的思想特色，从各个方面说明《周礼》是一部战国时代的著作。

二 从中国古代国家形态的演进看《周礼》的成书

春秋战国是礼坏乐崩的时期，也是中国古代社会发展的转型时期。从《周礼》一书的性质来看，《周礼》是一部涉及国家制度和王朝典礼的著作，因此，从中国古代国家形态演变的角度来考察《周礼》，也是很有必要的。

谢维扬先生指出："战国时期社会和政治变动的本质，是以周朝国家

---

[1] 唐晏：《两汉三国学案》卷七引，中华书局1986年版，第356页。

制度为代表的中国早期国家形态向成熟的国家制度的转化。"① 这个看法概括了战国时期中国古代国家形态演变的实质。在中国古代历史上，早期国家是指夏商周三代，尤其是以商周为典型的、以分封为特征的国家形态，而成熟的国家形态是秦统一而创建的完善的中央集权的君主专制制度。《周礼》所设计的国家形态模型，恰好反映了这一转变期的特征。

战国时期，中国古代的国家从早期国家形态向成熟的国家形态演变，首先表现为中央和地方关系的改变。从三代封邦建国的封建制转化为中央集权的郡县制，是中国古代成熟的国家形态的标志。《周礼》所设计的国家形态，也反映出这个转变的过程。

封建是西周时期创立的最主要的政治制度，也是战国时期儒家的政治主张。即使在秦统一以后，博士淳于越还依然主张要实行封建制。汉代贾谊在《过秦论》中指出："乡使二世有庸主之行而任忠贤，臣主一心而忧海内之患，缟素而正先帝之过，裂地分民以封功臣之后，建国立君以礼天下……天下息矣"②，依然认为秦的灭亡主要还是由于没有分封子弟。这是儒家一贯的看法。封建是战国至秦汉早期的儒家所设想的最基本的政治制度。《周礼》所设计的国家制度，首先就是封建。

《周礼》作者所设想的国家版图是极其辽阔的，因此它在国家内部分为畿内与畿外两个级别。畿内是千里王畿，其中心是方九里的王城，王城之外的广大地区则分封给公、侯、伯、子、男等各级诸侯：

> 凡建邦国，以土圭土其地而制其域：诸公之地，封疆方五百里，其食者半；诸侯之地，封疆方四百里，其食者参之一；诸伯之地，封疆方三百里，其食者参之一；诸子之地，封疆方二百里，其食者四之一；诸男之地，封疆方百里，其食者四之一。（《大司徒》）
>
> 凡邦国千里，封公以方五百里，则四公；方四百里，则六侯；方三百里，则七伯；方二百里，则二十五子；方百里，则百男，以周知天下。（《职方氏》）

---

① 谢维扬：《中国早期国家》，浙江人民出版社1995年版，第465页。
② 贾谊：《新书》卷一《过秦下》，阎振益、钟夏校注：《新书校注》，中华书局2000年版，第14页。

在同一时期的其他儒家文献中，如《礼记·王制》篇，我们可以看到，封建同样也是作者设想的主要政治制度。

在王畿以外的广大地区，又以王畿为中心，依次分布为九服或九畿：

> 乃辨九服之邦国，方千里曰王畿，其外方五百曰侯服，又其外方五百里曰甸服，又其外方五百里曰男服，又其外方五百里曰采服，又其外方五百里曰卫服，又其外方五百里曰蛮服。又其外方五百里曰夷服，又其外方五百里曰镇服，又其外方五百里曰藩服。（《职方氏》）

对辽阔疆土这样的制度安排，依然是通过封建而与中央王朝联系在一起。过去学者看到了《周礼》的封建与《王制》《孟子》等言封建的不同，但仅是注重于封国面积的大小，封国的多少，而没有看到它们之间本质的区别。

其实，我们比较《周礼》与《王制》等文献所言封建，不能仅仅局限于封国的多少和封国面积的大小这些较为枝节的问题。在这个方面，《周礼》所言确实是理想化的安排与设计，而《王制》虽然也是战国时代儒家的创制，但在封建问题上，倒与西周史实相距不远。二者关于封建的不同，关键在于《周礼》对于封建的安排，是在三代封建的基础之上，又融合了战国时期就已经出现的郡县制的一些设计。

从春秋时期开始，随着周王室的衰落和霸主政治的兴起，西周实行的"以藩屏周"的封建制已经暴露出其致命的弱点。

西周封建，各诸侯受周天子的册封，对天子有纳贡、服兵役、劳役、朝聘等义务，周天子则为天下共主，享有最高的权力。但另一方面，各诸侯在其国内又享有绝对的权力，并且也称王，王国维《古诸侯称王说》一文指出："世疑文王受命称'王'，不知古诸侯于境内称'王'与称'君'、'公'无异。《诗》与《国语》、《楚辞》称契为'玄王'，其六世孙亦称'王亥'，此犹可曰后世追王也；汤伐桀誓师时已称'王'，《史记》又云'汤自立为武王'，此亦可云史家追纪也。然观古彝器铭识则称'王'者颇不止一二觏。"[①] 赵伯雄也认为，诸侯在其国内"行使起权力

---

① 王国维：《古诸侯称王说》，《观堂别集》卷一，《观堂集林》第四册，中华书局1959年影印版，第1152页。

来，颇有类于天子"。① 指出这一点是非常重要的。其实，这正是分封制的一个本质特征。

总的来说，西周封建制下的各诸侯国，是在中央控制下实行直接治理的相对独立的政治实体。周的国家体制，一方面是以周天子为名义上的最高统治者，存在一个对地方有控制力的中央王朝，另一方面则是众多实行直接治理的诸侯国。各诸侯有较大的自治权力。分封实质上是周王室与地方诸侯的较为松散的联盟。

从春秋时期开始，随着各霸权国的兴起和周王室的衰落，这种典型的封建制已经开始发生变化。但春秋时期的霸主政治"很难说它们具有一种谋求新型的中央与地方关系模式的意图，它们的活动的主要后果是使原有的中央与地方关系日益遭到破坏，终至事实上被瓦解"。② 也就是说，春秋时期虽然也出现了周王室的衰微和地方势力的崛起，但这种关系并不预示着新的国家形态和中央与地方关系。战国时期，周王室更加一蹶不振，从各国政治的变化来看，各诸侯的称王称帝、诸侯之间的兼并战争，其实也包含着重新建立新的中央权力形式的目的。各大国政治的发展，在很大程度上预示着新的政治的走向。

就分封制来看，《周礼》中规定的分封与诸侯国的政治地位，已经显示出不同于西周时期的新的特征。

《周礼》书中的分封制，赋予了王或中央政府极大的权力。西周时期一些诸侯国拥有的权力，现在在《周礼》书中也都收归中央。诸侯政治上不独立，军事、司法大权由中央掌握，不是独立的国家君主，一切大权都统辖在王那里。《天官·大宰》规定：

> 以八柄诏王驭群臣：一曰爵以驭其贵，二曰禄以驭其富，三曰予以驭其幸，四曰置以驭其行，五曰生以驭其福，六曰夺以驭其贫，七曰废以驭其罪，八曰诛以驭其过。

杨向奎先生指出，这里所讲的"驭群臣"，"不仅指王朝的群臣说，

---

① 赵伯雄：《周代国家形态研究》，湖南教育出版社1990年版，第103页。
② 谢维扬：《中国早期国家》，第468页。

诸侯及诸侯国的卿大夫也包括在内"。① 这样看来，王的权力已经渗透到诸侯国内部了。王对诸侯赏罚的权力，属于中央集权制的君主的权力，与西周周天子的权力相比，已有了很大的不同。

此外，按《周礼》的规定，周王掌握着庞大的军队，对诸侯国有制裁的权力。如《大司马》所记载的"九伐之法"：

> 以九伐之法正邦国：冯弱犯寡则眚之，贼贤害民则伐之，暴内凌外则坛之，野荒民散则削之，负固不服则侵之，贼杀其亲则正之，放弑其君则残之，犯令凌政则杜之，外内乱、鸟兽行则灭之。

由此可见，《周礼》书中的王，不仅与春秋、战国时期的周天子迥然不同，也与西周时期的周王有很大的差别。《孟子·万章上》记载：

> 万章问曰："象日以杀舜为事，立为天子则放之，何也？"
> 孟子曰："封之也，或曰，放焉。"……
> 曰："仁人之于弟也，不藏怒焉，不宿怨焉，亲爱之而已矣。亲之，欲其贵也；爱之，欲其富也。封之有庳，富贵之也。……"
> "敢问或曰放者，何谓也？"
> 曰："象不得有为于其国，天子使吏治其国而纳其贡税焉，故谓之放。"

杨宽先生曾经指出，孟子与万章讨论的这种既富贵又"流放"的分封观念，天子直接向诸侯国派遣官吏，诸侯向中央缴纳贡赋，其实是对战国时期新的分封制的描述。② 《周礼》的分封就具有这样的性质。

总之，《周礼》对国家体制的设计上，是以西周时期实行的政治制度和儒家的理想分封制为基础，同时融入了战国时期已经开始出现的郡县制的因素。《周礼》对国家体制设计的这种双重性，也恰好反映出战国时期国家形态演进的时代特征。

第二，《周礼》的重刑思想也反映出战国时期国家形态演进的时代

---

① 杨向奎：《〈周礼〉的内容分析及其成书年代》，《绎史斋学术文集》，第248页。
② 杨宽：《战国史》（增订本），上海人民出版社1998年版，第261页。

特征。

《周礼》书中重视刑罚,有许多严刑峻法的规定。很多研究者据此认为《周礼》是法家的著作,因为法家主张以严刑峻法治理国家,而儒家重礼尚德,不会如此重视刑罚的作用。

其实,这种对《周礼》思想内容及学派属性的看法,过于注重儒法的区别与对立。把儒法的区分放在战国历史的发展以及中国古代国家形态演变的过程中来考察,才能显示出其意义,同时也能显示出《周礼》的意义。

战国时期各国的变法,直接促使了中国古代从早期国家向成熟的国家形态的演变。在这个过程当中,各国的变法都有重视刑罚的内容,这在剥夺世袭贵族的特权,废除世卿世禄制度,打击封建贵族势力方面,起到了积极的历史作用。

中国上古时期的礼本是一个无所不包的文化体系。三代时期的礼,按照阎步克的看法,礼治是君道、父道和师道(即政统、亲统和道统)的三位一体,尊尊、亲亲和贤贤的相异相维。[①] 这其实是承袭了王国维的看法。王国维曾指出,周礼是"尊尊、亲亲、贤贤、男女有别四者之结体"。[②] 按照这样的看法,西周的礼治虽然在尊尊、亲亲和贤贤各方面有所偏重,但在整体上,它们又是未完全分化的一个整体。

到春秋战国时期,礼坏乐崩的社会现实从本质上来看,是社会的转型和国家形态的演变。在这一过程当中,礼仪、风俗、政治、法律、道德等无所不包的礼逐渐开始分化,刑法与礼仪、道德逐渐分离,并在现实的政治中具有绝对性的意义。《商君书·开塞》篇有一段话,形象地反映了社会发展的过程:

> 天地设而民生之,当此之时也,民知其母而不知其父,其道亲亲而爱私。……然则,上世亲亲而爱私,中世上贤而说仁,下世贵贵而尊官。

[①] 参见阎步克《士大夫政治演生史稿》第三章,北京大学出版社1996年版,第73—124页。

[②] 王国维:《观堂集林》卷十《殷周制度论》,第477页。

这段话把人类历史发展的不同阶段纳入了一种进化的整体框架，上世、中世、下世基本相当于西周、春秋、战国三个阶段，这是很有历史眼光的一种看法。战国时期"贵贵而尊官"的历史形势，与重刑的法家其实是互为因果的。一方面，直接指导变法运动的法家，"不别亲疏，不殊贵贱，一断于法"（《史记·太史公自序》），其目的就是要确立和巩固"贵贵而尊官"的制度。而另一方面，战国时期"贵贵而尊官"的社会现实，又进一步刺激了重刑思想的发展。

战国早期李悝在魏国变法，"撰次诸国法"，编定了《法经》。据《晋书·刑法志》记载，《法经》的主要内容是：

> 以为王者之政，莫急于盗贼，故其律始于《盗》《贼》。盗贼须劾捕，故著《网》《捕》二篇。其轻狡、越城、博戏、借假不廉、淫侈、逾制以为《杂律》一篇，又以《具律》具其加减。是故所著六篇而已，然皆罪名之制也。

《法经》原文已经失传，但从《晋书》的叙述可知，李悝所制定的《法经》是中国历史上第一部以刑罚为主的法典。李悝在魏国变法还有其他的内容，但重视刑罚当是其中的一项主要内容。《法经》的本质是刑罚。

战国时期各国变法最为典型的是秦国商鞅变法。商鞅把李悝制定的《法经》在秦国公布实行，并增加了连坐法。商鞅主张轻罪用重刑，"以刑去刑"（《商君书·画策篇》），即通过严刑峻法，迫使百姓不敢犯罪，最终达到不用刑罚和社会治理的结果。

战国时期各国变法的内容大多有加强刑罚的内容。这一现象从表面上来看，固然是法家的严刑理论在现实政治中的运用，但从更广阔的视野来看，是中国古代国家形态演变过程中，礼与法的逐渐分化，刑罚在社会中越来越具有独立的地位，导致中国古代国家形态向更成熟的中央集权的国家形态过渡。《周礼》书中的重刑，应放在这个时代背景之下来理解。从这个角度来看，它与战国时代的时代特征也是一致的。

第三，战国时期，各主要诸侯国的官僚制度都发生了深刻的变化，世卿世禄制被废除，中央集权的官僚制度开始出现。这种变化也是促使中国古代国家形态向更为成熟的国家形态演变的原因之一。《周礼》一书所设计的官僚体制架构,反映了封建官员体制向专制官僚体制的过渡。其中以天官冢宰这一官职最为典型。

《周礼》设计的国家政权结构,主要是由王统领下的六官系统构成的。六官当中天官的地位要远远高于其他五官。研究西周官制的学者认为,"《周礼》六官的体系与西周中晚期金文中的官制体系大体是相近的","《周礼》冢宰之设是反映了西周中晚期以后的实际情况的"。① 这些实证的研究说明,《周礼》的官制体制在基本结构上是有渊源的,它与西周中后期的官制体系相近。但从官制的实际内容来看,它又反映出战国时代的特征。

《周礼》中的天官冢宰,名为百官之首,但其属下所职掌之实际内容,则大多为宫廷内务,凡寝社、膳食、饮料、服装、医药、妇寺,皆统于天官,相当于王室总管。② 历代有很多学者对天官的名实不符感到困惑,甚至还有人将此看作刘歆伪造《周礼》的证据之一。朱熹就曾说:"五峰以《周礼》为非周公致太平之书,谓如天官冢宰,却管甚宫闱之事! 其意只是见后世宰相请托宫闱,交结近习,以为不可。殊不知,此正人君治国、平天下之本,岂可以后世之弊而并废圣人之良法美意哉!"③ 从朱子的这段话中可知,胡宏极力主张刘歆伪造《周礼》,其根据之一就是将宫闱之事列于天官,是不可信的。其实,《周礼》书中天官冢宰名实之间的矛盾,正是战国时期国家形态转型的体现。

前文所引研究西周金文学者的看法是,西周金文中的宰,常在王的左右,管理王室内外,传达王后之命,这一职守与《周礼》书中冢宰的具体职掌符合。④ 这是从天官冢宰这个官职的历史渊源来看的。但是,另一方面,春秋以来,各诸侯国宰(也称为相、相国)的实际政治地位不断上升,已出现了统领百官的冢宰、太宰或相,如齐国在齐景公时已设有左右相。但这些冢宰、太宰或相,还是某些势力强大的卿大夫的世袭官职。从春秋后期开始,相就逐渐成为百官的首领。⑤ 战国时期各主要大国基本都设有相职,只有楚国沿袭了春秋时代的官制,以令尹为最高官职,未设

---

① 张亚初、刘雨:《西周金文官制研究》,第141页。
② 参见蒋伯潜《十三经概论》,上海古籍出版社1983年版,第267—272页。
③ 黎靖德编:《朱子语类》卷八十六,中华书局1994年版,第2205页。
④ 张亚初、刘雨:《西周金文官制研究》,第141页。
⑤ 参见杨宽《战国史》(增订本),第221页。

相职。

在战国后期荀子所规划的"王制"中，国家职官有宰爵、司徒、司马、大师、司空、治田、虞师、乡师、工师、伛巫、跛击（觋）、治市、司寇、冢宰、辟公以及天王。在这样的结构中，天王居于最高的位置，其下有冢宰和辟公，其中冢宰的工作是"本政教，正法则，兼听而时稽之，度其功劳，论其庆赏，以时慎修，使百吏勉尽而众庶不偷"，辟公的工作是"论礼乐，正身行，广教化，美风俗，兼覆而调一之"（《荀子·王制》）。冢宰和辟公虽然同为天王之下的高级职官，但冢宰的职务侧重于行政，辟公的职务则更侧重于宣扬教化。这里的冢宰就相当于相。荀子说：

> 相者，论列百官之长，要百事之听，以饬朝廷臣下百吏之分，度其功劳，论其庆赏，岁终奉其成功，以效于君，当则可，不当则废。（《荀子·王霸》）

荀子所论的相的职权，反映的正是战国时期相的职权与位置。这种情况体现在《周礼》书中，便是天官统领其他五官。《周礼·天官·大宰》说："大宰之职，掌建邦之六典。"这六典具体包括：

> 一曰治典，以经邦国，以治官府，以纪万民。二曰教典，以安邦国，以教官府，以扰万民。三曰礼典，以和邦国，以统百官，以谐万民。四曰政典，以平邦国，以正百官，以均万民。五曰刑典，以诘邦国，以刑百官，以纠万民。六曰事典，以富邦国，以任百官，以生万民。

这里，教典即地官的职掌，礼典即春官的职掌，政典即夏官的职掌，刑典即秋官的职掌，事典即冬官的职掌。这五官的职掌都被统摄于天官之下。《周礼》的这种设置，正是战国时期官制变化的反映。宰或相从最初的王室总管的位置，逐渐演变为百官之首，这是中央集权的政治体制的体现，也反映了中国古代国家形态从早期国家向成熟的中央集权的国家形态的演变。杨宽先生指出："秦汉以后中央集权的王朝，便是沿袭战国时代的制度的。秦汉时代的中央政府组织，在皇帝之下设有三公，三公是左右丞相、太尉和御史大夫。不仅丞相的官制是沿袭战国时代的，就是太尉和御史大夫的官制也还是从战国时代的官制中发展而来的。"① 杨宽先生这里所论述的，正是秦以后相在中国古代国家政权中的地位。相为百官之首的位置，是随着战国时期国家形态的演变而形成的。

从上文的论述可见，战国时期是中国古代国家形态演变的关键时期，是从以分封为主体的国家结构向中央集权的国家形态的过渡。《周礼》一书在很多方面，恰好体现出这个过渡时期的许多特征。从这个方面来看，《周礼》是成于战国时期的一部著作，因为它典型地体现了战国时代的历史特征。

三 从战国时期儒家所设计的王礼看《周礼》当中王的地位和意义

《周礼》是战国时期的一些儒家学者为即将出现的统一国家所设计的制度。这些制度设计中最主要的是天子的礼仪制度，以及由此体现出来的国家政权组织形式及国家政治制度。前文指出，在《周礼》设计的国家架构中，天官冢宰统领其他五官，为百官之首。这样的政权结构设计，必然引发出对《周礼》书中王的地位的争论。

本师刘泽华先生指出，《周礼》书中的王集中了一切最高权力，是大独裁者。《周礼》最基本的思想是专制主义的。② 徐复观先生则认为，《周礼》书中王的地位已被"架空"，"《周官》中的王是虚位"。③ 在徐复观看来，《周官》中的王被"架空"是与王莽摄政的政治需要相呼应的。金春峰先生也认为，在《周礼》书中，王掌握了最高权力，"但主权在王，并非一切政事由王独裁。相反，《周官》的构想确是实行虚君。这表现在两方面，一是政治权力在行使中的'法制化'，一是'君道无为，臣道有为'"。④ 还有一种看法认为，《周礼》的国家设计是以国为本位。彭林先生指出："《周礼》作者主张实行君主制政体，主张给王以全国最高的权力和地位，就这一点而言，作者是吸收了后期法家的许多理论，并使之具体化。但是，作者又明显受到孟子、荀子等儒家思想的影响，主张对王施

---

① 杨宽：《战国史》（增订本），第223页。
② 刘泽华：《中国政治思想史·先秦卷》，浙江人民出版社1996年版，第245页。
③ 徐复观：《〈周官〉成立之时代及其思想性格》，《徐复观论经学史二种》，上海书店出版社2002年版，第260页。
④ 金春峰：《周官之成书及其反映的文化与时代新考》，第7页。

行教育，对君权和君的言行有所制约，使之不能为所欲为。因此，我们认为《周礼》设计的政体是以国为本位，而不是以君为本位的。"①

以上几种观点各有侧重。《周礼》书中的王到底处于什么样的位置，对于认识《周礼》出现的时代背景及其意义也是非常重要的问题。

我们从战国时期儒家对于作为统一国家的领导与代表的王的设计，尤其是王礼的设计可以看出，儒家对于统一的中央集权国家有许多具体的设想与安排，从中也可以显示出《周礼》的价值。

在《礼记·王制》《月令》以及《周礼》等文献中，儒家对王的礼仪作了非常详细的规定。其中最为关键的，是封禅、巡狩以及明堂等重要的礼仪。这些汉代儒家争论不休的议题，其实正是战国时期儒家所考虑至深的问题。

巡狩与封禅是古代帝王的重要典礼，在国家的政治生活中具有极其重要的意义。

所谓巡狩，是指帝王巡视地方与边疆的活动。"古者帝王莫不巡狩"（《晋书·礼志下》）。在古代典籍《尚书》《孟子》《礼记》以及《史记》等书中多有记载。据现代学者的研究，巡狩起源很早，本来是部落联盟时期或早期邦国阶段，联盟首领对于参盟部落、中央统治者对于地方实施与维护统治秩序的一种手段。《史记·五帝本纪》记载，黄帝曾"东至于海"，"西至于空桐"，"南至于江"，"北逐荤粥，合符釜山，而邑于涿鹿之阿"。这里所记载的黄帝的行迹，类似于后世的巡狩。后来，随着历史的发展，国家制度进一步完善，巡狩活动中的武力性质逐渐淡化，并且在儒家思想的指导下，进一步制度化、理论化和礼仪化。巡狩是祭祀天、地、君、亲、师、社稷、鬼神的吉礼，亲万民的嘉礼，亲万邦、朝觐、交聘、通好、交际的宾礼，哀邦国、悼亡、救患、问疾、恤灾的凶礼，以及同邦国、耀武、征服的军礼。② 巡狩作为一种国家典礼，其实包括了许多具体的礼仪。

巡狩本为一种古礼，后来成为儒家礼学中的一项重要内容，因而具有了深刻的社会政治含义。孟子说："天子适诸侯曰巡狩，诸侯朝于天子曰述职。春省耕而补不足，秋省敛而助不给。入其疆，土地辟，田野治，养

---

① 彭林：《〈周礼〉主体思想与成书年代研究》，第184页。
② 参见何平立《巡狩与封禅——封建政治的文化轨迹》，齐鲁书社2003年版，第2、5页。

老尊贤，俊杰在位，则有庆；庆以地。入其疆，土地荒芜，遗老失贤，掊克在位，则有让。一不朝，则贬其爵；再不朝，则削其地；三不朝，则六师移之。是故天子讨而不伐，诸侯伐而不讨。"（《孟子·告子下》）这是说，巡狩具有视察地方、施行奖惩的政治作用。《礼记·王制》也规定：

> 天子五年一巡守。岁二月，东巡守，至于岱宗，柴而望祀山川，觐诸侯，问百年者就见之。命大师陈诗，以观民风。命市纳贾，以观民之所好恶，志淫好辟。命典礼考时月，定日同律，礼乐、制度、衣服正之。山川神祇有不举者为不敬，不敬者君削以地。宗庙有不顺者为不孝，不孝者君绌以爵。变礼易乐者为不从，不从者君流。革制度衣服者为畔，畔者君讨。有功德于民者，加地进律。五月，南巡守，至于南岳，如东巡守之礼。八月，西巡守，至于西岳，如南巡守之礼。十有一月，北巡守，至于北岳，如西巡守之礼。归假于祖祢，用特。

孟子和《王制》的这个说明，成为后来儒家对巡狩之礼的基本解释。按照儒家的理解，天子巡狩四方，记录天象，统一颁布历法，考察民情，养老畜孤，正是体现了儒家"大一统"的政治理想和王道思想。

在《周礼》中也多次提到了巡狩礼：

> 王将巡守，则戒于四方，曰："各修平乃守，考乃职事，无敢不敬戒，国有大刑。"（《周礼·夏官·职方氏》）

> 王之所以抚邦国诸侯者：……十有二岁王巡守殷国。（《周礼·秋官·大行人》）

> 王巡守、殷国，则国君膳以牲犊，令百官百姓皆具。（《周礼·秋官·掌客》）

《周礼》所记述的巡狩礼虽然较《孟子》《王制》等较为简单，但其含义与实质是一致的，即通过实行巡狩礼加强王对地方的控制。巡狩是《周礼》书中规划的一项重要的天子礼仪。

与巡狩密切相关的礼仪是封禅。所谓封禅，是指古代帝王到东岳泰山祭祀天地的礼仪。封，就是泰山筑坛祭天；禅，就是在泰山脚下的梁父祭地。封禅的起源，应是上古时期王者巡狩四方时祭祀天地山川的礼仪。帝王祭祀天地，表示拥有天下四方。

《管子·封禅》篇说："古者封泰山禅梁父者七十二家，而夷吾所记者十有二焉。"无怀氏、伏羲、神农、炎帝、黄帝、颛顼、帝喾、尧、舜、禹、汤、成王，这些古代的帝王"皆受命然后得封禅"（《史记·封禅书》）。但是，这些古代的帝王封禅仪式，史籍记载简略，今已不可详考。据《史记·封禅书》记载，春秋时期齐桓公曾欲举行封禅典礼，但是管仲认为，封禅应该是统一天下的天子才能举行的典礼，而且应该有祥瑞出现，"今凤皇麒麟不来，嘉谷不生，而蓬蒿藜莠茂，鸱枭数至，而欲封禅，毋乃不可乎？"于是齐桓公乃止。"其后百有余年，而孔子论述六艺，传略言易姓而王，封泰山禅乎梁父者七十余王矣，其俎豆之礼不章，盖难言之。"（《史记·封禅书》）

封禅是受命天子的重要礼仪。《周礼》中未见有关于封禅的直接记载，但西汉时谋议封禅礼典，由于"封禅用希旷绝，莫知其仪礼，而群儒采封禅《尚书》、《周官》、《王制》之望祀射牛事"（《史记·封禅书》）。西汉儒生谋议封禅典礼还要参考《周官》《王制》等先秦旧籍，说明当时所见的《周官》书中还是有一些与封禅仪礼有关的内容。

除巡狩与封禅以外，战国时期儒家学者讨论的天子礼仪还有明堂。

明堂原本是古代先民祭天祭祖的地方，大约在西周周公的时候，又成为施政的地方。《礼记·明堂位》说："昔者周公朝诸侯于明堂之位，天子负斧依南乡而立。"《逸周书·明堂》也说："周公摄政，君天下弭乱，六年而天下大治，乃会方国诸侯于宗周，大朝诸侯于明堂之位，天子之位负斧扆南面立，率公卿士侍于左右。"由此可知，明堂是周公接见诸侯来朝，施行政令的地方，因此《礼记·明堂位》又说："明堂也者，明诸侯尊卑也。"这里明确指出了明堂具有的政治意义。

《孟子》书中记载：

> 齐宣王问曰："人皆谓我毁明堂，毁诸，已乎？"孟子对曰："夫明堂者，王者之堂也。王欲行王政，则勿毁之矣。"（《孟子·梁惠王上》）

关于这里"王政"的解释，历来有两种说法：一是认为具体指文王治岐之事，政通人和，社会安定富庶；另一种看法认为是指理想的社会。其实，这两种看法也未必不能相通。元人何异孙《十一经问对》卷二《孟子》："问：王政可得闻与？王政者何？对曰：孟子所举文王治岐之事是已。能行此，即是王政。文王但知行王者之政，且未尝称王，而有明堂。今不行王政，而保国之不暇，又何有于八窗重屋之明堂哉！"由此可见，明堂是王者实行王政的地方，由此又引申成为理想政治的象征。这是战国时期儒家的一种典型的看法。《大戴礼记·盛德》也说：

> 凡德盛者治也，德不盛者乱也，德盛者得之也，德不盛者失之也。是故君子考德，而天下之治乱得失可坐庙堂之上而知也。德盛则修法，德不盛则饰政，法政而德不衰，故曰王也。

王聘珍指出，这里的"庙堂"就是明堂。① 这是战国儒家对明堂的理解。前文提到的汉代发现的《逸礼》中有"王居明堂礼"，《汉书·艺文志》有《明堂阴阳》三十三篇、《明堂阴阳说》五篇，另外，《管子·幼官》《吕氏春秋·十二纪》《淮南子·时则训》等战国至秦汉的文献，都属于明堂礼的内容。其中最为典型的王居明堂礼就是《月令》。

按郑玄的说法，"名曰《月令》者，以其记十二月政之所行也"。② 其中心内容是王居明堂，代天而行政令，上察天时，下授民事，根据自然节律的变化施行王政。因此，明堂礼的实质，就是尊天、保民。

《周礼》书中没有直接涉及明堂的内容，但《周礼》其实与王居明堂行政的《月令》系统的文献是一致的。《周礼》一书的总纲"惟王建国，辨方正位。体国经野，设官分职，以为民极"，按照邹昌林的解释，"惟王建国"其实是一个久远的宗教礼仪传统，即王按照宗教礼仪在"天室"建立国都，而所谓"天室"，就是太室明堂。③ 因此，《周礼》所讲的"惟王建国"云云，其实就是以明堂礼制为基础的建国原则。《周礼》的总体结构源于明堂制，这在《周礼》的总纲中有明显的反映。

从上文所讨论的战国时期儒家学者设计的巡狩、封禅、明堂以及分封

---

① 王聘珍：《大戴礼记解诂》，中华书局1983年版，第142页。
② 《礼记正义》卷二十一《月令》贾疏引郑玄《三礼目录》，第591页。
③ 邹昌林：《中国古代国家宗教研究》下篇第一章"从周礼看中国古代国家宗教与国家制度之整体结构关系及其主导思想"，学习出版社2004年版，第365—391页。

等天子礼仪来看，王虽然是政治的核心，享有最高的权力和地位，但这种政治结构在根本上受到礼的规范。这种政治体制虽然是中央集权的，但不是君主专制的。汉儒所申论的"屈君而申天"，其实也正是战国儒家设想的政治结构。

《周礼》一书出于战国时期儒家学者的设计，它在根本上也是与上述政治结构相符的。黄震《读周礼日抄》曾引郑樵之言曰："《周礼》一书，详周之制度，而不及道化；严于职守，而阔略人主之身。"[①] 这是对《周礼》一书政治结构很好的概括。《周礼》书中的王，一方面是国家最高权力的象征，王通过实行巡狩、封禅、明堂等礼仪，确立了天下共主的地位，另一方面，《周礼》与《王制》等典籍不同的是，它通过对国家职官的设置，分散了王的权力，从这个角度来看，前辈学者认为《周礼》书中的王被"架空"了，也有一定的道理。从总体上说，《周礼》所设计的国家政治结构是中央集权的，但就王的地位和权力来说，它又不是君主专制的。王虽然是国家权力的象征，但他的权力来源于天，权限又受到礼的制约，即尊天、敬德、守礼、保民，这种政治体制在本质上与《月令》是一致的。

从《周礼》的规定来看，王的权力不但要受到礼的制约，而且在一定程度上还要受到民众的制约。《周礼》规定，国家遇到某些重大问题时，王要征询百官和万民的意见。《秋官·小司寇》：

> 小司寇之职，掌外朝之政，以至万民而询焉，一曰询国危，二曰询国迁，三曰询立君。

这里说的国危、国迁、立君都是国家面临的重大事件。在这些问题上，王要征求万民的意见。《周礼》所规定的"三询"，虽然在文献中有一些内容可以与之比照，如《尚书》所记载的盘庚迁殷，春秋时期卫灵公朝国人（见《左传·定公八年》），陈怀公朝国人（见《左传·哀公元年》）等事例，但在总体上，这种征询民众意见的"三询"制并非历史事实，而是《周礼》的创造，是节制王权的一种办法。

总之，《周礼》作为战国时期一些儒家学者对于国家体制的制度安

---

① 朱彝尊：《经义考》卷一百二十，《经义考新校》第五册，第2227—2228页。

排，我们只有把它放在战国那样特定的历史环境中，才能显示出它的历史意义与价值。随着统一的中央集权的专制王权的来临，有一些学者对此作了积极的回应，如法家学者，而儒家的态度则比较复杂。如《礼记·王制》篇的设计安排，既强调中央集权的王的权力，同时又重视儒家的养老、教化等主张。而《周礼》的安排则比较特别。一方面它主张建立一个强大的中央集权的政府，但同时又通过分官设职，把王的权力分散到六官，通过制度建设转移了王的部分权力。这是战国时期《周礼》的作者通过部分地复古而创造出的新的制度设计。这也正是《周礼》的意义和价值所在。

第三节　《周礼》与北宋儒学的发展

皮锡瑞曾经认为："宋人说经之书传于今者，比唐不止多出十倍，乃不以为盛而以为衰者，唐人犹守古义而宋人多矜新义也。"[①] 这是从两汉今文学的立场来看待两宋的经学，认为宋代经学是中国古代经学发展的衰落期。而宋人则认为，"本朝经术最盛"[②]，"大宋之兴，经学昌明"[③]。当代的经学研究也有一些学者认为，"两宋社会高度发展，经学也高度兴盛"[④]。研究两宋文化经常被引用的陈寅恪先生所谓中国古代文化"历数千载之演进，造极于赵宋之世"说[⑤]，其实也应该包含有宋代经学昌盛的意思。从哲学史的研究角度来看，有学者认为，宋代兴起的理学依然具有经学的形式，它是经学哲学化的结果，"经学哲学化，是理学形成的特征，亦是中国经学发展到宋代的必然趋势"[⑥]。从这个角度来看，宋代的

---

① 皮锡瑞：《经学历史》九《经学积衰时代》，第202。
② 《河南程氏遗书》卷十八，《二程集》，中华书局1981年版，第232页。
③ 胡宏：《胡宏集》，中华书局1987年版，第157页。
④ 范文澜：《中国经学历史的演变》，《范文澜历史论文选集》，中国社会科学出版社1979年版，第266页。
⑤ 陈寅恪：《邓广铭宋史职官志考证序》，《金明馆丛稿二编》，三联书店2011年版，第277页。另外，王国维也有相同的看法。王国维在《宋代之金石学》一文中指出，宋代的思想学术，在哲学、科学、史学、考证学以及诗文、绘画等各方面都取得了空前的成就，"故天水一朝人，智之活动与文化之多方面，前之汉唐，后之元明，皆所不逮也。近世学术多方发端于宋人"。此文收入《静庵文集续编》，见《王国维遗书》第三册，上海书店出版社2011年影印本，引文见第709页。
⑥ 蔡方鹿：《中国经学与宋明理学研究》"前言"，人民出版社2011年版，第1页。

经学与理学是表里的关系，由于理学的兴盛，宋代的经学自然也有非凡的成就。

其实，无论是依据宋代学者自身的感受与评价，还是根据当代经学史的研究，宋代经学在中国经学的历史上应该是独具特色且有重要成就的。皮锡瑞的看法显然是囿于传统经学的成见，不足为训。宋代兴盛的理学是哲学化的儒学，同时也是哲学化的经学，虽然也有学者认为它是"非典型的经学"①，但总体上来说，宋代的经学是传统经学发展的新形态，是儒家经学发展历史上重要的一个环节与内容，自然具有非常重要的意义与价值。宋代的理学与经学之间，无论是内容与形式的关系，还是源与流的关系，都具有同等重要的地位。当然，宋代经学的发展也并不均衡。整体来看，由于宋代特殊的社会历史境遇以及宋代理学的形上兴趣，《易》与《春秋》首先在宋代受到更多的重视与关注。经学史家马宗霍说：

> 宋人经学，其有不守陈义，自辟新术，非一家一派所得而囿者。……其间《易》与《春秋》，作者尤繁。盖《易》本隐以之显，《春秋》推见至隐，一明天道，一明人事，惟人所说，不必征实。故自王弼废象数，而谈《易》者日增；自啖助废三传，而谈《春秋》者日盛，空言易骋，亦不独宋儒为然矣。又南渡而后，国势不振，士大夫愤夷祸之日亟，痛恢复之难期，情殷中兴，念切雪耻，无以寄志，退而著书，则垂戒莫显乎《易》象，复仇莫大乎《春秋》，趋治二经，殆亦有不获已者焉。②

这个概括是准确的。宋代经学的发展，除了《易》与《春秋》之外，其他诸经以及"四书"，也有不同程度的发展。唐君毅说："宋学之初起，乃是以经学开其先。在经学之中，则先是《春秋》与《易》之见重，然后及于《诗》《书》之经学；再及于《易传》、《中庸》、《大学》及《孟子》、《论语》等汉唐人所谓五经之传记；终乃归至于重此传记之书，过

---

① 向世陵：《宋代经学哲学研究·基本理论卷》"序"，上海科学技术文献出版社 2014 年版，第 1 页。向老师认为宋学是非典型的经学，"因为它的实质乃是哲学，而其主流则是理学"。
② 马宗霍：《中国经学史》，商务印书馆 1998 年影印版，第 119—121 页。

于重五经。"① 从这些学者的论断当中我们可以看出，经学是儒学发展的主体形式，宋代独具特色的理学也是以注解经文的形式表现出来的。由于理学更加关注性与天道的形上问题，因此理学家对《周易》与"四书"的注解成为理学发展的内在动力，"四书"甚至超过"五经"，成为宋代理学以及经学发展的重要内容。

宋代的经学卓有成就，但是作为宋代经学的重要组成部分的礼学则没有受到学术界的重视，学界尤其受到清代学者的影响，普遍认为宋代的礼学成就不高，甚至认为宋代礼学是整个三《礼》学发展历史上的衰微期。其实，正如对待宋代的经学一样，我们对宋代的礼学也应当有新的认识与评价。有学者认为："宋人轻《礼记》、《仪礼》而最重《周礼》。"② 就北宋三《礼》学的发展来看，这个判断大体是准确的。据《宋史·艺文志》的记载，宋代学者《礼》类的著作共有一百一十三部，一千三百九十九卷。其中有关《周礼》的有二十三部，三百四十九卷。宋代有关《周礼》的著作比汉唐有较大幅度的增加。朱彝尊《经义考》著录宋代《周礼》学的文献有九十七种，当代学者王锷编著的《三礼研究论著提要》收录一百零六种，另有学者统计，尚可考见的宋代《周礼》学文献有一百二十种左右，其中有二十二种流传至今。③ 这些统计数字虽不完全一致，但也可以大约反映出宋代有关《周礼》著述的情况。如此大量的《周礼》学著作以及三《礼》注疏作品，也能反映出宋代礼学发展的一个方面。虽然数量多寡不能绝对说明问题，但宋代的礼学并不如传统观点所认为的那么贫乏，这一点应该是明确无误的。

儒学的发展是以经典诠释的形式展开的。在儒学史上，儒学发展的不同形态也体现为不同的经典丛书与经典体系。一般来说，宋代儒学较为重视《易》与《春秋》，道学则更加关注"四书"，本节则以《周礼》为主要线索，从这个角度来考察北宋儒学的发展以及宋代儒学在发展过程中展现出来的一些独具特色的问题。

---

① 唐君毅：《中国哲学原论·原教篇》，《唐君毅先生全集》，台北：学生书局1984年版，第12页。
② 刘子健：《中国转向内在：两宋之际的文化内向》，江苏人民出版社2002年版，第25页。
③ 参见夏微《宋代周礼学文献述论》，《史学集刊》2008年第4期。

一　从"古"到"三代"

思想史研究的一个共识是，北宋时期儒学复兴的源头在中唐的古文运动。古文运动已经超出了文学史的意义与范围，而是涉及文体变革、儒学复兴以及政治改革的综合的社会变革的象征与引导。在这个过程当中，韩愈具有划时代的意义。陈寅恪先生早已指出：

> 唐代之史可分前后两期，前期结束南北朝相承之旧局面，后期开启赵宋以降之新局面，关于政治社会经济者如此，关于文化学术者亦莫不如此。退之者，唐代文化学术史上承先启后转旧为新关捩点之人物也。①

韩愈复兴儒学，在《原道》一文中表达了他的基本态度与主张。韩愈自觉地承接自尧、舜、禹、汤、文、武、周公、孔子、孟子相传下来的道。这个道以仁义为定名，明确说明了是以儒学为内涵，从而与佛、老之道在本质上完全不同。

陈弱水先生指出："除了'道'，'古'是中唐儒家思潮的另一个核心理想。"② 这个看法是很准确的。在韩愈的诗文中，"古"是一个十分重要的意象。

"古"是中国古代思想当中，尤其是儒家的一个重要理想。孔子自称"好古"（《论语·述而》），尊古、崇古，"祖述尧舜，宪章文武"是儒家的总体特征。

韩愈以承接儒学的道统而自居，韩愈的思想在主体上也是继承了儒家。在韩愈的思想当中，"古"不仅是指古文的文体，而且还有古文言辞后面的思想所指。韩愈说："然愈之所志于古者，不惟其辞之好，好其道

---

① 陈寅恪：《论韩愈》，《金明馆丛稿初编》，上海古籍出版社1980年版，第296页。陈寅恪先生此说与日本京都学派主张的"唐宋变革论"有契合之处。有学者指出，是陈寅恪先生在中国首先表彰了内藤的学问。参见池田温《陈寅恪先生和日本》，收入《纪念陈寅恪教授国际学术讨论会文集》，中山大学出版社1989年版。另外，也有学者认为陈先生此观点亦受到内藤湖南的影响。参见王水照《陈寅恪先生的宋代观》，收入《当代名家学术思想文库·王水照卷》，万卷出版公司2011年版。

② 陈弱水：《中古传统的变异与裂解——论中唐思想变化的两条线索》，《唐代文士与中国思想的转型》，广西师范大学出版社2009年版，第58页。

焉尔。"① "愈之志在古道,又甚好其言辞。"② 又说:

> 愈之为古文,岂独取其句读不类于今者邪?思古人而不得见,学古道则欲兼通其辞。通其辞者,本志乎古道者也。③

从这些引文可以看出,韩愈是坚定地志于"古道"的。韩愈所说的"古道",除了文所以明道的含义之外,还有着特定时代的思想内涵。韩愈说:

> 博爱之谓仁,行而宜之之谓义,由是而之焉之谓道,足乎己无待于外之谓德,其文《诗》、《书》、《易》、《春秋》,其法礼乐刑政,其民士农工贾,其位君臣、父子、师友、宾主、昆弟、夫妇,其服麻丝,其居宫室,其食粟米果蔬鱼肉。其为道易明,而其为教易行也。是故以之为己则顺而祥,以之为人则爱而公,以之为心则和而平,以之为天下国家,无所处而不当。是故生则得其情,死则尽其常,郊焉而天神假,庙焉而人鬼飨。曰:斯道也,何道也?曰:斯吾所谓道也,非向所谓老与佛之道也。④

这段话是韩愈对他所谓的"古"的具体说明。这是一个行仁义,守道德,读《诗》《书》《礼》《乐》,讲父子、君臣关系的理想的社会形态,这与佛老对人类社会的理解完全不同。陈弱水说:"韩愈的'古'就是佛、道以前的世界,一个以人伦价值为唯一准绳的秩序,这个图景代表他对中古思想传统的根本挑战。"⑤ 韩愈的"古"是为反对佛教而提出的理想社会形态。这是韩愈"古"的思想史意义。

受韩愈影响的柳宗元也说:

---

① 韩愈:《答李图南秀才书》,刘真伦、岳珍校注:《韩愈文集汇校笺注》卷六,中华书局2010年版,第725页。
② 韩愈:《答陈生师锡书》,《韩愈文集汇校笺注》卷六,第731页。
③ 韩愈:《题哀辞后》,《韩愈文集汇校笺注》卷十二,第1296页。
④ 韩愈:《原道》,《韩愈文集汇校笺注》卷一,第4页。
⑤ 陈弱水:《中古传统的变异与裂解——论中唐思想变化的两条线索》,《唐代文士与中国思想的转型》,第61页。

> 凡圣人所以为经纪，为名物，无非道者。命之曰官，官是以行吾道云尔。是故立之君臣、官府、衣裳、舆马、章绶之数，会朝、表著、周旋、行列之等，是道之所存也。则又示之典命、书制、符玺、奏复之文，参伍、殿辅、陪台之役，是道之所由也。则又劝之以爵禄、庆赏之美，惩之以黜远、鞭扑、桎梏之惨，是道之所由行也。故自天子至于庶人，咸守其经分，而无有失道者，和之至也。①

柳宗元理解的古道和韩愈还是有所区别②，但是从整体上来说，柳宗元这里所说的道与韩愈是一致的，本质上也是儒家价值的体现。

韩、柳是古文运动的代表，也是儒学复兴的先驱者。范仲淹曾指出：

> 唐贞元、元和之间，韩退之主盟于文，而古道最盛。懿、僖以降，寖及五代，其体薄弱。皇朝柳仲涂起而麾之，髦俊率从焉。仲涂门人能师经探道，有文于天下者多矣。洎杨大年以应用之才，独步当世。学者刻辞缕意，以希仿佛，未暇及古也。其间甚者专事藻饰，破碎大雅，反谓古道不适于用，废而弗学者久之。洛阳尹师鲁，少有高识，不逐时辈，从穆伯长游，力为古文。而师鲁深于《春秋》，故其文谨严，辞约而理精，章奏疏议，大见风采，士林方耸慕焉。遽得欧阳永叔，从而大振之，由是天下之文一变而古，其深有功于道欤。③

范仲淹这里简要评述了唐宋古文运动的发展历程。韩愈"主盟于文而古道最盛"，之后宋初的柳开、杨亿、尹洙、欧阳修等人都为复兴古道作出了贡献。他们继承了韩愈"古道"，同时也继承了韩愈所主张的儒家理想。

另外，还有一点尚需指出。我们今日依据韩愈流传至今的文字，把韩愈恰如其分地放在唐宋古文运动以及儒学复兴的思想脉络当中，强调韩愈在唐宋古文运动以及唐宋时代思想转型过程中的意义，自然是非常必要

---

① 柳宗元：《守道论》，《柳宗元集》卷三，中华书局1979年版，第82页。
② 参见陈弱水《柳宗元与唐代思想变迁》第四章"法则的宣言：道与古"，江苏教育出版社2010年版。
③ 范仲淹：《范文正公文集》卷八《尹师鲁河南集序》，《范仲淹全集》，凤凰出版社2004年版，第158页。

的。但是，在思想史的发展序列中，韩愈的意义其实是宋人首先"发现"的。在《旧唐书》中，韩愈被认为是"害马败群"（《旧唐书》卷一百六十《韩愈传》），这种看法一直延续到西崑体主宰文坛的宋初。但是到了宋代，韩愈则被认为是文坛宗主，"贤人之至"。① 宋初有所谓的"尊韩运动"，石介、王禹偁、穆修等人都表达过尊崇韩愈的文字，其中以欧阳修、宋祁等人的大力表彰韩愈最为突出。可以说，韩愈的意义最初是欧阳修等人所发现的。就欧阳修的个人经历来看，他的"发现"韩愈对于欧阳修本人的写作以及思想的发展，都有着至关重要的决定性影响。② 清人赵翼在《廿二史劄记》中就已指出，"《新书》好用韩、柳文"，并说"欧、宋二公皆尚韩、柳古文"，"可见其于韩、柳二公有癖嗜也"。③ 欧阳修等人之所以大力表彰韩愈，一方面表明他们在儒学的价值立场等根本方面是认可韩愈的，同时经过他们的表彰提倡，韩愈的意义与价值才真正突显出来，才真正确立了韩愈对于宋代儒学复兴的意义以及在思想史发展的历程中所占有的重要地位。就韩愈在宋代的"被发现"，这种现象在思

---

① 学术界早已注意到唐宋时期韩愈文章以及韩愈地位的变化，并有了相当深入的研究。罗根泽先生《中国文学批评史》第六篇"两宋文学批评史"中有专节论述了石介、宋祁、欧阳修等人的尊韩，从中反映出韩愈的地位与影响从唐到宋的变化。参见罗根泽《中国文学批评史》第三册，上海古籍出版社1984年版，第47—52页。

② 欧阳修在《记旧本韩文后》一文中说："予少家汉东，汉东僻陋无学者，吾家又贫无藏书。州南有大姓李氏者，其子尧辅颇好学。予为儿童时，多游其家，见有敝箧贮故书在壁间，发而视之，得唐昌黎先生文集六卷，脱落颠倒无次序，因乞李氏以归。读之，见其言深厚而雄博，然予犹少，未能悉究其义，徒见其浩然无涯，若可爱。是时天下学者杨、刘之作，号为时文，能者取科第，擅名声，以夸荣当世，未尝有道韩文者。予亦方举进士，以礼部诗赋为事。年十有七，试于州，为有司所黜。因取所藏韩氏之文复阅之，则喟然叹曰：'学者当至于是而止尔！'因怪时人之不道，而顾己亦未暇学，徒时时独念于予心，以谓方从进士干禄以养亲，苟得禄矣，当尽力于斯文，以偿其素志。后七年，举进士及第，官于洛阳。而尹师鲁之徒皆在，遂相与作为古文。因出所藏昌黎集而补缀之，求人家所有旧本而校订之。其后天下学者亦渐趋于古，而韩文遂行于世，至于今盖三十余年矣，学者非韩不学也，可谓盛矣。"见《欧阳修全集》卷七十三，中华书局2001年版，第1056—1057页。这段文字详细记述了欧阳修本人"发现"韩愈文集的经过。新近出版的有关北宋文学研究的新著《万卷：黄庭坚和北宋晚期诗学中的阅读与写作》一书中也探讨了欧阳修"发现"韩愈以及韩愈地位的变化在文学思想史上的意义，可以参考。见王宇根《万卷：黄庭坚和北宋晚期诗学中的阅读与写作》，三联书店2015年版，第208—214页。需要指出的是，欧阳修进士及第是在仁宗天圣八年（1030），这段文字写于三十余年后的1060年代初，即仁宗嘉祐年间。由此也反映出仁宗朝儒学的复兴与韩愈"被发现"以及地位的提升是同步的。这一点尤其值得重视。

③ 参见赵翼《廿二史劄记》卷十八"新书好用韩柳文"，见王树民《廿二史劄记校证》，中华书局1984年版，第381页。

想史上有一定的普遍性，在思想史的研究中值得重视。

一般认为，韩愈在儒学复兴过程中的意义在于，虽然他没有提出一套足以与佛老相抗衡的心性理论，但他坚决反对佛老，高扬孔孟道统，开启了复兴儒学的进程。但是，如果我们进一步从儒学层面深入分析韩愈的思想，以韩愈为代表的古文复兴运动所崇尚的"古"虽然从反对佛教的角度来看是有积极意义的，但是从儒学的立场来看，他们的"古"还是比较宽泛，相对来说缺乏具体的历史内涵。正是在此基础上，宋初的儒家学者更加明确地提出复兴"三代"，这是对儒家政治理想和社会价值的确立，也是对"古"的继承与飞跃。

欧阳修对中国历史的发展有这样一段议论：

> 由三代而上，治出于一，而礼乐达于天下。由三代而下，治出于二，而礼乐为虚名。古者，宫室车舆以为居，衣裳冕弁以为服，尊爵俎豆以为器，金石丝竹以为乐，以适郊庙，以临朝廷，以事神而治民。其岁时聚会以为朝觐、聘问，欢欣交接以为射乡、食飨，合众兴事以为师田、学校，下至里闾田亩，吉凶哀乐，凡民之事，莫不一出于礼。由之以教其民为孝慈、友悌、忠信、仁义者，常不出于居处、动作、衣服、饮食之间。盖其朝夕从事者，无非乎此也。此所谓治出于一，而礼乐达天下，使天下安习而行之，不知所以迁善远罪而成俗也。
>
> 及三代已亡，遭秦变古，后之有天下者，自天子百官名号位序、国家制度、官车服器一切用秦，其间虽有欲治之主，思所改作，不能超然远复三代之上，而牵其时俗，稍即以损益，大抵安于苟简而已。其朝夕从事，则以簿书、狱讼、兵食为急，曰："此为政也，所以治民。"至于三代礼乐，具其名物而藏于有司，时出而用之郊庙、朝廷，曰："此为礼也，所以教民。"此所谓治出于二，而礼乐为虚名。故自汉以来，史官所记事物名数、降登揖让、拜俯伏兴之节，皆有司之事尔，所谓礼之末节也。然用之郊庙、朝廷，自搢绅、大夫从事其间者，皆莫能晓习，而天下之人至于老死未尝见也，况欲识礼乐之盛，晓然谕其意而被其教化以成俗乎？呜呼！习其器而不知其意，忘其本而存其末，又不能备具，所谓朝觐、聘问、射乡、食飨、师田、学校、冠婚、丧葬之礼在者几何？自梁以来，始以其当时所行傅于

《周官》五礼之名，各立一家之学。(《新唐书》卷十一《礼乐志一》)

欧阳修的这番议论很有代表性。他首先从历史发展的角度，明确说明所谓"古"其实就是三代。三代时"治出于一，而礼乐达于天下"，是礼乐盛行的时期，这是儒家普遍的看法，更是宋代学者普遍坚信的理想。而三代以后，礼坏乐崩，礼乐沦落为徒有虚名的形式，这也是自孔子以来儒家对现实固有的焦虑与哀叹。虽然历史上有所谓的汉唐盛世，但这并不能满足儒家的要求。所以，欧阳修在这里表达的意思虽然也是儒家一贯的看法，但把它放在北宋时期特殊的历史背景之下，便更具有思想史的意义，这就是对"三代而下"的超越，回到"礼乐达于天下"的三代时期。

宋代学者尊崇韩愈，但同时对韩愈的道德文章也有一些微词。王安石著名的答欧阳修的诗句"他日若能窥孟子，终身何敢望韩公"，已经表达了超越韩愈的意向。宋初著名的政治家韩琦也说："韩愈，唐之名士，天下望以为相，而竟不用。使愈为之，未必有补于唐，而谈者至今以为谤。"[1] 程颐说：

> 孟子而后，却只有《原道》一篇，其间语固多病，然要之大意尽近理。若《西铭》，则是《原道》之宗祖也。《原道》却只说到道，元未到得《西铭》意思。据子厚之文，醇然无出此文也，自《孟子》后，盖未见此书。[2]

程颐的本意是在表彰《西铭》，但是从我们这里的角度来看，他的意思非常明确，就是指出张载对于韩愈有本质的飞跃。程颐的看法在北宋儒家学者中很有代表性。在他们看来，韩愈的思想只是大意近理，但北宋以来的儒学发展却是对韩愈的思想有本质的超越，如《西铭》就是《原道》的"宗祖"。后来朱熹对韩愈也有类似的评价："今读其书，则其出于诙谐戏豫放浪而无实者，自不为少。若夫所原之道，则亦徒能言其大体，而

---

[1] 陈师道：《后山谈丛》卷五，见《杨文公谈苑　后山谈丛》，上海古籍出版社2012年版，第142—143页。

[2] 《河南程氏遗书》卷二上，《二程集》，中华书局1981年版，第37页。

未见其有探讨服行之效。"① 朱熹对韩愈的评价很有代表性。除了指出韩愈品行方面的瑕疵之外，朱熹认为，韩愈的《原道》虽然对于振兴儒学有一定的意义，但也仅是言其大略，并且未能将所主张之旨贯彻到实际生活当中。综合这些对韩愈的评价，宋代学者指出韩愈在道德品节、为政、学术等方面都有或多或少的问题。从我们这里的角度来看，这也从一个方面说明宋代儒家学者虽尊崇韩愈而又要超越韩愈，这与他们以"三代"超越韩愈的"古"是一致的。

朱熹指出：

> 国初人便已崇礼义，尊经术，欲复二帝三代，已自胜如唐人，但说未透在。直至二程出，此理始说得透。②

朱熹虽然是从理学家的角度来审视宋初儒学的发展，以突出二程的历史地位，但是他的这个判断是准确的。"复二帝三代"是宋初以来学者们的共同理想，并且是超越唐人的地方。除了熟知的"三先生"、欧阳修、张载、二程、王安石有这样的表述外，如杨亿也说宋代"礼乐追于三代，文物迈于两汉"（《武夷新集》卷七《广平公唱和集序》，文渊阁四库全书本），韩琦评价尹洙说："文章自唐衰，历五代，日沦浅俗，寖以大敝，本朝柳公仲涂始以古道发明之，后卒不能振。天圣初，公独与穆参军伯长矫时所尚，力以古文为主，次得欧阳永叔，以雄词皷动之，于是后学大悟，文风一变，使我宋之文章，将踰唐、汉而躐三代者，公之功为最多"。③ 这是评价尹洙的文章"逾唐、汉而躐三代"。吕公著也说："陛下方度越汉、唐，追复三代。"（《宋史》卷三百三十六《吕公著传》）

杨亿、尹洙在宋初是以文见长的文人，杨亿的西崑体更是复兴古文诸家共同批判的对象，而吕公著则是政治人物。他们分属不同的领域，但都有追复三代的理想，可见这是当时知识界与政界普遍的思潮，更是振兴儒

---

① 朱熹：《读唐志》，《文集》卷七十，《朱子全书》第二十三册，上海古籍出版社、安徽教育出版社2002年版，第3375页。

② 黎靖德编：《朱子语类》卷一百二十九，中华书局1994年版，第3085页。

③ 《安阳集》卷四十七《故崇信军节度副使检校尚书工部员外郎尹公墓表》，中国基本古籍库收"明正德九年张士隆刻本"。

学的标志与导引。余英时先生对此已有深入的研究。① 需要补充的是，第一，与仁宗朝追慕三代思潮并行的，是朝廷的制礼作乐。仁宗"留意音律"，景祐二年（1035），判太常寺燕肃等上书认为"五代之乱，雅乐废坏"，后周王朴所造音律"不合古法，用之本朝，卒无福应"，建议"改制大乐"。于是"杭州郑向言阮逸、苏州范仲淹言胡瑗皆通知古乐，诏遣诣阙"（《宋史》卷一百二十六《乐志一》）。胡瑗参与校订雅乐的时间是景祐二年至皇祐五年（1053）。景祐三年（1036），阮逸、胡瑗等详定新修《景祐广乐记》。由于胡瑗精通音律，"其分方定律又出于胡瑗算术"（《宋史》卷一百二十七《乐志二》）。至皇祐五年，阮逸、胡瑗"依《周礼》及历代史志"②，作成皇祐新乐，并上《皇祐新乐图记》。仁宗朝修定雅乐与当时知识界复兴三代的思潮是互为表里的。传统儒家认为，不同种类的音乐与社会政治之间存在着一种对应关系，"声音之道，与政通矣"，"审乐以知政"（《礼记·乐记》）。具体来说，"治世之音安以乐，其政和；乱世之音怨以怒，其政乖；亡国之音哀以思，其民困"（《礼记·乐记》）。正因为在儒家看来音乐与政治有对应关系，"这种对应关系也是在宋初'百年无事'景象出现之后，必然要'制礼作乐'以'回应'盛世气象，追三代之高的理由"。③ 因此之故，仁宗朝的制礼作乐其实也是当时政界、学界追慕三代的一种反映。

第二，范仲淹的首倡作用。

宋代儒学真正的复兴，也就是所谓宋学的形成，大致是在宋仁宗时期。虽然太祖时也有"我朝以儒立国，故命宰相读书，用儒臣典狱，以文臣知州，卒成一代文明之治"④，但正如学者所指出的，以儒立国思想的出现"最早也应是太宗后期的事"⑤。朱熹在讨论到太宗即位后"不待逾年而遂改元"的问题时说："这是开国之初，一时人材粗疏，理会不得。当时艺祖所以立得许多事，也未有许多秀才说话牵制他。到这般处，

---

① 参见余英时《朱熹的历史世界——宋代士大夫政治文化的研究》上篇第一章"回向'三代'——宋代政治文化的开端"，三联书店2004年版，第184—198页。
② 《四库全书总目》卷三十八《皇祐新乐图记》，中华书局1965年影印本，第320页。
③ 冯志弘：《北宋古文运动的形成》，上海古籍出版社2009年版，第202页。
④ 吕中：《宋大事记讲义》卷三《太祖皇帝·幸太学》，文渊阁四库全书本。
⑤ 邓小南：《祖宗之法：北宋前期政治述略》，三联书店2006年版，第275页。

又忒欠得几个秀才说话。"① 朱子说当时没有"秀才说话",意即当时儒学并未兴盛。

宋代初期,最高统治者对于治国之道的认识还比较混乱。这种局面到了仁宗时期则有了变化。漆侠先生指出:"宋学大体上形成于庆历新政期间,其上限在天圣初年,下限在皇祐、至和之际,前后约四十年。"② 宋代学者提出复兴三代的理想,也是在这个时期。余英时先生引《建炎杂记》载南宋史浩所言"列圣相传,至仁宗而德化隆洽,至于朝廷之上,耻言人遇,故本朝之治独与三代同风"(乙集卷三),指出"复二帝三代"的思想意识也是在仁宗朝兴起的。③ 这说明儒学的复兴、宋学的形成以及他们"回向三代"的政治理想的提出,是同步进行的。在这个过程当中,范仲淹是起了关键作用的一位人物。胡瑗、孙复、石介、李觏、张载等人都与范仲淹有关系。漆侠先生说:"在宋学建立阶段,范仲淹有其不可磨灭的重大作用。范仲淹不仅是庆历新政中的核心人物,而且也是宋学建立阶段的组织者和带头人。"④ 李存山先生也说:"范仲淹实为宋代儒学复兴的第一人。"⑤ 范仲淹在宋代儒学复兴过程中具有关键作用,这个观点已得到学界的普遍承认。

范仲淹是宋初知识界的领袖,因此他的看法便更具代表性与号召力。范仲淹明确主张复兴三代的理想。他说:"致我宋之文,炳焉复三代之英"⑥。又说:

> 今文庠不振,师道久缺,为学者不根乎经籍,从政者罕议乎教化,故文章柔靡,风俗巧伪,选用之际,常患才难。某闻前代盛衰,与文消息。观虞夏之纯,则可见王道之正;观南朝之丽,则知国风之衰。唯圣人质文相救,变而无穷。⑦
>
> 伏望圣慈,与大臣议文章之道,师虞夏之风。况我圣朝千载而

---

① 黎靖德编:《朱子语类》卷一百二十七,第3043页。
② 漆侠:《宋学的发展和演变》,河北人民出版社2002年版,第296页。
③ 余英时:《朱熹的历史世界——宋代士大夫政治文化的研究》上册,第190页。
④ 漆侠:《宋学的发展和演变》,第15页。
⑤ 李存山:《范仲淹与宋代儒学的复兴》,原载《哲学研究》2003年第10期;收入李存山《气论与仁学》,中州古籍出版社2009年版,第373页。
⑥ 范仲淹:《范文正公文集》卷八《南京府学生朱从道名述》,《范仲淹全集》,第152页。
⑦ 范仲淹:《范文正公文集》卷十《上时相议制举书》,《范仲淹全集》,第208页。

会，惜乎不追三代之高，而尚六朝之细。①

范仲淹不仅是宋代儒学复兴的倡导者，同时也是古文运动的倡导者。范仲淹反对当时浮华不实的文章，主张质朴、言之有物的文体。这里引用的两段文字虽然是批评当时的文风，倡导取法三代质朴的文章，但同时也是在呼吁学者根乎六经，取法三代，因为文章关乎风化，"观虞夏之书，足以明帝王之道；览南朝之文，足以知衰靡之化"。② 因此他号召当时的青年学者"大雅君子，当抗心于三代"。③

对于当时的皇帝，范仲淹也寄予厚望，希望帝王能行尧舜之道。范仲淹作有《明堂赋》，文章铺陈了明堂的历史、形制与功能，指出三代以后，"忘礼乐之大本"，"废皇王之大业"。后代实行明堂制，不必在形制上完全取法三代，而是要"适道者与权，忘象者得意"。具体来说，就是王居明堂，"惟克念以作圣，思尧舜之齐名"④，即实行尧舜之道。

宋人姚铉曾评价韩愈说："惟韩吏部超卓群流，独高遂古，以二帝三王为根本，以六经四教为宗师，凭陵轥轹，首唱古文，遏横流于昏垫，辟正道于夷坦，于是柳子厚、李元宾、李翱、皇甫湜又从而和之，则我先圣孔子之道炳焉悬诸日月，故论者以退之之文可继扬孟，斯得之矣。"⑤ 韩愈在首倡古文、复兴儒学方面当然有其不可替代的历史作用，但是姚铉说韩愈"以二帝三王为根本"，明显是以宋人的标准来衡量韩愈。笔者检索了电子版文渊阁四库全书所收韩愈文集当中的"二帝三王"和"三代"这两个宋代儒学的标志性术语，所得结果均为一些简单的历史陈述，如"二帝三王之道""二帝三王之盛""三代旧制""三代之前""三代之后""三代以下""三代之逸礼"等，少有宋人所带有的强烈的价值内涵。从上文的论述来看，在儒学的发展过程中真正以"二帝三王为根本"，还是从宋儒尤其是范仲淹开始的。

---

① 范仲淹：《范文正公文集》卷九《奏上时务书》，《范仲淹全集》，第173页。
② 同上书，第172—173页。
③ 范仲淹：《范文正公文集》卷八《唐异诗序》，《范仲淹全集》，第160—161页。
④ 范仲淹：《范文正公文集》卷一《明堂赋》，《范仲淹全集》，第5—10页，引文见第9页。
⑤ 见吕祖谦《东莱集注观澜文集》甲集卷十九《文粹序》，《吕祖谦全集》第十册，浙江古籍出版社2008年版，第224页。

第三，北宋以儒家为主的知识界提出"复二帝三代"的政治理想，一个主要的动机是超越汉唐。《宋史》卷三《太祖本纪·赞》说：

> 三代而降，考论声明文物之治，道德仁义之风，宋于汉、唐，盖无让焉。

宋在疆土的扩展、武功方面与汉唐相比确有逊色，但宋人却气势豪迈地认为宋在道德学问方面可以超越汉唐。"本朝文物家法，远过汉唐，独用兵差为不及"，"汉唐之乱，或以母后专制，或以权臣擅命，或以诸侯强大，藩镇跋扈，本朝皆无此等，可以见祖宗家法足以维持万世"（《宋史全文》卷二十六上，文渊阁四库全书本）。这段话虽然是南宋孝宗年间臣子所说，但认为本朝文物制度远超汉唐，则是宋代学界、政界普遍的看法。如孙复说："宋有天下八十余祀，四圣承承，庞鸿赫奕，逾唐而跨汉者远矣，主上思复虞夏商周之治道于圣世也"（《孙明复小集·寄范天章书二》，文渊阁四库全书本）。石介写有《文中子》诗二首，其第二首曰："独将礼乐付程仇，房杜无才阐大猷。可惜唐家三百载，声明文物愧宗周。"[1]"吾知夫三代、两汉之风，追还在于朝夕矣。区区李唐，岂足称举哉？"[2]"跨逾李唐万万"[3]，"跨唐而逾汉，驾商、周而登虞、夏"[4]，反映出当时学者的豪迈之情。

宋代学者认为本朝可以超越汉唐的一个主要原因是三代以下的历史发展背离了儒家王道的指导原则，是霸道，驳杂且不纯粹。李觏说："三代王而粹，汉唐王而驳者也。"[5]程明道也说："三代之治，顺理者也。两汉以下，皆把持天下者也。"[6] 又《遗书》有："先王之世，以道治天下；后世只是以法把持天下。"[7] 二者对照，当为明道之语。又说：

---

[1] 石介：《徂徕石先生文集》卷四《文中子二首》，中华书局1984年版，第56页。
[2] 石介：《徂徕石先生文集》卷十五《与君贶学士书》，第181页。
[3] 石介：《徂徕石先生文集》卷十五《上孙先生书》，第182页。
[4] 石介：《徂徕石先生文集》卷十八《三朝圣政录序》，版209页。
[5] 李觏：《常语下》，《李觏集》卷三十四，中华书局2011年版，第392页。
[6] 《河南程氏遗书》卷十一，《二程集》，第127页。
[7] 《河南程氏遗书》卷一，《二程集》，第4页。

汉唐之君，有可称者，论其人则非先王之学，考其时则皆驳杂之政，乃以一曲之见，幸致小康，其创法垂统，非可继于后世者，皆不足为也。①

伊川说：

（天下大中之道）圣人性之为圣人，贤者由之为贤者，尧、舜用之为尧、舜，仲尼述之为仲尼。其为道也至大，其行之也至易，三代以上，莫不由之。自秦而下，衰而不振；魏、晋之属，去之远甚；汉、唐小康，行之不醇。②

宋代学者有时也对汉唐的文治武功有羡慕之辞，如范仲淹说："至于唐家，中外建学，文物之盛，三代比隆。国家徇铎敷文，舞干布化。四方庠序，比比而兴；万国英翘，拳拳以劝。"③但是，他们更多时候是对汉唐的鄙薄。而且在宋代的学者看来，即使追慕汉唐也是为了超越汉唐。仁宗时期，学者们更加重视反思唐由盛而衰的历史。石介说："前车覆，后车戒。前事之失，后事之鉴"，他鉴于唐代历史上的女后、奸臣、宦官祸乱国政而作《唐鉴》五卷。④欧阳修在评论唐僖宗时说：

唐自穆宗以来八世，而为宦官所立者七君。然则唐之衰亡，岂止方镇之患？盖朝廷天下之本也，人君者朝廷之本也，始即位者人君之本也。其本始不正，欲以正天下，其可得乎？（《新唐书》卷九《僖宗皇帝纪》）

范祖禹《唐鉴》书中也指出：

昔三代之君，莫不修身齐家以正天下，而唐之人主起兵而诛其亲

---

① 《河南程氏文集》卷一《论王霸劄子》，《二程集》，第451页。
② 《河南程氏文集》卷五《上仁宗皇帝书》，《二程集》，第510—511页。
③ 范仲淹：《范文正公文集》卷十六《代胡侍郎奏乞余杭州学名额表》，《范仲淹全集》，第351页。
④ 参见石介《徂徕石先生文集》卷十八《唐鉴序》，第210—211页。

者，谓之"定内难"，逼父而夺其位者，谓之"受内禅"，此其闺门无法，不足以正天下，乱之大者也。其治安之久者，不过数十年，或变生于内，或乱作于外，未有内外无患承平百年者也。（《唐鉴》卷二十四，文渊阁四库全书本）

范祖禹认为，唐享国近三百年，这是自汉朝以来最为长久的，"然三纲不立，无父子君臣之义，见利而动，不顾其亲，是以上无教化，下无廉耻。古之王者必正身、齐家，以率天下。其身不正，未有能正人者也。唐之父子不正而欲以正万事，难矣"（《唐鉴》卷十一）。这是宋代学者批评唐代的典型论调，认为唐既不能齐家，何论治理天下。范祖禹的这个看法其实来源于程颐。《程氏外书》记载：

> 范淳夫尝与伊川论唐事，及为《唐鉴》，尽用先生之论。先生谓门人曰："淳夫乃能相信如此。"①

程颐批评唐代"虽号治平，然亦有夷狄之风，三纲不正，无父子君臣夫妇"，"君不君，臣不臣，故藩镇不宾，权臣跋扈"②。又苏轼也说：

> 唐有天下，如贞观、开元间，虽号治平，然亦有夷狄之风。三纲不正，无父子、君臣、夫妇，其原始于太宗也。故其后世子孙，皆不可使。③

宋儒批评唐代三纲不振，不能实现儒家修齐治平的理想，因此在儒学的发展史上汉唐基本没有太大的价值。程颐在《明道先生墓表》中称："周公没，圣人之道不行；孟轲死，圣人之学不传。道不行，百世无善治；学不传，千载无真儒。……先生生千四百年之后，得不传之学于遗经。"④ 这当然是从宋儒建构出来的道统的角度称赞程颢接续道统的功绩，但同时也可以看出，此前学者们提出的在儒家道统流传的过程中起到传递

---

① 《河南程氏外书》卷十一，《二程集》，第416页。
② 《河南程氏遗书》卷十八，《二程集》，第236页。
③ 苏轼：《历代世变》，《苏轼文集》卷六十五，中华书局1986年版，第2040页。
④ 《河南程氏文集》卷十一，《二程集》，第640页。

作用的董仲舒、扬雄、王通等人在这里都被一笔勾销了。二程认为："汉儒如毛苌、董仲舒，最得圣贤之意，然见道不甚分明。下此，即至扬雄，规模狭窄。"① 对于古文运动的首领韩愈，他也说："学本是修德，有德然后有言，退之却是倒学了。"② 至于汉唐学术的主体训诂章句之学，一开始就受到宋代学者的鄙薄，这也是学界所熟知的。

程颐曾说：

> 尝观自三代而后，本朝有超越古今者五事：如百年无内乱；四圣百年；受命之日，市不易肆；百年未尝诛杀大臣；至诚以待夷狄。此皆大抵以忠厚廉耻为之纲纪，故能如此，盖睿主开基，规模自别。③

邵雍也有类似的说法。邵伯温《闻见录》记载：

> 康节先公谓本朝五事，自唐虞而下所未有者：一，革命之日，市不易肆。二，克服天下在即位后。三，未尝杀一无罪。四，百年方四叶。五，百年无心腹患。④

从程颐和邵雍所总结的这几点来看，宋代确实超越了汉唐，而可以直接承续三代了。这正是宋人的理想与志向。

第四，宋代学者追慕三代的理想并非是完全的复古，而是法其意，效法其精神实质。

程颢曾说："二帝、三王不无随时因革，踵事增损之制……盖无古今，无治乱，如生民之理有穷，则圣王之法可改。后世能尽其道则大治，或用其偏则小康，此历代彰灼著明之效也。苟或徒知泥古，而不能施之于今，姑欲循名而遂废其实，此则陋儒之见，何足以论治道哉！"⑤ 儒家的三代理想更多体现在《周礼》等礼书当中，但二程认为，对于历史上流传下来的礼书也不必字句遵循，因为传世的礼书"皆掇拾秦火之余，汉

---

① 《河南程氏遗书》卷一，《二程集》，第7页。
② 《河南程氏遗书》卷十八，《二程集》，第232页。
③ 《河南程氏遗书》卷十五，《二程集》，第159页。
④ 邵伯温：《邵氏闻见录》卷十八，中华书局1983年版，第196页。
⑤ 《河南程氏遗书》卷一《论十事札子》，《二程集》，第452页。

儒所傅会者多矣，而欲句为之解，字为之训，固已不可，又况——追故迹而行之乎？"① 二程主张，取法三代应"得圣人之意而不胶其迹，迹者圣人因一时之利而利焉者耳"②。

王安石于嘉祐三年（1058）《上仁宗皇帝言事书》中说：

> 夫二帝三王，相去千有余载，一治一乱，其盛衰之时具矣。其所遭之变，所遇之势，亦各不同，其施设之方亦皆殊。而其为天下国家之意，本末先后，未尝不同也。臣故曰：当法其意而已。（《临川先生文集》卷三十九）

朱熹也说："古礼，于今实是难行。……窃谓后世有大圣人者作，与他整理一过，令人苏醒，必不一一如古人之繁，但放古人大意，简而易行耳。"③ 又说："古礼繁缛，后人于礼日益疏略。然居今而欲行古礼，亦恐情文不相称，不若只就今人所行礼中删修，令有节文、制数、等威足矣。古乐亦难遽复，且于今乐中去其噍杀促数之音，并考其律吕，令得其正；更令掌词命之官制撰乐章，其间略述教化训戒及宾主相与之情，及如人主待臣下恩意之类，令人歌之，亦足以养人心之和平。"④

从这些言论可见，宋代的儒家学者们都认为，效法三代而又不必字句计较，这就为继承与创新打开了理论空间。

综上所述，从中唐时期韩愈的"古"到宋初学者普遍的"三代"情怀，儒学复兴的目标与理想更加明确了。这是《周礼》在宋代儒学史上得以打开其内涵与价值的思想背景。

二 《周礼》在北宋儒学发展过程中的意义

上文曾引朱子的话，说明"欲复二帝三代"是宋初以来学界、政界的共同愿望。朱熹在说到宋初儒学的发展时又指出：

> 如二程未出时，便有胡安定、孙泰山、石徂徕，他们说经虽是甚

---

① 《河南程氏粹言》卷一，《二程集》，第1206页。
② 同上书，第1217页。
③ 黎靖德编：《朱子语类》卷九十，第2313页。
④ 黎靖德编：《朱子语类》卷八十四，第2177页。

有疏略处，观其推明治道，直是凛凛然可畏。①

朱子前后这两段话的意思是一致的。"欲复二帝三代"和"推明治道"其实是一事的两个方面。宋代儒学的发展是以"复二帝三代"的理想开始的，而《周礼》据传为周公致太平之书，是"二帝三代"时期最为重要的经典，也是最适合"推明治道"的，因此它在宋代儒学的发展过程中自然受到重视。

儒学的本质是人文主义的。宋代儒学的主要特征是义理学。所谓"义理"，其实也是理性主义高度发达的含义，这时的学者们对儒家的经典并不一味盲从，而是从理性的角度作重新的审视和认识。因此，宋代的义理学是从对经典的怀疑开始的。本来，"怀疑"就是思想的本质特征。只有批判的怀疑精神才能真正推进思想的发展。学者们在研究宋代儒学发展的时候，都将宋初的疑经思潮作为义理学兴起与道学产生的先导。这里所谓的"先导"，不仅仅是时间意义上的历史先后顺序，更是逻辑意义上的因果关系。只有对经典的批判怀疑才能将思想从经学的迷信中解放出来，真正推动经学与儒学的发展。在北宋初期疑经惑传的思潮中，也有一些学者对《周礼》提出质疑。司马光说："新进后生，未之臧否，口传耳剽，翕然成风。……读《礼》未知篇数，已谓《周官》为战国之书。"②王应麟《困学纪闻》引陆游之言曰："唐及国初，学者不敢议孔安国、郑康成，况圣人乎？自庆历后，诸儒发明经旨，非前人所及，然排《系辞》，毁《周礼》，疑《孟子》，讥《书》之《胤征》、《顾命》，黜《诗》之《序》。不难于议经，况传注乎？"③这两段材料为人所熟知，而且非常形象地刻画出宋初自庆历以来的青年学子们大胆怀疑、意气风发的精神风貌。宋初疑经风气盛行，其中就有欧阳修、苏轼、苏辙等人对《周礼》的怀疑。正如中国台湾经学史研究专家林庆彰先生所说的："宋人怀疑的动机，是要彻底否定汉儒传经的贡献，而将传承圣人之道视为己任，以建立其新的学术传统。"④这是就宋儒疑经的一般而言的。更进一步说，宋

---

① 黎靖德编：《朱子语类》卷八十三，第2174页。
② 司马光：《温国文正公文集》卷四十五《论风俗劄子》，中国基本古籍库收"四部丛刊景宋绍兴本"。
③ 王应麟：《困学纪闻》卷八《经说》，上海古籍出版社2008年版，第1095页。
④ 林庆彰：《清初的群经辨伪学》，华东师范大学出版社2011年版，第24页。

代学者的"毁《周礼》",并不是要彻底否定《周礼》,而是要对《周礼》作理性的审查,去伪存真,尤其是去掉汉儒对《周礼》的附会,由此才可以更好地突显《周礼》的价值。

欧阳修《问进士策三首》中对《周礼》提出质疑。他指出,《周礼》虽然后出,但内容详备,"周之治迹所以比二代而尤详见于后世者,《周礼》著之故也"。但是汉代就有人认为《周礼》为"渎乱不验之书",或为"六国阴谋之书"。欧阳修指出:

> 然今考之,实有可疑者。夫内设公卿、大夫、士,下至府史、胥徒,以相副贰;外分九服、建五等、差尊卑以相统理,此《周礼》之大略也。而六官之属略见于经者五万余人,而里闾县鄙之长、军师卒伍之徒不与焉。王畿千里之地,为田几井,容民几家?王官、王族之国邑几数?民之贡赋几何?而又容五万人者于其间,其人耕而赋乎?如其不耕而赋,则何以给之?夫为治者,故若是之烦乎?此其一可疑者。秦既诽古,尽去古制。自秦汉以后,帝王称号,官府制度,皆袭秦故,以至于今虽有因有革,然大抵皆秦制也。未尝有意于《周礼》者,岂其体大而难行乎,其果不可行乎?夫立法垂制,将以遗后也,使难行而万世莫能行,与不可行等尔。然则反秦制之不若也,脱有行者,亦莫能兴,或因以取乱,王莽后周是也,则其不可用决矣。此又可疑也。然其祭祀、衣服、车旗似有可采者,岂所谓郁郁之文乎?①

欧阳修认为《周礼》可疑的地方有二:一是官职太多,恐与当时的社会、政治发展不符,二是《周礼》的规定在后世难以实行。针对《周礼》,欧阳修对当时的学子提出问题:"三代之治,其要如何?《周礼》之经,其失安在?"此策问是在仁宗嘉祐二年,程颢、张载、朱光庭、苏轼、苏辙、曾巩皆以是科及第。

综观欧阳修对《周礼》的看法,他主要认为《周礼》的规定过于繁复,难以实行。他说:"说者谓周用此以致太平。岂朝廷礼乐文物,万民富庶岂弟,必如是之勤且详,然后可以致之欤?后世苟简,不能备举,故

---

① 欧阳修:《居士集》卷四十八《问进士策三首》,《欧阳修全集》卷四十八,第674页。

其未能及于三代之盛欤？然为治者果若是之劳乎？用之于今，果安焉而不倦乎？"① 又说："今之所谓《周礼》者，不完之书也。其礼乐制度，盖有周之大法焉，至其考之于事，则繁杂而难行者多。故自汉兴，六经复出，而《周礼》独不为诸儒所取，至以为黩乱不验之书。"② 欧阳修的看法在当时的学术界影响很大，王安石就曾指出："如欧阳修文章于今诚为卓然，然不知经，不识义理，非《周礼》，毁《系辞》，中间学士为其所误几至大坏。"③ 王安石对欧阳修评价不高，并指出欧阳修怀疑《周礼》所产生的负面影响，这里其实也有王安石尊崇《周礼》，王安石与欧阳修政见不合等其他因素，并不完全是纯粹的学术的评价。实事求是地说，欧阳修的经学见解，例如对《易》《诗》《春秋》以及《周礼》的看法，还是有学术贡献的。钱穆先生就曾指出："庐陵论学，首宜大书特书者，厥为其对于经学之见解。"④ 漆侠先生也认为："欧阳修对经学大胆怀疑，成为开风气之先的一代学者，对宋学建立起了重要作用。"⑤ 欧阳修在经学上的贡献是得到学者一致认可的。从欧阳修对《周礼》的指摘中可知，他对《周礼》一书提出诸多质疑，而这种质疑的根本目的还是为了更好地理解"三代之治"。

与欧阳修同时的苏轼认为，《周礼》既有圣人之制，也有后人增添的文字。"先儒或以《周礼》为战国阴谋之书，亦有以也。"⑥ "《周礼》之言田赋、夫家、车徒之数，圣王之制也；其言五等之君，封国之大小，非圣人之制也，战国所增之文也。"苏轼怀疑《周礼·大司徒》"凡建邦国，以土圭土其地而制其域"的封国数量，他通过与《礼记·王制》和《孟子》的比较，认为《王制》和《孟子》是"三代之通法"，从而否定了《周礼》的说法。对此苏轼有详细的说明：

> 公侯百里，伯七十里，子男五十里，自《孟子》、《王制》皆云

---

① 欧阳修：《居士集》卷四十八《南省试进士策问三首》，《欧阳修全集》卷四十八，第678页。
② 欧阳修：《居士外集》卷十一《问》，《欧阳修全集》卷六十一，第897页。
③ 《续资治通鉴长编》卷二百一十一熙宁三年，中华书局2004年版，第5135页。
④ 钱穆：《〈庐陵学案〉别录》，《中国学术思想史论丛》（五），三联书店2009年版，第15页。
⑤ 漆侠：《宋学的发展和演变》，第199页。
⑥ 苏轼：《天子六军之制》，《苏轼文集》卷七，第222页。

尔,此周制也,郑子产言"列国一同,今大国数圻,若无侵小,何以至焉?"(见《左传·襄公二十五年》——引者)而《周礼》乃曰公之地五百里,侯四百里,伯三百里,子二百里,男百里,凡五等,《礼》曰"封周公于曲阜,地方七百里",皆妄也。先儒以谓周衰,诸侯相并,自以国过大违礼,乃除灭旧文而为此说。独郑玄之徒以谓周初因商三等,其后周公攘戎狄,斥广中国,大封诸侯。夫攘戎斥地能拓边耳,自荒服以内,诸侯固自如也。周公得地于边而增封于内,非动移诸侯,迁其城郭庙社,安能增封乎?知玄之妄也。而近岁学者必欲实《周礼》之言,则为之说曰"公之地百里而已,五百里者并附庸言之",夫以五百里之地公居其一,而附庸居其四,岂有此理哉?予专以《书》、《孟子》、《王制》及郑子产之言考之,知《周礼》非圣人之全书明矣。①

苏轼这里从封国面积的大小来怀疑《周礼》的分封,有一定的道理,后来很多学者也多从此来立论。但这里需要指出的是,苏轼认为"《周礼》非圣人之全书",还有其他的思想原因。苏轼曾作《周公论》,认为"周公未尝践天子之位而称王也","故凡以文王、周公为称王者皆过也,是资后世之篡君而为之藉也"②。苏轼否认文王称王、周公践阼之说,因此对《周礼》的大分封感到不满,也对郑玄解释周公分封之说大加批驳。他认为分封规模较小的《孟子》和《王制》才是"周制"。这是苏轼尊王思想的体现。③

苏辙的看法与苏轼相近。苏辙《历代论·周公》指出:

言周公之所以治周者,莫详于《周礼》,然以吾观之,秦汉诸儒以意损益之者众矣,非周公之完书也。

何以言之?周之西都,今之关中也,其东都,今之洛阳也。二都居北山之阳,南山之阴。其地东西长,南北短,短长相补,不过千里,古今一也。而《周礼》王畿之大,四方相距千里,如画棋局,

---

① 《东坡书传》卷九,中国基本古籍库收明刻本。
② 苏轼:《周公论》,《苏轼文集》卷三,第86页。
③ 这一点杨新勋《宋代疑经研究》也有所说明,参见杨新勋《宋代疑经研究》,中华书局2007年版,第118页。

近郊远郊，甸地稍地，大都小都，相距皆百里。千里之方地，实无所容之，故其畿内远近诸法，类皆空言耳。此《周礼》之不可信者一也。

《书》称武王克商而反商政，列爵惟五，分土惟三，故孟子曰："天子之制，地方千里，公、侯百里，伯七十里，子、男五十里。不能五十里，不达于天子，附于诸侯，曰附庸。"郑子产亦云古之言封建者盖若是。而《周礼》诸公之地方五百里，诸侯四百里，诸伯三百里，诸子二百里，诸男百里，与古说异。……《传》有之曰："方里而井，十井为乘，故十里之邑而百乘，百里之国而千乘，千里之国而万乘，古之道也。"不然，百乘之家为方百里，万乘之国为方数圻矣，古无是也。《语》曰："千乘之国，摄乎大国之间"，千乘虽古之大国，而于衰周为小，然孔子犹曰："安见方六七十，如五六十，而非邦也者？"然则虽衰周，列国之强家，犹有不及五十里者矣。韩氏、羊舌氏，晋大夫也。其家赋九县，长毂九百。其余四十县，遗守四千，谓一县而百乘则可，谓一县而百里则不可。此《周礼》之不可信者二也。

王畿之内，公邑为井田，乡遂为沟洫。此二者，一夫而受田百亩，五口而一夫为役，百亩而税之十一，举无异也。然而井田自一井而上，至于一同而方百里。其所以通水之利者，沟、洫、浍三。沟、洫之制，至于万夫方三十二里有半，其所以通水之利者，遂、沟、洫、浍、川五。利害同而法制异，为地少而用力博，此亦有国者之所不为也。楚蔿掩为司马，町原防，井衍沃。盖平川广泽，可以为井者井之；原埠堤防之间狭，不可井则町之（杜预以町为小顷町）。皆因地以制广狭、多少之异，井田、沟洫盖亦然耳。非公邑必为井田而乡遂必为沟洫，此《周礼》之不可信者三也。

三者既不可信，则凡《周礼》之诡异远于人情者，皆不足信也。古之圣人因事立法以便人者有矣，未有立法以强人者也。立法以强人，此迂儒之所以乱天下也。①

---

① 苏辙：《栾城后集》卷七《历代论一》，《栾城集》，上海古籍出版社2009年版，第1215—1217页。

苏辙这是从三个方面证明《周礼》不可信。第一，从地理空间上来说，《周礼》规划的周之王畿（即今关中与洛阳地区）面积与现实不合；第二，《周礼》五等爵的封地面积与《孟子》等其他古籍记载不符；第三，《周礼》规划的井田制以及沟洫等不合理，与实际不符。

宋初的疑经风气是宋学形成的一个必要环节，也是儒学理性主义精神的重要表现。如前引王应麟所言，庆历以来学者排《系辞》，毁《周礼》，疑《孟子》，讥《书》黜《诗》，欧阳修、李觏、司马光、苏轼等人对儒家经典中一些明显的矛盾、时代错误等，都提出质疑，这是学术发展的必然结果。朱熹曾指出：

> 义理大本复明于世，固自周、程，然先此诸儒亦多有助。旧来儒者不越注疏而已，至永叔、原父、孙明复诸公，始自出议论，如李泰伯文字亦自好。此是运数将开，理义渐欲复明于世故也。①

这虽然是朱子就欧阳修的《诗本义》而言的，但是也说出了宋代儒学发展过程中的一个普遍性的现象。超越汉唐注疏，甚至直指经典文本本身的问题，才可以"自出议论"。因此，疑经惑传并非是对经典本身的否定，而是自由理性的精神对经典的更加深入的探讨。这样看来，即使是对《周礼》提出某些质疑，"毁《周礼》"，这在宋代儒学的整体发展进程中也是有积极意义的。

欧阳修、苏轼等人对《周礼》提出质疑，除了学术本身的因素之外，社会政治背景是一个不可忽视的原因。王安石尊崇《周礼》，藉《周礼》而实行新法，导致了士人群体的分裂。一些儒家士大夫由于反对新法，与王安石政见不合，从而对王安石尊崇的经典产生怀疑。钱穆先生说："庐陵独深不喜迂今媚古之见。凡其致疑于《周礼》者，盖有感于时论而发"②，欧阳修怀疑《周礼》已经就有了针砭时弊的用意，而苏轼、苏辙对《周礼》全面质疑，则显然是针对王安石的《周官新义》而发的。这是他们怀疑以至于反对《周礼》的主要原因。就学术层面来看，他们主要是针对《周礼》书中所设计的制度过于整齐划一，与其他经典记载的

---

① 黎靖德编：《朱子语类》卷八十，第2089页。
② 钱穆：《〈庐陵学案〉别录》，《中国学术思想史论丛》（五），第18页。

古史与古礼不符，并由此推断《周礼》并非周公之书。其实，对于《周礼》来说，这样的看法并不值得惊讶。从《周礼》在汉代出现之日起，指出《周礼》为"六国阴谋之书""末世渎乱不验之书"的疑问就一直伴随着《周礼》，但是这种怀疑也并没有影响《周礼》成为三《礼》之首、取得礼学大宗的地位。就宋代来说，大多数学者还是相信《周礼》是周公所作。刘敞是宋初疑经改经的典型代表，他曾指出《周礼》当中有许多错误，如"'诛以驭其过'当作'诛以驭其祸'，'士田贾田'当作'工田贾田'，九籔五曰'巫易'当作'巫阳'"。① 但他依然认为"《周礼》虽非仲尼所论著，然制度粗存焉，盖周公之旧也"（《春秋权衡》卷九，摛藻堂四库全书荟要本）。石介也认为《周礼》为"周公制作"，为"王制之本"。②

李觏是这一时期最为重视《周礼》的学者。李觏"学通五经，尤长于《礼》"③。礼在李觏的思想当中占据核心位置，李觏在北宋思想史上也以重礼而著名。他在《周礼致太平论》的序中，开篇就说：

> 觏窃观《六典》之文，其用心至悉，如天焉有象者在，如地焉有形者载。非古聪明睿智，谁能及此？其曰周公致太平者，信矣。④

李觏批驳了林硕、何休这些"鄙儒俗士"的偏见，肯定了《周礼》出于周公，是周公致太平的大典。稍后的张载也有类似的看法。张载是道学中气学一派的代表人物，同时也是关中醇儒，非常重视礼学，而且对礼学也有精深的识见。就《周礼》来说，张载认为，《周礼》书中有一些明显与周代史实不符的地方，但总体来看依然是西周时代的经典。他指出：

> 《周礼》是的当之书，然其间必有末世添入者，如盟诅之属，必非周公之意。盖盟诅起于王法不行，人无所取直，故要之于神，所谓"国将亡，听于神"，盖人屈抑无所伸故也。如深山之人多信巫祝，盖山僻罕及，多为强有力者所制，其人屈而不伸，必咒诅于神，其间

---

① 《四库全书总目提要》卷三十三《七经小传提要》，第270页。
② 石介：《徂徕石先生文集》卷七《二大典》，第77页。
③ 《李觏外集》卷三《建昌府重修李泰伯先生墓记》，见《李觏集》，第517页。
④ 李觏：《周礼致太平论》，《李觏集》卷五，第70页。

又有偶遭祸者，遂指以为果得伸于神。如战国诸侯盟诅，亦为上无王法。今山中人凡有疾者，专使巫者视之，且十人间有五人自安，此皆为神之力，如《周礼》言十失四已为下医，则十人自有五人自安之理。则盟诅决非周公之意，亦不可以此病周公之法，又不可以此病《周礼》。①

张载以民间习俗以及《周礼·医师》和《诗经·大雅·荡》为据，认为《周礼》书中虽然有一部分后人加入者，如"盟诅"即战国时事，但从整体上不能否认《周礼》是西周的皇皇大典。②

二程关于《周礼》的看法与张载相似，他们虽然也认为"《周礼》不全是周公之礼法，亦有后世随时添入者，亦有汉儒撰入者"③，但还是基本肯定《周礼》是"周公致太平之法"：

问："《周礼》之书又讹缺否？"曰："甚多。周公致治之大法，亦在其中，须知道者观之，可决是非也。"④

《周礼》之书多讹阙，然周公致太平之法亦存焉，在学者审其是非而去取之尔。⑤

二程又说："三代之后，有志之士，欲复先王之治而不能者，皆由法典不备。故法典尚存，有人举而行之，无难矣。"⑥ 他们看来，《周礼》其实就是三代的"法典"。

由此可见，宋代学者本着理性主义的态度，虽然对《周礼》书中的部分内容提出怀疑，但是从总体上大都还是依然肯定了《周礼》为周公所作，是西周时期的经典。这个判断在传统的思想脉络中当然是有充足的依据的。《左传·文公十八年》记载鲁国大史克之言曰："先君周公制周

---

① 张载：《经学理窟·周礼》，《张载集》，中华书局1978年版，第248页。
② 其实，若从史实而论，先秦文献如《诗经》《左传》等都提到盟诅，应该是起源较早的。张载的判定与古史不符。杨新勋《宋代疑经研究》也指出这一点，参看该书第136页。
③ 《河南程氏外书》卷十，《二程集》，第404页。
④ 《河南程氏遗书》卷十八，《二程集》，第230页。
⑤ 《河南程氏粹言》卷一，《二程集》，第1201页。
⑥ 《河南程氏外书》卷十一，《二程集》，第418页。

礼",《礼记·明堂位》也说，武王崩，成王即位，因为年幼，周公代行天子之事，"六年，朝诸侯于明堂，制礼作乐，颁度量，而天下大服"。《逸周书·明堂解》也有类似的记载。司马迁在《史记·周本纪》中说，周公"作《周官》。兴正礼乐，度制于是改，而民和睦，颂声兴"。汉代的《尚书大传》有更详细的记载："周公摄政，一年救乱，二年克殷，三年践奄，四年建侯卫，五年营成周，六年制礼作乐，七年致政成王。"① 这些关于周公"制礼作乐"的越来越详细的记载，虽然近代以来的学者基本认为是后人的假托之辞，但在古代却是周公制礼作乐、作《周礼》的明证。宋代以李觏、张载、二程等为代表的一批学者认为周公作《周礼》，至少在文献上有着充足的依据。在他们看来，《周礼》在相当程度上也就是周礼，是西周礼乐制度的总汇和代表，这不但是回应了欧阳修等人对《周礼》的诸多质疑，而且再次确认了儒学的立场。

另外，即使现代学者认为《周礼》为后代学者所作，不是周礼的实录，但是，据西周金文和其他资料的研究，依然认为《周礼》在创作的过程中也参照了许多周代的官职实况，保存了相当多的西周制度。② 对于《周礼》，无论如何也是不能轻易否定的。

《周礼》规划的是一个理想化的国家体制。它以国家为主体，设计出一整套繁复的礼仪制度、政治制度、官制、经济制度、社会制度、教育制度，以及城郭宫室舆服之制，无不包括。但是，就其大者来说，它主要还是以社会政治制度为主体。

《周礼》是儒家理想国家模式的设计，其中虽然有理想化的成分，同时也加入了很多后世制度，但其主体内容，还是与西周制度大体相当的。王国维说："欲观周之所以定天下，必自其制度始矣。周人制度之大异于商者，一曰立子立嫡之制，由是而生宗法及丧服之制，并由是而有封建子弟之制，君天子臣诸侯之制。二曰庙数之制。三曰同姓不婚之制。此数者，皆周之所以纲纪天下。其旨则在纳上下于道德，而合天子诸侯卿大夫士庶民以成一道德之团体。周公制作之本意，实在于此。"③ 王国维认为，夏、商二代的制度基本相同，而周人的制度则与前代不同。王国维的这个

---

① 刘恕：《资治通鉴外纪》卷三引。
② 参见张亚初、刘雨《西周金文官制研究》，中华书局1986年版；刘起釪：《〈周礼〉真伪之争及其书写成的真实依据》，《古史续辨》，中国社会科学出版社1991年版。
③ 王国维：《观堂集林》卷十《殷周制度论》，中华书局1959年版，第453—454页。

看法，是建立在坚实的古史研究基础之上的。通过近几十年的研究，王国维这里提出的一些具体看法，已经得到修正，如商末已有立嫡之制，已为众多学者接受和认可，但是，"尽管如此，王国维的上述论点在总体上仍然是站得住脚的，因为这些论点中最核心和最重要的部分基本上是符合实际的"[①]。王国维这里所说的周人异于商人的三项主要制度，其实也就是周的礼制。在这三项制度之中，以立嫡之制为根本。以周公为首的周代统治者认为，商未能建立立嫡的王位继承制，这是商代内乱不止的主要原因。为了保持周王朝的长治久安，必须保证权力继承的确定不变，这种制度只能是王位立嫡制。

嫡长子王位继承制的确立又导致了宗法制、封建制、等级制的确立。这是周代礼制的主要内容。而这些制度就是贯穿《周礼》书中的指导思想。

宋代学者承认《周礼》的价值，肯定《周礼》为周公致太平之法，其实肯定的也就是这些西周时期的制度。北宋儒学的复兴，是以"回到三代"为旗帜的，这个主张并不是一个空洞的口号，而是有着具体的历史内涵。儒学的复兴同时也是一个制度重建的过程。当时的儒家学者重视《周礼》，不仅是因为《周礼》是三代礼乐的象征，更为主要的，是因为《周礼》书中所蕴含的制度以及国家模式设计，在某些方面契合了北宋时期的历史实际。当时学者所看重《周礼》的，也正是希望《周礼》书中的一些制度能够解决儒家学者对现实的忧虑与不满。

三 《周礼》与"推明治道"

北宋的建国虽然是以"和平"的方式实现了改朝换代，但建国后百余年间，社会政治、经济矛盾不断深化，这也刺激了以儒家士大夫为主的士人不断呼吁、主张改革。早在庆历年间，当时的学界首领范仲淹在著名的《答手诏条陈十事》中就指出："臣闻历代之政，久皆有弊。弊而不救，祸乱必生。……我国家革五代之乱，富有四海，垂八十年，纲纪制度，日削月侵，官壅于下，民困于外，夷狄骄盛，寇盗横炽，不可不更张以救之。"[②] 程颐在皇祐二年（1050）《上仁宗皇帝书》中说："不识陛下

[①] 参见沈长云《论殷周之际的社会变革》，《历史研究》1997年第6期。
[②] 范仲淹：《范文正公政府奏议》卷上，《范仲淹全集》，第473—474页。

以今天下为安乎？危乎？治乎？乱乎？乌可知危乱而不思救之之道！如曰安且治矣，则臣请明其未然。方今之势，诚何异于抱火厝之积薪之下而寝其上，火未及然，因谓之安乎？"① 程颐指出，当时"强敌乘隙于外，奸雄生心于内"，如不即时更张，则北宋政权有"土崩瓦解之势"②。这不是危言耸听，吓唬皇帝，而是年轻的程颐对社会危机的深切忧虑。

由上引范仲淹和程颐的话中我们可以看出，当时具有强烈社会关怀的儒家学者对北宋建国以来承平百年所积累的种种社会弊端忧心忡忡，痛感需要变革。北宋儒学复兴是在北宋中期以来这样特定的历史环境中展开的，因此通经致用便成为儒学发展的重要走向。《宋元学案》将胡瑗列于首位，虽然从宋代儒学的整体发展来看这种定位并不准确，但这也从一定程度上反映出胡瑗对于宋代儒学发展起到了一些引导作用。胡瑗在教学实践中首先开创了"经义""治事"二斋，所谓"经义"就是"选择其心性疏通、有器局、可任大事者，使之讲明《六经》"，所谓"治事"就是"一人各治一事，又兼摄一事，如治民以安其生，讲武以御其寇，堰水以利田，算历以明数"等诸种实用技能。③ 胡瑗还提倡"明体达用"之学。"君臣父子，仁义礼乐，历世不可变者，其体也"，"举而措之天下，能润泽斯民，归于皇极者，其用也"④。所谓"体用"，其实正是儒学的完整的体现。胡瑗的这种教学方法得到普遍的认可，并于庆历年间"著令于太学"。胡瑗对于儒学的这种理解与实践，对于北宋儒学的发展起到了非常好的示范作用，使学者一开始就理论与实践并重，体用兼备，走上了通经以致用的道路，这对于北宋儒学的整体走向，产生了积极的影响。

二程说过这样一段话：

> 《诗》、《书》、《易》言圣人之道备矣，何以复作《春秋》？盖《春秋》圣人之用也。《诗》、《书》、《易》如律，《春秋》如断案；《诗》、《书》、《易》如药方，《春秋》如治法。⑤
>
> 夫子删《诗》，赞《易》，叙《书》，皆是载圣人之道，然未见

---

① 《河南程氏文集》卷五，《二程集》，第511页。
② 同上书，第511—512页。
③ 《宋元学案》卷一《安定学案》，中华书局1986年版，第24页。
④ 同上书，第25页。
⑤ 《河南程氏外书》卷九，《二程集》，第401页。

圣人之用，故作《春秋》。《春秋》，圣人之用也。如曰："知我者，其惟《春秋》乎！罪我者，其惟《春秋》乎！"便是圣人用处。①

二程在这里说的是儒家经典的不同性质。其实，他们的意思与胡瑗在教学实践中总结出来的"明体达用"是相通的。在二程看来，圣人之道有体有用。《诗》《书》《易》为体，《春秋》为用。他们没有提到《周礼》，其实按照他们的思路，《周礼》与《春秋》一样，都属于"用"，是圣人治理国家社会的体现。实际上，这种思想石介也曾经明确地说过。石介说："《周礼》明王制，《春秋》明王道，可谓尽矣。执二大典以兴尧、舜、三代之治，如运诸掌。"② 石介的看法代表了儒家学者普遍的看法。《周礼》是儒家王道理想的体现，正因为如此，在北宋儒学的复兴过程中，学者普遍重视《周礼》。张载说："学得《周礼》，他日有为却做得些实事。"③ 依《周礼》做"实事"，是当时儒家学者普遍的一种看法和共同的愿望。其中最为著名的首推李觏。

李觏的学问长于礼，他一生的著述也以关于礼者居多。其中包括：《礼论》七篇，著于宋仁宗明道元年（1032）。他在《礼论序》中说：

予幼而好古，诵味经籍，窥测教意，然卒未能语其纲条。至于今兹年二十四，思之熟矣。比因多病，退伏庐下，身无他役，得近纸笔，故作《礼论》七篇。推其本以见其末，正其名以责其实。崇先圣之遗制，攻后世之乖缺。邦国之龟筮，生民之耳目，在乎此矣。④

在这篇简短的序中，李觏介绍了他著《礼论》是以经世为目的。李觏重视礼，强调"夫礼，人道之准，世教之主也。圣人之所以治天下国家，修身正心，无他，一于礼而已矣"。⑤ 并将儒家所说的礼乐刑政、仁义礼智信均归结为礼，以礼统领其他各个方面。

《明堂定制图》一道并《序》，著于宋仁宗景祐三年（1036）。

---

① 《河南程氏遗书》卷二十三，《二程集》，第305页。
② 石介：《二大典》，《徂徕石先生文集》卷七，第77页。
③ 张载：《经学理窟·学大原上》，《张载集》，第282页。
④ 李觏：《礼论序》，《李觏集》卷二，第5页。
⑤ 李觏：《礼论》第一，《李觏集》卷二，第5页。

李觏认为，有关明堂制度见于文献的记载主要有《周礼·考工记》《大戴礼记·盛德》以及《礼记·月令》，但这些记载各不相同。在这些记载中"《月令》之文最为明著，辄亦取以为本而通之《周》、《戴》"。① 李觏认为，研究明堂制度应以《月令》为本，然后辅之以《周礼》和《大戴礼记》。他绘制的明堂制度图就是综合了《周礼·考工记》《大戴礼记·盛德》《礼记·月令》《白虎通》以及聂崇义《三礼图》《礼记·明堂位》《礼记外传》的相关记载而成的。

此外，李觏还著有讲宗法的《五宗图》，今有序文保存在《李觏集》中。

在李觏的这些礼学著作中，最主要的是《周礼致太平论》。此文作于宋仁宗庆历三年（1043）。左赞说《周礼致太平论》和《明堂定制图序》"皆足以羽翼圣经，发明治体"。②"发明治体"也就是朱子所谓的"推明治道"，这更进一步说明了李觏的《周礼致太平论》和《明堂定制图序》与宋初以来儒学复兴的基本精神是内在契合的。

同年，李觏还写了《庆历民言》。此书论时政之得失，"言言药石，字字规戒"③，祖无择在给李觏的信中称赞此书"皆极当时之病，真医国之书耳。使今相天子宰天下者闻其言而行之，何忧乎獯粥？何患乎拓跋氏邪？"④ 从这些评论来看，《庆历民言》与《周礼致太平论》在思想旨趣上相互补充，都是在针砭现实的基础之上提出的积极对策。

李觏写的《周礼致太平论》，不是对《周礼》作疏解、训诂和考证的经学体著作，而是借用了《周礼》的一些职官和思想，来阐发他自己治国安民的政治理想。这与宋初的学风是一致的。

《周礼致太平论》正文五十篇，并序，总计五十一篇，分为六部分：
《内治》七篇："天下之理，由家道正。女色阶祸，莫斯之甚"。
《国用》十六篇："利用厚生，为政之本，节以制度，乃无伤害"。
《军卫》四篇："备预不虞，兵不可缺，先王之制，则得其宜"。
《刑禁》六篇："刑以防奸，古今通义，唯其用之，有所不至"。
《官人》八篇："纲纪既立，持之在人，天工其代，非贤罔乂"。

---

① 李觏：《明堂定制图序》，《李觏集》卷十五，第130页。
② 《左赞乞修李觏墓状》，《李觏外集》卷三，《李觏集》，第516页。
③ 《直讲李先生年谱》，《李觏集》，第527页。
④ 《祖学士五书》，《李觏外集》卷二，《李觏集》，第504页。

《教道》九篇:"何以得贤?教学为先,经世轨俗,事能以毕"。

这是《周礼致太平论》一书的总纲。由此可见,此书所阐发的治国主张,基本上还是儒家修齐治平的理念。李觏的致太平论,在重视任官、教育、军事之外,突出强调了社会经济的重要性,这也是他的礼学思想的一个特征。

李觏之外,当时重视礼的著名学者还有张载。史称张载"学古力行"(《宋史》卷四百二十七《道学传一·张载传》),"以礼立教"①。张载在关中自成一派,黄宗羲指出:"关学世有渊源,皆以躬行礼教为本"②。礼是关学的一个重要特征。张载的礼学著作有《横渠张氏祭礼》《冠婚丧祭礼》《礼记说》《仪礼说》《周礼说》等(以上诸作均已佚),传世的《经学理窟》中有论礼学的《周礼》《礼乐》《祭祀》《丧纪》等篇,《正蒙》中还有《乐器》《王禘》等篇。

张载"慨然有意三代之治"③。所谓"三代之治"的基础,其实依然还是指礼乐制度。张载关学不论是为学、教学,还是关于治国的主张,都要"以礼乐为急"④,礼都是一个最为关键的层面。

在北宋儒学的发展过程中,除了李觏、张载这二位极其重视礼的学者之外,其他儒家学者如二程等人,也都不同程度地涉及了礼与《周礼》。综合来看,他们研究《周礼》以及三代礼乐之治,提出了一些针对北宋社会现实的主张,由此可以看出北宋儒家学者借《周礼》以实现经世,达到改革社会现实的目的。

第一,实行井田制。井田是研究西周时期土地分配制度以及与此相关的社会等级、社会结构、社会性质等的核心问题,因此历来是历史学研究的重点。同时,又因记载井田的一些资料片断主要保留在《诗经》《孟子》以及《礼记》等经典当中,因此井田制也是传统经学研究的一个重点问题。关于井田制的详细的源流考证以及经典的分梳不是我们这里关注的问题。在这里我们只是简单指出,所谓井田,据说是西周时期曾经实行过的一种土地分配和税收制度。按照《周礼》的设计,由周天子控制的王畿地区划分为"国"与"野"两大地区,实行乡遂制度。六乡六遂居

---

① 《河南程氏粹言》卷一,《二程集》,第1195页。
② 《明儒学案·师说》,中华书局2008年版,第11页。
③ 《张载集》附录,第384页。
④ 张载:《张子语录·语录中》,《张载集》,第317页。

民身份不同，因此实行的土地分配制度也不相同。简单来说，郊外鄙野的六遂地区居民为"野人""氓"等，他们是农业生产的承担者，因此对他们有一套土地分配制度。由于当时的土地都划分成方方整整的井字，故而得名。如《周礼·小司徒》郑玄注说："其制似井之字，因取名焉。"①井田制的核心是有"公田"和"私田"之分。"公田"集体耕作，"私田"则平均分配。《孟子》书中说周代井田制每家受田百亩，《公羊传·宣公十五年》何休注也说：

> 圣人制井田之法，而口分之。一夫一妇受田百亩，以养父母妻子，五口为一家。公田十亩，即所谓十一而税也。庐舍二亩半，凡为田一顷十二亩半，八家而九顷，共为一井，故曰井田。庐舍在内，贵人也。公田次之，重公也。私田在外，贱私也。井田之义：一曰无泄地气，二曰无费一家，三曰同风俗，四曰合巧拙，五曰通财货。……②

这虽是后世学者对井田制下受田的追忆，但基本情形还是符合西周井田的实际的。所谓"百亩之田"，大约合今三十一点二亩，正适合当时生产力条件下一家农户耕作。③

我们认为，井田制的性质是古代村社的土地制度。④ 但探究历史真相的历史研究是一回事，经典脉络中的井田又是一回事。《周礼》书中有比较完备的关于井田的记录，但由于土地划分过于齐整，历来均有学者怀疑《周礼》书中的井田与西周实行过的井田不符。历代的礼学家、经学家尽量弥合《周礼》与其他经书中关于井田的不符之处。由于《周礼》是周公所作，是礼学经典，《周礼》的这一性质使《周礼》书中的井田制在历史上经常成为学者效法《周礼》而采取的具体措施之一。北宋的李觏就提出要实行井田。李觏提出：

---

① 《周礼注疏》卷十一，第390页。
② 参见《春秋公羊传注疏》卷十六，上海古籍出版社2014年版，第678—679页。
③ 参见杨宽《西周史》，上海人民出版社1999年版，第187页。
④ 关于井田制的性质，史学界有不同的看法。我们同意杨宽先生的意见。参见杨宽《西周史》，第185—186页。

> 自阡陌之制行，兼并之祸起，贫者欲耕而或无地，富者有地而或乏人，野夫有作惰游，况邑居乎？沃壤犹为芜秽，况瘠土乎？饥馑所以不支，贡赋所以日削。孟子曰"仁政必自经界始"，师丹言"宜略为限"，不可不察也。①

李觏对西周的井田制极力美化，他在充分研究《周礼》的基础之上，作《平土书》，对田制、税法等《周礼》中论述的问题提出了自己的看法。《平土书》共二十章，还附有三图，即《王畿千里之图》《乡遂万夫之图》和《都鄙一同之图》，用以副翼正文。

李觏认识到土地问题是治国的根本。他指出，自从秦商鞅变法实行"废井田，开阡陌"以来，造成了土地不均，以至于"富者日长，贫者日削，虽有耒耜，谷不可得而食也"。② 李觏认为，解决社会贫富两极分化的根本手段就是要实行周代的井田制。他指出："古之行王政必自此始，儒有欲谈三王，可不尽心哉？"③ 回向三代，实现三王之制，是北宋儒学发展的一个基本主题，李觏在这里藉《周礼》的研究而提出了他具体的复兴三代的主张和措施。

在传统儒家经典当中，《诗经》《春秋》《论语》《孟子》等古籍所记载的井田制与《周礼》不同，《孟子》等所记述的井田制为公田百亩，八家各受田百亩，以为私田，共九百亩为一井。《孟子·滕文公上》记载："方里而井，井九百亩，其中为公田，八家皆私百亩，同养公田，公事毕然后敢治私事。"公田借民力以耕，不税其私田。而《周礼》书中对土地的分配和税收则比较复杂。一般来说，由于《周礼》规划的王畿地区有乡遂的区别，所以研究者大多认为，国都附近"国人"居住的六乡实行贡法，而郊外"野人"居住的六遂则因有公田而实行助法。

李觏不同意《孟子》等所讲的有公田的井田制，而赞同《周礼》的井田制。李觏说："周之畿内，以及天下诸侯，一用贡法，税夫无公田也。公田，商礼也。"④ 这是说，西周的井田制完全是实行贡赋，而没有公田。《孟子》书中所讲的农夫共耕公田，其实是商代的礼制。文王时虽

---

① 李觏：《周礼致太平论·国用第四》，《李觏集》卷六，第82—83页。
② 李觏：《平土书》序，《李觏集》卷十九，第191页。
③ 同上。
④ 李觏：《平土书》第二十，《李觏集》卷十九，第219页。

已受命，但仍为商之诸侯，因此其田制依然用商礼。这就是孟子对齐宣王说的"昔者文王之治岐也，耕者九一"，这里的"九一"正指公田，但这是在文王时，其时依然实行的是商礼。至武王得天下，周公摄政，制礼作乐，然后礼制得以改变。"故言周为公田者，其原在闻之于文武之时，而不知周公已变之也。"①

现代历史学研究周代的井田制，依靠的较为可靠的文献资料主要是《诗经》以及《孟子》。孟子其时距离西周已较远，所言已不得其详，且《孟子》书中所记述的井田制是针对土地褊小的滕国实行仁政而提出的，因此孟子讲的井田带有很大的理想性。但从《孟子》书中还是能看出西周井田制的一些大概情况。而《周礼》所记载的井田制虽然详细，但历史学家均认为这不是真实的西周时期的制度。西周井田分公田与私田，这是井田制最主要的内容。但李觏却认为，这样的划分其实是商礼，西周的井田制度经过周公的制礼作乐，已经取消了公田与私田的界线，而是完全实行贡法。

李觏推崇《周礼》，赞同《周礼》所记载的井田制，这一方面是由于他一贯推崇《周礼》，同时我们也可以看出，李觏对《周礼》的理解也明显具有他自己的取舍倾向。关于《周礼》书中的井田规划及其税法，本是古史研究中的一个重大且专门的问题，即使在今天史学界也没有取得一致的看法。比如有的历史学家就认为，《周礼》书中其实也有类似于孟子所说的"公田"或"籍田"。《周礼》记述的里宰的职责中有"以岁时合耦于锄"，杨宽先生指出，"锄"就是孟子所说"同养公田""惟助为有公田"的"公田"。"合耦于锄"就是集体耕作于"公田"。②"公田"的收入当然是归公的，也就抵消了税收。但是在李觏看来，如孟子所讲的真实的西周井田制已不可能在后代推行，农夫"同养公田，公事毕然后敢治私事"显然在后世推行已不现实，因此李觏认为一律收取赋税才更现实可行。李觏这样的看法显然是针对当时的现实而提出的。

张载的主张与李觏相同，认为治理国家的一个重要举措就是要恢复井田制。他说：

---

① 李觏：《平土书》第二十，《李觏集》卷十九，第219页。
② 杨宽：《西周史》，第199—200页。

治天下不由井地，终无由得平。周道止是均平。①

这个"均平"并不是平均分配土地。张载说：

"亲亲尊尊"，又曰"亲亲尊贤"，义虽各施，然而亲均则尊其尊，尊均则亲其亲为可矣。若亲均尊均，则齿不可以不先，此施于有亲者不疑。若尊贤之等，则于亲尊之杀必有权而后行。②

据此，张载所谓的"均平"，其实就是按照等级礼制的一种授田，实现耕者有其田。张载认为，这种制度并非空想，在现实社会中完全可以推行。"《周礼》田中之制皆可举行，使民相趋如骨肉，上之人保之如赤子，谋人如己，谋众如家，则民自信。"③ 张载又说：

井田至易行，但朝廷出一令，可以不笞一人而定。……治天下之术，必自此始。④

张载还说："井田亦无他术，但先以天下之地棋布画定，使人受一方，则自是均。"⑤ 他在篇中还对田制和税收政策有比较详细的规划。他说：

"野九一而助"，郊之外助也。"国中什一使自赋"，郊门之内通谓之国中，田不井授，故使什而自赋其一也。⑥

"野九一而助，国中什一使自赋"，是《孟子》书中解释井田的大纲。（《孟子·滕文公上》）张载对《孟子》书中此句的解释，基本符合《周礼》的规定。按《周礼》，西周王畿地区有国野的区别，国中六乡居民提

---

① 张载：《经学理窟·周礼》，《张载集》，第248页。
② 张载：《正蒙·乐器》，《张载集》，第58页。
③ 张载：《经学理窟·学大原上》，《张载集》，第282页。
④ 张载：《经学理窟·周礼》，《张载集》，第249页。
⑤ 同上书，第250页。
⑥ 张载：《正蒙·有司》，《张载集》，第47页。

供兵役、力役和军赋,而鄙野地区六遂居民平均授田,他们在公田上的无偿劳动以及收获也就是"助",已经完全为贵族所占有了。从张载的《经学理窟》等著作来看,张载对井田的解释与设想也基本没有超出《孟子》与《周礼》书中的规划。

二程也有恢复井田的主张。程颢说:"天生蒸民,立之君使司牧之,必制其恒产,使之厚生,则经界不可不正,井地不可不均,此为治之大本也。"① 又《遗书》记载:

> 用修问:"井田今可行否?"曰:"岂有古可行而今不可行者?或谓今人多地少,不然。譬诸草木,山上著得许多,便生许多。天地生物常相称,岂有人多地少之理?"②

相对来说,程颢更加看重井田,但他对于井田肯定得比较笼统,远不如张载那么强烈。此外,苏洵也说:"贫民耕而不免于饥,富民坐而饱以嬉,又不免于怨,其弊皆起于废井田。井田复,则贫民有田以耕,谷食粟米不分于富民,可以无饥。富民不得多占田以锢贫民,其势不耕则无所得食,以地之全力供县官之税,又可以无怨。是以天下之士争言复井田。"③ 总体来看,苏洵说的"天下之士争言复井田"并非虚言,除了李觏、张载、程颢以及苏洵等当时著名的思想家倡导恢复井田之外,还有一些官僚士大夫也有这样的主张。《宋史·食货志》记载,至道二年(996),太常博士、直史馆陈靖上言曰:"给授桑土,潜拟井田,营造室居,使立保伍,养生送死之具,庆吊问遗之资,并立条制。"陈靖对授田还有一些具体的设想。(《宋史》卷一七三《食货志上一》)由此可见,自从北宋建国以来,很多官僚士大夫都将实行井田作为解决现实社会危机的一种对策。

《周礼》与"三代"是儒家的政治原理。针对北宋社会内忧外患的现实矛盾,不同的学者从不同的立场出发,借助儒家经典,对解决社会问题提出了不同的设想与策略。王安石发挥了《周礼》的"泉府",主张"理

---

① 《河南程氏文集》卷一《论十事劄子》,《二程集》,第453页。
② 《河南程氏遗书》卷二十二上,《二程集》,第291页。
③ 苏洵:《嘉佑集》卷五《田制》,曾枣庄、金成礼:《嘉佑集笺注》卷五,上海古籍出版社1993年版,第135—136页。

财"。这对于北宋政府来说是非常积极而现实的主张。而李觏、张载等人，由于距离实际的权源较远，他们也藉《周礼》，但提出来的解决现实问题的策略就显得较为迂远。王安石从《周礼》书中找出来的"泉府"，在《周礼》书中并不是一个重要的职官，但王安石却从中得出《周礼》一书"理财居其半"的结论，张载等人从《周礼》中找出的井田、封建、宗法确实是周礼的核心内容，但用它们来应对社会现实，有时却显得迂阔而不切实际。从当时及后世学者的评论来看，封建、宗法在某种程度上还具有一定的意义，如章太炎曾说："宋之季，而祸发于穹庐，州郡破碎，墓无完椁，里无完室，则李纲始有分镇之议。虽未竟行，南宋卒赖是以自完其方部。然后知封建之说未必非，而郡县之说未必韪也。"① 但是，对于张载等人提倡实行的井田制，当时已有人就认为完全不可行。

欧阳修指出，封建井田是与古代的"国体"相适应的制度，但是如果施之于今则不可："诸侯井田，不可卒复，施于今者何宜？"② 在另一进士策问中，欧阳修进一步明确指出：

> 孟子以谓井田不均则谷禄不平，经界既正，而分田、制禄可坐而定也，故曰"仁政必自经界始"。盖三代井田之法也。自周衰迄今，田制废而不复者千有余岁。凡为天下国家者，其善治之迹虽不同，而其文章、制度、礼乐、刑政未尝不法三代，而于井田之制独废而不取，岂其不可用乎，岂惮其难而不为乎？然其不害其为治也。仁政果始于经界乎？不可用与难为者，果万世之通法乎？③

欧阳修依然持传统的观点，认为后世的政治必须取法于三代，但是唯独不该取法井田，他在这里甚至对儒家经典中所说的行仁政自经界始的主张也表示质疑。"呜呼！孟子之所先者，后世皆不用而治，用之而民特愁苦怨叛以为不便，则孟子谓之仁政，可乎？"④ 如果一定要固执地照搬井田，那就如王莽那样，"依古制而更名民田"，最终导致社会崩溃。欧阳

---

① 章太炎：《訄书》，《章太炎全集》第三册，上海人民出版社1984年版，第72页。
② 欧阳修：《居士集》卷四十八《问进士策三首》，《欧阳修全集》卷四十八，第675页。
③ 欧阳修：《居士集》卷四十八《问进士策四首》，《欧阳修全集》卷四十八，第679页。
④ 同上。

修依据历史的经验，一再指出，"井田什一之法，不可复用于今"。①

王安石在青年时期，也主张实行井田，有"愿见井地平"（《临川先生文集》卷十二《发廪》）的理想。但执政以后，现实政治的经验使他认识到井田理想其实不可行。熙宁三年，王安石与神宗有一段对话：

> 上曰："（范）育言凡于一事措置，一事即不得，此言是也。又言须先治田制。其学与张戬同。"
> 安石曰："臣见程颢云：须限民田，令如古井田。"
> 上曰："如此即致乱之道。"
> 安石因言王莽名田为王田事。上曰："但设法以利害殴民，使知所趋避，则可。若夺人已有之田为制限，则不可。"
> 安石曰："今朝廷治农事未有法，又非古备建农官大防圩埠之类，播种收获，补助不足，待兼并有力之人而后全具者甚众，如何可遽夺其田以赋贫民？此其势固不可行，纵可行，亦未为利。"②

从欧阳修、王安石等人的批评意见可见，为实行三代之治而恢复井田，仅仅停留在部分学者的议论当中。欧阳修、王安石这些具有丰富实际政治经验的士大夫们，并不主张在现实中照搬古代的井田制，认为这是迂腐不切实际的。

二程兄弟当中，明道先生比较重视恢复井田，但随着思想的发展变化，他们对于井田的看法也有了一些转变。他们认为，为政效法三代圣王是法其"意"而不是法其"迹"。正如孔子所认为的，三代之礼也是"损益"发展的结果，儒家学者大多主张礼要因时而变，因此，对于周礼，虽然它是儒家的共同理想，但具体的礼制也要因时而异。据《遗书》记载：

> 必井田，必封建，必肉刑，非圣人之道也。善治者，放井田而行之而民不病，放封建而使之而民不劳，放肉刑而用之而民不怨。故善

---

① 欧阳修：《居士外集》卷十《原弊》，《欧阳修全集》卷六十，第872页。
② 《续资治通鉴长编》卷二百十三神宗熙宁三年，第5180—5181页。

学者，得圣人之意而不取其迹也。迹也者，圣人因一时之利而制之也。①

这段话应该是针对张载而言的，当是伊川的主张。与前引他们认为的古代可行则当今一定可行的看法相比，这一主张就显得理性得多了。朱熹在与学生讨论张载学术思想时明确指出，所谓井田，"讲学时，且恁讲。若欲行之，须有机会。经大乱之后，天下无人，田尽归官，方可给与民。如唐口分世业，是从魏晋积乱之极，至元魏及北齐后周，乘此机方做得。荀悦《汉纪》一段正说此意，甚好。若平世，则诚为难行"。② 朱熹还说，张载设想的井田"某皆不曾敢深考"③，他还严厉批评了苏东坡的"限田"说。在这个问题上，朱熹是清醒的现实主义者，因此他引荀悦之说，如要实行井田，"须是大乱之后，如高光之时，杀得无人后，田便无归，从而来均"。④ 但是，这种局面出现的可能性又有多大？由此可知，即使是道学内部，对于张载等人提倡的井田也是多持批评意见。

在传统的农业社会中，由于土地是最基本的经济资源，农耕是最基本的经济形态，因此土地分配、土地占有以及与此相关的税收成为关乎国计民生的重大问题。又因孟子曾经说："夫仁政必自经界始，经界不正，井田不均，穀禄不平"（《孟子·滕文公上》），所以，井田制是儒家思想当中最具经世特色的一种主张，同时也是最具有空想性的一种主张。按照历史的研究，井田制虽说是西周时期实行过的一种田制，但历史久远，《孟子》书中所言也莫之能详。儒家学者关心社会现实，对现实社会中的土地、税收等制度的种种弊端也有切身的体会，但他们提出的改革措施，往往也莫过于限田、均田与实行井田。从中国历史的发展来看，土地兼并一直是中国古代历史上的重大问题，经常是影响政局稳定以及引起社会矛盾的隐患，历代的有识之士皆从不同的角度提出抑制兼并的建议以平息社会矛盾。北宋建国的特殊历史导致了北宋建国初期土地兼并就已经十分严重，由此而引起的社会矛盾与社会冲突十分尖锐。北宋学者提出井田制，其实就是要实现孟子所说的"明君制民之产，必使仰足以事父母，俯足

---

① 《河南程氏遗书》卷二十五，《二程集》，第326页。
② 黎靖德编：《朱子语类》卷九十八，第2530页。
③ 同上书，第2531页。
④ 同上。

以畜妻子，乐岁终身饱，凶年免于死亡"（《孟子·梁惠王上》）的耕者有其田的理想。正如苏洵所说："今诚有能为近井田者而用之，则亦可以苏民矣乎。"①自孟子开始将井田作为仁政的基础，儒家一直认为，井田是为了保民，是重要的民生问题。汉代的大儒董仲舒也提出了"限民名田"的主张。"古井田法虽难卒行，宜少近古，限民名田，以澹不足，塞并兼之路。"（《汉书》卷二十四上《食货志上》）直至黄宗羲《明夷待访录》中对土地的分配依然是井田的设想。北宋一些学者针对社会现实而提出恢复井田，其实就是在儒家传统中挖掘解决现实问题的理论资源。

中国古代社会历史的发展，唐中后期以后有一个重大的转变。在北宋时期，整个社会结构发生了巨大的变化。土地兼并是中国古代几千年历史发展过程中长期存在的顽疾，其中宋代尤为显著。北宋时期，大量自耕农由于丧失了土地而沦为佃户，可是占有土地的主户其实是国家的支柱，尤其是三等以下的主户，虽然占全国总户数的比例不到10%，但他们却是国家税收和徭役的来源和承担者。②主户数量的减少使国家能够控制的农户随之减少，直接导致的后果就是国家税收的减少。北宋积贫积弱局面的形成，这是一个重要原因。当时很多官僚士大夫、知识分子都看到了这个问题。如苏洵说：

> 井田废，田非耕者之所有，而有田者不耕也。耕者之田资于富民，富民之家地大业广，阡陌连接，募召浮客，分耕其中，鞭笞驱役，视以奴仆，安坐四顾，指麾于其间。而役属之民，夏为之耨，秋为之获，无有一人违其节度以嬉。……有田者一人而耕者十人，是以田主日累其半以至于富强，耕者日食其半以至于穷饿而无告也。③

苏辙也说：

> 古者天下皆天子之人，田亩之利、衣食之用，凡所以养生之具，皆赖于天子。权出于一，而利不分于强族。民有奉上之忱，而无役属

---

① 苏洵：《嘉祐集》卷五《论衡·田制》，《嘉祐集笺注》卷五，第137页。
② 参见冯尔康主编《中国社会结构的演变》，河南人民出版社1994年版，第521页。
③ 苏洵：《嘉祐集》卷五《田制》，《嘉祐集笺注》卷五，第135页。

附丽之困。是以民德其上，而举天下皆可使奉天子之役使。至于末世，天子之地，转而归于豪民，而天下之游民，饥寒朝夕之柄，天子不恤，而以遗天下之富贾。夫天子者，岂与小民争此尺寸之利也哉！而其势则有所不可。何者？民之有田者，非皆躬耕之也，而无田者为之耕。无田者非有以属于天子也，而有田者拘之。天子无田以予之，而欲役其力也实难。而有田者授之以田，视之以奴仆，而可使无憾。故夫今之农者，举非天子之农，而富人之农也。①

这是对当时社会现实的真实记录。土地作为最重要的生产资料逐渐集中到豪强等大土地所有者手中，大量的自耕农半自耕农由于丧失土地而沦为佃户，同时也就不是国家赋税徭役的承担者了。为了解决这样的社会问题，很多人提出均田的主张，政府也采取各种措施，如奖励垦荒、屯田、均田、限田等，以保持和扩大自耕农的数量。吕大钧说：

> 为国之计，莫急于保民，保民之要，在于存恤。主户又招诱客户，使之置田，以为主户。主户苟众，而邦本自固。今访闻主户之田少者，往往尽卖其田，以依有力之家。有力之家既利其田，又轻其力而臣仆之。若此则主户益耗，客户日益多。客虽多而转徙不定，终不为官府之用。②

吕大钧说的"保民"并不是儒家思想的泛泛而谈，而是有着非常明确的具体社会内涵，即扩大主户的数量。采取各种措施使无地的客户占有一片土地，成为主户。主户是"邦本"，这是非常清醒的认识。

李觏、张载以及程颢等人主张恢复井田，就是在这种社会背景之下提出的解决社会问题的一种改革规划。他们对经典的解释还有一些差异，但他们都以《周礼》为依托，以《周礼》以及儒家所设想的井田制为主要理论资源，来解决社会现实问题。这一主张未必可行，但从北宋时期儒家学者关于井田的热烈讨论来看，不但反映出《周礼》一书强烈的经世特性，而且也说明《周礼》是刺激北宋儒学发展的一项重要动因。

---

① 苏辙：《栾城应诏集》卷十《进策五道·第二道》，《栾城集》，第1687页。
② 吕大钧：《民议》，见《蓝田吕氏遗著辑校》，中华书局1993年版，第597页。

第二，实行封建制。封建是西周礼制的核心内容，同时也是《周礼》书中对国家制度以及中央与地方关系的基本设计。

依据周礼，周天子的王位由嫡长子继承，对其他诸子便采取"封诸侯建藩卫"的分封制，使他们另立为诸侯。这就是西周的封建制（或分封制），也是封建制的本义。西周初年曾实行了大规模的分封，据《左传·僖公二十四年》记载，受封的文王的儿子有管、蔡、郕、霍、鲁、卫、毛、聃、郜、雍、曹、滕、毕、原、酆、郇等十六国，武王的儿子有邗、晋、应、韩等四国，周公的儿子有凡、蒋、邢、茅、胙、祭等六国。这些国家应不是一时所封，而且所封之国也不止以上二十六国。《荀子·儒效》篇说，周公"立七十一国，姬姓独居五十三人"。《吕氏春秋·观世》篇说："周之所封四百余，服国八百余，今无存者矣。"现代学者据史籍的研究，认为周初所封诸国，"同姓与异姓诸侯约有一百三十多国。另外散见于西周金文和其他典籍者还有不下百数十个"。[①] 从这些数字可以看出，周初所封的诸侯国，确实为数众多，是一种小国林立的状态。

周初实行分封的目的就是希望通过血缘关系来屏卫周室。《左传·僖公二十四年》记载富辰之言曰："昔周公吊二叔之不咸，故封建亲戚，以蕃屏周。"这明确地说明，所谓的封建带有武力驻防的性质，是为了维护周王室的统治，使周王朝的大部分疆土都掌握在王室兄弟、同姓手中，使各个封国作为周王室的藩屏，从而达到监视敌国、屏卫王室的目的。因此，分封制确定了周代基本的政治原则，成为周礼最为核心的内容，同时也是《周礼》书中设计的关于国家体制的基本政治制度。《周礼》所设想的国家版图是极其辽阔的。按照《周礼》的规划，国家内部分为畿内与畿外两个级别。畿内是千里王畿，其中心是方九里的王城，王城之外的广大地区则分封给公、侯、伯、子、男等各级诸侯。王畿以外的广大地区，又以王畿为中心，依次分布为九服。这样的制度安排，是通过封建将地方与中央联系在一起。

周王通过分封，将同姓子弟、亲戚以及部分异姓功臣分封到各地为诸侯，各级诸侯又在自己的封地内分封卿大夫，卿大夫分封士，这样就形成了封建贵族的等级结构。

封建是周代基本的政治制度，也是周礼当中最为重要的一项内容。但

---

① 王玉哲：《中华远古史》，上海人民出版社2000年版，第580页。

封建制自秦统一以后就基本被郡县制所代替了。儒家本是赞同封建的，但随着历史的发展，大多数儒家学者也逐渐认清了封建的不可行。无论是对于郡县取代封建的历史大势，还是其中的一些历史细节，历代学者，尤其是历史学家，都有详细的研究与讨论。

宋代学者向往三代，取法《周礼》，他们为应对社会现实问题而从周礼中借鉴来的一些主张大多具有复古的倾向。张载甚至有逆历史潮流而动的嫌疑，在北宋儒家学者中只有他明确主张要恢复实行封建。张载说：

> 井田卒归于封建乃定。……而后世乃谓秦不封建为得策，此不知圣人之意也。①

张载认为井田、封建与宗法是三位一体的，是周礼完整的体现。为了完美地实现复三代之礼的目的，对这三者不能偏废。例如他说：

> 井田而不封建，犹能养而不能教；封建而不能井田，犹能教而不能养；封建井田而不肉刑，犹能教养而不能使。②

正因如此，为了完整地实现周礼，张载坚持主张实行封建，指出"'天子建国，诸侯建宗'，亦天理也"③，从张载的思想以及宋代理学的角度来看，这已经将封建提升到了理学的哲学高度了，可见张载对封建是极其看重的。

封建是西周礼制中的一项核心内容，张载在宋代依然主张要恢复实行已经消亡了上千年的封建，这种看法在北宋儒家学者中也是比较独特的，理学家中只有胡宏还有类似的主张。

封建制与郡县制是中国历史上曾经实行过的两种基本的政治制度。自秦统一后，封建基本消除，后世学者也多从历史发展的规律或趋势来解释说明郡县制代替封建制的历史必然性。北宋时期，以皇权为代表的专制主义中央集权制已经非常完善发达，从中国历史发展的角度来看，此时已绝

---

① 张载：《经学理窟·周礼》，《张载集》，第251页。
② 张载：《经学理窟·月令统》，《张载集》，第297页。
③ 张载：《经学理窟·宗法》，《张载集》，第259页。

无实行封建的可能。因此，张载等学者主张的封建，我们只能在理论层面上考察其意义。

张载主张封建，他在《经学理窟》中说得非常明确，封建的本质其实就是分权。他说："所以必要封建者，天下之事，分得简则治之精，不简则不精，故圣人必以天下分之于人，则事无不治者。""且为天下者，奚为纷纷必亲天下之事？"① 从这两句话来看，张载对于封建的理解是很深刻的，而且具有鲜明的时代特色和社会意义。其实，我们仔细分析张载所提出的封建主张，与历史上西周时期的封建并不相合，而是在某些方面类似《周礼》书中的封建。张载说：

> 古者诸侯之建，继世以立，此象贤也，虽有不贤者，象之而已。天子使吏治其国，彼不得暴其民，如舜封象是不得已。《周礼》建国大小必参相得，盖皆建大国，其势不能相下，皆小国则无纪，以小事大，莫不有法。②

在张载看来，封建的目的首先是"象贤"，即表彰贤者，具有道德的含义。其次，"天子使吏治其国"，天子直接派遣官吏去治理诸侯国，这已经就与郡县制体制下中央对地方的管理没有什么区别了。前文曾经指出，《周礼》成书于战国时期，书中对国家体制的设计虽然以封建为主体，但不可避免地受到战国时期已经出现的郡县体制的影响，因此，《周礼》的制度设计带有封建与郡县双重色彩。张载虽然主张封建，但他也未必迂腐至要完全照搬周公的封建。北宋时期的张载提出要实行封建，当然还是以已经实行了一千多年的郡县制为前提的。张载所主张的封建，其实也只是在郡县制下的一种补充和修订。他所规划的封国只是仅有百里的小国，"今便封建，不肖者复逐之，有何害？岂有天下之势不能正一百里之国，使诸侯得以交结以乱天下！自非朝廷大不能治，安得如此？"③ 第三，封建需大小相参。《左传·昭公三十年》记载郑游吉之言曰："礼也者，小事大、大字小之谓"，诸侯国大小相参才能够维持一个平稳的局

---

① 张载：《经学理窟·周礼》，《张载集》，第251页。
② 张载：《经学理窟·月令统》，《张载集》，第296—297页。
③ 张载：《经学理窟·周礼》，《张载集》，第251页。

面，这是符合礼的。张载认为《周礼》的封建需大小相参就是这个原因。

有学者已经指出，张载主张实行封建，与北宋时期的军事制度以及社会现实有密切的关系。① 北宋建国以后，吸取了唐末五代以来藩镇割据的历史教训，建立了极为复杂的权力制衡机制，这些措施有效地牵制了政治、军事等各方面的权力，杜绝了地方尾大不掉局面的形成，但同时也造成冗官冗员大量滋生、由于权力机构互相牵制而导致行政效率低下等各种弊端。这些弊端在北宋承平百余年之后越发明显，成为社会的首要问题，尤其在北宋与辽、西夏的军事冲突中表现得更为突出，北宋的军事决策、指挥明显迟钝，不足以应对前线瞬息万变的军情，致使北宋在军事方面节节失利。"如何在防备藩镇割据的危险的同时，重建地方、尤其是边镇的机动性，也就成了问题的关键所在。张载对于军事问题向来颇为关注，在现存的《文集佚存》中有近一半的篇幅是有关当时西北边事的。基于对北宋立国的制度基础的理解，张载清楚地意识到，如果不能从根本上改变使边镇的将帅掣肘的权力制衡机制，那么北宋在军事问题上总体上就是只能以守为主。"② 对此，张载在《周礼》中找到了解决问题的办法。按照《周礼》乡遂制度的设计，王城四周有"四郊"，"郊"内分设有"六乡"，"六乡"的居民为"国人"，其社会地位要高于"郊"外居于"野"的"甿""氓"或"野人"。"六乡"居民是乡党组织和军事组织结合在一起的，他们承担国家的兵役。《周礼·小司徒》：

> 乃会万民之卒伍而用之：五人为伍，五伍为两，四两位卒，五卒为旅，五旅为师，五师为军，以起军旅，以作田役，以比追胥，以令贡赋。

"六乡"居民被编成六军，实行军民合一的制度。如国家有重大事故，就要被召集从事保卫工作。《周礼·大司徒》又说："若国有大故，则致万民于王门，令无节令者不行于天下。""万民"，孙诒让《周礼正义》说"专指六乡之正卒"。③

---

① 参见张岱年《关于张载的思想和著作》，见《张载集》，第8—9页；杨立华：《气本与神化：张载哲学述论》，北京大学出版社2008年版，第149页。
② 杨立华：《气本与神化：张载哲学述论》，第149页。
③ 孙诒让：《周礼正义》卷十九《地官·大司徒》，中华书局1987年版，第769页。

张载主张实行封建，具体来说，其实就是要恢复《周礼》寓兵于民、兵民合一的传统。在张载看来，恢复实行兵民合一的传统，可以有效解决北宋时期面临的严峻的边镇问题。

由此可见，张载依据《周礼》而提出的恢复古代寓兵于民的主张在北宋时期还具有非常明显的现实意义。《周礼》书中的乡遂制度其实是一种古代的"城乡二元结构"，乡遂居民的政治地位不同，相应地他们承担的义务与享受的权利也不相同。"六乡"居民即"国人"主要承担军赋和兵役，同时还享有受教育、被选拔的权利，以及政治参与权利。这是封建制度下贵族政治的体现。张载主张封建，主张恢复周礼"六乡"居民的兵民合一制，以此来解决北宋面临的现实问题。这一主张潜在隐含的思想，就是扩大地方权力。这其实也是针对着北宋自开国以来逐渐形成的内重外轻的局面而言的。很多学者已经指出，王安石实行的保甲法也有恢复古代兵民合一传统的用意[1]，苏洵也认为，三代之时是兵民合一的，"天下之民皆兵也"。秦汉以后，兵民始分，但这同时又造成了严重的社会后果。因此苏洵认为，"其患始于废井田，开阡陌，一坏而不可复收"[2]。但王安石与张载在这一问题上的根本用意其实是不同的。陈亮曾对王安石有这样的评价：

> 王安石以正法度之说，首合圣意。而其实则欲籍天下之兵尽归于朝廷，别行教阅以为强也。括郡县之利尽入于朝廷，别有封椿，以为富也。青苗之政，惟恐富民之不困也，均输之法，惟恐商贾之不折也。[3]

陈亮是反对王安石新法的，从他对王安石的批评中我们正可以看出，王安石的新法其实是将政治、经济上的各种权利收归朝廷，是以加强皇权和中央集权为目的的，而张载主张的封建以及由此而来的各种制度中隐含的则是地方权力的扩大。从这个角度来说，张载以及宋代学者提出的井田与封建，我们不能简单地认为是"理想"的或是不切实际的"幻想"，而

---

[1] 杨立华：《气本与神化：张载哲学述论》，第149页。
[2] 苏洵：《嘉祐集》卷五《论衡·兵制》，《嘉祐集笺注》卷五，第126—127页。
[3] 陈亮：《文集》卷一《上孝宗皇帝第一书》，《陈亮集》，中华书局1974年版，第6页。

是应当从中国古代历史发展的高度来评估其价值。

从中国古代历史发展的角度来看，宋代以后，中央集权的专制主义政治制度有了极大的发展，之前六朝至隋唐政治格局中的一些贵族政治传统彻底消失了。对于这一历史转变，学术界在"唐宋变革论"的指引下，已经有了非常深入的研究。[①] 我们需要指出的是，对于政治制度的变革，学者士人其实是非常敏感的。当时的士人也许并没有意识到唐宋之际历史、政治制度有如此大的转变，但他们已经感觉到政治权力的逐渐集中。因此，他们本能地以儒家的理论资源与这一历史转变相抗衡。张载的封建主张最典型地体现了这一点。过去我们研究政治思想史与儒学思想史，过分强调儒学与现实政治之间相互配合、相互促进的一面，而对于儒学对政治制度的批判、儒学对专制制度的抗衡一面，则关注不多。从张载等理学家依据《周礼》而提出的封建等政治主张来看，我们应当充分重视这种主张的理论批判意义。这对于进一步深入研究宋代的理学、儒学以及儒学政治思想史，都是有参考意义的。

第三，宗法制。宗法制与封建制密切相关。在古史研究当中，有部分学者将封建与宗法等同起来。我们认为，宗法制是贯穿于封建中的原则之一，但二者其实是性质不同的两种制度。所谓宗法，是由原始的父系血缘组织发展而来的。《说文》解释"宗"："尊祖庙也，从宀从示。"按照这个解释，所谓"宀"，就是房屋；"示"表示神主。"宗"这个字的字形表示的就是房屋中放置着神主，所以，"宗"的本义是祖庙。《礼记·大传》说："尊祖故敬宗，敬宗，尊祖之义也"，说的也就是这个意思。

《周礼》书中对宗法没有明确的说明，但宗法确实是周礼的重要内容与原则。在《礼记·丧服小记》和《礼记·大传》中有两段文字，是关于宗法详细而明确的说明和解释：

> 别子为祖，继别为宗，继祢者为小宗，有五世而迁之宗，其继高祖者也。是故祖迁于上，宗易于下，尊祖故敬宗，敬宗所以尊祖祢也。庶子不祭祖者，明其宗也。（《丧服小记》）

[①] 有关"唐宋变革论"对于中国古代政治史研究的指导意义，张广达先生《内藤湖南的唐宋变革说及其影响》一文中有很好的综述。该文收入张广达《史家、史学与现代学术》，广西师范大学出版社2008年版，第57—133页。另外，张先生此文还收录了汉语学术界对京都学派"唐宋变革论"研究的很多综述文章目录，也可参看。

>别子为祖，继别为宗，继祢者为小宗。有百世不迁之宗，有五世则迁之宗。百世不迁者，别子之后也。宗其继别子之所自出者，百世不迁者也。宗其继高祖者，五世则迁者也。尊祖故敬宗，敬宗，尊祖之义也。(《大传》)

从这两段文字当中，我们可以对宗法制有一个基本的了解：

其一，立嫡制的确立，使嫡长子之外的诸王子失去了王位继承权，也使嫡庶长幼之间具有严格的等级区别。

其二，大宗、小宗的区别。为了防止其他诸子对嫡长子继承权的威胁，必须将他们从王室中分出去，另立为宗，这就是"别子为祖，继别为宗"。别子分出去以后自立一家，其位也由嫡长子继承，称为大宗，世袭不去，故称"百世不迁"。别子之庶子的子孙称为小宗，超过五世就不再有丧服的规定，故称"五世则迁"。这样就形成了以嫡长子系统为大宗，以庶子系统为小宗，小宗服从大宗的宗法制度。

其三，昭穆庙制。宗法是一种宗庙之法，是对祖先祭祀和对宗法成员的一些规定和制度。所谓"昭穆"，即"子"义。但是，同为子，又有昭穆的区别，这是由于古人的庙次与墓次相同，均以昭居左、穆居右的方式排列。《周礼·春官·小宗伯》："辨庙祧之昭穆"，郑注："自始祖之后，父曰昭，子曰穆。"[1]

除此之外，宗法还包括族墓制、姓氏名字制、婚姻制、族长制等内容。宗法制度的主要目的就是用来区分大宗与小宗。

总之，宗法制是西周重要的一项礼制建设。王室贵族实行宗法制，主要是为了防止因王位和财产继承而引起的争夺，是为了稳定统治秩序和社会秩序。《吕氏春秋·慎势》篇中有这样一段话："故先王之法，立天子不使诸侯疑焉，立诸侯不使大夫疑焉，立嫡子不使庶孽疑焉。疑生争，争生乱。是故诸侯失位则天下乱，大夫无等则朝廷乱，妻妾不分则家室乱，嫡孽无别则宗族乱。"这段话清楚地说明，嫡庶不分会引起王位、诸侯位的争夺，这样会导致社会混乱。为了避免这种混乱局面的产生，周人设计出了宗法制，以此来消除贵族内部的争端，实现天下安定的目的。

秦汉以后，中国古代历史的发展进入了一个新的时期。传统的中国史

---

[1] 《周礼注疏》卷二十《春官·宗伯》，第700页。

研究将秦汉以后的中国历史统称为"封建社会"。近二三十年来，随着研究的深入，史学界对"封建社会"有了不同的理解与看法。有学者将秦汉以后的中国社会定义为"封建宗法社会"，或"宗法地主专制社会"。对于秦汉以后中国古代社会的性质与形态的研究，是史学界探讨的重大理论问题，我们这里不可能深入展开讨论。从本书讨论的宗法来说，如果说先秦时期是典型的宗法制，那么在秦统一之后，随着分封制的废除，君统、宗统一体结构已经不存在了，因此西周时期典型的宗法制也就不存在了，但宗法制的某些因素并没有完全消失。我们同意冯尔康先生的看法，秦汉以后的中国社会可以统称为"变态型宗法社会"。[1]按照冯先生的说法，"秦汉以降的社会，是变异型宗法社会：中国上古宗法社会的制度及其观念，在秦汉以降的社会有保留，有变化，令宗族不再是上古的典型宗族，社会不再是典型宗法社会，而进入变异宗法社会的新阶段。从典型宗法制到变异型宗法制，宗法精神仍在，但是大为削弱，故而谓之为宗法性观念、宗法性成分，非复往昔之宗法思想"。[2]

从中国古代宗法制度的发展来看，宋代是中国古代宗法发展的一个新阶段，是继两汉之后中国古代宗族重建的又一时期。冯尔康先生说："宋代宗族重建，不再表现在皇家方面，而在于流动性很强的官员及民间读书人和富人方面，尤其是士人和官员关注家族的建设。"[3] 这个说法是准确的。北宋时期的儒家学者就普遍地热衷于重建宗法。

李觏曾撰有《五宗图》，其图虽不传，但从其序中可见，是对"别子为祖，继别为宗，继祢者为小宗。有百世不迁之宗，有五世则迁之宗"（《礼记·大传》）的宗法原则的图解。李觏认为，宗法原则体现的就是孝悌之道，"先王之所以治天下，此其本欤！"[4]

在周礼当中，封建是宗法的体现。张载既然赞同封建，自然对于贯穿于封建制当中的宗法原则也是积极倡导的。张载指出：

---

[1] 参见冯尔康《秦汉以降古代中国"变态型宗法社会"述论——以两汉、两宋宗族建设为例》，《中国宗族制度与谱牒编纂》，天津古籍出版社2011年版，第45—75页。

[2] 同上书，第74页。

[3] 同上书，第56页。

[4] 李觏：《五宗图序》，《李觏集》卷十五，第137页。

> 管摄天下人心，收宗族，厚风俗，使人不忘本，须是明谱系世族与立宗子法。宗法不立，则人不知统系来处。①
>
> 宗子之法不立，则朝廷无世臣。……宗法若立，则人人各知来处，朝廷大有所益。②

与张载看法相同的还有二程。二程说：

> 宗子法坏，则人不自知来处，以至流转四方，往往亲未绝，不相识。③
>
> 若立宗子法，则人知尊祖重本。人既重本，则朝廷之势自尊。④
>
> 宗子之法不立，则朝廷无世臣。宗法须是一二巨公之家立法。宗法立，则人人知来处。⑤

据《宋史·道学传》记载，程颢任晋城令，"民以事至县者，必告以孝弟忠信，入所以事其父兄，出所以事其长上。度乡村远近为伍保，使之力役相助，患难相恤，而奸伪无所容。凡孤茕残废者，责之亲戚乡党，使无失所"。张戬任金堂令，"诚心爱人，养老恤孤，间召父老使教督子弟。民有小善，皆籍记之。以奉钱为酒食，月吉，召老者饮劳，使其子孙侍，劝以孝弟。民化其德，所至狱讼日少"。读《宋史·道学传》，可知理学家无论讲学，还是在地方为政时，无不以宣扬儒家伦理道德，整饬家族、乡里的道德风尚为己任。北宋时期以理学家为代表的儒家学者对宗法的提倡，对于宋代社会宗族的发展以及宗族向民间化的发展，起了很大的推动作用。

宋代的儒家学者以及理学家重振宗法，其中的一项重要举措就是重新调整和规定了士大夫的庙数。以往学者对这个问题多从社会史与宗族制度变迁的角度探讨，近来也有学者从礼学本身的脉络对此作了进一步的研

---

① 张载：《经学理窟·宗法》，《张载集》，第258—259页。
② 同上书，第259页。
③ 《河南程氏遗书》卷十五，《二程集》，第150页。
④ 《河南程氏遗书》卷十八，《二程集》，第242页。
⑤ 《河南程氏遗书》卷十七，《二程集》，第179页。

究。① 其实，与宗法制密切相关的庙数本来就是礼学的议题，而且宋代的儒家学者以及理学家都积极地参与其中讨论，这说明理学家通过庙制的讨论，以此来作为振兴礼乐、实行三代理想的具体途径之一。

本来，在礼经当中，对于大夫和士人阶层的庙制就有不同的规定。《礼记·王制》篇说：

> 天子七庙，三昭三穆，与大祖之庙而七。诸侯五庙，二昭二穆，与大祖之庙而五。大夫三庙，一昭一穆，与大祖之庙而三。士一庙。庶人祭于寝。

《祭法》篇则说：

> 王立七庙，一坛一墠，曰考庙，曰王考庙，曰皇考庙，曰显考庙，曰祖考庙，皆月祭之，远庙为祧，有二祧，享尝乃止，去祧为坛，去坛为墠，坛墠有祷焉祭之，无祷乃止，去墠曰鬼。诸侯立五庙，一坛一墠，曰考庙，曰王考庙，曰皇考庙，皆月祭之，显考庙、祖考庙享尝乃止，去祖为坛，去坛为墠，坛墠有祷焉祭之，无祷乃止，去墠为鬼。大夫立三庙二坛，曰考庙，曰王考庙，曰皇考庙，享尝乃止，显考、祖考无庙，有祷焉，为坛祭之，去坛为鬼。適士二庙一坛，曰考庙，曰王考庙，享尝乃止，显考无庙，有祷焉，为坛祭之，去坛为鬼。官师一庙，曰考庙，王考无庙而祭之，去王考为鬼。庶士、庶人无庙，死曰鬼。

《王制》和《祭法》篇对于大夫和士阶层的规定不同。《王制》规定大夫立三庙（二亲庙与太祖庙），士一庙，而《祭法》的规定却是大夫三庙二坛，士二庙一坛。宋代朝野上下普遍重视宗法，在祭祀制度方面，礼经的矛盾之处造成了理学家对于祭祀的一大争论，即大夫和士是否可以祭祀到高祖。

张载和二程认为，大夫和士可以祭祀高祖，而且可以祭及始祖。张载曾说："祭先之道，其不可得而推者，则无可奈何。其可知者，无远近多

---

① 参见吴飞《祭及高祖——宋代理学家论大夫士庙数》，《中国哲学史》2012 年第 4 期。

少，当尽祭之。祖岂可不报？盖根本所系，虽远，乌得无报？郊祀后稷以配天，周止知后稷是己之始祖，已上不可知。天则是万物之祖，故祭天则以始祖配之。虽庶人必祭及高祖，比之天子诸侯，止有疏数耳。如《祭法》庙数，有不及祖者，是不祭祖也。以理论之，人无贵贱上下，皆须祭及高祖，以有服故也。如五世祖若在，死则岂可不为服乎？礼虽无此服，当以义起。"（卫湜：《礼记集说》卷六十六引，清通志堂经解本）

程颐与张载的主张一致。《遗书》记载程颐与弟子的对话：

> 又问："今人不祭高祖，如何？"曰："高祖自有服，不祭甚非。某家却祭高祖。"又问："天子七庙，诸侯五，大夫三，士二，如何？"曰："此亦只是礼家如此说。"又问："今士庶人不可立庙，当如何也？""庶人祭于寝，今之正厅是也。凡礼，以义起之可也。如富家及士，置一影堂亦可，但祭时不可用影。"①

程颐还指出：

> 自天子至于庶人，五服未尝有异，皆至高祖。服既如是，祭祀亦须如是。其疏数之节，未有可考，但其理必如此。七庙五庙，亦只是祭及高祖。大夫士虽或三庙二庙一庙，或祭寝庙，则虽异，亦不害祭及高祖。若止祭祢，只为知母而不知父，禽兽道也。祭祢而不及（高）祖，非人道也。②

程颐与张载认为祭及高祖的原因是相同的，即有服即祭。程颐甚至还认为，高祖以上、始祖以下皆为先祖，当于立春之日祭祀，始祖则当于冬至祭祀。元代礼学家吴澄说："伊川所制之礼，士大夫皆有主，皆得祭及高祖，僭诸侯之礼也，至若冬至祭始祖，立春祭先祖，则僭天子之礼矣。"（《吴文正集》卷二《答王参政议伯问》，文渊阁四库全书本）北宋的理学家在庙制方面的新建议，虽然与礼经不合，甚至有僭礼之嫌，但是从礼学的整体角度来看，也并非完全违背礼意。马端临综合了各家的说

---

① 《河南程氏遗书》卷二十二上，《二程集》，第286页。
② 《河南程氏遗书》卷十五，《二程集》，第167页。

法，最终还是认为程颐的说法是恰当的，他说："自天子以至于士，五服之制则同，而祭祀止及其立庙之亲，则大夫不祭其高曾，士不祭其祖，非人情也。程子以为有服者皆不可不祭，其说当矣。"马端临认为，古今礼制不同，主要是由于不同的历史条件造成的。按照礼经的规定，诸侯立五庙，大夫立三庙，但如果这里的诸侯、大夫为始封之诸侯、大夫，则不能立五庙、三庙，因为始封之诸侯以上五世皆为天子，诸侯不得祖天子；始封之大夫以上三世皆为诸侯，大夫不得祖诸侯，因此同样不能立五庙、三庙。马端临说："盖诸侯、大夫虽有五庙、三庙之制，然方其始为诸侯、大夫也，苟非传袭数世，则亦不能备此五庙、三庙之礼。"但是，随着后世分封制的消亡，这种严格的大宗、小宗的区别也同样不存在了，礼制也应当随之有所变革。"后世大宗、小宗之法既亡，别子继别之序已紊，未尝专有宗子以主祀事。其入仕者，又多崛起单寒，非时王之支庶，不得以不敢祖天子、诸侯之说为诿也。乃执大夫三庙、适士二庙之制，而所祭不及祖祢之上，是不以学士大夫自处，而孝敬之心薄矣，乌得为礼乎！故曰古今异宜，礼缘人情，当随时为之损益，不可胶于一说也。"①

北宋时期的理学家张载、程颐等提出的祭及高祖甚至士大夫祭祀始祖的主张，并不符合传统儒家礼经的规定，但是，他们认为这样的主张是"参酌古今，顺人情而为之"②，虽然礼经没有这样的规定，甚至在传统礼学看来是僭礼的行为，但是因为它适应了宋代以来宗族制发展的某些因素，而且与北宋学者复兴儒学、回归三代的主张相呼应，因此，他们的看法在儒家学者中间影响甚大。正如有学者所指出的："张子、程子的主张没有被朝廷采纳，但在学者内部影响很大，士人亦多有践行者。到朱子，经过反复思索，数易其说，则更加系统地考索了祭及高祖乃至始祖的得与失，一方面明确指出，张载、程颐的一些说法在礼经中并无根据；另一方面也肯定，祭及高祖之制充分体会了礼意，可以实行。"③ 张载、二程提出的士人可以祭及高祖的看法，开启了理学家对这一问题的探讨，直至朱子，几经反复，最终认为祭及高祖虽然于礼经无据，但在现实中却是最得礼意的一种做法。另外，由于理学在宋代以后的中国社会所产生的广泛而

---

① 马端临：《文献通考》卷一百五《宗庙考》十五，中华书局2011年版，第3201—3203页。
② 张载：《经学理窟·祭祀》，《张载集》，第292页。
③ 吴飞：《祭及高祖——宋代理学家论大夫士庙数》，《中国哲学史》2012年第4期。

深远的影响，理学家所提倡的祭及高祖的主张对于中国古代宗法制度的发展也产生了很大的影响，正如有学者所指出的："士大夫可以祭祀高祖和先祖，为宗族由小宗向大宗法制及建大宗祠提供了理论依据。"①

宗法是西周礼制的一项重要内容。虽然《礼记》说"别子为祖，继别为宗"，但其实，天子、诸侯都是实行宗法的。著名的古史专家王玉哲先生指出："西周春秋时宗统与君统是合一的。既有宗族的含义，也有政治上的含义。后世礼家谓宗法只限于大夫以下，把宗族组织的宗统与政治上的君统截然分开，认为天子、诸侯实行君统，不实行宗法制度，卿大夫、士阶层才用宗法制的宗统。其实，这并不完全符合当时的历史实际。"② 我们认为，这个看法是符合历史实际的。从古文献和金文可知，西周时期，天子、诸侯不但有大宗之实，也有大宗之名。宗法制度是西周礼制的重要内容之一，是从天子至士阶层都实行的一种礼制。周代实行的宗法封建等级制使国家结构成为以宗法架构起来的血缘群体，周王之于诸侯、诸侯之于卿大夫、卿大夫之于士、士之于庶人都是大宗之于小宗的关系。这种政治结构也可以称为"家国一体"制度。在这种"家国一体"制度下，各级宗族同时也是行政单位，宗子也就是行政长官，而周王则是"天下之大宗"，因此也是天下最高的行政长官。

但是，宋代很多学者认为，天子是不实行宗法的。张载说："'天子建国，诸侯建宗'，亦天理也。"③ 按张载的意思，实行宗法是从诸侯一级开始的，这也就暗含着天子无宗法的意思。吕大临对《礼记·大传》"别子为祖，继别为宗"的解释说：

> 国君之適，长为世子，继先君之正统；自母弟而下，皆不得宗，次適为别子。别子既不得祢先君，则不可宗嗣君，又不可无所统属，故为先君一族大宗之祖。其生也，適庶兄弟皆宗之，别子之母弟虽適，子与群公子同不得为之别子；其死也，子孙世世继之，为先君一族之大宗，凡先君所出之子孙皆宗之，虽百世不迁，无后则族人以支子继之，此谓"别子为祖，继别为宗"。④

---

① 冯尔康等：《中国宗族史》，上海人民出版社2009年版，第166页。
② 王玉哲：《中华远古史》，第574页。
③ 张载：《经学理窟·宗法》，《张载集》，第259页。
④ 吕大临：《礼记解·大传》，《蓝田吕氏遗著辑校》，第259页。

宗子者，皆支子也。①

从吕大临的解释来看，宗法是从诸侯的嫡子以下才开始实行的，天子与诸侯是不实行宗法的。

苏洵对《大传》中宗法的解释是：

> 别子者，公子及士之始为大夫者也。别子不得祢其父，而自使其嫡子后之，则为大宗，故曰"继别为宗"。族人宗之，虽百世，而大宗死，则为之齐衰三月，其母妻亡亦然；死而无子，则支子以其昭穆后之，此所谓"百世不迁之宗也"。别子之庶子又不得祢别子，而自使其嫡子为后，则为小宗。故曰"继祢者为小宗"。小宗五世之外，则易宗。其继祢者，亲兄弟宗之；其继祖者，从兄弟宗之；其继曾祖者，再从兄弟宗之；其继高祖者，三从兄弟宗之；死而无子，则支子亦以其昭穆后之，此所谓"五世则迁之宗也"。凡今天下之人，惟天子之子与始为大夫者，而后可以为大宗，其余则否。独小宗之法，犹可施于天下。故为族谱，其法皆从小宗。②

本来，天子是否实行宗法是古史研究中的专门问题，当然也是一个礼制问题。宋代理学家并非古史专家，他们认为天子不行宗法，其实就是将礼学中诸侯以及诸侯以下等级实行的宗法制顺利地移植到士大夫阶层，为振兴、推行宗法作了理论准备。张载、程颐等理学家将传统礼制规定的只有诸侯阶层可以行的祭高祖礼扩展到普通的士大夫以及庶人阶层，就是宗法下移的一种表现，这与他们对宗法的理解是一致的。

历史地来看，理学家重视宗法与宋代社会的变革是相呼应的。中唐以后，中国社会历史的发展发生了深刻的变化。魏晋南北朝直至隋唐时期的"门阀士族"是这个时期最为显著的时代特征，也是历史学研究关注的主要问题。唐代中后期直到五代时期士族的消亡，也被认作中国古代社会发展、转型的一个重要标志。近代以来学者所说的"唐宋变革"，是目前为止对这一社会变革所提出的最好的一个解释。其实，古代学者对历史的变

---

① 吕大临：《礼记解·曲礼下》，《蓝田吕氏遗著辑校》，第248页。
② 苏洵：《族谱后录上篇》，《嘉祐集笺注》卷十四，第380页。

化也有敏锐的感受。郑樵有一段话，经常为学者所称引：

> 自隋唐而上，官有簿状，家有谱系。官之选举必由于簿状；家之婚姻，必由於谱系。历代并有图谱局，置郎、令史以掌之，仍用博通古今之儒，知撰谱事。凡百官族姓之有家状者，则上之，官为考定详实，藏于祕阁，副在左户。若私书有滥，则纠之以官籍。官籍不及，则稽之以私书。此近古之制，以绳天下，使贵有常尊，贱有等威者也，所以人尚谱系之学，家藏谱系之书。自五季以来，取士不问家世，婚姻不问阀阅，故其书散佚，而其学不传。①

郑樵这里所说的虽然是中国古代谱牒学的发展演变状况，但其实也是从这个角度描绘了古代社会的变化。他说的"五季以来，取士不问家世，婚姻不问阀阅"，具体地反映出宋以来门阀政治的解体。伴随这一历史变革的是谱牒学的衰落。宋代部分儒家学者大力提倡恢复宗法，正是在这种变革的社会历史时期的一种复古主张。

吕思勉先生曾指出："聚居之风，古代北盛于南，近世南盛于北。"② 这个看法得到了近来历史学研究的进一步证实。③ 吕思勉先生所说的古代是指唐以前，近世是指宋代以后。南盛于北，显然是与唐中后期以来大族南迁有关。到了宋代，传统的家族发生了很大的变化。《续资治通鉴长编》记载：

> 以龙图阁直学士、刑部郎中刘烨知河南府。烨先世代郡人，后魏迁都，因家河南。唐末五代之乱，衣冠旧族多离去乡里，或爵命中绝，而世系无所考，惟刘氏自十二代祖北齐中书侍郎环隽以下，仕者相继。环隽生隋大理卿坦，坦生唐渝国公政会，由政会至烨十一世，皆葬河南，而世牒具存。烨尝权发遣开封府事，独召见，太后问曰："知卿名族，欲一见卿家谱，恐与吾同宗也。"烨曰："不敢。"他日，数问之，烨无以对，因为风眩，仆而出，乃免。④

---

① 郑樵：《通志·氏族略》，《通志二十略》，中华书局1995年版，第1页。
② 吕思勉：《中国制度史》，上海教育出版社1985年版，第395页。
③ 参见黎小龙《义门大家庭的分布与家族文化的地域特征》，《历史研究》1998年第2期。
④ 《续资治通鉴长编》卷一百三仁宗天圣三年四月，第2380页。

在宋代，像刘烨这样"世牒具存"的"衣冠旧族"，已经很少见了。宋代的宗族制主要是一种以"敬宗收族"为特征的宗族制。① 在这个时候，累世而居、同居共财的大家族在宋代社会是有的，但是所占的比例极小，据估算可能只占到家庭总数的万分之几甚至更少。在宋代社会普遍存在的是小家庭结构。② 这种家庭以"三代五口"为标准，以中间的壮年夫妇为核心，上养老人，下育子女③，应是一种扩展型的核心家庭。

由以上论述我们可以认为，宋代理学家提倡的宗法虽然也是一种复古的主张，但他们所谓的宗法其实对应的是北宋以来变化了的社会结构和宗法形态。面对以核心小家庭为主的社会结构，用传统的宗法观念以及宗法原则来重新凝聚社会，显然是非常有必要的，这也正是理学家倡导宗法的社会意义。

四 "必有《关雎》《麟趾》之意，然后可以行《周官》之法度"

在孔子的思想当中，仁与礼是两个重要的内容。与此相同，仁学与礼学也成为儒学的两个方面。虽然在儒学的历史发展进程中，仁学与礼学的发展在不同历史时期有不同的侧重，但是，儒学是仁学与礼学相结合的整体，是内圣外王相贯通的整体，这是我们理解与把握儒学的关键所在。

程明道曾云："必有《关雎》《麟趾》之意，然后可行周公法度。"④ 明道的这句话，《近思录》、朱子《孟子集注》以及宋人语录中均引作"必有《关雎》《麟趾》之意，然后可以行《周官》之法度"。如果按照二程的意见，《周礼》本为周公致太平之法，那么这两种说法其实是一个意思。为什么在后世实行《周礼》，要从《关雎》这样的诗篇开始？二程自己的解释是："《关雎》之类，正家之始。故用之乡人，用之邦国，日使人闻之。"⑤ 程颐在与他的弟子讨论《关雎》诗篇时又指出：

> 曰："《关雎》之诗，是何人所作？"

---

① 参见王善军《宋代宗族和宗族制度研究》"绪篇"部分，河北教育出版社1999年版，第7—31页。
② 同上书，第141—160页。
③ 参见邢铁《宋代家庭研究》，上海人民出版社2005年版，第31页。
④ 《河南程氏外书》卷十二，《二程集》，第428页。
⑤ 《河南程氏遗书》卷二上，《二程集》，第21页。

曰：" 周公作。周公作此以风教天下，故曰'用之乡人焉，用之邦国焉，上以风化下，下以风刺上'，盖自天子至于庶人，正家之道当如此也。"①

《关雎》《麟趾》在《诗经》皆属于《周南》。二程说："《二南》之诗，盖圣人取之以为天下国家之法，使邦家乡人皆得歌咏之也。有天下国家者，未有不自齐家始。"② 程颐又说："《二南》，正家之道也，陈后妃夫人大夫妻之德，推之士庶人之家，一也。故使邦国至于乡党皆用之；自朝廷至于委巷，莫不讴吟讽颂，所以风化天下。"③《关雎》的主题是齐家之道。因此程颐说："《关雎》之化行，则天下之家齐俗厚，妇人皆由礼义，王道成矣。"④ "《关雎》而下，齐家之道备矣，故以《麟趾》言其应。《关雎》之化行，则其应如此，天下无犯非礼也。"⑤

程颐又说："欲治国治天下，须先从修身齐家来。"⑥ "天下之治，正家为先。天下之家正，则天下治矣。"⑦ 这是儒家修齐治平的推演。治理国家天下要从修身齐家开始。程明道的这句话是依据《大学》修齐治平的严格顺序对王安石新法的批评，认为王安石的治国主张缺少坚实的内圣学的依据。在他们看来，如果没有内圣学的基础，那么《周礼》的典制便无法落实，最终也不可能实现或成功。

张伯行对程明道的这句话有详细的解释：

> 此言徒法不能自行也。《关雎》《麟趾》，皆《周南》之诗。文王后妃，有幽闲贞静之德。故宫人作《关雎》以美之。文王之子孙宗族，有仁爱忠厚之性。故诗人咏《麟趾》以比之。《周官》，《周礼》之六官。法度，礼乐制度也。德化为治之本，法度为治之具。二者交致，则治业盛。然必先有其意，而后可以行其法。否则内多欲

---

① 《河南程氏遗书》卷十八，《二程集》，第 229 页。
② 《河南程氏遗书》卷四，《二程集》，第 72 页。
③ 《河南程氏经说》卷三，《二程集》，第 1046 页。
④ 同上书，第 1048 页。
⑤ 同上书，第 1049 页。
⑥ 《河南程氏遗书》卷二十二上，《二程集》，第 293 页。
⑦ 《河南程氏经说》卷三，《二程集》，第 1046 页。

而外施仁义，未见其能行也。①

朱子也有相同的看法：

> 问："'必有《关雎》《麟趾》之意，然后可以行《周官》之法度'，只是要得诚意素孚否？"曰："须是自闺门衽席之微，积累到薰蒸洋溢，天下无一民一物不被其化，然后可以行《周官》之法度。"②

南宋真德秀也说：

> 《周礼》之难行于后世也久矣。不惟难行，而又难言。然则终不可行乎？曰：有周公之心，然后能行《周礼》；无周公之心而行之，则悖矣。然则终不可言乎？曰：有周公之学，然后能言《周礼》；无周公之学而言之，则戾矣。……周公之心，禹、汤、文、武之心；而其学，则禹、汤、文、武之学也。以此之心布而为政，以此之学著而为书，故能为成周致太平，而为万世开太平。（真德秀：《王与之周礼订义序》，文渊阁四库全书本）

真德秀的解释更加明确。所谓周公之心、周公之学，其实就是道学。只有将道学的义理讲明，内圣工夫做透，才可以"为万世开太平"。内圣是外王的必要条件。理学家内外贯通的主张在这里表述得非常明确，这也是他们反对王安石依《周礼》实行新法以及荆公新学的一个主要原因，理学家认为王安石割断了儒家修齐治平的内外之道。二程就明确地说：

> 昔见上称介甫之学，对曰："王安石之学不是。"上愕然问曰："何故？"对曰："臣不敢远引，止以近事明之。臣尝读《诗》，言周公之德云：'公孙硕肤，赤舄几几。'周公盛德，形容如是之盛。如

---

① 张伯行：《近思录集解》卷八，见陈荣捷《近思录详注集评》，华东师范大学出版社 2007 年版，第 229 页。
② 黎靖德编：《朱子语类》卷九十六，第 2473 页。

王安石，其身犹不能自治，何足以及此。"①

程颢还说："王安石博学多闻则有之，守约则未也。"② 这都是批评王安石对儒学的理解、阐释还有欠缺。

南宋的叶时完全认同理学家的看法，认为修身齐家是治理国家天下的基础，内外贯通是儒学的本义。他说：

> 天下之治，闺门衽席之微而达之于朝廷表著之位，自朝廷表著之近而达于乡田井牧之间，未有内不理而外能顺，家不齐而国自治者。文王造周，由兄弟而家邦，自刑寡妻始，由邦国而乡人，自正夫妇始。成王、周公之守家法，其可不于王内政令致谨乎。(《礼经会元》卷二下《内政》，文渊阁四库全书本)
>
> 齐家之道无以异于治国也。(《礼经会元》卷二下《内政》)

从程明道提出"必有《关雎》《麟趾》之意，然后可以行《周官》之法度"，理学家以及一些受理学影响的士大夫都认为在后世要实行《周礼》之治，必须要从修身齐家这样的内圣功夫作起。这本是儒家内圣外王主张的共有之义，但是在宋代特定的政治、学术背景之下，明道此说又有了具体的含义，即他是针对王安石借《周礼》行新法而发的。在理学家看来，王安石割裂了内圣与外王之间的必然联系，由于他内圣学的不足，所以他借《周礼》而行的改制必然是失败的。

其实，王安石除了是实干的政治家之外，还是一位儒家学者。他在基本的主张方面并没有背离儒学修齐治平的传统。王安石说：

> 乃若治之，则自身至于家，自家至于国，自国至于天下，四海之内，未有不始乎近而后及乎远也。③

---

① 《河南程氏遗书》卷二上，《二程集》，第17页。
② 同上。
③ 程元敏：《三经新义辑考汇评（一）——尚书》，华东师范大学出版社2011年版，第23页。

王安石在注解《尚书·皋陶谟》"慎厥身修"一句时又说：

> 身立则政立，故皋陶先言"修身"。能修其身然后可以齐其家，故继之以"惇叙九族"。齐家而后国治，故继之以"庶明励翼"。国治而天下平，故继之以"迩可远在兹"。①

由此可见，王安石并非没有儒家修齐治平的主张与理想。理学家和叶时等人批评王安石割裂内外关系，是有偏颇之处的。另外，王安石对于儒家性命道德之学也有自己的理解。王安石在早年写的《淮南杂说》数万言，"世谓其言与孟轲相上下，于是天下之士，始原道德之意，规性命之端云"（《郡斋读书志》后志卷二，文渊阁四库全书本）。王安石甚至还是北宋时期儒学"道德性命"之学的重要倡导者之一。但是理学家异口同声地指出王安石内圣不足无以行外王理想，如朱熹说王安石"见道理不透彻"②，是因为王安石走了一条与程朱上达孟子性善不同的道路，王安石在"道德性命"方面的看法恰恰类似孟子所批评的告子。因此理学家才会极力反对王安石的内圣之学，认为王安石关于"道德性命"的议论不但不成熟，而且还流于异端。③

从北宋儒学的整体发展来看，儒家学者对内圣与外王的贯通有了更加自觉的认识。虽然很多人所说的"必有《关雎》《麟趾》之意，然后可以行《周官》之法度"，是为了批判王安石新学而发的，但其实包括王安石在内，儒学普遍认为，为了恢复实行《周礼》，达到三代的理想，前提条件是首先从修身齐家的内圣功夫开始。宋学的倡导者范仲淹在解释《周易》时说：

> 《家人》阳正于外，阴正于内，阴阳正而男女得位，君子理家之时也。明乎其内，礼则著焉；顺乎其外，孝弟形焉。礼则著而家道正，孝弟形而家道成。圣人将成其国，必正其家。一人之家正，然后天下之家正。天下之家正，然后孝弟大兴焉，何不定之有？④

---

① 程元敏：《三经新义辑考汇评（一）——尚书》，华东师范大学出版社2011年版，第34页。
② 黎靖德编：《朱子语类》卷一百三十，第3097页。
③ 参见刘丰《王安石的礼乐论与心性论》，《中国哲学史》2010年2期。又见本书第三章。
④ 《宋元学案》卷三《高平学案》，第137页。

从经典上看，范仲淹这是发挥《周易·家人》卦，但他所讲的思想，却正是北宋时期儒学的一个普遍的看法。正因宋代儒家学者对齐家如此看重，因此从北宋开始，出现了一大批有关家规家训的作品。其实，中国古代的家规家训早在两汉时期就已经出现了。到了宋代，随着社会结构的转型，核心家庭成为社会普遍的家庭形态，与此同时也出现了大量的家规家训。北宋时期有范仲淹《义庄规矩》、包拯《家训》、司马光《家范》、苏颂《魏公谭训》、杨亿《家训》、宋景文《庭戒》、黄庭坚《家戒》、柳开《皇考戒》、贾昌朝《戒子孙》等。南宋时期制定的家训更为普遍，如叶梦得《石林家训》、吕本中《童蒙训》、赵鼎《家训笔录》、陆游《放翁家训》、陆九渊《居家正本》、《居家制用》、吕祖谦《家范》、袁采《世范》、倪思《经鉏堂杂志》、真德秀《教子斋规》等。其中以司马光的《家范》最为著名。

除了家规家训之外，宋代还出现了大量的"家礼"一类的作品。其实，两汉魏晋时期的家规家训，在某种程度上说也就是家礼。私家礼制意义上的"家礼"一词最早出现在两晋时期（见《晋书·礼志中》）。到了唐代，"书仪"也逐渐向家礼的方向发展。书仪中的吉凶书仪逐渐发展演化为家庭的丧祭礼仪规定。《四库提要》说："盖书仪者，古私家仪注之通名。"[1] 这种说法其实并不是书仪的本来的含义，而是从宋代书仪逐渐演化为家礼的角度来说的。唐代有杨炯的《家礼》、孟诜的《家祭礼》、徐闰的《家祭仪》、范传式的《寝堂时飨仪》、郑正则的《家祭仪》、周元阳的《祭录》、贾顼的《家荐仪》、卢弘宣的《家祭仪》等（均见《新唐书·艺文志》）。不过，由于唐代士大夫的家礼主要是从书仪中的"吉凶书仪"发展而来的，因此这些家礼家规也主要以丧祭礼仪为主。

北宋时期有胡瑗的《吉凶书仪》和司马光的《温公书仪》两部以"书仪"为名的礼书。胡瑗的《吉凶书仪》见于晁公武《郡斋读书志》，书曰："略依古礼，而以今体书疏仪式附之。"[2] 由于胡瑗的这部书不见于其他记载，因此我们也无法得其详，不过据学者的研究，"胡瑗《吉凶书仪》应是以礼仪为主内容，'书仪'的比重可能不多"。[3] 司马光的《温

---

[1]《四库总目提要》卷二十二《书仪》，第180页。
[2] 晁公武：《郡斋读书志》卷八，第329页。
[3] 张文昌：《制礼以教天下——唐宋礼书与国家社会》，台北：台大出版中心2012年版，第431页。

公书仪》流传至今,这是最后一部以"书仪"为名的著作。此书共十卷,第一卷为"书仪",其他九卷都是有关冠、昏、丧礼的礼仪。因此,"家礼仪文才是《温公书仪》之重点"。① 司马光的这部以"书仪"命名的礼书,受到后世理学家的肯定。朱子曾说:

> 二程与横渠多是古礼,温公则大概本《仪礼》,而参以今之可行者。要之,温公较稳,其中与古不甚远,是七八分好。若伊川礼,则祭祀可用。婚礼,惟温公者好。②
>
> 横渠所制礼,多不本诸《仪礼》,有自杜撰处。如温公,却是本诸《仪礼》,是为适古今之宜。③

由朱子的评价可知,司马光的《书仪》是以《仪礼》为本,因此这确实就是一部士大夫的家礼。中国台湾学者张文昌指出:"原本仅在门第家内流传之'家礼',透过'吉凶书仪'的转化,在司马光撰成《书仪》后,变成是北宋士大夫圈最重要的'家礼'文本。此后,'书仪'展现私礼教养部分的功能,已经被北宋'家礼'类文本所取代。"④ 这个看法对于我们进一步认识司马光的《书仪》在宋代家礼的发展过程中所具有的承前启后的作用,是有帮助的。另外,朱子这里还提及二程、张载都有类似的礼书撰作。据《宋史·艺文志》,宋代出现了一大批家礼作品,主要有:

孙日用《仲享仪》一卷;

陈致雍《寝祀仪》一卷;

韩琦《参用古今家祭式》;

司马光《涑水祭仪》、《居家杂仪》一卷⑤;

吕大防、吕大临《家祭仪》一卷;

吕大钧《蓝田吕氏祭说》一卷;

---

① 张文昌:《制礼以教天下——唐宋礼书与国家社会》,台北:台大出版中心 2012 年版,第 432 页。
② 黎靖德编:《朱子语类》卷八十四,第 2183 页。
③ 同上。
④ 张文昌:《制礼以教天下——唐宋礼书与国家社会》,第 436 页。
⑤ 后人在编纂《温公书仪》时将这两部书也并入《书仪》,《居家杂仪》被附于《书仪》卷四下《婚仪》后,《涑水祭仪》则作为《书仪》的卷十《丧仪》五。

张载《横渠张氏祭仪》一卷；
程颐《伊川程氏祭仪》一卷；
赵希苍《赵氏祭录》二卷；
朱熹《二十家古今祭礼》二卷；
朱熹《四家礼范》五卷；
朱熹《家礼》一卷。

显然，在这些宋代的家礼著作当中，最为重要的还是朱子的《家礼》以及《四家礼范》和《二十家古今祭礼》。编修礼书是朱子晚年学术的重点，其实这一巨大的学术工程就是从编修整理祭礼开始的。朱子的《家礼》分为通礼、冠礼、昏礼、丧礼和祭礼五大部分，其序曰：

> 凡礼有本有文，自其施于家者言之，则名分之守、爱敬之实，其本也；冠、昏、丧、祭仪章度数者，其文也。其本者有家日用之常体，固不可以一日而不修，其文又皆所以纲纪人道之始终，虽其行之有时，施之有所，然非讲之素明、习之素熟，则其临事之际，亦无以合宜而应节，是不可以一日而不讲且习焉也。①

由此可见，朱子编订《家礼》的目的就是在家常日用之间贯彻礼的要求，以此来整饬纲纪。有学者已经指出，宋代家礼的作者均属宰辅或学养深厚的理学家，皆为儒学素养极高的士大夫，这说明"就宋代礼制礼学的发展而言，'家礼'受重视的程度，显然已经超越'国家礼典'"。② 理学家重视家礼，家礼的重要性在某种程度上已经超过了国家礼典，这与他们提倡的"必有《关雎》《麟趾》之意，然后可以行《周官》之法度"完全是一致的，只有"齐家"方可以"治国""平天下"。整体上来看，宋代的儒学并未放弃"治国""平天下"的理想，国家层面的礼典礼制依然还是宋代儒家学者关心的重大问题，但是，理学家把关注的重点放在了"基础"，即更为普遍的社会层面。前文曾经指出，宋代以后，中国社会结构发生了很大的变化，其中之一就是以核心家庭为主的小家庭取代了过去的世家大族，与此同时，礼也逐渐庶民化、平民化。面对新的社会形态，儒家士大夫除

---

① 朱熹：《文集》卷七十五《家礼序》，《朱子全书》第二十四册，第3626页。
② 张文昌：《制礼以教天下——唐宋礼书与国家社会》，第448页。

了提倡宗法以整饬家族与社会之外，制定与变化了的家庭相适应的家训家规家礼，致力于从更加普遍的社会层面振兴礼教，改革礼俗，并以此作为实现儒家修齐治平理想的突破口。礼只有在社会的基层落实了，这才是振兴儒学，实现儒家三代理想的真正基础。因此，宋代学者主张的"必有《关雎》《麟趾》之意，然后可以行《周官》之法度"，除了狭义的针对王安石新学之外，还应从更广阔的社会史的视野来理解，才能获得更为全面的认识。

五 北宋时期礼学发展的历史背景

注疏经典是儒学发展的主要形式。在北宋儒学复兴的过程中，《周易》《春秋》以及"四书"等都依次成为儒学在不同阶段的重要载体，对这些经典的不同解释，不但推动了儒学的发展，而且也形成了儒学的不同派别。相对而言，《周礼》在北宋道学的兴起、发展过程中没有发挥像《周易》、"四书"那么重要的作用，学术界对《周礼》在宋代儒学复兴与发展过程中的地位与重要性也涉及不多。但是通过上文的论述，我们可以看出，《周礼》在北宋儒学发展过程中也具有重要的意义与作用。从《周礼》中引发出来的一些议题，如关于井田、封建、宗法等的讨论，以及与《周礼》相关的关于儒学内圣外王的理解，对于我们更加深入地认识道学的社会政治意义，全面认识宋代儒学在哲学、政治、社会等不同层面的理论贡献，都是有积极意义的。

对于后世的学者来说，《周礼》是周公制礼作乐的作品，是西周礼乐盛世的典范，因此在很大程度上，《周礼》也就是周礼的代称。北宋学者重视《周礼》，从整体上来说，就是他们"复三代"理想的具体说明。北宋时期的儒家学者，尤其是理学的创始人张载、二程等人，在现实生活中也都是谨守儒家礼制、力主恢复儒家礼制的践行者。这里一个重要的原因就是自汉代以后，尤其是魏晋以来，佛道的许多宗教仪式已经渗透到人们的日常生活当中，上至帝王，下至普通民众，冠昏丧祭等生活礼仪已经形成了儒释道混杂的局面。从儒家的立场来看，儒家所承袭的上古以来的礼仪已经杂而不纯，尤其是隋唐以来佛教的广泛流行，反而使儒家所主张的礼仪在现实生活中湮而不显。北宋的儒学复兴，不但在义理方面吸收佛道的思想以充实儒学在"性与天道"方面的先天不足，在社会政治方面，以"三代"为理想，希望模拟"三代"，建立儒家的礼乐之治，更为重要的是，需要在更为普遍的社会层面全面剔除佛道的影响与渗透。因此，从社会生活礼仪的层面来看，同样也需要有一个"再儒学化"过程。

西汉中期以后，随着儒学独尊地位的确立，以国家祭祀为代表的国家礼典以及日常社会生活礼仪都逐渐儒家礼制化了。但另一方面，礼仪从来都是不断变化的，民间的巫术、风俗习惯以及佛教道教的礼仪礼俗也在不断渗透到国家层面的礼仪当中，对儒家的正统礼仪造成了影响与冲击。如汉代国家祭祀的最高神"太一"，其实就是融合了礼经当中的至上神信仰以及当时流行的阴阳五行思想、民间方术等而形成的信仰、祭祀对象。因此，魏晋以来礼仪的非儒学化正是北宋时期儒学复兴过程中匡正礼俗、重振礼教的重要的历史背景。

魏晋南北朝时期，伴随着佛道二教的流行，从国家层面的礼制到社会生活礼仪也都受到了佛老的影响。佛教、道教是中国古代社会有系统的、具有全国影响的两大宗教，它们各自都有其独特的礼仪体系。对于魏晋南北朝直至唐宋时期的佛道二教及其与中国古代社会的民间信仰、与官方祭祀的相互关系、相互融合等问题，是近些年来国内外史学界（尤其是社会史、宗教史等领域）研究的热点。具体的微观研究不是我们这里关注的重点，但是综合这些研究，从整体上来看，它们均指向一个结论，即随着佛老在中国社会的传播与流行，其信仰、理论、仪式，均向以儒学为指导的官方礼制形成挑战，与此同时，官方的祭祀仪式也逐渐包容佛教、道教及其所影响的民间信仰，形成儒释道三教在宗教祭祀方面的互动与融合。这是中古社会宗教祭祀领域的一个基本现象。我们可以宋代的丧礼为例具体说明。

司马光《书仪》卷五《丧仪》记载："于始死及七七日、百日、期年、再期、除丧，饭僧，设道场，或作水陆大会，写经造像，修建塔庙。"（中国基本古籍库收清雍正刻本）这是宋代丧礼的基本形式，其实，这些礼仪已不完全是儒家礼经所记载的丧礼仪式了，这里已经渗透了很多佛老的因素。

丧礼本是传统礼仪当中最为主要的内容。以帝王的丧礼来说，自隋唐以来，虽说大多均是按照儒家礼仪的规定而实行的，但是佛教、道教斋会、行香等仪式也逐渐出现在帝王的丧礼中。唐代文献中载有不少丧礼"延僧请佛，庭建法坛，设供陈香，累七不绝"的内容。[1] 赵翼指出，虽

---

[1] 《唐文续拾》卷一一《汾阳县史造像记》，中华书局1983年版，第11290页。

然传统礼经中也有关于"七"的一些规定，如《礼记》有水浆不入口者七日，《周易》有七日来复；也有人认为古礼诸侯七虞，"今逢七日必祭，凡七祭，盖因虞礼而误用之也"①，但实际上，"累七"就是指佛教和道教共行的七七斋。《释氏要览》"累七斋"条云："人亡每至七日必营斋追荐，谓之累七，又云斋七。"赵翼据《北史·外戚传》指出，七七斋会始于北魏时期，"按元魏时，道士寇谦之教盛行，而道家炼丹拜斗，率以七七四十九日为断，遂推其法于送终，而有此七七之制耳"②。其实，七七斋与佛教的关系更密切一些，其说始于印度而传入中国，后又与中国传统的葬仪相结合，形成地藏信仰的"十王斋"。③唐代很多帝王的丧礼中都有"斋七"的明确记载。到了宋代，"斋七"的仪式更加在皇帝丧礼中被明确化了，成为丧礼中不可或缺的程式之一。④

这里还提到百日。《宋会要辑稿·礼》三二载慈圣光献曹后丧礼初，令百日内禁乐，"太常礼院言：'按礼，葬而后虞，虞而后卒哭，卒哭而后祔。景德中，明德皇后以百日为卒哭，卒哭后不禁乐。以百日为卒哭，盖古之士礼，不当施于朝廷。'乃诏改卒哭为百日"。⑤按照传统礼仪，卒哭当在虞祭之后，祔庙之前，与百日无关，但这里却将百日与卒哭混为一谈，这大约是民间流行的一种做法。南宋以后百日还有烧香的仪式。忌日行香也是佛教向儒家礼仪渗透的一个很好的例证。⑥

再如丧礼中的做道场，是指设斋供奉，超度所谓水陆众鬼的法会。这一风俗据说始于梁武帝时，至宋则普遍流行。水陆道场的风俗因为要使用音乐，与儒家的丧礼颇有不同，因此遭到一些儒家学者的反对。史载穆修母死，"自负榇以葬，日诵《孝经》、《丧记》，不饭浮屠为佛事"（《宋史》卷四百四十二《文苑传四·穆修传》）。程颐说："某家治丧，不用浮

---

① 参见赵翼《陔余丛考》卷三十二《七七》，上海古籍出版社2011年版，第625页。
② 同上书，第626页。
③ 这个问题可以参看吴丽娱《试论唐宋皇帝的两重丧制与佛道典礼》，《文史》2010年第二辑，中华书局。
④ 吴丽娱《试论唐宋皇帝的两重丧制与佛道典礼》一文对这个问题有精辟的研究。
⑤ 《宋会要编稿·礼》三二之三三，上海古籍出版社2014年标点本，第1469页。
⑥ 参见严耀中《从行香看礼制演变》，《谈史论经》，上海古籍出版社2004年版，第149—163页。吴丽娱《试论唐宋皇帝的两重丧制与佛道典礼》一文、张文昌《制礼以教天下——唐宋礼书与国家社会》第五章第二节"礼典融入宗教因素：以国忌行香为例"（第317—332页）都对这个问题有讨论。

图。在洛，亦有一二人家化之，自不用释氏。道场之用螺钹，盖胡人之乐也，今用之死者之侧，是以其乐临死者也。天竺之人重僧，见僧必饭之，因使作乐于前。今乃以为之于死者之前，至如庆祷，亦杂用之，是甚义理？如此事，被他欺谩千百年，无一人理会者。"① 朱熹说："丧最要不失大本。如不用浮屠，送葬不用乐，这也须是除却。"② 本来，按照正统的儒家礼制是反对丧礼用乐的，但从程颐、朱熹的话中可以看出，水陆道场当时在民间是非常流行的。

丧礼中佛教因素更为明显的是火葬的流行。顾炎武《日知录》记载："火葬之俗盛行于江南，自宋时已有之。""自宋以来，此风日盛……相率焚烧，名曰火葬，习以成俗。"③ 据学者研究，两宋时期的火葬率在10%—30%之间④，其中尤以河东路和两浙路的火葬率最高。⑤ 虽然宋代火葬兴盛的原因比较复杂，但不可否认，佛教的影响是一重要因素。如洪迈说："自释氏火化之说起，于是死而焚尸者，所在皆然。"⑥

再以祭祀来说，祭祀是古代礼仪中的主要内容，"礼有五经，莫重于祭"（《礼记·祭统》）。按照三《礼》的规定，宗庙祭祀用"尸"代替受祭对象。《仪礼·士虞礼》："祝迎尸。"郑玄注："尸，主也。孝子之祭，不见亲之形象，心无所系，立尸而主意焉。"⑦《礼记·坊记》也说："祭祀之有尸也，宗庙之有主也，示民有事也。""尸"是代替人鬼来受祭的人，必须选择所祭者之嫡孙或同姓之嫡孙为之。《礼记·曲礼上》："礼曰：君子抱孙不抱子。此言孙可以为王父尸，子不可为父尸。"又据《周礼》等礼书，祭祀天地、上帝以及社稷、山川等，皆用尸。汉代以后，祭祀用尸的礼仪已渐不行，而是用木主来代替。据唐代的法典，唐代宗庙

---

① 《河南程氏遗书》卷十，《二程集》，第114页。
② 黎靖德编：《朱子语类》卷八十九，第2278页。
③ 顾炎武：《日知录》卷十五《火葬》，"顾炎武全集"本，上海古籍出版社2012年版，第617、619页。
④ Patricia Buckley Ebrey: Cremation in Sung China, American Historical Review, 第95期第2号，1990年；转引自朱瑞熙等《辽宋西夏金社会生活史》，中国社会科学出版社1998年版，第190页。
⑤ 朱瑞熙等：《辽宋西夏金社会生活史》，第190页。
⑥ 洪迈：《容斋续笔》卷十三《民俗火葬》，见《容斋随笔》，中华书局2005年版，第381页。
⑦ 《仪礼注疏》卷四十二《士虞礼》，上海古籍出版社2008年标点本，第1282页。

祭祀的对象依然是木主。但是，由于佛道二教的影响以及民间信仰中偶像崇拜的因素，在宗庙祭祀中塑像、图像、写真等偶像崇拜的印记也逐渐流行起来。对于祭祀对象的人格化，正统的儒家是持批判态度的。

以祭孔为例。据学者研究，孔子图像最早始于汉景帝末文翁在蜀立学馆之时①，魏晋以后，这种现象越来越普遍。对这一现象，很多学者认为，祭祀用图是佛教影响的结果。如陈登原指出："孔子造像，约与佛教来华相距不远，而其成为习惯，则见于魏晋六朝，隋唐到宋，相延不废。"② 黄进兴也认为："所有文庙涉及释氏东来以前，已有孔子像设或图绘之说均需重加检讨。"③ 当然，在佛教东来之前，中国古代社会中也有石像、陶俑等，但是魏晋以后偶像逐渐普遍流行，也必然与佛教的影响有关。正如有学者所指出的："不论这种偶像崇拜的方式是受了佛教的影响，还是对民间信仰方式的模仿，有一点是肯定的，即这种祭祀方式不是儒家传统。"④

张载曾自道：

> 家中有孔子真，尝欲置于左右，对而坐又不可，焚香又不可，拜而瞻礼皆不可，无以为容，思之不若卷而藏之，尊其道。⑤

"真"即"写真"，为图像。从张载对于孔子图像的这一段自述可知，张载对于孔子图像以及对图像的焚香、礼拜，皆有一种矛盾的态度。孔子为圣人，儒者尊孔于情于理皆无任何问题，但对孔子像行焚香叩拜之礼，则又不符合传统儒家的礼制。这也从反面说明，图像、焚香等仪式在宋代民间的祭祀当中是普遍流行的。

唐宋以来，佛道思想及其宗教仪式，不但影响到民众的冠昏丧祭等礼仪，还逐渐渗透到传统以儒家思想为主导的国家礼典当中。这不仅是中古

---

① 参见高明士《唐代东亚教育圈的形成——东亚世界形成史的一侧面》，台湾编译馆1984年版，第118页。
② 陈登原：《国史旧闻》卷十三《孔子造像》，中华书局2000年版，第365页。
③ 黄进兴：《权力与信仰：孔庙祭祀制度的形成》，《优入圣域》（修订本），中华书局2010年版，第152页注①。
④ 雷闻：《郊庙之外——隋唐国家祭祀与宗教》，三联书店2009年版，第65页。
⑤ 张载：《经学理窟》，《张载集》，第289页。

时期礼制的发展变化，还有学者已经开始注意到这一变化所关涉的社会的变动、皇权的发展等更深层次的问题。

从唐代开始，国家祭祀礼仪中逐渐出现了道教的影响。本来，传统的天子祭祀天地、宗庙祭祀，在儒家家国一体观念的指导下，属于国家祭祀。《礼记·礼器》："天地之祭，宗庙之事，父子之道，君臣之义，伦也。"在儒家礼制的长期规范下，皇帝及其臣僚的祭祖郊天已经成为显示朝廷体制和国运昌盛，以及皇朝延续和为民众祈福的仪式，从而更多体现了国祭的意义。在这个意义上，宗庙就是国家最高的象征。[①]

唐代尤其是玄宗时期，宗庙、陵寝祭祀礼仪主体上还是坚持了儒家礼仪，但同时大量的道教仪式开始渗透到这些隆重的具有国祭意义的仪式中，如贞元九年所议的宗庙上食，就是迎合道教神仙说的一个证明。吴丽娱老师指出："可见陵寝和宗庙正是通过设食将皇帝生前死后的生活联系起来，保证了两个世界更亲密的对接与交流。作为人的皇帝不仅会受到已成为神仙的祖先福祐而获长寿，而且死后也会在另一个世界永生，这样不但皇帝作为人神合一的概念突出了，而且祭祀为皇帝个人服务的主旨也更加能够实现。……事实上，唐朝陵、庙祭食制度建立的前后，正是应皇帝的要求而道教色彩大量融入国家祭祀之时。"[②] 从吴老师的研究可知，寝庙祭祀中出现的道教仪式，不但是道教仪式向以儒家为指导的国家礼仪的渗透，而且还增加了皇帝个人的权力。

从唐代开始的宗庙祭祀受道教影响的结果，发展到宋代就成为自宋真宗大中祥符五年（1012）始，在太庙的祭享之外又建立景灵宫，供奉传说为玉帝驾前天尊、赵氏始祖的"圣祖"，并开始于宫内、京城和州府寺观中遍置御神殿，以奉安先朝"御容"，即将祖宗图像置于殿内，对其另行道教宫观式祭祀。到神宗元丰五年（1082），又将景灵宫作十一殿，"悉迎在京寺观神御入内，尽合帝后，奉以时王之礼"（《宋史》卷一百九《礼志》十二《景灵宫条》）。从此，景灵宫除将"圣祖"安置在天兴殿，还集中了已故帝后在京师的神御殿，使道教的祖宗与皇家的祖先之祀合成一处。神御殿被视作当然的"原庙"，而景灵宫实际上便成为宋朝的第二

---

① 参见甘怀真《中国中古时期"国家"的形态》，收入甘怀真《皇权、礼仪与经典诠释》，华东师范大学出版社 2008 年版；吴丽娱：《唐宋之际的礼仪新秩序》，《唐研究》第十一辑，北京大学出版社 2005 年版。

② 吴丽娱：《唐宋之际的礼仪新秩序》，《唐研究》第十一辑，第 259—260 页。

太庙。①

由此可见，宋代的宗庙祭祀其实实行的是两套祭祀仪式。太庙祭祀以儒家礼制为主，更多体现出国家祭祀的意义，而景灵宫祭祀则使用道教仪式，从某种意义上也是皇帝本人的家庙。从道教的角度来说，这自然是唐宋以来道教迎合皇权意图，逐渐为皇权所容纳的体现，可另一方面，从礼制的角度来看，以皇帝为代表的礼制演化出两套不同系统的礼制，也说明皇帝个人的意志逐渐开始凌驾于国家之上。吴丽娱老师在讨论唐宋时期皇帝的两重丧制时也指出了这个问题。皇帝为死去的先帝服丧，不但具有国丧的意义，同时也具有皇帝个人丧礼的含义。因此，在唐宋时期，皇帝的丧制具有二重性。儒家所主张的三年之丧在后世根据"以日易月"的原则演化为二十七日之制，即二十七日权制至入葬祔庙这一过程这是国礼，其仪式以儒家礼制为主体，同时，皇子作为人子为其父服三年之丧，在仪式当中融入了大量的当时流行的佛道仪式，如斋七、百日、行香等，这更多地体现了皇帝家礼的性质。这也说明儒家礼仪与宗教仪式已被分开，儒家礼仪作为国家制度的象征依然存在，但与此同时，以佛道宗教仪式为主的体现皇帝个人情感的仪式更多表现为私礼，因此各种宗教仪式与皇帝的关系更密切。② 这种现象说明，宋代在丧葬祭祀中，儒家礼制之外还同时有大量的佛道宗教仪式并存，这与皇帝个人有重要的关系，而且还是皇权逐渐增强的反映。

在帝制体系中，皇帝必然具有两种角色，面对两种场合。一方面，皇帝作为国家的象征，其所行的所有礼仪都具有"公"的意义，是国礼，但是另一方面，皇帝又有庞大的家族，对其个人及其家族内部来说，还有很多礼仪应当照顾到皇帝个人，具有"私"的性质。本来，三年之丧是儒家孝道思想的体现，但是对于帝王来说，却又要求他"公除"，即"以天下为公而除服也"③，即尽快结束丧期，除去丧服而处理政务，因此从汉代以来，对于帝王礼仪的这两种角色安排就一直存在争论。按照吴丽娱老师的总结，就帝王丧服的"权制"与三年丧制的关系来看，大致有这样的发展线索，即"权制"是从公制出发的丧礼制度，是国家政治生活

---

① 吴丽娱：《唐宋之际的礼仪新秩序》，《唐研究》第十一辑，第263页。
② 同上书。
③ 《资治通鉴》卷一百三十七齐武帝永明八年胡注，中华书局1956年版，第4297页。

的要求;"三年"是皇帝按照一般社会规范和礼仪限定的服丧,本属于皇帝私家所行丧礼的范畴。长期以来,围绕皇帝丧制从公还是从私的争论,国家礼制也表现为从汉魏建立"权制"以私从公,到南北朝隋唐因经礼无文而各取所需或各执公、私,而致使公明私暗,两制并存,再到晚唐至宋明显转入公私并重甚至以公从私的发展脉络和线索。①

这样,两种仪式就可以并存。在二十七日丧制中,以儒家礼仪为主,"斋七"和其他佛事、道教活动为附,这样儒家礼仪作为国家主体的层面依然完善,并作为政权的象征而继续存在;三年丧制却是以儒家祭礼为附,而宗教仪式的寺院、宫观行香等为主,这样它就可以作为皇帝私人行为,具有皇帝"家礼"的性质。

马端临解释宋代两种丧制时指出:"自仁宗以来,视朝则用易月之制,而宫中实行三年之丧。故于小祥、大祥、禫除之时,旋行禁音乐及奠祭之礼,盖亦适礼之变云。"② 马端临用传统的变礼来解释这一现象,恐怕不能完全说明问题。其实,表面上是佛道礼仪与儒家礼仪的相互冲突,但实际反映的是皇权的膨胀。因此,对此还应从政治史、社会史的角度作进一步的解释。

总之,唐宋以来,以皇帝为主体的国家礼制中出现了很多佛道因素的宗教仪式,其实是皇权强化的反映,是皇帝个人的意志开始凌驾于国家之上的体现。本来,以儒家理念为指导的郊祀、宗庙制度,已经有强化皇权的意图,但是,正如吴丽娱所指出的,这并不能解决皇帝对天地祖宗的祭祀完全按照已经完全国家化、公式化了的儒家仪式来举行的问题,因此遂有按道教的思想方式另创和发展一套专为皇帝服务的"家祭"系统,即唐代的太清宫和九宫贵神以及宋代的十神太一和景灵宫御神殿,等等,它们作为皇帝礼仪的特有仪式和象征而有别于"公"制体系的儒家祭祀。所以正像儒家礼仪作为国家制度的理论依据,佛道的宗教仪式的出现也自有其代表私礼或者"家礼"的特殊意义。③

由以上的论述我们可以看到,由于佛老的流行,佛道的宗教礼仪已经

---

① 参见吴丽娱《试论唐宋皇帝的两重丧制与佛道典礼》,《文史》2010年第二辑,尤其是第228页。
② 马端临:《文献通考》卷一百二十二《王礼考》十七,第3765页。
③ 参见吴丽娱《试论唐宋皇帝的两重丧制与佛道典礼》,《文史》2010年第二辑,尤其是第232页。

渗透到上至帝王，下至普通民众的日常生活当中①，因此，这既是以周礼为目标的社会改革运动的社会历史背景，同时也是一些儒家学者辟佛老的主要动机，是儒学复兴的重要内容。

礼的基本层面是礼仪。社会生活中冠昏丧祭等各种仪式就是礼的主要体现。礼是中国文化的特征，首先就表现在这些方面。但是，这些生活中的礼仪又是不断变化的。自汉代儒学取得独尊的地位之后，儒家的礼经以及儒学的教义就在不断规范着礼仪，但另一方面，来自民间的风俗以及佛道仪式又在不断影响、冲击并且改变着人们的礼仪。这二者之间的相互关系，是中古时期政治、宗教、文化方面非常有意义的一面。自北宋以来的儒学复兴运动，不但是儒学在义理方面与佛道二教的冲突融合，以至形成新的儒学理论形态，同时，儒学作为一个整体，也要改变自隋唐以来社会礼仪方面的混乱，使之再次"儒家化"。从某种方面来说，生活层面的儒学化，用儒家教义、礼仪规范人伦日用，才是儒家的最终目标。

礼是一种国家权力。从唐宋以来以皇帝为主体的祭祀礼仪的变化来看，也再次说明了这种变化不仅仅是仪式的增加，而且通过佛道的仪式反映了皇权的增强。这也说明礼具有权力的意义。北宋儒学的复兴，儒家学者重视《周礼》，提倡封建、井田，这些设想虽然没有实际的可操作性，但它的理论意义则是可以起到制约甚至分化王权的作用。儒家学者主张在国家祭祀层面也要恢复古礼，剔除其中的佛道影响，这里暗含的意义，也是由于这些佛道仪式正是助长皇权膨胀的一些因素。用传统的儒家礼仪来"净化"帝王的礼仪，同样也含有制约王权的意义。这一点是我们尤其应当留意的。

---

① 参见汪圣铎《宋朝礼与道教》《宋朝礼与佛教》，收入汪圣铎《宋代社会生活研究》，人民出版社2007年版。

第 三 章

政治与学术之间:王安石的《周官新义》

北宋时期的儒学复兴,不仅在儒学发展的历史上,而且在中国思想文化发展的历程中,都是一重大事件。陈寅恪先生尝言:

> 佛教经典言:"佛为一大事因缘出现于世。"中国自秦以后,迄于今日,其思想之演变历程,至繁至久。要之,只为一大事因缘,即新儒学之产生,及其传衍而已。①

陈寅恪先生是国学大家,这个对中国古代思想文化发展演变大势之判断,是非常精要而深刻的。从严格意义上讲,新儒学即道学历经自宋至清七八百年,为传统儒学发展的高峰,自然在中国文化发展的历史上具有举足轻重的地位和意义。新儒学的产生及其传衍,自当为一大事件。但若从较为宽泛的意义来说,陈寅恪先生所说的"新儒学",还当包括其产生的渊源,即始自中唐以来的儒学复兴运动。北宋道学是在中唐以来儒学复兴的过程中逐渐产生形成的。北宋建立以后,虽然佛道二教依然盛行,但儒学复兴的速度也在进一步加快。"庆历之际,学统四起",至仁宗时期,儒学内部已形成荆公新学、二程洛学、张载关学、苏氏蜀学等不同派别,道学就是在儒学的不断分化演进中逐渐兴起而后来居上的。在这一过程中,王安石新学无论是作为北宋儒学的一派,还是作为洛学、关学的对立面,并进而刺激了道学的进一步发展,都是新儒学产生、发展过程中的一个重要因素。

---

① 陈寅恪:《冯友兰中国哲学史下册审查报告》,《金明馆丛稿二编》,三联书店2011年版,第282页。

第三章 政治与学术之间：王安石的《周官新义》

北宋儒家学者积极地以回到"三代"作为复兴儒学的旗帜，自信地希望将现实改造成一个更加美好的、符合儒家理想的社会。在儒家经典中，《周礼》无疑最符合这样的标准。从正统的儒家立场来看，《周礼》由圣人创造，而且《周礼》本身就是儒家设想的"理想国"，书中蕴含了丰富的关于建国的具体内容与构想。儒家通经致用的传统，在北宋时期儒家学者关于《周礼》的研究与探讨中，得到了淋漓的体现。

由于《周礼》一书具有这样的性质，因此在儒家经典中，它与现实政治关系最为密切的。王安石编撰的《三经新义》，是在推行新政的过程中颁布的，一般认为它是新法的理论指导，其中《周官新义》与新法直接相关。《周官新义》在北宋礼学史上，甚至在中国古代礼学史上，都是一部独特的著作。一方面，由于王安石将《周礼》的性质判定为"理财"之书，因此它作为新法的理论依据，直接引发了轰轰烈烈的熙宁变法。另一方面，在新法罢废之后，《周官新义》也与新法、新学以及王安石本人，在历史的变迁中承担了过多的是非评判。北宋末年，面对北宋政府所面临的内忧外患的局面，已经有人将这一现实的结局归罪于王安石及其新学。南宋建立以后，在宋高宗"最爱元祐"的最高指示下，许多士大夫从政治、学术等不同层面对王安石进行了清算。杨时作为南宋道学发展历史上关键的一位传承人，不但认为新学杂糅了佛道的异端，而且还将北宋的亡国与新学联系起来。杨时指出：

> 蔡京用事二十余年，蠹国害民，几危宗社，人所切齿，而论其罪者，莫知其所本也。盖蔡京以继述神宗为名，实挟王安石以图身利，故推尊安石，加以王爵，配飨孔子庙庭。今日之祸，实安石有以启之。
>
> 谨按安石挟管、商之术，饰六艺以文奸言，变乱祖宗法度。当时司马光已言其为害当见于数十年之后，今日之事，若合符契。其著为邪说以涂学者耳目，而败坏其心术者，不可缕数，姑即一二事明之。（《宋史》卷四百二十八《道学传二·杨时传》）

在杨时等反对王安石的人看来，正是王安石"变乱祖宗法度"，才导致了北宋的亡国。承担这一历史罪责的首先是新法，但新法是王安石新学的具体表现，因此新法的祸国殃民是由于新学之故。在王安石新学体系中，《周官新义》为王安石亲自撰写，更能体现王安石的思想，是王安石新经学的代表著作。王安石一再指出，《周礼》一书当中"理财居其半"，将儒家的先王政典变为经济的"理财"之书。因此，在反对新学的人看来，《周官新义》自然也应该承担起王安石变乱祖宗法度以及由此导致的北宋亡国的历史罪责。在儒家礼学以及经学体系当中，一部经典承担如此历史重负，恐怕《周官新义》之外，再无他书。

《周官新义》于熙宁八年（1075）与《三经新义》中的其他新经以及《字说》一起颁行于学官，立为官学，成为科举考试的教材以及取士的标准。北宋末期，由于政治形势的变故，王学独尊的地位受到挑战。到了南宋，在全国的教育体系中，洛学已经开始与王安石新学相互参用。绍兴十二年（1042），有举子上书乞用《三经新义》，但遭到宋高宗的反对。在绍兴后期，新学又一度成为公立学校专授的课程。[1] 从总体上来说，据学者的研究，建炎至开禧之际，公立学校的主要经典教材是《诗》《书》《易》《春秋》《周礼》《礼记》《论语》《孟子》，而注疏则有孔颖达《五经正义》、徐彦《公羊传疏》、杨士勋《穀梁传疏》、贾公彦《周礼注疏》和王安石《论语解》。[2] 从这里可以看出，学校教育体系中没有《仪礼》，《论语》用王安石《论语解》，当是王安石新学的影响。但《周礼》又用贾疏，反映出《周官新义》已经从南宋的教育体系中剔除出去。

《周官新义》罢废之后，一直受到士人学者的批判。以理学家的态度来看，如朱熹虽然也认为《周官新义》在某些地方值得肯定，但在整体上依然是持否定态度的。清代以来，逐渐有学者又开始认识到《周官新义》独有的价值。清代学者全祖望说："荆公解经，最有孔、郑诸公家法，言简意核。"[3] 这是从经学的角度评价《周官新义》的价值。至近代梁启超则对王安石《周官新义》大加赞赏，评价极高。他指出："惟《周官义》乃荆公所手著。……吾尝窃取读之，其精要之处甚多，实为吾中国经学开辟一新蹊径。自汉以迄今日，未有能过之者也。……而学者不

---

[1] 参见李华瑞《王安石变法研究史》，人民出版社2004年版，第11页。
[2] 同上书，第10页。
[3] 全祖望：《荆公周礼新义题词》，《鲒埼亭集外编》卷二十三，《全祖望集汇校集注》，上海古籍出版社2000年版，第1176页。

察,随声附和,肆为诋排,昌黎所谓蜉蝣撼大树,可笑不自量者,非耶。"[1] 梁启超对《周官新义》的高度评价是与他对王安石及其新法的评价相一致的。近代以来,尤其是1949年之后,王安石研究几成"显学",研究成果汗牛充栋,但相比对王安石变法的研究而言,有关《三经新义》的研究,显然还有很大的不足。李华瑞先生撰写的《王安石变法研究史》综述了自南宋以来关于王安石新法的评论与研究,但书中也未见有与新法关系密切的《周官新义》的专门综述。在近年来出版的有关王安石学术思想研究的著述中,虽然也都涉及《周官新义》,并且也利用了《周官新义》的相关材料来论述王安石的政治思想以及新法与政治之间的关系,但大都未从正面专门论述《周官新义》及其思想。[2] 从思想史研究的角度来看,侯外庐先生主编的《中国思想通史》在论述到王安石新学时,以"王安石的社会经济思想与熙宁新法"为题,比较详细地论述了《三经新义》(尤其是《周官新义》)与新法的关联,是思想史研究领域关于《周官新义》研究的具有代表性的论述成果。[3] 姜广辉主编的《中国经学思想史》第三卷也着重从《周官新义》与新法的关系的角度,探讨了王安石在通经致用的理念下对《周礼》的实践及其导致的后果。[4] 这也是延续了思想史研究的路径。近年来出版的刘成国《荆公新学研究》,将《三经新义》作为新学的主要论著,从思想与学术发展的角度作了较为详细的论述[5],对《周官新义》的研究有所推进。另外,近年也有博士学位论文专题研究了《三经新义》与王安石思想的关系,其中也涉及了《周官新义》。[6] 从学术史、经学史研究的角度来看,国内学者在论述宋代有关《周礼》的著述时,一般也会对《周官新义》有所介绍[7],但整体上也仅

---

[1] 梁启超:《史传今义·王荆公传》第十二章,见《饮冰室丛著》(一),商务印书馆1916年版,第196—197页。

[2] 例如李祥俊《王安石学术思想研究》,北京师范大学出版社2000年版;肖永明:《北宋新学与理学》,陕西人民出版社2001年版。

[3] 侯外庐主编:《中国思想通史》第四卷上册,人民出版社1959年版。

[4] 姜广辉:《中国经学思想史》第三卷第五十五章"在经典与政治之间——王安石变法对《周礼》的具体实践",中国社会科学出版社2010年版,第276—296页。

[5] 刘成国:《荆公新学研究》,上海古籍出版社2006年版。

[6] 如胡金旺《王安石的哲学思想与〈三经新义〉》,上海师范大学,2010年。

[7] 如姚瀛艇《宋儒关于〈周礼〉的争议》,《史学月刊》1982年第3期;杨天宇:《略述中国古代的〈周礼〉学》,《经学探研录》,上海古籍出版社2004年版,第201—213页。

限于简要的概述，缺少深入的研究。对《周官新义》的专题研究，主要有两篇论文值得关注。一是刘坤太于20世纪80年代发表的《王安石〈周官新义〉浅识》，文中就《周官新义》的写作背景、主要内容、解经方法以及流传等问题作了简要的介绍。① 一是日本学者吾妻重二的《王安石〈周官新义〉的考察》对《周官新义》的研究较为全面，其中涉及《周官新义》的编撰成书过程、《周官新义》的研究方法、《周官新义》的思想（礼的思想和政治思想）以及《周官新义》与新法的关系。② 总体上来看，学术界关于《周官新义》的研究多是侧重于与新法的关系，将其作为新法的理论来源，很少将其作为独立的经学著作而作专门的研究。即使从思想史的角度来看，既有研究依然有待进一步深化，如将《周官新义》作为一部经学著作的整体研究，《周官新义》与北宋政治文化之间的关系等，都是深入研究探讨《周官新义》的有意义的问题。本章就是在前人研究的基础之上，不但揭示《周官新义》与新法的关系及其引发的争论，而且将其作为一部独立的经学著作来认识评价它的成就与意义，试图对《周官新义》以及北宋礼学的研究有所推进。

第一节 《周官新义》的编撰

北宋建立以后，学术界依然承袭了中唐以来学风的变化，即汉唐注疏学逐渐遭到废弃，新的义理之学逐渐兴起。到仁宗、英宗之际，即嘉祐、治平年间，逐渐形成王安石荆公新学、苏氏蜀学、关学、洛学为主的理学等几大学派。其中由于王安石在政界、学界的巨大影响和崇高地位，荆公新学也居于思想学术界的主导地位。

王安石一生学问广博，治学涉及儒、释、道三教，著作丰富，主要著述有：《易解》二十卷，《洪范传》一卷，《论语解》十卷，《孝经解》一卷，《孟子解》十四卷，《淮南杂说》十卷，《老子注》二卷，《王氏日录》八十卷，《楞严经疏解》十卷，《维摩诘经注》三卷等。这些著作虽然大多已经佚失，但仅从书名也可以反映出王安石学问之渊博。王安石还

---

① 刘坤太：《王安石〈周官新义〉浅识》，《河南大学学报》1985年第4期。
② ［日］吾妻重二：《王安石〈周官新义〉的考察》，收入《中国古代礼制研究》，京都大学人文科学研究所1995年版。

位居唐宋八大家之列，他的诗、文、书都有极高的造诣，在北宋思想文化界占有十分重要的位置，但是在王安石本人看来，这些"风月""文章"均不是他所看重的。王安石"以经术自任"，他以"能窥孟子"①，探求儒家经学的真意作为学术的最高追求。因此，在王安石的这些著作中，儒家经学著作最为重要，成为荆公新学具有代表性的学术成果是《三经新义》和《字说》。《宋元学案》说：

> 初，先生提举修撰经义训释《诗》、《书》、《周官》，既成，颁之学官，天下号曰"新义"。晚岁为《字说》二十四卷，学者争传习之，且以经试于有司，必宗其说，少异，辄不中程。②

《宋元学案》虽然对新学颇有贬抑，但还是客观地指出"《三经新义》累数十年而始废"。"王氏学独行于世者六十年，科举之士熟于此乃合程度"。③ 这是客观的历史事实。哲宗元祐时期罢废新法，但《三经新义》则作为科举应试的标准教材而一直延续下来。直至南宋孝宗乾、淳以后，随着道学的逐渐兴盛，王学在全国教育体系以及士人中的影响才逐渐褪去。

《三经新义》作为王安石新学的集中体现，同时也是北宋儒学复兴过程中的一项重要学术成果，比较集中地体现了北宋中期儒学所达到的水平。

北宋时期，儒学经历了从中唐以来长期的发展，至熙宁时期已经形成新学、关学、洛学、蜀学等几大学派，各家对儒家经典都有各自的解释，一般来说，他们都重视《周易》《论语》《孟子》，但彼此之间的见解又各不相同。在这种背景之下，综合北宋以来儒学发展所取得的成就，用一种统一的思想来训释经义，以供天下青年士人学习，就成为首要的政治问题和学术问题。

熙宁元年（1068），程颢上《请修学校尊师儒取士札子》，其中说道："古者一道德以同俗，苟师学不正，则道德何从而一？方今人执私见，家

---

① 叶梦得：《避暑录话》卷二，见《石林燕语　避暑录话》，上海古籍出版社2012年版，第131页。
② 《宋元学案》卷九十八《荆公新学略》，中华书局1986年版，第3239页。
③ 陈振孙：《直斋书录解题》卷二，上海古籍出版社1987年版，第29页。

为异说，支离经训，无复统一，道之不明不行，乃在于此。"① 王安石也指出："古者一道德以同俗，故士有揆古人之所为以自守，则人无异论，今家异道，人殊德。"（《临川先生文集》卷七十五《与丁元珍书》）程、王所说的"道德"，从文意来看，是指当时流行的主要学说，即儒、释、道三家。这两段引文说明，他们都对思想界的混乱所导致的读书人无所适从的局面感到担忧。对此现状，神宗也感到忧心忡忡。据《续资治通鉴长编》记载：

> 上曰："经术，今人人乖异，何以一道德？卿有所著可以颁行，令学者定于一。"安石曰："《诗》，已令陆佃、沈季长作义。"上曰："恐不能发明。"安石曰："臣每与商量。"②
> 后神宗又曰："朕欲卿录文字，且早录进。"
> 安石曰："臣所著述多未成就，止有训诂文字，容臣缀缉进御。"③

面对学界、教育界的这种混乱局面，王安石凭借在政治上的领导地位，建议应该统一经义：

> 今人才乏少，且其学术不一，一人一义，十人十义，朝廷欲有所为，异论纷然，莫肯承听，此盖朝廷不能一道德故也。④

从这些记载可见，呼吁统一新的经义，已经是以皇帝为首的政界、学界共同的需求。这就是王安石一再强调的"一道德"。这里的"道德"，除了上文提到的儒、释、道三家主要的学说之外，其实还有更深一层的含义。

"道""德"是中国传统思想中的两个重要概念。就"德"来说，在西周金文中就已出"德"字，《尚书》中也有"敬德""明德"，"德"主要是指美好的品德、德行。这样的思想为儒家所承袭。但是在儒家思想

---

① 《河南程氏文集》卷一《请修学校尊师儒取士札子》，《二程集》，中华书局1981年版，第448页。
② 《续资治通鉴长编》卷二百二十九熙宁五年，中华书局2004年版，第5570页。
③ 同上书，第5574—5575页。
④ 马端临：《文献通考》卷三十一《选举考》四，中华书局2011年版，第907页。

中，德与道并不具有太多的相关性和一致性。道家所认为的"道"与"德"则是一致的，"德者得也"，得于道者为德。如老子所言："道生之，德畜之。"（《老子》五十一章）《管子·心术上》中又说："德者道之舍……故德者得也，得也者，谓其所得以然也。以无为之谓道，舍之之谓德，故道之与德无间。"在庄子哲学中也有相同的思想，如"德总乎道之所"（《庄子·徐无鬼》）。从整体上来说，诸子百家皆有其道，但如从道与德的相关性方面来看，道与德主要的还是道家哲学的概念。从韩愈开始，"道德"的含义发生了转变。韩愈作为中唐以来儒学复兴的倡导者，用儒家思想重新解释了"道德"。他说：

> 博爱之谓仁，行而宜之之谓义，由是而之焉之谓道，足乎己无待于外之谓德。①
> 道莫大乎仁义。②

从韩愈对"道德"的解释来看，他将道家的"道德"解释为儒家的仁义。"仁与义为定名，道与德为虚位"③。在韩愈看来，"道德"仅仅是一个空虚的名称，其真实的实际含义则是儒家所主张的仁义。仁义与道德是内容与形式的关系。王安石作为北宋时期儒学复兴过程中的重要代表人物，也继承了韩愈的主张，并且成为北宋时期倡导道德性命之理的开创者。据蔡卞《王安石传》：

> 自先王泽竭，国异家殊，由汉迄唐，源流浸深。宋兴，文物盛矣，然不知道德性命之理。安石奋乎百世之下，追尧舜三代，通乎昼夜阴阳不能测而入于神。初著《杂说》数万言，世谓其言与孟轲相上下。于是天下之士，始原道德之意，窥性命之端云。（《郡斋读书志》后志卷二，文渊阁四库全书本。原文作"蔡京"，但学者一般认为，作《王安石传》的应为蔡卞。）

---

① 韩愈：《原道》，刘真伦、岳珍校注：《韩愈文集汇校笺注》卷一，中华书局2010年版，第1页。
② 韩愈：《送浮屠文畅师序》，《韩愈文集汇校笺注》卷十，第1074页。
③ 韩愈：《原道》，《韩愈文集汇校笺注》卷一，第1页。

从这段记载来看，王安石写的《淮南杂说》是北宋时期研究道德性命之学的著作。而且王安石对"道德"的解释超越了韩愈，直接上承孟子，因此当时人"谓其言与孟轲相上下"。王安石还说："先王所谓道德者，性命之理而已。"（《临川先生文集》卷八十二《虔州学记》）王安石所谓的"道德"，就是"性命之理"，具体来说就是先秦以《中庸》《孟子》为主的思孟一系的思想。

王安石继承并超越了韩愈将道德解释为仁义的思想，因此他对韩愈以仁义释道德的这种解释也并不是完全赞同。王安石指出：

> 语道之全，则无不在也，无不为也，学者所不能据也，而不可以不心存焉。道之在我者为德，德可据也。以德爱者为仁，仁譬则左也，义譬则右也。德以仁为主，故君子在仁义之间，所当依者仁而已。孔子之去鲁也，知者以为为无礼也。乃孔子则欲以微罪行也。以微罪行也者，依于仁而已。礼，体此者也；智，知此者也；信，信此者也。孔子曰："志于道，据于德，依于仁。"而不及乎义礼智信者，其说盖如此也。扬子曰："道以道之，德以得之，仁以人之，义以宜之，礼以体之，天也。合则浑，离则散，一人而兼统四体者，其身全乎。"老子曰："失道而后德，失德而后仁，失仁而后义，失义而后礼。"扬子言其合，老子言其离，此其所以异也。韩文公知道有君子有小人，德有凶有吉，而不知仁义之无以异于道德，此为不知道德也。（《临川先生文集》卷七十二《答韩求仁书》）

王安石反对韩愈以仁义释道德的看法，认为道德与仁义本身就是一体的。在他看来，道作为"大全"，是最高的范畴，道在人身上的体现为"德"，仁义礼智等都是"道德"的具体呈现。因此，王安石引用扬雄的看法，认为道德仁义如一人体，不可分离。

由上所述，从整体上来看，王安石一再提倡的"一道德"，不但是要统一各种学说，而且"道德"已经转换为儒学之道，因此就是要用儒家之道统一各种学说。"一道德"其实就是确立儒学的主导地位。这才是王安石编纂《三经新义》的指导原则。

在神宗的多次督促与指导下，熙宁六年（1073）三月，"命知制诰吕惠卿兼修撰国子监经义，太子中允、崇政殿说书王雱兼同修撰。先是，上论执政曰：'今岁南省所取多知名举人，士皆趋义理之学，极为美事。'王安石曰：'民未知义，则未可用，况士大夫乎！'上曰：'举人对策，多欲朝廷早修经义，使义理归一。'乃命惠卿及雱，而安石以判国子监沈季长亲嫌，固辞雱命，上弗许。已而又命安石提举，安石又辞，亦弗许"。①

到熙宁八年（1075）七月，《三经新义》全部修成，并"诏以新修《经义》赐宗室、太学及诸州府学"。② 由于王安石特殊的政治地位，新学在当时的学术界居于主导地位。《三经新义》编撰完成以后，行于场屋，成为各级学校、士人学子的必读教材。"一时学者，无敢不传习，主司纯用以取士，士莫得自名一说，先儒传注，一切废不用。"（《宋史》卷三百二十七《王安石传》）③

在儒家经学体系中，王安石独选《诗》《书》《礼》作为统一经义的经典，是有他自己的看法的。王安石指出：

> 三经（按：指《诗》、《书》、《礼》）所以造士，《春秋》非造士之书也。学者求经当自近者始：学得《诗》，然后学《书》；学得《书》，然后学《礼》。三者备，《春秋》其通矣。故《诗》、《书》执《礼》，子所雅言，《春秋》罕言以此。（陆佃《陶山集》卷十二《答崔子方秀才书》转述，文渊阁四库全书本）

王安石对儒家经典的看法，首先是符合孔子的主张的。《论语·述而》篇记载：

> 子所雅言：《诗》、《书》、执礼，皆雅言也。

所谓"雅言"，孔安国注为"正言也"。郑玄注曰："读先王典法，必

---

① 《续资治通鉴长编》卷二百四十三熙宁六年，第5917页。
② 同上书，第6525页。
③ 有关《三经新义》编纂的研究，参看程元敏《三经新义修撰通考》《三经新义与字说科场显微录》，收入《三经新义辑考汇评（一）——尚书》下编，台湾编译馆1986年版，第293—312、313—376页；《三经新义修撰人考》，收入《三经新义辑考汇评（二）——诗经》下编，台湾编译馆1986年版，第377—428页。这三篇文章对《三经新义》的修撰过程有详细的叙述。另，程元敏《三经新义辑考汇评》于2010年由华东师范大学出版社在中国大陆影印出版。本书引用《三经新义》即据华东师范大学出版社版。

正言其音，然后义全，故不可有所讳也。礼不诵，故言执也。"邢昺进一步解释说："子所正言者，《诗》、《书》、《礼》也。三者，先王典法，临文教学，读之必正言其音，然后义全，故不可有所讳。"① 从这些注解可见，孔子之所以特别重视《诗》《书》《礼》，正是因为这三部书是"先王典法"。据文献记载，子思也曾说："夫子之教，必始于《诗》、《书》，而终于礼乐，杂说不与焉。"（《孔丛子·杂训》）《孔丛子》书中的记载，是从《论语》"兴于《诗》，立于礼，成于乐"（《泰伯》）发挥而来的。《诗》《书》《礼》是早期儒学最为重视的经典，同时也是孔子教学的经典和核心内容。

其次，王安石所说的"三经所以造士"，出自《礼记·王制》："乐正崇四术，立四教，顺先王《诗》、《书》、礼、乐以造士。春秋教以礼、乐，冬夏教以《诗》、《书》。"《诗》、《书》、礼、乐"四教"是培养贵族子弟的重要经典教材，按《王制》的规定，"四教"培养的是重实际应用型人才，也就是治理国家的管理型人才。在儒家六经当中，《诗》、《书》、礼、乐与《易》《春秋》的性质有所不同。清代学者汪中就曾指出："古者《诗》、《书》、礼、乐，大司乐掌之，《易》象、《春秋》，大史掌之。"② 王国维也说："《诗》、《书》、礼、乐者，古代之公学，亦儒家之外学也。《易》、《春秋》者，儒家之专学，亦其内学也。"③ 前人将《诗》、《书》、礼、乐与《易》《春秋》分作性质不同的两类经典，王国维将儒家六经分为"内学"与"外学"，更是一种非常精到的看法。

王安石认为《诗》《书》《礼》是"造士"之书，符合他一贯的主张。早在庆历年间，范仲淹等人实行新政，就已经认识到"国家之患，莫大乎乏人"④，因此，新政的主要内容之一就是"精贡举"，反对以诗赋文辞取士，而是主张"先策论，后诗赋"，以经义取士，注重士人对经典大义的理解和实际才能。王安石在仁宗嘉祐时期上仁宗皇帝万言书中也一

---

① 均见黄怀信《论语汇校集释》，上海古籍出版社2008年版，第612页。
② 汪中：《述学》内篇二《左氏春秋释疑》，见李金松《述学校笺》，中华书局2014年版，第131页。
③ 王国维：《经学概论》第一章"总论"，《王国维全集》第六卷，浙江教育出版社2009年版，第313页。
④ 范仲淹：《范文正公文集》卷八《邠州建学记》，《范仲淹全集》，凤凰出版社2004年版，第169页。

再指出，人才是关键，当时的学校制度培养出来的士人"大则不足以用天下国家，小则不足以为天下国家用"(《临川先生文集》卷三十九《上仁宗皇帝言事书》)。培养出既精通儒家经典大义，又具有实际政治才能的人才，是当务之急。因此王安石在掌握新的修经义的机会之后，便自然地选中了儒家经典当中可以"造士"的三部经典。

在六经当中，《诗》《书》《礼》①为孔子所传的先王之政典，它们更加突出了儒家思想当中注重社会政治的层面。儒家所向往的"三代"，反映在文献当中，其实就是《诗》《书》《礼》。而《易》与《春秋》，则与孔子本人关系最为密切。《易》的流传据传经历了伏羲、文王、孔子三个阶段，古代便有"人更三圣，世历三古"的说法。《春秋》则被认为是孔子的创制。宋人曾指出："尽孔子之心者大《易》，尽孔子之用者《春秋》，是二大经，圣人之极笔，治世之大法也。"②"孔子之文章，《易》、《春秋》是已。"③《易》与《春秋》，更多反映的是孔子的创制与思想，而与三代则关系较为疏远。

欧阳修还进一步认为，"六经皆载圣人之道"④，这个圣人其实就是孔子。欧阳修认为，六经所表达的是孔子之道：

> 《诗》可以见夫子之心，《书》可以知夫子之断，《礼》可以明夫子之法，《乐》可以达夫子之德，《易》可以察夫子之性，《春秋》可以存夫子之志。⑤

欧阳修认为，六经均是孔子之书，而王安石则认为，六经中《诗》《书》《礼》是孔子所转述的二帝三王之书。王安石并非不尊孔，但他更强调二帝三代时期的礼法制度对后世所垂示的意义和价值。虽然王安石写有《夫子贤于尧舜》一文，但他同时认为，孔子也只是古代圣王之道的继承者，而非创立者。他说："窃以经术造士，实始盛王之时，伪说诬

---

① 包括《乐》。由于《乐经》早亡，所以一般所谓《礼》，有时也包含《乐》在内。
② 石介：《徂徕石先生文集》卷十九《泰山书院记》，中华书局1984年版，第223页。
③ 欧阳修：《易童子问》卷三，《欧阳修全集》卷七十八，中华书局2001年版，第1120页。
④ 欧阳修：《居士集》卷四十四《送王陶序》，《欧阳修全集》卷四十四，第633页。
⑤ 欧阳修：《居士外集》卷二十《代曾参答弟子书》，《欧阳修全集》卷七十，第1026页。

民，是为衰世之俗。……然孔氏以羁臣而兴未丧之文，孟子以游士而承既没之圣。"（《临川先生文集》卷五十七《除左仆射谢表》）孔子有德无位，他只是以"羁臣"的身份而传承了古代的圣王之道。在儒学传统的脉络当中，《诗》《书》《礼》所表达的三代之制和三代理想，才具有创制意义，对后世的政治、制度具有垂范意义。这正是王安石选取《诗》《书》《礼》的原因。

王安石重视《诗》《书》《礼》三经，突出强调的是儒家政治思想和政治哲学方面的内容。他认为："《诗》上通乎道德，下止乎礼义。放其言之文，君子以兴焉；循其道之序，圣人以成焉。"（《临川先生文集》卷八十四《诗义序》）王安石解《诗》重视《诗序》，而《诗序》所表达的，正是要通过诗的美刺来探求其中蕴含的政治含义。这种两汉以来解《诗》的正统看法，也正是王安石所主张的。

熙宁元年，王安石与神宗对谈，要神宗"每事当以尧舜为法"①，而尧舜治国的方法，就在《尚书》当中：

> 熙宁元年冬，介甫初试经筵，未尝讲说。上欲令介甫讲《礼记》，至曾子易箦事，介甫于仓促间进说曰："圣人以义制礼，其详至于床第之际；君子以仁行礼，其勤见于将死之时。"上称善。安石遂言《礼记》多驳杂，不如讲《尚书》帝王之制，人主宜所急闻也。于是罢《礼记》。②

王安石认为，《尚书》讲的是帝王之制，尤其是上古尧舜时期的法则。这与王安石对宋神宗以尧舜相期许以及整个知识界回到"三代"的潮流是完全一致的。这也正是王安石在经筵讲习中重视《尚书》、罢废《礼记》的主要原因。

王安石也讲《易》，并著有《易解》十四卷。安石的《易解》在北宋易学研究领域也占有一席之地，程颐就曾指出，研读《周易》"难为遍

---

① 《续资治通鉴长编拾补》卷三上熙宁元年四月乙巳，第92页。
② 朱弁：《曲洧旧闻》卷九，中华书局2002年版，第208页。另，《续资治通鉴长编拾补》卷三下熙宁元年十月壬寅也有相关的记载（见该书第134页），下文还会引用到这条材料。这里说"《礼记》多驳杂"，《长编拾补》则记载说"《礼记》既不当法言"，对同一事件的两条记载着眼点稍有不同。

观。如素未读，不晓文义，且须看王弼、胡先生、荆公三家"。① 但王安石列于学官的还是《诗》《书》《礼》三经。对于《周易》，据晁公武《郡斋读书志》记载："介甫《三经义》皆颁学官，独《易解》自谓少作未善，不专以取士。"② 这不仅是王安石的自谦，还与他的整体思想以及他对儒家经典的整体理解有关。在王安石看来，《易》理虽然玄妙深奥，但相对来说，对于社会政治还是作用不大，因此取士或"造士"还是要以《诗》《书》《礼》三部经典为主。

总之，王安石在儒家所有的经典中选择了《诗》《书》《礼》三经，体现了他对儒家经典性质的理解。王安石作《三经新义》，将《诗》《书》《礼》三经看作一个整体，这其实也是一次经学简化运动。与儒家经学的"六经"（或"五经"）、"七经"、"九经"以及"十三经"相比，"三经"不仅是数量的减少，更是对经典的精简与提升。"六经皆史"，"六经"本是上古流传下来的历史文献，但每部经典的内容又各有侧重，性质并不完全相同。随着儒家经典数量的增加，虽然后世儒生都是按儒学思想诠解经典，但经典各不相同的本质是历史决定的，难以改变。王安石从中选择《诗》《书》《礼》三经，并且将"三经"理解为一个性质相同的整体，这对于经学发展也是有意义的。从这个角度来看，理学家从儒家经典中提取出"四书"，并且将"四书"也诠释为一个义理的整体，这一点与王安石的《三经新义》是相同的。

在三《礼》当中，王安石看重《周礼》，这又与他的政治主张和经学思想是密切相关的。

《周礼》虽然来历不明，在汉代颇受非难，但自郑玄为之作注以来，一跃成为三《礼》之首。本来，两汉礼学以《仪礼》为经，《仪礼》也称作《礼经》，但"自郑君则以《周礼》为经礼，《仪礼》为曲礼，于是汉代所尊为礼经者，反列于后，而《周官》附于礼经者，反居于前。"③ 郑玄注《礼记·礼器》"经礼三百"曰："即《周礼》

---

① 《河南程氏遗书》卷十九，《二程集》，第248页。又陈振孙《直斋书录解题》卷一《周易口义》条引与此类似。

② 晁公武撰，孙猛校证：《郡斋读书志校证》卷一，上海古籍出版社1990年版，第41页。又见陈振孙《直斋书录解题》卷一，第12页。

③ 皮锡瑞：《经学通论》"三礼"之"论郑注礼器以周礼为经礼仪礼为曲礼有误臣瓒注汉志不误"，中华书局1954年版。

三百六十官。"三国韦昭注解《汉书·艺文志》"礼经三百，威仪三千"说："《周礼》三百六十官也。三百，举成数也。"颜师古认为："礼经三百，韦说是也。"由此可见，郑玄的观点几乎完全改变了后来学者对古礼的认识，《周礼》取代《仪礼》而成为"礼经"。由于《周礼》地位的提高，因此魏晋南北朝时期治《周礼》者代有传承，延续不断。①陈寅恪先生曾指出："然则中国儒家政治理想之书如周官者，典午之前，固已尊为圣经，而西晋以后复更成为国法矣。"②另一方面，正如有学者所指出的："《周礼》虽取代了《仪礼》的地位，但并没有排挤掉《仪礼》《礼记》而独立存在，它和《仪礼》《礼记》一起形成了新的礼学体系。在这个体系中，《周礼》是经，它提供的是把礼和国家制度结合起来的理论模式，《仪礼》为国家礼仪提供具体制度模式，它绝对服从和服务于国家的礼制建设，《礼记》作为对各种制度进行进一步阐释的著作，其为国家礼制建设的服务作用不言而喻。以《周礼》为主干的三礼结合，也构成了魏晋南北朝时期礼学的核心。"③这个判断是符合实际的，也说明了以《周礼》为主导的三《礼》体系在国家体制和礼制建设中的作用和意义。

唐代的《周礼》研究也有很大的成就。贾公彦的《周礼义疏》是《周礼》研究史上重要的著作。《四库总目提要》认为此书"极博核，足以发挥郑学"④，朱子对贾公彦《周礼义疏》评价也很高，认为"五经中，《周礼疏》最好，《诗》与《礼记》次之，《书》、《易》疏乱道"。⑤

贾公彦的《周礼义疏》虽然是历代有关《周礼》注疏中非常重要的一部著作，但是在整体上，唐代的经学体系是以孔颖达的《五经正义》为代表的。在《五经正义》当中，孔颖达于三《礼》系统中选择的是《礼记》而非《周礼》。郑玄曾说："礼者，体也，履也"，孔颖达接着解释道："统之于心曰体，践而行之曰履"。就《周礼》与《仪礼》的关系

---

① 据《隋书·经籍志》记载，曹魏王肃注《周官礼》之后，有关《周礼》注疏有代表性的著作有：晋干宝注《周官礼》十二卷，晋王懋约撰《周官宁朔新书》八卷，晋陈劭撰《周官礼异同评》十二卷，梁崔灵恩撰《集注周官礼》二十卷，孙略撰《周官礼驳难》四卷，北周沈重撰《周官礼义疏》四十卷等。
② 陈寅恪：《崔浩与寇谦之》，《金明馆丛稿初编》，上海古籍出版社1980年版，第129页。
③ 梁满仓：《魏晋南北朝五礼制度考论》，社会科学文献出版社2009年版，第72页。
④ 《四库全书总目》卷十九《周礼注疏》，中华书局1965年影印本，第149页。
⑤ 黎靖德编：《朱子语类》卷八十六，中华书局1994年版，第2206页。

来说，"《周官》为体，《仪礼》为履"，"所以《周礼》为体者，《周礼》是立治之本，统之心体，以齐正于物，故为体"。"《仪礼》但明体之所行，践履之事。物虽万体，皆同一履。"① 孔颖达是坚持疏不破注的，因此他说"《周礼》为体，《仪礼》为履"，这是对郑玄观点的阐发。但另一方面，孔颖达在三《礼》当中，其实更加重视的是《礼记》。孔颖达在《礼记正义》中说：

> 《礼记》之作，出自孔氏，但正礼残缺，无复能明。……至孔子后没，七十二子之徒共撰所闻以为此记。或录旧礼之义，或录变礼所由，或兼记体、履，或杂序得失，或编而录之，以为记也。②

在这里，孔颖达认为，一方面，不论是《仪礼》还是《周礼》，都有残缺，这是礼经先天的缺陷。另一方面，《礼记》出自孔门后学七十二子，且也有"兼记体、履"的性质，由此看来，孔颖达虽然没有明确说明，但他更为看重的是《礼记》。在《春秋正义序》中，他明确指出："六经之道，光于《礼记》。"（《全唐文》卷一百四十六）因此，在孔颖达编撰的《五经正义》中，于三《礼》中独选《礼记》，并由孔颖达亲自作注，这说明孔颖达的三《礼》学中是以《礼记》为首的。唐以九经取士，其中《礼记》为大经，《周礼》《仪礼》为中经（见《新唐书》卷四十四《选举志》），这样的排序也是出于同样的考虑。

我们以唐代孔颖达《五经正义》作为参照系，那么可以看出，王安石在《三经新义》中挑选了《周礼》，改变了唐代以来的三《礼》学系统。在治平以前，王安石并没有特别重视《周礼》。据学者的研究，王安石开始对《周礼》发生兴趣是在英宗治平年间（1064—1067）。③ 王安石重视《周礼》，主要是因为他认为"一部《周礼》，理财居其半，周公岂为利哉"（《临川先生文集》卷七十三《答曾公立书》），认为《周礼》书中有丰富的关于理财、富国的思想，这与他重视

---

① 《礼记正义》卷一篇首，上海古籍出版社2008年标点本，第3页。
② 同上书，第4页。
③ 参见刘成国《荆公新学研究》，上海古籍出版社2006年版，第45页。

理财、力图改变当时积贫积弱的社会现状的主张是一致的。

熙宁四年实行的科举考试改革，废除了诗赋取士，而以儒家经典作为考试的主要内容："进士罢诗赋、帖经、墨义，各占治《诗》、《书》、《易》、《周礼》、《礼记》一经，兼《论语》、《孟子》。"① 规定任选《诗》《书》《易》《周礼》《礼记》中的一种作为考试科目，称为"本经"。值得重视的是，《周礼》成为考试的科目之一，这对于提高《周礼》的地位，也是一项重要的举措。

在三《礼》当中，王安石重视《周礼》，对《仪礼》则不甚看重。《宋史纪事本末》载：

> 神宗熙宁四年二月丁巳，更定科举法，从王安石议，罢诗赋及明经诸科，专以经义、论、策试士。王安石又谓："孔子作《春秋》，实垂世立教之大典，当时游、夏不能赞一词。自经秦火，煨烬无存。汉求遗书，而一时儒者附会以邀厚赏。自今观之，一如断烂朝报，决非仲尼之笔也。《仪礼》亦然。请自今经筵毋以进讲，学校毋以设官，贡举毋以取士。"从之。②

王安石认为《春秋》为"断烂朝报"，已是王安石研究中的一段公案。王安石把《仪礼》也比作《春秋》，一如"断烂朝报"，意即《礼仪》仅为节目单子，其中并无关于治国安民的政治主张和理想。这也反映出王安石对《礼仪》的轻视。

《仪礼》本为礼经，是两汉礼学的主体。但自唐孔颖达作《五经正义》，于礼经选择了《礼记》，《仪礼》逐渐被士人所疏远。在王安石主导的科举改革中，废弃《仪礼》，导致《仪礼》地位的进一步下降，因此引起当时及后来学者的不满，如朱熹说："《仪礼》旧与《六经》、《三传》并行，至王介甫始罢去。其后虽复《春秋》，而《仪礼》卒废。今士人读《礼记》，而不读《仪礼》，故不能见其本末。"③ 又说："熙宁以来，王安石变乱旧制，废罢《仪礼》而独存《礼记》之科，弃经任传，遗本宗末，

---

① 《续资治通鉴长编》卷二百二十熙宁四年，第5334页。又见《宋史》卷一五五《选举志一》。
② 陈邦瞻：《宋史纪事本末》卷三十八《学校科举之制》，中华书局1977年版，第371页。
③ 黎靖德编：《朱子语类》卷八十四，第2187页。

其失已甚。"① 顾炎武进而认为："是则《仪礼》之废，乃自安石始之，至于今朝，此学遂绝。"又说："此新法之为经害者一也。"② 王安石认为《仪礼》亦如"断烂朝报"，在科举考试中废弃《仪礼》，这对于后来礼学及经学的发展还是产生了深远的影响。

对于《礼记》，王安石也不是特别重视。早在熙宁元年十月，王安石就在重要的经筵讲座中主张罢讲《礼记》。据文献记载：

> 诏讲筵权罢《礼记》，自今讲《尚书》。先是，王安石讲《礼记》，数难记者之非是，上以为然，曰："《礼记》既不当法言，择其有补者讲之如何？"安石对曰："陛下欲闻法言，宜改他经。"故有是诏。③

前文引用到朱弁的《曲洧旧闻》卷九中也记载了王安石在经筵中批评《礼记》驳杂，从这条史料中又可知，王安石在经筵中先是指摘《礼记》的种种错误，受他的影响，神宗皇帝也认为《礼记》当中没有"法言"，即没有正确的可以指导帝王为学与从政的"大道"。在王安石的提议下，经筵改讲《尚书》，这也是王安石新经学中的一部经典。由此可见，王安石批评《礼记》"驳杂"，其中没有"法言"，既是对于唐代以孔颖达《五经正义》为代表的礼学体系的不满，同时也与他在三《礼》当中独选《周礼》的缘故是一致的。

总之，在儒家五经当中，王安石只选了《诗》《书》《礼》列于学官，并在三《礼》当中独选《周礼》，就是因为《诗》《书》《周礼》是先王之政典，由这些政典才能探究到三代之治的真谛。朱熹曾指出：

> 国初人便已崇礼义，尊经术，欲复二帝三代，已自胜如唐人，但说未透在。直至二程出，此理始说得透。④

---

① 朱熹：《文集》卷十四《乞修三礼箚子》，《朱子全书》第二十册，上海古籍出版社、安徽教育出版社2002年版，第687页。
② 顾炎武：《日知录》卷七《九经》，黄汝成：《日知录集释》，上海古籍出版社2006年版，第454、455页。
③ 《续资治通鉴长编拾补》卷三下熙宁元年，中华书局2004年版，第134页。
④ 黎靖德编：《朱子语类》卷一二九，第3085页。

王安石对儒学经典的看法，与当时"欲复二帝三代"的时代氛围是完全一致的。王安石在与神宗的对话中，每以尧舜文武相期许，而《诗》《书》《周礼》，正是体现他的政治理想的经典文本。

在《三经新义》中，《诗义》和《尚书义》出于王安石子王雱及王门众弟子，但也基本贯彻、体现了王安石的主张。《周官新义》为王安石亲自所著。据蔡絛所说：

> 王元泽奉诏修《三经义》，时王丞相介甫为之提举，盖以相臣之重，所以假命于其子也。吾后见鲁公与文正公二父，相与谈往事，则每云："《诗》、《书》盖多出元泽暨诸门弟子手，至若《周礼新义》，实丞相亲为之笔削者。"及政和时，有司上言天府所籍吴氏资居检校库，而吴氏者王丞相之姻家也，且多有王丞相文书，于是朝廷悉命藏诸秘阁。用是吾得见之，《周礼新义》笔迹，犹斜风细雨，诚介甫亲书，而后知二父之谈信。①

从熙宁九年八月王安石罢相至元丰三年（1076—1080）期间，王安石又对《三经新义》作了全面的修改。从《乞改三经义误字劄子二道》可知，《尚书义》有六处修改，《周礼义》有九处修改，《诗义》有二十处修改。②这些修改主要是文字的删改和校勘，从中体现出王安石严谨的学风。

《周官新义》"二十有二卷，凡十余万言"（《临川先生文集》卷八十四《周礼义序》）。晁公武《郡斋读书志》载：《新经周礼义》二十二卷，"熙宁中，设经义局，介甫自为《周官义》十余万言，不解《考工记》"。③陈振孙《直斋书录解题》载："熙宁八年，诏颁之国子监，且置之义解之首。其解止于《秋官》，不及《考工记》。"④由于《考工记》是后来因《冬官》亡佚而补入《周礼》书中的，因此有人注解《周礼》便不注《考工记》，如宋人黄度有《周礼说》五卷，也是不解《考工记》。⑤

---

① 蔡絛：《铁围山丛谈》卷三，中华书局1983年版，第58页。
② 参见《临川先生文集》卷四十三。同卷还收有《论改诗义劄子》《答手诏言改经义事劄子》《改撰诗义序劄子》。
③ 晁公武撰，孙猛校证：《郡斋读书志校证》，上海古籍出版社1990年版，第81页。
④ 陈振孙：《直斋书录解题》卷二，第44—45页。
⑤ 同上书，第45页。

郑宗颜《考工记注》一卷，朱彝尊《经义考》卷一百二十九著录，并曰："叶氏《菉竹堂》作《周礼讲义》，合王荆公《讲义》共一卷。"郑氏承安石学风，故附于安石书后。

《周官新义》可能在南宋以后就逐渐佚失。清修四库全书，四库馆臣周永年等自《永乐大典》中辑出其残文十六卷，附《考工记解》二卷。《四库提要》称："《周礼新义》本二十二卷，明万历中重编内阁书目尚载其名，故朱彝尊《经义考》不敢著其已佚，但注曰未见。然外间实无传本，即明以来内阁旧籍，亦实无此书。惟《永乐大典》中所载最夥。"[①] 今所见《周官新义》，即文渊阁四库全书本《周礼新义》十六卷附《考工记解》二卷。中国台湾当代学者程元敏先生又以四库本为基础，从宋代以来有关三《礼》的各种专著，以及各类史籍、类书、笔记等文献中，辑考出《周官新义》佚文七百三十八条，并评论二百十九条等，撰成《三经新义辑考汇评——周礼》一书，这是目前所见关于王安石《周官新义》较完备的辑本，同时也为进一步研究提供了较为丰富的资料。[②] 近来又有学者从三礼馆臣抄录《永乐大典》内《周礼》经解逸书中补辑出《周官新义》佚文二十五则[③]，在史料的搜集整理方面继续有所推进。

第二节　王安石的礼学思想

王安石的《周官新义》作为一部新的经学著作，是在王安石礼学思想指导下完成的，因此，要深入研究《周官新义》，就必须首先了解王安石的礼学思想。而要理解王安石的礼学思想，还必须把它放在王安石思想的整体中，尤其是与王安石的道德性命思想联系起来，才能得到恰当的理解。

---

① 《四库全书总目》卷十九《周礼新义》，第149—150页。

② 程元敏：《三经新义辑考汇评（三）——周礼》，台湾编译馆1987年版；另华东师范大学出版社2011年版。本书引用《周官新义》即依此书。

③ 张涛：《王安石〈周官新义〉佚文补辑》，收入姜锡东主编《宋史研究论丛》（第13辑），河北大学出版社2012年版，第479—495页；张涛：《新见〈周官新义〉佚文辑考》，收入汤勤福、范立舟主编《中国礼制变迁及其现代价值研究》，上海三联书店2015年版，第187—202页。

一　王安石思想的主旨

王安石一生学问渊博，他曾自称"某自诸子百家之书，及于《难经》、《素问》、《本草》诸小说，无所不读，农夫女工，无所不问，然后于经为能知其大体而无疑"（《临川先生文集》卷七十三《答曾子固书》）。苏轼在政治上与王安石不和，但在王安石去世后也曾称他"网罗六艺之遗文，断以己意；糠粃百家之陈迹，作新斯人"[①]。王安石的思想学问在北宋学界是得到普遍承认的。

王安石思想宏大，但他的思想的主旨，我们可以通过《九变而赏罚可言》一文来把握：

> 万物待是而后存者，天也。莫不由是而之焉者，道也。道之在我者，德也。以德爱者，仁也。爱而宜者，义也。仁有先后，义有上下，谓之分。先不擅后，下不侵上，谓之守。形者，物此者也。名者，命此者也。所谓物此者，何也？贵贱亲疏，所以表饰之其物不同者是也。所谓命此者，何也？贵贱亲疏，所以称号之其命不同者是也。物此者，贵贱各有容矣，命此者，亲疏各有号矣，因亲疏贵贱任之以其所宜为，此之谓因任。因任之以其所宜为矣，放而不察乎，则又将大弛，必原其情，必省其事，此之谓原省。原省明而后可以辨是非，是非明而后可以施赏罚。（《临川先生文集》卷六十七）

这一段文字其实是对《庄子·天道》篇中一段话的疏解与发挥：

> 是故古之明大道者，先明天，而道德次之；道德已明，而仁义次之；仁义已明，而分守次之；分守已明，而形名次之；形名已明，而因任次之；因任已明，而原省次之；原省已明，而是非次之；是非已明，而赏罚次之；赏罚已明，而愚知处宜，贵贱履位，仁贤不肖袭情，必分其能，必由其名。以此事上，以此畜下，以此治物，以此修身；知谋不用，必归其天，此之谓大平，治之至也。故书曰："有形，有名。"形名者，古人有之，而非所以先也。古之语大道者，五

[①] 苏轼：《王安石赠太傅》，《苏轼文集》卷三十八，中华书局1986年版，第1077页。

变而形名可举也，九变而赏罚可言也。

《天道》篇是《庄子》外篇中争议较多的一篇，此篇黄老思想倾向非常明显，尤其这一段讲论"大道之序"，就是在道的前提之下，把道、儒、名、法各家思想排列起来，主张积极用世，为帝王服务。王船山就曾指出《天道》篇"多掇拾杂纂之言"，"定非庄子之书"，尤其这一段"其意以兵刑、法度、礼乐委之于下，而按分守、执名法以原省其功过。此形名家之言，而胡亥督责之术，因师此意，要非庄子之旨"。[①] 近来还有学者甚至认为它"为伪作掺入，当予删除"，把它排除在《庄子》书外而不予解说。[②] 但是，正是《庄子》书中这一段不似庄子主旨的话，成为王安石思想的主要来源之一，也是理解王安石整体思想的关键。

王安石结合《尚书》，对《庄子》的这段文字作了进一步的解释。

> 尧者，圣人之盛也，孔子称之曰"惟天惟大，惟尧则之"，此之谓明天。"聪明文思，安安"，此之谓明道德。"允恭克让"，此之谓明仁义。次九族，列百姓，序万邦，此之谓明分守。修五礼，同律度量衡，以一天下，此之谓明形名。弃后稷，契司徒，皋陶士，垂共工，此之谓明因任。三载考绩，五载一巡狩，此之谓明原省。命舜曰"乃言底可绩"，谓禹曰"万世永赖，时乃功"，"蠢兹有苗，昏迷不恭"，此之谓明是非。"皋陶方祇厥叙，方施象刑，惟明"，此之谓明赏罚。（《临川先生文集》卷六十七《九变而赏罚可言》）

王安石也依据《庄子》，建立了一个天—道德—仁义—分守—形名—因任—原省—是非—赏罚的序列。在这个序列中，王安石把"形名"解释为"修五礼，同律度量衡，以一天下"，也就是以礼制来解释"形名"。其实，"次九族，列百姓，序万邦"的"分守"，也未尝不包含有礼的含义。从"天"至"赏罚"的"九变"，应该是王安石政治思想的一个完整体系，也是一个逐步展开的过程。在这个过程中，礼是一个重要的环节。

---

① 王夫之：《庄子解》，中华书局1964年版，第114、117页。
② 参见陈鼓应《庄子今注今译》，中华书局1983年版，第336页。

一般来说，对中国古代思想家而言，天、道都是最高的范畴。在王安石的思想中也是如此。王安石曾指出："天与道合而为一"①，"道者，天也，万物之所自生，故为天下母"②。关于天，当时有所谓王安石主张"天命不足畏"的说法。其实，对于王安石思想中的天，应该有完整的把握。王安石在《洪范传》中指出：

> 世之言灾异者非乎？曰：人君固辅相天地以理万物者也，天地万物不得其常，则恐惧修省固亦其宜也。今或以为天有是变必由我有是罪以致之，或以为灾异自天事耳，何豫于我，我知修人事而已。盖由前之说则蔽而葸，由后之说则固而怠。不蔽不葸，不固不怠者，亦以天变为己惧，不曰天之有某变必以我为某事而至也，亦天下之正理考吾之失而已矣。（《临川先生文集》卷六十五）

在这里，王安石既反对天人相与的灾异感应说，又反对完全割裂天人联系的看法。王安石所理解的天，是一种理性的，同时又符合传统思想脉络的天。

关于"道"，王安石在注解《老子》文本的过程中，把它理解为自根自本的宇宙本体：

> 道则自本自根，未有天地，自古以固存，无所法也。③
> 道有体有用。体者，元气之不动；用者，冲气运行于天地之间。④

从这些话来看，王安石理解的"道"，与先秦老庄学派的道论是一致的。另外，王安石还有关于"道"的两段说明：

> 昔者道发乎伏羲，而成乎尧、舜，继而大之于禹、汤、文、武。此数人者，皆居天子之位，而使天下之道寖明寖备者也。而又有在下

---

① 容肇祖：《王安石老子注辑本·致虚极章》，中华书局1979年版，第23页。
② 容肇祖：《王安石老子注辑本·天下有始章》，第45页。
③ 容肇祖：《王安石老子注辑本·有物混成章》，第29页。
④ 容肇祖：《王安石老子注辑本·道冲章》，第8页。

而继之者焉，伊尹、伯夷、柳下惠、孔子是也。(《临川先生文集》卷六十七《夫子贤于尧舜》)

  道有本有末。本者，万物之所以生也；末者，万物之所以成也。本者，出之自然，故不假乎人之力而万物以生也；末者，涉乎形器，故待人力而后万物以成也。夫其不假人之力而万物以生，则是圣人可以无言也、无为也。至乎有待于人力而万物以成，则是圣人之所以不能无言也、无为也。故昔圣人之在上而以万物为己任者，必制四术焉。四术者，礼、乐、刑、政是也，所以成万物者也。(《临川先生文集》卷六十八《老子》)

  前一段所谓的"发乎伏羲，成乎尧舜"的道，与北宋儒家学者所理解的道统是一致的，这应是儒家的看法。而后一段从本末言道，如果用先秦思想学术的划分标准，则应是融合了儒道，主张圣人有为、赞同礼乐刑政之道论。

  从《九变而赏罚可言》一文可见，天道与仁义是王安石思想的两个关键，而且仁义还是天道的主要内涵。过去研究王安石思想，有人认为王安石思想属于法家[1]，有人认为属于道家[2]，有人认为属于儒家[3]，也有人认为属于杂家[4]。从以上这几个方面来看，我们认为，虽然王安石一生受佛学的影响很大，晚年由于政治的失意以及家庭的变故，更是沉溺于佛学，但是王安石的思想整体上还是以儒学为主体，并且融合道家等其他思想而成的一个综合体。从纯粹儒家的立场来看，王安石的思想显然有驳杂而不纯正的一面，这也是后来的理学家要"先整顿"王学的一个重要原因[5]。在这样的思想结构之下，我们再来看王安石对礼的看法以及他的礼

---

[1] 如20世纪70年代对王安石的研究，基本都持法家论。代表性的著作有邓广铭《王安石——中国十一世纪的改革家》，人民出版社1975年版；漆侠：《王安石变法》，上海人民出版社1979年版。

[2] 卢国龙指出："就王安石的政治变革理论而言，我们认为他用来明'吾道'的异学，主要是老庄哲学。"参见卢国龙《宋儒微言》，华夏出版社2001年版，第二章及第106页。

[3] 参见余英时《朱熹的历史世界——宋代士大夫政治文化的研究》，三联书店2004年版。

[4] 李祥俊指出："王安石学术思想呈现出'杂家'的特征，不管是探讨宇宙、人性，还是探讨伦理、政治，他都是广泛汲取前代各派学术思想精华，而不搞'独尊'、'攻乎异端'。"见李祥俊《王安石学术思想研究》，北京师范大学出版社2000年版，第355页。

[5] 见《河南程氏遗书》卷二上，《二程集》，第38页。

学思想。

王安石认为道有本有末，有体有用，是自然与形器的统一体，因此他对老子的"道常无为"、否定礼乐制度的观点提出批评。王安石指出：

> 抵去礼、乐、刑、政而唯道之称焉。是不察于理而务高之过矣。夫道之自然者，又何预乎？唯其涉乎形器，是以必待于人之言也、人之为也。
>
> "无"之所以为天下用者，以有礼、乐、刑、政也。①

王安石认为，礼、乐、刑、政是道在现实社会中的体现。因此，"废礼、乐、刑、政于天下，而坐求其无之为用也，则亦近于愚矣"。② 他主张："故昔圣人之在上，而以万物为己任者，必制四术焉。四术者，礼、乐、刑、政是也，所以成万物者也。"（《临川先生文集》卷六十八《老子》）

结合前引《九变而赏罚可言》一文中王安石思想中主要概念的序列，可以看出，礼乐是"九变"中的重要环节，是天道在现实社会中的具体体现，是治理天下的重要手段。一方面，礼乐刑政的最终依据是天道，这是礼存在的重要前提；另一方面，礼乐刑政又是天道在现实社会的体现之一。这样，天道就不是空的，而是有着具体的内容。这也是礼在王安石整个思想中的地位和意义。

二　王安石的礼乐论与心性论

王安石写有《礼乐论》一文，是反映他的礼学思想的一篇重要文献。这篇文章从心气性命讲起，表明王安石的礼学思想还与他的道德性命论有密切关系。在《虔州学记》一文中，王安石明确指出：

> 余闻之也，先王所谓道德者，性命之理而已。其度数在乎俎豆钟鼓管弦之间，而常患乎难知，故为之官师，为之学，以聚天下之士，期命辩说，诵歌弦舞，使之深知其意。（《临川先生文集》卷八十二）

---

① 容肇祖：《王安石老子注辑本·三十辐章》，第19、20页。
② 同上书，第20页。

《虔州学记》是王安石有关性命道德说的一篇重要文章。"俎豆钟鼓管弦"明显是指礼乐制度。这里说得明确，道德性命之理的外在体现就是表现为"俎豆钟鼓管弦"的礼乐制度，也就是说，道德性命之理与礼乐是一种内外的关系。从这里可以看出，王安石是要为儒家的礼乐找到性命道德上的内在依据。因此，研究王安石的礼乐思想，还必须和他所认为的性命之理联系起来。

性本是儒家探讨的重要问题，自孔子提出"性相近也，习相远也"（《论语·阳货》），孟子、荀子更进一步论证了人性为善或为恶的观点，儒家的人性论更加丰富。从汉代以来，董仲舒所阐述的性三品说、性善情恶说，成为一种普遍的看法。直至北宋初期，学者依然多持这样的观点。

王安石早年所主张的是孟子的性善论观点。在扬州签判任上，他写出了数万言的《淮南杂说》。据蔡卞《王安石传》：

> 蔡卞为安石传，其略曰："自先王泽竭，国异家殊，由汉迄唐，源流浸深。宋兴，文物盛矣，然不知道德性命之理。安石奋乎百世之下，追尧舜三代，通乎昼夜阴阳不能测而入于神。初著《杂说》数万言，世谓其言与孟轲相上下。于是天下之士，始原道德之意，窥性命之端云。"（《郡斋读书志》后志卷二，文渊阁四库全书本。原文作"蔡京"，但学者一般认为，作《王安石传》的应为蔡卞）

由于《淮南杂说》早佚，这是我们判断其思想主旨的一段主要史料。蔡卞为王安石的弟子和女婿，他所说的王安石《杂说》与孟子相上下，应大致可信。又据时人刘安世所言：

> 金陵在侍从时，与老先生（按：指司马光）极相好。当时《淮南杂说》行乎时，天下推尊之，以比孟子。（马永卿：《元城语录解》卷上，文渊阁四库全书本）

刘安世为司马光的弟子，他从另外一个角度也指出时人以《淮南杂说》比孟子，说明蔡卞所言是可信的。从这些记载可知，《杂说》的主旨是道德性命说，并且"与孟轲相上下"，说明这个时期王安石主张的人性论，大概类似孟子的性善说。

王安石写有《性论》一文，但今存王安石的两部文集《临川先生文集》和《王文公文集》中均未收录。据《宋文选》卷十：

> 古之善言性者莫如仲尼，仲尼圣之粹者也。仲尼而下莫如子思，子思学仲尼者也。其次莫如孟轲，孟轲学子思者也。仲尼之言载于《语》，子思、孟轲之说著于《中庸》而明于《七篇》。然而世之学者，见一圣二贤性善之说，终不能一而信之何也？岂非惑于《语》所谓上智下愚之说欤？噫，以一圣二贤之心而求之，则性归于善而已矣，其所谓愚智不移者才也，非性也。性者五常之谓也，才者愚智昏明之品也。欲明其才品，则孔子所谓"上智与下愚不移"之说是也。欲明其性，则孔子所谓"性相近，习相远"，《中庸》所谓"率性之为道"，孟子所谓"人无有不善"之说是也。①

这里所说的，基本还是对孟子性善说的发挥。但是，后来王安石基本放弃了这个看法，对人性问题有了更进一步的思考。

首先，王安石反对汉唐以来流行的"性善情恶"的看法，主张"性情一也"。他说：

> 世有论者曰"性善情恶"，是徒识性情之名而不知性情之实也。喜、怒、哀、乐、好、恶、欲未发于外而存于心，性也；喜、怒、哀、乐、好、恶、欲发于外而见于行，情也。性者情之本，情者性之用，故吾曰性情一也。（《临川先生文集》卷六十七《性情》）

正如钱穆先生指出的，汉唐以来流行的"性善情恶"说有受佛教影响的因素，如李翱《复性书》中所表达的，"正是心真如门与心生灭门之

---

① 这篇文章究竟是王安石何时的著作，学界还有不同的看法。主流的观点是早年作于扬州签判任上（即庆历二年至庆历七年，王安石二十二岁至二十七岁）。参见邓广铭《北宋政治改革家王安石》，河北教育出版社 2000 年版，第 23—26 页；陈植锷：《北宋文化史述论》，中国社会科学出版社 1992 年版，第 230 页。但是贺麟先生认为这是王安石思想成熟期的作品，认为王安石"最后不能不归到孟子的性善说"。参见贺麟《王安石的哲学思想》，《文化与人生》，上海人民出版社 2011 年版，第 292 页。

老圈套"。而主张情非恶说,"始可把人生扭转到积极正面来"。① 可见主张"性情一也"是儒学复兴过程中必然的结果,同时也显示出王安石性情同一思想的意义。

其次,王安石主张"性善恶混"。在思想史上,这种说法类似于与孟子辩论的告子的看法。《孟子》书中列举了当时与孟子不同的其他几种有关人性的看法:

> 公都子曰:"告子曰:'性无善无不善也。'或曰:'性可以为善,可以为不善。'是故文武兴,则民好善,幽厉兴,则民好暴。或曰:'有性善,有性不善。'是故以尧为君而有象,以瞽瞍为父而有舜,以纣为兄之子,且以为君,而有微子启、王子比干。"(《孟子·告子上》)

这里记录的是当时言性的三种主要观点。告子的"性无善无不善"论和"性可以为善,可以为不善"基本相当,认为人性中本来就有善恶两种因素。而"有性善,有性不善",则认为不同的人的性也各不相同,有的人性善,有的人性不善。现在看来,以告子为代表的主张性无善无不善的看法在当时是占主流地位的。

郭店竹简《性自命出》当中也有:"善不善,性也,所善所不善,势也。"这是说,人性本质上可以为善,也可以不善。至于所表现出来的"所善所不善",则是外在环境所造成的。这相当于"性可以为善,可以为不善"。这明显与告子等人的主张是一致的。

王充《论衡·本性》篇又记载:

> 周人世硕,以为人性有善有恶,举人之善性,养而致之则善长;性恶,养而致之则恶长。如此,则性各有阴阳,善恶在所养焉。故世子作《养书》一篇。密子贱、漆雕开、公孙尼子之徒,亦论情性,与世子相出入,皆言性有善有恶。

宓子贱、漆雕开是孔子弟子,世硕、公孙尼子为孔子再传弟子(《隋

---

① 钱穆:《初期宋学》,《中国学术思想史论丛》(五),三联书店2009年版,第11页。

书·经籍志》认为公孙尼子"似孔子弟子"），他们都主张人性有善有恶，认为人性包含善恶两种因素，这与告子等人以及竹简《性自命出》的主张是一致的。而告子的看法，其实也并非不是儒家的主张。蒙文通先生早已指出："告子之言，亦归本于仁义，是亦儒者也。""世子以之言'性有善有不善'，告子以之言'性无善无不善'，斯皆据旧之所谓性者以为言也。"①

从这些记录可以看出，告子等人主张的"性无善无不善"是战国时期儒家人性理论的主流。另外，据《墨子》记载，墨子曾见染丝者而叹曰：

> 染于苍则苍，染于黄则黄。所入者变，其色亦变，五入必而已，则为五色矣。故所染不可不慎也。（《墨子·所染》）

这里墨子是用染丝的比喻来说明人的后天变化与"所染"有密切的关系。舜、禹、汤、武"所染当，故王天下，立为天子，功名蔽天地"，桀、纣、厉王、幽王"所染不当，故国残身死，为天下僇"（《墨子·所染》）。他们之间的区别是后天的社会环境所造成的。所以，从墨子的"所染"说来看，他也是主张人性可以为善，可以为不善。

墨子也曾受业于儒家，后来由于认为儒家"其礼烦扰而不说，厚葬靡财而贫民，服伤生而害事，故背周道而行夏政"（《淮南子·要略》）。墨子在人性问题上与儒家主流的看法相通，也是可以理解的。

因此，王充在论述了战国时期各种人性论以后，认为"然而论情性，竟无定是。唯世硕、公孙尼子之徒，颇得其正"（《论衡·本性》）。王充的这个评论是合乎实际的，"颇得其正"即是说明人性有善有恶、善恶相混是战国时期儒家对于人性看法的主流意见。

在中国古代传统思想当中，"性"本作"生"。从字源上来看，在甲骨文、金文等材料中，只见"生"字，"性"是后起的，但二者的含义又是密切相关的。② 在古代思想传统中，由于生、性相通，所以有一个即生

---

① 蒙文通：《儒家哲学思想之发展》，《儒学五论》，广西师范大学出版社2007年版，第6页。
② 参见傅斯年《性命古训辨证》上卷，上海古籍出版社2012年版。

言性的传统，这可以用告子所谓的"生即谓性"来概括。唐君毅先生说："一具体之生命在生长变化发展中，而其生长变化发展，必有所向。此所向之所在，即其生命之性之所在。此盖即中国古代之生字所以能涵具性之义，而进一步更有单独之性字之原始。既有性字，而中国后之学者，乃多喜即生以言性。"① 告子主张的"生即谓性"，性无善恶，在思想渊源上与古代的思想传统恰好是一致的。

从中国古代即生言性的传统来看，王安石所主张的"性善恶混"，或不可以善恶言性的看法，其实正符合了这一远古的传统。王安石既不赞成孟子的性善说，也不同意荀子的性恶说（见《临川先生文集》卷六十八《原性》），而是选择了孟、荀之间的中间道路。这也正是王安石特别强调孔子"性相近也，习相远也"的原因。他说：

> 孔子曰："性相近也，习相远也。"吾是以与孔子也。韩子之言性也，吾不有取焉。（《临川先生文集》卷六十八《性说》）
>
> 孟子言人之性善，荀子言人之性恶。夫太极生五行，然后利害生焉，而太极不可以利害言也。性生乎情，有情然后善恶形焉，而性不可以善恶言也。此吾所以异于二子。（《临川先生文集》卷六十八《原性》）

王安石不赞同韩愈以仁义礼智信五常为性的看法，但他也反对将仁义礼智信完全看成是外在的观点。因此他反对荀子"化性起伪"的看法（见《临川先生文集》卷六十六《礼论》）。

王安石认为，荀子把礼乐完全看成是外在于人的"法度节奏"，以这样的"法度节奏"去教育人、培育人，即荀子的"化性"，是人为的"伪"，这是不懂真正的礼意的体现。"礼始于天而成于人，知天而不知人则野，知人而不知天则伪"（《临川先生文集》卷六十六《礼论》）。礼是贯通天人的，荀子主张的"化性起伪"就是"知人而不知天"。这里的天人首先可以理解为内外。按照这里的意思，礼也是贯通内外的。礼既有内在的一面，即根于人性的一面，同时也有外在即规则法度的一面，所以孟子是"知天而不知人"，即仅强调礼"根于心"的一面，而忽视了礼还有

---

① 唐君毅：《中国哲学原论·原性篇》，中国社会科学出版社2005年版，第6页。

外在性这一特点。因此，王安石反对孟子、荀子以善恶定人性的看法，他的观点是在孟、荀之间，因此他说"圣人恶其野而疾其伪，以是礼兴焉"（《临川先生文集》卷六十六《礼论》）。

在《礼论》中，王安石说，礼虽然表现为各种具体的礼仪法度，但绝不可以如荀子所认为的那样，完全是外在的、人为的；相反，礼还有根于人性，也就是来源于天的一面。王安石形象而又明确地说：

> 夫斫木而为之器，服马而为之驾，此非生而能者也，故必削之以斧斤，直之以绳墨，圆之以规，而方之以矩，束联胶漆之，而后器适于用焉。前之以衔勒之制，后之以鞭策之威，驰骤舒疾，无得自放，而一听于人，而后马适于驾焉。由是观之，莫不劫之于外而服之以力者也。然圣人舍木而不为器，舍马而不为驾者，固亦因其天资之材也。今人生而有严父爱母之心，圣人因其性之欲而为之制焉，故其制虽有以强人，而乃以顺其性之欲也。圣人苟不为之礼，则天下盖将有慢其父而疾其母者矣，此亦可谓失其性也。（《临川先生文集》卷六十六《礼论》）

这是说，以木料制成器物，驯服马驾车，都有很多具体的规则，这些规则其实就是礼。经过礼的规范、陶冶，木料才可以变成器物，烈马才可以驯服地驾车。但是，这些规范，也就是礼，虽然艰苦、繁复，其实都是顺着人性的，也就是"圣人因其性之欲而为之制焉，故其制虽有以强人，而乃以顺其性之欲也"。反过来，如果本性中没有可能，礼也没有作用。从这个角度来说，他的论证又与孟子反对告子的论辨有相通之处。王安石又说：

> 夫狙猿之形非不若人也，欲绳之以尊卑而节之以揖让，则彼有趋于深山大麓而走耳，虽畏之以威而驯之以化，其可服邪？以谓天性无是而可以化之使伪耶，则狙猿亦可使为礼矣。故曰：礼始于天而成于人。（《临川先生文集》卷六十六《礼论》）

从王安石这里论礼与人性的关系来看，也就是他所谓的"礼始于天而成于人"，礼不完全内在于人性，但也不是和人性完全没有关系。由此可见，王安石所谓的性，不是固定不变的善或恶，而是一种可能、趋势、潜在。这与中国古代即生以言性的传统是完全相符的。

第三，王安石论性还与气联系在一起。《礼乐论》："神生于性，性生于诚，诚生于心，心生于气，气生于形。"以气言性也是中国古代性论的一个方面。古人将性看作是生命，而气则是自然界一切生物存在的机能和根源。因此将这二者联系在一起。《左传·昭公二十五年》记载了子大叔引述子产的一段话：

> 则天之明，因地之性，生其六气，用其五行。……民有好恶、喜怒、哀乐，生于六气……乃能协于天地之性，是以长久。

子产以气论性，这种"气性"并非是后世所谓形而下的气质之性，而是一种超越的"天地之性"。① 这是古人对生命的一种独特的理解，因此它与性便密切联系在一起。

另外，王安石经过了一系列的推论，认为"形者，有生之本"（《临川先生文集》卷六十六《礼乐论》）。认为外在的形体是生命和性的根本，这个看法其实也与古代的传统相符。一个生命体最为直观的载体就是他的形体或外形，所以性也可以指形体、形态。如孟子说："形色，天性也"（《孟子·尽心上》），《吕氏春秋》又记载："夫登山而视牛若羊，视羊若豚。牛之性不若羊，羊之性不若豚，所自视之势过也，而因怒于牛羊之小也，此狂夫之大者。"（《吕氏春秋·壅塞》）高诱注："性犹体也。"

王安石在《礼乐论》中将性与气、形联系在一起，因此他反复申论的一个主题就是"养生"。他说："不尽性不足以养生"，"不养生不足以尽性"。又说：

> 生与性之相因循，志之与气相为表里也。生浑则弊性，性浑则弊生，犹志一则动气，气一则动志也。先王知其然，是故体天下之性而为之礼，和天下之性而为之乐。礼者，天下之中经；乐者，天下之中和。礼乐者，先王所以养人之神，正人气而归正性也。（《临川先生文集》卷六十六《礼乐论》）

---

① 参见梁涛《郭店竹简与思孟学派》，中国人民大学出版社2008年版，第139页。

王安石所说的"生与性之相因循",正是上文所说的中国古代论性时即生言性的一大传统。

养生也就是养性,这其实也是早期儒学的一个重要传统与特征。在郭店竹简《唐虞之道》中有:"禹治水,益治火,后稷治土,足民养生。夫唯顺乎肌肤血气之情,养性命之正。安命而弗夭,养生而弗伤。"

由此说明,养生其实也是儒学中悠久的传统之一,并非仅为道家者言。因此,王安石感叹说:

呜呼,礼乐之意不传久矣!天下之言养生修性者,归于浮屠、老子而已。浮屠、老子之说行,而天下为礼乐者独以顺流俗而已。(《临川先生文集》卷六十六《礼乐论》)

正是为了反对佛老之说,王安石才把儒家的礼乐与儒家的修性养生说联系在一起。这其实是对儒家思想的发展。过去有学者批评王安石,认为《礼乐论》混杂了道家的修养论:"《礼乐论》以道家修养法释先王立礼乐之意,则公溺于异端之见也。《大人论》亦涉异端,《致一论》言安身崇德,《九卦论》言处困之道,皆于理无背。"(黄震:《黄氏日抄》卷六十四,文渊阁四库全书本)这其实不但误解了王安石的思想,而且也对古代即生言性的传统不甚明了。

从以上几个方面可以看出,王安石论性,与中国古代思想传统的主流在很多层面上是一致的。从思想史的发展来看,中国古代人性说在战国时期虽然提出了各种不同的看法,但是经过了孟子、荀子各自的反复论辩,性善或性恶成为立论的前提。这当然是思想发展演变的体现。但是现在王安石在千年以后又回到先秦时期即生以言性的传统上来,是否是思想史上的倒退呢?我们认为,还不能这样理解,而是应结合具体的历史背景作分析。第一,儒学从东汉以后逐渐衰落,历经七八百年时间,在与佛道的冲突中,儒学从中唐以来逐渐振兴,王安石新学也是儒学复兴过程中的一个派别。在这样的历史境遇中,复兴儒学,接续儒学的主流,也就成为一种历史的必然。

第二,王安石不以善恶言性,认为性是超越于善恶的,这一点与佛教思想的影响有关。王安石曾写道:

所谓性者，若四大是也。所谓无性者，若如来藏是也。虽无性而非断绝，故曰一性所谓无性。曰一性所谓无性，则其实非有非无，此可以意通，难以言了也。惟无性，故能变。若有性，则火不可以为水，水不可以为地，地不可以为风矣。

佛说有性，无非第一义谛，若第一义谛，有即是无，无即是有，以无有像计度言语起而佛不二法。离一切计度言说，谓之不二法，亦是方便说耳。(《临川先生文集》卷七十八《答蒋颖叔书》)

王安石认为，佛教所谓的性就是非有非无，不可以言相来把握。同样，人性也不可以善恶来定。这就明显的显示出佛学的影响。

从这两个方面来看，王安石新学在人性问题上，虽然找到了儒学的主流，但还是有明显的佛学影响的痕迹，还是不完善的。直至二程、张载理学家在人性问题上直接孟子，确定了性善论的主导地位，并且使之更加丰满完善，儒学才真正完成了复兴的过程，建立了新的形态。

三　王安石的礼乐论与宋代儒学的发展

王安石曾明确指出："先王所谓道德，性命之理而已。其度数在乎俎豆钟鼓管弦之间。"他的礼乐论完全是建立在他的心性论基础之上的。王安石以心性来诠释礼乐，这是对传统礼乐论的一个发展。

战国秦汉时期，儒家学者论礼乐思想，虽然也主张"本之情性，稽之度数，制之礼义"(《礼记·乐记》)，但从整体上来看，当时的学者论礼乐，是从天地入手，把礼乐与天地阴阳联系起来。如《礼记》所说：

乐者，天地之和也。礼者，天地之序也。和，故百物皆化；序，故群物皆别。乐由天作，礼以地制，过制则乱，过作则暴。明于天地，然后能兴礼乐也。

圣人作乐以应天，制礼以配地。礼乐明备，天地官矣。

礼乐之极乎天而蟠乎地，行乎阴阳而通乎鬼神，穷高极远而测深厚。(《礼记·乐记》)

是故夫礼，必本于大一，分而为天地，转而为阴阳，变而为四时，列而为鬼神。(《礼记·礼运》)

> 礼之象五行也，其义四时也。（《大戴礼记·本命》）

从这些论断可以明显地看出，以《礼记》为代表的礼乐论与当时流行的宇宙论模式有密切的关系。当时的儒家学者试图为礼乐找到的形上依据就是以阴阳五行为图式的天地，这反映出战国至秦汉时期儒学发展的特征。王安石的礼乐论则与此明显不同。王安石以心性论来解释礼乐的思想，在一定程度上继承了孟子"仁义礼智根于心"的思路，反映出北宋时期儒学发展的时代特色。为了回应佛学的挑战，儒家的礼乐不仅要有天地的依据，而且更要有心性的基础。从这个角度也可以看出王安石重视孟子以及《孟子》在宋代"升格"的思想史意义。

与王安石形成对照的是欧阳修。欧阳修也主张复兴儒家的礼义以胜外来的佛法，但同时他又明确反对所谓的道德性命之说。他在《答李诩第二书》中说：

> 今世之言性者多矣，有所不及也，故思与吾子卒其说。修患世之学者多言性，故常为说曰：夫性，非学者之所急，而圣人之所罕言也。《易》六十四卦不言性，其言者动静得失吉凶之常理也；《春秋》二百四十二年不言性，其言者善恶是非之实录也；《诗》三百五篇不言性，其言者政教兴衰之美刺也；《书》五十九篇不言性，其言者尧、舜、三代之治乱也；《礼》、《乐》之书虽不完，而杂出于诸儒之记，然其大要，治国修身之法也。六经之所载，皆人事之切于世者，是以言之甚详。至于性也，百不一二言之，或因言而及焉，非为性而言也，故虽言而不究。[①]

欧阳修对儒家"六经"作了全面的总结，认为心性不是儒家所关心的重点问题。欧阳修不言心性，故他所谓的礼，就没有内在的心性依据。从整体上看，欧阳修与宋代儒学的整体走向是相背离的，在北宋时代的思想背景之下，发展儒学的心性传统，是儒学深入发展的必由之路。因此，王安石批评欧阳修说：

---

① 欧阳修：《居士集》卷四十七，《欧阳修全集》卷四十七，第668—669页。

如欧阳修文章于今诚为卓越，然不知经，不识义理，非《周礼》，毁《系辞》，中间学士为其所误几至大坏。①

王安石批评欧阳修不识义理，其实就是指出他对儒学发展的走向不清楚。王安石把传统的礼乐与心性联系起来，不仅为儒家礼乐思想找到了内在的理论依据，而且也为儒学的发展提供了很好的契机。通过王安石的诠释，礼乐的根基在于人性，这是对战国秦汉时期学者论礼乐的一个突破。先秦儒学的两大传统——礼乐与心性——在王安石这里结合在了一起。"外作器以通神明之德，内作德以正性命之情，礼之道于是为至"②。内圣与外王的统一，是王安石理解的儒家的最高理想。正如余英时先生所指出的："强调'外王'必须具备'内圣'的精神基础是王安石对宋代儒家政治文化的一个重要贡献"③，这也正是王安石礼乐论与心性论的历史意义。

但是，从宋代儒学发展的整体来看，必须承认理学是宋代儒学的最高形态。理学家确立了孟子性善论的主导地位之后，战国时期以告子为代表的主张人性无善恶可言的看法虽然在当时居于主流地位，但是在理学家看来就成为不入流的异端。程颐明确地说："人性善，性之本也；生之谓性，论其所禀也。……告子所云固是，为孟子问佗，他说，便不是也。"④王安石也主张把礼乐论与心性论结合起来，实现儒家内圣与外王的统一，但是他在心性问题上认同告子等人的看法，自然也就成为二程等理学家批判的对象。二程、张载等理学家在人性问题上直承孟子，确定了性善论的正统地位，并且使之更加丰满完善，这也就成为理学家在心性领域超越王安石新学的地方所在。

第三节 《周官新义》与熙宁变法

神宗即位后，年轻有为，励精图治，决心改变北宋建国百余年来逐渐积累的各种弊政。他即位之初，就提拔当时颇有影响的王安石知江宁府，旋即又将他调回京城开封，改命为翰林学士。经过与神宗皇帝的多次长

---

① 《续资治通鉴长编》卷二百一十熙宁三年，第5135页。
② 《周官新义》卷八，见程元敏：《三经新义辑考汇评——周礼》，第290页。
③ 余英时：《朱熹的历史世界——宋代士大夫政治文化的研究》上册，第56—57页。
④ 《河南程氏遗书》卷十八，《二程集》，第207页。

谈，并上奏《本朝百年无事札子》，王安石对社会现状的深刻分析，积极变革的大有为精神，以及富国强兵的政治理想，深得神宗的首肯，于是在熙宁二年（1069）二月庚子，神宗又任命王安石为右谏议大夫、参知政事。从此在神宗的支持下，王安石逐渐在全国推行新法。

熙宁年间的变法，同时遭到以司马光为首的一批士大夫的强烈反对，一时异论纷纷，政界的党争和学界的门派之争相互纠缠在一起，不但深刻地影响了此后政治形势的发展和思想文化格局的演变，而且对宋代礼学的发展以及整个宋代儒学的发展都产生了深远的影响。

《周官新义》是在变法时期颁行的，历来学者大多认为它是新法的理论基础。因此研究《周官新义》必然要与熙宁变法联系在一起。全祖望指出："荆公生平用功此书最深，所自负以为致君尧、舜者俱出于此，是固熙、丰新法之渊源也。"[①] 王安石之所以重视《周礼》，是由于他一直坚信《周礼》之书"理财居其半"（《临川先生文集》卷七十三《答曾公立书》）。当时的学者普遍认为，王安石是借《周礼》以行新法，以新法附会经义。如晁公武说："至于介甫，以其书理财者居半，爱之，如行青苗之类，皆稽焉，所以自释其义者，盖以其所创新法尽傅著之，务塞异议者之口。后其党蔡卞、蔡京绍述介甫，期尽行之，圜土方田皆是也。"[②] 新法误国，《周官新义》是其理论源头。[③]

但是，也有学者认为，《周官新义》其实与新法并无实质的关系。《四库提要》说："安石解经之说，则与所立新法各为一事。"[④] 皮锡瑞指出："王安石创新法，非必原本《周礼》，赊贷市易，特其一端。实因宋人耻言富强，不得不上引周公，以箝服异议。后人谓安石以《周礼》乱天下，是为安石所欺。安石尝云：法先王之正者，法其意而已。此言极其通达。故知其所行法，非事事摹周也。"[⑤] 这是说，王安石变法其实并非真正依据《周礼》，《周礼》只是其变法的口实而已。

我们认为，《周官新义》固然不是指导新法变革的政治纲领，但它是

---

① 《宋元学案》卷九十八《荆公新学略》，第3252页。
② 晁公武撰，孙猛校证：《郡斋读书志校证》，上海古籍出版社1990年版，第81—82页。
③ 参见陈振孙《直斋书录解题》卷二，上海古籍出版社1987年版，第44—45页。
④ 《四库全书总目》卷十九，中华书局1965年影印本，第150页。
⑤ 皮锡瑞：《经学通论》"三礼"之"论周礼在周时初未举行亦难行于后世"，中华书局1954年版，第58页。

王安石学术思想与经学思想的集中体现,而熙宁变法作为王安石一生政治生涯中最主要的事件,也必然受到他的思想的至关重要的影响。《周官新义》与新法之间还是存在着非常密切的关系。如当时盛传的王安石"三不足",无论是王安石亲口所言还是反对派攻击新法的口实,其实正是王安石变法的思想反映,这在《三经新义》中就有一些反映。如在《周官新义》中,王安石说:

> 天事之大而在征后,则天道远人道迩故也。①
>
> 盖以三兆、三易、三梦为正,以严辞之命赞之而已;如是,则国家之吉者可以前知,凶则诏王正厥事,以救之也。所谓救政者,修政以救凶灾也;盖吉凶之变,虽出乎天,而其所以感召之者,实自乎人,知凶而修政以救之,则可以转祸而为福矣。②
>
> 以风察天地之和,和则无事矣;不和也,则命乖别之妖祥焉,乖别在人,而妖祥先见于风,则亦人与天地同流通、万物一气故也。③

这其实就是"天命不足畏"。在训解《尚书·盘庚》时王安石又说:

> 小人之箴虽不可伏,然亦不可受人之妄言。妄言适足以乱性,有至于亡国败家者,犹受人之妄刺,非特伤形,有至于杀身者矣。故古之人圣逸说,放淫辞,使邪说者不得作,而所不伏者嘉言而已。④

王安石这里所说的其实正是"人言不足恤"。至于"祖宗不足法",王安石将《周礼》定性为"理财"之书,新法本身也是针对"本朝累世因循末俗之弊"(《临川先生文集》卷四十一《本朝百年无事札子》)而起的,因此他的不因袭陈说、不法祖宗、勇于创新的精神是贯穿《周官新义》终始的。批评者指出:"当时王介甫变更祖宗之制度,立青苗免役等法,而当朝公卿、下而小民皆以为不便,而介甫决意行之,其事与盘庚

---

① 《三经新义辑考汇评——周礼》,第351页。
② 同上书,第352页。
③ 同上书,第380页。
④ 同上书,第87页。

迁都相类，故介甫以此藉口，谓臣民之言皆不足恤。"① 因此，整体上来说，我们既不能将《三经新义》与熙宁新法作简单的比附，但同时也不能忽视二者之间的关系。这其实也是儒家学者以儒学致用的一个普遍现象。

宋儒解释经典，通经致用是一个重要特征。诚如朱熹所说："所说经固有嫌于时事而不能避忌者"②，他们注解《春秋》《周易》以及其他经典，无不贯穿着对现实的关注与思考。王安石也是这样。他明确认为，经学就是要致用。王安石说："夫圣人之术，修其身，治天下国家，在于安危治乱，不在章句名数焉而已。"（《临川先生文集》卷七十五《答姚辟书》）在与神宗皇帝的对话中，他也明确地说："经术者，所以经世务也。果不足以经世务，则经术何所赖焉。"（《宋通鉴长编纪事本末》卷五十九《王安石事迹上》，中国基本古籍库收"清嘉庆宛委别藏本"）可以说，以经学致用是王安石一贯的主张。他在《周官新义》中也贯彻了这个主张。

王安石重视礼，借《周礼》以变法，但他并非将两千多年的礼制完全照搬过来。王安石明确地认识到，对于儒家的礼应"当法其意而已"。他在《上仁宗皇帝言事书》中指出：

> 然臣以谓今之实，患在不法先王之政者，以谓当法其意而已。夫二帝、三王，相去盖千有余载，一治一乱，其盛衰之时具矣。其所遭之变，所遇之势，亦各不同，其施设之方亦皆殊，而其为天下国家之意，本末先后未尝不同也。臣故曰：当法其意而已。（《临川先生文集》卷三十九）

就《周礼》来说，王安石认为，《周礼》书中记载的就是西周的法度，对于后人来说，就是要着重挖掘它这对于后世政治具有的垂示和典范意义。他在《周礼义序》中明确地说："惟道之在政事，其贵贱有位，其后先有序，其多寡有数，其迟数有时。制而用之存乎法，推而行之存乎人。其人足以任官，其官足以行法，莫盛乎成周之时。其法可施于后世，其文有见于载籍，莫具乎《周官》之书。盖其因习以崇之，庚续以终之，

---

① 《三经新义辑考汇评——尚书》，第88页。
② 朱熹：《文集》卷二十七《答詹帅书》，《朱子全书》第二十一册，第1201页。

至于后世无以复加。则岂特文、武、周公之力哉？犹四时之运，阴阳积而成寒暑，非一日也。"（《临川先生文集》卷八十四《周礼义序》）

王安石之所以在儒家经典中看重《周礼》，除了《周礼》本身就是一部关于政治设计的经典之外，还有非常重要的一点，就是因为《周礼》重视"理财"。这是王安石对《周礼》的理解，同时也是贯穿王安石政治思想的主线。在王安石写给仁宗皇帝的《言事书》中，就已经提出了为天下"理财"的原则。（参见《临川先生文集》卷三十九）几年以后，安石又将他的这个看法作了进一步的表述："夫合天下之众者财，理天下之财者法，守天下之法者吏也。吏不良，则有法而莫守；法不善，则有财而莫理。有财而莫理，则阡陌闾巷之贱人，皆能私取予之势，擅万物之利，以与人主争黔首，而放其无穷之欲，非必贵强桀大而后能。……然则善吾法而择吏以守之，以理天下之财，虽上古尧舜犹不能毋以此为先急，而况于后世之纷纷乎。"（《临川先生文集》卷八十二《度支副使厅壁题名记》）在这一时期以及后来所写的其他一些重要文字中，如《本朝百年无事札子》等，王安石都表达了类似的主张，即要为天下"理财"。

在王安石调任中央以后，更认识到"理财"对于社会、政治的重要性。他的新法就是以"理财"为核心而展开的。其中争议最大的青苗法的理论依据，就是《周礼》中的"泉府"。围绕《周官新义》而展开的争论，主要集中在关于"泉府"的解释上。

《周礼·地官》："泉府，掌以市之征布，敛市之不售货之滞于民用者，以其贾买之，物楬而书之，以待不时而买者。……凡民之贷者，与其有司辨而授之，以国服为之息。"郑玄注曰：

> 郑司农云："贷者，谓从官借本贾也，故有息，使民弗利，以其所贾之国所出为息也。假令其国出丝絮，则以丝絮偿；其国出絺葛，则以絺葛偿。"玄谓以国服为息，以其于国服事之税为息也。于国事受园廛之田而贷万泉者，则春出息五百。王莽时民贷以治产业者，但计赢所得受息，无过岁什一。[1]

王安石认为，这是周人收取利息的证据，同时也是他实行青苗法收取

---

[1] 《周礼注疏》卷十六，上海古籍出版社2010年标点本，第540—542页。

二分利的理论依据。他说："周人国事之财用，取具于息钱。"① 熙宁二年（1069），王安石据此建议设置制置三司条例司，实行青苗法，并收取二分利息。王安石认为："周置泉府之官，以榷制兼并，均济贫乏，变通天下之财，后世唯桑弘羊、刘晏粗合此意。学者不能推明先王法意，更以为人主不当与民争利。今欲理财，则当修泉府之法，以收利权。"② 熙宁变法当中，青苗法，尤其是收取二分利息，引起了广泛的反对。

王安石说：

> 《周礼》泉府之官，乃云贷者取息有至二十而五，凡国家之财用取具焉。今常平新法，豫给青苗钱，但约熟时酌中物价。……故河北约束州县纳钱不得过三分，京西、陕西等路，大抵不过二分而已。凡此，盖为量减时价旨挥，未有约定实数，恐纳时倍贵，州县量减钱不多，致亏损百姓，即非法外擅为侵刻也。就诸路所约，惟河北最多。然云不过三分，即非定取三分之息。若物价低平，即有当纳本色，不收其息，或止收一二分息时。多少相补，比《周礼》贷民取息，立定分数，已不为多。近又令预给价钱，若遇物价极贵，亦不得过二分。既比《周礼》所取尤少，于元条欲广储蓄、量减时价旨挥不相违戾，固无失信之理。又《周礼》国事财用，取具于泉府之官赊贷之息。今常平不领于三司，专以振民乏绝。比周公之法，乃不以取具国事之财用，故云"公家无所利其入"。③

按照王安石的本意，青苗法的实行"皆以为民，而公家无所利其入，【是】亦先王散惠兴利，以为耕敛补助、哀多补寡而抑民豪夺之意也"。④ 在王安石看来，青苗法绝非是为了与民争利之举，而且利率比《周礼》中规定的还要低。但青苗法在具体的实施过程中，利率大大增加，最高达到了百分之三十甚至四十，由此引起司马光、文彦博、苏轼、吕诲、吕公

---

① 《三经新义辑考汇评——周礼》，第212页引王安石佚文。
② 陈邦瞻：《宋史纪事本末》卷三十七《王安石变法》，第327页。
③ 韩琦《上神宗论条例司画一申明青苗事》前引制置三司条例司言，见赵汝愚编《宋朝诸臣奏议》卷一百十二，上海古籍出版社1999年版，第1219页。
④ 《宋会要辑稿·食货》四之一六。这里引自漆侠整理的《王安石新法校正》，见漆侠《王安石变法》（增订本），河北人民出版社2001年版，第262页。

著、二程、韩琦等一批重臣的激烈反对，一时间异论纷扰。南宋赵汝愚编的《皇朝名臣奏议》"财赋门"所收有关新法的奏议十一卷，就是当时各种反对意见的汇集。在这些反对意见中，他们引经据典，讽古喻今，多从传统儒家的义利之辨立论，甚至直指王安石为人奸诈，认为新法，尤其是青苗法，是"桑弘羊商贾之术""五霸富国强兵之术""管商权诈之术""盗跖之法"，与《周礼》以及儒家的王道理想毫无相干。

在各种反对新法的奏议中，也有人据《周礼》而提出反对意见。孙觉在于熙宁三年（1070）三月的奏议中指出：

> 臣窃以谓周家纲纪天下，其法至密，小大详略之设有余，本末先后之施有序。所治大者不领其详，所当后者不先于本，固其法始于治地，而其效至于天下无一人之狱。……周之法如此其详且备矣，民之养生丧死者既已无憾，则又虑夫祭祀丧纪与夫不可知之乏绝，故为之立赊贷之法以阴相之，所以备民之艰难而弥缝之至也。……赊贷者不可徒予，必使以国服输息，盖又寓勤生节用之意，以俟其急惰者耳。若夫国事之财用取具者，盖谓泉府所领。若市之不售，货之滞于民用，有买有予，并赊贷法而举之焉。若专取于泉府，则冢宰九赋之类，将安用耶？至于国服之息，说者不明。先郑后郑，各为一解。康成曰："于国事受园廛之田而贷万泉者，期出息五百。"则是一岁之中贷钱十千而出五百之息，是为二十而一矣。又曰："王莽时，民贷以治产业者，但计赢所得受息，无过岁计什一。"……康成虽引《载师》园廛为比，然卒以莽时为据，其意盖谓周制亦当而也，不应周公取息反重于王莽之时。夫以王莽贪乱败亡之法，尚不至于以本计息，奈何谓《周礼》太平之制而取息之厚乃至是耶？……况《周官》载治法甚详，必欲举而行之，宜有先于此者。如赊贷之法，刘歆行于新室，已不效矣。莽之亡虽不专以此，然亦取亡之一道也。故臣谓圣世讲求，宜讲求先王之法章明较著已试而效者，推而行之，不当取疑文虚说，苟以图治焉。①

---

① 赵汝愚编：《宋朝诸臣奏议》卷一百十二《上神宗论条例司画一申明青苗事》，第1225页。

孙觉的这个反对意见很有代表性。他首先明确指出,《周礼》为圣人所制,它规划的制度是极其完善的,其中所立的赊贷之制也仅仅是一种"以待非常"的预防措施。郑玄注《周礼》,认为"以国服为之息"是二十而税一,即使王莽依《周礼》改制税率也没有超过什一。这样就从经典上否定了青苗法二分利的合法性。他还将新法与王莽改制相比附,暗含着以《周官》之名行赊待之法的变法其实是自取灭亡之道。

另外如韩琦也指出:"周公立太平之法,必无剥民取利之理。"他对《周礼·泉府》的解释是:"臣谓周制,民有货财鬻市而无人买,或有积滞而妨民用者,则官以时价买之,书其物价以示民。若有急求者,则以官元价与之。此所谓王道也。"按他的理解,"泉府"一职只是政府调节民间商品有无的一种手段,并不以取息为目的。这从郑众注、贾疏都可以得到明证。《周礼》经文又云:"凡民之贷者,与其有司辨而授之,以国服为之息。"郑众的解释是:"贷者,谓从官借本贾也,故有息,使民弗利,以其所贾之国所出为息也。假令其国出丝絮,则以丝絮偿;其国出絺葛,则以絺葛偿。"按照这个解释,所谓"息",就是以所贷之物的价格返还官家,也是不以求民之利为目的。但是郑玄的解释则是:"以其于国服事之税为息也。于国事受园廛之田而贷万泉者,期出息五百。"韩琦认为,这是郑玄错将《周礼》书中特殊的"漆林之征二十而五"作为普遍的税率。因为按照《周礼》原意,各地由于远近等因素的不同,税率也各不相同。漆林由于是"自然所生,非人力所作,故税重"。按韩琦的理解,青苗法以《周礼》"以国服为之息"作为收取高额利息的依据,并不符合《周礼》的本意,而是从郑玄的解释而来,这样,新法就与它所宣称的周制毫无关系。韩琦还接着指出:

> 且古今异制,贵于便时。《周礼》所载有不可施于今者,其事非一。若谓泉府一职可施行,则上所言以官钱买在市不售及民间积滞之货,俟民急求,则依元价与之;民有祭祀、丧纪,就官中借物,限旬日、三月还官而不取其利。制置司何不将此周公太平已试之法,尽申明而行之,岂可独举注疏贷钱取息之一事,以诋天下之公言哉?

韩琦认为,青苗取息于现实不可行,于经典也没有充足的依据,所谓

"放青苗钱取利乃周公太平已试之法"是"诬污圣典,蔽惑睿明"。①

从孙觉、韩琦等人对新法的反驳中可知,他们利用的经典也是《周礼》,他们从反驳王安石对《周礼》的解释进而反对新法。由此可以看出,《周礼》成为熙宁变法时两派都依据的经典。从这个角度来看,已经很难简单地判断争议的双方孰对孰错。他们都是借用经典而在阐发各自的看法。由此我们也可以看出,在中国思想史上,这是以经典诠释而展开学术思想与政治斗争的一个非常典型的例证。

除青苗法之外,新法中的免役、保甲、市易等诸法,在很大程度上也都来源于王安石认为的《周礼》中已经规定的周代制度。王安石在给神宗皇帝的上疏中指出:

> 陛下即位五年,更张改造者数千百事,而为书具,为法立,而为利者何其多也?就其多而求其法最大,其效最晚,其议论最多者,五事也。一曰和戎,二曰青苗,三曰免役,四曰保甲,五曰市易。……惟免役也、保甲也、市易也,此三者有大利害焉。得其人而行之,则为大利,非其人而行之,则为大害。缓而图之,则为大利,急而成之,则为大害。《传》曰:"事不师古,以克永世,匪说攸闻。"若三法者,可谓师古矣,然而知古之道,然后能行古之法,此臣所谓大利害者也。盖免役之法,出于《周官》所谓"府史胥徒",《王制》所谓"庶人在官"者也。然而九州之民,贫富不均,风俗不齐,版籍之高下不足据,今一旦变之,则使之家至户到,均平如一,举天下之役,人人用募,释天下之农,归于畎亩。苟不得其人而行,则五等必不平,而募役必不均矣。保甲之法,起于三代丘甲,管仲用之齐,子产用之郑,商君用之秦,仲长统言之汉。而非今日之立异也。然而天下之人,凫居雁聚,散而之四方而无禁也者,数千百年矣。今一旦变之,使行什伍相维,邻里相属,察奸而显诸仁,宿兵而藏诸用,苟不得其人而行之,则摇之以追呼,骇之以调发,而民心摇矣。市易之法,起于周之司市,汉之平准,今以百万缗之钱,权物价之轻重,以通商而货之,令民以岁入数万缗息。然甚知天下之货贿未甚行,窃恐

---

① 上引韩琦文均见《上神宗论条例司画一申明青苗事》,赵汝愚编:《宋朝诸臣奏议》卷一百十二,第1220—1221页。

希功幸赏之人,速求成效于年岁之间,则吾法隳矣。(《临川先生文集》卷四十一《上五事劄子》)

从这段话可知,新法也不过是托古改制,新法的各种措施都是源于《周礼》以及三代的制度。如免役法就是出于《周礼》的"府史胥徒",保甲法源于三代"丘甲"之制,市易法源于周代的司市。关于新法的各项规定与《周礼》之间的关系,很多学者已经做了深入的研究,如侯外庐先生主编的《中国思想通史》从王安石《周官新义》以及王昭禹《周礼详解》引述了大量资料,说明了他们在《周礼》的注解中为新法张目的种种做法。另外,前引李祥俊《王安石学术思想研究》和吾妻重二的论文《王安石〈周官新义〉的考察》,对此问题也都有所说明,这里就不再详细叙述了。

第四节 《周官新义》的经学成就

《周官新义》是在新法实行的时候颁布的,但是深入分析《周官新义》与王安石新法之间的关系,历来学者们还有不同的看法,大致可以总结为两种观点。

第一,渊源论。如全祖望说:"荆公生平用功此书最深,所自负以为致君尧、舜者俱出于此,是固熙、丰新法之渊源也。"[1]

第二,借口论。《四库提要》说:"安石之意,本以宋当积弱之后,而欲济之以富强,又惧富强之说必为儒者所排击,于是附会经义,以钳儒者之口,实非真信《周礼》为可行。"[2]

经过我们的深入对比研究,我们认为,"借口论"是不能成立的。我们基本赞同"渊源论",但同时也要指出,不能把《周官新义》完全看作一部政治教科书或王安石的施政纲领。王安石本人也反对亦步亦趋地照搬古代经典,他曾说:"事同于古人之迹,而异于其实,则其为天下之害莫大。"(《临川先生文集》卷六十七《非礼之礼》)《周官新义》虽然与新法之间有很密切的关系,但也不能将二者一一对应起来。《周官新义》同

---

[1] 《宋元学案》卷九十八《荆公新学略》,第3252页。
[2] 《四库全书总目》卷十九,第150页。

时也是一部独立的、有价值的经学著作，这一点就连他的政治反对派也是承认的。新法在元祐年间逐渐罢废，但新学却一直延续到南宋乾、淳时期，朱熹说："王氏《新经》尽有好处，盖其极平生心力，岂无见得著处？"① 朱熹在《学校贡举私议》中又说："近年以来，习俗苟偷，学无宗主，治经者不复读其经之本文与夫先儒之传注……今欲正之，莫若讨论诸经之说，各立家法，而皆以注疏为主……《周礼》则刘敞、王安石、杨时……"② 朱熹详细地列举出诸经可供研读的各个注疏本子，其中《周礼》就有王安石和杨时的解释。杨时的《周礼义辨疑》是专为反驳王安石《周官新义》而作，朱子将二者并列，也是取其相互对照，认为《周官新义》还是有"可采"之处，并非仅仅是将它作为反面教材。

我们认为，《周官新义》是自中唐以来儒学复兴，尤其是经过北宋仁宗时期前后四十多年的大力弘扬表彰儒学，儒学发展到一个新的阶段所取得的具有代表性的经学注疏著作。由于《周礼》一书本身具有的政治品格，王安石的《周官新义》也同样体现出强烈的经世色彩，我们还将它作为北宋礼学发展过程中经世一派的代表作。因此，《周官新义》是一部具有独立学术价值的经学著作，在儒家经学的《周礼》学以及三《礼》学的历史上都具有一定的地位和意义。王安石亲自撰写的《周官新义》不但反映出王安石本人渊博的学识和经学素养，同时也体现出北宋儒学发展过程中的一些具有时代意义的特点。具体来说，主要体现在如下几个方面。

一　融合各家的思想倾向

儒学自孔子之后，"儒分为八"，儒学就是在不同派系的相互冲突融合、吸收儒学之外其他思想资源的过程中不断发展的。融汇各家是儒学发展的趋势。汉代的儒学是融合了阴阳家、法家的思想而形成的弘厚淳实的新儒学，魏晋时期的儒学是融合了道家思想而形成的玄学。儒学在每一个时期的发展都是融合了其他学派的思想而形成的"新儒学"。

宋代儒学的主要特征是义理之学。儒学在魏晋以后几百年间之所以"儒门淡泊"，一个主要的原因就是儒家思想在政治理论之外，不能满足

---

① 黎靖德编：《朱子语类》卷一百三十，第3099页。
② 朱熹：《文集》卷六十九，《朱子全书》第二十三册，第3360页。

士人关于个人心性以及纯粹的理论思维方面的需求。因此，儒学的复兴，一个主要的方面就是在心性义理方面不断充实，广泛吸取当时思想界所能提供的所有理论资源，以补充儒学在"性与天道"方面的不足。这是宋代儒学发展的主要趋势。王安石作为宋学的开创者之一，吸收融汇诸子百家也是王安石思想的一个主要方面。苏轼曾评价王安石"网罗六艺之遗文，断以己意；糠粃百家之陈迹，作新斯人"，正是说明了王安石杂糅百家的思想特征。王安石也曾自称"自诸子百家之书，及于《难经》、《素问》、《本草》诸小说，无所不读"（《临川先生文集》卷七十三《答曾子固书》）。他甚至对佛教的态度也是相当开放的。他曾对神宗皇帝说："臣观佛书，乃与经合，盖理如此，则虽相去远，其合犹符节也。"又说："苟合于理，虽鬼神异趣，要无以易。"[1] 后世学者研究王安石，对于王安石思想的学派归属往往难以取得一致的看法，这也从另外一个角度说明王安石的思想是综合各家而成的。王安石指出：

> 扬雄虽为不好非圣人之书，然于墨、晏、邹、庄、申、韩，亦何所不读？彼致其知而后读，以有所去取，故异学不能乱也。惟其不能乱，故能有所去取者，所以明吾道而已。（《临川先生文集》卷七十三《答曾子固书》）

其实这也是王安石本人的思想取向。"所以明吾道"是王安石融合各家思想的主旨，即以丰富、发扬儒学为根本目的。在这一思想指导之下，其他各种思想都可以作为辅翼儒学的资源。这在《周官新义》中也有明显的反映。

在中国传统思想文化中，儒道互补是中国文化的基本格局。从儒学的角度来说，批判、吸收道家思想是推动儒学发展的一个重要因素。宋代的儒学是义理之学，其义理来源之一就是道家思想。在这一点上，王安石也是如此。王安石及其荆公学派的门人弟子，都有关于老庄经典的注解。王安石"平生最喜《老子》"[2]，他的儿子王雱以及门人吕惠卿、陆佃等人均有《老子注》《庄子注》的著作。叶梦得曾说："自熙宁以来，学者争

---

[1] 《续资治通鉴长编》卷二百三十三熙宁五年，第5660页。
[2] 晁公武：《郡斋读书志》卷三上，《郡斋读书志校正》，第471页。

言老庄"①,《靖康要录》卷五又说:"熙宁间王安石执政,改更祖宗之法,附会经典,号为新政……以至为士者非性命之说不谈,非庄老之书不读"(文渊阁四库全书本),荆公学派对于老庄道家思想的重视,对整个思想界也产生了很大的推动作用。②

《庄子·人间世》中有一个重要概念"心斋"。王安石在《周官新义》中说:

> 然此特祭祀之斋,尚未及夫心斋也。所谓心斋,则圣人以神明其德者是也。故其哀乐欲恶,将简之弗得,尚何物之能累哉?虽然,知致一于祭祀之斋,则其于心斋也,亦庶几焉。③

《庄子》书中的"心斋"与"坐忘""见独"一样,都是庄子为达到精神世界的绝对逍遥而提出的修养方法。"心斋"高于颜回所说的"祭祀之斋",是独具特色的道家思想,但王安石在儒家经典的注解当中却提出圣人用来"神明其德"的方法就是"心斋"。当然,如果过分强调"心斋",在儒家经典的注解中又会显得道家思想过于浓厚,因此王安石又同时提出,如果认真对待"祭祀之斋",那么也就几乎达到了"心斋"。本来,在《庄子》书中,"心斋"与"祭祀之斋"有本质的不同,但王安石又将二者调和起来,这恰好也反映出王安石综合儒道的思想倾向。

《周礼》有"疾医"一职,"掌养万民之疾病"。王安石在注解中引用了《列子》和《素问》后说:

> 盖方冬之时,阳为主于内,寒虽入之,势未能动;及春,阳出而阴为内主,然后寒动而搏阳,为痟首之疾矣。方夏之时,阴为主于

---

① 叶梦得:《避暑录话》卷一,见《石林燕语 避暑录话》,上海古籍出版社2012年版,第111页。
② 司马光《论风俗札子》说:"窃见近岁公卿大夫好为高奇之论,喜诵老庄之言,流及科场,亦相习尚。……今之举人,发言秉笔,先论性命,乃至流荡忘返,遂入老庄。"(《传家集》卷四十二,文渊阁四库全书本)此文的写作时间为熙宁二年六月,王安石的《三经新义》虽未正式颁布,但此时王学的影响如日中天,他的学术思想对天下士子的影响力是非常巨大的。司马光此言虽未明言是针对王安石,但从语气中来看,以"性命""老庄"相并举,显然是针对王安石新学的流弊而言的。
③ 《三经新义辑考汇评——周礼》,第88页。

内，暑虽入之，势未能动；及秋，阴出而阳为内主，然后暑动而搏阴，为瘅寒之疾矣。痒疥疾，则夏阳溢于肤革，清搏而淫之故也；嗽上气疾，则冬阳溢于藏府，清乘而逆之故也。①

《周礼·疾医》："以五味、五谷、五药养其病，以五气、五声、五色眠其死生。"安石解释道：

> 《素问》曰："气不足，补之以精；精不足，补之以味。"味，养精者也；谷，养形者也；药，则疗病者也。养精为本，养形次之，疗病为末，此治之序也。望其气矣，则又听其声；则又视其色矣，则又两之以九窍之变，参之以九藏之动也。九窍有变，而后占九藏，则诊其动于脉，两之也以阴阳，参之也以阴阳。冲气，医经所谓胃气也。以气声色眠死生，不过五，以味谷药养其病，亦不过五，则物之更王、更相、更废、更囚、更死，不过五故也。②

从这两段注解可以看出，安石自称的"自诸子百家之书，及于《难经》、《素问》、《本草》诸小说，无所不读"确实是可信的。在中国传统思想当中，《素问》《百草》这样专门的学问往往与阴阳五行思想有非常密切的关系。王安石在注解《周礼》"疾医"时所依据的理论，也是传统的阴阳五行思想。这种思想在其他地方也有反映。如《周礼·典同》"掌六律六同之和，以辨天地四方阴阳之声"，在中国传统思想当中，都是用阴阳来解释音律。王安石的解释也是如此。他说：

> 天地四方各有阴阳之声，是为十有二声。
> 夫天，阳也；地，阴也。东南方，阳也；西北方，阴也。然阴阳之中，复有阴阳焉。③

宋学是在反对汉唐注疏学的背景下发展起来的，而且王安石的《周

---

① 《三经新义辑考汇评——周礼》，第115页。
② 同上书，第116页。
③ 同上书，第345—346页。

官新义》也是新经学的一种，但其实，《周官新义》对汉唐经学也有一些继承。很多学者指出，王安石对《周礼》"泉府"的理解，就有承接郑玄的地方。南宋学者叶时说：

> 郑康成何据而谓"旅师以国服为息"，岂有以粟货民，而可以取息乎？刘歆谓周有"泉府"之官，收不售与欲得，遂使王莽下开赊贷之诏，月取钱三百，为害极矣。王安石又误此意，乃立青苗之法，春放十千，半年则出息二千，秋再放十千，年终又出息二千，岁息四千，是故周官一倍。而乃以国服为息，借口青苗之贷，不问其欲否，而概予之谓为旅师之平颁，不计其远近而强责之，谓为泉府之赊贷假。忠厚之法，以行侵渔之私，切䞋恤之名，以济割剥之害，哀哉。（《礼经会元》卷三上《市治》，文渊阁四库全书本）

魏了翁指出：

> 《周礼》国服之法，郑康成直以王莽二分直息解之。此自康成传注穿凿误引，以祸天下，致得荆公，坚守以为成周之法。当时诸老虽攻荆公，但无敢自郑康成处说破。推原其罪，自郑康成始。以政事学术误天下后世，盖不可不监。[1]

清人鄂尔泰说：

> 三礼，康成郑氏之功甚巨，而其过亦不细。盖王安石所以袭迹于新莽而祸宋者，多依于郑氏之说也。康成注九赋以为"口率出泉"，注门关市政以"举为官，没其货"，注国服为之息曰："贷以泉，息以泉。"而安石剥民之政，皆托是而为之。自康成之注"王日一举"也，辞不别白，疏者以为"日举太牢，共百二十瓮之醢、醯"，安石因之，有备物之说。自康成以"王后、世子不会，为优尊者"，安石倡之，而蔡京、童贯、王黼恣焉，以速北宋之亡。经义之不明，其祸

---

[1] 《三经新义辑考汇评——周礼》，第232页。

遂至于斯极，可不惧哉！①

《周礼》"泉府"是王安石将《周礼》定性为"理财"书的主要依据，后人虽然出于不同目的对王安石新法多有批评，但同时也都明确指出，王安石对"泉府"的解释是承接郑玄而来的。王安石由于对"泉府"的理解而形成了他变革社会经济政策的主张，并直接引发了现实的政治变革，这自然与郑玄纯粹的经学注解不可同日而语，但他们在思想上的前后继承关系同样也是不容忽视的。这同时也说明，宋代的义理学虽然在整体上是在反对汉唐经学的过程中形成的，但其间复杂的关系需要我们在研究的时候予以充分的重视和说明，我们不能将汉唐的注疏学与宋代的义理学作非此即彼的简单对立。就礼学来说，从汉唐到宋代，发展变化是有的，同时继承沿袭也是重要的方面，这也正是孔子所说的礼在历史发展过程中的因袭与"损益"。应充分认识到礼的因袭与损益这两个方面，这才是中国古代礼学的实际状况。

二 独具特色的训诂

从中国古代经学的发展来看，训诂是经学的基础。清代汉学兴盛，乾嘉汉学的代表人物戴震甚至提出了"故训明则古经明，古经明则贤人圣人之理义明"的主张②，以确立训诂在经学发展与义理研讨方面的重要位置。当然，这样的看法主要是针对宋学的空谈义理而言的，但两汉经学首先从重训诂考据的章句之学开始，也是经学发展的必然所致。受一些清代学者汉宋对立观的影响，很多时候，我们也将训诂章句学与义理学相对立。其实，这种简单的二分对立在学术史上并不存在。前引戴震在同一篇文章中就指出，所谓的汉学、宋学，"一主于故训，一主于理义"，这样的看法其实是似是而非的。顾炎武就提出"经学即理学"的主张③，戴震

---

① 《三经新义辑考汇评——周礼》，第86页。
② 戴震：《文集》卷十一《题惠定宇先生授经图》，《戴震集》上编，上海古籍出版社2009年版，第214页。
③ 顾炎武曾说："愚独以为理学之名，自宋人始有之。古之所谓理学，经学也。"见《亭林文集》卷三《与施愚山书》，《亭林诗文集》（《顾炎武全集》本），上海古籍出版社2012年版，第109页。全祖望在《亭林先生神道表》中将顾炎武的思想简要地概括为"经学即理学"。见全祖望《鲒埼亭集》卷十二，《全祖望集汇校集注》，第227页。

进而认为："所谓理义，苟可以舍经而空凭胸臆，将人人凿空得之，奚有于经学之云乎哉！"① 很显然，这些看法都是针对道学的末流舍经而空求理义的空疏学风而言的。若从实际来看，宋人何尝不讲训诂？宋代的义理学是两汉章句学流弊的反动，宋代学者多鄙视训诂，如程颐认为"牵于训诂"是为学的弊病之一②，王安石制定的贡举新制规定科举考试"务通义理，不须尽用注疏"③，南宋黄震也说："自本朝讲明理学，脱去训诂"（《黄氏日钞》卷二《读论语》）。这些宋人的言论好像是将训诂与义理绝然对峙，宋学是只重义理而不讲训诂。其实，义理与考据的区别只是从其大者而言。义理学虽然有其所着重的地方，但依然还要以训诂为基础，朱熹的《四书章句集注》就是一个很好的例证。只是理学家的训诂往往言简意赅，不做过多的考证而已。

王安石作为北宋儒学的重要代表人物之一，他虽然反对汉唐经学繁琐的训诂考证，但他的新经学依然离不开训诂。甚至在重义理的《周易》训解中，王安石也特别重视文字的解释，如黄震说："荆公释《易》中字义甚详。"④ 王安石曾撰有《字说》一部。据学者研究，此书初撰于治平年间，直至元丰四年左右才最终修订完成⑤，可见这是他一生思考探索而成的。王安石不同意自许慎以来所确立的分析汉字的"六书"原则，而是仅以"会意"作为汉字构成的主要原则，因此他也主要是以"会意"来分析文字。"他认为通过这种方法，便可以为儒家的经学注解确立一个牢固的训诂学基础，通过统一文字的含义，厘清名物、制度、概念的内涵，从而杜绝儒家传注中出现的各自名家、纷纭淆乱的局面。"⑥ 王安石注解《周礼》，虽不同于汉唐经学家那样详细甚至繁琐的训释、考证，但他的注解依然重视训释文字，其指导原则就是《字说》。由此可见，王安石经学研究的方法是由文字以通经义，而且在很多方面还别出新见，独具特色。

---

① 戴震：《文集》卷十一《题惠定宇先生授经图》，《戴震集》上编，第214页。
② 《河南程氏遗书》卷十八，《二程集》，第187页。
③ 《续资治通鉴长编》卷二百二十熙宁四年，第5334页。
④ 朱彝尊：《经义考》卷十九，《经义考新校》第二册，上海古籍出版社2010年版，第339页。
⑤ 参见刘成国《荆公新学研究》，上海古籍出版社2006年版，第88—89页。
⑥ 同上书，第117页。

王安石训解《周礼》书中的"宰"与"卿"：

> 宰，治官之上也。故宰字之从宀从辠省，宀覆人罪之意。宰以治割调和为事，故共刀匕者谓之宰。宰于地特高，故冢谓之宰。山顶曰冢，冢大之上也。列职于王，则冢宰与六卿同谓之大；百官总焉，则大宰于六卿独谓之冢。①

> 卿之字从卯，卯，奏也；从卩，卩，止也；左从卯，右从卩，知进止之意。从皂，黍稷之气也。黍稷地产，有养人之道，其皂能上达，卿虽有养人之道而上达，然地类也，故其字如此。②

王安石通过对"宰""卿"二字字形的分析，解释了他们的职责。相比于郑注贾疏，这样的解释显得清晰明了。宋人魏了翁指出："六典只是国家旧章，上从册，下从廾。王荆公表内用尊阁字，乃是字书、说典为尊阁之也。典是定本，六叙六职等是作职事，故上说经邦国，下说平；上说扰万民，下说宁。如此推之，皆别是义，用字极严。"③ 这是从正面评价了王安石以《字说》作为指导注解《周礼》所取得的成就。但是，也有人提出不同的看法。宋人王辟之说："公之治经，尤尚解字，末流务为新奇，浸成穿凿。"④《四库提要》也指出："今观此书，惟训诂多用《字说》，病其牵合。"⑤ 训释文字本是注经必须依赖的手段之一，王安石在这方面也确实取得了超越前人的成就，但由于他一味地以"会意"来分析文字，这在很大程度上又背离了汉字的构造方式，因此便会有后人所谓的穿凿、牵强之病。例如：

> 棘之为木也，其华白，义行之发也；其实赤，事功之就也；朿在外，所以待事也。槐之为木也，其华黄，中德之畅也；其实玄，至道之复也；文在中，含章之义也。⑥

---

① 《三经新义辑考汇评——周礼》，第5页。
② 同上书，第7页。
③ 同上书，第53页。
④ 王辟之：《渑水燕谈录》卷十，中华书局1981年版，第126页。
⑤ 《四库全书总目》卷十九《周官新义》，第149页。
⑥ 《三经新义辑考汇评——周礼》，第501页。

在这里，王安石从两种树木的颜色引申出不同的道德含义，显然是牵强附会了。汉字为象形文字，通过字形分析字义本来是研究汉字文义的一个有效方法，但如果将这种方法绝对化，难免牵强，甚至走向解释的反面。正如朱子说："字本来无许多义理，他要个个如此做出来，又要照顾须前后，要相贯通"①，这样，牵强附会就在所难免了。

以文字分析的训诂入手来解释经典，不仅体现在王安石《周官新义》当中，同时也是新学的一个主要特色。荆公后学的礼学研究也时常使用这样的方法来解经。如王昭禹《周礼详解》就集中体现了这一特色。《四库全书总目》说：

> 今案其书，解"惟王建国"云："业格于上下谓之王，或而围之谓之国"；解"匪颁之式"云："散其所藏曰匪，以等级之曰颁，故匪从匚从非，言其分而非藏也；颁从分从页，言自上而颁之下"；解圃曰："园有众甫谓之圃"；解鲍鱼曰："鱼之鲜者包以致之"；解鱐曰："鱼之干者肃以致之"；解司徒云："于文反后为司，盖后从一从厂从口，则所以出命。司反之，则守令而已。从一则所以一众，司反之则分众以治之而已。从厂，则承上世之庇覆，以君天下。司反之则以君之爵为执事之法而已。"其附会穿凿，皆遵王氏《字说》。盖当时《三经新义》列在学官，功令所悬，故昭禹因之不改。然其发明义旨，则有不尽同于王氏之学者。②

陆佃撰有《埤雅》和《尔雅新义》，也都是对王安石《字说》的发挥。《四库提要》评论《埤雅》说："其说诸物，大抵略于形状而详于名义，寻究偏旁，比附形声，务求其得名之所以然。又推而通贯诸经，曲证旁稽，假物理以明其义，中多引王安石《字说》。盖佃以不附安石新法，故后人元祐党籍。其学问渊源则实出安石。"③

王安石的《周官新义》以及新学注解诸经，从文字的训诂入手，这

---

① 黎靖德编：《朱子语类》卷一百三十，第3100页。
② 《四库全书总目》卷十九，第150页。
③ 《四库全书总目》卷四十，第342页。

种方法的确是研究经学的必要途径。安石自创新法，以《字说》统领诸经，体现了他的学问对"一贯"的追求，而且他的解释确实在有的地方也别出新解，有胜出前人之处。但是，正如前人一再所指出的，王安石以及新学学者在礼学与经学研究方面，由于方法的限制，多有牵强附会的地方。汉字的构造本非会意一途，而且礼学涉及领域众多，因此礼学研究需要有综合的方法。在训诂方面并非仅靠字形的分析就可以考察清楚文字字义的渊源流变，而且礼学有礼制、礼义不同的层面，也并非仅靠训诂考证就可以完全研究清楚古代文化的发展。从这个方面来说，王安石的《周礼》研究在方法上固执一隅，反而限制了他对礼学的深入认识，更主要的是，与同时代的洛学相比，限制了他对礼学义理的追求，这也是导致新学衰落的一个原因。

另外，还需指出的是，宋人评价王安石《三经新义》，多强调它穿凿附会的一面。这样的评价虽然有其合理之处，但是，有时也不能完全确信，而是应该做具体的分析。如王安石解《尚书·洛诰》，就认为"此诰有不可知者，当阙之，而择其有可知者"。① 这是解释古代经典的实事求是的态度，朱子就曾指出："荆公不解《洛诰》，但云：'其间煞有不可强通处，今姑择其可晓者释之。'今人多说荆公穿凿，他却有如此处。若后来人解《书》，又却须要解尽。"② 宋人陈大猷也说："荆公穿凿固多，至其的确处，不可例以为凿而弃之。"（《书集传或问》卷下，文渊阁四库全书本）这样的评价是比较公允的。后世流传下来许多宋人批评王安石解经的穿凿，对于这些资料应作具体的分析，因为有很多批评其实是出于学术以外的偏见。

三 重视经文的内在一致性和逻辑性

宋学的建立是在反对汉唐章句之学的基础上而形成的。章句之学的弊端，一言以蔽之，即"博而寡要"。宋学在建立之初就反对只见林木、不见森林的繁琐解释，重视从整体上把握经义的大旨。欧阳修说："大儒君子之于学也，理达而已矣。"③ 这是北宋以来儒学的主要特色。欧阳修又

---

① 《三经新义辑考汇评——尚书》，第178页。
② 黎靖德编：《朱子语类》卷七十八，第1987页。
③ 欧阳修：《居士集》卷十八《易或问三首》第二首，《欧阳修全集》卷十八，302页。

说:"得其大者可以兼其小,未有学其小而能至其大者也。"① 这虽然是针对研究《易经》而说的,但这种看法具有普遍性。对于儒家经典,如果能够从整体上把握经义,这样,许多枝节的问题才会迎刃而解。否则,如果完全下训诂考据人的功夫,往往会迷失在对枝节问题的考证上而失去其大旨。这是宋学以及理学区别于汉学的主要特征之一。

王安石作为北宋时期儒学复兴过程中的一个重要代表,也秉承了这一治学方法。美国学者包弼德曾指出,"王安石能见事物之一致性,特别是见到古代典籍中的一致性的能力","王安石假定一部儒家的经典,至少包含了形成一个协调一致体系的必要条件"。② 这是一个很富有启发性的观点。他指出了王安石新经学的一个特点,就是在儒家经典中寻求一种内在的一致性或逻辑性,试图对儒家经典的篇章排列、字句的顺序都要作系统化的解释。这在王安石的《三经新义》中就有明显的体现。如《诗经·国风·周南》包含了从《关雎》至《麟之趾》的十一篇诗,王安石对其排列顺序作了这样的解释:

> 王者之治,始之于家。家之序,本于夫妇正。夫妇正者,在求有德之淑女为后妃,以配君子也。故始之以《关雎》。夫淑女所以有德者,其在家本于女工之事也。故次以《葛覃》。有女功之本,而后妃之职尽矣,则当辅佐君子,求贤审官。求贤审官者,非所能专,有志而已。故次之以《卷耳》。有求贤审官之志,以助治其外,则于其内治也,其能有嫉妒而不逮下乎?故次之《樛木》。无嫉妒而逮下,则子孙众多。故次之以《螽斯》。子孙众多,由其不妒忌,则致国之妇人亦化其上,则男女正,婚姻时,国无鳏民也。故次之以《桃夭》。国无鳏民,然后好德,贤人众多。故次之以《兔罝》。好德,贤人众多,是以室家和平,而妇人乐有子,则后妃之美具矣。故次之以《芣苢》。后妃至于国之妇人乐有子者,由文王之化行,使南国江汉之人,无思犯礼,此德之广也。故次之以《汉广》。德之所及者广,则化行乎汝坟之国,能使妇人闵其君子,而勉之以正。故次之以

---

① 欧阳修:《居士集》卷十八《易或问三首》第一首,《欧阳修全集》卷十八,301页。
② [美]包弼德:《斯文:唐宋思想的转型》,刘宁译,江苏人民出版社2001年版,第240、241页。

《汝坟》。妇人能勉君子以正，则天下无犯非礼，虽衰世公子，皆能信厚，此《关雎》之应也。故次之以《麟之趾》焉。（《临川先生文集》卷六十六《周南诗次解》）

对《诗·周南》十一篇诗的次序，王安石按照儒家修齐治平的原则做了一番推演。按照王安石的逻辑，实现"王者之治"的根源始于家，而家本于夫妇。夫妻关系的重点又在于寻求"有德之淑女"。因此，"有德之淑女"就成为这一关系的逻辑起点。由此而推演，女工之事、辅佐君子以实现"内治"。"内治"也就是"齐家"。"齐家"仅是修齐治平过程中的一个环节，所以还要进一步感化全国之人，实现"男女正，婚姻时，国无鳏民"。此后妃之德流布全国，最终实现"天下无犯非礼"，这样也就实现了"王者之治"。这就是《周南》十一篇诗的逻辑层次和其中所蕴含的深刻含义。王安石说："某之学，则惟《诗》《礼》足以相解，以其理同故也。"（《临川先生文集》卷七十四《答吴孝宗书》）他对《诗经》的训解，表达了他所认为的儒家礼治修齐治平的含义。

《周礼》以六官为纲的主体结构虽然比较完整严密，但其实六官内部的职官设置也并非都具有历史或逻辑的关联，而且有一些职官的设置也是很随意的，彼此之间并没有必然的关系。但是，王安石在注解《周礼》的时候，对《周礼》当中许多并列的职官、职守，都试图作逻辑化、系统化的解释。如大宰掌建邦之六典、以八法治官府、以八则治都鄙、以八柄诏王驭群臣、以八统诏王驭万民、以九职任万民、以九赋敛财贿、以九式均节财用，其六典、八法、八则、八柄、八统、九职、九赋、九式下面都有具体的名目，这些名目之间其实也并没有多少内在的联系，只是一些并列的罗列，但王安石却尽量使之能够具有内在的逻辑关系。例如，"以八统诏驭万民：一曰亲亲，二曰敬故，三曰进贤，四曰使能，五曰保庸，六曰尊贵，七曰达吏，八曰礼宾"。王安石的解释是：

> 亲亲，孝也，仁也；敬故，仁也，义也；是王之行也，故一曰亲亲，二曰敬故。进贤、使能、保庸、尊贵、达吏、礼宾，则有政存焉。进贤使能，然后有庸可保也；故三曰进贤，四曰使能，五曰保庸。贤也、能也、庸也，固在所尚，然爵亦天下达尊，固六曰尊贵。尊贵则抑贱，抑贱则吏之志能嫌不能达，固七曰达吏。自达吏以上，

皆内治也。礼宾，则所以接外也，固八曰礼宾。驭以亲亲，而民莫遗其亲；驭以敬故，则民莫慢其故；驭以进贤，则民知德之不可不务；驭以使能，则民知能之不可不勉；驭以保庸，则民知功实之不可害；驭以尊贵，则民知爵命之不可陵；驭以达吏，则民知壅弊不可为；驭以礼宾，则民知交际当以礼。夫八统者各致其事，不相多也。①

"亲亲，仁也；敬长，义也；无他，达之天下也。"（《孟子·尽心上》）首先，仁义是儒家最基本的道德规范和价值标准。王安石作为"当代孟子"，自然也是秉承了儒家基本的主张，也是将仁义作为"王之行"的根本。其次，进贤、使能、保庸这三者之间也有一定的因果内在关系。在此基础上，又是尊贵与达吏。以上几个方面都属于"内治"，即国内政治方面的要求。礼宾属于国际交往的范围。通过这样的解释，《周礼》所说的"以八统诏驭万民"之"八统"，就有了内在的逻辑关联。

又如《周礼·大宰》有"以九贡致邦国之用：一曰祀贡，二曰嫔贡，三曰器贡，四曰币贡，五曰材贡，六曰货贡，七曰服贡，八曰斿贡，九曰物贡"。王安石解释道：

> 而九贡一曰祀贡、二曰嫔贡、三曰器贡、四曰币贡、五曰材贡、六曰货贡、七曰服贡、八曰斿贡、九曰物贡者，施政之序，上先而下后，内先而外后；以详责近，以略责远。上以供祭祀之物，使侯服贡之，则上先下后之意；内以贡嫔妇之物，使甸服贡之，则内先外后之意；器服作治之功多，使男服采服贡之，则以详责近之意；材货作治之功少，使卫服要服贡之，则以略责远之意。先器后服，先材后货，则亦以远近为差。②

按照《周礼》的规划，天下的中心是千里王畿。王畿以外为诸侯。《周礼·秋官·大行人》说九州之内有"六服"，即以王畿为中心，层层向外，依次为侯服、甸服、男服、采服、卫服、要服。（《周礼》的《大司徒》《职方氏》和《周书·职方解》又言"九服"。）王安石将《周礼》

---

① 《三经新义辑考汇评——周礼》，第29页。
② 同上书，第36页。

书中的"九贡"与"六服"联系起来,认为这里体现了先上后下、先内后外、详近略远的"施政之序"。具体来说,供祭祀之用的"祀贡"使侯服贡之,体现了先上后下的原则。供嫔妃之用的"嫔贡"使甸侯贡之,体现了先内后外的原则。器、服对于国家、社会的重要性较大,使男服、采服贡之,体现了以详责近的原则。材、货对于国家、社会的重要性较低,所以使卫服、要服贡之,体现了以略责远的原则。经过这样的解释,《周礼》设计的中央地方之间的行政关系与经济朝贡体系就有机地结合在一起了。

再如《周礼·天官·小宰》:"以官府之六职办邦治:一曰治职,以平邦国,以节财用;二曰教职,以安邦国,以宁万民,以怀宾客;三曰礼职,以和邦国,以谐万民,以事鬼神;四曰政职,以服邦国,以正万民,以聚百物;五曰刑职,以诘邦国,以纠万民,以除盗贼;六曰事职,以富邦国,以养万民,以生百物。"对于治职、教职、礼职、政职、刑职、事职,王安石发挥解释道:

> 所谓节财用者,非特节邦之财用而已;邦国不敢专利以过制,万民不敢擅财而自侈,然后财用可节也,故治职以平邦国,以均万民,然后以节财用。邦国不安,万民不宁,虽其封域之内,散荡离析,而不能守也,又安能使宾客怀之?故教职以安邦国,以宁万民,然后以怀宾客。邦国不和,则无与事其先王;万民不谐,则无与致其禋祀,故礼职以和邦国,以谐万民,然后以事鬼神。聚百物,则将求之邦国万民而已,不能服之正之,则其财岂肯供上之所求?故政职以服邦国,以正万民,然后以聚百物。除盗贼,则令纠守,比追胥而已,邦国不可诘,则无以令纠守,万民不可纠,则无以比追胥矣,故刑职以诘邦国,以纠万民,然后以除盗贼。生百物,则将任之邦国万民而已,不能富之养之,则其力岂能胜上之所任?故事职以富邦国,以养万民,然后以生百物。六职终于以生百物,则事者物之所成终始也。①

本来,《周礼》书中的"六职"之间本身并无内在的关联,它们只是

---

① 《三经新义辑考汇评——周礼》,第55—56页。

官府治邦的六个方面的功能或职责。但王安石不但详细解释了"六职"的内容,而且将"六职"之间的关系解释为递进的关系①,从治理国家的"节财用"这一最为基本的层面开始,最终落实在"生百物"的最高理想上面。孟子曾言:"亲亲而仁民,仁民而爱物。"(《孟子·尽心上》)儒家不但主张仁德,还要实现仁政,最终要达到"仁者与万物一体"的境界。王安石这里借"六职"的解释,其实是对儒家这一基本理念的进一步阐释,是王者治国平天下的"所成终始"的各个阶段与层次。

王安石对儒家经典试图作整体性的解释,不但是他自己学术追求的目标,同时也与整个时代的思想氛围是一致的。近来有学者在研究北宋时期的文学时也指出,"对程序和总体性指导原则的向往","对隐藏在外表下的深层结构和意义的追寻",是北宋时期学术思想的一个普遍的基调。"从国家经济和财政政策的制定,到儒家经典的阐释,到诗歌的阅读和写作,十一世纪文化的每一个方面都无不体现着为直觉和灵感提供路径、为熟悉和习见提供缘由、在纷杂流变的日常事件中发现秩序这一大的思维和情感脉搏的律动。"② 这虽然是针对北宋时期的诗学而言的,但对整体性、规律性的追求,同样也体现在王安石的经学与礼学研究当中。

王安石对经典中本来并无特别深意的一些排列做系统的解释,一方面反映出王安石经学系统化的特色,但有时候也是刻意为之,流于附会。如《尚书·盘庚》分上中下三篇,王安石认为"上篇告其群臣,中篇告其庶民,下篇告百官族姓"。③ 林之奇说:

> 此书三篇皆是诰其民臣之言,而其诰之者,自有先后,故分为三篇,而以上中下为之别。……王氏……强生分别,考之于经而不合,不可从也。④

又如《尚书·牧誓》:"王左杖黄钺,右秉白旄以麾"。王安石解

---

① 清人王太岳对此有"似用老子'先道而后德'"的评论。见《三经新义辑考汇评——周礼》,第55页。
② 参见王宇根《万卷:黄庭坚和北宋晚期诗学中的阅读与写作》,三联书店2015年版,第2页。
③ 《三经新义汇考汇评——尚书》,第86页。
④ 同上。

释说：

> 钺，所以诛；旄，所以教。黄者，信也；白者，义也。诛以信，故黄钺；教以义，故白旄。无事于诛，故左杖黄钺；有事于教，故右秉白旄。①

本来，按照经文，左杖黄钺，右秉白旄，并无特殊的含义，但王安石却认为"左杖黄钺"是体现了信，"右秉白旄"是体现了义。苏轼说：

> 黄钺，以金饰也。军中指麾，白则见远。王无自用钺之理，以为仪耳，故左杖黄钺。麾非右手不能，故右秉白麾。此事理之常，本无异说，而学者妄相附致，张为议论，皆非其实。（《东坡书传》卷九，中国基本古籍库收明刻本）

苏轼的评论很平实，本来并无深意的文字，却要深文周纳，强出新义，反而容易流于牵强附会。这是很多学者都指出的王安石经学的一个弊病。我们在前文曾经指出，对于这些批评也应该实事求是、一分为二地看待，因为有一些批评显然是带有学术评论之外的偏见的，但是从王安石在经典的解释中反映出来的一些问题来看，同时又说明对经学义理的阐释不能脱离经典文本本身。义理学重视经典当中蕴含的微言大义，通过对经典的诠释挖掘出圣人在创制经典时的深刻含义，通过对经典文本的相互比照发现更深一层的含义，甚至对经典文献中一些字句的排列顺序也作出合乎逻辑义理的解释，这都是在儒家经典诠释方面的贡献，表明经学在义理方面的进步。但与此同时，为表达某种思想而作无谓的牵强比附，往往又将经学义理的探索引向反面，起到了适得其反的作用。王安石在这里表现出的两面性，正是经学义理化正反两方面都有的经验与教训。

最后，我们要指出王安石解释《大司乐》的一段文字。这里不但关系到对王安石思想的理解与把握，而且还与儒学史上的一些问题有关，因此有必要做较为深入的讨论。

《周礼·大司乐》："以乐德教国子：中、和、祗、庸、孝、友。"这

---

① 《三经新义辑考汇评——尚书》，第105页。

六德本来只是并列的六种德行，其中并没有什么内在的联系，但王安石的解释却使它们具有了内在的关联：

> 中、庸，三德所谓至德；和，六德所谓和；孝，三德所谓孝；祗，则顺行之所成；友，则友行之所成也。行自外作，立之以礼；德由中出，成之以乐；立之以礼，则为顺行、友行；成之以乐，则为祗德、友德。盖事师长所以成敬，不言敬而言祗，则敬之在乐，必违而为祗故也。中所以本道之体，其义达而为和，其敬达而为祗，能和能祗，则庸德成焉。庸言之信，庸行之谨，在《易》之乾所为"君德"，故继之以孝。孔子曰："圣人之德，又何以加于孝乎？"友则乐德所成终始，圣人之德，无以加于孝，则孝与圣何以异？曰：圣人之于人道也，孝而已；圣人之于天道，则孝不足以言之。此孝与圣所以异。圣人之德，无以加于孝，而孝于三德为下，则三德之孝，以知逆恶而已；乐德之孝，成于乐者也，诸侯之孝不豫焉，非特以知逆恶已也。①

"三德"，《周礼·地官·师氏》说"以三德教国子"，即至德、敏德、孝德。"六德"，《周礼·地官·大司徒》："六德：知、仁、圣、义、忠、和。"

中庸为"至德"，出于孔子之言"中庸之为德也，其至矣乎！"（《论语·雍也》。又《中庸》："子曰：中庸其至矣乎！"）

从王安石的这段训解文字可见，首先，王安石依然试图对《大司乐》中的"中、和、祗、庸、孝、友"六德作一个系统化的解释。在此六德当中，中为本，因为中是"本道之体"。"中"外显为"和""祗"（"祗"包含了"友"），这二者合起来就是"庸"。由"庸"进而引《周易·乾·文言》："庸言之信，庸行之谨，闲邪存其诚，善世而不伐，德博而化。《易》曰：'见龙在田，利见大人。'君德也。"由此"君德"而过渡到"孝"，以"孝"作为"君德"的内涵，并且认为"孝"是人道的最高准则。这样看来，中、和、祗、庸、孝、友六德作为《周礼》书中的六种道德规范，同时也是儒家所倡导的道德准则，它们之间就有

---

① 《三经新义辑考汇评——周礼》，第330页。

了内在的联系，以中为始，以孝为最终目标，它们是儒家关于人道的全面的表述。

从解经的方法上来说，王安石对《周礼》"以乐德教国子"的这段训解文字，主要还是以《周礼》解《周礼》，用《周礼》当中的"三德""六德"来与这段文字互解。他虽然将"三德"中的"至德"对应为中庸，而且文中"庸言之信，庸行之谨"出自《易传》，同时与《中庸》"庸德之行，庸言之谨"也类似。但整体上，王安石并没有太多地借引申发挥《中庸》的思想来解释《周礼》。

但是，在王安石的这段话中有一个关键的问题值得讨论。王安石说"中所以本道之体"，这里的"中"是否具有"道之体"即本体的意义？

在王安石的思想中，最高的范畴是天、道。中，"本道之体"，意思是以"道之体"为本，这个本是本源的意思，王安石这里说的是中以"道之体"为本源，作为最终的依据，但它本身并非"道之体"。下文说得很清楚，这六德仅是人道，即人伦道德，而不是天道，不具有抽象的哲学意义。王安石说"德由中出"，这并非是说中为德行的本源，这个"德由中出"与前文"行自外作"对举。中—外也就是内—外。这是具体指祗、友两种德行，在内表现为祗德、友德，是两种道德意识，在外表现为祗行、友行，是两种具体的道德行为。

因此，从"德由中出"一句并不能说明"中"具有普遍的本体意义。有学者认为从这段话中可以看出在王安石的思想当中，"中"已经具有了本体的意义，认为这与同时或稍后的道学家在思想上是比较接近的。其实，这种看法并不能成立。至少在对"中"的解释上，王安石与理学家还是有很大的差异的。

其次，这"六德"最终落实在孝。"圣人之于人道也，孝而已"，以孝作为人伦规范的最高标准和要求。这与传统儒家思想是相合的。

孝作为中国传统思想中的一种观念起源甚早。儒家作为传统文化的继承者，同时也继承了上古时代的孝的思想。孔子非常重视孝。孔子的弟子当中，有若曾说："孝弟也者，其为仁之本与！"（《论语·学而》）但孔门弟子中更加重视孝的是曾子。《史记·仲尼弟子列传》说曾子"孔子以为能通孝道，故授之业。作《孝经》"。虽然《孝经》是否确为曾子所作，还可以做进一步的讨论，但它与曾子（及其弟子）有密切的关系，则大致是不错的。

从总体上说，就先秦儒家思想来看，孔子之后，"儒分为八"，儒家在分化发展的过程中有一股重孝的思想潮流。王安石以孝作为人伦道德的最高标准，"圣人之德，无以加于孝"，在思想渊源上，与儒家的这种思潮是相呼应的。

还需要指出的是，王安石对于孝进一步区分为两个层次。《周礼》"以三德教国子"之"三德"，即至德、敏德、孝德，孝排在最后，王安石认为，这个意义上的孝，仅仅是"知逆恶而已"，即不违逆父母而已，属于最低层次的孝行。而最高层次的孝是"乐德之孝，成于乐者也"，这与前文"德由中出，成之以乐"相对应，应该是指孝德。这样的区分，与孔子所说的孝之"能养"与"敬"的高低层次区分（见《论语·为政》）是一致的。

在这段文字中尤可注意的是王安石对"圣"的解释与重视。《论语》记载孔子与子贡的一段对话：

> 子贡曰："如有博施于民而能济众，何如？可谓仁乎？"子曰："何事于仁，必也圣乎！尧、舜其犹病诸！夫仁者，己欲立而立人，己欲达而达人。能近取譬，可谓仁之方也已。"（《论语·雍也》）

又孔子曾说："若圣与仁，则吾岂敢？"（《论语·述而》）仁是孔子思想中的一个核心观念。仁在孔子思想以及儒学当中，是最高的道德规范与修养的境界。但是，仁并非是超越于人伦秩序之外的一个永远不可企及的目标。相反，"道不远人"，实行仁德有其当下的切己之处，如孔子在这里指出的"己欲立而立人，己欲达而达人"就是在现实生活中实现仁德的具体途径之一。但是，从以上所引孔子的话来看，圣则是远远高于仁的一种观念。圣与仁的一个本质的区别是，圣具有某种超越的来源。《论语》记载子贡之言：

> 太宰问于子贡曰："夫子圣者与？何其多能也？"子贡曰："固天纵之将圣，又多能也。"（《论语·子罕》）

从子贡的回答可知，圣的来源是天。因此，孔子虽然也不反对圣，但总的来说，对圣也并未太多着意。

在儒学史上，荀子曾经激烈批评过思孟的"五行"说，但考诸《孟子》并无确切的对应，因此后人常常不得其解。自马王堆帛书《五行》以及郭店简《五行》出土之后，学界才在时隔两千多年之后，明确了荀子所说的"子思唱之，孟轲和之"的"五行"原来是指仁义礼智圣五种德行。这就明确无误地证明，"圣"是思孟"五行"之一，也是"五行"思想当中重要的道德范畴之一。王安石的尊孟在北宋也是很有代表性的，王安石曾以继承孟子而自期，他的思想在很多方面继承了孟子的思想，从王安石对"圣"的重视来看，也能证明这一点。

通过以上思想史的叙述我们可以看出，宋代儒学的复兴是一个复杂的过程。道学家建立的"道统"，沿着孔、曾、思、孟的线索，这当然是儒学发展的一个重要线索，但这个线索（"道统"）是后来的儒家建构起来的，而且并非只是儒学发展的唯一路径。具体来说，道学当然是以上承孔孟而自居的，并且在孔孟之间以曾子、子思相连接。这样，儒家的"道统"就是一个完整的序列，而且四子之书也有了更加充实的历史依据。但是，宋代的道学家建立起来的先秦时期孔孟儒学发展的线索并不是儒学发展的唯一路径，而且也并非仅为道学所专有。与周、张、二程几乎同时的王安石，作为宋代儒学发展过程中的关键人物，既重视《孟子》，也承接了先秦曾子一系重孝的思想，但王学的发展最终却没有走上道学的路子。我们可以从另一方面来说，在宋代儒学复兴、发展的过程中，继承孔子、曾子、孟子思想的并非仅仅是道学一系，王安石新学在很多方面也是孔子、曾子、孟子思想的继承者。但思想史发展最终的结果是道学成为儒学的主体，而王安石新学则被道学视为异端，且在历史的发展中逐渐衰落。这里除了现实政治的原因之外，还应有内在的思想史的原因。我们在这里只是指出，在北宋儒学复兴的过程中，先秦儒家思想的资源其实被各家都在利用，就曾子、孟子一系来看，也并非只有道学家才是他们正统的继承者。王安石在很多方面也是曾子、孟子思想的继承者。这说明儒学的复兴是多面向的。

第五节 《周官新义》与宋代政治文化

《周官新义》不仅是与熙宁变法密切相关的一部经学著作，而且还与北宋中期的社会政治氛围有密切的关系。王安石在《周官新义》的训解中表达出一些宋代士人的普遍意识,以及由《周官新义》引发出来的一些政治、学术之争,为研究北宋时期的政治文化提供了一个非常有价值的个案。这里只重点探讨两个问题。

第一,宋代士大夫政治主体意识的增强。

关于宋代士人群体的研究,是学术界关注较多的一个问题。前些年余英时先生在《朱熹的历史世界》一书中进一步探讨了宋代士人的政治地位与政治意识,将这一问题的研究推向了一个新的境界。

按照余英时先生的研究,"以天下为己任"已经成为宋代士人的一种集体意识,并不是极少数理性主义的士大夫所独有。① 据史书记载:

> 彦博又言:"祖宗法制具在,不须更张以失人心。"上曰:"更张法制,于士大夫诚多不悦,然于百姓何所不便?"彦博曰:"为与士大夫治天下,非与百姓治天下也。"上曰:"士大夫岂尽以更张为非,亦自有以为当更张者。"安石曰:"法制具在,则财用宜足,中国宜强。今皆不然,未可谓之法制具在也。"彦博曰:"务要人推行尔。"②

这是新法推行其间神宗皇帝与宰相、枢密二府的一段讨论。余英时先生指出,文彦博"为与士大夫治天下"也是神宗和王安石共同承认的前提。③ 又据余先生考证,"以天下为己任"在北宋文字中出现最早的是王安石《杨墨》一文中所言:"墨子者……方以天下为己任"。④ 王安石作为北宋儒家知识分子的首领之一,在他身上典型地反映出北宋士人的群体意识。儒家主张"学而优则仕",士人的最高追求是经世致用,进而与皇帝共治天下,承担起"以天下为己任"的职责,同时也贯彻实现了儒家"修齐治平"的理想。这种主张在《周官新义》中也有充分的体现。

《周礼》书中政治体制的设计是以太宰统领百官,王安石在注解《周礼》"太宰"一职时,是以后世宰相的身份理解太宰的。他指出:"大臣

---

① 参见余英时《朱熹的历史世界——宋代士大夫政治文化的研究》上册第三章。
② 《续资治通鉴长编》卷二百二十一熙宁四年,第5370页。
③ 余英时:《朱熹的历史世界——宋代士大夫政治文化的研究》上册,第221页。
④ 同上书,第211页。

众矣，所与治其人，莫尊于大宰。"① 王安石还指出：

> 大宰以六典佐王治邦国，其职之大者也；以八法治官府，以八则治都鄙，其职之小者也；先自治其职，然后诏王以其职。上则诏王以其职，下则任民以其职；任民以其职，然后民富；民富，然后财赇可得而敛；敛则得民财矣；得而不能理，则非所以为；均节财用，则所以为义也；治其国有义，然后邦国服而其财可致也；能致邦国之财，然后为王者之富；富然后邦国之民可聚，聚而无以系之则散，系而无以治之则乱。使万民观治，冢宰施典、施则、施法、大祭祀、大朝觐、会同、大丧、大事，至于待宾客之小治，则皆其所以治也。②

太宰为人臣之极位。统领百官的太宰与天子共治天下，这其实正是北宋时期儒家士大夫所设想的理想的政治模式。王安石还指出：

> 大治，王与大宰共之也。③
> 大宰，以道佐王者也。④
> 眡治朝言王，而作大事不言王，则作大事者大宰故也。……则大事独大宰作之而已。⑤
> 故君臣国家，休戚一体，上下亲而内外察也。⑥

王安石这里所表明的太宰与天子共治天下的思想主张，并不是仅在《周官新义》中独有的。这其实是王安石一贯的思想，他在治平年间写的《虔州学记》中就说：

> 夫士，牧民者也。牧知地之所在，则彼不知者驱之尔。然士学而不知，知而不行，行而不至，则奈何？先王于是乎有政矣。夫政，非

---

① 《三经新义辑考汇评——周礼》，第431页。
② 同上书，第49页。
③ 同上书，第27页。
④ 同上书，第36页。
⑤ 同上书，第47页。
⑥ 同上书，第81页。

第三章　政治与学术之间：王安石的《周官新义》

为劝阻而已也，然亦所以为劝阻。故举其学之成者，以为卿大夫，其次虽未成而不害其能至者，以为士。此舜所谓"庸"之者也。若夫道隆而德骏者，又不止此。虽天子北面而问焉，而与之迭为宾主。此舜所谓"承"之者也。（《临川先生文集》卷八十二）

余英时先生说这段文字是"一种假想的政府起源论"。[①] 按照王安石的理论设计，士人其"学之成者"为卿大夫，未成者为普通的士人。他们都是这种政治设计中的管理者（"牧民者"）。因此余先生又指出："这个说法恰好为'士以天下为己任'和'与士大夫治天下'提供了理论的依据。"[②] 在这里尤其突出的是，王安石指出"道隆而德骏者"，即士大夫群体中的个别极优秀者，"虽天子北面而问焉，而与之迭为宾主"，这在秦汉以后中央集权的专制政治体制和政治文化中确实是惊天之论。在儒家传统思想中，只有先秦时期的孟子提出诸侯应当以师友之礼待士人的看法（见《孟子·万章下》"敢问友"章、"敢问不见诸侯"章）。但孟子也指出，如晋平公之于亥唐，也仅仅是作到了师友之礼，还没有达到"共天位""治天职"的"共治"。王安石设想的天子北面而问礼，与天子迭为宾主的理想政治局面，其原型是《孟子》，而且在很大程度上还超越了《孟子》，将儒家关于士大夫政治模式的设想推演到了空前的高度。

同样，王安石在《周官新义》中表达的"与士大夫共治天下"的主张，也并非是王安石所独有的认识，这是当时知识界的共识。程颐说："帝王之道也，以择任贤俊为本，得人而后与之同治天下"[③]，"天下重任，惟宰相与经筵；天下治乱系宰相，君德成就责经筵"。[④] 这是理学家关于士大夫政治主体意识的看法。

以王安石为代表的北宋士人群体自觉地承担起"以天下为己任"的职责与使命，主张帝王与士大夫共治天下。在传统的政治观念与政治格局中，"溥天之下，莫非王土"，天子或帝王是最高的权源。如果要与帝王共治天下，在权力的运行中就要有所分界，王安石在《尚书新义》中指出：

[①] 余英时：《朱熹的历史世界——宋代士大夫政治文化的研究》上册，第225页。
[②] 同上书，第226页。
[③] 《河南程氏经说》卷二，《二程集》，第1035页。
[④] 《河南程氏文集》卷六，《二程集》，第540页。

皋陶以为人君不必下侵臣职以求事功，但委任而责成功尔。"率作兴事"者，分职授任，如咨命二十二人是也。"屡省乃成"，则三载考绩、三考黜陟是也。能如是则可谓之明君。君明则臣不敢欺，而思尽其职，庶事自各就绪矣。苟为不然，而欲下侵众职，则元首丛挫而股肱懈怠。天下之事岂一人所能办哉？万事之堕，固其宜矣。①

王安石这里的意思很明确，君臣的权限要明确。君主虽然是天下权力之总源泉，但也不能总揽天下万事，而是必须依靠众臣，"分职授任"，这种格局就决定了君臣的权限必须明确，君主不能越限以侵臣下之权。这当是北宋士大夫政治主体意识增强的体现。朱熹在《经筵留身面陈四事劄子》中说：

至于朝廷纲纪，尤所当严，上自人主，以下至于百执事，各有职业，不可相侵。②

在朱熹看来，从皇帝开始，"各有职业，不可相侵"，这与北宋时期的王安石的看法是遥相呼应的。

以王安石为代表的北宋儒家士大夫主张"与士大夫治天下"，这种思想作为一种普遍的社会意识，与北宋时期的社会文化背景以及儒学的复兴、发展等均有密切的关系。就王安石来说，他在《周官新义》中也反复强调这一点。从思想渊源上来说，这与《周礼》本身也有一定的关系。

前文已经指出，《周礼》是战国时期儒家学者为即将出现的统一的国家所设计的国家制度，它虽然借用了很多周礼的内容，但也不可避免地受到时代的影响。在中国历史的发展过程中，战国是从西周的封建制向统一的中央集权帝国过渡的时代，因此《周礼》书中对王的设计与这种时代的过渡特征是相符合的。简单来说，《周礼》设计的政治体制是中央集权的，王拥有最高的权力和地位，但同时它又通过各种职官的设置分散了一部分王的权力。因此，《周礼》书中的王又不是君主专制的，在一定程度

---

① 《三经新义辑考汇评——尚书》，第45—46页。
② 朱熹：《文集》卷十四，《朱子全书》第二十册，第680页。

上被"架空"了。

历史并不是按照儒家的设想而发展的。秦统一之后，以皇帝为首的中央集权的君主专制制度日益成熟完善，儒家对理想政治模式的设想，对现实制度的批判，除了个别以身殉道者外，大多还只是停留在理论层面上。《周礼》作为一部重要的儒家经典，虽然极受重视，历代均有学者研习、传授，但《周礼》书中最为核心的内容，即对于王的权力的设计与限制，则并未引起太多的关注。王安石作为一代"权臣"，他所拥有的政治资源是其他士人无法项背的。他在北宋士人政治意识高涨的时代潮流中，在经典诠释与现实政治中均主张"与士大夫治天下"，除了时代的因素之外，传统经典《周礼》，无疑也是一个重要的思想资源。

第二，新法的推行引起士人群体的分化，并进而形成党争，这是不争的历史事实。

南宋以后，很多人甚至将北宋的亡国和王安石新法联系起来。对于这个重大的历史问题，需要做专门的辩驳与分析。就《周官新义》以及王安石的新经学来看，反对变法的一派认为王安石借助注解经典，助长君主私欲，这是导致北宋亡国的一个重要因素。在正统的儒家士大夫看来，助长君主私欲导致的祸国殃民显然违背了儒家政治的基本主张，因此成为王安石训释经典的一大污点，对此有必要作进一步的分析辩证。

王安石在《周官新义》中说：

> 以为王者仁民爱物，其施如是，然后可以兼百姓之奉，备万物之养，以足其燕私玩好之欲也。①

王安石在注解《诗经·凫鹥》的时候又说："以道守成之诗，役使群众，泰而不为骄；宰制万物，费而不为侈，孰敝敝然以爱为事？"②

王安石注解《周礼》及《诗经》的这些话，被当时及后来的一些学者看作王安石助长人君奢欲的证据。如魏了翁就说："荆公专以《周礼》为辞，谓人主'可以兼百姓之奉，备万物之养，以足其燕私玩好之欲'，

---

① 《三经新义辑考汇评——周礼》，第108页。
② 见邱汉生辑校：《诗义钩沉》，中华书局1982年版，第246页。

此所以误天下，而开后来丰亨豫大与享上之侈，卒启裔夷之祸，可不戒哉！"① 对于历史上的这些批评意见，我们认为大多都是情绪化的不实之词，应当予以辩驳。

《周礼》有"膳夫"一职，"掌王之饮食膳羞，以养王及后、世子"，并对王的饮食有非常详尽的规定。王安石注解道："事君左右，就养有方，则品尝食，膳夫之事。以乐侑食，卒食，以乐彻于造者，无大丧、无大荒、无大礼、无天地之灾、无邦之大故，则王可以乐之时，故侑食及彻皆以乐，所谓忧以天下、乐以天下者也。且人之养也，心志和而后气体从之，食饮膳羞以养气体也；侑彻以乐，则所以和其心志，而助气体之养焉。"② 这是说，饮食是为了养气体。但魏了翁却说："王荆公专本此意，以人主当享备物极。至童贯、王黼，专创应奉司，以启人主侈心，祸至不可胜言。学术误国，原于康成，先儒未有发此意者。"③ 又说："王介甫错看膳夫一义，以为王者受天下之奉。后王黼等专置应奉司，以为当受四海九州之奉。不知他经元无此义，独《周礼》膳夫一职又备享之事。介甫差处，只为大荒大扎不举，今无此可以备享。解经如此最关利害，政、宣之误至于亡国，皆膳夫一句误之。古人只说共俭、菲饮食底事；此一职几乎开后世人主之心，释经者不可不严哉！"④ 按魏了翁的意见，安石借注解《周礼》"膳夫"一职来助长君主的私欲，并且把北宋的亡国和安石对膳夫的解释联系起来。杨时也说：

> 昔神宗尝称美汉文惜百金以罢露台，安石乃言："陛下若能以尧、舜之道治天下，虽竭天下以自奉不为过，守财之言非正理。"曾不知尧、舜茅茨土阶，禹曰"克俭于家"，则竭天下以自奉者，必非尧、舜之道。其后王黼以应奉花石之事，竭天下之力，号为享上，实安石有以倡之也。其释《凫鹥》守成之诗，于末章则谓："以道守成者，役使群众，泰而不为骄，宰制万物，费而不为侈，孰弊弊然以爱为事。"《诗》之所言，正谓能持盈则神祇祖考安乐之，而无后艰尔。自古释之者，未有泰而不为骄、费而不为侈之说也。安石独倡为此

---

① 《三经新义辑考汇评——周礼》，第109—110页。
② 同上书，第84页。
③ 同上书，第86页。
④ 同上书，第90页。

说，以启人主之侈心。后蔡京辈轻费妄用，以侈靡为事。安石邪说之害如此。(《宋史·道学传二·杨时传》)

其实，在变法之初，就有人将新法与助长君王私欲联系起来。邵伯温《闻见录》记载：

> 神宗天资节俭，因得老官人言：祖宗时，妃嫔、公主，月俸至微，叹其不可及。王安石独曰："陛下果能理财，虽以天下自奉可也。"帝始有意主青苗、助役之法矣。安石之术类如此，故吕诲中丞弹章曰："外示朴野，中怀狡诈。"①

这里记录的王安石主张君主"以天下自奉"，与魏了翁的说法大致相同，且与邵伯温在书中多次记载的"本朝自祖宗以俭德垂世"的故事，适成对比，更显示出王安石蛊惑君主的险恶用心。其实，这些对王安石的批判并不完全准确，是以政治立场的对立来曲解学术的一个典型的事例。

王安石曾多次向神宗皇帝说明："置官为天下理财，非所以佐（人主）私欲。"这可以说是王安石变法的一贯的主张，也明确说明了新法的"理财"并非是为了满足君主的私欲。以礼来说，祭礼当中有许多奢华铺排的规定，但这也仅是礼的体现，而不完全是为了满足君主的排场与私欲。王安石《周官新义》在讲到祭祀之物时也曾经指出："所求难致，伤财害民，以昭其先之好僻，则君子亦不为也。孔子为政于鲁，先簿正祭器，不以四方之食共簿正；则先王不肯求所难致，以伤财害命可知矣。"②如《礼记》所说，礼有以多为贵、以少为贵等不同的规定，但无论多少贵贱，都是礼义的体现，不能仅仅关注这些礼的外在表现形式而忽略了更为本质的礼义。王安石也认为，祭祀之礼本来是为了返本，而不是奢陈各种礼物："及至后世，阻危役物，暴殄生类，以穷鼎俎之欲，虽圣人复起，亦无如之何矣！则亦因时之宜，为制贵贱之等，使无泰甚而已。然则庶具百物备者，岂以为吾心如是而后慊哉？其势有不得已尔。故每于为礼

---

① 邵伯温：《邵氏闻见录》卷四，中华书局1983年版，第36页。
② 《三经新义辑考汇评——周礼》，第97页。

本始以示之，使知礼意所尚，在此不在彼也。"①

在其他地方，王安石也有类似的主张。在《诗经·公刘》的注解中，王安石认为："其食也，则'执豕于牢'而已；其饮也，则'酌之用匏'而已。言其俭也。其俭如此，则亦'厚于民'故也。"② 在《尚书·皋陶谟》的注解中，王安石指出："天子当以勤俭率天下，诸侯不当以逸欲教有邦。盖天子逸欲于上，则诸侯化之，亦将肆其逸欲以盘乐怠傲于下。使有邦者皆肆其逸欲，则生民之受其祸，可胜计哉！而其源则自夫上之人以逸乐导之也。诚使为天子者淡然无营，清心寡欲，举天下之声色货利曾不足以动其心，彼诸侯者其敢肆其逸欲于天下哉！"③ 在《尚书·盘庚》的注解中，王安石认为："导其耕桑，薄其税敛，使老幼不失其养，鞠人之事也。联其比闾，合其族党，相友相助，谋人保居之事也。既养之，又安之，则斯民之生生得矣。"④

邵伯温等人因攻击新法，故说新法是助长君王"以天下自奉"，实现君王的私欲。魏了翁、杨时等人则说得更加夸张，认为由于安石借解经而助长君主的私欲从而导致了北宋的灭亡。可以说，这些看法都是不实之辞。

其实，从王安石本人的思想来看，他是一贯主张节俭的。王安石在江宁讲学其间曾写有一篇《风俗》的文章，其中提到：

> 君子制俗以俭，其弊为奢，奢而不制，弊将若之何？夫如是，则有殚极财力僭渎拟伦以追时好者矣。且天地之生财也有时，人之为力也有限，而日夜之费无穷。以有时之财，有限之力，以给无穷之费，若不为制，所谓积之涓涓而泄之浩浩，如之何使斯民不贫且滥也？国家奄有诸夏，四圣继统，制度以定矣，纲纪以缉矣，赋敛不伤于民矣，徭役以均矣，升平之运未有盛于今矣，固当家给人足，无一夫不获其所矣。然而婺人之子裋褐未尽完，趋末之民巧伪未尽抑，其故何也？殆风俗有所未尽淳欤？（《临川先生文集》卷六十九《风俗》）

---

① 《三经新义辑考汇评——周礼》，第103—104页。
② 见邱汉生辑校：《诗义钩沉》，第247页。
③ 《三经新义辑考汇评——尚书》，第36页。
④ 同上书，第92页。

在另一篇文章中,安石认为:

> 圣人之制礼也,非不欲俭,以为俭者非天下之欲也,故制于奢俭之中焉。盖礼之奢为众人之欲,而圣人之意未尝不欲俭也。孔子曰"麻冕,礼也,今也纯,俭,吾从众",然天下不以为非礼也。……且奢者为众人之所欲而制,今众人能俭,则圣人之所欲而礼之所宜矣,然则可以无从乎?使孔子弊于制礼之文而不达于制礼之意,则岂所谓孔子哉?(《临川先生文集》卷六十七《非礼之礼》)

这里的意思是说,儒家礼的本来意义应该是尚俭的。但由于普通民众的欲望,因此产生了一些必要的礼文,圣人要在这二者(奢、俭)之间达到平衡,做到文质彬彬,但在本质上,礼是尚俭的,如王安石说:"礼之本宁俭而已。"[①]

综合王安石的整体思想,我们认为,宋人所说的王安石借注解经典而助长人君私欲,以至于祸国殃民,皆是由于政治立场的不同而说的一些不实之辞。这种看法不能作为评判《周官新义》价值的依据。

北宋时期王安石借训解《周礼》实行新法,以及围绕新法而展开的争论并导致士人群体的分化,这本身就是宋代政治文化当中极有意义的一个现象,值得深入研究。本书的研究也在很多方面都涉及了这个问题。这里专就《周官新义》中反映出来的北宋时期士人政治主体意识的增强以及王安石是否在《周礼》的训解中助长君主私欲这两个问题作了进一步的分析。尤其是后者,学术界似乎还注意不多。其实,王安石在《周官新义》以及《诗义》《尚书义》中对此并未太着意,但反对者则上纲上线,将这个经典解释问题和北宋的亡国联系起来,从而将一个学术问题转换成为一个严重的政治问题。因此本章专门就此作了一些讨论。我们讨论的结果是很明确的,但这一问题本身却再次说明,宋代的《周礼》研究始终处在学术与政治的胶着之间,对于经学注释中的问题值得深入辨析,而对于将《周礼》的诠释引向政治路线之争,出于政治目的而攻击《周礼》这一问题则应从整体着眼,深入分析其中的是非曲直,并作出合理的解释。这将不但对《周礼》研究本身有重要价值,而且对于深入理解宋代的政治文化,也是极有益处的。

[①] 《三经新义辑考汇评——周礼》,第562页。

第 四 章

《周官新义》与宋代的《周礼》学

清代学者纳兰性德曾指出:"宋之群儒,经义最富,独诠解《周礼》者寡,见于《志》者仅二十有二家而已。盖自王安石当国,变常平为青苗,藉口《周官·泉府》之遗,作新经义,以所创新法尽傅著之,又废《春秋》,不立学官,于是与王氏异者多说《春秋》而罢言《周礼》。若颖滨苏氏、五峰胡氏,殆攻王氏而并及于《周礼》者与?"[①] 这是说,由于王安石以《周礼》作为新法的理论基础,引起后来学者对于《周礼》的抨击与反感,因此整个宋代对于《周礼》的研究显得不足,对《周礼》的注释诠解也相对较少。其实,这只是问题的一个方面。数量的多与寡是相对而言的。皮锡瑞就对宋代礼学有不同的看法:

> 《礼》本是实学,非可空言,故南北学分,而三礼皆从郑注;皇、熊说异,而皆在郑注范围之中。宋时三礼之学,讲习亦盛。王安石以《周礼》取士,后有王昭禹、易袚之、叶时,皆可观。《仪礼》有李如圭《集释》、《释宫》,张淳《识误》,并实事求是之学。[②]

皮锡瑞是晚清今文学中比较稳健的一位学者,他虽然立足于清代经学的立场,从整体上对宋代的礼学评价不高,但他指出王安石及其后学的礼学研究是"实事求是之学",应是比较公允的看法。由于王安石《周官新义》的颁行以及它与熙宁新法的复杂关系,同时也由于《周官新义》作为一部独立的经学著作所具有的独特价值,都引起后来学者对《周礼》

[①] 朱彝尊:《经义考》卷一百二十四,林庆彰等主编:《经义考新校》第五册,上海古籍出版社2010年版,第2307页。

[②] 皮锡瑞:《经学历史》八《经学变古时代》,中华书局2004年版,第261—262页。

的关注。新学"独行于世者六十年",《周官新义》在相当长的时间里在宋代的礼学领域占有主导地位,并且对之后的《周礼》研究产生了深远的影响。无论是荆公后学在《周官新义》的指导下对《周礼》作更为详尽的注解,还是如纳兰性德这里所说,因反对新法而波及《周礼》本书,在《周官新义》颁行之后,《周礼》也成为宋代儒学领域学者争相研究、争论的一个焦点。如果借用余英时先生对宋代政治文化的研究,认为宋代政治文化有一个"后王安石时代",那么同样,由于《周官新义》在宋代的《周礼》学研究当中所具有的标杆意义,在其巨大的影响、辐射之下,《周官新义》之后的《周礼》注解研究,也可以说进入了一个"后《周官新义》时代"。

第一节 荆公后学的《周礼》学

前文曾经指出,在唐代以孔颖达《五经正义》为代表的官方经学体系中,礼经选择的是《礼记》,而且在国家的科举考试中也以《礼记》为大经,《周礼》《仪礼》为中经。科举的"指挥棒"在很大程度上决定了士人的读书选择。当时就有人指出:

> 今明经所习,务在出身,咸以《礼记》文少,人皆竞读。《周礼》经邦之轨则,《仪礼》庄敬之楷模,《公羊》、《穀梁》,历代崇习,今两监及州、县,以独学无友,四经殆绝。事资训诱,不可因循。[①]

学习经典是为了应考,并由此获得功名,所以《周礼》《仪礼》等经典当时学习的人很少。这种学风一直延续到北宋初期。在王安石之前,北宋研究《周礼》的主要学者和著作,见于著录的有王洙《周礼礼器图》、李觏《周礼致太平论》、杨杰《周礼讲义》、刘彝《周礼中义》、刘恕《周礼记》和周谓《周礼解》等数部。[②] 仅从数量来看,北宋初期的学者对《周礼》是不甚重视的。这些著作除李觏《周礼致太平论》外,大多

[①] 《通典》卷十五《选举典三》,中华书局1988年版,第355页。
[②] 见朱彝尊《经义考》卷一百二十二,《经义考新校》第五册,第2266—2269页。

已经佚失，且在学术史上也没有太多的影响。宋代《周礼》学研究的兴盛，还是由王安石《周官新义》而引发的。

对王安石《周官新义》，《四库提要》有一段评论：

> 安石以《周礼》乱宋，学者类能言之。然《周礼》之不可行于后世，微特人人知之。安石亦未尝不知也。安石之意，本以宋当积弱之后，而欲济之以富强，又惧富强之说必为儒者所排击，于是附会经义，以钳儒者之口，实非真信《周礼》为可行。迨其后用之不得其人，行之不得其道，百弊丛生，而宋以大坏。其弊亦非真缘《周礼》以致误。罗大经《鹤林玉露》咏安石《放鱼诗》曰："错认苍姬六典书，中原从此变萧疏"，是犹为安石所绐，未究其假借六艺之本怀也，因是而攻《周礼》，因是而攻安石所注之《周礼》，是宽其影附之巧谋，而科以迂腐之薄谴矣。故安石怙权植党之罪，万万无可辞。安石解经之说，则与所立新法各为一事。程子取其《易》解，朱子、王应麟均取其《尚书义》，所谓言各有当也。今观此书，惟训诂多用《字说》，病其牵合。其余依经诠义，如所解八则之治都鄙，八统之驭万民，九两之系邦国者，皆具有发明，无所谓舞文害道之处。故王昭禹、林之奇、王与之、陈友仁等注《周礼》，颇据其说。①

清代学者主要批评的是王安石附会经义，不但在政治上产生了极为消极的后果，而且在学术上也败坏了《周礼》。这是传统经学研究当中颇为流行的一种看法。但是，正如我们在前文研究所揭示的，《周官新义》虽然与新法关系密切，但它同时也是一部独立的经学著作，而且在宋代《周礼》学以及三《礼》学的发展史上还是有其独特地位和贡献的。我们不能简单地将《周官新义》与熙宁新法混淆在一起，更不能因新法在政治上的一些过失进而将《周官新义》全盘否定。我们认为，既要看到《周官新义》是在王安石将《周礼》定性为"理财"之书的指导思想下完成的，它与新法之间有着非常密切的关联，同时又要认识到，《周官新义》并不是王安石的施政纲领，它毕竟还是一部独立的经学著作，是北宋时期礼学研究中的一部具有代表性意义的成果，并且对后世的《周礼》

---

① 《四库全书总目》卷十九，中华书局1965年影印本，第149—150页。

研究产生了深远的影响。

全祖望《陈用之论语解序》曰：

> 荆公六艺之学，各有传者。考之诸家著录中，耿南仲、龚原之《易》，陆佃之《尚书》、《尔雅》，蔡卞之《诗》，王昭禹、郑宗颜之《周礼》，马希孟、方悫、陆佃之《礼记》，许允成之《孟子》，其渊源具在。①

全祖望这里指出了荆公后学传承王安石新学的分化情况，大抵可信。就礼学方面来说，由于王安石《周官新义》的学术成就以及王安石在当时政治、学术界的地位，因此王安石的礼学在当时影响颇大，礼学成为王安石新学以及荆公学派的重要组成部分。在荆公后学当中，王昭禹、郑宗颜、陆佃、马希孟、方悫等都用力礼学。全祖望这里重点说的是陈祥道的《论语解》深得荆公之传。按全祖望的看法，陈祥道的学问虽然重在《论语》，但陈祥道同时也是"深于礼乐"，并与陆佃、方悫、马希孟并称"为王门说《礼》四家"。②

陈祥道著有《礼书》一百五十卷，《郡斋读书志》卷二录为《太常礼书》。《直斋书录题解》云："论辩博详，间以绘画。于唐代诸儒之论，近世聂崇义之图，或正其失，或补其阙。"③《四库提要》又说："盖祥道与陆佃皆王安石客，安石说经，既创造新义，务异先儒，固祥道与陆佃皆排斥旧说。佃《礼象》今不传，惟神宗时详定郊庙礼文诸义，今尚载《陶山集》中，大抵多生别解，与祥道驳郑略同。盖一时风气所趋，无庸深诘。"④《四库提要》还引李廌《师友纪谈》，称祥道"尝为《礼图》一百五十卷，《礼仪说》六十余卷"⑤。据上引资料，陈祥道的礼学著作有《礼书》一百五十卷和《礼图》一百五十卷，对于二者的关系，这里作一

---

① 全祖望：《鲒埼亭集外编》卷二十三，《全祖望集汇校集注》，上海古籍出版社2000年年，第1182页。
② 蒙文通：《评〈学史散篇〉》，《经史抉原》（《蒙文通文集》第三卷），巴蜀书社1995年版，第411页。
③ 陈振孙：《直斋书录解题》卷三，上海古籍出版社1987年版，第50页。
④ 《四库全书总目》卷二十二，第178页。
⑤ 同上。

简单辨析。据《长编》元祐四年二月癸卯记载："翰林学士许将言，太学博士陈祥道尤深于《礼》，尝著《增广旧图》，及考先儒异同之说，著《礼书》一百卷。"① 又据《长编》："给事中范祖禹言：'太祖时，以聂崇义所撰《三礼图》画于国子监讲堂。伏见太常博士陈祥道专于礼乐，所进《礼书》一百五十卷，比之聂崇义图尤为精密，乞送学士院及两制或经筵看详如何施行，请付太常寺与聂崇义图参用。'"② 按，《旧图》即聂崇义《三礼图》。从范祖禹所言可知，一百五十卷的《礼书》是包括《礼图》的。综合《长编》这两处记载，可推知陈祥道的著作《礼书》一百五十卷，应当包括两部分。(1) "考先儒异同之说"的《礼书》一百卷。(2) 在聂崇义《三礼图》基础之上"增广"的礼图，为五十卷。《经义考》卷一百二十二收录的《周礼纂图》，大约就是这部《增广旧图》。《四库提要》说："祥道长于三《礼》之学，所作《礼书》，世多称其精博。故诠释《论语》亦于礼制最为明晰。"③

前引《四库提要》说陈祥道还著有《仪礼说》六十余卷。据《长编》："翰林侍讲学士、国史院修撰范祖禹言：'太常博士陈祥道《注解仪礼》三十二卷，精详博洽，非诸儒所及。'"④ 此《注解仪礼》与《仪礼说》大约也是同一部书。

另据《宋史·艺文志》，陈祥道还有《礼记讲义》二十四卷，《礼例详解》十卷，今佚。

陆佃有《礼象》十五卷，陈振孙《直斋书录题解》谓："以改旧图之失，其尊、爵、彝、舟，皆取公卿家及秘府所藏古遗器，与聂图大异。岷隐戴先生分教吾乡，作阁斋馆池上，画此图于壁，而以'礼象'名阁，与论堂《礼图》相媲云。"⑤ 又有《礼记解》四十卷，《述礼新说》四卷，《仪礼义》十七卷，《宋史·艺文一》均有著录。卫湜曰："陆氏说多可取，间有穿凿，亦字学之误也。"宋《中兴艺文志》："陆佃《新义》牵于《字说》。"⑥ 另外，《玉海》卷五还收录有《礼记新义》，但《宋史·

---

① 《续资治通鉴长编》卷四百二十二哲宗元祐四年，中华书局2004年版，第10210页。
② 《续资治通鉴长编》卷四百五十哲宗元祐五年，第10808页。
③ 《四库全书总目》卷三十五《论语全解》，第292页。
④ 《续资治通鉴长编》卷四百八十哲宗元祐八年，第11426页。
⑤ 陈振孙：《直斋书录解题》卷三，第50页。
⑥ 朱彝尊：《经义考》卷一百四十一，《经义考新校》第六册，第2615页。

艺文志》未见此书，疑《礼记新义》即《礼记解》。

方慤有《礼记解》二十卷，马希孟有《礼记解》七十卷。朱子曰："场屋中《礼记义》，格调皆凡下。盖《礼记解》行于世者，如方马之属，源流出于熙丰。士人作义者多读此，故然。"① 又曰："方马二解，合当参考，尽有说好处，不可以其新学而黜之。"② 卫湜曰："方氏、马氏及山阴陆氏三家，方氏最详，马氏颇略。马氏《大学解》又与蓝田吕氏同，朱文公《或问》以为吕氏，今从之。"③

王昭禹有《周礼详解》四十卷。陈振孙曰："近世为举子业者多用之，其学皆宗王氏新说。"④ 王与之说此书"用荆公而加详"。⑤ 可见王昭禹《周礼详解》是王安石《周官新义》的进一步发展。《四库提要》说："王与之作《周礼订义》，类编姓氏世次，列于龟山杨时之后，曰'字光远'，亦不详其爵里。……今案其书……其附会穿凿，皆遵王氏《字说》。盖当时《三经新义》列在学官，功令所悬，故昭禹因之不改。然其发明义旨，则有不尽同于王氏之学者。"⑥ 这是说，王昭禹的《周礼详解》其弊在于遵从王安石《周官新义》且穿凿附会。《四库提要》又曰："至其阐发经义，有足订注疏之误者，如解《载师》'里布''屋粟'，谓国宅无征，民居有征无布，以其不毛，使之有里布，民出耕在田庐，入居在里，其屋有田以出粟。今不耕田，则计屋而敛之，谓之'屋粟'。不从先儒以里布为二十五家之泉，屋粟为三夫之粟。又解'近郊十一，远郊二十而三，甸稍县都皆无过十二'，固当时正役，后因远近剧易而制云云，皆为先儒所未发，故宋人释《周礼》者，如王与之《订义》、林之奇《讲义》，多引其说，固不得以遵用新说而尽废之也。"⑦ 这又是客观地指出，在一些具体问题的研究方面，《周礼详解》还是有一些创见的。

全祖望《王昭禹周礼详解跋》说，荆公后学传承王安石学术思想，但其著述大多佚失，"独王光远《周礼》至今无恙，因得备见荆公以《字

---

① 黎靖德编：《朱子语类》卷八十四，中华书局1994年版，第2187页。
② 黎靖德编：《朱子语类》卷八十七，第2227页。
③ 朱彝尊：《经义考》卷一百四十一，《经义考新校》第六册，第2612页。
④ 陈振孙：《直斋书录解题》卷二，第45页。
⑤ 朱彝尊：《经义考》卷一百二十二，《经义考新校》第五册，第2271页。
⑥ 《四库全书总目》卷十九，第150页。
⑦ 同上。

说》解经之略。荆公《周礼》存于今者五官，缺《地》、《夏》二种，得光远之书，足以补之。尝笑孔颖达于康成依阿过甚，今观此书亦然"。① 这也是王昭禹《周礼详解》的价值所在。

另外，龚原著有《周礼图》十卷，《述礼新说》四卷，《宋史·艺文一》均有著录，今佚。《经义考》卷二十引《浙江通志》言："（龚）原少从王安石游，笃志明经，以经学为邑人倡，是时周、程尚隐于濂、洛。永嘉先辈之学以经鸣者，渊源皆出于原。"② 《直斋书录解题》卷二还收录了林之奇《周礼讲义》四十九卷，《玉海》作三十九卷。王与之曰："三山林氏之奇，字少颖，有《周礼全解》，祖荆公、昭禹所说。"③ 可见林之奇《周礼讲义》也是遵从王学的。

正如《四库提要》卷十九《周礼注疏删翼》提要所指出的："王安石、王昭禹始推寻于文句之间，王与之始脱略旧文，多辑新说。……其于经义，盖在离合之间。于是考证之学，渐变为论辩之学，而郑、贾几乎从祧矣。"④ 这个评价对于王学及其后学的礼学虽然也是多有批评，但也说明了王安石及其后学的礼学研究在从汉学至宋学的转变过程中的地位和意义。王安石的新学是北宋儒学义理学发展过程中的一个重要环节。以《易》学为例，王安石著有《易解》二十卷，此书今佚，虽然王安石认为此书是"少作未善"⑤，但在当时影响甚大，甚至理学家二程也认为这部书是阅读研究《周易》的必读著作之一。南宋张栻进一步认为，二程之所以在上千年的易学史上独选王弼、胡瑗和王安石的《易》解，就是因为这三家《易》"不论互体"⑥。这说明王安石的易学也是扫除了汉易的象数，直承王弼的义理学而来的。由此可见，以《三经新义》为代表的王安石新经学是宋代儒学义理学的一个重要标志性成果。王安石的礼学研究也是如此。郑玄、贾公彦是《周礼》研究的典范，他们的《周礼》学是注疏考证

---

① 全祖望：《鲒埼亭集外编》卷二十七，《全祖望集汇校集注》，第1278—1279页。
② 朱彝尊：《经义考》卷二十，《经义考新校》第二册，第358页。
③ 朱彝尊：《经义考》卷一百二十二，《经义考新校》第五册，第2275页。
④ 《四库全书总目》卷十九，第155页。
⑤ 晁公武：《郡斋读书志》卷一，孙猛：《郡斋读书志校正》，上海古籍出版社1990年版，第41页。
⑥ 陈振孙：《直斋书录解题》卷一，第10页。

之学。但自王安石《周官新义》颁布之始，再加上荆公后学对《周礼》研究的推波助澜，结果就如《四库提要》所说的，"考证之学，渐变为论辩之学"。所谓"论辩"，义同宋人常讲的"议论"，反映在学术上首先是轻考证而重大义。有学者认为"议论精神"是宋学的主要特征之一。① 王安石本人也以"议论"著称，如司马光就说王安石"议论高奇，能以辩博济其说，人莫能诎"②。司马光与王安石政见不合，但邵伯温也说司马光"记介甫则直书善恶不隐"③，因此他对王安石的评论还是较为客观的。后来朱子也说："本朝陆农师之徒，大抵说礼都要先求其义。岂知古人所以讲明其义者，盖缘其仪皆在，其具并存，耳闻目见，无非是礼，所谓三百三千者，较然可知，故于此论说其义，皆有据依。若是如今古礼散失，百无一二存者，如何悬空于上面说义！是说得甚么义？须是且将散失诸礼错综参考，令节文度数一一著实，方可推明其义。"④ 在朱熹看来，由于礼书在后世流传的过程中多有散佚，因此礼学研究应该从清理文献这样的基础工作开始。在此基础上再讲礼的义理方才有着落。反之，如果一开始就从现有文献出发，大谈义理，显然是立足不稳。朱子作为理学的集大成者，在理学体系已经非常完善的情况下再回过头来反思礼经文献与礼的义理之间的关系，当然有着切身的体会，但是对于北宋时期儒学初兴的学者来说，他们还意识不到这个问题。因此，朱子批评王安石师徒的礼学研究，但其实也是指出新学学者礼学研究是以"先求其义"即重义为特色的。清代学者认为新学的礼学研究将《周礼》学从考证之学变为义理之学，这虽然是站在清代汉学的角度，认为礼学为实证之学，从而对宋学的礼学持批评的态度，但这个说法本身还是客观的，它指出了王安石新学学派礼学研究以义为先的特色，这与宋代儒学重视义理的学风是一致的。我们今日不必站在汉宋对立的立场上，对汉学、宋学持非此即彼的态度。我们认为，北宋时期王安石新学的《周礼》注疏与礼学研究将礼学引向义理化的方向，这其实是对礼学的一个重大推进，对此应当有充分的认识与肯定。

---

① 陈植锷：《北宋文化史述论》，中国社会科学出版社1992年版，第287页。
② 邵伯温：《邵氏闻见录》卷十一，中华书局1983年版，第116页。
③ 同上书，第115页。
④ 黎靖德编：《朱子语类》卷八十四，第2178页。

此外，更为重要的是，"论辩"常常是引申发挥经典中与现实政治关系密切的内容，通经以致用，如欧阳修所说的，"开口揽时事，论议争煌煌"①，"议论""论辩"的往往多为"时事"，这本来也是儒家经学的传统特征，同时也是宋代儒学比较重视的一个方面。就《周礼》来说，宋代学者也多是从实用的角度加以注解和阐释。如宋初李觏的《周礼致太平论》，他明确说此书"岂徒解经而已哉！唯圣人君子知其有为言之也"。②李觏不是为了注解而注解，而是为了从中探求解决现实问题的方法。张载等人关于《周礼》井田的探讨也是出于同样的目的。张载说："治天下不由井地，终无由得平。周道止是均平。"③ 程颐也认为《周礼》书中有"富国之术存焉"④。因此，总体来看，宋代学者研究《周礼》的目的更多地是为了有施于当代。由于王安石位居权力中枢，致使儒家经典与现实政治实际地发生了关系，所以这一点在王安石新学及其后学当中就显得尤为突出。

第二节　两种有影响的看法

王安石《周官新义》是宋代礼学史上一部具有标识意义的著作。它不但深刻影响了荆公后学诸学者的礼学研究，而且刺激了其后《周礼》研究的兴盛。由于政见的对立，在王安石《周官新义》颁行之后，就出现了一些以反对此书为主要目的的《周礼》研究著作。如杨时虽然是二程洛学的传人，但是"于新学极精，今日一有所问，能尽知其短而持之"⑤。他坚决反对新学与新法，曾著《三经义辨》，专门指摘和批评《三经新义》中的错误。其中《周礼义辨疑》一卷，朱彝尊《经义考》引晁公武《郡斋读书志》曰"此攻安石之书"。按"此攻安石之书"不见今本《郡斋读书志》，马端临《文献通考》此书下引晁公武曰"凡一

---

① 欧阳修：《居士集》卷二《镇阳读书》，《欧阳修全集》卷二，中华书局2001年版，第35页。
② 李觏：《周礼致太平论序》，《李觏集》卷五，中华书局2011年版，第71页。
③ 张载：《经学理窟·周礼》，《张载集》，中华书局1978年版，第248页。
④ 《河南程氏遗书》卷十《洛阳议论》，《二程集》，中华书局1981年版，第111页。
⑤ 《河南程氏遗书》卷二上，《二程集》，第28页。

卷，攻安石之书"①。《经义考》所据当为《文献通考》。另，朱熹也曾说："龟山长于攻王氏"②。因此，《周礼义辨疑》专为"攻安石之书"的判断是可信的。但是，此书的真正价值如何，当时学者就有疑义，朱子就说："然《三经义辨》中亦有不必辨者，却有当辨而不曾辨者。"③朱子对新学有批评有肯定，他对杨时的看法和批评应该是较为客观的。

杨时之外，王居正著有《周礼辨学》五卷，今佚。据《宋史》卷三百八十一《王居正传》：

> 其学根据《六经》，杨时器之，出所著《三经义辨》示居正曰："吾举其端，子成吾志。"居正感厉，首尾十载为《书辨学》十三卷，《诗辨学》二十卷，《周礼辨学》五卷，《辨学外集》一卷。居正既进其书七卷，而杨时《三经义辨》亦列秘府，二书既行，天下遂不复言王氏学。

吕祖谦《王公行状》也有类似的记载：

> 其学根极六艺，深醇闳肆，以崇是辟非为己任。自其少年已不为王氏说所倾动，慨然欲黜其不臧，以觉世迷。于是稽参隽艾，钩索圣蕴，摧新学诐淫邪遁之辞，迎笔披靡，虽老于王氏学者莫能自解。龟山杨先生时与公会毗陵，出所著《三经义辨》示公，曰："吾犹举其端以告学者而已。欲龚枊而毫缉之，未遑也。非子莫成吾志者。"公愈益感厉，首尾十载，迄以成书，为《毛诗辨学》二十卷，《尚书辨学》十三卷，《周礼辨学》五卷，《辨学外集》一卷。④

由这两段文字此可见，王居正《周礼辨学》是在杨时《周礼义辨疑》

---

① 马端临：《文献通考》卷一百八十一《经籍考八》，中华书局2011年版，第5353页。又《玉海》卷五："杨时撰《辨疑》一卷，攻安石之书。"见武秀成、赵庶洋校正《玉海艺文校正》，凤凰出版社2013年版，第219页。
② 黎靖德编：《朱子语类》卷一百三十，第3099页。
③ 同上。
④ 吕祖谦：《东莱集》卷九，《吕祖谦全集》第一册，浙江古籍出版社2008年版，第145页。

的影响下，进一步发挥杨时的思想主张而成的一部专以辩驳《周官新义》为主要目的的著作。

除此之外，还有陈傅良《周礼说》一卷十三篇。据陈傅良《进周礼说序》曰：

> 王道至于周，备矣。……尝录《诗》、《书》之义，以求文、武、周公、成、康之心，考其行事，尚多见于《周礼》一书，而传者失之，见谓非古。……熙宁用事之臣，经术舛駮，顾以《周礼》一书，理财居半之说，售富强之术。凡开基立国之道，断丧殆尽，而天下遂日多故，迄于夷狄乱华，中原化为左衽。老生宿儒，发愤推咎，以是为用《周礼》之祸，诋排不遗力。幸以进士举，犹列于学官。至论王道不行，古不可复，辄以熙宁尝试之效藉口，则论著诚不得已也，故有《格君心》、《正朝纲》、《均国势》说各四篇。①

从这篇序文中可知，陈傅良作《周礼说》的主要动机也是为了反对王安石。另外，陈傅良还与徐元德合著了《周礼制度精华》，估计内容也与《周礼说》类似。

从王安石新学之后的《周礼》研究来看，除了如杨时、王居正等这样直接以反对《周官新义》为目的的著述之外，总的来说，礼学研究主要可以归纳为两个方面的问题。一是刘歆伪造说的出现，二是《冬官》未亡说的流行。这两个问题虽然是礼学史上较为纯粹的学术问题，但是也不可避免地受到政治等其他外在因素的影响，或直接或间接地也与王安石《周官新义》有一定的关联。

一 刘歆伪造说的出现

正如前引纳兰性德所言，在各种反对新法以及《周官新义》的看法中，不可避免地涉及对《周礼》本身的怀疑与否定。如唐仲友所说："本朝熙宁间，更命儒生为新义，而王安石实董《周官》，其说多用《字说》，破碎经义。又因'国服为息'，始下青苗之令，诸儒非之，于是并疑《周官》，虽苏辙之学犹不免。于是后学牵惑义理名数，稍有不合，不加思虑

---

① 《宋元学案》卷五十三《止斋学案》，中华书局1986年版，第1716—1717页。

考证，遽以非圣人全书，藉口世之治经者便文决科而已。先王之典，寖以不彰。"（《九经发题·周礼》，《续金华丛书·金华唐氏遗书》）本来，《周礼》在汉代出现的时候就有人认为它是"末世渎乱不验之书"，或是"六国阴谋之书"。到了宋代，因新法而怀疑甚至完全否定《周礼》成为相当流行的一股学术思潮，在《周礼》学研究中影响极大的刘歆伪造说就是在这个时候提出来的。

据邵博《邵氏闻见后录》卷三记载：

> 昔孟子欲言周礼，而患无其籍。今《周礼》最后出，多杂以六国之制……晁伯以更以为新室之书也。……予颇疑之。后得司马文正公《日记》，上主青苗法曰："此《周礼》泉府之职，周公之法也。"光对曰："陛下容臣不识忌讳，臣乃敢昧死言之。昔刘歆用此法以佐王莽，至使农商失业，涕泣于市道，卒亡天下，安足为圣朝法也？且王莽以钱贷民，使为本业，计其所得之利，十取其一。比于今日，岁取四分之息，犹为轻也。"……是文正公意，亦以《周礼》多新室事也。自王荆公藉以文其政事，尽以为周公之书，学者无敢议者矣。①

据此，司马光在与神宗的对话中其实就暗含着《周礼》出于新莽的看法。司马光与王安石是政敌，他的这个看法等于在政治上全盘否定了新政的理论基础，在学术上已经暗示了《周礼》出于刘歆的伪造。这个看法的影响是巨大而深远的。这里所说的"晁伯以"就是晁说之，他也是因反对王安石新学而疑《周礼》的一个典型的学者。

晁说之否认周公制《周礼》，认为《周礼》出于汉儒之手。他指出："言《周礼》者真以为周公太平之书，而不知有六国之阴谋，地不足于封，民不足于役，农不足于赋，有司不足于祭，将谁欺邪？"（《儒言·知本》，中国基本古籍库收清钞本）晁说之《儒言》也是为反驳王安石新学而作，如《四库提要》所说："至于因安石附会《周礼》而诋《周礼》，因安石尊崇《孟子》而抑《孟子》，则有激之谈，务与相反，惟以恩怨为是非，殊不足为训。"②

---

① 邵博：《邵氏闻见后录》，中华书局1983年版，第23页。
② 《四库全书提要》卷九十二《儒言》，第779页。

晁说之还说:"昔孟子欲言周礼而患无其籍,今之《周礼》最出汉末,杂之以六国之制,多汉儒之所伦次者。或谓'六国阴谋之书'则过也,大要敛财多货,黩祀烦民,冗猝可施于文,而不可措于事者也。"(《嵩山文集》卷一《元符三年应诏封事》,中国基本古籍库收"四部丛刊续编景旧钞本")这是说,《周礼》一书既非周公所作,也非六国阴谋之书,而是出于汉儒杂凑,书中内容也以敛财扰民为主,殊不足为训。他进而指出:"《周礼》之为书也,其出为最晚,刘歆初献之新莽,莽即拜歆《周礼》博士者,乃传焉。是书大抵烦礼渎仪,靡政僭刑,苛令曲禁,重赋专利,忌讳祈禳,诞迂不切事,适莽之嗜也。"(《嵩山文集》卷十四《辩诬》)他甚至认为,说《周礼》是周公所作是"以王莽论周公"。这里也暗含着刘歆为附和王莽而伪造《周礼》的看法。

胡安国、胡宏父子的思想直承杨时,是两宋道学发展的重要传人,并且开创了道学内部的湖湘学派。他们对于《周礼》的看法也承自杨时,并明确指出《周礼》为王莽、刘歆伪造。胡宏《皇王大纪论》中有《极论周礼》一文,开篇即曰:

> 谨案,孔子定《书》、《周官》,六卿冢宰,掌邦治,统百官,均四海者也。今以刘歆所成《周礼》考之,太宰掌建邦之六典。夫太宰统五官之典,以为治者也,岂于五官之外更有治典哉!则掌建六典,歆之妄也。太宰之属,六十小宰也,司会也,司书也,职内也,职岁也,职币也。是六官之所掌,辞繁而事复,类皆期会簿书之末,俗吏掊克之所为,而非赞冢宰进退百官、均一四海之治者也。①

胡宏还从几个方面考订了刘歆伪造《周礼》之实。最后他指出:

> 夫歆不知天下有三纲,以亲则背父,以尊则背君,与周公所为正相反者也。其所列序之书,假托《周官》之名,剿入私说,希合贼莽之所为耳。王安石乃确信乱臣贼子伪妄之书,而废大圣垂死笔削之经,弃恭俭而崇汰侈,舍仁义而营货财。不数十年,金人内侵,首足

---

① 《胡宏集》,中华书局1987年版,第254—255页。

易位，涂炭天下，未知终始。原祸乱之本，乃在于是。噫嘻！悲夫！有天下者尚鉴之哉！①

胡宏在这里说明了他认为《周礼》为刘歆伪造的实际动因，就是为了针对王安石以《周官》乱宋，最终导致了北宋亡国的历史悲剧。胡宏提出了刘歆伪造《周礼》这样一个学术观点，但其背后的实际动因却是因政治立场的分歧而导致的学术分歧。学术观点与政治立场已经完全纠缠在一起，很难分清主次了。

南宋洪迈也指出：

> 《周礼》一书，世谓周公所作，而非也。昔贤以为战国阴谋之书，考其实，盖出于刘歆之手。《汉书·儒林传》尽载诸经专门师授，此独无传。至王莽时，歆为国师，始建立《周官经》以为《周礼》，且置博士。而河南杜子春受业于歆，还家以教门徒，好学之士郑兴及其子众往师之，此书遂行。歆之处心积虑，用以济莽之恶，莽据以毒痛四海，如五均、六筦、市官、赊贷，诸所兴为皆是也。故当其时公孙禄既已斥歆颠倒《六经》毁师法矣。历代以来，唯宇文周依六典以建官，至于治民发政，亦未尝循故辙。王安石欲变乱祖宗法度，乃尊崇其言，至与《诗》《书》均匹，以作《三经新义》，其序略曰："其人足以任官，其官足以行法，莫盛乎成周之时。其法可施于后世，其文有见于载籍，莫具乎《周官》之书。自周之衰，以至于今，太平之遗迹，扫荡几尽，学者所见无复全经。于时是也，乃欲训而发之，臣知其难也。以训而发之之难，则又以知夫立政造事追而复之之为难。"则安石所学所行实于此乎出，遂谓："一部之书，理财居其半。"又谓："泉府，凡国之财用取具焉，岁终，则会其出入而纳其余，则非特摧兼并，救贫厄，因以足国事之财用。夫然，故虽有不庭之虞，民不加赋，而国无乏事。"其后吕嘉问法之而置市易，由中及外，害遍生灵。呜呼！二王托《周官》之名以为政，其归于祸民，一也。②

---

① 《胡宏集》，中华书局 1987 年版，第 259—260 页。
② 洪迈：《容斋续笔》卷十六"《周礼》非周公书"条，《容斋随笔》，中华书局 2005 年版，第 420—421 页。

洪迈的看法与胡宏完全一致。这样，自司马光怀疑刘歆伪造《周礼》始，发展至南宋，刘歆伪造说已经成为一种广为流行的看法了。罗璧总结说：

> 近代司马温公、胡致堂、胡五峰、苏颖滨、晁说之、洪容斋直谓作于刘歆。盖歆佐王莽，书与莽苟碎之政相表里。且《汉儒林传》叙诸经皆有传授，《礼》独无之。或者见其详密，谓圣人一事有一制，意其果周公之遗，不知孔子于礼多从周，使周公礼书如此精详，当不切切于杞、宋求夏、商遗礼，与夫逆为继周损益之辞。又自卫反鲁，删《诗》、定《书》、系《易》，作《春秋》，独不能措一辞于《周礼》。即孟子时，周室犹存，班爵之制已云不闻其详，而谓秦火之后，乃《周礼》灿然完备如此耶？兼其中言建国之制，与《书洛诰》、《召诰》异，言封国之制，与《书武成》及《孟子》异，设官之制，与《书周官》六典异。周之制作，大抵出周公，岂有言之与行自相矛盾乎？"①

据中国台湾学者叶国良统计，宋人认为《周礼》为刘歆伪造的共有十二人，除了罗璧这里列举的司马光、胡寅、胡宏、苏辙、晁说之、洪迈之外，还有胡安国、邵博、包恢、刘克庄、黄震、罗璧。② 刘克庄，南宋福建人，以诗词闻名。《经义考》引刘克庄曰："宏斋包公著《六官疑辨》，盖先儒疑是书者非一人，至宏斋始确然以为国师之书。一日，克庄于缉熙殿进讲《天官》，至《渔人》，奏曰：'《周礼》一用于新室，再用于后周，三用于熙宁，皆为天下之祸。臣旧疑其书，近见恢《疑辨》，豁然与臣意合。陛下试取其书观之，便见其人识见高，非世儒所及。'"③ 刘克庄对《周礼》持刘歆伪造说，他引述的宏斋包公即包恢，嘉定十三年（1220）进士，历官金书枢密院事，著《六官辨疑》。《经义考》又引吴澄曰："毁《周礼》非圣经，在前固有其人，不若吾乡宏斋包恢之甚。毫分缕析，逐节诋排，如法吏定罪，卒难解释，观者必为所惑。近年科举不

---

① 朱彝尊：《经义考》卷一百二十，《经义考新校》第五册，第2233页。
② 叶国良：《宋人疑经改经考》，台湾大学出版委员会1980年版，第103页。
③ 朱彝尊：《经义考》卷一百二十四，《经义考新校》第五册，第2302页。

用《周礼》，亦由包说惑之也。然愚尝细观，深叹其无识而已。"① 吴澄虽然不同意包恢的看法，认为其"无识"，但也承认包毁《周礼》用力之甚，影响之大。他反对《周礼》如审贼破案，可谓用力至极。

由以上的叙述可知，自北宋司马光以来，直至南宋，刘歆伪造《周礼》成了一种影响甚广的观点。但同时，也有学者提出，《周礼》未必为刘歆伪造，《周礼》还是周公所作，只是书中有一些如汉人桑弘羊等所附益者。如范浚认为：

> 周公作六典，谓之《周礼》，至于六官之属，琐细悉备，疑其不尽为古书也。周公驱猛兽，谓虫蛇恶物为民物害者，而蝈氏云："掌去蛙黾，焚牡蘜以灰，洒之则死。"蛙黾不过鸣声聒人，初不为民物害也，乃毒死之，似非君子所以爱物者。又牡蘜焚灰，大类狡狯戏术，岂所以为经乎？《司关》云："凡货不出于关者，举其货，罚其人。"说者谓："不出于关，从私道出避税者，则没其财而挞其人。"此决非周公法也。文王治岐，关市讥而不征，周公相成王，去文王未远，纵不能不征，使凡货之出于关者，征之足矣，何至如叔季，世设为避税法，没其货，挞其人，劫天下之商必使从关出哉？此必汉世刻敛之臣如桑羊辈，欲兴权利，故附益是说于《周礼》，托吾周公以要说其君耳。（《香溪集》卷五《读周礼》，文渊阁四库全书本）

范浚是南宋秉承洛学的学者，并受到朱熹的称道。② 他从纯粹儒家的立场出发，指出《周礼》有严刑酷法，与圣人主张不合。《周礼》重税，也与儒家所信奉的周道不同。这种看法注意到了《周礼》书中有相当多的类似法家的主张，也算是一种有见地的看法。后来很多学者认为《周礼》为战国时代法家的作品，就是以这些内容为依据的。

自《周官新义》颁行之后，虽然刘歆伪造的观点相当流行，但同时也有一些学者对《周礼》持传统的肯定态度，如陈亮说："《周礼》一书，先王之遗制具在，后有圣人，不能加毫末于此矣。"③ 王炎说：

---

① 朱彝尊：《经义考》卷一百二十四，《经义考新校》第五册，第2302页。
② 《宋元学案》卷四十五《范许诸儒学案》"序录"，第1438页。
③ 朱彝尊：《经义考》卷一百二十，《经义考新校》第五册，第2219页。

"《周官》六典，周公经治之法也。秦人举竹简以畀炎火，汉兴，诸儒掇拾于煨烬，藏于岩穴之间，其书已亡而幸存。……东都诸儒知有《周礼》，而其说不同，以为战国阴谋之书，何休也；以为周公致太平之迹者，郑康成也。六官所掌，纲正而目举，井井有条，而诋之以为战国阴谋，休谬矣。"① 吕祖谦说："成王、周公之遗化固隐然在此也。"② 陈淳说："《周礼》，周公经国规模在焉，乃周公之大用流行处。"③ 李叔宝说："仲长统以为《周礼》礼之经，《礼记》礼之传，《礼记》作于汉儒，虽名为经，其实传也。盖《礼记》所记，多春秋战国间事，不纯唐、虞、夏、商、周之制，曾未若《周官》之纯乎周礼也。"④ 这些看法与传统的经学家的看法完全一样。在这些肯定《周礼》的各家当中，有必要指出的是朱熹的看法。朱熹也持传统的观点，认为《周礼》为周公所作。据《语类》记载：

> 谓是周公亲笔做成，固不可，然大纲却是周公意思。
> 《周礼》，胡氏父子以为是王莽令刘歆撰，此恐不然。《周礼》是周公遗典也。
> 《周礼》一书好看，广大精密，周家法度在里。⑤

朱熹对《周礼》有过很多看法，但《语类》中的这几句话非常明确地表明了朱熹对周公作《周礼》的肯定。朱子学问渊博，极有历史感，他当然明白周公在周初那样复杂动荡的形势下不可能亲自撰作这样一部《周礼》，也看到了《周礼》书中有一些与西周制度不合之处，当为后人所作，但这些相对于《周礼》全书来说都是次要的细节问题，在整体上不影响《周礼》是周公遗典这样的判断。另外，朱子还认为，《周礼》一书是一个整体，不能随意分拆。朱子晚年的一项重要工作就是编修礼书。这时，朱子对于儒学已经有了非常深入与精到的认识，对于礼学也有成熟的见解，朱子编修的礼书，以《仪礼》为经，以《礼记》及其他"诸经

---

① 朱彝尊：《经义考》卷一百二十，《经义考新校》第五册，第2220—2221页。
② 同上书，第2223页。
③ 同上。
④ 同上。
⑤ 以上均见黎靖德编《朱子语类》卷八十六，第2203—2204页。

史杂书所载有及于礼者"为传①，在这样新的礼学系统中，《周礼》确实难以安顿。这是朱子礼学研究中的一个难题，但是即便如此，朱子还是坚持不能为了迁就自己的礼学体系而将《周礼》打散。朱子说："《周礼》自是全书。如今《礼书》欲编入，又恐分拆了《周礼》，殊未有所处。"②由此可见朱子在编修礼书的时候对于《周礼》的尊重与重视。

另外，与朱熹及其弟子们编修礼书的同时，还有同时代的学者余正甫也在编修礼书。余正甫的礼学思想与朱子不同，朱子对余正甫的礼书也有一些批评，他说："余正甫欲用《国语》而不用《周礼》，然《周礼》岂可不入！"③ 由此可见，朱子的礼书与余正甫的礼书最大的区别之处就在于对《周礼》的看法。因此朱子说：

> 《礼书》，此书异时必有两本。其据《周礼》、分经传，不多取《国语》、杂书迂僻蔓衍之说，吾书也。其黜《周礼》，使事无统纪，合经传，使书无间别，多取《国语》、杂记之言，使传者疑而习者蔽，非吾书也。……十月十八日夜因读余正父修《礼》而书。④

朱子认为，他的礼学体系是包括《周礼》在内的，这在根本上与传统儒家礼学的主体是一致的。而新出的余正甫编的礼书，也许是受到当时贬抑《周礼》思潮的影响，杂取《国语》等枝蔓之书而废弃《周礼》，显然，朱子是不同意这种态度的。由此可以看出，是否以《周礼》为据，是朱子区别于当时其他学者所编修的礼书的一个原则性立场。我们已经一再指出，编修礼书是朱子晚年学术工作的重点，甚至看作他学术生命的最终依托。由此我们再来看朱子对于《周礼》的重视与肯定，其意义与重要性在朱子的整体思想中都是非常重要的。

前文已经多次提到北宋司马光等人提出刘歆伪造说的背景，是由于政见的对立而导致学术的纷争，司马光、胡宏等人从反对新法进而怀疑、反对新学，甚至怀疑新学所依据的经典并非传统儒家可靠的经典，而是后世

---

① 参见朱熹《文集》卷十四《乞修三礼札子》，《朱子全书》第二十册，上海古籍出版社、安徽教育出版社2002年版，第687—688页。
② 黎靖德编：《朱子语类》卷八十四，第2187页。
③ 同上。
④ 朱熹：《文集》卷七十一《偶读漫记》，《朱子全书》第二十四册，第3423页。

有人出于不可告人的目的而伪造的，这样对新学的批判虽可逞一时之快，但是从长远的眼光来看，怀疑《周礼》，将《周礼》从儒家经典中剔除出去，这样的做法对儒家经学以及儒学的发展并没有什么益处。朱子是宋代道学的集大成者，同时也是宋代儒学复兴过程中的集大成者。朱子对《周礼》的判定与认识，从表面来看是秉承了传统经学的看法，其实，对于朱子肯定《周礼》的意义，如果放在《周官新义》颁行以来引起的关于《周礼》的纷争这样的背景之下来看，还可以作进一步的分析。我们认为，朱子肯定《周礼》，不是从历史事实的层面简单地认为《周礼》确是出自周公之手，而是从价值层面肯定《周礼》，认为《周礼》是周代的礼典，这样不但从经学的立场出发肯定与捍卫了儒家经典的整体性和权威性，而且也从整体上捍卫了儒家的三代理想。从前文的论述可知，后者对于宋代儒学的发展尤为重要。朱熹作为道学发展至南宋时代的集大成者，对于北宋以来儒学的发展历史极为清楚，他非常明白"欲复二帝三代"对于宋代儒学发展以及道学的兴起所具有的引领性的作用与意义。如果否定了《周礼》，也就相当于在很大程度上否定了三代，那么儒学的发展就会失去方向，道学自然也就成为无源之水了。因此，尽管朱熹对于王安石新学以及《周官新义》也有很多批评，但是他并没有意气用事，没有像他的前辈胡宏等人那样，由于对王安石新法的不满而对新学全盘否定，甚至认为《周礼》也是出自刘歆的伪造。这样，对于新学或许可以起到釜底抽薪之效；但总体上对于儒学来说并没有实际的益处。朱子作为道学的集大成者，其所思之深，所见之远，确实是其他学者所不可比拟的。仅从这一点来看，朱子虽然没有对《周礼》作全部的训解，有时也说他自己对于礼学不熟，但从他对《周礼》的这些宏观性的判断来看，朱子对于《周礼》的维护还是极具深意的。

朱子是儒学家，是哲学家，他说《周礼》是周公之遗典，是从价值层面维护了《周礼》，同时也维护了儒学。此外，还有一些学者也不赞同刘歆伪造说，并且对《周礼》是周公制礼作乐的产物这一传统的观点，从历史的角度提出了更加明确的解释，这一点也值得重视。例如，郑樵指出，《周礼》为周公所作，但与其他经典不同的是，"《周礼》之纯乎周典也"。并引孙处曰：

《周礼》之作，周公居摄六年之后，书成归丰，而实未尝行也。

> 盖周公之为《周礼》,亦犹唐之《显庆》、《开元》礼也。唐人预为
> 之,以待他日之用,其实未尝行也。惟其未经行,故仅述大略,俟其
> 临事而损益之。故建都之制,不与《召诰》、《洛诰》合;封国之制,
> 不与《武成》、《孟子》合;设官之制,不与《周官》合;九畿之
> 制,不与《禹贡》合。凡此皆预为之,未经行也。①

这是认为,《周礼》是周公预备留于后世实行的典礼。这个看法有一定的影响。王与之《周礼订义》认为《周礼》为周公整齐六典为宅洛计:成王经营洛邑,"然营之而卒不迁意者,宅洛之制度未成,周公不幸而亡也。何以见之?《周官》之作,周公方整齐六典,为宅洛计"(《周礼订义》卷一,文渊阁四库全书本)。郑锷认为:"盖为成王齐整建官之法,使王往新邑自教率之,各效其职也。成王灭淮夷而归在丰,董正治官,治以新书从事。然只在丰而不往洛邑,故《周礼》虽成,终不尽用。"②

孙处、王与之等人的看法比传统看法略胜一筹的是弥合了有关《周礼》的两种主要倾向,即一方面依然认为《周礼》为周公所作,坚持了传统的看法,但同时也顾及到《周礼》过于理想化的特征,因此又提出这是周公经营洛邑、准备预留后世实行的典礼。这个看法看似合理,但其实恐怕也是主观猜测,如黄震所言,"恐亦意度之言"。③ 相对来说,陈汲认为"《周礼》一书,周家法令政事所聚,或政典,或九州,或司马教战之法,或考工记,后之作者,纂其典章法度而成一代之书。有周公之旧章,有后来更有续者,信之者以为周公作,不信者以为刘歆作,皆非也"④。这个看法既反对传统的周公作《周礼》说,又不赞同当时流行的刘歆伪造说,而是持一种较为历史的态度,认为《周礼》书中既有西周旧制,也有后世加入的内容,这样的认识与我们今天大多数学者的看法更加接近。

与此类似的还有马端临的看法:

> 盖《周礼》者,三代之法也。三代之时,则非直周公之圣可行,

---

① 朱彝尊:《经义考》卷一百二十,《经义考新校》第五册,第 2218 页。
② 同上书,第 2220 页。
③ 同上书,第 2228 页。
④ 同上书,第 2223—2224 页。

虽一凡夫亦能行之。三代而后，则非直王莽之矫作，介甫之执愎不可行，而虽贤哲亦不可能行。其何故也？盖三代之时，环宇悉以封建，天子所治，不过千里，公侯则自百里以至五十里，而卿大夫又各有世食禄邑，分土而治，家传世守，民之服食日用，悉仰给于公上，而上之人所以治其民者，不啻如祖父之于其子孙，家主之于其臧获。田土则少而授，老而收，于是乎有乡遂之官。又从而视其田业之肥瘠，食指之众寡，而为之斟酌区画，俾之均平。货财则盈而敛，乏而散，于是乎有泉府之官，又从而补其不足，助其不给，或赊或贷，而俾之足用，所以养之者如此。司徒之任，则自乡大夫、州长以至闾胥、比长，自遂大夫、县正以至里宰、邻长，岁终正岁，四时孟月，皆征召其民，考其德艺，纠其过恶，而加以劝惩。司马之任，则军有将，师有帅，卒有长，四时仲月，则有振旅治兵、茇舍大阅之法，以旗致民，行其禁令，而加以诛赏，所以教之者如此。……自封建变而为郡县，为人君者宰制六合，穹然于其上。而所以治其民者，则诿之百官、有司、郡守、县令。为守令者，率三岁而终更，虽有龚黄之慈良，王赵之明敏，其始至也，茫然如入异境，积日累月，方能谙其土俗，而施于政令，往往期月之后，其善政方可纪，才再期而已及瓜矣。……知《周礼》所载，凡法制之琐碎烦密者，可行之于封建之时，而不可行之于郡县之后。必知时识变者，而后可以语通经学古之说也。①

马端临这里的分析非常精当。他以一个历史学家的眼光，深刻地察觉到了《周礼》所记载的制度与后世制度之间的区别。《周礼》是三代之法，但也仅只是三代之法。三代之法用于三代，自然可以实现大治；但若将三代之法用之于后世，即使圣贤也不能实现大治。这是由《周礼》的性质决定的，也是由历史的发展所决定的。《周礼》所记载的三代封建制度与后世的郡县制有着根本的区别，这正是王莽、王安石之所以用《周礼》而致失败的根本原因。这也说明，一方面，宋代出现的由反对王安石新法、新学进而提出的刘歆伪造《周礼》说，是不能成立的。另一方面，尤以儒家为主的一些学者主张以《周礼》经世，也是虚幻而不可

---

① 马端临：《文献通考》卷一百八十《经籍考七》，第5344—5347页。

行的。

二 《冬官》未亡说的流行

《周礼》一书是以天地春夏秋冬六官为主体结构并统领各职官而形成的一种国家体制。其中《冬官》早已亡佚，汉代学者以《考工记》补之。但至宋代，又出现了一种新的看法，认为《冬官》其实并未亡佚，而是散落于其他五官当中。

很多学者认为，宋明时期兴盛一时的《冬官》未亡、补《冬官》之说始于程大昌。其实，对这个看法还可以做进一步的考辨。一般学者引用程大昌的看法都据王应麟《困学纪闻》中的一段话："程大昌曰：五官各有羡数，天官六十三，地官七十八，春官七十，夏官六十九，秋官六十六，盖断简失次。取羡数，凡百工之事归之冬官，其数乃周。"①据此认为《冬官》散落在其他五官之中是程大昌的看法，资料还是不够充分。其实，这个看法并非程大昌本人首先提出的。程大昌《续考古编》记载：

> 绍兴三年，除李擢工部侍郎制云："冬官之属才二十八，而五官各有羡数。考冢宰六属各六十，而今天官、春官六十四，地官七十一，夏官六十七，秋官六十六。盖简失次，名实散亡也。取羡数，凡百工之事，归之冬官，其数乃周。"②

程大昌的《考古编》和《续考古编》是作者考史论经之作，因其淹博识见而受到后代学者的认可。他的笔记中记录的这一段除李擢工部侍郎的制词应该是可靠的。非常巧合的是，这段记载并非孤证，宋人庄绰《鸡肋编》中也有同样的记载：

> 又李擢除工部侍郎词云："国有六职，百工各居其一焉。凡今冬官之属，以予观之，才二十有八，而五官各有羡数。考冢宰官府之六属，各为六十。而天官则六十四，地官则七十，夏官则六十七，秋官

---

① 王应麟：《困学纪闻》卷四，上海古籍出版社 2008 年版，第 466 页。
② 程大昌：《考古编 续考古编》，中华书局 2008 年版，第 282 页。

则六十六。盖断简失次而然，非实散亡也。取其羡数，凡百工之事，归之冬官，其数乃周。汝尚深加考覈，分别部居，不相杂厕，则六职者均一，非特可正历代之违，抑亦见今日辨治之精且详也。非汝其谁任？"此皆洪炎之词。①

《鸡肋编》的记载更加明确，这段文字出自洪炎，是任命李擢为工部侍郎时对李擢讲的。洪炎是北宋著名诗人黄庭坚的外甥，也是一位以诗文著称的文学家，江西派诗人的代表之一。洪炎与他的兄弟洪朋、洪刍、洪羽四人并称"豫章四洪"。洪炎的生活时代大约在1067—1133年②，累官至秘书少监。在宋代的官制中，这是主要掌管经籍图书的一个职官。学术界对洪炎的研究不多，且多关注他的身世及诗文研究。对于他的经史学则少有涉及。当然，其中主要的原因也是由于资料所限。从上引这段文字来看，洪炎对《周礼》是非常熟悉的，且有自己独到的见解。据程大昌所言，这是绍兴三年（1133）的一段话，洪炎也在同一年卒。因此，从以上所引程大昌《续考古编》和庄绰《鸡肋编》，我们可以得出这样的结论，《冬官》散见于其他五官的看法，最早是由洪炎提出，而且在绍兴三年就已经见诸文献了。后来，胡宏也说："世传《周礼》阙冬官，愚考其书而质其事，则冬官未尝阙也，乃刘歆颠迷，妄以冬官事属之地官。"③胡宏认为《周礼》为刘歆伪造，妄将《冬官》之属并入了《地官》，因此后世学者研究《周礼》，根本没有必要再去用其他篇章来代替《冬官》。洪炎是以诗文著称的文人，而胡宏在儒学发展史上的地位则更为重要，因此洪炎的看法并没有受到太多学者的重视，而胡宏提出的《冬官》未亡的看法，则在学界产生了更大的影响。在胡宏等人的提倡与影响之下，《冬官》未亡说、补《冬官》说一时兴盛，很多学者趋之若鹜。其中以俞庭椿较有代表性。

俞庭椿字寿翁，临川人，乾道进士。（《江西通志》卷八十，文渊阁四库全书本）著有《周礼复古编》三卷（《宋史·艺文志》。四库本作一卷）。他认为《冬官》未亡，而是错乱于其他五官之中，并且对《周礼》

---

① 庄绰：《鸡肋编》卷中，中华书局1983年版，第53—54页。
② 参见王兆鹏《宋南渡六诗人生卒年考辨》，《古籍整理与研究》第六辑。
③ 胡宏：《极论周礼》，《胡宏集》，第258页。

职官作了调整：

> 以《天官》之属兽人、兽人、鳖人、兽医、司裘、染人、追师、屦人、掌皮、典丝、典枲改入《冬官》，以《地官》之属鼓人、舞师改入《春官》，封人、载师、闾师、县师、均人、遂人、遂师、遂大夫、土均、草人、稻人、土训、山虞、林衡、川衡、泽虞、卝人、角人、羽人、掌葛、掌染草、囿人、场人改入《冬官》，以《春官》之属天府、世妇、内宗、外宗、太史、小史、内史、外史、御史改入《天官》，典瑞、典同、巾车、司常、冢人、墓大夫改入《冬官》，以《夏官》之属弁师、司弓矢、槀人、职方氏、土方氏、形方氏、山师、川师、邍师改入《冬官》，以《秋官》之属大行人、小行人、司仪、行夫、掌客、掌讶、掌交、环人改入《春官》。①

经过这样的调整，《冬官》之属为四十九官，与其他五官大体相当，而且所属职官与今《考工记》也较为类似。经过俞庭椿这样的编排整理，《周礼》就成为一部完整无缺的经典了。

俞氏"《冬官》未亡"的看法得到后来一些学者的赞许。如徐即登曰："俞氏《复古》一编，儒者称其超越于汉儒之见，而有功于《周礼》，信然。"② 他对俞庭椿的评价是相当高的。据说朱子也很推崇这一看法。丘葵曰："宋淳熙间，临川俞庭椿著《复古编》，新安朱氏一见，以为《冬官》不亡，考索甚当，郑、贾以来皆当敛衽退三舍也。"③《朱子文集续集》卷七收录了朱子答俞寿翁的书信，朱子在信中虽然认为俞著《周礼复古编》"今得如此区别，极为明白"，但又多次表示自己对《周礼》不熟，"未得深考"，对俞氏提出的新观点不敢轻易下判断。④

王与之著有《周礼订义》八十卷，是宋代学者关于《周礼》的一部有价值的著作。王与之《周礼订义》所采旧注共五十一家，唐以前只有杜子春、郑兴、郑众、郑玄、崔灵恩、贾公彦六家，其余四十五家皆为宋人文集、语录中有关《周礼》的言论，"盖以当代诸儒为主，古义特附存

---

① 朱彝尊：《经义考》卷一百二十三"按语"，《经义考新校》第五册，第 2288—2289 页。
② 朱彝尊：《经义考》卷一百二十三，《经义考新校》第五册，第 2288 页。
③ 同上书，第 2286 页。
④ 朱熹：《文集续集》卷七，《朱子全书》第二十五册，第 4777—4778 页。

而已"。①

真德秀在《周礼订义》的序中说:"郑、贾诸儒,析名物,辨制度,不为无功,而圣人微指终莫之睹。惟洛之程氏、关中之张氏,其所论说不过数条,独得圣经精微之蕴。盖程、张之学,公之学也,有公之学,故能得公之心,而是书所赖以明也。永嘉王君次点,其学本于程、张,而于古今诸儒之说莫不深究,著为《订义》一编,用力甚至,然未以为足也,方将蚤夜以思,深原作经本指,以晓当世,其心抑又仁矣。以是心而为是学,《周礼》一书其遂大明矣。"(《周礼订义》,文渊阁四库全书本)

真序指出王与之的学术渊源于程张之学。因此,他的尊崇《周礼》是符合道学的主旨的。同时,王与之也接受了当时流行的新观点,也认为《冬官》未亡,而是错杂于五官之中。他指出:

> 汉儒谓《冬官》亡,补以《考工记》。司空果亡乎?以《周官》司空之掌考之,司空未可以为亡也。夫《周官》言"司空掌邦土,居四民,时地利",凡经言田莱、沟洫、都邑、涂巷者,非邦土而何?农工商贾、市井里室庐者,非居民而何?桑麻穀粟之所出,山泽林麓之所生,非地利而何?及考《小宰》言六官设属各有六十,今治官之属六十有三,教官之属七十有九,礼官之属七十有一,政官之属六十有六,意者秦火之余,简编脱落,司空之属错杂五官之中,先儒莫之能辨,遂以《考工记》补之,其实司空一官未尝亡也。夫《考工记》可以补《周官》者,非三十工之制有合周之遗法也,独《考工》之序,其议论有源委,非深于道者莫能之。(《周礼订义》卷七十,文渊阁四库全书本)

《四库提要》指出:"其注《考工记》据古文《尚书·周官》'司空'之职,谓冬官未尝亡,实沿俞庭椿之谬说。汝腾后序亦称之,殊谓舛误。然庭椿淆乱五官,臆为点窜,与之则仅持是论而不敢移掇经文,视庭椿固为有间。至其以序官散附诸官,考陆德明《经典释文》、晋干宝注《周礼》,虽先有此例,究事由意,并先儒之所不遵,不得援以为据也。惟是四十五家之书,今佚其十之八九,仅赖是编以传,虽贵近贱远,不及李鼎

---

① 《四库全书总目》卷十九,第152页。

祚《周易集解》能存古义,而蒐罗宏富,固亦房审权《周易义海》之亚矣。"①《四库提要》是不赞同《冬官》未亡说的,因此对俞庭椿、王与之等人的观点、著作评价不高,只是客观地指出《周礼订义》在保存宋人关于《周礼》的看法方面,是有史料价值的。

除了俞庭椿、王与之等人之外,主张《冬官》未亡的还有金叔明《周礼疑答》。车若水曰:"《周礼·冬官》不亡,散在诸官之中,而《地官》尤多。金叔明作《周礼》十疑十答,用意甚勤。余授以俞氏《复古编》,叔明甚喜,云:《复古编》良是,《周官》三百六十,今存三百五十,只亡其十,岂可谓《冬官》亡耶?此说痛快。"②

另外,宋元之际的邱葵著《周礼全书》(又作《周礼补亡》),也是《冬官》未亡说的大力倡导者。他说:"余生苦晚,得俞寿翁、王次点两家之说,始知《冬官》未尝亡。又参以诸家之说,订定《天官》之属六十,《地官》之属五十有七,《春官》之属六十,《夏官》之属五十有九,《秋官》之属五十有七,《冬官》之属五十有四,于是六官始为全书。"③张萱曰:"清源丘葵谓《周礼·冬官》故未尝阙,汉儒考古不深,以《考工记》补之,至宋临川俞庭椿始著《复古编》,永嘉王次点又作《周官补遗》,葵承其意加以参订,的知《周官》错见于五官中,悉采出以补《冬官》之属。"④

据《经义考》,邱葵对俞庭椿和王与之之说进行损益,更定的《周礼》职官为:

《天官》之属六十:太宰、小宰、宰夫、宫正、宫伯、宫人、内宰、九嫔、世妇、女御、内宗、外宗、女祝、女史、内司服、典妇功、缝人、夏采、内小臣、阍人、寺人、内竖、膳夫、庖人、内饔、外饔、亨人、甸师、酒正、酒人、浆人、凌人、笾人、醢人、醯人、盐人、幂人、腊人、医师、食医、疾医、疡医、掌舍、幕人、掌次、天府、太府、玉府、内府、外府、司会、司书、职内、职岁、职币、太史、小史、内史、外史、御史。

《地官》之属五十七:大司徒、小司徒、乡师、乡老、乡大夫、州

---

① 《四库全书总目》卷十九,第152页。
② 朱彝尊:《经义考》卷一百二十五,《经义考新校》第五册,第2311—2312页。
③ 同上书,第2316页。
④ 同上书,第2317页。

长、党正、族师、闾胥、比长、遂人、遂师、遂大夫、县正、鄙师、酂长、里宰、邻长、师氏、保氏、司谏、司救、调人、媒氏、司市、质人、廛人、胥师、贾师、司虣、司稽、胥、肆长、泉府、司门、司关、掌节、闾师、县师、稍人、土训、诵训、遗人、旅师、委人、迹人、廪人、舍人、仓人、司禄、司稼、舂人、饎人、槁人、掌炭、掌荼、掌蜃。

《春官》之属六十：大宗伯、小宗伯、肆师、郁人、鬯人、司尊彝、司几筵、典命、典祀、守祧、职丧、大司乐、乐师、大胥、小胥、大师、小师、瞽矇、眡瞭、磬师、钟师、笙师、镈师、韎师、旄人、籥师、籥章、司干、鼓人、舞师、鞮鞻氏、典庸器、冯相氏、保章氏、大卜、卜师、卜人、龟人、菙氏、占人、筮人、占梦、眡祲、大祝、小祝、丧祝、甸祝、诅祝、司巫、男巫、女巫、都宗人、家宗人、大行人、小行人、司仪、行夫、掌客、掌讶、掌交。

《夏官》之属六十：大司马、小司马、军司马、舆司马、行司马、都司马、家司马、诸子、虎贲氏、旅贲氏、司甲、司兵、司戈盾、缮人、环人、挈壶氏、掌固、司险、掌疆、司右、戎右、齐右、道右、大驭、戎仆、齐仆、道仆、田仆、驭夫、马质、校人、趣马、巫马、牧师、廋人、圉师、圉人、射人、司士、司勋、怀方氏、合方氏、训方氏、匡人、撢人、大仆、小臣、祭仆、御仆、隶仆、服不氏、射鸟氏、罗氏、掌畜、节服氏、小子、羊人、方相氏、司爟、候人。

《秋官》之属五十七：大司寇、小司寇、士师、乡士、遂士、县士、方士、讶士、朝士、司民、司刑、司刺、司约、司盟、职金、司厉、司圜、掌囚、掌戮、司隶、罪隶、蛮隶、闽隶、夷隶、貉隶、布宪、禁杀戮、禁暴氏、野庐氏、蜡氏、雍氏、萍氏、司寤氏、司烜氏、条狼氏、修闾氏、冥氏、庶氏、穴氏、翨氏、柞氏、薙氏、硩蔟氏、翦氏、赤犮氏、蝈氏、壶涿氏、庭氏、衔枚氏、伊耆氏、象胥、掌察、掌货贿、朝大夫、都则、都士、家士。

《冬官》补亡五十四：大司空、小司空、载师、封人、量人、均人、土均、草人、稻人、山虞、林衡、川衡、泽虞、卭人、角人、羽人、掌葛、掌染艸、囿人、场人、牧人、牛人、充人、兽人、敜人、鳖人、鸡人、犬人、兽医、司裘、掌皮、司服、典丝、典枲、染人、弁师、追师、履人、典瑞、典同、巾车、典路、车仆、司常、司弓矢、槀人、冢人、墓大夫、职方氏、土方氏、形方氏、山师、川师、邍师。①

此外，林希逸还提出另外一种解决方案：

> 轮人、舆人、弓人、庐人、匠人、车人、梓人，此攻木之工七也。筑氏、冶氏、凫氏、㮚氏、段氏、桃氏，此攻金之工六也。函人、鲍人、韗人、韦氏、裘氏，此攻皮之工五也。画人、缋人、钟氏、筐人、㡛氏，此设色之工五也。玉人、栉人、雕人、矢人、磬氏，此刮摩之工五也。陶人、瓬人，此搏埴之工二也。以上共三十一人。（按：应为三十人——引者）又五官之中，天官则有掌皮、司裘，地官则有鼓人、廛人、掌节、卄人、角人、羽人、掌染草，春官则有典瑞、典同、磬师、钟师、镈师、巾车、车仆、司常，夏官则有射人、司甲、司兵、司戈、盾司、弓矢、缮人、槀人、服不氏、射鸟氏，秋官则有职金、柞氏、庭氏。以上共三十人。则是冬官之属六十，未尝亡也。此说亦佳，但以文论，则《考工》自是《考工》，《周礼》自是《周礼》。（林希逸：《竹溪鬳斋十一稿续集》卷二十九《学记》，文渊阁四库全书本）

林希逸这里提出的是一种折中的主张，他将《考工记》与其他五官的部分职官合并，凑成《冬官》六十官。这样不至于割裂《周礼》本文，同时也没有放弃《考工记》。但他同时也意识到，这种做法虽然取巧，但是《考工记》还是自成一体，"《考工》之文自与五官与五官不同"，与《周礼》不能混淆。

宋末吴澄著有《周礼考注》十五卷。吴澄认为，《周礼》五官亦错杂，《冬官》未亡，错杂于五官之中。吴澄据以考订的依据是古文《尚书·周官》篇。吴澄认为，《尚书·周官》一篇是"成王董正治官之全书"，据此考订《周礼》六官，"则不全者可坐而判也"。据吴澄《自述》：

> 夫冢宰掌邦治，统百官，均四海，执此以考《天官》之文，则其所载非统百官、均四海之事，可以知其非冢宰之职也。司徒掌邦

---

① 朱彝尊：《经义考》卷一百二十五，《经义考新校》第五册，第2317—2319页。

教，敷五典，扰兆民，执此以考《地官》之文，则其所载非敷五典、扰兆民之事，可以知其非司徒之职也。宗伯掌邦礼，治神人，和上下；司马掌邦政，统六师，平邦国，执此以考《春》、《夏》二官，则凡掌邦礼、邦政者皆其职也，舍此则非其职也。司寇掌邦禁，诘奸慝，刑暴乱；司空掌邦土，居四民，时地利，执此以考《秋》、《冬》二官，则凡掌邦禁、邦土者皆其职也，舍此则非其职焉。是故《天官》之文有杂在他官者，如内史、司士之类是也，亦有他官之文杂在《天官》者，如甸师、世妇之类是也。《地官》之文有杂在他官者，如大司乐、诸子之类是也，亦有他官之文杂在《地官》者，如闾师、柞氏之类是也。《春官》之文有杂在他官者，如封人、大小行人之类是也，亦有他官之文杂在《春官》者，如御史、大小胥之类是也。《夏官》之文有杂在他官者，如衔枚氏、司隶之类是也，亦有他官之文杂在《夏官》者，如职方氏、弁师之类是也。至如掌察之类，吾知其非《秋官》之文，县师、廛人之类，吾知其为《冬官》之文。缘文寻意以考之，参诸经籍以证之，何疑之有？①

自宋洪炎、俞庭椿始认为《冬官》未亡，错杂于五官之中，并从《周礼》职官中寻觅《冬官》所属，激发起很多学者的兴趣，其后王与之、金叔明、邱葵、吴澄等人，均对《冬官》作了不同的辑补。宋元以后，依然有学者对此充满兴趣，乐此不疲，如明代学者方孝孺（《周礼考次目录》）、何乔新（《周礼集注》）、桑悦（《周礼义释》）、柯尚迁（《周礼全经释原》）等，在宋代学者研究的基础之上，对《冬官》作了不同的辑补。明丘濬指出：

> 自《周礼》出于汉，六官而亡其一，世儒以《考工记》补冬官亡，未始有异议者。宋淳熙中，俞庭椿始著《复古编》，谓司空之篇实杂出于五官之属，且因司空之复，而六官之讹误亦遂可以类考。嘉熙间，王次点复作《周官补遗》，元泰定中，丘葵又参订二家之说，以为成书。吴澄作《三礼考注》，首以是言，且谓冬官未尝亡，而地

---

① 朱彝尊：《经义考》卷一百二十五，《经义考新校》第五册，第2323—2324 页。另参见《经义考》文渊阁四库全书本。此文又见丘濬《大学衍义补》卷七十五，文渊阁四库全书本。

官之文实亡也。由是以观，则冬官本未尝亡，所亡者冬官首章所谓"惟王建国"至"以为民极"二十字，及"乃立冬官司空"至"邦国"二十字，及大司空之职、小司空之职二条，亦如《虞书》之舜典实未尝亡，特失其"曰若稽古"以下二十八字耳。……则是以冬官断乎未尝缺，而所缺者特四十字及两条耳。(《大学衍义补》卷七十五，文渊阁四库全书本)

丘濬的这番总结，代表了这些学者的共同学术目的，即认为《周礼》为全经，只是由于在后世的流传过程中发生了错乱，才致使《冬官》散落，因此在《周礼》文本之内是可以找出所谓缺失的《冬官》的。

需要提及的是，还有一些学者认为，虽然《冬官》未亡，但在《周礼》书内寻找《冬官》，随意打散《周礼》的原有结构，这样会割裂经文，因此应该从其他文献中寻找冬官。明代钱芑撰《冬官补亡》三卷："据《尚书》、《大小戴记》、《春秋内外传》补亡，凡二十有一。曰司空、曰后稷、曰农正、曰农师、曰司商、曰甸人、曰火师、曰水师、曰舌人、曰工人、曰舟虞、曰匠师，则本诸《国语》；曰寄、曰象、曰狄鞮、曰译，则本诸《王制》；曰野虞、曰工师、曰舟牧，则本诸《月令》；曰工正、曰圬人，则本诸《左氏传》。"① 这又代表了另外一种学术路径。②

明代学者陈深对补《冬官》说做了这样的评论："宋俞庭椿作《复古编》，谓《冬官》不亡，错简五官之内，于是取其近似者别为一卷，以补《冬官》，又于五官之内尽剔其不类者，而各之其类。夫《周官》曷尝有类，其精神脉络环流于三百六十之属而无所不通，非如后世某官而任某职，某事而专责一官也，安用类为？自俞氏之求类也，而五官大乱，以古本校之，非复周公之旧矣。其后王次点氏、丘葵氏、吴澄氏，最后何乔新氏，相继而增损之，以补俞氏之未备。此五家者，人各持其所见，于是有临川之书，有永嘉之书、清源之书、崇仁之书、椒丘之书，此如无主之田，而五人为之耦也，其不垦而伤也者希矣。"③《四库提要》也说："案《冬官》不亡、乱入五官之邪说，倡于宋俞庭椿，益之以元之邱葵，皆变

---

① 朱彝尊：《经义考》卷一百二十九，《经义考新校》第六册，第2406页。
② 从《仪礼》《左传》《国语》等其他典籍中寻找类似的职官，补冬官之阙，参见王鸣盛《蛾术编》卷六"《冬官》补亡"，上海书店出版社2012年版，第84—86页。
③ 朱彝尊：《经义考》卷一百二十三，《经义考新校》第五册，第2287页。

乱古文，为经学之蟊贼。"① 以《四库》馆臣为代表的这些学者对自俞庭椿以来的《冬官》不亡、散乱于五官之说提出了严厉的批评，对此，我们应该提出较为公允的看法。

首先，我们认为《四库》的批评有些过于苛刻。一般认为，儒家经典经过秦火，多有损失，虽然汉代学者经过多方辑补，但终归不全，其中最为典型的便是《乐经》亡佚，"六经"变成了"五经"。但历代一直有学者认为，其实《乐经》并未亡佚，《乐经》其实就是后来的《周礼·大司乐》，或认为《乐经》其实就存于《礼记·乐记》当中。这些看法均有相当的学术依据，即使到今天，也是学者研究《乐记》以及先秦思想史所参考的观点。与此类似，认为《冬官》未亡，存于五官之中，也是可以理解、参照的一种学术观点。这种看法虽然对于《周礼》大义的阐发以及《周礼》学研究的发展并无太大益处，但也没有什么损伤，仅是学者们的一种学术"拼图"游戏而已，大可不必为此大动干戈，极力排斥。如清人赵翼说："虽各以意割截旧文，然亦可见先儒之究心也"②，这或许还是一种同情之理解。

其次，辑补《冬官》与宋初以来疑经改经的学风是一脉相承的。

学术界一般认为，儒学从汉唐的注疏之学发展演化为宋学的义理学，宋初以来的疑经改经风潮，是宋代儒学复兴过程中的一个必然环节。这种对儒家经典的大胆怀疑，突破了传统经学注疏章句学的束缚，为义理学的兴起开辟了道路。学者经常引用司马光和陆游的两段话。司马光说："新进后生，未知臧否，口传耳剽，翕然成风。至有读《易》未识卦爻，已谓《十翼》非孔子之言；读《礼》未知篇数，已谓《周礼》为战国之书；读《诗》未尽《周南》、《召南》，已谓毛郑为章句之学；读《春秋》未知十二公，已谓《三传》可束之高阁。循守注疏者，谓之腐儒；穿凿臆说者，谓之精义。"（司马光：《温国文正公文集》卷四十五《论风俗劄子》，中国基本古籍库收"四部丛刊景宋绍兴本"）王应麟《困学纪闻》引陆游之言曰："唐及国初，学者不敢议孔安国、郑康成，况圣人乎？自庆历后，诸儒发明经旨，非前人所及，然排《系辞》，毁《周礼》，疑《孟子》，讥《书》之《胤征》、《顾命》，黜《诗》之《序》。不难于议

---

① 《四库全书总目》卷二十三《周礼述注》，第183页。
② 赵翼：《陔余丛考》卷三"周礼冬官补亡之误"，上海古籍出版社2011年版，第47页。

经，况传注乎？"①

司马光的说法或有夸张之处，而且此篇《论风俗劄子》作于熙宁二年，显然是针对王安石新学而言。但从整体上看，我们从这两段引文可以得知，宋代一些学者对于儒家经典的怀疑是很激烈的。陆游说的疑《孟子》者是李觏、司马光等人，讥《书》者是苏轼，排《系辞》、毁《周礼》、黜《诗》之《序》者是欧阳修。司马光、苏轼、欧阳修等人都是当时学界、政界的一流人物，他们对于传统经典的质疑，代表了当时学界的风尚。有学者认为宋初的疑古风潮有疑经和疑传两派。其实这样的划分未必恰当，疑经疑传未必有显著的区分。另有学者认为，宋代学者的疑经惑传主要表现为：怀疑先儒所公认的经书作者；怀疑经义的不合理；怀疑经文的脱简、错简、讹字等。② 这个归纳较为全面。以欧阳修为例，他是疑古风潮的代表人物，对儒家传统经学的经、传都有质疑，在这三个方面都有体现。例如欧阳修对传统孔子作《易传》的观点系统地提出质疑，对《诗·小序》提出怀疑，而且还对《周礼》《礼记》等书中的错讹提出怀疑。

欧阳修对《易》《诗》《礼》提出质疑在宋代学术思想发展过程中是有意义的，他的一些看法即使在今日学术界依然有很大的影响。欧阳修之所以能够拨开千年迷雾，看到儒家经典当中的问题（如《易童子问》对孔子作《易传》的质疑），除了在经典文本之外寻找文本的依据，一个重要的方法就是找出经文自身的逻辑矛盾和经文的前后不一致处，以此说明经文并非出自一人之手，或与传说中的那个时代不相符合。这种理性主义的精神对于学术的发展和义理学的进步，自然有着极其重要的意义和推动作用。

在疑古风潮中，比疑传疑经更进一步的就是改经。刘敞是改经的代表人物。刘敞著《七经小传》，他不但疑经，而且改经，这对宋代学风有很大的影响。《四库提要》指出："盖好以己意改经，变先儒淳实之风者，实自敞始。""谓敞之说经，开南宋臆断之弊，敞不得辞。"③《四库提要》评价刘敞《春秋传》时又说："其经文杂用三传，不主一家，每以经传连

---

① 王应麟：《困学纪闻》卷八《经说》，上海古籍出版社 2008 年版，第 1095 页。
② 参见屈万里《宋人疑经的风气》，收入《书傭论学集》，台湾开明书店 1969 年版，第 237—244 页。
③ 《四库全书总目》卷三十二《七经小传》，第 270 页。

书，不复区画，颇病混淆。又好减损三传字句，往往改窜失真。……考黄伯思《东观余论》，称考正《书·武成》实始于敞。则宋代改经之例，敞导其先。审其视改传为固然矣。然论其大致，则得经意者为多。"① 儒家经典主要都是上古文献，在历史流传过程中不可避免地会有一些错讹，但即使这些错讹也承载着大量的历史信息，随意改经往往会使经文失真。但《四库提要》又客观地指出，刘敞的改经在总体上说还是"得经意者为多"。在乾嘉风气甚浓的学术背景之下对刘敞有这样的评价实属不易，这也说明改经并非真的是随意改动，而是在对经文大旨的宏观整体把握的基础之上，根据史实、义理甚至常识而对经文的调整或改动。这比起只专注于经文的训诂解释，不敢对经文有半点怀疑的注疏学来说，往往更能得经义之大旨。刘敞对宋代学风的影响甚至对宋代儒学发展走向的影响，是巨大而深远的。

宋明儒者提出的《冬官》不亡说，是在《周礼》的注疏研究史上连郑玄都未曾提及过的，确实是非常大胆的一种看法，这种看法只有在宋初以来儒学发展过程中出现的疑经惑传甚至改经以就义的风潮之下才会出现。从《周礼》五官中辑补出《冬官》虽然在义理上没有太多深奥的含义，对道学理气心性的讨论没有产生太大的影响和贡献，但这种做法本身也是内在于宋初以来儒学发展的脉络当中的，而不是凭空产生的一种突如其来的奇思异想。

第三，自宋代学者提出《冬官》不亡说之后，历代均有学者对辑补《冬官》乐此不疲，其前提是认为《周礼》是一部完整的经典，这对于怀疑《周礼》，甚至认为《周礼》出自刘歆的伪造，是一种有力的回击，同时也证明《周礼》在儒家经典中的权威地位不容撼动。如明代柯尚迁著有《周礼全经释原》十二卷。所谓"全经"，也是主《冬官》不亡之说，补全《冬官》以全《周礼》全经之本原。柯氏遵宋俞庭椿之说，"稍为变易，取'遂人'以下地官之事，分为冬官。自'遂人'至'旅下士'，正六十人，以符六官各六十之数。故曰全经"。② 柯尚迁还说：

> 先民有言：泰和在成周。宇宙间至治固不可得而见矣，幸存

---

① 《四库全书总目》卷二十六，第215页。
② 《四库全书总目》卷十九《周礼全经释原》，第155页。

《周官》法度六篇，其当时为治之迹矣乎。因其迹以求其心，得其心以推于政。故成周之治百世可复作也。今全经具存，不曰《周官》而名曰《周礼》，何哉？盖礼也者，道之体也；法也者，道之用也；心也者，道之管也。道与心一，斯心与政一矣。心与政一，斯法与礼一矣。法与礼一，然后谓之王制也；心与政一，然后谓之王道也；道与心一，然后谓之天德也。故程子曰：有天德斯可与语王道。张子曰：不闻性与天道而言制作者，末矣。（《周礼全经释原》序，文渊阁四库全书本）

他认为，成周之礼乐，是儒家政治思想的本源，而《周礼》则是西周礼乐盛世的体现。这也正是《周礼》之为周礼的意义所在。柯氏还进而认为：

《周礼》所以名全经者，岂唯六官得全，六经亦由此而全也。……《仪礼》虽与《周礼》并行，然亦以出于《周礼》而全也。何以明之？司徒曰："以祀礼教敬。"则士祭礼也。"以阴礼教亲。"则士昏礼也、士丧礼也。"以阳礼教让。"则士冠礼也、士相见也、乡射乡饮也。家、乡之礼非司徒之书乎？《掌交》曰："谕诸侯以九礼之亲。"则食、飨、燕、射、邦交、聘问皆邦国礼也。非司马之书乎？王朝之礼则吉、凶、军、宾、嘉是也。太史大祭祀，朝觐会同，执书读礼而协事，此即五礼之书，联职所以行之也，非宗伯之书乎？据《周礼》以补《仪礼》，则经亦全矣。（《周礼全经释原》卷首）

由此可见，柯氏认为《周礼》为全经，还有反对朱子学的意义。朱熹的礼学以《仪礼》为经，以《礼记》为传。朱子作《仪礼经传通解》，以《仪礼》为本，以《周礼》为末。柯尚迁对朱子的观点并不赞同，但他没有公开反对朱子。他一方面引《朱子语类》中朱子关于《周礼》的一些看法，说明朱子也是尊信《周礼》的，《仪礼经传通解》是未完成之作，不能据此判定朱子的礼学观点；另一方面，他又极力抬高《周礼》的地位，认为《周礼》是全经。《周礼》之全，不但它本身不阙《冬官》一篇，而且有所阙的正是《仪礼》，因为《仪礼》仅是士礼，据《周礼》

反而可以补全《仪礼》之阙。

柯氏不但认为以《周礼》之全可以补《仪礼》之阙，而且还进一步认为，《周礼》为六经之本源，《易》《诗》《书》《春秋》皆出于《周礼》。补全《周礼》，还《周礼》全经之本来面目，对于儒家经学的整体而言，其意义也是至关重要的。

由明代柯尚迁的《周礼全经释原》一书来看，自俞庭椿以来很多学者热衷的《冬官》存乎其他五官之说，我们不能仅以前人所谓的变乱古经、煽动异说视之，也不能简单地将其看作一种智力"拼图"游戏；相反，在很多学者看来，从其他五官中补全《周礼》全经，还有着非常深刻的思想意义。

以往学者批评《冬官》不亡说的一个主要原因是，主张这一看法的学者多随意改经，这在经学研究以及古籍研究当中自然都是最大的忌讳。其实，如果我们从宋明思想学术史的整体来看，调整《周礼》文本，辑补《冬官》并非是经学研究中唯一的特例。宋明理学发展中出现的对《大学》文本次序的调整、朱子补《大学》格致传以及由此引发的争议，在理学发展史上具有十分重要的意义，同样，这也是改动经典文本的典型案例。我们这里也可以以此作为参照。

《大学》原为《礼记》之一篇，本来并不分章节。从宋代开始，由于《大学》被纳入理学的系统，理学家不但深入讨论、阐发《大学》中的儒家义理，而且为了义理的更加圆融贯通，进而不断地调整甚至补充《大学》的文本。北宋程颢、程颐就有《大学》改本。与传统的《注疏》本相比，程颢的改本调整了《大学》的文本顺序①，使《大学》文本在三纲领之后，依次接八条目。而程颐的改本则是从篇首至"未之有也"为《大学》之纲，其余为此纲的释文。这种看法显然是以纲为经，释文为传。② 清代学者朱鹤龄曰："《大学》古本与《中庸》俱出《小戴礼》，原不分经传……伊川始分经传，更定如今本所次，文理粲然通贯，而明道本

---

① 程颢改本将"康诰曰克明德"至"止于信"移在"知所先后则近道矣"之下，"古之欲明明德"之上；"所谓修身在正其心者"至"则为天下僇矣"移在"故君子必诚其意"之下，"诗云瞻彼淇澳"之上；以"子曰听讼吾犹人也"至"大畏民志此谓知本"之下，而续以"诗云殷之未丧师"至篇末。

② 程颢改本：三纲领、总释三纲领、八条目、分释八条目、结释纲目；程颐改本：三纲领八条目、总释格致及三纲领、分释七条目、结释纲目。

遂废。"(《愚庵小集》卷十《与杨令若论大学补传书》，文渊阁四库全书本)这个看法应该是正确的。后来朱子就是按照程颐的意见，将《大学》明确分为经一章，传十章。

朱子在《大学》分经传这个基本原则上与程颐是一致的，但是在具体的分传上则又与程颐有些区别。朱子在《记大学后》一文中说：

> 《大学》一篇，经二百有五字，传十章。今见于戴氏《礼》书，而简编散脱，传文颇失其次。子程子盖尝正之。熹不自揆，窃因其说，复定此本。盖传之一章释"明明德"，二章释"新民"，三章释"止于至善"（以上并从程本，而增"诗云瞻彼淇澳"以下），四章释"本末"，五章释"致知"（并今定），六章释"诚意"（从程本），七章释"正心修身"，八章释"修身齐家"，九章释"齐家治国平天下"（并从旧本）。序次有伦，义理通贯，似得其真。谨第录如上。①

在对《大学》的文本次序调整之后，朱熹认为《大学》缺"格致传"，并"窃取程子之意以补之"。朱子"格物补传"见于《大学章句》。从朱子的理学思路发展来看，《大学》"格物补传"最典型地体现了朱子的理学思想，在朱子的思想以及整个宋代理学中都占有极其重要的位置，但是如果从经典文本本身来看，理学家对《大学》文本的随意调整，为了义理的贯通而补阙，这与当时学者辑《冬官》的做法，是异曲同工的。

朱子的《大学》改本虽然很新奇，也很有意义，但并非得到所有学者的认可。如林之奇认为：

> 《大学》之书，前纲而后目，如诚意、正心、修身、齐家、治国、平天下，既提其纲于前矣，其下文各有解释，以至明明德、新民、止于至善，亦皆有解，惟致知在格物，物格而后知至，未尝解出，此甚可疑。余窃谓"知止而后有定，定而后能静，静而后能安，安而后能虑，虑而后能得"此则致知格物之序，凡知止所以致知，至于虑而得，则知至矣。（《拙斋文集》卷二，文渊阁四库全书本）

---

① 朱熹：《文集》卷八十一，《朱子全书》第二十四册，第3829—3830页。

林之奇认为"知止而后有定"一段为致知格物之序，为格致传。据此，《大学》结构完整，本身并无阙文，朱子的补传也就没有必要了。林之奇还对《大学》作了改动。他指出：

"大学之道在明明德"至"止于至善"，下接"物有本末，事有终始，知所先后，则近道矣。古之欲明明德于天下者，先治其国。……其所厚者薄，而其所薄者厚，未之有也"。此下再接"康诰曰：克明德。太甲曰：……国人交，止于信"。此下再接"知止而后有定，定而后能静，静而后能安，安而后能虑，虑而后能得，此谓知本，此谓知之至也"。此下再接"所谓诚其意者，毋自欺也"云云。

此后再无改动，当是从《大学》原本。他说："予诵《大学》之书，窃谓其序似当如此。盖此书由知止入知止，而至于有得，然后可以诚意、正心，故其序当如此。"（《拙斋文集》卷一，文渊阁四库全书本）林之奇为吕祖谦之师，卒于淳熙三年（1176）。他的这个看法应当是宋人最早指出格致传未亡的。①

针对朱熹补的格致传，很多学者对此持反对意见，认为《大学》并不缺格致传。彭龟年在与张栻的书信中就讨论过这一问题：

> 龟年尝以为自平定天下溯而求之，其极至于格物、致知。自物格知至顺而达之，其极至于国治、天下平，其间虽节目繁夥，而其道甚要。所谓要道，盖不过格物、致知而已耳。然圣人自"诚意"而下，又各疏其说焉，非谓格物、致知之外，又别有所谓诚意、正心、修身、齐家、治国、平天下之道。此盖圣人深指人以格物、致知者然也。故圣人于齐家之条引"书曰：若保赤子，心诚求之"，虽不中，不远矣。此格物、致知之最近者也。（《南轩集》卷三十一《答彭子寿》，文渊阁四库全书本）

据此可知，彭子寿认为，《大学》全篇"虽节目繁夥"，但所谓诚意、正心、修身、齐家、治国、平天下皆为释格致。这个观点其实暗含着《大学》并无缺文，因此朱子的补传也就显得多余。

董槐为朱子再传弟子。他著有《大学记》一卷，认为《大学》格物

---

① 中国台湾学者叶国良已经指出这一点。参看《宋人疑经改经考》，第117页。

传并未亡。他移"知止而后有定"至"而后能得"二十六字、"物有本末"至"则近道矣"十六字以及前"此谓知本"四字合听讼章三十字，及"此谓知之至也"六字，总计八十二字为格物传。黄震认为：

> 《大学》自二程先生更定，至晦翁先生《章句》益精矣。独所谓《传》之四章自"听讼吾犹人"以下释本末，云"下有阙文"。《传》之五章释致知，云"上有阙文"，是以工夫次第大备之间，犹有文字阙失之憾也。辛酉岁，见董丞相槐行实载此章，谓经本无阙文，此特错简之厘正未尽者尔。首章明德、新民、至善三句纲领之下，即继以"欲明明德"以下条目八事之详，此经。自"知止而后有定，定而后能静，静而后能安，安而后能虑，虑而后能得，物有本末，事有终始，知所先后，则近道矣，此谓知本。子曰：听讼吾犹人也，必也使无讼乎。无情者不得尽其辞，大畏民志，此谓知本，此谓知之至也。"右正释"致知在格物"，不待别补，今错在首章三句之下耳。①

黄震赞同董槐的改动，他在《大学》第五章传下即云："此用近世董丞相，就经文易置。"(《黄氏日抄》卷二十八，文渊阁四库全书本)

此后，叶梦鼎、车若水以及王柏等人皆从董槐之说。车若水著有《大学沿革论》一卷，受到学者的重视。明代方孝孺说："《大学》出于孔氏，至程子而其道始明，至朱子而其义始备。然致知格物传之阙，朱子虽尝补之，而读者犹以不见古全书为憾。董文清公槐、叶丞相梦鼎、王文宪公柏皆谓传未尝阙，特编简错乱，而考定者失其序，遂归经文'知止'以下至'则近道矣'以上四十二字于'子曰听讼吾犹人也'之右，为传第四章，以释致知格物，由是《大学》复为全书。车先生清臣为书以辨其说，可信矣。"②王柏也极力称赞车说，认为考辨出《大学》致知章不亡为"洞照千古"之见。(《答车玉峰》，《鲁斋集》卷八，文渊阁四库全书本)

王柏本来尊奉朱子说，所著《致知格物宗派图》以及《致知格物图》，皆尊从朱子对《大学》的分章。至咸淳己巳以后，在车若水等人观

---

① 朱彝尊：《经义考》卷一百五十七，《经义考新校》第六册，第2869—2870页。
② 同上书，第2874页。

点的影响下，王柏改变前说，认为《大学》本无缺。他说：

> 咸淳己巳，得黄岩玉峰车君书，报予曰：致知格物传未尝忘（亡）也，自"知止而后有定"以下，合听讼一章，俨然为格致一传，于是跃然为之惊喜，有是哉异乎吾所闻也。苟无所增补而旧物复还，岂非追亡之上功乎？（《鲁斋集》卷九《大学沿革论》）

王柏还著有《大学沿革后论》，其中说：

> 一日闻《大学》格致章不亡，不特车玉峰有是言也，自董钜堂以来，已有是言矣。考亭后学一时尊师道之严，不察是否，一切禁止之。此言既出，流传渐广，终不可泯，乃欲以首章"知止"至"近道矣"一段充之，未免跃如其喜。是喜也，若为新奇而然，其意非喜其新，而喜其复于旧，非喜其奇，而喜其归于常，以其不费词说之追补，而经传俨然，无有亡缺，岂非后学之大幸。（《鲁斋集》卷十《大学沿革后论》）

自二程开始出于义理贯通的需要，将《大学》文本次序作了调整改动之后，朱子在此基础上进而认为《大学》格致传阙，并作了补亡。反对朱子的学者又通过调整《大学》文本的次序，认为《大学》并无缺文。这些往返争论，在理学发展的脉络中当然都有其思想史的意义，但其前提都是对《大学》文本作不同的调整与改动。尤其是主张《大学》未阙的学者，为了反对朱子增补的格致传，各自对《大学》作不同的调整，以此来说明《大学》为全经，朱子的补亡完全是多此一举。这与宋明时期的学者认为《周礼》为全经，并从其他五官中辑补出《冬官》，是何其相似。另外，为了反对程、朱改定的《大学》，王阳明又重定《大学》古本，明末刘蕺山甚至网罗一切《大学》古本，进行校订。他们所谓的校订《大学》古本，并不是纯粹文献学意义上的古籍整理，而是蕴含着鲜明的思想动机的。

从宋明学者对《大学》文本的调整与争论来看，宋明儒者以不惜改动甚至补阙儒家经典的方式来证明经典的完整性，并非仅有俞庭椿、王与之等改动《周礼》一派。围绕朱子《大学》格致传的争论就是另一很好的参照。虽然二者在哲学意义方面并不完全具有可比性，因为"格致传"已经成为哲学史的一个"事件"，本身就具有深刻的哲学意蕴，但如果将《冬官》未亡、辑补《冬官》看作是毫无意义，那也是有失公允的。由于《周礼》本身就是长于制度设计而疏于哲学思想，如果后世学者以哲学思想的标准与高度去衡量《周礼》以及辑补《周礼》的研究，显然是南辕北辙，郢书燕说了。但是，若从《周礼》一书本来的性质出发，那么宋明以来兴起的《冬官》未亡、辑补《冬官》说，以此来恢复《周礼》的完整性，证明《周礼》是"全经"，并由此进一步确认《周礼》是周公所制的一王大法，是儒家政治理念与政治设计的典范，同样也是非常有意义的。这样，宋代儒家学者所向往的三代理想也就更多了一分真实性，同时也消除了人们对三代的一丝缺憾。

第三节　永嘉礼学

永嘉学派是南宋时期与朱、陆鼎足而立的一个学派。全祖望曾指出："乾、淳诸老既殁，学术之会，总为朱、陆二派，而水心斳斳其间，遂称鼎足。"[①] 在南宋学术思想史上与朱、陆并称的永嘉学，其影响与重要性是显而易见的。

永嘉所在的浙东地区，在宋代也是礼学研究昌明发达的地区之一。据学者统计，宋代浙东地区的礼学家主要有：

1. 越州

会稽：夏休。山阴：傅崧卿、陆佃、孙之宏。新昌：黄度。

2. 明州

慈溪：黄震、杨简、张虑。奉化：舒璘、王时会、王宗道、赵敦临、竺大年。鄞县：高闶、林保、史定之、史浩、王应麟、郑锷。镇海：沈焕。

3. 婺州

金华：吕祖谦、薛衡、叶秀发、赵溥。东阳：马之纯、乔行简。永康：陈亮。武义：徐邦宪。兰溪：范浚、范锺、邵囦、徐畸、应镛。浦江：卢祖皋。

[①] 《宋元学案》卷五十四《水心学案上》，第 1738 页。

4. 衢州

衢县：郑若。

5. 台州

天台：车垓、黄宜、贾蒙。黄岩：戴良齐。临海：陈骙、徐昭、杨明复、叶皆。宁海：陈寿、舒岳祥、杨杰。

6. 温州

平阳：陈尧英。瑞安：曹叔远、陈傅良、王奕。温州：叶味道。永嘉：郑伯谦、陈兼、陈植、戴溪、戴仔、苏太古、薛季宣、徐自明、杨恪、张淳、周端朝、周行己。乐清：王十朋、陈汲、王与之。

7. 处州

处州：王义朝。括苍：林椅、项世安。青田：蒋继周。遂昌：龚原。①

从这里可以看出宋代浙东地区以及永嘉礼学研究的一个概况。这里提到的一些学者，如吕祖谦、陈亮，虽然也有一些礼学著作，但总体上并不以礼学研究名家。另外，这个统计也有不完备的地方，如永嘉地区研究礼学的学者还有郑伯熊、陈汉、陈汪、李嘉会、胡一桂等，这里都没有包括在内。文中所说的处州地区的林椅，王与之《周礼订义》篇首的"编类姓氏世次"中说"永嘉林椅，字奇卿，有《周礼纲目》"，还是将林椅算在永嘉礼学的群体内。② 在中国哲学思想史上，永嘉学的主要内容与特色是事功之学。在传统儒家思想当中，重视事功，探究历代典制，多与礼学以及《周礼》相关，正因如此，永嘉地区的学者也多以研究礼学而著称。

我们所说的永嘉礼学，与学术界通常所说的永嘉学派有密切关系，但又不完全一致。它是指在地域上以永嘉地区为核心，在学术上以礼学为纽带，并由于学术师承等关系而辐射周边地区形成的一个重视礼学研究的学术派别。永嘉礼学在宋代学术史上独具特色，与北宋时期同为地域性的

---

① 这里的统计参见程继红《近两千年浙东学派礼学研究史概观》，载《浙江海洋大学学报》（人文科学版）2010年第4期。该文的统计参考了王锷《三礼研究论著提要》（增定本），甘肃教育出版社2001年版。

② 孙诒让认为林椅"实非永嘉人"，参见孙诒让《温州经籍志》卷三，中华书局2011年版，第151页。陈振孙《直斋书录解题》和何镗《括苍汇纪》说林椅为括苍人。孙诒让据此又认为："东岩籍隶乐清，其所著书不应误认他郡人为乡人，疑椅或本贯永嘉，侨寓丽水，亦未可定。"参见《温州经籍志辨误》，《温州经籍志》第四册，第1788页。

"关中礼学"遥相呼应,值得作专门的深入研究。

一 永嘉礼学的渊源

学术界通常所谓的永嘉学派是指南宋时期以薛季宣、陈傅良、叶适为代表,且以叶适为集大成者的事功之学。永嘉地处南宋的浙东地区,永嘉学也是南宋儒学发展过程中的一支,但永嘉学派以及永嘉礼学的渊源都可以上溯到北宋时期的儒学与礼学。

研究永嘉学派的学术渊源,一般都会上溯到北宋时期的二程洛学。全祖望和黄百家在《宋元学案》中指出:"永嘉以经制言事功,皆推原以为得统于程氏。""永嘉之学,薛、郑俱出自程子。"① 但是,从整体上来看,二程洛学的传承流变与以事功著称的永嘉学还是有本质的区别,因此从二程洛学至永嘉学之间,还应该有比较复杂的思想的传承与变化。

永嘉学术以及永嘉礼学的源流上溯到二程洛学,可以划分为三条途径。第一是周行己。

北宋神宗时期,太学里有周行己、许景衡、刘安节、刘安上、戴述、赵霄、张辉、沈躬行、蒋元中等人,号称"永嘉九先生"。另外还有鲍若雨、潘闵与陈经正兄弟等七人。在这些学者当中,永嘉学派的先驱周行己是二程的弟子。真德秀指出:

> 二程之学,龟山得之,而南传之豫章罗氏,罗氏传之延平李氏,李氏传之朱氏,此其一派也。上蔡传之武夷胡氏,胡氏传其子五峰,五峰传之南轩张氏,此又一派也。若周恭叔、刘元承得之为永嘉之学,其源亦同自出。然惟朱、张之传最得其宗。(《读书记》卷三十一,文渊阁四库全书本)

真德秀所言虽然有强烈的正统意识,但总体上是符合学术传承脉络的。北宋时期的温州地区在文化上比较落后,因此周行己等元丰九先生传程学至永嘉,虽然未得正传,但他们开启了永嘉地区学术发展的先河,其历史意义是应当充分肯定的。陈振孙特别强调周行己对于永嘉学的开创之

---

① 《宋元学案》卷五十六《龙川学案》,第1830页、1832页。

功，认为"永嘉学问所从出也"①。叶适说：

> 昔周恭叔首闻程、吕氏微言，始放新经，黜旧疏，挈其侪伦，退而自求，视千载之已绝，俨然如醉忽醒，梦方觉也。颓益衰歇，而郑景望出，明见天理，神畅气怡，笃信固守，言与行应，而后知今人之心可即于古人之心矣。故永嘉之学，必兢省以御物欲者，周作于前而郑承于后也。
>
> 薛士隆愤发昭旷，独究体统，兴王远大之制，叔末寡陋之术，不随毁誉，必撼故实，如有用我，疗复之方安在！至陈君举尤号精密，民病某政，国厌某法，铢称镒数，各到根穴，而后知古人之治可措于今人之治也。故永嘉之学，必弥纶以通世变者，薛经其始而陈纬其终也。②

叶适是公认的永嘉学派的集大成者。他在这里所说的其实是一个简要的永嘉学的发展线索，他也承认永嘉学是从周行己开始的。因此，全祖望也说："浙学之盛，实始于此。"③

由上可知，无论是属于永嘉学派的叶适，还是朱子的后学真德秀，都承认永嘉学的先驱是周行己。这可以作为二程洛学与永嘉学之间学术渊源的第一条线索。

第二，永嘉礼学与二程之间学术关系的连接者是胡安国。

永嘉地区从北宋后期逐渐开始出现大量文士，在文化上逐渐发展起来，但其真正成为一个在思想学术界具有独特风貌的永嘉学派，是从薛季宣开始的。全祖望曾说：

> 永嘉之学统远矣，其以程门袁氏之传为别派者，自艮斋薛文宪公始。艮斋之父学于武夷，而艮斋又自成一家，亦入门之盛也。④

---

① 陈振孙：《直斋书录解题》卷十七《浮沚先生集》，第515页。
② 叶适：《水心文集》卷十《温州新修学记》，《叶适集》，中华书局1961年版，第178页。
③ 《宋元学案》卷三十二《周许诸儒学案》，第1131页。
④ 《宋元学案》卷五十二《艮斋学案》，第1690页。

全祖望指出，薛季宣的父亲曾学于胡安国，这应是永嘉学术与洛学之间传承的另一条线索。元代理学家程端礼指出：

> 余谓士之谈诗书而略事功，其来已久，遂使俗吏嗤儒为不足用，观在心少试学校为人之佐，已如此，使为世用，得行其志，效当如何哉？余少读薛常州《行述》，窃欣慕之，盖其学本濂洛，其自得之，实于经无不合，于事无不可行，莅官文武，应机处变，政无巨细，靡不曲当。(《畏斋集》卷三《送薛学正归永嘉序》，中国基本古籍库收"民国四明丛书本")

程端礼作为正统的程朱理学家，对薛季宣的学术成就与学术风格是充分肯定的，而且他还将薛季宣的学术渊源上溯到濂洛之学。从学术源流的角度来看，这样的说法也是有依据的。薛季宣的父亲薛徽言曾学于胡安国门下，因此从学派传承上来讲，永嘉学派可以上溯到胡安国以及二程洛学。胡安国的学术思想偏重史学，吕祖谦更多地继承了胡安国的学脉，但是若从思想的实质来说，永嘉学与胡安国的思想倒是更为接近。

胡安国重视《春秋》。据胡寅《先公行状》记载：

> 初王荆公以《字说》训释经义，自谓千圣一致之妙，而于《春秋》不可以偏傍点画通也，则诋为"断烂朝报"，废之，不列于学官。下逮崇宁，防禁益甚。公自少留心此经，每曰："先圣亲手笔削之书，乃使人主不得闻讲说，学士不得相传习，乱伦灭理，用夷变夏，殆由此乎！"于是潜心刻意，备征先儒。虽一义之当，片言之善，靡不采入。岁在丙申，初得伊川先生所作传，其间大义十余条，若合符节，公益自信，研穷玩索者二十余年，以为天下事物无不备于《春秋》，喟然叹曰："此传心要典也。"[①]

其实，孟子已经讲得非常明确，《春秋》是经世之书。使乱臣贼子们感到惧怕的，正是孔子在《春秋》中蕴含的名分思想，因此《庄子》又说"《春秋》以道名分"(《庄子·天下》)。孔子"正名"的依据就是周

[①] 胡寅：《斐然集》卷二十五，中华书局1993年版，第552页。

礼，因此，《春秋》的主旨是礼，这是自古以来学者们所一致承认的。胡安国研究《春秋》，"推明克已修德之方，所以尊君父、讨乱贼，存天理，正人心者，必再书屡书，恳恳致详"。① 朱熹也认可《春秋》以及胡安国《春秋传》中体现的儒学价值观，说："《春秋》大旨，其可见者：诛乱臣，讨贼子，内中国，外夷狄，贵王贱伯而已。"② 又说："某平生不敢说《春秋》。若说时，只是将胡文定说扶持说去。"③《四库总目提要》也说：

> 明初定科举之制，大略承元旧式，宗法程朱。而程子《春秋传》仅成二卷，阙略太甚。朱子亦无成书。以安国之学出程氏，张洽之学出朱氏，故《春秋》定用二家。盖重其渊源，不必定以其书也。后洽《传》渐不行，遂独用安国书。④

胡安国的《春秋传》是道学家研究《春秋》的代表作品。胡安国的思想学术在《春秋》学，而《春秋》的精义在礼学。从这个角度来看，永嘉礼学也算是胡安国《春秋》学的继承者，永嘉礼学与胡安国的学术思想是内在呼应并契合的。

永嘉学与二程洛学之间传承关系的第三条线索，是薛季宣与袁溉之间的师承关系。薛季宣曾写有《袁先生传》，将他自己的洛学渊源追溯到二程门人袁溉。

陈亮曾说：

> 吾友陈傅良君举为余言："薛季宣士隆尝从湖襄间所谓袁道洁者游，道洁盖及事伊川，自言得《伊洛礼书》，欲至蜀以授士隆，士隆往候于蜀，而道洁不果来。道洁死，无子，不知其书今在何许？"伊川尝言："旧修六礼，已及七分。及被召乃止，今更一二年可成。"则信有其书矣。道洁之所藏近是，惜其书之散亡而不可见也。因集其遗言中凡参考礼仪而是正其可行与不可行者，以为《伊洛礼书补

---

① 胡寅：《斐然集》卷二十五《先公行状》，第552页。
② 黎靖德编：《朱子语类》卷八十三，第2144页。
③ 同上书，第2150页。
④ 《四库全书总目》卷二十七《春秋传》，第219页。

亡》。庶几遗意之未泯，而或者其书之尚可访也。①

程颐修定礼书之事，在今存《遗书》中也有记载（见《河南程氏遗书》卷十八）。陈亮所言与《遗书》中伊川所言是一致的，但伊川又说："诸经则关中诸公分去，以某说撰成之。《礼》之名数，陕西诸公删定，已送吕与叔，与叔今死矣，不知其书安在也？"② 据《遗书》，协助伊川修定礼书的是陕西诸公，即三吕兄弟，且礼书的初稿也在三吕处，并未提及袁溉。

薛季宣说袁溉曾从学二程，但今本《二程集》以及朱熹编定的《伊洛渊源录》中并未提及袁溉，因此袁为二程门人的说法就只是来自薛季宣自己的陈述。据薛季宣写的《袁先生传》："（袁）与王枢密庶故善，王家有伊洛遗书，先生欲传未能。俄而王殁，先生不远千里，从其诸子传录，书毕遽行。"③ 袁溉曾到处搜罗伊洛遗书，曾在王庶处得到一些，陈亮说袁溉藏有伊川编的礼书，应该就是在王庶这里得到的。吕祖谦说："道洁语公，伊洛轶书多在蜀。"④ 魏了翁也说："荆州袁道洁，乃登河南之门，其游蜀访薛翁，亦谓伊洛轶书多在蜀者。"⑤ 吕、魏的说法应当也都来自薛季宣所写的《袁先生传》。

由上述可知，袁溉为二程门人的说法只是出自薛季宣本人写的《袁先生传》，此外并无其他可以佐证的史料。袁溉藏有程颐编定而未成的礼书，也是薛季宣所说的。另外，原本在吕大临处的礼书初稿，究竟如何流散至蜀地而后为袁溉所收藏，目前依现有文献也是不可确知的。

虽然目前有关袁溉的史料很少，但如果我们承认薛季宣本人的陈述，那么，对二程——袁溉——薛季宣之间的学术传承，还是不能轻易否定的。薛季宣指出："先生学，自六经百氏，下至博弈、小数、方术、兵书，无所不通，诵习其言，略皆上口，于《易》、《礼》说尤邃。"⑥《宋

---

① 陈亮：《伊洛礼书补亡序》，《陈亮集》卷十四，中华书局1974年版，第163页。
② 《河南程氏遗书》卷十八，《二程集》，第239—240页。
③ 薛季宣：《袁先生传》，《薛季宣集》卷三十二，上海社会科学院出版社2003年版，第487页。
④ 见薛季宣《宋右奉议郎新改差常州借紫薛公志铭》，《薛季宣集》附录，第617页。
⑤ 《鹤山全集》卷四十二《简州四先生祠堂记》，中国基本古籍库收"四部丛刊景宋本"。
⑥ 薛季宣：《袁先生传》，《薛季宣集》卷三十二，第486页。

史·儒林传》也记载："季宣既得溉学，于古封建、井田、乡遂、司马法之制，靡不研究讲画，皆可行于时。"袁溉擅长礼学，因此薛季宣师从袁溉，所得也主要在礼学。

由以上三条线索可知，永嘉学与二程洛学之间还是存在一定的学术传承关系。就二程洛学来说，二程虽然也有修定礼书的规划，二程对儒家礼的思想也有很大的发展与贡献，但整体上二程洛学的重点并不在礼学。因此，从礼学的角度来看，永嘉礼学与二程之间并没有直接的传承渊源关系。薛季宣的直接师承袁溉出自二程，这只是薛季宣自己的说法，并未得到朱熹等人的认可，因此这一层关系就显得更加隐晦。但是，无论袁溉是否为二程的亲炙弟子，薛季宣承认与袁溉的师承关系，至少说明薛季宣本人愿意将永嘉礼学的渊源上溯至二程洛学。

由上所述，我们认为，永嘉地区作为南宋时期的文化后发地区，在这里兴起的以探究礼学著称的学术派别，一方面确实有一些学术脉络可以上溯到北宋时期的二程，但更主要的是，无论他们与二程之间的传承是否真实可靠，他们自觉地将自己的学术渊源向当时主流的洛学靠拢，作为文化认同，这一点更有思想史的意义。

此外，还有学者将永嘉礼学的学术渊源上溯到王安石新学。王安石编撰的《三经新义》自北宋神宗时立为官学之后，在相当长的时间里是国家认可的官方教材，因此新学在全国范围内对士人所产生的影响是其他学派所无法比拟的。况且王安石新学的重点在《周礼》学，影响深远的荆公礼学对后起的永嘉学者产生影响，刺激永嘉学者用力于礼学，这样的学术渊源关系是非常自然而合理的。当代有学者指出："新学学者对《周礼》的注解，也刺激了宋代制度之学的兴起，对于南宋永嘉学派可谓有筚路蓝缕的开拓之功。"[①] 这样的评价也是恰当的。因此，从整体上说，荆公新学也是永嘉礼学的渊源之一。

具体来说，永嘉之学的开山王开祖，在庆历、皇祐年间与王安石交往密切，相互影响。但王开祖对《周礼》持怀疑态度，他在《儒志编》中说："吾读《周礼》，终始其间，名有礼、经有方者，周公之志为不少矣，其诸信然乎哉？罗羽刺介，此微事也，然犹张官设职，奚圣人班班与？奔者不禁，示天下无礼也；复仇而义，是天下无君也。无礼无君，大乱之

[①] 刘成国：《荆公新学研究》，上海古籍出版社2006年版，第213页。

道，率天下而为乱者，果周公之心乎？削于六国，焚于秦，出诸季世，其存者寡矣。圣人不作，孰从而取正哉？"① 从他对《周礼》的怀疑态度可以看出，在对于《周礼》的认识问题上，王安石对他的影响不大。②

蒙文通先生曾指出："盖自荆公主变法师《周官》，其徒陆佃、方悫、马希孟、陈祥道继之，为王门说《礼》四家，而制度之学稍起。……至于林、吕而女婺经制之以兴。《浙江通志》言：'龚原少从王安石游，笃志经学，永嘉先辈之学以经鸣者，渊源皆出于原。'此女婺之学有源于王氏者，不可诬也。"③ 由于《周官新义》的影响，在王门后学中有一批学者研究《周礼》，并且着重探讨《周礼》书中的制度与新法以及与现实社会制度之间的关系，如王昭禹《周礼详解》就是这样一部著作。永嘉学的特征是经制学，也非常注重探讨历史上以及现实社会的制度及其流变，在这一点上永嘉学与荆公新学是相合的。按照蒙文通先生的看法，永嘉礼学与荆公新学的连接者是龚原。龚原著有《周礼图》十卷，《述礼新说》四卷，《宋史·艺文一》均有著录，今佚。《经义考》卷二十引《浙江通志》言："（龚）原少从王安石游，笃志明经，以经学为邑人倡。是时周、程尚隐于濂、洛，永嘉先辈之学，以经鸣者，渊源皆出于原。"④ 蒙文通据此认为正是通过龚原，"浙东学者重制度、说《周官》，其于《春秋》不徒以褒贬，又疑其非伊洛之传，而有接于新学之统也"。⑤ 由于资料所限，永嘉先辈皆出于龚原也仅是一个比较宽泛且模糊的认识，其间具体的学术渊源与传承，尤其是思想的传承与发展，还难以有更深入明晰的了解。

永嘉学的开创者薛季宣与王安石新学之间的关系也是如此。有学者将王安石看做永嘉学"无法回避的前行者"⑥，这样的总体认识是正确的。薛季宣也重视《周礼》，著《周礼释疑》，但是由于资料缺失，我们同样难以准确、细致地辨析他们之间的学术影响与传承。

另外还有一种说法，将永嘉学的先辈"永嘉九先生"的学术渊源追

---

① 朱彝尊：《经义考》卷一百二十，《经义考新校》第五册，第2216页。
② 刘成国也指出这一点，参见刘成国《荆公新学研究》，第213—214页。
③ 蒙文通：《评〈学史散篇〉》，《经史抉原》（《蒙文通文集》第三卷），第411页。
④ 朱彝尊：《经义考》卷二十，《经义考新校》第二册，第358页。
⑤ 蒙文通：《评〈学史散篇〉》，《经史抉原》（《蒙文通文集》第三卷），第415页。
⑥ 参见任峰《薛季宣思想渊源新探》，《中国哲学史》2006年第2期。

溯到张载。全祖望在《宋元学案》中指出：

> 世知永嘉诸子之传洛学，不知其兼传关学。考所谓"九先生"者，其六人及程门，其三则私淑也。而周浮沚、沈彬老又尝从蓝田吕氏游，非横渠之再传乎？鲍敬亭辈七人，其五人及程门。①

周、沈从学于吕大临，仅凭此就断言他们为横渠之再传，论据并不充足。虽然礼学也是张载以及关学的重要特征，但我们也不必仅从《宋元学案》的这一段话就将永嘉礼学的渊源追溯到张载的礼学。

由上所述，我们认为，关于永嘉礼学的渊源，无论是薛季宣本人承认的洛学，还是后人推测的关学、王安石新学，所依据的资料都不是十分的清晰可靠，之间还存在很多模糊不清甚至缺失断裂的地方。但是，这并不妨碍我们对永嘉礼学的学术渊源做进一步的分析。从薛季宣本人的陈述中我们可以认为，永嘉作为南宋时期的文化后发地区，它在学术思想方面侧重于经制之学，而且他们有意识地将自己的学脉嫁接在北宋以来主流的、影响甚广的学术思想脉络当中。这就说明，永嘉礼学其实是北宋以来在儒学复兴的背景之下，儒家礼学思想及礼学研究在永嘉地区的传承与发展。从这个角度来看，我们不必太在意永嘉学者师承某人才能算作是永嘉礼学的渊源，而是应从整体着眼，把永嘉礼学看做是北宋以来礼学的进一步发展的结果。

二 永嘉礼学的主要内容

永嘉学派也称作经制之学。永嘉礼学也是以探究三代礼制为主，并且考订古制是为了施于当世。全祖望说薛季宣"其学主礼乐制度，以求见之事功"。② 黄百家说他"凡夫礼乐兵农莫不该通委曲，真可施之实用"。③ 这都指明了永嘉礼学的主要特征，也说明永嘉的经制学与礼学其实在内容上是相通的。

在传统儒家看来，三《礼》当中的《周礼》是西周礼乐制度的集中

---

① 《宋元学案》卷三十二《周许诸儒学案》，第1131页。
② 《宋元学案》卷五十二《艮斋学案》，第1690页。
③ 同上书，第1691页。

反映。前文在谈到《周礼》与宋代儒学的发展时也一再表明，北宋时期的儒家学者在回到"三代"的感召之下，研究《周礼》，重点探讨《周礼》书中所规划的制度应用于当世的可能性与具体途径。王安石认为《周礼》一书"理财居其半"，运用《周礼》的"理财"思想发动了轰轰烈烈的熙宁变法，将探讨礼乐制度与用之于现实的经世致用传统发挥到了极点。整体上，永嘉礼学继承了北宋时期儒家礼学经世的传统。永嘉礼学的创始者薛季宣重视《周礼》，《宋元学案》说"艮斋后出，加以考订千载，自井田、王制、《司马法》、《八阵图》之属，该通委曲，真可施之实用"。①据王与之《周礼订义》，薛季宣还著有《周礼释疑》。孙诒让指出："艮斋《周礼释疑》，陈止斋《行状》未载其书。盖艮斋卒后，门人编辑遗说为之。其散见于王氏《订义》者，如'释司尊彝之九献'、'大司乐三大祭之乐'、'冯相氏之星土'、'栗氏之钧律'，并根据古义，辨析精当。"②孙诒让还指出："《订义·大司乐职》两引薛《图》，则薛书图说兼备。"③另据冯云濠，薛季宣的礼学著作还有《伊洛礼书补亡》《伊洛遗礼》等。从这些记载可以看出，薛季宣的《周礼》研究是相当深入的，并且得到了当时学者的认可。他所特别关注的井田、王制、《司马法》等问题，都是自北宋以来儒家学者在社会现实问题的刺激之下所着重探讨的问题，反映出薛季宣在研究《周礼》时强烈的现实关怀。

薛季宣的继承者陈傅良研究《周礼》，"解剥于《周官》、《左史》，变通当世之治具条画"④，永嘉学的集大成者叶适讲学也很重视《周礼》，认为《周礼》书中体现的是周代的制度。叶适指出，《周礼》一书虽然晚出，但是，"周之道固莫聚于此书，他经其散者也；周之籍固莫切于此书，他经其缓者也。"⑤《周礼》学研究是永嘉礼学的重要内容，同时也正是在《周礼》研究当中，体现出永嘉学的经制之学以及永嘉礼学经世的关切。

据朱彝尊《经义考》和孙诒让《温州经籍志》，永嘉学者治《周礼》者，除了薛季宣、陈傅良之外，还有王十朋《周礼详说》、陈谦《周礼

---

① 《宋元学案》卷五十三《止斋学案》，第1710页。
② 孙诒让：《温州经籍志》卷三，第114页。
③ 同上书，第116页。
④ 《宋元学案》卷五十三《止斋学案》，第1710页。
⑤ 叶适：《水心文集》卷十二《黄文叔周礼序》，《叶适集》，第220页。

说》、杨恪《周礼辨疑》、陈汲《周礼辨疑》、郑伯谦《太平经国之书》（《宋史·艺文志》作《太平经国书统集》）、曹叔远《周礼地官讲义》、戴仔《周礼传》、陈汪《周官集传》、王奕《周礼答问》、胡一桂《古周礼补正》、周纲《周礼补遗》、叶嘉榆《周官翊训》以及王与之《周礼订义》和《周官补遗》。治《礼记》者有周行己《礼记讲义》、戴溪《曲礼口义》《学记口义》、徐自明《礼记说》、陈埴《王制章句》、叶味道《仪礼解》《祭法宗庙庙享郊祀外传》、缪主一《礼记通考》、郑朴翁《礼记正义》、周端朝《冠婚丧祭礼》以及苏模《古礼书叙略》、王奕《三礼会元》等。这批礼学著作规模庞大，但可惜大多已经佚失，其中最能代表永嘉礼学成就的应是陈傅良与郑伯谦的《周礼》研究与张淳的《仪礼》研究著作。

（一）郑伯谦《太平经国之书》

在永嘉学的发展历程中，郑伯熊是一位关键人物。郑伯熊，字景望，《宋史》无传。与其弟伯英齐名，世称大郑公、小郑公。《宋元学案》说："乾、淳之间，永嘉学者联袂成帷，然无不以先生兄弟为渠率。"[1] 这一方面说明永嘉学者影响之大，同时也表明郑伯熊为永嘉学的首领。郑伯熊的思想在主体方面还是在洛学的思想框架之内，服膺于二程的理学思想。[2] 另有学者认为他是永嘉学从性理学转向事功学的关键人物，[3] 这个看法恐怕证据不足。

二程洛学在南宋绍淳年间的复兴，是宋代儒学发展史上极为重要的现象。郑伯熊是洛学复兴的参与者，同时也在这一过程中起了重要作用，具体来说，他的贡献是他在福建任上协助朱熹刊刻二程著作以及朱熹编纂的其他著作。正如有学者所指出的："朱熹花费许多心力编纂二程著作，不仅是为了洛学传播，而且也是为了清理南宋以来洛学分流所呈现的思想混乱。因此，闽本一出，对于洛学的复振阐扬确实是一大贡献。"[4] 郑伯熊

---

[1] 《宋元学案》卷三十二《周许诸儒学案》，第1153页。
[2] 参见何俊《郑伯熊与南宋绍淳年间洛学的复振》，《复旦学报》（社会科学版）2010年第4期。
[3] 周梦江：《永嘉之学如何从性理转向事功》，温州文献丛书《二郑集》"代前言"，上海社会科学院出版社2006年版。
[4] 何俊：《郑伯熊与南宋绍淳年间洛学的复振》，《复旦学报》（社会科学版）2010年第4期。

与朱熹往返书信讨论二程著作的编纂，他对于二程著作的出版以及洛学的兴盛，确实做出了很重要的贡献，受到后人很高的评价。

郑伯熊是陈傅良的老师，学问"于古人经制治法，讨论尤精"（《宋史·儒林四·陈傅良传》），《四库提要》引《浙江通志》，认为他"邃于经术"①。郑伯熊的著作后世大多散佚，今存《敷文书说》二十六篇是他综合研究《尚书》的著作，但从前人评价可见，他的经学研究还是造诣匪浅。就礼学来看，郑伯熊虽没有专门的礼学著作传世，但王与之《周礼订义》所收录的宋四十五家《周礼》说中有"永嘉郑氏伯熊"一家，可知伯熊的《周礼》解说在当时是能成一家言的。今人整理郑伯熊文集的时候从《周礼订义》中辑出十九条郑伯熊对《周礼》的训义②，由此可以对郑伯熊的礼学有简单的了解。

郑伯熊的礼学著作没有完整流传至后世，但是他的族弟郑伯谦的礼学著作《太平经国之书》则流传至今，成为永嘉礼学的代表作品之一。"是书发挥《周礼》之义，其曰《太平经国书》者，取刘歆周公致太平之迹语也。"③ 据《四库提要》，此书的整体内容是：

> 前列四图：一曰成周官制，一曰秦汉官制，一曰汉官制，一曰汉南北军。所图仅三朝之职掌宿卫，盖其大意欲以官中府中、文事武事一统于太宰，故惟冠此四图，明古制也。其书为目三十：曰教化、奉天、省官、内治、官吏、宰相、官民、官刑、揽权、养民、税赋、节财、保治、考课、宾祭、相体、内外、官制、臣职、官民、官卫、奉养、祭享、爱物、医官、盐酒、理财、内帑、会计、内治。其中内外一门，会计一门，又各分为上下篇。凡论三十二篇，皆以《周官》制度，类聚贯通，设为问答，推明建官之所以然，多参证后代史事，以明古法之善。④

据此可知，《太平经国之书》其实是对《周礼》的专题研究，类似于李觏的《周礼致太平论》和叶时的《礼经会元》，而且内容也主要以现实

---

① 《四库全书总目》卷十一《郑敷文书说》，第91页。
② 参见温州文献丛书《二郑集》之《郑伯熊集》当中的"周礼说"部分，第35—42页。
③ 《四库全书总目》卷十九，第151页。
④ 同上。

事务为主，以礼经世的特色十分明显。《四库提要》还说："其时武统于文，相权可谓重极，而此书'宰相'一篇，尚欲更重其权。又宋人南渡之余，湖山歌舞，不复措意中原，正宜进卧薪尝胆之戒，而此书'奉养'一篇，乃深斥汉文帝之节俭为非，所论皆不可为训。毋乃当理宗信任贾似道时，曲学附世以干进欤？"① 这又是对《太平经国书》提出一些批评。即便如《四库提要》所指出的，《太平经国书》主张扩张相权，非议节俭，这些内容也均与宋代的社会现实密切相关，从这里也反映出《太平经国书》的经世特征。

（二）陈傅良《周礼说》

陈傅良有《周礼说》十三篇（《宋史·儒林传》）。《宋史·艺文志》、《直斋书录解题》、赵希弁《读书附志》、《文献通考》等均有著录。《宋志》作一卷，《文献通考》作三卷（有的版本也作"十三卷"）。②《文献通考》又引《中兴艺文志》"傅良为《说》十二篇，专论纲领"。③

王与之《周礼订义》"序目编类姓氏世次"说陈傅良"其说有一集及经进四篇"，邱葵《周礼全书》说陈傅良有"讲义集说"，孙诒让据此认为，陈傅良的礼学著作除了《周礼说》之外，还有一篇《讲义》。孙诒让说：

> 《中兴艺文志》谓《周礼说》十二篇，专论纲领，今以《订义》所引核之，其说于名物度数，琐屑繁碎者，亦多考覈，似不止论纲领。考《订义序目》云：陈说有一集，及《经进》四篇；邱氏《全书》则云："有《讲义集说》"，疑止斋《进说》外，尚有《讲义》之一集，故如释《考工记车制》，综贯群经，释名辨物，最为详审。而于原目所谓"格君心、正朝纲、均国势"者，则无可附丽，其为别有一集，殆无疑义。④

《周礼说》十二篇，曾献给皇帝，是陈傅良综论《周礼》制度的文字，而且流行于科场，如叶适说："同时永嘉陈君举亦著《周礼说》十二

---

① 《四库全书总目》卷十九，第151页。
② 参见马端临《文献通考》卷一百八十一《经籍考八》，中华书局2011年版，第5353页。
③ 同上。
④ 孙诒让：《温州经籍志》卷三，第124页。

篇，盖尝献之绍熙天子，为科举家宗尚。"① 而《讲义》则应是对《周礼》经文的解说。或者《周礼说》十二篇是附于《讲义》之前的纲领。如此说属实，则《周礼说》十二篇与《讲义》一篇，共十三篇，洽合《宋史·儒林传》说陈傅良"以《周礼说》十三篇上之"。

陈傅良的《周礼说》已经佚失。真德秀《西山读书记》摘录了《周礼说》中《格君心》四篇，真德秀认为这是由于这四篇为"朱子之所是，故录之，余不取"。当代有学者从王与之《周礼订义》和真德秀《西山读书记》中辑录出了现存《周礼说》的部分文字。②

陈傅良还著有《周官制度精华》，《玉海》著录为二十卷。朱熹曾经指出："于丘子服处见陈、徐二先生《周礼制度菁华》。下半册，徐元德作；上半册，即陈君举所奏《周官说》。"③ 据朱子所言，《周官制度精华》虽是陈傅良与徐元德合著的一部书，但其实陈傅良所作的上半部就是他的《周礼说》。孙诒让说："不知何人合徐书编之。"④ 陈傅良与朱子是同时代的人，既然朱子见到的《周官制度精华》已经是陈、徐书的合编，可知《精华》的合编在陈在世时就已经有了。

（三）王与之《周礼订义》

乐清王与之著《周礼订义》八十卷，是宋代礼学研究的一部重要著作。乐清与永嘉毗邻，同属温州地区，因此王与之的《周礼订义》也应当是永嘉礼学的一部代表性著作。

王与之《订义》的价值主要在于汇集了大量宋人关于《周礼》的解说。据《周礼订义》篇首的"编类姓氏世次"，《订义》所采旧说共五十一家，唐以前有杜子春、郑兴、郑众、郑玄、崔灵恩和贾公彦六家，其余四十五家皆为宋人。此外，还有不列于序目者，有胡伸、宝严、高闶、徐卿、毛彦清、吕大临、张栻、张沂公、陈彦群、陈宏父、蓝氏、唐氏，以及陈旸《乐书》《尚书精义》等。⑤ 这些宋人的解说至今大多已经散佚，仅赖《订义》得以保存片段。《四库提要》评价此书"蒐罗宏富，固亦房

---

① 叶适：《水心文集》卷十二《黄文叔周礼序》，《叶适集》，第220页。
② 参见王宇《永嘉学派与温州区域文化》附录，社会科学文献出版社2007年版，第295—340页。
③ 黎靖德编：《朱子语类》卷八十六，第2206页。
④ 孙诒让：《温州经籍志》卷三，第127页。
⑤ 参见孙诒让《温州经籍志》卷三，第151页。

审权《周易义海》之亚矣"①，孙诒让评价为"采撷浩博，为《周官》说之渊薮，易袚、王昭禹诸书莫能及也"，"搜辑之富，不减卫湜《礼记集说》"②，都突出强调了《订义》汇集、保存资料的贡献。

真德秀在《序》中指出：

> 永嘉王君次点，其学本于程、张，而于古今诸儒之说莫不深究，著为《订义》一编，用力甚至，然未以为足也，方将蚤夜以思，深原作经本指以晓当世，其心抑又仁矣。以是心而为是学，《周礼》一书其遂大明矣。（见王与之《周礼订义》，文渊阁四库全书本）

《四库提要》也说，其书"以义理为本，典制为末，故所取宋人独多矣"。③ 这是说，王与之《订义》之所以略古详今，汇集《周礼》的解释以今人为主，是因为此书也是"以义理为本"，而且王与之为学本于程、张，有理学的背景，这样看来，他的《订义》也是注重从义理的角度汇集、解释《周礼》的。

另外，王与之在《周礼》研究中也主《冬官》未亡之说，因此还著有《周官补遗》一书。据邱葵《周礼全书序》：

> 宋淳熙间，临川俞庭椿始著《复古编》，新安朱氏一见，以为《冬官》不亡，考索甚当，郑、贾以来，皆当敛衽退三舍也。嘉熙间，东嘉王次点又作《周官补遗》，由是《周礼》之六官始得为全书矣。

王与之《周礼订义》前有真德秀序，作于绍定五年（1232）闰九月甲戌。据邱葵，《周官补遗》作于嘉熙间（1237—1240）。若据此年代推断，《周官补遗》完成于《周礼订义》之后。孙诒让就是这样认为的。但是，《订义》书前还有赵汝腾的序文。据此序，王与之详细搜集前人讲解，间附以己见，"剖析微眇，是否审确"，得到真德秀的击节称赞，于

---

① 《四库全书总目》卷十九，第152页。
② 孙诒让：《温州经籍志》卷三，第149、151页。
③ 《四库全书总目》卷十九，第152页。

是为之作序。"德秀殁,与之益加意删繁取要,由博得约,今其书益精粹无疵矣",并"刊于家"。据此,真德秀作序之时看到的王与之《周礼》研究著作还只是一个未定的稿本。在真德秀作序之后,王与之还对他的书有进一步的修改,最终成《订义》。赵汝腾此序作于淳祐二年(1242)十二月。因此,《订义》未必成于绍定五年。之后还有进一步的修订。这样看来,《补遗》也未必成于《订义》之后。

(四) 张淳《仪礼识误》

张淳《宋史》无传,陈傅良所作墓志及楼钥《书陈止斋所作张忠甫墓铭后》有片段记载。① 万历《温州府志·义行传》、雍正《浙江通志》、乾隆《永嘉县志·儒林传》有传。

全祖望说:"永嘉自九先生而后,伊川之学统在焉,其人才极盛。《宋史》不为忠甫(按:张淳字)立传,故其本末阙然。独见于陈止斋所作墓志,乃知其与薛士龙、郑景望齐名,固乾、淳间一大儒也。"② 张淳是南宋时期以礼学著称的一位学者。据记载,他"居母丧,无不与《士丧礼》合。间为族姻治丧,亦斯斯持古制"。③ 由此可见,张淳是精于《仪礼》学的。全祖望又说:"宋《中兴艺文志》谓《仪礼》既废,学者几不复知有此书,忠甫始识其误,则是经在宋当以忠甫为功臣之首。"④

张淳的《仪礼》学著作是《仪礼识误》。《四库提要》指出:

> 《仪礼识误》三卷,宋张淳撰。淳字忠甫,永嘉人。是书乃乾道八年两浙转运判官直秘阁曾逮刊。《仪礼》郑氏注十七卷,陆氏《释文》一卷,淳为之校定,因举所改字句汇为一编。其所引据,有周广顺三年及显德六年刊行之监本,有汴京之巾箱本,有杭之细字本,严之重刊巾箱本,参以陆氏《释文》、贾氏《疏》,覈订异同,最为详审。近世久无传本,故朱彝尊《经义考》以为"已佚"。惟《永乐大典》所载诸条,犹散附经文之后,可以缀录成编。其《乡射》、《大射》二篇,适在《永乐大典》阙卷中,则不可复考矣。《朱子语类》有曰:"《仪礼》人所罕读,难得善本。而郑注、贾疏之外,先

---

① 见《攻媿集》卷七十七,中国基本古籍库收"清武英殿聚珍版丛书"本。
② 《宋元学案》卷五十二《艮斋学案》,第1698页。
③ 同上。
④ 同上。

儒旧说多不可复见，陆氏《释文》亦甚疏略。近世永嘉张淳忠甫校定印本，又为一书识其误，号为精密，然亦不能无舛谬。"又曰："张忠甫所校《仪礼》甚仔细，较他本为最胜。"今观其书，株守《释文》，往往以习俗相沿之字，转改六书正体，则朱子所谓"不能无舛谬"者，诚所未免。然是书存而古经汉注之伪文脱句藉以考识，旧椠诸本之不传于今者，亦藉以得见崖略。其有功于《仪礼》诚非浅小。今覈加检勘，各疏明其得失，俾瑜瑕不掩。①

张淳的《仪礼识误》是校正《仪礼》经注以及《释文》误字的校勘成果，共计三卷。此书在《仪礼》校勘史上具有重要的地位。张淳《识误》的学术价值，主要体现在作者所收集的众多优质底本。张淳所见到的《礼仪》版本，有宋监本、杭州细字本、京师巾箱本、浙江严州本、湖北漕司本、建阳本、开宝《释文》本等，其中以监本、巾箱本、细字本和严本四种质量较高。张淳校正《仪礼》，首先考订版本源流，以监本为最早，为其他本子之祖。他说："监本者，天下后世之所祖。"② 宋刻《仪礼》重要的版本有北方京师之巾箱本和南方杭州之细字本，南宋时期浙江严州刻《仪礼》，即以巾箱本为底本翻刻，因此说"巾箱者，严本之所祖"③。辨明版本的源流，这是选择精校本的基础。在《仪礼》的各个本子当中，监本最早，严本最晚。严本虽然晚出，但经过精校对，讹误反而少于监本、巾箱诸本。因此张淳以严本为主校本，以监本、巾箱本、杭州本为参校本。各本皆有疑问时，"不足则质之《疏》，质之《释文》；《疏》、《释文》又不足则阙之，盖不敢以谩见断古经也"。④ 采众本之所长，据实事求是之精神，是《识误》校勘精良的又一重要原因。

阮元《仪礼注疏校勘记》指出《识误》在版本方面以严本为据，参以监本及汴京巾箱本、杭细字本，是"其精审之处，自不可没"⑤。孙诒让也指出："《识误》汇集众本，校列歧异，虽墨守陆氏《音义》，而精覈居多，非毛居正《六经正误》所可并论。其所校各本，若广顺、显德两

---

① 《四库全书总目》卷二十，第159页。
② 张淳：《仪礼识误自序》，见孙诒让《温州经籍志》卷四，第158页。
③ 同上。
④ 同上。
⑤ 孙诒让：《温州经籍志》卷四，第165页。

监本、京本、杭本、湖北漕司本、开宝《释文》，今并亡佚。惟严州本仅有传帙，然亦罕觏，惟藉此书，存其同异。"①

至于张淳《识误》在校勘《仪礼》方面的具体成就与失误，古今学者都有评判。如朱子指出："永嘉张忠甫所校《仪礼》甚仔细，然却于《目录》中《冠礼》玄端处便错了。但此本较他本为最胜。"② 当代学者彭林先生撰《张淳〈仪礼识误〉校勘成就论略》一文，具体分析了《识误》的校勘成就，如"读注疏而得经注之误""以经校经""以《释文》校经注之误"等方面。彭林先生进而指出："《识误》之功，并非仅用善本全面校订《仪礼》，使此书不致离原貌太远，忠甫之校语为后人留下校勘方法论之识见，不乏精辟之论，足以启迪后学。忠甫不仅有较强之版本意识，且能较纯熟地运用对校、本校、他校等校勘法，足见功力之深厚。此外，忠甫已尝试用理校之法。……如此则校勘学之四法，忠甫均已运用，这在校勘学尚未充分发达之宋代，实为难能。"③ 彭林先生《张淳〈仪礼识误〉校勘成就论略》一文是当代学者对张淳《识误》所作的较为全面的评述，可以代表当代学术界对《识误》的评价。

另外，张淳的外甥叶味道也是永嘉礼学的一位学者。

叶味道（文修）是协助朱子编修礼书的一位重要的学者。朱子曾提到"四明、永嘉"诸人，永嘉指的应是叶文修。文修原名贺孙，《语类》中多处记载他和朱子讨论编修礼书之事。朱子在书信中又提到：

> 《礼书》如何？此已了得《王朝礼》，通前几三十卷矣。但欲将《冠礼》一篇附疏，以为诸篇之式，分与四明、永嘉并子约与刘用之诸人，依式附之，庶几易了。④

朱熹曾对叶贺孙说："某已衰老，其间合要理会文字，皆起得个头在。及见其成与不见其成，皆未可知。万一不及见此书之成，诸公千万勉力整理。得成此书，所系甚大！"⑤ 从朱熹与叶贺孙的讨论以及这段文字

---

① 孙诒让：《温州经籍志》卷四，第166页。
② 黎靖德编：《朱子语类》卷八十五，第2194页。
③ 彭林：《张淳〈仪礼识误〉校勘成就论略》，《北京图书馆馆刊》1996年第3期。
④ 朱熹：《文集续集》卷一《答黄直卿》，《朱子全书》第二十五册，第4652页。
⑤ 黎靖德编：《朱子语类》卷八十四，第2188页。

来看，可以确认贺孙是协助朱子编修礼书的得力助手之一。这也说明叶味道的礼学有其家学传统，并深得朱子的首肯。

三 永嘉礼学的主旨

永嘉学也称作"经制之学"或"制度新学"，今人一言以蔽之，称之为"事功学派"或功利主义思想。其实，"经制之学"或"制度新学"是就内容而言，"事功"或"功利"是就价值评价而言的。对于永嘉礼学来说，事功学或经制学虽然也涉及永嘉礼学的一些内容，但是整体来看，这样的评判还不足以概括永嘉礼学的特征。

永嘉礼学研究的重点是《周礼》，通过《周礼》来探究三代的制度与礼制，这是永嘉"经制之学"的主要内容。但是就价值层面来说，永嘉礼学在整体上是服膺于二程理学并以二程理学为指导的，因此功利主义便不符合永嘉礼学的价值导向。

王安石曾将《周礼》定性为"理财"之书，遭到而后许多学者的批评。永嘉学者对这一看法也基本持反对的态度。郑伯谦在《太平经国之书》中指出：

> 或问《周礼》真理财之书乎？曰：周之理财，理其出而已矣，非理其入也；理国之财而已矣，非理天下之财也。①

郑伯谦研究《周礼》虽然毫不忌讳言"理财"，但他所谓的"理财"是"理其出"，而不是对民众的敛财。他说："故财用之出，上无所肆其侈，下无所容其私，上不侈而下不私，则财常足于用，征敛常不至于虐，而民无复有受其病者。"② 对于治天下来说，"理财"更不是主要的内容。这显然是不满王安石对《周礼》的看法以及与《周礼》相关的新政了。

陈傅良指出，《周礼》书中确实有很多涉及"理财"的地方。他说："王荆公尝谓《周礼》一书理财居其半。自有《周礼》以来，刘歆辅王莽专为理财，至荆公熙宁亦专理财，所以先儒多疑于《周礼》。今细考之，亦诚有可疑。"（《周礼订义》卷二十四，文渊阁四库全书本）陈傅良对古今

---

① 郑伯谦：《太平经国之书》卷十《理财》，《二郑集》，第180页。
② 同上书，第182页。

税制和兵制都有非常深入的研究，他认为《周礼》书中名目繁多的征敛项目正是《周礼》"可疑"的地方。《周礼·地官·廛人》："廛人掌敛市，絘布、总布、质布、罚布、廛布而入于泉府"，陈傅良将此类比为当时的赋税项目。他认为，絘布相当于房廊钱，廛布相当于白地钱，罚布、质布相当于搭地钱，总布相当于不系行钱人，屠布相当于纳筋骨者，如此等等。但是，从整体上来看，理财、赋税等内容在《周礼》当中不但属于可疑的部分，而且还不是主要内容。但是，王安石的《周官新义》却将"理财"判定为《周礼》书中的主要内容，因此之故，陈傅良说："荆公用《周礼》，遂有坊场、河渡、白地、房廊、搭罚、六色免行、市例之类，无所不有。至使《周礼》之书，后人不得尝试。夫周家之法果如是耶？抑用之者失其实耶？"（《周礼订义》卷二十四，文渊阁四库全书本）

孙诒让指出："盖其著书宗旨，欲以《周官》职掌分合，考后世官制沿革，以究古今之变。故其说多以史志参互证验，而于宋初制度及王氏变法始末，考辨尤悉。永嘉诸儒，本以经制为宗，止斋为薛文宪弟子，于井田、军赋尤为专门之学，宜其精究治本，非空谭经世者比也。"①永嘉学者重视经制之学，尤其着重探讨《周礼》中的各项制度，其实正是为了正本清源，也从制度入手，来批驳王安石新学对古代制度的错误理解和运用。但是，从整体上来看，经制之学虽然是永嘉礼学的主要内容，但永嘉礼学的最终目的却不止于此。据陈傅良《进周礼说序》曰：

  尝缘《诗》、《书》之义，以求文、武、周公、成、康之心，考其行事，尚多见于《周礼》一书，而传者失之，见谓非古。……熙宁用事之臣，经术舛驳，顾以《周礼》一书理财居半之说，售富强之术。凡开基立国之道，斲丧殆尽，而天下日益多故。迄于夷狄乱华，中原化为左衽。老生宿儒，发愤推咎，以是为用《周礼》之祸，诋排不遗力。幸以进士举，犹列于学官。至论王道不行，古不可复，辄以熙宁尝试之效藉口，则论著诚不得已也。故有《格君心》《正朝纲》《均国势》说各四篇。②

---

① 孙诒让：《温州经籍志》卷三，第123页。
② 《宋元学案》卷五十三《止斋学案》，第1716—1717页。

据这篇序文，陈傅良说《周礼》的主要思想动因是为了反对王安石对《周礼》的解释。在陈傅良看来，王安石对《周礼》性质的判定有误，并进而引发了祸乱，因此必须正本清源，对《周礼》重新做解释。陈傅良认为，通过《周礼》来探讨文、武、周公、成、康之心及其行事，这才是《周礼》一书的真正价值。

朱熹说陈傅良"胸中有一部《周礼》"[1]。陈傅良对《周礼》有很精深的研究，并且由于他的《周礼说》还是"讲说举子所习经义"[2]，是科场举子应举的必备参考书，因此在社会上也有广泛的影响。陈傅良研究《周礼》，作《格君心》《正朝纲》《均国势》说各四篇，其实这也正是他解说《周礼》的"三纲领"。其中"格君心"一条，陈傅良有时又作"养君德"。《中兴艺文志》引陈傅良之言曰："《周官》之纲领三，养君德、正朝纲、均国势也。"[3] 王应麟曰："陈君举说《周礼》，纲领有三：曰养君德，曰正朝纲，曰均国势。"[4] 其实，"格君心"与"养君德"名异而实同。

前文已经指出，永嘉学的学术追求是宗奉程学的。程明道曾说："必有《关雎》《麟趾》之意，然后可行周公法度。"[5] 明道的这句话宋人又引作"必有《关雎》《麟趾》之意，然后可以行《周官》之法度"。前文在论述《周礼》与北宋儒学的发展时曾专门讨论过这个问题。这是宋代理学家对于儒学的贯通内圣外王之道的一个非常典型的概括说明。永嘉礼学的《周礼》学研究正是贯彻了道学的这个指导思想。陈傅良说：

> 尝读《关雎》，知三代而上，后妃极天下之选矣。后妃母仪天下，而嗛嗛然有不足配至尊之意，当是时夫人、嫔若干人，世妇若干人，女御若干人，各以其职奉上，所以共宾祭蕃，子姓之官备矣。后方恻然退想，幽深侧陋之间，尚有遗贤，宜配君子，求而不可得，则中夜不寐，展转叹息，庶几得之，吾当推琴瑟钟鼓之奉与之，偕乐而

---

[1] 黎靖德编：《朱子语类》卷一百二十三，第2960页。
[2] 陈傅良：《止斋文集》卷二十《吏部员外郎初对劄子第三》，中国基本古籍库收"四部丛刊景明弘治本"。
[3] 马端临：《文献通考》卷一百八十一《经籍考八》，第5353页。
[4] 朱彝尊：《经义考》卷一百二十三，《经义考新校》第五册，第2284页。
[5] 《河南程氏外书》卷十二，《二程集》，第428页。

后慊。后德如此,则宫掖之政,一以听后之所为,奚不可者?今内小臣而下凡阉官,九嫔而下凡妇官,下至于女奴晓祝者、晓书者、晓裁缝者,必属之大臣,则夫员数之增损,职掌之废置,禄秩之多寡,赐予之疏数,皆禀命于朝廷,而后不与。且使内宰得以稽其功绪,而赏罚其勤惰,苟违有司之禁,虽天子不得自以为恩,是故私谒不行而内政举,古之所谓正家者,盖如此。(《周礼订义》卷十二,文渊阁四库全书本)

上文指出,"格君心""正朝纲"与"均国势"是陈傅良解说《周礼》的"三纲领",每一"纲领"由四篇文字组成。上引这段文字又见于真德秀《西山读书记》卷二十四《礼要旨》。真德秀在这篇读书笔记中首先引用了朱子的话"《周礼》,周公遗典也",然后照录了陈傅良《周礼说》之《格君心》四篇,最后说"自此而上盖朱子之所是,故录之,余不录"。由此可知,真德秀的读书笔记之所以原文抄录了陈傅良《格君心》四篇,是因为这四篇是得到朱子认可的。上引"尝读《关雎》"一段是《格君心》之第三篇。

"修齐治平"是传统儒家重要的思想模式,也是儒学关于个人品行修养与家国天下之间关系的简要概括。在这个模式当中,"齐家"是一个关键的环节。无论是《周易》的"家人"卦,还是《诗经》的《关雎》篇,儒家都从中引发出齐家的重要性。帝王的家的规模虽非平常之家可比,但原理是相同的。而且帝王的修身、齐家与治国、平天下之间的关系更为密切、直接,因此很多儒家学者对帝王的后宫制度也格外关注。陈傅良就认为,所谓的"格君心"或"养君德",应从后宫制度开始。陈傅良在这段引文中特别强调了后妃对于天子"正家"的作用与意义,正是为了突出天子之家、天子之德与治理天下之间的内在关联。

朱熹对陈傅良的这个看法深表认可。朱子说:

> 如陈君举说,天官之职,如膳羞衣服之官,皆属之,此是治人主之身,此说自是。[1]

> 大概推《周官》制度亦稍详,然亦有杜撰错说处。如云冢宰之

---

[1] 黎靖德编:《朱子语类》卷八十六,第2204页。

职，不特朝廷之事，凡内而天子饮食、服御、宫掖之事无不毕管。盖冢宰以道诏王，格君心之非，所以如此。此说固是。①

天官是正人主之身，兼统百官；地官主教民之事，大纲已具矣。春夏秋冬之官，各有所掌，如太史等官属之宗伯，盖以祝、史之事用之祭祀之故；职方氏等属之司马，盖司马掌封疆之政。……如此等处，皆是合著如此，初非圣人私意。大纲要得如此看。②

朱熹认为，天官冢宰为百官之长，他的职责就是正君主之身。在这一点上朱子是赞同陈傅良的看法的。

本来，按《周礼》的设计，天官冢宰为百官之首，但其属下所职掌之实际内容，则大多为宫廷内务，凡寝社、膳食、饮料、服装、医药、妇寺，皆统于天官，相当于王室总管。历代有很多学者多对天官的名实不符感到困惑，甚至还有人将此看作刘歆伪造《周礼》的证据之一。朱熹说："五峰以《周礼》为非周公致太平之书，谓如天官冢宰，却管甚宫闱之事！其意只是见后世宰相请托宫闱，交结近习，以为不可。殊不知，此正人君治国、平天下之本，岂可以后世之弊而并废圣人之良法美意哉！"③从朱子的这段话中可知，胡宏极力主张刘歆伪造《周礼》，其根据之一就是将宫闱之事列于天官之属下，是不可信的。其实，《周礼》书中天官冢宰名实之间的矛盾，正是战国时期国家形态转型的体现。后世学者没有从历史发展的角度去看待《周礼》书中天官冢宰的职位与职掌之间的关系，仅仅按后世首辅或宰相的观念去衡量冢宰，自然觉得冢宰名不副实，而且还主要负责天子的宫闱内务，有损于冢宰之名。

但是，陈傅良却认为，《周礼》规定的天官冢宰主要负责天子的个人私生活，这不但无损于冢宰的名位，而且因为冢宰的地位高，可以接近帝王的日常生活，恰好还可以起到正君心、养君德的作用。④ 陈傅良的这种认识，与道学家的看法是一致的。儒家的政治主张自孔子开始，虽然强调"以道事君，不可则止"（《论语·先进》），但另一方面，儒家更加重视

---

① 黎靖德编：《朱子语类》卷八十六，第2206页。
② 同上书，第2204页。
③ 同上书，第2205页。
④ 郑伯谦也有类似的看法。他说："先王之制，事权欲合于一，而内外庭之势，本不容于分也。宫中府中，俱为一体。"见《太平经国之书》卷六《内外上》，《二郑集》，第152页。

君主在政治中的关键、枢纽作用。儒家的德治主张首先针对的就是君主，如孔子所说的，"政者，正也。子帅以正，孰敢不正？"（《论语·颜渊》）孟子继承了孔子的看法，而且更加明确地提出"惟大人能格君心之非"（《孟子·离娄上》）。孟子认为，实行仁政的关键系于君心，如果君心端正，则"君正莫不正，一正君而国定矣"（《孟子·离娄上》）。秦汉以后，虽然在现实政治格局中是以法家的思想为主导而形成的君主专制体制，但儒家"格君心之非"的主张则一直延续下来，并且不断地对君主专制体制起到一种匡正的作用。

宋代兴起的新儒学在儒学史上是一座高峰，但正如李存山老师所指出的，"两宋时期，程朱理学在哲学上比汉唐儒学有重大的发展，但在政治哲学上却鲜有突破，大致是伸张孟子的政治思想"①。宋代以程朱为代表的道学家的政治思想，在总体上仍然没有突破先秦时期儒家关于政治的一些基本设定。具体来说，他们依然认为政治的改善关键在于掌握绝对权力的君主道德意识的觉醒和道德水准的提高，因此，"格君心之非"是道学家政治思想的主要内容。

早在治平年间，程颐就写有《为家君应诏上英宗皇帝书》，其中说道："臣以为所尤先者三焉，请为陛下陈之。一曰立志，二曰责任，三曰求贤。……三者之中，复以立志为本，君志立而天下治矣。所谓立志者，至诚一心，以道自任，以圣人之训为可必信，先王之治为可必行，不狃滞于近规，不迁惑于众口，必期致天下如三代之世，此之谓也。"② 程颢也有相同的看法："君道之大……在乎君志先定，君志定而天下之治成矣。所谓定志者，一心诚意，择善而固执之也。"③ 神宗即位之后，程颐在上神宗的《论王霸劄子》中依然陈述的是治天下以君主立志为本的看法。经过了熙宁年间的新法，更加坚定了二程的这种看法，他们认为治道最根本的就是要"格君心之非"。他们说：

> 治道亦有从本而言，亦有从事而言。从本而言，惟从格君心之

---

① 李存山：《程朱的"格君心之非"思想》，《气论与仁学》，中州古籍出版社2009年版，第465页。
② 《河南程氏文集》卷五，《二程集》，第521页。
③ 《河南程氏文集》卷一，《二程集》，第447页。

非，正心以正朝廷，正朝廷以正百官。①

"君仁莫不仁，君义莫不义"。天下之治乱系乎人君仁不仁耳。②

二程的思想在熙宁前后有所转变，但他们的政治思想几乎没有任何变化，甚至在经历了新法之后，他们在涵泳天理的同时，更加重视君心在政治中的纲纽作用。

朱熹的政治思想也继承了二程的以"格君心之非"作为为政之本的思想。朱熹说：

> 熹常谓天下万事有大根本，而每事之中又各有要切处。所谓大根本者，固无出于人主之心术，而所谓要切处者，则必大本既立，然后可推而见也。如论任贤相、杜私门，则立政之要也；择良吏、轻赋役，则养民之要也。公选将帅，不由近习，则治军之要也。乐闻警戒，不喜导谀，则听言用人之要也。推此数端，余皆可见，然未有大本不立而可以与此者，此古之欲平天下者所以汲汲于正心诚意以立其本也。③

由此可见，道学对于政治的看法最终也就止步于"格君心之非"了。这其实也是由儒家修齐治平这种思维模式所决定的。从宋代道学的整体来看，道学家在修齐治平这个框架之内，重点在儒家内圣学领域有极大的发展与贡献。在他们看来，心性的基础愈坚实，最终治国平天下的成就才会愈牢固。因此，道学家其实所从事的是一项"基础"工作。在这方面，永嘉学者完全不能与道学家相比，但是他们在整体思路上是一致的，都将现实政治的改善以及儒家政治理想的实现寄希望于君主品德的提高，这也正是陈傅良解说《周礼》的真正用心。也正是在这一点上，朱子是认可陈傅良的。

四 永嘉礼学与理学

永嘉礼学虽然在价值取向上是有意向程学靠拢的，但从实际内容来

---

① 《河南程氏遗书》卷十五，《二程集》，第165页。
② 《河南程氏外书》卷六，《二程集》，第390页。
③ 朱熹：《文集》卷二十五《答张敬夫》，《朱子全书》第二十一册，第1112页。

看，永嘉学者的礼学研究主要还是注重对历史与现实社会当中的礼乐制度的探讨。如黄宗羲说："永嘉之学，教人就事上理会，步步着实，言之必使可行，足以开物成务。"① 朱熹虽然对陈傅良有一些肯定，但总体上又对永嘉学者多有批评，认为永嘉学者的学问"没头没尾""小"。朱熹说："只是他稍理会，便自要说，又说得不著。"又说："大抵只说一截话，终不说破是个甚么；然皆以道义先觉自处，以此传授。"② 所谓没有"说破"，应该是批评永嘉学没有真正实现儒家所理想的"贯通"。《语类》中还记载：

> 或曰："永嘉诸公多喜文中子。"曰："然，只是小。它自知定学做孔子不得了，才见个小家活子，便悦而趋之。譬如泰山之高，它不敢登；见个小土堆子，便上去，只是小。"③

朱熹还多次批评永嘉学问琐碎："永嘉看文字，文字平白处都不看，偏要去注疏小字中，寻节目以为博。"④ 其实，于"注疏小字中寻节目"，不正是古今礼学研究特别容易犯的一个通病吗？由此可见，朱子对永嘉礼学的批评还是很有现实意义的。朱子批评永嘉学者"小"，不但是指他们学问的规模还不够宏大，而且也值得今天的礼学研究者引以为戒。

从朱熹的这些批评来看，所谓永嘉学者的学问"小"，是自道学家的标准来衡量，永嘉学者还主要是关注于"事"的层面，而对于"理"，对于形上问题则兴趣、关注不够。从儒学的整体发展来看，这样的批评也是有一定道理的。《朱子语类》中有记载：

> 器远言："少时好读伊洛诸书。后来见陈先生，却说只就事上理会，较著实。若只管去理会道理，少间恐流于空虚。"曰："向见伯恭亦有此意，却以《语》《孟》为虚著。《语》《孟》开陈许多大本原，多少的实可行，反以为恐流于空虚，却把《左传》做实，要人看。殊不知少间自无主张，只见许多神头鬼面，一场没理会，此乃是

---

① 《宋元学案》卷五十二《艮斋学案》，第1696页。
② 黎靖德编：《朱子语类》卷一百二十三，第2960—2961页。
③ 同上书，第2962页。
④ 同上书，第2964页。

大不实也！又只管教人看史书，后来诸生都衰了。……如人乘船，一齐破散了，无奈何，将一片板且守得在这里。"

又曰："又有说道，身己自著理会，一种应出底事又自著理会，这分明分做两边去。不知古人说修身而天下平，须说做不是始得。《大学》云'格物而后知至，知至而后意诚'云云，今来却截断一项，只便要理会平天下，如何得！"①

朱熹在这里主要是批评吕祖谦，但也将陈傅良相提并论，认为他们的学问一个重史，一个重事，却将儒学最为重要、关键的心性义理视为虚空。在朱熹看来，《语》《孟》《学》《庸》这些内容既切实可行，又可以从中别开生面，完美地体现出儒学修齐治平、内外贯通的整体局面。而对于儒学的这个特质如果不能整体把握，顾此失彼，则会将完整的儒学"截断一项"，打成两截。理学家认为，内圣学是基础，只有将儒学的这个基础建筑牢固了，儒学"为万世开太平"的理想才有根基，才可以实现。

在理学家看来，真正的儒学不但要内外贯通，还要上下贯通，下学上达，认识到"礼者理也"，礼无论是"经礼三百"，还是"曲礼三千"，其本质都是天理的具体展现。而这一点正是永嘉礼学所欠缺的。朱熹对于永嘉礼学的批评也是从此入手的。朱熹认为：

> 其（陈傅良）教人读书，但令事事理会，如读《周礼》，便理会三百六十官如何安顿；读《书》，便理会二帝三王所以区处天下之事；读《春秋》，便理会所以待伯者予夺之义。至论身己上工夫，说道："'形而上者谓之道，形而下者谓之器。'器便有道，不是两样，须是识礼乐法度皆是道理。"②

又说：

> 礼乐法度，古人不是不理会。只是古人都是见成物事，到合用时

---

① 黎靖德编：《朱子语类》卷一百二十，第2896—2897页。
② 同上书，第2896页。

便将来使。如告颜渊"行夏之时，乘殷之辂"，只是见成物事。如学字一般，从小儿便自晓得，后来只习教熟。如今礼乐法度都一齐乱散，不可稽考，若著心费力在上面，少间弄得都困了。①

从这里可以看出，朱熹认为永嘉学者读《周礼》、读《书》，只是限于经典的具体内容当中，而没有融会贯通，没有认识到礼乐法度是和天理贯通的。朱熹对于永嘉礼学不仅有一些具体细节上的批评②，而且更为重要的是，从整体上认为永嘉礼学没有最终的归宿，因此道学与永嘉礼学还是有本质的不同。朱熹并非不重视礼，但他认为，不能将学者的气力完全用在稽考古礼古制上面，而是认为，对于礼学应从大处着眼，把握住了理，则礼自然有章可循。朱子曾指出：

> 礼学是一大事，不可不讲，然亦须看得义理分明，有余力时及之乃佳。不然，徒弊精神，无补于学问之实也。③

前文曾经引用过这段文字，并且指出这是朱子晚年对于儒家礼学的一个总结性认识。这里包含了三层含义：第一，礼学作为儒学的重要内容，应该是儒家学者必须重视、研究的课题之一。第二，研究礼学重要的是研究礼学的思想含义。礼学应与义理之学相结合。第三，研究礼学需要在学问有了一定的根基或基础之后才可以进行，这样可以更好地认识到礼学中

---

① 黎靖德编：《朱子语类》卷一百二十，第2896页。
② 例如，陈傅良说："如太史、内史掌六典、八法、八则，宜属天官，乃属春官；大小行人、司仪、掌客，宜属春官，乃属秋官……先王设官如此，当时不见文移回复职事侵紊之患，何也？六官之设，虽各有司存，然错综互见，事必相关。……后世官家专治礼，刑官专刑，兵官治兵，财官专治财，并不相关，虽有遗失，他官不得搏节，而旷废多矣。"（王与之：《周礼订义·弁言》，文渊阁四库全书本）据此，陈傅良认为，《周礼》设官的原则是各官虽然各有所掌，但整体上还要互相牵制，所谓"错综互见，事必相关"。但是，朱熹则认为，这样的原则并不符合周公设官的原则。朱熹说："但云主客行人之官，合属春官宗伯，而乃掌于司寇；土地疆域之事，合掌于司徒，乃掌于司马：盖周家设六官互相检制之意。此大不然！何圣人不以君子长者之道待其臣，既任之而复疑之邪？"（《朱子语类》卷八十六，第2206页）又说："如陈君举说，天官之职，如膳羞衣服之官，皆属之，此是治人主之身，此说自是。到得中间有官属相错综处，皆谓圣人有使之相防察之意，这便不是。"（《朱子语类》卷八十六，第2204页）这是朱熹对陈傅良所说的《周礼》设官原则的批评。
③ 朱熹：《文集》卷五十九《答陈才卿》，《朱子全书》第二十三册，第2848页。

的义理，以及礼学在儒学整体中的位置与意义。否则很容易陷入繁琐的名物制度的纠缠中。在朱熹看来，这个学问的根基就是儒学的心性之学。由此可见，朱熹虽然也重视礼学，但他对于儒家礼学的理解与定位与永嘉礼学还是完全不同的。我们也可以把这段话看做是朱熹对永嘉礼学的一种批评与回应。叶适认为，礼是为学之始，也是儒学的基础。他说：

> 程氏诲学者必以敬为始……以余所闻，学有本始，如物始生，无不懋长焉，不可强立也。孔子教颜子"克己复礼为仁"。……是则复礼者，学之始也。教曾子曰："安上治民莫善于礼。礼者，敬而已矣。故敬其父则子悦，敬其兄则弟悦，敬其君则臣悦，敬一人而千万人悦。"是则敬者，德之成也。学必始于复礼，故治其非礼者而后能复。①

如果仅就这一段话来看，尤其是就儒家经典当中"克己复礼为仁""安上治民莫善于礼"来解说，恐怕是所有的儒家学者都可以承认的。但如果把这些话放在各自的思想脉络当中，叶适与永嘉学者由于重视礼而走向了经制之学的探讨，而道学则由重礼进一步走向了对礼的心性基础和形上基础的探讨，由此也就显示出永嘉礼学与道学的不同学术走向。

---

① 叶适：《水心文集》卷十《敬亭后记》，《叶适集》，第163—164页。

第五章

礼学与理学的互动

理学是宋代儒学的主体内容，也是传统儒学发展的最高形态。在北宋儒学复兴的过程中，随着儒学的逐渐义理化，传统儒学当中的重要组成部分礼学也受到理学的影响。虽然"礼者理也"这样的说法早在先秦时期的儒家经典《乐记》当中就已经出现，但严格说来，它还不能称得上是一个具有思想史意义的命题，也不具有哲学意义。在理学兴起之后，礼才逐渐与理联系起来，"礼者理也"在宋代理学的背景之下，才真正具有了具体的思想内涵，同时也标志着礼学思想逐渐向义理化发展和靠拢。清代礼学兴盛，在名物制度的考证以及三《礼》的训解方面取得了空前的成就，很多学者坚持认为礼学是实学，非常反感礼学的义理化、理学化。但是从礼学思想以及儒学发展的整体来看，礼学与儒家思想，与每一个历史时期主流思潮之间的互动与交流，从来都是礼学思想的重要内容，也是推动礼学发展的一个主要动因。宋代的礼学正是在与理学的互动中逐渐深化的。当然，礼学的义理化也并不是从北宋时期才开始的。魏晋时期是中国古代哲学思想发展的一个关键时期，以玄学为主的魏晋思想关注、讨论的有无、本末、体用等问题，已经在中国古代思想的发展中具有了本体的意义，是儒学从先秦向宋代理学发展演变的一个必不可少的环节。同时，魏晋时期的礼学以及礼学思想也受到了时代思潮的影响，在朝着义理化的发展方向上有了很大的进展，并且显示出明显的时代特征，成为宋代礼学思想进一步朝着理学化发展的思想前提。因此，我们探讨宋代礼学思想以及在理学影响下而义理化的礼学，应当从之前的魏晋时期开始。

第一节 王肃的三《礼》学与"郑王之争"

郑玄遍注诸经，融合今古学，是两汉经学的集大成者。就礼学来看，郑玄以《周礼》为经，统辖三《礼》，使三《礼》学成为统一的礼学整体；"礼是郑学"，更加突出了郑玄的经学成就。郑玄成为汉代经学的权威，同时也成为经学进一步发展过程当中人们攻击、反对与超越的对象。例如，三国时期蜀地学者李譔，"著古文《易》、《尚书》、《毛诗》、三《礼》、《左氏传》、《太玄指归》，皆依准贾、马，异于郑玄"（《三国志》卷四十二《李譔传》）。又据《三国志》卷五十七《虞翻传》注引《翻别传》，虞翻曾指出郑玄对《周易》的解释"多玩章句，虽有秘说，于经疏阔"，又"奏郑玄解《尚书》违失事目"，进而指出："（郑）玄所注五经，违义尤甚者百六十七事，不可不正。行乎学校，传乎将来，臣窃耻之"。孔融《与诸卿书》曰："郑康成多臆说，人见其名学，为有所出也。证案大较，要在五经四部书，如非此文，近为妄矣。若子所执，以为郊天鼓必当麒麟之皮也，写《孝经》本当曾子家策乎？"① 又有王粲，"难郑玄《尚书》"②。由此可见，自汉末以来，学者对郑玄的批评，已经相当普遍。

"礼是郑学"确立了郑玄礼学宗师的地位，但是，在反对郑玄经学的潮流当中，王肃进一步与郑玄立异。王肃也遍注群经，由于王肃的经学成就以及特殊的政治地位，王肃的经注在魏末西晋时期皆列学官，"为《尚书》、《诗》、《论语》、《三礼》、《左氏》解，及撰定父朗所作《易传》，皆列于学官"（《三国志》卷十三）。当时的学者研究礼学多宗王肃。史称王肃去世后"门生缞绖者以百数"（《三国志》卷十三），可见王学兴盛一时。到了东晋以后，王学的官学地位逐渐衰微，但其学术影响则一直延续至后世。

王肃的经学著作大多已经佚失，只有少数片段保存在今存的各种经注当中，由于资料的"碎片化"性质所限，学者研究王肃的经学与三《礼》学，均从资料的辑佚、整理开始。中国台湾学者李振兴著《王肃之经学》，搜集了王肃之《周易》学、《尚书》学、《诗经》学、三《礼》学、《春秋左传》学、《孝经》学、《论语》学等资料，并对这些佚文作了一

---

① 见严可均辑《全后汉文》卷八十三，《全上古三代秦汉三国六朝文》，中华书局1958年影印本，第922页。
② 《颜氏家训·勉学》，王利器：《颜氏家训集解》（增补本）卷三，中华书局1993年版，第183页。

定的考释。① 此书出版于20世纪80年代，同期中国台湾学者出版的经学研究著作大多具有这种资料收集整理的性质。这类资料整理的基础性工作为后来学者的进一步深入研究奠定了重要的基石。近来大陆学者关于王肃经学以及郑王经学之比较研究，在资料的辑佚、考释方面又有所推进，如史应勇著《郑玄通学及郑王之争研究》，主要对现存郑玄、王肃经学资料《周易注》《尚书注》《毛诗注》《丧服经传注》《礼记注》与《论语注》等六种著作作了一些比勘，并有一定的分析②；又《〈尚书〉郑王比义发微》是在上述李振兴研究的基础之上，专就《尚书》"郑王之争"搜集、考释的更为全面的资料。③

资料的搜集、考释是经学史研究的前提与基础。在此基础之上，学界对王肃的经学、王郑之争及其学术思想也作了一些较为深入的研究与探讨，如有专著《魏晋儒学新论——以王肃和"王学"为讨论的中心》出版④；近来出版的汤一介先生主编的《中国儒学史·魏晋南北朝卷》当中，对王肃的经学思想作了较为全面的评述。⑤ 就礼学方面来说，乔秀岩的《论郑王礼说异同》，对郑王的礼学作了较为全面的比较，并引述了一些日本学者的观点，有一定的参考价值。⑥ 本节欲在学界前期研究成果的基础之上，对王肃的三《礼》学以及王郑礼学的异同，作进一步的分析与梳理，并由此探讨王肃礼学在魏晋时期礼学发展过程中的意义。

一　礼学是王肃经学的核心

据刘汝霖《汉晋学术编年》，我们首先将郑玄与王肃的经学著述列表

---

①　李振兴：《王肃之经学》，台北：嘉新水泥公司文化基金会研究论文第三六六种，1980年；华东师范大学出版社2012年版。
②　史应勇：《郑玄通学及郑王之争研究》，巴蜀书社2007年版。
③　史应勇：《〈尚书〉郑王比义发微》，华东师范大学出版社2011年版。
④　郝虹：《魏晋儒学新论——以王肃和"王学"为讨论的中心》，中国社会科学出版社2011年版。
⑤　汤一介、李中华主编：《中国儒学史·魏晋南北朝卷》（李中华著），北京大学出版社2011年版。
⑥　乔秀岩：《论郑王礼说异同》，北京大学历史系编：《北大史学》（13），北京大学出版社2008年版。

作一比较[①]：

郑玄	王肃
《周易》十卷，录一卷 （《释文·叙录》）	《周易注》十卷 （《释文·叙录》） 《周易音》一卷 （《释文·叙录》）
《尚书注》九卷 （《隋志》） 《尚书音》五卷 （《隋志》） 《尚书大传注》三卷 （《隋志》）	《尚书传》十一卷 （《释文·叙录》） 《尚书驳议》五卷 （《隋志》） 《尚书答问》三卷 （《隋志》）
《毛诗故训传笺》二十卷 （《叙录》《隋志》，今存） 《诗谱》二卷 （《叙录》，今存《正义》中） 《诗音》 （《叙录》）	《毛诗注》二十卷 （《隋志》） 《毛诗义驳》八卷 （《隋志》） 《毛诗奏事》一卷 （《隋志》） 《毛诗问难》二卷 （《隋志》） 《毛诗音》 （《释文·叙录》）
《周官礼注》十二卷 （《叙录》《隋志》） 《周礼音》二卷 （《七录》《叙录》） 《答临孝存周礼难》 （《后汉书》本传） 《仪礼注》十七卷 （《释文·叙录》，今存） 《礼议》二十卷 （《唐志》） 《仪礼音》二卷 （《隋志》《叙录》） 《礼记注》二十卷 （《叙录》） 《礼记音》二卷 （《七录》《叙录》） 《丧服经传注》一卷 （《隋志》） 《丧服纪》一卷 （《唐志》） 《丧服变除》一卷 （《新唐志》） 《三礼目录》一卷 （《隋志》，今存《三礼疏》中） 《三礼图》 （《隋志》） 《五宗图》一卷 （《七录》）	《周官礼注》十二卷 （《隋志》） 《仪礼注》十七卷 （《隋志》） 《丧服经传注》一卷 （《隋志》《叙录》） 《丧服要记》一卷 （《隋志》） 《丧服变除》 （《晋书·礼志》） 《礼记注》三十卷 （《释文·叙录》） 《祭法》五卷 （《隋志》） 《明堂议》三卷 （《隋志》） 《宗庙诗颂》十二篇 （《宋史·礼志》） 《三礼音》三卷 （《释文·叙录》）

---

① 参见刘汝霖《汉晋学术编年》卷之六、卷之七，华东师范大学出版社2010年版，第443—445、539—541页。

续表

郑玄	王肃
《驳何氏汉议》二卷　（《隋志》） 《发公羊墨守》一卷　（《唐志》） 《箴左氏膏肓》十卷　（《唐志》） 《起穀梁废疾》三卷　（《隋志》《唐志》） 《春秋十二公名》一卷　（《七录》） 《春秋左氏分野》一卷　（《七录》）	《春秋左氏传注》三十卷　（《释文·叙录》） 《春秋外传章句》二十二卷　（《七录》）
《孝经注》一卷　（《隋志》）	《孝经解》一卷　（《隋志》）
《论语注》十卷　（《隋志》） 《论语释义》十卷　（《旧唐志》） 《孔子弟子目录》一卷　（《隋志》）	《论语注》十卷　（《释文·叙录》） 《论语释驳》三卷　（《隋书·经籍志》） 《孔子家语解》二十一卷　（《隋书·经籍志》，今存）
《六艺论》一卷　（《隋志》） 《答甄子然》 《驳许慎五经异义》　（《后汉书》本传） 《鲁礼禘祫义》　（《诗·商颂·玄鸟正义》引）	《圣证论》十二卷　（《隋志》）
《孟子注》七卷　（《隋志》）	《杨子太玄经注》七卷　（《隋志》） 《玄言新记道德》二卷　（《唐志》） 《王子正论》十卷　（《隋志》）
《易纬注》九注　（《七录》《隋志》） 《乾凿度注》（《李淑书目》二卷、《宋艺文志》三卷） 《通卦验注》（《李淑书目》二卷、《宋艺文志》三卷） 《尚书纬注》六卷　（《七录》《隋志》） 《尚书中侯注》八卷　（《七录》《隋志》） 《诗纬注》三卷　（《唐志》） 《礼纬注》二卷　（《七录》） 《礼记默房注》三卷　（《七录》） 《春秋纬注》　（《文选·褚渊碑文》注） 《孝经纬注》　（《文选·东京赋》注）	

续表

郑玄	王肃
《洛书灵准听注》　（《初学记》卷九） 《九宫经注》三卷　（《隋志》） 《九宫行棋经注》三卷　（《隋志》） 《九旗飞变》一卷　（《唐志》） 《乐纬动声仪》　（《御览》一引） 《乾象历注》　（《晋书·律历志》） 《天文七政论》　（《宋书·历志》） 《汉律章句》　（《晋书·刑法志》引） 《汉宫香法注》　（张邦基《墨庄漫录》引） 《日月交会图注》　（《七录》）	
《集》二卷，《录》一卷　（《七录》） 《郑志》八篇（门生相与撰玄答诸弟子问五经，依《论语》作《郑志》八篇）	《集》五卷，《录》一卷　（《隋志》） 《家诫》　（《艺文类聚》二十三引）

由上表可见，在王肃的诸多经注著作当中，无论从数量还是从重要性来说，依然是以三《礼》学为主体的。这一点与郑玄是相同的。王肃的礼学著作主要有：《周官礼注》十二卷、《仪礼注》十七卷、《丧服经传注》一卷、《丧服要记》一卷、《丧服变除》、《礼记注》三十卷、《祭法》五卷、《明堂议》三卷、《宗庙诗颂》十二篇、《三礼音》三卷。另外，《三国志》卷十三的《王肃传》说王肃"所论驳朝廷典制、郊祀、宗庙、丧纪、轻重，凡百余篇"，这百余篇著作的内容也大多涉及礼制。另据学者统计，在现存的王肃著述当中，除了经注和论著之外，在《全三国文》中收录文章三十六篇，其中内容有关礼仪礼制的有十九篇，占到一半以上。[①] 从这些资料我们可以进一步确认，王肃的经学是以礼学为主体的，这也是王肃经学与学术的特色。

王肃的经学虽然以反郑玄为学术使命，但其实他依然是从郑学开始的。王肃曾自称："自肃成童，始志于学，而学郑氏学矣。然寻文责实，

---

① 参见郝虹《魏晋儒学新论——以王肃和"王学"为讨论的中心》，第97页。

考其上下，义理不安，违错者多，是以夺而易之。然世未明其疑情，不谓其苟驳前师以见异于前人。乃慨然而叹曰：'予岂好难哉，予不得已也。圣人之门，方雍不通；孔氏之路，枳棘充焉，岂得不开而辟之哉？若无由之者，亦非予之罪也。'"（《孔子家语·序》）从王肃的自述可知，王肃的学术起点是郑玄的经学。王肃经学出自郑学，但后来又反对郑学，欲"夺而易之"，是由于他认为郑玄的经学在义理方面错误甚多，而且成为理解圣人之道的障碍。

王肃的经学虽以超越郑玄为目标，但传统的经学史研究对王肃经学成就评价并不高。如皮锡瑞所指出的："郑学出而汉学衰，王肃出而郑学亦衰。"[1] 皮锡瑞又说："两汉经学极盛，而前汉末出一刘歆，后汉末生一王肃，为经学之大蠹。"[2] 皮锡瑞将王肃与刘歆相提并论，并从政治、学术各个方面作了比较，认为他们在政治上"党附篡逆"，在学术上刘歆"汩乱今文师法"，王肃"伪作孔氏诸书，并郑氏学亦为所乱"。[3] 这个评价过于苛刻。经学史上一般尊郑玄而贬王肃，清人陈澧认为这是"一偏之见"。陈澧在《东塾读书记》中平议郑王之学，虽然对王肃多有批评，但还是认为"凡郑君之说，未必尽是；肃之所难，未必尽非。惟锐意于夺而易之，故其说多轻率，复多矛盾也。夫前儒之说有误，后儒固当驳正，即朝廷典制有误，亦当论驳"。[4] 这个评价大体公允。至于王肃伪作诸经，"心术不端"，其言其行导致轻薄之风，这个问题当另有专题研究。

二　郑玄与王肃礼学的争论

唐元行冲《释疑》说："子雍规玄数十百件……又王肃改郑六十八条"（《旧唐书》卷一〇二《元行冲传》），《新唐书·元行冲传》则说："王肃规郑玄数千百条"（《新唐书》卷二〇〇《儒学传下》），这些数字虽不完全一致，但可以看出郑王经学的差异还是很大的。由于郑学和王学都是以礼学为核心，所以郑王之学的区别主要也体现在礼学方面。

第一，王肃与郑玄礼学的分歧在于对祭天礼仪当中圜丘与郊的理解不同。

---

[1] 皮锡瑞：《经学历史》，中华书局2004年版，第105页。
[2] 同上书，第109页。
[3] 同上。
[4] 陈澧：《东塾读书记》卷十六，上海古籍出版社2012年版，第276页。

《礼记·祭法》："有虞氏禘黄帝而郊喾，祖颛顼而宗尧。夏后氏亦禘黄帝而郊鲧，祖颛顼而宗禹。殷人禘喾而郊冥，祖契而宗汤。周人禘喾而郊稷，祖文王而宗武王。"这里提出的禘、郊、祖、宗，都是各种不同的祭祀名称，但其具体内容则成为后来经学家争执不休的议题，尤其是郊禘孰重孰轻问题，更是今古学双方争论的焦点之一。郑玄王肃对于郊禘有不同的理解。

郑玄认为圜丘与郊是不同的祭天仪式。郑注《祭法》曰："禘、郊、祖、宗，谓祭祀以配食也。此禘，谓祭昊天于圜丘也。祭上帝于南郊曰郊。祭五帝、五神于明堂曰祖、宗。祖、宗通言尔。"① 郑玄认为，禘为于圜丘祭祀昊天之礼，郊为于南郊祭祀上帝之礼。郑玄还认为："冬至圜丘名禘，配以喾；启蛰祈谷名郊，配以稷。"根据郑玄的看法，应该是禘重于郊的。

王肃反对郑玄的看法，认为丘即郊、郊即丘，丘郊异名而同实。王肃认为：

> 郊则圜丘，圜丘则郊。所在言之，则谓之郊；所祭言之，则谓之圜丘。于郊筑泰坛，象圜丘之形，以丘言之，本诸天地之性，故《祭法》云"燔柴于泰坛"，则圜丘也。《郊特牲》云"周之始郊，日以至"。《周礼》云"冬至祭天于圜丘"。知圜丘与郊是一也。②

王肃还说："玄以圜丘祭昊天，最为首礼，周人立后稷庙，不立喾庙，是周人尊喾不若后稷。及文、武，以喾配至重之天，何轻重颠倒之失所？郊则圜丘，圜丘则郊，犹王城之内，与京师异名而同处。"③

根据王肃的看法，郊、圜丘为一，这样，郑玄所认为的禘重于郊的看法，就变成为郊重于禘的学说了。

郑玄王肃关于郊禘的不同理解，其实是源于三《礼》文献中圜丘与郊出自不同的文献系统。

郊为祭天礼，在商代甲骨文中就已出现④，至西周则发展成为周礼当

---

① 《礼记正义》卷五十五，上海古籍出版社2008年标点本，第1783页。
② 《礼记正义》卷三十五引王肃《圣证论》，第1065页。
③ 《礼记正义》卷五十五《祭法》引王肃《圣证论》，第1784—1785页。
④ 甲骨文中的"嵩土""膏土"即读为"郊社"。参见李学勤《释"郊"》，《文史》第三十六辑，中华书局1992年版。

中隆重的祭天礼仪。《礼记》有多篇明确讲到郊礼，如《礼记·礼运》："祭帝于郊，所以定天位也"；《礼器》："因天事天，因地事地，因吉土而享帝于郊，飨帝于郊而风雨节、寒暑时，祀地于郊，敬之至也"；《中庸》："郊社之礼，所以事上帝也。"其中《郊特牲》篇比较详细地记载了郊礼的举行时间、程序和仪式，与《左传》的记录大体相符。因此，郊礼的礼学依据主要是《礼记》。

《周礼》书中记载的最高神灵有昊天（圜丘）、上帝和五帝。《周礼·春官·大宗伯》："以禋祀祀昊天、上帝，以实柴祀日、月、星辰。"郑玄注指出："昊天上帝，冬至于圜丘所祀天皇大帝。"郑玄将这里所说的祭祀对象昊天与上帝等同起来，但后来也有学者认为昊天、上帝二者不同。清代学者金榜说："《大宗伯》'以禋祀祀昊天、上帝'，《司服》'祀昊天、上帝则服大裘而冕，祀五帝亦如之'，《典瑞》'四圭有邸以祀天旅上帝'，明昊天与上帝殊。……后郑合昊天、上帝为一，误。"孙诒让赞同金说："金说是也。此职及《司服》之昊天、上帝，亦当分为二。昊天为圜丘所祭之天，天之总神也。上帝为南郊所祭受命帝，五帝之苍帝也。而郑、贾说昊天上帝，并合为一，为专指圜丘之天帝，非也。"① 孙说认为上帝为受命帝也是从郑玄而来。

据《周礼》，昊天为圜丘所祭之天。至于"上帝"，《周礼》书中含义不清，郑玄注为五色帝中受命之帝。《周礼》提到的最高神灵是昊天、上帝、五帝，圜丘本为祭祀昊天、上帝的场所，后也用来指代昊天、上帝，但《周礼》不用"郊"字。

《周礼》书中的"郊"字，除了四郊、郊野、近郊、远郊这样的用语之外，关涉祭祀的主要有两处：

《春官·小祝》："有寇戎之事，则保郊、祀于社。"郑玄注："保、社互文，郊、社皆守而祀之。"

《夏官·节服氏》："郊祀，裘冕，二人执戈，送逆尸从车。"

这两处并没有明确说明郊祀为祭天礼。

就王肃与郑玄争论的圜丘与郊来说，在三《礼》当中，《周礼》主圜丘，而《礼记》主郊。郑玄认为圜丘与郊二者不同，这是因为郑玄笃信《周礼》，认为《周礼》是周公所制定的宗周礼制。但是，郑玄也不能随

---

① 孙诒让：《周礼正义》卷三十三，中华书局1987年版，第1309页。

意反对《礼记》,因此为了弥合《周礼》与《礼记》等其他文献记载的不同,郑玄认为《郊特牲》与《左传》等记载的郊礼是鲁礼,而不是周礼。郑玄在《郊特牲》"郊之用辛也,周之始郊,日以至"一句注中说:"郊天之月而日至,鲁礼也。三王之郊,一用夏正。鲁以无冬至祭天于圜丘之事,是以建子之月郊天,示先有事也。"① 因此,郑玄认为,冬至日于圜丘举行的祭祀昊天上帝的礼仪才是西周时期的郊礼。

由上述可知,郑王的礼学之争,首先是缘于对三《礼》的认识、理解不同而形成的,从今天的角度来看,是由于对三《礼》的成书时代以及性质的认识不同而导致的分歧。就丘郊问题来说,由于西周祭天礼本身也有一个不断发展演化的过程,《郊特牲》篇所记录的大体相当于西周中后期的郊天礼②,而《周礼》的记载则人为编排的痕迹更为浓厚。但郑玄笃信《周礼》,以《周礼》为准而弥合其他礼经材料,因而形成了丘、郊不同且禘重于郊的看法。王肃更加重视《礼记》,他的看法相对来说与历史实际更加符合一些。

与郑王礼学争论的丘郊以及禘郊问题相关的礼学议题还有:

其一,与禘郊相关的今古学标准问题。廖平《今古学考》认为,古文经学主张"禘大于郊":"古学:禘为祀天帝,郊为祈谷,禘重于郊。……今学不以禘为大祭。"③ 周予同也认为,今文学主张"禘为时祭,有袷祭",古文学主张"禘大于郊,无袷祭"。④ 关于禘郊问题,今古学这样针锋相对的看法表面上看似清晰、整齐,其实并没有太多坚实的依据。

前文引郑玄《礼记注》称"禘谓祭昊天圜丘也,祭上帝于南郊曰郊。"郑玄认为,禘为于圜丘祭祀昊天之礼,郊为于南郊祭祀上帝之礼,禘重于郊、祖之类。郑玄还认为:"冬至圜丘名禘,配以喾;启蛰祈谷名郊,配以稷。"这就是"禘为祀天帝,郊为祈谷"。所以,"禘重于郊"其实是郑玄的看法。郑玄的礼学融汇今古,虽然在整体上持古文经学的立

---

① 《礼记正义》卷三十五,第1063页。
② 王国维已经指出:"《郊特牲》等篇又出于七十子后学,即谓作记者亲见礼经全文,约之为是说,然亦仅足以言宗周中叶以后之祭礼,未足以定殷周间之祭礼也。"见《观堂集林》卷一《与林浩卿博士论洛诰书》,中华书局1959年版,第41页。
③ 李耀仙主编:《廖平选集》上册,巴蜀书社1998年版,第100页。
④ 周予同:《经今古文学》,收入朱维铮主编《周予同经学史论著选集》(增订本),上海人民出版社1996年版,第26页。

场，但就这一点来说，却并非古文学的观点。汉代古文经学家王莽、刘歆、贾逵以及《左传》说、杜预等都认为，郊为事天，禘为宗庙之礼，与郑玄的看法几乎相反。

王肃完全反对郑玄关于禘、郊的解释。《郊特牲》孔疏引王肃《圣证论》曰："玄既以《祭法》禘喾为圜丘，又《大传》'王者禘其祖之所自出'，而玄又施之于郊祭后稷，是乱礼之名实也。按《尔雅》云：'禘，大祭也'，'绎，又祭也'，皆祭宗庙之名，则禘是五年大祭先祖，非圜丘及郊也。"① 根据王肃丘、郊为一的理论，郊就是于圜丘祭天之礼，而禘则是宗庙祭祀，自然是郊重于禘。

因此，廖平等人在禘、郊问题上所列举的今古学的划分标准，其实正是郑玄与王肃的区别之处。王肃与郑玄相同，都有融合今古文经学的倾向，但在总体上都是古文学的立场。他们在禘、郊问题上对立的看法，不能作为评判今古文学的标准之一。

其二，禘祫问题。郑玄曾说："儒家之说禘祫也，通俗不同，学者竞传其闻，是用讻讻争论，从数百年来矣。"② 这是儒家礼学内部争论了上千年的一个热点问题。据孙诒让统计，唐以前对此问题有不同看法的就有二十一家，"宋以后异说尤繁"。林之奇曾概括总结说："禘、祫之说，先儒聚讼久矣。论年之先后，则郑康成、高堂隆谓先三而后二，徐邈为先二而后三；辨祭之大小，则郑康成谓祫大于禘，王肃谓禘大于祫，贾逵、刘歆谓一祭二名，礼无差降。矛盾相攻，卒无定论。"③ 孙希旦又将经学史上聚讼的禘祫问题归结为四个方面：一曰二祭之大小，二曰所祭之多寡，三曰祭之年，四曰祭之月。④ 这说明关于禘祫问题历代经学家从不同的角度也有争议。就郑王的分歧来看，主要集中在二者的大小。所谓大小，一指二者的重要程度，二指所推行的阶层的等级级别。

禘祫问题可以说是从郑玄开始的。《诗·周颂·雍》"毛序"："禘大祖也。"郑玄笺："禘，大祭也，大于四时而小于祫。"⑤

《礼记·王制》："天子犆礿、禘祫、祫尝、祫烝。"郑注："犆，犹一

---

① 《礼记正义》卷三十五，第1064—1065页。
② 孙诒让：《周礼正义》卷三十三引《禘祫志》，第1338页。
③ 孙希旦：《礼记集解》，中华书局1989年版，第348页。
④ 同上书，第351页。
⑤ 《毛诗注疏》，上海古籍出版社2013年标点本，第1962页。

也。袷，合也。天子、诸侯之丧毕，合先君之主于祖庙而祭之，谓之袷。后因以为常。天子先袷而后时祭，诸侯先时祭而后袷。"①

《礼记·王制》孔颖达疏："郑康成袷禘及四时祭所以异者，此袷，谓祭于始祖之庙，毁庙之主及未毁庙之主皆在始祖庙中。始祖之主于西方，东面；始祖之子为昭，北方，南面；始祖之孙为穆，南方，北面。自此以下皆然。从西为上。禘则太王、王季以上迁主祭于后稷之庙，其坐位乃与袷相似。其文武以下迁主，若穆之迁主，祭于文王之庙，文王东面，穆主皆北面，无昭主；若昭之迁主，祭于武王之庙，武王东面，其昭主皆南面，无穆主。又祭亲庙四。其四时之祭，惟后稷、文、武及亲四庙也。"②

郑玄还根据《春秋》所载祭祀之事撰有《鲁礼禘袷志》，其文今佚，但《礼记》孔颖达疏、杜佑《通典》以及孙诒让《周礼正义》等均有引用。③ 根据这些材料可知：

1. 所谓袷为合祭，即所有已毁之主和未毁庙之主合祭于太祖庙，禘则是分祭于各庙。

2. 禘、袷为四时祭以外的大祭，禘祭大于四时祭，小于袷祭。

王肃则认为，禘大袷小。《礼记·王制》"天子犆礿、禘袷、袷尝、袷烝"孔疏："王肃、张融、孔晁，皆以禘为大，袷为小。"④《通典》说："马融、王肃皆云禘大袷小"。⑤

《仪礼》《周礼》以及《左传》等先秦典籍均没有关于"袷"的明确说明。只有《礼记》有三处提及袷（《王制》《曾子问》《大传》），为一种祭祀的方式。刘歆、贾逵和孔颖达等都认为，禘、袷其实是一致的："一祭二名，礼无差降。"⑥《礼记·王制》孔颖达疏云："《左氏》说及杜元凯皆以禘为三年一大祭，在太祖之庙。传无袷文，然则袷即禘也。取其序昭穆谓之禘，取其合集群祖谓之袷。"⑦ 杜预认为《春秋》《左传》均

---

① 《礼记正义》卷十八，第526页。
② 同上书，第528—529页。
③ 钱玄《三礼通论》书中据前人的征引对郑玄《鲁礼禘袷志》一文有辑佚，可参看。参见钱玄《三礼通论》，南京师范大学出版社1996年版，第471—472页。
④ 《礼记正义》卷十八，第528页。
⑤ 《通典》卷四十九《礼》九，中华书局1988年版，第1379页。
⑥ 同上。
⑦ 《礼记正义》卷十八，第528页。

无祫字，因此《左传注》不言祫祭。由此可见，祫为合祭的方式，而非一种单独的祭名。

郑玄认为祫大于禘的看法遭到包括王肃在内的经学家的反对。王肃主张的禘大于祫的观点则为学者所接受。孙希旦指出：

> 以《大传》、《公羊传》及《周礼·司勋》之所言考之，则禘大祫小：禘止于天子，祫逮于诸侯；禘惟祭始祖所出之帝，而以始祖配之，祫祭则合祭群主，而并及于功臣。其义本自明白。自郑氏误以《大传》之禘为祭感生帝，于是郊之说谬，而禘之说亦晦；禘之说晦，而祫之说亦混。至赵伯循始正之，而朱子据之以释《论语》，自是禘、祫之大小，与其所祭之祖，皆坦然而无疑义矣。①

郑玄注经多用纬书，这一点是经学史上为人所熟知的，也是郑玄经学遭到诟病的缺陷之一。其实，在禘祫大小这一点上，虽然王肃主张禘大祫小得到后世更多经学家的支持，但王肃的这一观点也是受到了纬书的影响。

据《后汉书》卷三十五《张纯传》及《祭祀志下》的记载，东汉光武二十六年诏曰："禘祫之祭，不行已久矣。三年不为礼，礼必坏；三年不为乐，乐必崩。宜据经典，详为其制。"张纯奏曰：

> 《礼》：三年一祫，五年一禘。……

按照礼制的一般规则，间隔的时间越长，表示礼仪越隆重，级别越高。"三年一祫，五年一禘"，说的正是禘大祫小。但张纯所依据的《礼》书，就是一部《礼纬》。《礼记·王制》孔颖达疏："案《礼纬》，'三年一祫，五年一禘'。"② 又据《北堂书钞》卷九十与《初学记》卷十三，这部《礼纬》为《礼纬稽命征》。当然，"三年一祫，五年一禘"说并非仅仅是《礼纬》所独有的见解，何休《公羊传注》以及刘向《说苑·修文》都引用了这样的看法，说明这也是今文学的一种看法。王肃在禘祫

---

① 孙希旦：《礼记集解》，第351页。
② 《礼记正义》卷十八，第526页。

大小问题上同意今文学的观点,但同时也是承认了《礼纬》的观点。这也说明一个问题,即谶纬之学本身是从经学中发展演化而来的,谶纬与经学不能截然分开,经学家涉足纬书本是极为正常的现象,因此,在对待谶纬问题上,郑玄与王肃并不存在绝对的对立与分野,而且我们也不能用是否与谶纬有关作为衡量、评判经学家的一个绝对标准。

第二,王肃与郑玄的礼学分歧在于对"一天"还是"六天"的理解不同。这一点也是自古以来就被经学研究者所提及的。

《礼记·大传》:"礼,不王不禘。王者禘其祖之所自出,以其祖配之。"郑玄注:

> 王者之先祖,皆感大微五帝之精以生,苍则灵威仰,赤则赤熛怒,黄则含枢纽,白则白招拒,黑则汁光纪。皆用正岁之正月郊祭之,盖特尊焉。《孝经》曰:"郊祀后稷以配天",配灵威仰也;"宗祀文王于明堂,以配上帝",汎配五帝也。①

《礼记·郊特牲》孔颖达疏曰:"郑氏谓天有六天。天为至极之尊,其体只应是一,而郑氏以为六者,指其尊极清虚之体,其实是一,论其五时生育之功,其别有五,以五配一,故为六天。"② 根据郑玄的理解,五帝为天,与"天皇大帝"共为六天。《新唐书·礼乐志三》引郑玄说:"玄以为天皇大帝者,北辰耀魄宝也。……玄以为青帝灵威仰、赤帝赤熛怒、黄帝含枢纽、白帝白招拒、黑帝汁光纪者,五天也。由是有六天之说,后世莫能废焉。"

五帝佐天本是汉代宗教祭祀的传统看法,郑玄的观点是有一定的依据的。王肃则认为"五帝非天"。他说:"天惟一而已,何得有六?"《礼记·祭法》孔疏引王肃难郑"六天说"曰:

> 案《易》"帝出乎震。震,东方",生万物之初,故王者制之,初以木德王天下,非为木精之所生。五帝皆黄帝之子孙,各改号代变,而以五行为次焉。何大微之精所生乎?又郊祭,郑玄云祭感生之

---

① 《礼记正义》卷四十四,第1349页。
② 《礼记正义》卷三十四,第1024页。

帝，唯祭一帝耳，《郊特牲》何得云"郊之祭，大报天而主日"？又天惟一而已，何得有六？又《家语》云：季康子问五帝，孔子曰："天有五行，木火金水及土，四分时化育，以成万物。其神谓之五帝。"是五帝之佐也，犹三公辅王，三公可得称王辅，不得称天王，五帝可得称天佐，不得称上天。而郑云以五帝为灵威仰之属，非也。①

王肃否认郑玄的"六天说"，说明五帝为五人帝，皆为黄帝之子孙，而非上天之五天帝。

郑玄的经注多涉谶纬，为学者所诟病。郑玄在《周礼》《礼记》的注中多次指出的五帝为青帝灵威仰、赤帝赤熛怒、黄帝含枢纽、白帝白招拒、黑帝汁光纪，以及六天之说，虽然皆源自纬书，但其实是受汉代阴阳五行思想模式的影响，是五方帝、五色帝的进一步神化的结果。

五帝本是战国术数家之言，秦汉以后逐渐进入国家祭祀礼典与儒家经学，从汉武帝时谬忌祠太一方、宽舒祠太一坛，直至东汉光武帝所建立的神灵祭祀格局来看，五帝为太一之佐，是仅次于天的神灵。这其实是杂糅了术数、谶纬以及儒家经学而形成的祭礼系统。这就是郑玄"六天"说的来源。郑玄突出的地方在于提升了五帝的地位，认为佐天的五帝也相当于天。王肃坚持"一天"说，这与从《周易》以来中国哲学的主流思想是一致的。而且王肃的"一天"，坚持了元气一元论的思想，这又与魏晋时期自然主义哲学的流行是相契合的。

另外，还有必要指出，郑玄以五帝为天、认为天有"六天"的观点，虽然有汉代宗教思想的影响，在经学史、儒学史以及中国古代哲学史上都是空前绝后的看法，但是我们也不应该仅以谶纬迷信而将其一笔抹杀。在中国古代思想史、文化史上，定于一尊是一种普遍的思维模式，"天无二日，土无二王"不仅是政治史，同时也是思想史上的主导认识。郑玄作为一代经师，打破了这种传统观念，不能不说在思想史上是有轰动性的。如果郑玄的这种看法在经注之外产生更广泛的影响，也许郑玄之后的思想史会有很大的变动。

第三，王郑礼学之争的另一议题是关于三年之丧的丧期。郑玄《士

---

① 《礼记正义》卷五十五引王肃《圣证论》，第1784页。

虞礼》注曰：

> 禫，祭名也，与大祥间一月。自丧至此，凡二十七月。禫之言澹澹然，平安意也。

在三年丧期结束时的祥、禫，郑玄以为二十五月为祥，二十七月为禫，中间间隔一月。而王肃则以为二十五月大祥，其月为禫，祥与禫在同一月举行。郑玄与王肃的看法在三《礼》文献中各有依据。郑玄以二十七月为禫，《礼记·杂记》曰："父在，为母为妻十三月大祥，十五月禫。"为母为妻祥、禫尚且异月，三年之丧的祥、禫也应当中间间隔一月。《丧服小记》云"妾祔于妾祖姑，亡则中一以上而祔"，《学记》云"中年考校"，皆以中为间，意谓间隔一年，故《士虞礼》"中月而禫"意为间隔一月，祥、禫在不同月举行。王肃以为二十五月大祥，其月为禫，《礼记·三年问》曰"三年之丧，二十五月而毕"，《士虞礼》"中月而禫"之"中"意为中间，与《尚书》"文王中身享国"，谓身之中间同。又《春秋》文公二年冬"公子遂如齐纳币"，僖公之丧，至此二十六月，《左传》称"纳币，礼也。"丧期结束后"纳币"，《左传》认为合礼，故王肃以为二十五月禫除丧毕。

总体来说，王郑关于祥、禫理解的差异，主要在于对《士虞礼》"中月而禫"一句的解释不同。郑玄以"中"为"间"，即间隔，而王肃则以"中"为"中间"，由此造成了祥、禫为二十五月或二十七月的区别，同时也引起后世礼学研究中的争议。

王肃的经学在西晋时期列于学官，因此他反对郑玄而提出的三年之丧二十五月而毕的看法也一度成为朝廷遵守的定制。但随着政治的变故，王肃的看法也旋即遭到否定。《宋书》卷三《武帝纪下》记载，永初元年冬十月辛卯，"改晋所用王肃祥禫二十六月仪，依郑玄二十七月而后除"。又《宋书》卷六十《王淮之传》云："奏曰：'郑玄注《礼》，三年之丧，二十七月而吉，古今学者多谓得礼之宜。晋初用王肃议，祥禫共月，故二十五月而除，遂以为制。江左以来，唯晋朝施用。缙绅之士，多遵玄义。……今大宋开泰，品物遂理，愚谓宜同即物情，以玄义为制，朝野一礼，则家无殊俗。'从之。"

孙希旦说：

祥、禫之月，郑、王二说各有依据，而先儒多是王氏，朱子亦以为然。然鲁人朝祥莫歌，孔子谓"踰月则善"，而孔子既祥十日而成笙歌，祥后十日已为踰月，则孔氏据丧事先远日，谓祥在下旬者，确不可易，而祥、禫之不得同月亦可见矣。祥后所以有禫者，正以大祥虽除衰杖，而余哀未忘，未忍一旦即吉，故再延余服，以伸其未尽之哀，以再期为正服，而以二月为余哀，此变除之渐而制礼之意也。若祥、禫吉祭同在一月，则祥后禫前不过数日，初无哀之可延，而一月之间频行变除，亦觉其急遽而无节矣。"父在，为母为妻十一月而练，十三月而祥，十五月而禫"，祥、禫相去二月，此正准三年祥、禫相去之月数而制之者，又何疑于三年之禫哉！①

根据礼经，大祥之后有禫祭，但是禫祭的具体内容如何，经传并无明确的记载。杜佑说："练、祥、禫之制者，本于哀情，不可顿去而渐杀也。"② 哀情逐渐淡化，这在情理上可以理解，但二十五月与二十七月究竟有何差异，《礼记》书中也没有说明。因此有学者认为："大祥与禫，理论上固可分为两祭，若从其实践层面而言，实无法区别其不同的意义。……故王肃以大祥与禫祭即在同月，存二名而实合为一，可谓方便。"将大祥与禫两种礼节在实际意义上合并为一。③

郑王礼学关于丧期有二十五月或二十七月的不同理解，除此之外，二者对于丧礼的看法还有很多地方不同。晋太康时期，尚书郎挚虞上疏讨论荀顗制定的新礼时提到郑王对于丧服的不同看法：

> 三年之丧，郑云二十七月，王云二十五月。改葬之服，郑云服缌三月，王云葬讫而除。继母出嫁，郑云皆服，王云从乎继寄育乃为之服。无服之殇，郑云子生一月哭之一日，王云以哭之日易服之月。如此者甚众。……郑王祖《经》宗《传》，而各有异同，天下并疑，莫知所定。（《晋书》卷十九《礼志上》）

---

① 孙希旦：《礼记集解》，第181—182页。
② 《通典》卷八十七，第2388页。
③ 乔秀岩：《论郑王礼说异同》，收入北京大学历史系编《北大史学》（13），第8页。

由于礼经去古久远，本身就有很多模糊不清甚至相互矛盾之处，郑玄与王肃依据这些不同的经典，以及他们理解上的差异和郑玄经注本来的错误，造成了郑王礼学的差异与争论。郑王礼学的这些差异与争议，其意义也大多限于经注范围之内，并没有太多的经学之外的思想史意义。

三　郑王礼学之争的性质

关于"郑王之争"的性质，学术界有不同的看法，其中比较主流的一种看法多从魏晋之际政治斗争的角度去作解释。周予同曾指出："经学史上的学派斗争，每每是以经学为形式，展开思想斗争和政治斗争的。他们所争论的形式是经，但实质上却是社会实际问题，反映了不同阶层不同集团的不同利益和不同见解。'王学'的兴起及其与郑玄斗争的社会根源，是值得深思的。如果像清儒那样，囿于学派的偏见，拘泥于经义的得失，是不能获得正确的结论的。"① 范文澜则将其明确定性为守旧派与改造派的斗争，王肃是守旧派的代表；学术之争同时反映出政治斗争，因为郑学的政治后台是魏帝曹髦，王肃的政治后台是晋武帝司马炎。② 当代学者章权才在《魏晋南北朝经学史》一书中也基本赞成范文澜的看法。③ 从经学之外的社会发展、政治变革的角度来研究经学内部的问题，这本身是值得肯定的研究方法，且清代学者也并非全是"拘泥于经义的得失"，如陈澧就从政治、制度的变化对郑王之争有解释④，因此范文澜等人提出的视角同样值得肯定。但是，这种方法往往又容易流于简单化、形式化，将经学内部的派别、矛盾直接与政治派别相对应，将学术之争与政治斗争等同起来。范文澜的《中国经学史的演变》作于1941年，明显带有特定历史时期的痕迹，他对王郑之争的定性也显然过于简略了。当代有学者从这一角度作了更加深入细致，同时也更加贴近历史实际的研究。如日本学者古桥纪宏指出，郑玄礼说与后汉制度难以符合，而王肃礼说则接近于汉代

---

① 周予同：《有关中国经学史的几个问题》，收入朱维铮主编《周予同经学史论著选集》（增订本），第699页。

② 参见范文澜《中国经学史的演变》与《经学讲演录》，收入中国社会科学院近代史研究所编《范文澜历史论文选集》，中国社会科学出版社1979年版，尤其是第282、316页。

③ 章权才：《魏晋南北朝经学史》，广东人民出版社1996年版，第67—69页。

④ 陈澧认为，郑玄注礼，多用汉制，而魏之典制多因于汉。王肃"后乃欲夺而易之，实欲并夺汉典制而易之，使经义朝纲，皆出于己也"。参见陈澧《东塾读书记》卷十六，第267页。

以来的实际礼制。魏明帝好郑学，景初年间明帝、高堂隆等进行的一系列改制，其意图欲使礼制更靠近郑说。而王肃难郑，可以理解为是对景初改制的反动。① 这样的解释突破了就礼制争礼制的局限，将王郑之争放在魏晋时期历史变迁的更为宏大的历史结构与具体的历史情境中来解释，有助于突出郑王礼学争论的社会历史意义。

郑王礼学之争在整体上属于经学内部的问题。经学研究，尤其是礼学研究，在很多方面牵涉到对古代制度名物的理解，属于纯粹知识史的问题，并无太多的义理之争。由于古书残缺，上古典制距离后世已经模糊不清，出现理解上的差异与争论本是不足为奇的。当然，随着研究的深入，后世学者在某些方面超越前辈，也是情理中事。因此，对于王郑礼学之争，在很多方面我们从学术本身发展流变的角度去理解，可能更会切入历史本身的脉络。正如有学者所指出的："王学对郑学并非仅仅是反动，而更多的是继承"，"王肃之重礼学正是在郑学所开辟道路上的继续前行"②，是我们把握王郑礼学的一个比较好的尺度。

在这里有必要提及的是，郑王礼学之争中体现出来的一些具有思想史意义的议题，值得重视。这些议题一方面显示出魏晋时期礼学的发展与走向，同时也可以从某一特定的角度揭示王郑礼学的真正差异。

中国台湾学者简博贤先生《王肃礼记学及其难郑大义》一文认为，郑玄重尊尊，多泥迹；王肃重亲亲，守时训。③ 简先生还指出："康成说经，辄祖谶立言；所以务神其说，而严其所尊也。昔人尝疵其以谶乱经矣，而不知康成崇信谶纬，正其尊尊封建意识之显衍，非徒惑于休咎之验也。王肃排谶纬，斥妖妄，所以申情理，而推阐随时之训也。"④ 简博贤先生这里所指出的，除了谶纬议题之外，郑王在尊尊、亲亲上的差别，值得重视。

本来，尊尊与亲亲均是礼制的基本原则，也是礼学思想的重要内容。《礼记》进而概括指出："立权度量，考文章，改正朔，易服色，殊徽号，异器械，别衣服，此其所得与民变革者也。其不可得变革者则有矣，亲亲也，尊尊也，长长也，男女有别，此其不可得与民变革者也。"（《大传》）

---

① 转引自乔秀岩《论郑王礼说异同》，收入北京大学历史系编《北大史学》（13）。
② 郝虹：《魏晋儒学新论——以王肃和"王学"为讨论的中心》，第133页。
③ 转引自乔秀岩《论郑王礼说异同》，收入北京大学历史系编《北大史学》（13）。
④ 简博贤：《今存三国两晋经学遗籍考》，台北：三民书局1986年版，第322页。

亲亲与尊尊虽然是贯穿礼的原则，但在不同情况下，也会有不同的侧重。就王郑礼学的争议来看，有学者指出，"郑玄尚名分，王肃重人情"。① 具体例证有：

1.《仪礼·丧服》："改葬缌。"

郑玄注："服缌者，臣为君也，子为父也，妻为夫也。必服缌者，亲见尸柩，不可以无服。缌，三月而除之。"②

王肃注："本有三年之服者，道有远近，或有艰故，既葬而除，不待有三月之服也。非父母无服。无服则吊服加麻。司徒文子改葬其叔父，问服于子思。子思曰：'礼，父母改葬，缌而除。'不忍无服送至亲也。"③

2.《仪礼·丧服》："父卒，继母嫁，从为之服，报。"

郑玄注："尝为母子，贵终其恩也。"④

王肃注："从乎继而寄育则为服，不从则不服"。"服也则报，不服，则不报。"⑤ 又杜佑《通典》卷九十四引："若不随则不服。"又云："随嫁乃为之服。"⑥

这两条材料比较典型地体现出郑玄礼学与王肃礼学所具有的思想史意义。郑玄的解释着重于父子君臣大义，而王肃的解释则相对来说以人情为丧服的依据。尤其是第二条材料，认为服丧并不以血缘为准，服与不服是以"寄育"为准，即母子的养育之恩情才是服丧的依据。

从中国思想史的发展来看，重视人情是魏晋思想史的一个重要内容，同时也是魏晋时期礼学思想的一个新发展。从这一点来看，王肃的礼学重视人情，与魏晋礼学思想的主题是一致的。

四 王肃礼学的义理化倾向

皮锡瑞指出：

---

① 郝虹：《魏晋儒学新论——以王肃和"王学"为讨论的中心》，第119页。
② 《仪礼注疏》卷三十四，上海古籍出版社2008年版，第1022页。
③ 王肃：《丧服经传注》，《玉函山房辑佚书》第一册，上海古籍出版社1990年影印本，第844—845页。
④ 《仪礼注疏》卷三十，第909页。
⑤ 《通典》卷八十九《礼》四十九，第2452页。
⑥ 《通典》卷九十四《礼》五十四，第2549页。

合今古文说礼,使不分明,始于郑君而成于王肃。郑君以前,界限甚严,何休解《公羊传》,据《逸礼》而不据《周官》,以《逸礼》虽属古文,不若《周官》之显然立异也。杜、贾、二郑解《周官》,皆不引博士说。郑司农注大司徒五等封地,皆即本经立说,不牵涉《王制》,惟注"诸男方百里"一条云"诸男食者四之一,适方五十里",独此与五经家说合耳。五经家说,即《王制》子男五十里之说也。郑君疏通三礼,极具苦心,于其分明者,则分之为周礼,为夏、殷礼,不分明者,未免含混说之,或且改易文字,展转求通,专门家法至此一变。王肃有意攻郑,正当返求家法,分别今古,方可制胜,乃肃不惟不知分别,反将今古文说别异不同之处,任意牵合。如《王制》庙制今说,《祭法》庙制古说,此万不能合者,而肃伪撰《家语》、《孔丛子》所言庙制,合二书为一说。郑君以为《祭法》周礼,《王制》夏、殷礼,尚有踪迹可寻,至肃乃尽抉其藩篱,荡然无复门户,使学者愈以迷乱,不复能知古礼之异。①

皮锡瑞力主郑玄、王肃的经学都是融合今古文,在三《礼》学方面也是如此;其实,郑、王虽然都有合今古文的倾向,但他们的经学本质上都是主古文学的,《隋书·经籍志》说,汉代"言五经者,皆凭谶为说。……故因汉鲁恭王、河间献王所得古文,参而考之,以成其义,谓之'古学'。当世之儒,又非毁之,竟不得行。魏代王肃,推引古学,以难其义。王弼、杜预,从而明之,自是古学稍立"。这里所谓的"古学",也就是古文经学。王肃是发明古文学的重要人物,而且相比于郑玄,王肃的古文学立场更为彻底②,这一点在经学发展过程中更为重要。从两汉经学的整体来看,今文学的进一步发展是谶纬,而古文学的进一步发展则是向义理学的过渡。

在汉代经学的发展过程中,古文经学的发展逐渐显示出义理化的倾向。古文经学有"条例"。"条例"也就是"义例","条例"的系统从另一方面说也就是义理的发展。王葆玹先生指出:"从刘歆到贾逵,再到西

---
① 皮锡瑞:《经学通论》"论王肃有意难郑近儒辨正已详五礼通考舍郑从王俞正燮讥之甚是"条,中华书局1954年版。
② 王葆玹先生也有同样的看法。参见王葆玹《今古文经学新论》(增订版),中国社会科学出版社2004年版,第170—175页。

晋的杜预，古文经学有一个条例不断增多以至泛滥的历史。"① 这个判断在经学史研究当中是正确的。从经学的发展来看，"《春秋》左氏学的条例日益增多，扩充到古文的《易》学、《礼》学当中，从而使古文经学全面地条例化或义理化"。② 古文经学的深入发展，经学的条例化、义理化与魏晋时期义理化的玄学的兴起，有着内在的逻辑关系。王肃是魏晋时期经学发展、转变过程中的一位关键人物。

前文已经指出，王肃的经学在整体上是以古文学为主的，也具有义理化的特征，如贺昌群所指出的："王肃为反郑之最力者……盖欲超脱汉学之繁琐之名物训诂，而返之于义理"。③ 例如，王肃的《易》学排除了汉易中的卦气、互体等主张，而是继承了费氏古文易学的传统，主张阐发易学中的义理。朱伯崑先生说："曹魏时期的经学大师王肃，乃古文经学派的集大成者。其《周易注》，继承了费氏易的传统，注重义理，以《易传》的观点解释经文，排斥今文学派和《易纬》解易的学风，不讲互体、卦气、变卦、纳甲等。"④ 另外还有学者指出，王肃易学义理化的倾向预示着魏晋经学中的易学系统面临巨大的变革。"如果说，以郑玄为集大成的汉代易学象数学走向支离、烦琐，从而成为魏晋时期王弼易学革新的'酵母'或'催化剂'的话，那么王肃易学则是直接为玄学化的易学的兴起开辟了道路。"⑤ 这些评价指出了王肃的易学以及王肃的经学是魏晋时期思想、学术转型过程中的重要环节，具有重要的地位和意义。

王肃经学义理化的特征，从学术渊源的角度来看，荆州学派的影响是不容忽视的。

荆州学派是汉末三国时期由刘表、宋衷所创立的一个经学学派，在一般经学史的研究当中均受到了相应的重视。汤用彤先生进一步指出，荆州学是王弼思想的渊源。⑥ 荆州学是魏晋玄学的思想源头之一，这样就更加坚实地确定了它在中国哲学发展史上的地位。简言之，由于荆州地区独特

---

① 王葆玹：《今古文经学新论》（增订版），第176页。
② 同上。
③ 贺昌群：《魏晋清谈思想初论》，商务印书馆2011年版，第20页。
④ 朱伯崑：《易学哲学史》上册，北京大学出版社1986年版，第237页。
⑤ 汤一介、李中华主编：《中国儒学史·魏晋南北朝卷》（李中华著），第371页。
⑥ 参见汤用彤《王弼之周易论语新义》，《汤用彤学术论文集》，中华书局1983年版，尤其是第266页。

的政治环境，使得它在汉末动乱的社会当中成为传承儒学、保存学术的一方重镇。王肃的思想渊源，由于其父王朗的影响，也可以上溯到荆州学。按王葆玹先生的看法，荆州学派"是由郑玄学派到王肃学派的中间环节"①，这个看法也是可以依照的。荆州学对王肃的影响，主要就是经学当中重视义理的倾向。

据《后汉书补注》卷十七《刘表传》引《刘镇南碑》，刘表"令诸儒改定五经章句，删划浮辞，芟除烦重"，荆州学的学术领袖宋衷重视《太玄》，因此，简化经学、重视义理，成为荆州学的显著特征。据史书记载，王肃"年十八，从宋衷读《太玄》，而更为之解"（《三国志》卷十三），王肃这样的学术经历，使得他继承了荆州学反对郑学的训诂学而重视义理的传统，也使得王肃成为魏晋时期经学逐渐义理化过程中的一个关键人物。郑玄的经学杂有谶纬，历来受到批评，而王肃的经学则在整体上肃清了谶纬，为经学朝向义理化的发展扫清了障碍。王夫之曾高度评价王肃的这一历史功绩："王肃氏起而辨之，晋武因而绌之，于是禁星气谶纬之学，以严邪说之防，肃之功大矣哉。"② 就三《礼》学来说，郑玄重视名物训诂，且也掺杂谶纬，而王肃的礼学则在整体上带有更多的义理色彩。

礼学是实学，本来就是汉代经学重文本、重考据的典型。训诂考据、探赜索隐，以疏通经书，明确古代的名物制度，固然是礼学研究的基础与主要内容，但不可否认的一点是，随着经学以及儒学的发展，义理化是一个不可回避的趋势。魏晋时期兴起的玄学是儒道融合的新思想，其中虽然道家所占的成分多一些，但儒学在这个过程中借着有无、本末、才性等问题的讨论，也在义理化的方面有了长足的前进。就礼学来说，在玄学的影响之下，也逐渐出现了义理化的转向。如学者牟润孙所指出的，魏晋人热衷讨论的丧服制度"可以推理，可以论名分，可以讲比例，为经学上论辩佳题"③，这样，礼学也可以采用玄学辨名析理的方法进行讨论，礼学在形式上逐渐向玄学义理学靠近。虽然南北礼学同遵郑氏，但南北学风还是有所区别。南朝经学"约简"（《隋书·儒

---

① 王葆玹：《今古文经学新论》（增订版），第163页。
② 王夫之：《读通鉴论》卷十一，中华书局1975年版，第348页。
③ 牟润孙：《论魏晋以来崇尚谈辩及其影响》，《注史斋丛稿》（增订本），中华书局2009年版，第185页。

林传》),"清通简要"(《世说新语·文学》),就是指受到玄学的影响而重视义理的思想倾向。此外,南北朝经学的发展在佛教的影响下,在解经体例方面也有新的变革,出现了义疏体,这在南朝尤为明显。所谓义疏,就是经注皆明的一种注疏方法,它注重探索文句的意义,比训诂、名物解释更进了一步。在礼学方面,这个时期就出现了大量的通论礼义的著作。

但是在整体上,魏晋时期的礼学与当时思想学术界的主流还相差了一个阶段,礼学的进一步发展,不但要在名物的考证上越考越真,还要在理论上越来越信。礼与人性、礼与天道的关系,是儒学的进一步发展必须解决的问题,礼学也必须在这些问题上有更加深刻的思考,才能进一步巩固它在儒学中的主导地位。魏晋时期的礼学只是开启了这个方向。王肃的礼学虽然在整体上还在郑学的范围之内,但王肃对郑玄经学体系的改造,已经具有化繁就简的倾向。王肃的学术训练背景,也使他的经学与礼学具有更多的义理化的特征。总之,王肃的礼学是礼学义理化过程中的一个重要环节,这也正是王肃礼学的历史地位。

第二节 魏晋南北朝时期礼学思想的发展与转向

自儒学独尊地位确立之后,在两汉近四百年的历史发展过程中,儒家思想逐渐成为士人以及整个社会的主流思想,儒学也上升为社会的意识形态。但是从东汉后期开始,儒家经学的流弊逐渐暴露出来,繁琐的章句之学成为学术思想进一步发展的障碍。再加上由于政治统治黑暗腐败,"党锢"不但摧残了士人群体的政治意识和精神风貌,而且对整个社会风气与社会思潮都产生了极大的消极作用。在腐败黑暗的社会现实面前,儒家的纲常名教显现出虚伪且又虚弱的一面。

汉魏之际,在儒学逐渐衰微的同时,名家、法家、道家、墨家等诸子思想又重新获得重视,并且产生了影响一时的名法思潮,这在不同程度上都是对儒家礼教的批判与冲击。对礼教冲击的一个明显的思想后果是促使道家思想的复起。在儒道的对抗与交流中,玄学家以及思想家们对儒道关系、纲常名教与自然人性的关系,作了进一步的探讨,在乱世中进一步思考了礼的功能与作用,这些都成为魏晋南北朝时期礼学思想的主要内容。

一 情礼的冲突与融合

魏晋时期，思想界流行的是玄学。玄学是在儒家独尊地位丧失、汉代经学衰落之际兴起的融合儒道的新思想。哲学史、思想史的研究一致认为，玄学探讨的主题是名教与自然的关系。名教与自然的关系可以从不同的角度进行分析。从哲学方面来说，它与有无、本末等玄学主题相通，对这些问题的探讨表明了中国哲学发展到一个新的高度和层次。另一方面，从现实社会层面来说，所谓名教，按照陈寅恪先生的看法，"以名为教，即以官长君臣之义为教，亦即入世求仕者所宜奉行者也。其主张与崇尚自然，即避世不仕者，适相违反"①。唐长孺先生认为："所谓名教乃是因名立教，其中包括政治制度、人才配合以及礼乐教化等等。"② 余英时先生进一步认为，名教不但包含以君臣为主的政治关系，更应当包含以父子、夫妇关系为主的家族秩序。因此，魏晋时期所谓名教"乃泛指整个人伦秩序而言"。③ 综合这些看法，我们可以认为，玄学议题中的名教，其实指的就是人伦社会秩序。因此，简单来说，名教也就是礼教。清谈玄远的玄学落实到现实社会，就是探讨儒家礼教与自然人性之关系。魏晋时期批判礼教，崇尚自然真性情，探讨礼与人情的关系，成为魏晋时期礼学思想的重要内容。

本来，在礼学思想的发展过程中，礼作为一种外在的行为规范，它与人性的关系，就一直是思想家们致力于思考的问题。在先秦时期，儒家一方面主张礼根源于人情，但同时更加强调，礼作为规范还有制约、限制与调节人情的作用。而道家尤其是庄子则认为，礼与人的自然性情在本质上是对立的。礼作为外在的社会规范，是残害性情的罪魁祸首，《庄子》书中认为"屈折礼乐，呴俞仁义，以慰天下之心者，此失其常然也"（《庄子·骈拇》）。《庄子》又认为，人应当"任其性命之情"（《庄子·骈

---

① 陈寅恪：《陶渊明之思想与清谈之关系》，《金明馆丛稿初编》，上海古籍出版社1980年版，第182页。
② 唐长孺：《魏晋玄学之形成及其发展》，《魏晋南北朝史论丛》，三联书店1955年版，第312页。
③ 余英时：《名教思想与魏晋士风的演变》，《士与中国文化》，上海人民出版社1987年版，第403页。

拇》)。《庄子》书中的至人、真人、神人，首先就是摆脱了礼的羁绊的人，这才是本真的人性和理想的人的生存状态。

魏晋时期批判传统礼教，崇尚自然性情，是在道家思想尤其是庄子思想兴盛、流行的前提之下产生的。在中国古代思想史上，儒家重人伦秩序，道家重自然人性。儒道两家总是相反而又相成。儒家因重视社会人伦秩序而积极入世，而道家尤其是庄子则重视个人的自由与天性，因而逃避社会秩序，追求个人的自由与逍遥。儒道两家看似对立，但其实无论对于个人，还是对于社会以及对于一种文化，社会秩序与个人自由两方面都是必需的。所以，这两种思想又是相异而相维，共同存在于中国文化之中，形成中国文化儒道互补的结构。在这个结构当中，道家思想总是能够对处于主流的儒学提供一种制约、刺激甚至匡正的作用，使儒家不因正统而丧失理性，也使儒学不因重视人伦秩序而丧失对个人精神自由的追求。在中国古代思想文化当中，当社会政治稳定的时候，儒家重视人伦秩序的思想就会在社会中占主流地位，而道家思想则相对处于边缘；但是，当社会动荡，儒家的主流地位受到冲击的时候，道家思想就自然会兴起，受到士人的重视。从汉末以来，由于政治腐败，社会动荡不安，儒家经学的流弊越来越受到士人的攻击，这时，老庄道家思想则越来越受到士人的偏爱，满足了人们的精神追求，填补了思想上的空白。

儒学的衰微伴随着老庄道家思想的兴起。《庄子》从东汉后期开始，就受到士人的喜爱。钱穆、余英时等人研究魏晋思想提出的"个人自我之觉醒"或"士之个体自觉"，都是与庄子思想密不可分。据《后汉书·马融传》记载，经学大师马融也对庄子思想感受颇深：

> 永初二年，大将军邓骘闻融名，召为舍人，非其好也，遂不应命，客于凉州武都、汉阳界中。会羌虏飙起，边方扰乱，米谷踊贵，自关以西，道殣相望。融既饥困，乃悔而叹息，谓其友人曰："古人有言：'左手据天下之图，右手刎其喉，愚夫不为。'所以然者，生贵于天下也。今以曲俗咫尺之羞，灭无赀之躯，殆非老庄所谓也。故往应骘召。"

正是由于庄子"生贵于天下"思想的影响，经师马融才能在乱世中与世沉浮，适时出处。《后汉书》又记载：马融"善鼓琴，好吹笛，达生任性，不拘儒者之节。居宇器服，多存侈饰。常坐高堂，施绛纱帐，前授生徒，后列女乐，弟子以次相传，鲜有入其室者"（《后汉书·马融传》）。马融的所言所行，开启了汉魏时期思想转变的先河。

正因为老庄思想渗透到士人群体的思想意识以及行为举止当中，因此《老子》《庄子》与儒家的《周易》共同成为士人清谈的谈资，也因此成为玄学的经典。玄学家个个喜欢老庄。何晏"好老庄言"（《三国志》卷九《诸夏侯曹传》），王弼"年十余，好《老氏》，通辨能言"（《三国志》卷十八《钟会传》注引何劭《王弼传》），阮籍"博览群籍，尤好《庄》《老》"（《晋书·阮籍传》），嵇康"学不师受，博览无不该通，长好《老》《庄》"（《晋书·嵇康传》），山涛"性好《庄》《老》"（《晋书·山涛传》），王衍说山涛"不读《老》《庄》，时闻其咏，往往与其旨合"（《世说新语·赏誉》），向秀"少为山涛所知，雅好老庄之学"（《晋书·向秀传》），等等。魏晋玄学界所谓的老庄，其实更多的是指《庄子》。而且《庄子》思想的真正兴盛是在"竹林"之后。《庄子》不仅仅为玄学家名士所喜好，而且喜《庄》注《庄》成为当时思想界的普遍风潮，如政治家庾亮也"善谈论，性好《老》《庄》"（《晋书·庾亮传》）。当时"注《庄子》者数十家"（《世说新语·文学》）。魏晋时期所谓的"玄风"，就是在庄子思想的鼓动下，正如当时学者干宝所说的，"学者以老庄为宗而黜六经，谈者以虚荡为辨而贱名检"（《晋书·孝怀帝纪》）。士人以放荡不羁的言行对传统礼教的攻击与破坏，这在《世说新语》以及正史当中有许多生动形象的记载，为研究魏晋玄学的学者所征引。下面征引几条熟知的史料：

> 魏末阮籍，嗜酒荒放，露头散发，裸袒箕踞。其后贵游子弟阮瞻、王澄、胡母辅之之徒，皆祖述于籍，谓得大道之本。故去巾帻，脱衣服，露丑恶，同禽兽。甚者名之为通，次者名之为达也。①
>
> 何晏、阮籍素有高名于世，口谈浮虚，不遵礼法，尸禄耽宠，仕不事事，至王衍之徒，声誉太盛，位高势重，不以物务自婴，遂相放效，风教陵迟。（《晋书·裴𬱟传》）

---

① 《世说新语·德行》注引王隐《晋书》。见余嘉锡《世说新语笺疏》（修订本），上海古籍出版社1993年版，第24页。

以放浪形骸、惊世骇俗的言行反对礼教以嵇、阮等人最为典型，"越名教而任自然"，使礼教与人性之紧张、对立关系发展到了极致。他们不但自己不守礼教，而且还肆意攻击讽刺遵守礼教的君子。阮籍《大人先生传》中说：

> 世人所谓君子，惟法是修，惟礼是克。手执圭璧，足履绳墨。行欲为目前检，言欲为无穷则。少称乡党，长闻邻国。上欲图三公，下不失九州牧。独不见群虱之处裈中，逃乎深缝，匿乎坏絮，自以为吉宅也。行不敢离缝际，动不敢出裈裆，自以为得绳墨也。然炎丘火流，焦邑灭都，群虱处于裈中而不能出也。君子之处域内，何异夫虱之处裈中乎！（《晋书·阮籍传》）

这是对儒家的礼教以及守礼的"大人先生"极其尖锐的嘲讽和批判。嵇康也说：

> 吾每读尚子平、台孝威传，慨然慕之，想见其为人。少加孤露，母兄见骄，不涉经学……又纵逸来久，情意傲散，简与礼相背，懒与慢相成。而为侪类见宽，不攻其过。又读《老》《庄》，重增其放，故使荣进之心日颓，任实之情转笃。此犹禽鹿少见驯育，则服从教制，长而见羁，则狂顾顿缨、赴蹈汤火，虽饰以金镳，飨以嘉肴，愈思长林而志在丰草也。①

嵇康在这里说的与《庄子》书中讲的一样，礼制与名利犹如穿牛鼻、络马首，是对人的自然本性的桎梏。崇尚人性自然，攻击人伦社会秩序，成为魏晋时期士人竞相追逐的风尚。《晋书》记载："正始以来，世尚《老》《庄》。逮晋之初，竞以裸裎为高。"（《晋书·儒林传·范宣传》）风尚所及，许多贵游子弟甚至帝王（如魏文帝曹丕学驴叫）也都竞相追逐。

---

① 嵇康：《与山巨源绝交书》，戴明扬校注：《嵇康集校注》卷二，中华书局2014年版，第196—197页。

情与礼的冲突不仅表现为任诞的玄风，同时就儒学来说，在一些传统的经学议题中也有反映，如魏晋时期围绕"嫂叔服"的争论就是一个很好的例证。余英时先生在《名教思想与魏晋士风的演变》一文中指出，"嫂叔服"的争论一方面说明了当时世家大族"累世同居"的风气与社会现实，同时从思想史的角度来看，又表明在情礼的冲突中更加重视情。①"嫂叔服"与门第社会之关系，中外历史学界都有讨论，这是一个重要的经学史与社会史相互关联的有意义的学术问题。至于学者所认为的"嫂叔服"的争论中反映出重情的思想，虽然是正确的，但是并不全面。从争论的双方来看，魏太尉蒋济、中领军曹义、太常成粲等认为古礼嫂叔无服有误，嫂叔应当有服。持反对意见的则是何晏、夏侯玄、傅玄等著名学者。他们认为，嫂叔之间属于男女之别之最大者，而且既无血缘之亲亲关系，又无上下之尊卑关系，因此不当有服。傅玄说：

> 先王之制礼也，使疏戚有伦，贵贱有等，上下九代，别为五族。骨肉者，天属也，正服之所经也。义立者，人纪也，名服之所纬也。正服者本于亲亲，名服者成于尊尊。名尊者服重，亲杀者转轻，此近远之理也。尊崇者服厚，尊降者转薄，此高下至叙也。……嫂之于叔，异族之人，本之天属，嫂非姊，叔非弟也，则不可以亲亲理矣。校之人纪，嫂非母也，叔非子也。稽之五服，体无正统；定其名分，不知所附。②

傅玄立论的依据完全是传统儒家礼学的内容。因此，与其说"嫂叔服"的争议反映的是当时重情的思想，不如说这一争论恰好反映了礼与情之间的紧张与冲突。

玄风最为兴盛之际提出的"越名教而任自然"，表达了礼与情之尖锐对立关系。其实，陈寅恪、唐长孺等人的研究都已明确说明，嵇、阮等人放浪形骸，反对礼教，"越名教而任自然"，其真实的目的是为了反对司马氏政权。他们对于儒家的礼教在相当程度上也是承认的。孔融曾对父子关系有惊世之论，但进一步来看，孔融并非完全否定父子关系与孝道。

---

① 参见余英时《名教思想与魏晋士风的演变》，《士与中国文化》，第428—429页。
② 《通典》卷九十二《礼》五十二，中华书局1988年版，第2507页。

《后汉书》记载他十三岁时"丧父,哀悴过毁,扶而后起,州里归其孝"(《后汉书》卷七十《孔融传》)。孔融反对的只是虚伪的礼教。《后汉书·戴良传》又记载:

> (戴良)母卒,兄伯鸾居庐啜粥,非礼不行。良独食肉饮酒,哀至乃哭,而二人俱有毁容。或问良曰:"子之居丧,礼乎?"良曰:"然。礼所以制情佚也,情苟不佚,何礼之论?夫食旨不甘,故致毁容之实,若味不存口,食之可也。"论者不能夺之。良才既高达,而论议尚奇,多骇流俗。(《后汉书》卷八十三《逸民传》)

戴良与其兄二人居丧,一人守礼,一人任情。戴良任情,但是并非不孝。他在这里提出了礼与情的关系应当是"礼所以制情佚也","制"当解作"制于",即礼要以情为准。

阮籍丧母的故事在诸多史籍中都有记载。据《晋书·阮籍传》:

> (籍)性至孝,母终,正与人围棋,对者求止,籍留与决赌。既而饮酒二斗,举声一号,吐血数升。及将葬,食一蒸肫,饮二斗酒,然后临诀,直言穷矣,举声一号,因又吐血数升。毁瘠骨立,殆致灭性。裴楷往吊之,籍散发箕踞,醉而直视,楷吊喭毕便去。或问楷曰:"凡吊者,主哭,客乃为礼。籍既不哭,君何为哭?"楷曰:"阮籍既方外之士,故不崇礼典。我俗中之士,故以轨仪自居。"时人叹为两得。

戴良、阮籍等人的行为举止,与《庄子》书中的记载极为相近,甚至可以说,他们在某种程度上也是对庄子的效仿。这说明,情礼的对立关系并非完全是理论上的对立,而是在很大程度上是由于现实的政治原因所致。戴良、阮籍本来都是至孝之人,对儒家所主张的一些伦理纲常也是认可的。只是由于现实政治的原因,他们极力反对虚伪的礼教,这又在理论上更加突显了情的重要性,认为情为礼之本。

其实,在玄学最为兴盛流行的时刻就有人已经指出,礼教与自然并非完全对立,二者其实是可以相通的。《世说新语》记载:

> 阮宣子有令闻。太尉王夷甫见而问曰："老庄与圣教同异？"对曰："将无同。"太尉善其言，辟之为掾。世谓"三语掾"。（《世说新语·文学》）
>
> 王平子、胡母彦国诸人，皆以任放为达，或有裸体者。乐广笑曰："名教中自有乐地，何为乃尔也。"（《世说新语·德行》）

所谓"将无同"就是"同"的意思。孔老异同是玄学的一个重要议题，阮修的回答虽说只是一种遁词，但又是对这一问题的最为切实的回答。而乐广所说的"名教中自有乐地"虽说是从儒学的角度立论，但也说明了名教与自然是可以相通的，一味追求任放旷达只是刻意为之。

与何晏、王弼同时的夏侯玄被认为是士大夫的楷模。夏侯玄著《道德论》，宣扬"天地以自然运，圣人以自然用。自然者，道也"[1]，主张老庄道家的人性自然说，同时他又严格遵守礼法，《世说新语》记载："裴令公目夏侯太初：'肃肃如入廊庙中，不修敬而人自敬'。一曰：'如入宗庙，琅琅但见礼乐器。'"（《赏誉》）又庾亮"美姿容，善谈论，性好《庄》《老》；风格峻整，动由礼节，闺门之内不肃而成，时人或以为夏侯太初、陈长文之伦也"（《晋书·庾亮传》）。"性好《庄》《老》"与"动由礼节"在玄学名士看来应该是不相容的，但庾亮竟把它们很自然地结合起来。这也说明无论在思想界，还是一般的社会上，情礼融合已是基本的趋势。袁宏《后汉纪》指出：

> 夫君臣父子，名教之本也。然则名教之作，何为者也？盖准天地之性，求之自然之理，拟议以制其名，因循以弘其教，辩物成器，以通天下之务者也。是以高下莫尚于天地，故贵贱拟斯以辩物；尊卑莫大于父子，故君臣象兹以成器。天地无穷之道，父子不易之体。夫以无穷之天地，不易之父子，故尊卑永固而不逾，名教大定而不乱。置之六合，充塞宇宙，自古及今，其名不去者也。未有违失天地之性而可以序定人伦，失乎自然之理而可以彰明治体者也。[2]

---

[1] 《列子·仲尼篇》张湛注引何晏《无名论》；见杨伯峻《列子集释》，中华书局1979年版，第121页。

[2] 袁宏：《后汉纪》卷二十六，《两汉纪》下，中华书局2002年版，第509页。

这其实与《易传》所说的"天尊地卑,乾坤定矣。卑高以陈,贵贱位矣"是一个意思。按此原理,父子君臣等名教关系是因为准拟了天地自然之情,它在本质上与自然是一致的,因此名教也应该是合理的、应然的。

玄学流行于魏晋时期,讨论的主题是关于本末、有无等抽象的哲学问题,而礼学研究的重点是古代的名物制度与典籍文献,玄学与实学之间似有天壤之别,但其实,早已有学者指出二者之间的关联性。章太炎曾说:

> 夫经莫穹乎《礼》《乐》,政莫要乎律令,技莫微乎算术,形莫争乎药石。五朝诸名士皆综之。其言循虚,其艺控实,故可贵也。凡为玄学,必要之以名,格之以分,而六艺方技者,亦要之以名,格之以分。治算,审形,度声则然矣。服有衰次,刑有加减。《传》曰:"刑名从商,文名从礼。"故玄学常与礼律相扶。自唐以降,玄学绝,六艺方技亦衰。①

太炎先生为国学大师,目光如炬,"玄学常与礼律相扶"的论断明确指出了玄学与礼学之间的关系。唐长孺先生为历史学家,他的《魏晋玄学之形成及其发展》一文对太炎先生的论断作了更加充分的历史论证。唐先生提出"礼玄双修"的看法,认为东晋以后名教与自然的关系在理论上有了较为一致的认识,"所以在学术上的表现便是礼玄双修","当时著名玄学家往往深通礼制,礼学专家也往往兼注三玄"。② 史学家牟润孙进一步指出,魏晋时期的礼学以《丧服》最为发达,服制是以血缘关系为基础的,因此可以用血缘等级关系做推演,这又与玄学家谈名说理是一致的。玄学与礼学在这一点上是可以兼通的。牟润孙说:

> 谈辩经义者,《易》与《论语》、《孝经》为盛。玄儒兼通之士,多治三《礼》,而尤好《丧服》。《丧服》为治三《礼》之学所当讲求之一部分,自不待言。魏晋南北朝时《丧服》之学最为发达,为经学谈辩中极流行之论题。说者谓其时重门第,《丧服》足以维持宗

---

① 章太炎:《五朝学》,《章太炎全集》第四卷,上海人民出版社1985年版,第75—76页。
② 唐长孺:《魏晋玄学之形成及其发展》,《魏晋南北朝史论丛》,第338页。

族之联系，为门第中不可少之事。其实高门诚重礼教，史书载之详矣。特义学沙门亦讲《丧服》，《高僧传》多载之，慧远其著者也。夫释和尚并家无之，更何论族？又何必为檀越维持门第乎？唐长孺谓玄学家之治礼，是名教与自然之调和，称之曰玄礼双修。夫礼有五，《丧服》仅凶礼之一端，何故玄学家讲名教多讨论《丧服》？润孙则以为讲服制可以推理，可以论名分，可以讲比例，为经学上论辩佳题。魏晋以来，论辩《丧服》问题之文字，保存于《通典》中者犹有十五卷，皆是礼无明文，而须后人以名理讨论者。讨论服制不始于魏晋，而盛于魏晋谈玄时者，以论名理与玄相同。桓温听人讲《礼记》，便觉咫尺玄门，似即缘于玄、礼均论名理。①

由此我们可以对"礼玄双修"有更进一步的理解。据牟润孙先生的解释，玄礼相通可以落实在具体的礼学议题上，以玄学论辩的形式讨论礼学中丧服义例的问题，使二者非常圆融地结合在一起。而从较为抽象的理论上说，东晋南朝以后，玄风渐止，情礼的冲突也逐渐平息，当时有更多人指出的是二者之间的相容相通。如晋徐广说："缘情立礼"②。东晋时，"中原丧乱，家室离析，朝廷议二亲陷没寇难，应制服不"。礼学家贺循曰："二亲生离，吉凶未分，服丧则凶事未据，从吉则疑于不存，心忧居素，允当人情。"元帝令以循议为然。（《晋书·礼志中》）东晋时袁环说："圣人制礼，因情作教"③。东晋张凭说："礼者人情而已"④，谢尚说："典礼之兴，皆因循情理"（《晋书·谢尚传》），"孝慈起于自然，忠厚发于天成"⑤，"情礼相称"⑥。可以说，这些看法终止了自魏晋以来情与礼的冲突，二者又回到了兼容相通的关系中。

魏晋时期从礼教与自然的争论中展现出的情礼之争，从表面来看，在很大程度上是先秦时期儒道关于情礼争论的又一次再现。儒家主张发乎情而止于礼，而道家则任情而反礼。魏晋时期"越名教而任自然"的主张

---

① 牟润孙：《论魏晋以来崇尚谈辩及其影响》，《注史斋丛稿》（增订本），第185页。
② 《通典》卷一百二《礼》六十二，第2683页。
③ 《通典》卷一百三《礼》六十三，第2701页。
④ 同上书，第2697页。
⑤ 《通典》卷八十《礼》四十，第2174页。
⑥ 同上书，第2178页。

更加典型地反映出情礼关系的紧张与冲突。导致情与礼的激烈冲突的原因其实主要是社会政治的因素，它们二者在理论上并没有展现更多的冲突，而且与先秦时期相比，也没有提供更多新鲜的理论思维。这是因为儒学在汉代确立独尊地位已有近四百年的历史，对于其他学说来说，儒学拥有绝对的优势。因此，当现实的社会政治原因消失之后，虽然在渡江之后玄风还流行了一段时间，但整体上，情礼的冲突已逐渐平息。"礼玄双修"就是对这个现象的很恰当的概况。

其次，礼与情的关系并不足以显示儒家礼学思想的全部内容。先秦时期诸子百家讨论人性问题，儒家对人性也有性善、性恶、性可以为善可以为不善、性无善恶等不同看法。孟子论性，基本上与情一样。"乃若其情，则可以为善。"（《孟子·告子上》）但是，在郭店竹简《性自命出》当中，性与情已开始分化，而且性还比情更为根本。《性自命出》说："性自命出，命自天降。道始于情，情生于性。"《中庸》将性情分为"已发""未发"两种，喜怒哀乐之情感未发为性，已发为情。由此可见，先秦儒家关于性情的探讨逐渐深入。

从先秦至魏晋的性情论来看，性情的关系逐渐分离。董仲舒的性善情恶说虽然遭到一些学者的批评，但基本的思想倾向是对性情关系辨析更加深入。王弼的哲学"以无为本"，性是无欲之自然，而情则是可变的，情受性的支配为"情之正"，情不受性的支配便是"情之邪"。这已经显示出以性统情的思想特征。与情相比，性才是本质的。

魏晋时期礼情争论中所谓的情，更多是指人的自然之情，即喜怒哀惧爱恶欲等自然之情。如果用《中庸》的观点来看，这些情均属于"已发"，而"未发"之性即源于天命之性与礼之关系，一般还未涉及。其实，从思想史的发展来看，礼与性的关系比礼与情更加具有哲学意义。这是儒学以及中国哲学进一步发展需要解决的问题。

二　三年之丧的确立及其思想史意义

魏晋时期是中国古代礼学发展过程中丧礼极为发达的一个时期。前人说六朝礼学极精，也多是指丧服礼制的发达而言。《隋书·经籍志》著录的魏晋南北朝时期三《礼》类著作当中，也以《丧服》类著作最多。《通典》凶礼类所记载的有关丧期、丧服、丧制等丧礼议题的讨论，多为魏晋时人的议论，由此也可见魏晋时期丧礼学的精深。

三年丧是凶礼当中最为重要的内容，且与丧服制度密切相关。西晋武帝恢复实行三年丧制，北魏孝文帝改革也采纳了汉族的三年丧制，至此之后，三年丧制成为一种普遍的、稳定的制度。在魏晋南北朝时期关于三年丧制的改革与争论当中，不仅反映出儒家礼学重视情感、因情而制礼的思想特征，同时也体现了魏晋南北朝时期礼教与人的自然情感相互协调的礼学思想特征。

三年丧制是自远古流传下来的服丧制度。胡适曾采傅斯年的看法，认为三年丧为殷礼，后来的儒家继承了这一殷礼。① 当然，对这个看法当时就有反对意见②，但无论三年丧是殷礼还是儒家的首创，三年丧是儒家所肯定的一项重要礼制，这一点则是毫无疑问的。孔子认为三年丧为"天下之通丧"，其原因就在于"子生三年，然后免于父母之怀"（《论语·阳货》），这是从人的自然情感出发对三年丧作的解释。孔子又说："丧，与其易也，宁戚。"（《论语·八佾》）丧礼就是人自然真实情感的反映。另外，孔子还针对《尚书》当中的"高宗谅阴，三年不言"，说："何必高宗？古之人皆然。君薨，百官总己以听于冢宰三年。"（《论语·宪问》）也是说三年丧是一种普遍的丧制。后来，《礼记·三年问》说："三年之丧，二十五月而毕"，《礼记·王制》说："三年之丧，自天子达，庶人县封，葬不为雨止，不封不树，丧不贰事，自天子达于庶人。"孟子也说："三年之丧，斋疏之服，飦粥之食，自天子达于庶人，三代共之。"（《孟子·滕文公上》）三年丧成为儒家礼制的一项重要内容。

西汉文帝时实行简丧，废除了三年丧制，但是士大夫及民间社会并没有完全停止实行。沈文倬先生研究了武威汉墓出土的木简《服传》，认为两汉社会实行三年丧制有两种情况，"皇帝、诸侯王、列侯、公卿是不实行三年之丧的"，"公卿以下的中下级官吏以至民间是实行三年之丧的"。③三国时期，曹魏明确废止了三年丧制，东吴也未实行，但孙权曾在嘉禾六年（237）下诏令群臣讨论三年丧制。其诏曰：

---

① 胡适：《说儒》，《胡适学术文集·中国哲学史》下册，中华书局1991年版，第613—680页。

② 郭沫若明确指出："三年之丧并非殷制。"参见郭沫若《驳"说儒"》，《青铜时代》，科学出版社1957年新一版，尤其是第129—132页。

③ 沈文倬：《汉简〈服传〉考》，原载《文史》第二十四、二十五辑；收入《宗周礼乐文明考论》（增补本），浙江大学出版社2006年版，引文见第196、197页。

夫三年之丧，天下之达制，人情之极痛也；贤者割哀以从礼，不肖者勉而致之。世治道泰，上下无事，君子不夺人情，故三年不逮孝子之门。至于有事，则杀礼以从宜，要经而处事。故圣人制法，有礼无时则不行。遭丧不奔非古也，盖随时之宜，以义断恩也。前故设科，长吏在官，当须交代，而故犯之，虽随纠坐，犹已废旷。方事之殷，国家多难，凡在官司，宜各尽节，先公后私，而不恭承，甚非谓也。中外群僚，其更平议，务令得中，详为节度。（《三国志》卷四十七《吴书·吴主传》）

讨论的结果是由于当时战争的现实环境不宜实行三年丧，但在此诏书中所表达的，依然是对三年丧基本原则的肯定，认为三年丧服体现的是人的最本真的自然情感。

建立西晋的司马氏生于儒学世家，西晋政权也宣传以孝治天下，采取了许多提倡儒学的措施。晋武帝在即位之前下达的选拔人才的标准为："一曰忠恪匪躬，二曰孝敬尽礼，三曰友于兄弟，四曰洁身劳谦，五曰义信可复，六曰学以为己"（《晋书·世祖武帝纪》），全部都是儒家的标准。即位之后，又积极制礼作乐，采取"敦本息末"的政策。泰始四年（268）下诏书说："敦喻五教，劝务农功，勉励学者，思勤正典，无为百家庸末，致远必泥。士庶有好学笃道，孝弟忠信，清白异行者，举而进之；有不孝敬于父母，不长悌于族党，悖礼弃常，不率法令者，纠而罪之。田畴辟，生业修，礼教设，禁令行，则长吏之能也。人穷匮，农事荒，奸盗起，刑狱烦，下陵上替，礼义不兴，斯长吏之否也。"（《晋书·世祖武帝纪》）当咸熙二年（265）司马昭去世后，其子晋武帝司马炎便开始实行三年丧制。晋武帝虽然遵循汉魏旧制，既葬除丧，但是依然"犹深衣素冠，降席撤膳"（《晋书·礼志中》），以此礼终三年。晋武帝的解释是："每感念幽冥，而不得终苴绖于草土，以存此痛，况当食稻衣锦，诚诡然激切其心，非所以相解也。吾本诸生家，传礼来久，何心一旦便易此情于所天。"（《晋书·礼志中》）晋武帝这里说得非常明确，他本人生于世代传礼的儒学世家，自然服膺儒学的礼制与价值。三年丧是得到孔子肯定的，是人情的真实表达，因此司马炎以此为契机，在全国推行三年丧制。但晋武帝的丧制改革遭到一些人的反对，如《晋书》记载了羊祜与傅玄的一段对话：

> 初，文帝崩，祜谓傅玄曰："三年之丧，虽贵遂服，自天子达；而汉文除之，毁礼伤义，常以叹息。今主上天纵至孝，有曾闵之性，虽夺其服，实行丧礼。丧礼实行，除服何为邪。若因此革汉魏之薄，而兴先王之法，以敦风俗，垂美百代，不亦善乎。"玄曰："汉文以末世浅薄，不能行国君之丧，故因而除之。除之数百年，一旦复古，难行也。"祜曰："不能使天下如礼，且使主上遂服，不犹善乎。"玄曰："主上不除而天下除，此为但有父子，无复君臣，三纲之道亏矣。"祜乃止。（《晋书·羊祜传》）

从这段讨论中我们可以看出，羊祜与傅玄在根本上都是赞同三年之丧的，但傅玄又指出，由于三年之丧废除已久，如果立即实行，在社会上有一定困难。而且，假使如羊祜所建议的那样，既然立即全面恢复三年丧比较困难，那么首先从帝王服三年丧开始，但是这样又会出现如傅玄所说的，帝王不除而百姓除服，会产生"但有父子，无复君臣"的局面，更不利于名教的推行。傅玄是魏晋时期的大儒，他是从现实的角度对实行三年之丧有一些担忧，而不是反对三年之丧本身。另外，反对实行三年丧的太宰司马孚、太傅郑冲、太保王祥、太尉何曾、司徒领中领军司马望、司空荀顗、车骑将军贾充、尚书令裴秀、尚书仆射武陔、都护大将军郭建等人当中，有一些人虽然在政治上有可议之处，但也都是以孝著称的孝子，他们反对三年丧制，应当与羊祜、傅玄的看法类似，都是出于现实的考虑而反对，他们对于三年丧这一礼制本身都是拥护的。后来，当晋武帝的杨皇后死后，群臣又对太子如何服丧展开讨论。杜预提出：

> 古者天子诸侯三年之丧始同齐斩，既葬除丧服，谅暗以居，心丧终制，不与士庶同礼。汉氏承秦，率天下为天子修服三年。汉文帝见其下不可久行，而不知古制，更以意制祥禫，除丧即吉。魏氏直以讫葬为节，嗣君皆不复谅暗终制。学者非之久矣，然竟不推究经传，考其行事，专谓王者三年之丧，当以衰麻终二十五月。嗣君苟若此，则天子群臣皆不得除丧。虽志在居笃，更逼而不行。至今世主皆从汉文轻典，由处制者非制也。今皇太子与尊同体，宜复古典，卒哭除衰

麻，以谅暗终制。于义既不应不除，又无取于汉文，乃所以笃丧礼也。（《晋书·礼志中》）

杜预以经师的身份明确指出汉代废止三年丧是"汉文轻典"，导致了礼制的混乱。杜预主张应当复古，有力地支持晋武帝恢复三年丧制，而且对礼制做了折中处理，认为帝王的三年丧并非与士庶人同样的居丧衰服三年，而是服"心丧"三年，即除服之后"谅暗"三年。

南北朝时期，北方拓跋族建立的北魏政权在魏孝文帝汉化改革的过程中，也实行了三年丧制。魏孝文帝的改革受到北魏旧俗、旧贵族以及保守势力的反对，但魏孝文帝依然坚持了改革。就三年丧制而言，一些汉族士大夫的态度在这一过程中尤为重要。李彪曾上书指出：

《礼》云：臣有大丧，君三年不呼其门。此圣人缘情制礼，以终孝子之情者也。周季陵夷，丧礼稍亡，是以要绖即戎，縓冠作刺。逮于虐秦，殆皆泯矣。汉初，军旅屡兴，未能遵古。至宣帝时，民当从军屯者，遭大父母、父母死，未满三月，皆弗徭役。其朝臣丧制，未有定闻。至后汉元初中，大臣有重忧，始得去官终服。暨魏武、孙、刘之世，日寻干戈，前世礼制复废而不行。晋时，鸿胪郑默丧亲，固请终服，武帝感其孝诚，遂著令以为常。圣魏之初，拨乱返正，未遑建终丧之制。今四方无虞，百姓安逸，诚是孝慈道洽，礼教兴行之日也。（《魏书·李彪列传》）

李彪在上书中简要回顾了历代三年丧制的变迁，其目的是要在当时兴行礼教，其中实行三年丧制是一项重要的内容。李彪提出的实行三年丧的理由依然是儒家的"缘情制礼"，三年丧是体现孝子情感的最好的方式。三年丧的理论基础是人情，这是传统儒学的观点，但同时它也应合了魏晋南北朝时期重情的礼学思想主题。

唐长孺先生曾明确指出："建立晋室的司马氏是河内的儒学大族，其夺取政权却与儒家的传统道德不符，在'忠'的方面已无从谈起，只能提倡孝道以掩饰己身的行为"，"以一个标榜儒学统治的人一旦取得统治权必然要提倡儒家的名教，但名教之本应该是忠孝二事，而忠君之意在晋初一方面统治者自己说不出口，另一方面他们正要扫除那些忠于魏室的人，在这里很自然的只有提倡孝道，以之掩护自身在儒家伦理上的缺点"。① 唐先生是从现实政治的角度分析西晋重新确立三年丧的政治动机，这当然是一个重要的原因。除此之外，我们还应当注意到儒家思想以及礼学自身的原因。

三年之丧是儒家继承的上古以来的一种礼制，经过儒家思想的提炼，儒家认为丧礼反映的思想是对人情的重视与父子关系的肯定。孟子在解释丧礼的起源时说：

> 盖上世尝有不葬其亲者，其亲死，则举而委之于壑。他日过之，狐狸食之，蝇蚋姑嘬之。其颡有泚，睨而不视。夫泚也，非为人泚，中心达于面目，盖归反藁梩而掩之。掩之诚是也，则孝子仁人之掩其亲，亦必有道矣。（《孟子·滕文公上》）

孟子是说，丧礼的出现是由于人的自然情感不忍见到亲人的遗体被动物随意吞食，因此，在孟子看来，三年丧自然也体现的是人的真实情感。荀子也说：

> 凡生乎天地之间者，有血气之属必有知，有知之属莫不爱其类。今夫大鸟兽则失亡其群匹，越月逾时则必反铅（杨注：铅与沿同，循也。）过故乡，则必徘徊焉，鸣号焉，蹢躅焉，踟蹰焉，然后能去之也。小者是燕爵（"爵"同"雀"），犹有啁噍之顷焉，然后能去之。故有血气之属莫知于人，故人之于其亲也，至死无穷。将由夫愚陋淫邪之人与？则彼朝死而夕忘之，然而纵之，则是曾鸟兽之不若也，彼安能相与群居而无乱乎？将由夫修饰之君子与？则三年之丧，二十五月而毕，若驷之过隙，然而遂之，则是无穷也。（《荀子·礼论》）

杨注："鸟兽犹知爱其群匹，良久乃去，况人有生之最智，则于亲丧，悲哀之情至死不穷已，故以三年节之也。"荀子认为，人于万物最

---

① 唐长孺：《魏晋南朝的君父先后论》，收入唐长孺《魏晋南北朝史论拾遗》，中华书局1983年版，第238、239页。

贵，人的悲伤情感体现在最亲近的亲人丧礼中就是三年丧。所以荀子又说："三年之丧何也？曰：称情而立文。"（《荀子·礼论》）杨注引郑玄曰："称人之情轻重而制其礼也。"

由此可见，先秦孔孟荀一致认为，丧礼是人情的体现，而丧礼中的三年丧更集中体现了人的本真的情感以及对父母的报恩。晋武帝在诏书中说："三年之丧，天下之达礼也。受终身之爱，而无数年之报，奈何葬而便即吉，情所不忍也。"（《晋书·礼志中》）如果从人类学的角度来看，丧礼几乎是所有人类文化形态中都普遍存在的一种仪式，三年丧属于典型的"过渡礼仪"[1]，但是儒家对三年丧的解释却完全是伦理的。魏晋南北朝时期对三年丧的争论以及恢复实行三年丧，从礼制方面来看，也具有重要的意义，如梁满仓先生所指出的，它结束了西汉以来丧制实践的混乱局面，确定了三年之丧的制度，并且奠定了南北凶礼制度交流的基础。[2] 从思想史的角度来看，三年丧制的确立首先表明的是，儒学正统地位的进一步巩固。汉末以来，由于社会动荡和儒家经学自身的原因，儒学一度衰落，而玄学兴盛。出生儒学世家的司马氏建立西晋政权之后，儒学自上而下又开始了振兴。在丧制方面改革西汉以来的短丧，恢复实行三年丧，这种复古的行为表明儒学正统地位的再次确立。

另外，西晋时期明确了三年丧的丧制，并且着重讨论了丧服制度，这表明儒家礼学对情与礼的认识更加深入。按照儒家的解释，丧礼是建立在人的自然情感之上的，三年丧制是人的情感的仪式化。西晋时期恢复实行三年丧制，这进一步肯定了先秦儒家思想当中礼出于情的看法。这又与西晋以后情礼融合、礼玄双修的思想主题是相通的。

三　变礼的意义

魏晋南北朝是中国古代五礼制度的形成时期。从古代发展流传下来的各种礼仪制度，这一时期，在《周礼》五礼的框架之内，被系统化了。

---

[1] "过渡礼仪"是法国人类学家范热内普（Arnold van Gennep）提出的一个重要的人类学理论模式。简单地说，这个理论模式将仪式划分为分隔——边缘——聚合三个阶段。丧礼是典型的人生过渡仪式，是人游移于两个世界之间的边缘阶段。参见范热内普《过渡礼仪》，张举文译，商务印书馆2012年版。

[2] 参见梁满仓《魏晋南北朝五礼制度考论》，社会科学文献出版社2009年版，第645—651页。

前文已经指出，魏晋南北朝一方面是社会动荡、儒学衰微的时期，但另一方面，无论是两晋南朝，还是北方少数民族建立的各政权，都非常重视礼的作用。魏晋南北朝时期有大规模的礼制建设，这在中国古代历史上也是很突出的。在礼学思想方面，这一时期又重视礼的权变，这也成为魏晋时期礼学思想的另一主要内容。

礼是自上古流传下来的仪式、规范与制度。历代皆有礼，孔子就曾指出："殷因于夏礼，所损益，可知也；周因于殷礼，所损益，可知也。其或继周者，虽百世，可知也。"（《论语·为政》）孔子认为，三代的礼的发展是"损益"的结果，后代的礼都是在继承前代的基础之上又有所改动与增删。后来《礼记·大传》说："立权度量，考文章，改正朔，易服色，殊徽号，异器械，别衣服，此其所得与民变革者也。其不可得变革者则有矣。亲亲也，尊尊也，长长也，男女有别，此其不可得与民变革者也。"这是儒家学者从更加抽象的原则解释了礼在发展过程中的变与不变。

《孟子·离娄上》记载：

> 淳于髡曰："男女授受不亲，礼与？"孟子曰："礼也。"曰："嫂溺则援之以手乎？"曰："嫂溺不援，是豺狼也。男女授受不亲，礼也。嫂溺援之以手者，权也。"

孟子所说的礼与权的关系，其实所指的就是礼制的基本原则与适时而变的灵活应变二者之间的辩证关系与有机统一。《礼记·檀弓》等篇记载了许多在特殊情况下如何行礼的例子。

董仲舒将《孟子》书中的礼与权解释成为经礼与变礼的关系。董仲舒认为"《春秋》有经礼，有变礼。为如安性平心者，经礼也。至有于性虽不安，于心虽不平，于道无以易之，此变礼也。"（《春秋繁露·玉英》）董仲舒是汉代《春秋》学的经师。《春秋》经中蕴含着礼制，其中礼有经礼，有变礼。董仲舒还据此进一步认为，"《春秋》固有常义，又有应变"（《春秋繁露·精华》）。"常义"与"应变"也相当于经礼与变礼的关系。

五帝殊制，三王异礼。每个时代的礼制本来就有变异、改动与创新。如《宋书·礼志一》所说："夫有国有家者，礼仪之用尚矣。然历代损益，每有不同，非务相改，随时之宜故也。"魏晋南北朝时期，由于政治的激烈动荡与社会变迁，使得旧有的礼制在有些时候很难适应社会现实。如《通典》中所记载的"前妻被掠没贼后得还后妻之子为服议""父母死亡失尸柩服议"等议题，都是战乱时代很普遍的社会现象。

再如，昏、丧在五礼体系中分属不同的类型，但它们又是人生中具有重要意义的关键时刻，因此自古以来就形成了隆重且又复杂的礼仪。尤其是丧礼，前后延续时间很长。这样，在日常生活中就会出现一系列的冲突，如果昏礼、丧礼遇冲突，应该以哪一种礼为重？丧服依据亲属关系的远近有不同的种类，哪一类型的丧服与昏礼中的哪一种程序不矛盾或相冲突，这些不同类型的排列组合需要礼学专家的判定。《通典》卷五十九、卷六十列举的一些议题，如"宗子父殁母命婚父母俱殁自命婚及支子称宗弟称宗兄等婚议""舅姑俱殁妇庙见""已拜时而后各有周丧迎妇遭女议""已拜时壻遭小功丧或妇遭大功丧可迎议""周丧不可嫁女娶妇议""周服降在小功可嫁女娶妻议""大功末可为子娶妇议""祖无服父有服可娶妇嫁女议""降服大功末可嫁姊妹及女议"等，大多为魏晋时期的讨论。

假如面对以上这样的特殊情境，该采取何种礼制，便成为礼学家们争论的议题。再者，魏晋是以《周礼》为核心的五礼制度的草创与形成时期，很多礼仪制度还不完备，有些特殊情况就需要因时因地制宜。梁满仓先生在《魏晋南北朝五礼制度考论》一书中列举出很多具体的实例，说明在各种因素的共同制约、刺激下，魏晋时期人们议礼比较灵活，注意礼的变通。①

三 《礼》是后世礼制的总的源泉。礼经虽然繁复，"经礼三百，曲礼三千"，但无论如何也不可能涵盖现实生活中遇到的种种具体情况。就魏晋时期来看，除了历代皆有的僭礼、违礼的情况之外，超出礼经范围而需要采取变通手段的，大约有以下几种情形。

第一，因实际情况而改动礼制。如东晋元帝初过江，礼制多阙。侍中顾和奏："旧礼，冕旒用白玉珠。今美玉难得，不能备，可用白璇珠。"②

第二，根据现有的礼经去推演。本来，礼经残缺不全，《仪礼》多为士礼，在汉代就常有礼制捉襟见肘的局促。后仓等礼学家经常就是用士礼去推演天子礼。因此，当发现了古文礼经之后，其中"多天子诸侯卿大

---

① 梁满仓：《魏晋南北朝五礼制度考论》，第42—46页。
② 《通典》卷五十七《礼》十七，第1602页。

夫之制"，学者认为这些礼经"虽不能备，犹愈仓等推《士礼》而致于天子之说"（《汉书·艺文志》）。这样的情形在魏晋时也多有发生。如西晋时殷泉源问"天子诸侯臣致仕，服有同异"的问题，范宣答曰："夫礼制残缺，天子之典，多不全具，唯国君之礼，往往有之。臣之致仕，则为旧君齐缞三月；天子之臣，则亦然矣。"并引《公羊传》作为依据，最终的结论是"比例如此，则臣服之制同矣"。①

第三，如果礼无明文，郑注（西晋时多用王肃义）或前代经师的解说也是判断礼制的主要依据，如西晋时讨论皇后亲为皇后服议时，博士王翼曰："礼无明文，依准郑制齐缞。"② 此外，遵循前代"故事"，如"汉魏故事""魏晋故事"，也是变通礼制的一个原则。

第四，从俗。《通典》有婚礼中"拜时妇三日妇轻重议"。按礼经并无"拜时""三日"之文，但自魏晋以来，民间以成习俗。当时人们认为：

> 婚姻王化所先，人伦之本。拜时之妇，礼经不载，自东汉魏晋及东晋，咸由此事。按其仪，或时属艰虞，岁遇良吉，急于嫁娶，权为此制。……六礼悉舍，合卺复乖，黩政教之大方，成容易之弊法。王肃、钟毓、陈群、山涛、张华、蔡谟，皆当时知礼达识者，何谓不非之邪？岂时俗久行，因循且便，或彼众我寡，议论莫从者乎？③

从这段议论可知，所谓"拜时"就是在特殊情况下举行的一种简易婚礼。虽然不合古礼，但经学家也大多不以为非，估计就是因为此礼在民间行之已久，且简易方便，符合人们的现实需求，因此作为一种权变之制，也未必不可以。

魏晋是一个动乱的时期，普通人在生活中颠沛流离，意外横生，礼制如何应对或弥合现实，也是礼面临的非常具体的处境。如《通典》所载"父母死亡失尸柩服议"，晋刘智《释疑》云：

---

① 《通典》卷九十《礼》五十，第2470页。
② 《通典》卷八十一《礼》四十一，第2215页。
③ 《通典》卷五十九《礼》十九，第1682页。

问者曰:"久而不葬,丧主不除。若其父远征,军败死于战场,亡失骸骨,无所葬,其服如何?"智云:"此礼文所不及也。以理推之,凡礼使为主者不除,不谓众子独可无哀。诚以既变,人情必杀,丧虽在殡,不为主者可以无服。然则为主者之服,可以哀独多也。以丧柩在,不可无凶事之主故也。今无所葬,是无尸柩也,凶服无施,则为后者宜与众子同除矣。迄葬而变者,丧之大事毕也,若无尸柩,则不宜有葬变。寒暑一周,正服之终也,是以除首绖而练冠也。亡失亲至骸骨,孝子之情所欲崇也,可令因周练乃服变缞绖。虽无故事,而制之所安也。"①

针对问者的问题,刘智的回答是虽然这样的情况礼经无明文规定,但是根据礼经的原则以及人情,礼制应该有所变通,服变缞绖。刘智的结论是"虽无故事,而制之所安也",对礼做一些适当的调整、变化,就可以圆满地解决问题。

正因如此,当时的经学家、学者在解释礼经与礼制之外,同时也从思想上强调礼有权变、变通的意义。如《通典》引西晋傅纯语:"礼是经通之制,而鲁筑王姬之馆于外,《春秋》以为得之礼变,明变反合礼者,亦经之所许也。"② 又引徐野人曰:"礼许变通。"③ 又引挚虞曰:"圣人之于礼,讥其失而通其变"④,《宋书·礼志二》引朱膺之曰:"即情变礼,非革旧章。"《宋书·礼志一》又曰:"夫有国有家者,礼仪之用尚矣。然历代损益有不同,非务相改,随时之宜故也。"礼应当"转相变易,不可悉还反古"⑤,应该是魏晋时期对礼的一种普遍看法。其中,干宝的一段话更有代表性。干宝说:

礼有经有变有权,王毖之事,有为为之也。有不可责以始终之义,不可求以循常之文,何群议之纷错。同产者无嫡侧之别,而先生为兄;诸侯同爵无等级之差,而先封为长。今二妻之入,无贵贱之

---

① 《通典》卷一百三《礼》六十三,第2698页。
② 《通典》卷九十七《礼》五十七,第2606页。
③ 《通典》卷六十《礼》二十,第1696页。
④ 《通典》卷八十二《礼》四十二,第2225页。
⑤ 《通典》卷八十一《礼》四十一,第2202页。

礼，则宜以先后为秩，顺序义也。今生而同室者寡，死而同庙者众，及其神位，固有上下也。故《春秋》贤赵姬遭礼之变而得礼情也。且夫吉凶哀乐，动乎情者也，五礼之制，所以叙情而即事也。今二母者，本他人也，以名来亲，而恩否于时，敬不及生，爱不及丧，夫何追服之道哉。张恽、刘卞，得其先后之节，齐王、卫恒，通于服绝之制，可以断矣。朝廷于此，宜导之以赵姬，齐之以诏命，使先妻恢含容之德，后妻崇卑让之道，室人达长少之序，百姓见变礼之中。若此，可以居生，又况于死乎。古之王者，有以师友之礼待其臣，而臣不敢自尊。今令先妻以一体接后，而后妻不敢抗，及其子孙交相为服，礼之善物也。然则王昌兄弟相得之日，盖宜祫祭二母，等其礼馈，序其先后，配以左右，兄弟肃雍，交酬奏献，上以恕先父之志，中以高二母之德，下以齐兄弟之好，使义风弘于王教，慈让洽乎急难，不亦得礼之本乎。(《晋书·礼志中》)

按干宝及其他人的议论中都提到赵姬。赵姬事见《左传·僖公二十四年》及《史记》。据《史记·赵世家》，公子重耳在晋时，赵衰与妻（即赵姬）已生三子。后赵衰从重耳出亡奔翟。翟伐廧咎如，得二女，以其少女妻重耳，长女妻赵衰（《史记·晋世家》稍异），即《左传》叔隗，并生子盾。重耳返国后，"赵姬请逆盾与其母，子余（赵衰字）辞。姬曰：'得宠而忘旧，何以使人？必逆之！'固请，许之。来，以盾为才，固请于公，以为嫡子，而使其三子下之，以叔隗为内子，而己下之"（《左传·僖公二十四年》）。干宝在这里讨论的是同父异母的两兄弟以何种礼仪祭祀他们的二位母亲这种具体情况，他认为《春秋》称许赵姬"遭礼之变而得礼情也"，是解决这类现实问题的总原则。礼学家与经学家都认为，礼的变通中体现出真正的礼义，这样的变礼也是"得礼之本"的。

礼学思想的研究，不仅要重点研究思想家、儒家学者对礼的起源、礼的性质、礼的功能、礼的价值等问题的看法与思考，同时，礼制以及礼制的变迁中反映出的思想史内涵，同样也是礼学思想研究的重要内容。西晋时期在关于丧礼的讨论中出现的三年"心丧"，就是有关变礼思想的一个很好的例证。

《仪礼·丧服》规定三年斩衰："诸侯为天子、君，父为长子，为人后者，妻为夫，妾为君，女子子在室为父，布总、箭笄、髽、衰三年。子嫁，反在父之室，为父三年。"《仪礼》本为士礼，三年斩衰应不包括天子礼在内，但后世经学家多认为《丧服》一篇当为自天子至于庶人皆应实行的，如贾疏说"《丧服》总包尊卑上下，不专据士"。①

西晋武帝时恢复实行三年丧，但是一个显见的问题是，魏晋时期以皇帝为首的国家制度与西周时期相比，已经是极为复杂且庞大了。皇帝既是国家的最高首领，同时在皇帝的血缘家族里，又是为人子者。如果皇帝也要为父行三年斩衰，显然于国家体制的正常运行是不可能的。在这种情况下，既要保证国家机器正常运转，又要照顾到皇子作为孝子也要尽宗法之礼，因此就对三年斩衰之礼作了适当的变通，提出"心丧"作为解决矛盾的办法。仆射卢钦、尚书魏舒等奏曰："天子之与群臣，虽哀乐之情若一，其所居之宜实异，故礼不得同。"并释《虞书》"殷之高宗谅暗，三年不言"为"心丧"。挚虞认为：

> 古者无事，故丧三年，非讫葬除心丧也。后代一日万机，故魏权制，晋氏加以心丧，非三年也。

杜预也指出：

> 古者天子诸侯三年之丧，始同齐斩，既葬除服，谅暗以居，心丧终制，不与士庶同礼。②

杜预又说："《传》称三年之丧自天子达，此谓天子绝期，唯有三年丧也。非谓居丧衰服三年，与士庶同也。故后、世子之丧，而叔向称有三年之丧二也。周公不言高宗服丧三年，而云谅暗三年，此释服心丧之文也。"（《晋书·礼志中》）

挚虞提出的古代实行三年之丧的原因这里暂且不论，但他指出后代政务繁忙，"一日万机"，以此应当对丧制有所变革，实行"心丧"，却也是合理的解释。杜预则以经学大师的身份对皇帝"心丧"三年作了理论的

---

① 《仪礼注疏》，上海古籍出版社2008年标点本，第859页。
② 《通典》卷八十《礼》四十，第2160页。

解释。西晋以后至南朝,皇帝的丧制基本都是三年心丧,这是当时丧服制度的一个重大发明,同时也是礼的权变的一个很好的例证。心丧制度既贯彻了宗法血缘关系,同时又协调了宗法关系与政治机制之间的矛盾,是帝王行丧礼的一个很好的融通办法。

由上述可知,在魏晋南北朝时期礼随着社会的发展而变化,这是礼进步的体现。这个时期重视变礼,说明礼不是僵化不变的教条,而是可以灵活应对现实的规范。这样,在思想上,变礼与儒家所认为的礼的"损益"是一贯的,而且扩大了礼的运用范围,提升了礼的功能。这也是魏晋南北朝时期在政治、民族等各种复杂的社会现实中,礼能够成为重要的价值标准之一,成为维系中国历史与文化发展的一个重要因素。

四 《周礼》地位的提升及其意义

魏晋南北朝是中国古代历史上极为动荡的一个时期,政治的南北分裂、朝代的废兴更替、社会的动荡、战争的纷乱,使得儒家经学在这一时期处于衰微的局面,而道家、佛学的广为流行,更加刺激了儒学的衰落。同时,由儒道思想融合而成的玄学又进一步影响了儒家经学,并且在某些方面促进了儒学以及经学的发展与走向。另一方面,在儒家经学方面,三《礼》学在这一时期却极为发达。宋代王应麟说:"朱文公谓六朝人多精于礼,当时专门名家有此学,朝廷有礼事,用此等人议之。"[1] 清人赵翼也指出:"六朝人最重三《礼》之学。"[2] 经学史、历史学的研究一致认为,魏晋南北朝时期虽然儒家经学在整体上处于衰微的状态,但相对而言三《礼》学却极为兴盛。当代还有学者指出,三《礼》学是当时的显学,在礼学的发展中处于核心地位。[3]

在魏晋南北朝三《礼》学的发展过程中,除了《仪礼》之丧服学极度发达之外,另一个核心的问题是《周礼》地位的提升。

在两汉的礼学系统中,居于核心地位的礼经是《仪礼》。《仪礼》是从先秦流传下来的礼经,在汉代列于学官,置博士,有严格而完整的传授系统,代表了两汉时期正统的礼学。《周礼》则是在武帝时才出现

---

[1] 王应麟:《困学纪闻》卷五,上海古籍出版社2008年版,第586页。

[2] 赵翼:《廿二史札记》卷二十《唐初三礼汉书文选之学》,王树民:《廿二史劄记校正》,中华书局1984年版,第440页。

[3] 参见梁满仓《魏晋南北朝五礼制度考论》第二章第一节,第58—80页。

的一部书，且来路不明，汉代就有人怀疑是"末世渎乱不验之书""六国阴谋之书"，因此之故，并未受到相应的重视。郑玄遍注诸经，认为《周礼》是"周公致太平之书"，将之与《仪礼》《礼记》合而注之，使三《礼》学成为统一的礼学整体。由于郑玄的经师地位与礼学成就，"礼是郑学"，不但突出了郑玄的礼学成就，同样也提升了《周礼》的地位。

魏晋南北朝时期，《周礼》在三《礼》学体系中的地位更加突出，不但受到学者以及政治家的普遍重视，而且还取得了三《礼》之首的地位。《汉书·艺文志》有"礼经三百，威仪三千"，韦昭注说礼经指的就是"《周官》三百六十官也。三百，举成数也"。这一看法颠倒了传统《仪礼》与《周礼》的关系，以《周礼》为礼经。南朝时更是有人认为："凡圣贤可讲之书，必以《周官》立义，则《周官》一书，实为群经源本。"（《梁书》卷四十八《儒林传·沈峻传》）说这句话的陆倕为吏部郎，曾与梁武帝萧衍、沈约等八人并游竟陵王萧子良门下，号为"八尤"，他既是一政府高官，又曾与知识人为伍，他的这个看法不见得完全准确，但一定也是受到了当时一些学者和学术思想的影响。

至于《周礼》对魏晋南北朝时期社会政治制度的影响则更为显著。建立西晋的司马氏出身于儒学大族，在取得政权之后随即制礼作乐，推广礼教。《晋书·礼志上》记载："及晋国建，文帝又命荀顗因魏代前事，撰为新礼，参考今古，更其节文，羊祜、任恺、庾峻、应贞并共刊定，成百六十五篇，奏之。"这部《晋礼》就是按照《周礼》的"五礼"而制定的。学术界普遍认为，中国古代完备的五礼制度形成于魏晋时期[①]，这是魏晋时期礼学发展的一个重要标志。魏晋时期形成的五礼体系成为后世国家礼制的基本结构，而五礼结构本身就是来源于《周礼》。

具体来说，曹魏时期实行的"复五等爵"，就是《周礼》对于现实政治影响的体现之一。按照甘怀真的看法，"此举的目的之一是宣告一个遵从'周政'的新体制的诞生，而不再用汉家之法。此亦象征周礼成为政

[①] 杨志刚认为"以'五礼'形式撰制礼仪，始于西晋"。参见杨志刚《中国礼仪制度研究》，华东师范大学出版社2001年版，第157页。梁满仓先生则认为，五礼体系被用于国家制礼实践中是始于魏晋之际，至南朝梁、北魏太和以后则基本成熟。参见梁满仓《魏晋南北朝五礼制度考论》，第129页。笔者认为梁老师的分析更准确。

制的法源"。①《周礼》对北朝的政治影响更为明显。明人柯尚迁说："迨至于魏有苏绰者，遂识其书，取以辅宇文周。其所更立制度多本之《周礼》，虽大经不明，事多杜撰，然其良法美意亦足以开唐家一代制作之懿，为后世宗。所谓六官、府兵与租庸调是也。"（《周礼全经释原》卷首，文渊阁四库全书本）王夫之说："袭《周官》之名迹，而适以成乎狄道者，宇文氏也。"② 陈寅恪先生也曾经指出："司马氏之帝业，乃由当时之儒家大族拥戴而成，故西晋篡魏亦可谓之东汉儒家大族之复兴。典午开国之重要设施，如复五等之爵，罢州郡之兵，以及帝王躬行三年之丧礼等，皆与儒家有关，可为明证。……然则中国儒家政治理想之书如周官者，典午以前，固以尊为圣经，而西晋以后复更成为国法矣，此亦古今之钜变，推原其故，实亦由司马氏出身于东汉儒家大族有以致之也。"③ 陈寅恪先生还指出："自西汉以来，摹仿周礼建设制度，则新莽、周文帝、宋神宗，而略傅会其名号者则武则天，四代而已。四者之中三为后人所讥笑，独宇文之制甚为前代史家所称道，至今日论史者尚复如此。"④ 陈寅恪先生还着重分析了"宇文泰摹仿周礼创建制度之用心及其所以创建之制度之实质"，认为宇文泰"阳傅周礼经典制度之文，阴适关陇胡汉现状之实"。⑤《周礼》对魏晋南北朝时期社会政治制度与国家礼制的影响，还可以从很多方面做进一步具体的研究，但总体来说，古今学者一致指出，北朝体制受《周礼》的影响则是中国古代历史上一个明显的事实，而北朝的体制与制度直接影响了隋唐，从这一点来看，《周礼》对中古时期社会政治与制度的影响，是其他经典所不可比拟的。

魏晋南北朝是一个分裂动荡的历史时期，但是同时，以统一王权为指导的《周礼》却在此时受到莫大的重视，这确实是一个值得重视和深思的问题。以北朝来说，北魏依照《周礼》实行礼制改革与礼制建设，是北朝政治发展与社会发展过程中非常重要的一件大事。北魏的统治阶层为什么会选择《周礼》作为政治变革与礼制改革的依据？过去有历史学家

---

① 甘怀真：《"制礼"观念的探析》，《皇权、礼仪与经典诠释：中国古代政治史研究》，华东师范大学出版社2008年版，第73页。
② 王夫之：《读通鉴论》卷末叙论四，中华书局1975年版，第1113页。
③ 陈寅恪：《崔浩与寇谦之》，《金明馆丛稿初编》，第129页。
④ 陈寅恪：《隋唐制度渊源略论稿》，中华书局1977年版，第90页。
⑤ 同上书，第91页。

从社会性质的角度做过说明，认为《周礼》虽然是后人所作，但它反映的是周人氏族社会的情况，而拓跋氏也处在氏族社会阶段，即使在汉化改革之后，仍然还保留了很多氏族制的遗迹。因此，社会性质的相似性使得北魏政权能够自然的选择、依靠《周礼》。① 我们认为，这种看法从社会历史发展的角度着眼，虽然出发点是好的，但结论并不能成立。这种看法对于周人的社会性质与拓跋族社会性质的判定，并不完全可靠，还可以作进一步的探讨。另外，两个处于时空完全不同的民族即使社会性质相同，是否会选择借鉴同一部经典，也是未可知的，且没有必然的关联，因此不能简单地仅从逻辑关系作推断。

近来阎步克在研究中国古代帝王冕服制度时也涉及魏晋南北朝时期对于《周礼》的重视。他从政治史的角度对这个问题作了解释。阎步克指出："从中国政治史的大趋势看，魏晋南北朝这个时代中，'族'的因素——皇族、士族、家族，在北朝还有部族因素——的政治影响重大起来了，这在某种意义上或一定程度上，是周朝贵族政治的回潮或倒卷。在这时候，人们对名为'周礼'的周制，就有了更大的亲近感。比较而言，宋明清发达的集权官僚政治远离了周政，君臣对'周礼'的亲近感，就大为淡漠了。像五等爵、国子学、三年丧等等可追溯于周的制度设置，与皇族、士族、家族因素，确实存在着重大的亲和性。……在各种经传之中，《周礼》一书所提供的'周礼'丰富、整齐而集中，那也是魏晋以下其书为人所重的重要原因之一。在魏晋制度发生剧烈波动之时，《周礼》在外在形式上也可以为改制提供素材，包括官名，爵称，官署架构等等。"②

此外，阎步克还提到文化心理方面的原因。魏晋南北朝是乱世，乱世的人们需要精神的慰藉。他借用马克思所说的"宗教是人民的鸦片"的说法，说"'周礼'是魏晋君臣的鸦片"。"'周礼'之于君臣士大夫，就好比这一时期的老庄之于名士，道佛之于平民。"③

我们认为，阎步克先生的这些看法虽然更贴近历史一些，但总体来说

---

① 参见李亚农《周族的氏族制与拓跋族的前封建制》，收入《李亚农史论集》，上海人民出版社1962年版。
② 阎步克：《服周之冕——〈周礼〉六冕礼制的兴衰变异》，中华书局2009年版，第231—232页。
③ 同上书，第232—233页。

还是没有把问题解释清楚。北宋时期中央集权的君主制与官僚体制都有了极大的发展，但同时，帝王与士大夫对周礼和三代依然很有"亲近感"。与其从"族""精神鸦片"这样的角度作解释，不如直接从文化认同的角度作解释。我们认为，北魏政权效仿《周礼》的政治改革与礼制建设，从政治与文化的方面解释会更为合理一些。

北魏拓跋氏的社会发展虽然相较于中原民族来说还比较原始落后，但他们自认为也是黄帝的后裔。《魏书》记载：

> 昔黄帝有子二十五人，或内列诸华，或外分荒服，昌意少子，受封北土，国有大鲜卑山，因以为号。其后，世为君长，统幽都之北，广漠之野，畜牧迁徙，射猎为业，淳朴为俗，简易为化，不为文字，刻木纪契而已，世事远近，人相传授，如史官之纪录焉。黄帝以土德王，北俗谓土为托，谓后为跋，故以为氏。（卷一《序纪》）

《北史》也说：

> 魏之先出自黄帝轩辕氏，黄帝子曰昌意，昌意之少子受封北国，有大鲜卑山，因以为号。（卷一《序纪·魏先世纪》）

我们读《史记·五帝本纪》，可知中国上古时期的五帝、三代，从世系上均可追溯到黄帝。当然，从历史的角度来看，这个世系并不完全是真实的，但若从文化的角度来看，则意义重大，它说明至晚到西汉时期，中国上古三代时期的历史、文化已经被构建成一个完整统一的体系，这对于华夏族的文化认同与历史文化的发展，均产生了极其重要而深远的影响。北魏以黄帝苗裔自居，这样就直接与中原的华夏文明之间建立了关系。天兴元年（398），北魏定都平城，立即立坛兆告祭天地，之后：

> 群臣奏以国家继黄帝之后，宜为土德，故神兽如牛，牛土畜，又黄星显曜，其符也。于是始从土德，数用五，服尚黄，牺牲用白。祀天之礼用周典，以夏四月亲祀于西郊，徽帜有加焉。（《魏书·礼志一》）

从这些记载来看，无论是北魏统治者的自我意识，还是国家的礼制建设，都是以中原华夏文明的继承者自居的。《魏书》还记载：

> 仰惟高祖孝文皇帝禀圣自天，道镜今古，徙驭嵩河，光宅函洛。模唐虞以革轨仪，规周汉以新品制，列教序于乡党，敦诗书于郡国。使揖让之礼，横被于崎岖。歌咏之音，声溢于仄陋。(《魏书·李崇列传》)
>
> 分氏定族，料甲乙之科。班官命爵，清九流之贯。礼俗之叙，粲然复兴。河洛之间，重隆周道。巷歌邑颂，朝熙门穆，济济之盛，非可备陈矣。加以累叶重光，地兼四岳，士马强富，人神欣仰，道德仁义，民不能名。(《魏书·崔玄伯传附僧祐弟僧渊传》)

还有人甚至将孝文帝比作周文王（参见《魏书·李彪列传》）。这些言辞虽或有夸张，但其中反映的含义则是真实的。河洛之间正是周道的继承者与光大者。其中虽然也有儒家学者的参与，甚至还可能起了相当大的作用，但北魏拓跋族以黄帝的苗裔自居，在政治改革与礼制建设方面处处模仿《周礼》，这表明的是一种文化认同，说明他们自认为是中原华夏文明的继承者，与南方的政权相比，他们才具有正统性。从这个角度来看，《周礼》在北朝，尤其在北魏时期，是政权合法性的来源与依据，依照《周礼》进行政权改革与礼制建设，不仅标示着他们是中原文明的合法继承者，同时也是与南朝竞争正统的依据。我们认为，这才是《周礼》在北朝受到重视的主要原因，同时也是《周礼》对于北朝政治的现实意义。

魏晋时期门阀势力崛起，尤其是东晋出现了"王与马，共天下"这种典型的门阀政治，这在中国历史上是空前绝后的，对传统的"天无二日，土无二王"的政治理念是一个极大的冲击，但是，正如已故田余庆教授在其名著《东晋门阀政治》中所分析、揭示的，东晋典型的门阀政治其实也只是中国传统皇权政治的变体，它并不是一种新型的权力分配模式与政治组织形式，因此，这种"共天下"的政治格局并没有随之出现相应的政治理念与礼制，传统尊君卑臣的礼制也没有发生任何变化。与司马氏"共天下"的王导说：

> 夫风化之本在于正人伦，人伦之正存乎设庠序。庠序设，五教

明，德礼洽通，彝伦攸叙，而有耻且格，父子兄弟夫妇长幼之序顺，而君臣之义固矣。《易》所谓"正家而天下定"者也。故圣王蒙以养正，少而教之，使化沾肌骨，习以成性，迁善远罪而不自知，行成德立，然后裁之以位。虽王之世子，犹与国子齿，使知道而后贵。其取才用士，咸先本之于学。故《周礼》，卿大夫献贤能之书于王，王拜而受之，所以尊道而贵士也。人知士之贵由道存，则退而修其身以及家，正其家以及乡，学于乡以登朝，反本复始，各求诸己，敦朴之业著，浮伪之竞息，教使然也。故以之事君则忠，用之莅下则仁。孟轲所谓"未有仁而遗其亲，义而后其君者也"。

　　自顷皇纲失统，颂声不兴，于今将二纪矣。传曰"三年不为礼，礼必坏。三年不为乐，乐必崩"，而况如此之久乎。先进忘揖让之容，后生惟金鼓是闻，干戈日寻，俎豆不设，先王之道弥远，华伪之俗遂滋，非所以端本靖末之谓也。殿下以命世之资，属阳九之运，礼乐征伐，翼成中兴。诚宜经纶稽古，建明学业，以训后生，渐之教义，使文武之道坠而复兴，俎豆之仪幽而更彰。方今戎虏扇炽，国耻未雪，忠臣义夫所以扼腕拊心。苟礼仪胶固，淳风渐著，则化之所感者深而德之所被者大。使帝典阙而复补，皇纲弛而更张，兽心革面，饕餮检情，揖让而服四夷，缓带而天下从。得乎其道，岂难也哉。故有虞舞干戚而化三苗，鲁僖作泮宫而服淮夷。桓文之霸，皆先教而后战。今若聿遵前典，兴复道教，择朝之子弟并入于学，选明博修礼之士而为之师，化成俗定，莫尚于斯。（《晋书》卷六十五《王导传》）

王导对礼坏乐崩的社会现实也是痛心疾首。从这一段长篇大论来看，他的社会、政治主张依然是儒家礼教式的。魏晋南朝，世家大族是礼学的社会基础。但世家大族并未发展出与其政治地位相配的另一套礼来。王导的这一段话清楚地表明，他们是传统礼教的坚定的维护者。阎步克在关于魏晋南北朝时期冕服制度的研究中也表明了这一点。他说："冠服之礼的'尊君'倾向并未中止，仍在'损略'、'毁变'臣下以反衬帝王的崇高。别把那只看成形式的虚荣，它维系着一种'君尊臣卑'的理念，宣示着中国专制集权的悠久与顽强。""魏晋以来虽皇权衰落，尊君卑臣、纲常名教之论成了空话套话，然而空话不空，它们在诏令奏议中依然重复出现，那依然是对皇权的一种维系，预示着其未来的重振与伸张。"① 将这样的评论放在以王导为代表的门阀政治上来，也是适用的。

我们在研究中国历史的时候，一个基本的历史现象是中国在几千年的发展历程中，虽然有内乱、外族入侵而导致的割据、分裂局面，但整体上中国历史维持了政治与文化的一统。这个中国历史上的基本形态引起了中外历史学家的极大兴趣，并从各个方面做出了解释。就魏晋南北朝时期来说，恰好是非常典型的。在长达三百多年的分裂中，南北对立，民族、种族问题尤其突出，但历史的最终走向依然是统一而不是彻底走向分裂。这是政治的、经济的、种族的、文化的等各种因素共同形成的。其中文化的原因也是思想史、哲学史讨论的一个重要问题。其实，更进一步说，或更明确地说，在文化因素方面，是礼维系了中国文化的统一，以及中国历史的统一。这也正是周礼在魏晋时期所具有的特殊的意义。

五 魏晋南北朝礼学思想的转向

儒家所讲的礼，抽象地说可以认为是治理国家的理念方法、调节人际关系的指导原则，具体又可以落实到舆服车马等器物，进退揖让等仪节，所以，礼是一个包容广泛的称谓。概括地说，礼的指向就是儒家所重视的人伦秩序。

先秦时期，儒家学者不但探讨了礼的起源、礼的社会作用、礼与人性（情）的关系等问题，如《礼记》书中提出的各种说法，而且还试图为礼找到更为根本的本源。荀子是先秦儒家的礼学大师，他在《礼论》篇中开篇就讲礼的起源：

> 礼起于何也？曰：人生而有欲，欲而不得，则不能无求。求而无度量分界，则不能不争；争则乱，乱则穷。先王恶其乱也，故制礼义以分之，以养人之欲，给人之求。使欲必不穷于物，物必不屈于欲。两者相持而长，是礼之所起也。（《荀子·礼论》）

荀子所提出的礼的起源说，完全不同于《礼记》书中所讲的礼起于饮食、起于婚姻等各种说法，荀子这里提出的是一个关于礼的起源的理论

---

① 阎步克：《服周之冕——〈周礼〉六冕礼制的兴衰变异》，第211页。

模型，即礼的根源是对社会资源的分配，礼是一种维系社会稳定的分配原则。我们不能不感叹荀子的认识是很深刻的，他看到了礼的本质。荀子还特别重视从其他方面探讨礼的本源与本质，他说："制礼反本成末，然后礼也"，"礼以人心为本，故亡于《礼经》而顺人心者，皆礼也"（《荀子·大略》）。这里提出礼以人心为本。另外，荀子还提出礼有三本："天地者，生之本也；先祖者，类之本也；君师者，治之本也。"（《荀子·礼论》）

但是，无论荀子说的礼的起源还是礼之"三本"，都是在经验的层面上论说礼的本源。另外，战国时期，礼学思想也融合了当时思想界流行的阴阳五行模式，如《礼记·礼器》篇说："礼也者，合于天时，设于地材，顺于鬼神，合于人心，理万物者也。"《乐记》篇又说："是故先王本之情性，稽之度数，制之礼义，合生气之和，道五常之行，使之阳而不散，阴而不密，刚气不怒，柔气不慑，四畅交于中而发作于外，皆安其位而不相夺也。"（郑注："五常，五行也。"①）这里所论说的礼，已经脱离了具体的节文，而是一种抽象的哲学论证，其核心就是以阴阳五行的相配合为礼的结构。阴阳五行也成为战国至汉代儒家礼学思想的基本范式。②

阴阳五行的哲学范式是中国古代哲学发展过程中的一个重要阶段，它的影响很大，但整体上还是比较直观，比较粗糙，属于类比、模拟思维，在中国哲学发展的历程中还属于较低的层次。哲学史的研究认为，魏晋玄学在中国哲学发展史上的重要贡献就在于玄学将中国古代的哲学思维与哲学发展提升到本体论的层次。汤用彤先生指出："夫玄学者，乃本体之学。为本末有无之辨。"③汤一介先生也认为："魏晋玄学是指魏晋时期以老庄思想为骨架企图调和儒道，会通'自然'与'名教'的一种特定的哲学思潮，它所讨论的中心为'本末有无'问题，即用思辨的方法来讨论有关天地万物存在的根据的问题，也就是说表现为远离'世务'和'事物'形而上学本体论的问题。"④这些看法是我们从中国哲学发展史的整体立场考察和评价魏晋玄学的一个基本尺度，已经成为学术界的共识。

---

① 《礼记正义》卷四十八，第1502页。
② 参见刘丰《先秦礼学思想与社会的整合》第二章第二节，中国人民大学出版社2003年版，第71—90页。
③ 汤用彤：《魏晋玄学流别略论》，《汤用彤学术论文集》，中华书局1983年版，第242页。
④ 汤一介：《郭象与魏晋玄学》（第三版），北京大学出版社2009年版，第11页。

玄学家讨论的有无、本末等问题，是具有本体论意义的哲学概念，这相对于两汉以阴阳五行为架构的哲学来说，是一个重大的突破，是中国古代哲学思想发展过程中具有本质意义的一次飞跃。

魏晋南北朝时期，在政治方面，政权更替频繁，社会动荡不安，在思想领域玄学流行，玄风大盛，但是另一方面，从朝廷至普通士人还是多从维系社会秩序的角度重视儒学，重视礼在治国安民方面的重要作用。曹魏时期侍中高堂隆说："礼乐者，为治之大本也。"（《三国志》卷二十五《魏书·高堂隆传》）西晋时程猗说："夫礼，国之大典，兆民所日用，岂可二哉。"（《魏书·礼志四》）挚虞说："革命以垂统，帝王之美事也，隆礼以率教，邦国之大务也。"（《晋书·礼志上》）庞札说："夫礼者，所以经国家，定社稷也。"（《晋书·庾纯传》）南北朝时期，南朝更多地延续了儒学的传统，但是北方少数民族建立的各政权也早已认识到礼的重要意义。前秦王猛说："宰宁国以礼，治乱邦以法。"（《晋书》卷一百十四《苻坚载记下附王猛载记》）虽然北方由于政权更替，礼以"宰宁国"的作用还尚未充分发挥出来，但是在理论上，各政权都认识到了儒家礼乐所具有的积极的社会功能。北魏统一北方后，随即制礼作乐，推行礼制，刁雍上表说："臣闻有国有家者，莫不礼乐为先。故《乐记》云：礼所以制外，乐所以修内。和气中释，恭敬温文。是以安上治民，莫善于礼。易俗移风，莫善于乐。……故大乐与天地同和，大礼与天地同节。和，故百物阜生。节，故报天祭地。礼行于郊，则上下和肃。肃者，礼之情。和者，乐之致。乐至则无怨，礼至则不违。揖让而治天下者，礼乐之谓欤？……臣今以为有其时而无其礼，有其德而无其乐。史阙封石之文，工绝清颂之飨，良由礼乐不兴，王政有阙所致也，臣闻乐由礼，所以象德。礼由乐，所以防淫。五帝殊时不相沿，三王异世不相袭。事与时并，名与功偕故也。臣识昧儒先，管窥不远，谓宜修礼正乐，以光大圣之治。"（《魏书·刁雍传》）这里很多语句直接出自儒家的礼经。以上所列举的这些观点是很有代表性的。这些人均为朝廷官员，并非重要的思想家，他们所依据的礼学理论也未超出先秦以来儒家礼学思想的范围，但是把他们的这些观点、看法放在具体的历史情境中，可以看出在剧烈的社会变革中，人们强烈地感受到或预见到礼所具有的强大且现实的社会功能。

因此，在儒学衰微、社会政治动荡的时期能够看到礼所具有的整合社会的功能,这当然具有非常重要的历史意义,但是从理论方面来看,这一时期人们对礼的认识还仅局限于礼的社会功能方面,在这一方面并没有超出先秦儒家所达到的高度。

比如,魏晋南北朝时期很多人强调礼之本,按照梁满仓先生的研究,他们将荀子所提出的礼之"三本"进一步具体化,以"返本修古"内容的变化为突破口,具体地规定礼所应敬重的本源。具体来说,当时人所认定的礼所应当返之本是多样化的,如尊祖敬宗为孝敬之本,教学为立国之本,尊师贵士为王教之本,孝敬仁义为立身之本,婚姻为人伦之本,治心为治国之本,农桑为立国之本,等等。① 魏晋南北朝时期人们认为礼所应当重视的根本,已经包括了祖宗、道德规范、婚姻制度、农桑事务等各方面的内容,比荀子所说的"三本"范围已经扩大了很多,反映了这一时期对礼之本认识的深入。但是另一方面,这一时期人们所认为的礼之本,还是以伦理秩序为主,这样的"本"还停留在经验的层面,至多具有本源的含义,不具有哲学本体的意义。

曹魏时期杜恕曾著《体论》八篇,"一曰君,二臣,三言,四行,五政,六法,七听察,八用兵"②,并解释说:"人伦之大纲,莫重于君臣。立身之基本,莫大于言行。安上理民,莫精于政法。胜残去杀,莫善于用兵。夫礼也者,万物之体也,万物皆得其体,无有不善,故谓之《体论》。"(《三国志》卷一六《魏书·杜畿传附子恕传》注引《杜氏新书》)这里的"体"有根本的意思,义同孔子所说的"为政先礼,礼其政之本与"(《礼记·哀公问》)的"本",即礼是为政的根本。正如余敦康先生所指出的,杜恕的这个命题"没有进行更高层次的理论探索,没有作出哲学上的论证,这个命题实际上并不具有世界观的指导意义,而只是表述了人们的政治行为必须以礼为准则"。③ 据此,杜恕所说的礼为万物之体的"体"论,还不具有哲学意义上的本体的含义。

傅玄是魏晋时期著名的儒家学者,他针对魏晋以来的政治变动以及士人以虚无放诞为风尚所形成的礼坏乐崩的社会现实,认为这是"亡秦之病复发于今"(《晋书》卷四十七《傅玄传》)。他对现实的判断有些

---

① 参见梁满仓《魏晋南北朝五礼制度考论》,第28—35页。
② 《全三国文》卷四十二,《全上古三代秦汉三国六朝文》,第1287页。
③ 余敦康:《魏晋玄学史》,北京大学出版社2004年版,第37—38页。

类似汉代贾谊所说的秦亡的原因在于"仁义不施",即背离了儒家的礼乐教化。傅玄认为,"儒学者,王教之首也"(《晋书》卷四十七《傅玄传》),儒家的礼乐教化是实现社会稳定与治理的根本。而礼教之本在于:

> 能以礼教兴天下者,其知大本之所立乎?夫大本者,与天地并存,与人道俱设,虽蔽天地,不可以质文损益变也。大本有三:一曰君臣,以立邦国;二曰父子,以定家室;三曰夫妇,以别内外。三本者立,则天下正;三本不立,则天下不可得而正。天下不可得而正,则有国有家者亟亡,而立人之道废矣。礼之大本,存乎三者。①

傅玄说得非常明确,所谓礼教的根本就是君臣、父子、夫妇之间的关系,也就是汉代所提出的"三纲"。因此,傅玄的礼学思想依然限于先秦两汉儒家对礼的认识。他在士人不守礼法、礼坏乐崩的社会现实面前肯定礼的教化功能固然具有强烈的时代意义,但整体上对于礼学思想的推动并没有起到什么作用。

葛洪是东晋时期著名的道士,同时也是具有儒家思想倾向的一位学者。②葛洪《抱朴子外篇》中的《疾谬》《讥惑》《刺骄》等篇严厉地批评了魏晋以来士人背叛礼教的各种放荡不羁的言行,他认为,"人而无礼,其刺深矣"(《抱朴子外篇·刺骄》),他在这里袭用了《诗经·相鼠》"人而无礼,胡不遄死"的思想,可见他对所谓名士的任诞之风是深恶痛绝的。葛洪认为,违背礼教不但会败坏世风,而且还是国家衰亡的主要原因:"夫桀倾纣覆,周灭陈亡,咸由无礼,况匹庶乎!"(《抱朴子外篇·疾谬》)葛洪对由礼而导致历史兴亡的感叹,一定有对现实的沉痛反思。葛洪认为:"夫唯无礼,不厕贵性。"(《抱朴子外篇·讥惑》)"贵性"谓人,也是套用了传统儒家人为万物最贵的思想。因此,葛洪认为,人之所以为人就在于礼,礼是人与动物的区别。

---

① 《傅子·礼乐》,见《全晋文》卷四十七,《全上古三代秦汉三国六朝文》,第1730页。
② 葛洪的《抱朴子外篇》的学派归属是一个复杂的学术问题。葛洪自认为"《外篇》言人间得失,世事臧否,属儒家",但其著述遭到历代儒家的批评,认为《外篇》属于杂家。对这个问题这里不拟过多展开,而是参考李中华的看法:"葛洪《抱朴子外篇》体现的是儒家思想"。参见汤一介、李中华主编《中国儒学史·魏晋南北朝卷》(李中华著),第127页。

葛洪对魏晋以来礼的缺失导致的世风败坏与政治的兴亡的反思，当然有其深刻的思想史的意义。但总体来说，他对礼的认识也没有超出传统儒家的看法，这也许是他不受后世儒家重视的原因之一。葛洪还指出："天秩有不迁之常尊，无礼犯死之重刺。"（《抱朴子外篇·博喻》）"天秩"出自《尚书·皋陶谟》"天秩有礼"，是指天地自然之秩序，人间的尊卑秩序是对自然秩序的模拟，这种思想也是传统思想当中固有的看法①，葛洪并没有对天秩与礼的关系作进一步的说明与论证。

魏晋时期的玄学家、思想家当中，对礼思考最为深入的应该是裴頠。裴頠"疾世俗尚虚无之理，故著《崇有》二论以折之"②。《崇有论》今保存在《晋书》中，从内容来看，裴頠坚决反对玄学家以无为本的思想以及由此引起的口谈虚浮、破坏礼法的社会风气。裴頠认为，贵无必然贱有，"贱有则必外形，外形则必遗制，遗制则必忽防，忽防则必忘礼。礼制弗存，则无以为政矣"（《晋书》卷三十五《裴頠传》）。裴頠的《崇有论》深入分析了贵无思想产生的原因、它在理论上的缺陷以及所带来的严重社会后果。在裴頠看来，魏晋时期流行一时的所谓玄风，在理论上就是由玄学家的贵无思想而引起的。

从玄学的方面来看，裴頠的崇有论是玄学发展过程中具有关键意义的逻辑的一环，因此裴頠也是著名的玄学家，在玄学史上具有重要的地位。有学者指出："裴頠《崇有论》的出现，标志魏晋南北朝的儒学进入了一个新阶段。其显著的特点是正统的儒家学者也学会了使用玄学语言，并运用'辩名析理'的方法，与玄学思潮相抗衡，这为儒学在理论上的深化并建立儒家的哲学形上学和本体论创造了条件，开辟了道路。裴頠的《崇有论》即是儒学在理论上深化的代表作。因为玄学贵无论以'本末有无'问题为核心，建立起'以无为本'的本体论学说，裴頠亦借用'有'、'无'概念，并集中讨论二者的关系，从而建立起具有儒家特色的'崇有论'哲学。"③ 这对于《崇有论》的评价是很中肯的。从儒家礼学思想方面来看，裴頠贱无而崇有，其崇有就是对儒家仁义道德与礼乐制度

---

① 笔者对这个问题有所论述，参见刘泽华主编《中国传统政治哲学与社会整合》第二章"天秩论与社会秩序模式及整合"，中国社会科学出版社2000年版，第36—78页。

② 《世说新语·文学》注引《晋诸公赞》。余嘉锡：《世说新语笺疏》（修订本），第201页。

③ 汤一介、李中华主编：《中国儒学史·魏晋南北朝卷》（李中华著），第105页。

的肯定。从这个方面来说,裴頠也是儒家学者。

首先,裴頠是精通礼学的。《通典》中保留了两条裴頠有关礼制的论述:

> 国子祭酒裴頠以为,吉凶之别,礼之大端,子服在凶,而行嘉礼,非所以为训。虽父兄为主,事由己兴,此悉人伦大纲,典章所慎也。①

> 裴頠答治礼问,"天子礼玄冠者,形之成也。为君未必成人,故君位虽定,不可孩抱而服冕弁。"②

这两条记载虽然简略,也无太多的理论发挥,但也可以反映裴頠作为儒家学者是擅长礼学的。

其次,在王弼贵无论的思想背景之下,在"越名教而任自然"的社会风气之下,裴頠提出崇有,这是对儒家礼制和纲常名教的正面肯定。与乐广所说的"名教中自有乐地"这种调和名教与自然关系的说法不同的是,裴頠的贵有则是完全立足于儒家的立场,而且更为坚定与明确。

但是,同时我们也需要指出,裴頠的崇有论主要是反驳王弼的贵无思想,认为在世界万物之外不需要有一个"无"来作为万物的本体。儒家极力主张的礼乐纲常除了它的社会功能与社会意义之外,是否还有更深层次的哲学本体论上的依据?这是儒家礼学发展必须要面对和解决的一个重大理论问题。在这个方面,裴頠的崇有论显然还不足以充分说明。裴頠三十多岁便死于八王之乱,他的理论或许还未来得及彻底展开。但这正是儒学以及儒家礼学思想下一阶段的发展所要解决的问题。因此,从整体上来看,魏晋玄学是中国古代哲学思想发展的一个转折时期,以无为本的本体论思想确立了中国古代哲学发展的新高度,玄学、佛学的流行刺激了儒学的更新,但是,儒家传承自上古三代以来的礼乐制度,已经成为儒家之所以为儒家的一个本质特征。在东汉末期以来,伴随着名教纲常的衰微和玄风的兴盛,礼法受到士人的嘲弄甚至抛弃。在这种形势之下,儒学的发展不但要正面肯定礼的重要性,而且要从更为根本的哲学角度说明礼的本

---

① 《通典》卷六十《礼》二十,第1690页。
② 孙毓《五礼驳》引,《通典》卷五十六《礼》十六,第1574页。

质。在这个方面，魏晋时期的儒学还未提出更好的说明。

一般来说，玄学是对两汉经学的重大突破，是哲学思想发展过程中的一次飞跃。从另一方面来看，魏晋时期的经学尤其是礼学思想，并不是与玄学思想的发展同步的。礼学思想还多流于讨论礼的功能与作用，未从本体的角度对礼作进一步的解释。虽然有"礼玄双修"，但礼学与玄学并不是同步的，同一层次的。这一思想史的重任，要到宋代理学兴起之后，才能得以完成。

第三节　二程的礼学思想与宋代礼学的新发展

皮锡瑞在《经学历史》中讲到宋代礼学时说："宋人尽反先儒，一切武断；改古人之事实，以就我之义理；变三代之典礼，以合今之制度；是皆未敢附和以为必然者也。"① 刘师培《经学教科书》也认为宋代礼学"立说亦趋浅显"，"以臆说解经"，"穿凿浅陋，殊不足观"②，评价很低。若从传统经学的立场来看，皮锡瑞与刘师培一主今文，一主古文，二人对经学史的判断、评价有许多看法是不同的，甚至是完全对立的。但是，他们对于宋代三礼学的叙述与评价，却基本一致。这种看法是有代表性的。学术界普遍认为，宋代的理学是传统儒学发展的高峰，但宋代的礼学则成就不高。当代也有学者认为，宋代是礼学发展的衰微时期。"三礼学在宋明时期趋于衰微"。具体来说，宋代虽有王安石《周官新义》与朱熹晚年编撰《仪礼》经传，"使此二礼稍有所振"，但总的来说，由于时代风气、学术思潮的变化，"礼学在理学兴起的风气冲击下，失去昔日的兴盛"。③

我们认为，宋代是儒学发展的新时期，道学的产生与发展标志着儒学哲学思维发展到空前的高度。宋代的礼学与之前的两汉、魏晋南北朝，以及之后的清代相比，虽然没有出现非常有影响的三《礼》注疏作品，也没有清代学者考证辨析之精深，注疏之广博，但依然自成体系，自有特色，在古代礼学的发展史上是不可或缺的重要环节，具有独特的成就。其中最为显著的贡献之一就是理学家将礼的思想纳入理学的脉络当中，将礼

---

① 皮锡瑞：《经学历史》，中华书局2004年版，第184页。
② 刘师培：《经学教科书》，上海古籍出版社2006年版，第109—110页。
③ 参见林存阳《清初三礼学》，社会科学文献出版社2002年版，第85—86页。

与天理联系贯通起来，确立了礼的本体地位。本节将以北宋时期二程兄弟的思想为例，来具体说明理学家对于礼学思想的解释，并由此显示在理学的系统当中对于礼学思想的推进与发展。

二程兄弟是北宋道学的奠基人。他们所开创的理学为儒学提供了新的发展方向，因此他们在理学的脉络当中自然有其重要的思想史地位。同时，二程也是儒学家，他们对于儒学基本问题的探讨虽然有所侧重，但对某些问题并没有完全回避。对于儒学系统当中重要的礼学，虽然不是二程理学关注的重点，二程也没有完成过完整的三《礼》注疏著作，但他们流传至今的文集、语录当中也保留有一些解说，而且更为重要的是，他们对于礼学从义理之学的角度作了进一步的发挥，从礼学思想发展的角度来看是有重要意义的，这些内容丰富并发展了儒家的礼学思想，同时也是他们理学思想的重要组成部分，值得重视与研究。

一 二程的三《礼》学

从二程一生的经历变故来看，熙宁三年（1070）是一个转折点。此前，他们热烈地议论时政，积极参与变法。此后的十多年间，他们退居洛阳，"玩心于道德性命之际，有以自养其浑浩冲融"[1]，涵咏天道性命之理，理学思想日渐成熟深化。就在二程思想逐渐转向内在的同时，他们并没有完全放弃对政治与现实问题的关注，在学术方面还有修定礼书以及解经的计划与工作。由此，我们对二程的道学应当有完整的把握。二程创立理学虽然是他们在中国哲学史上的重大贡献，但儒学的传统依然是理学产生与发展的背景。

传统礼学研究属于经学的范围，二程倡导义理之学，对经学不甚用力，而且认为训诂是为学的弊病之一，多次指出，"今之学者有三弊：一溺于文章，二牵于训诂，三惑于异端"[2]。将文章、训诂与异端并列，表达了他们对传统以训诂为主的经学的强烈不满。

流传至今的二程著作当中，完整的经学著作只有程颐的一部《周易程氏传》，其他关于《诗》《书》《春秋》以及三《礼》只有一些零散的

---

[1]《河南程氏遗书》附录《门人朋友叙述并序》，《二程集》，中华书局1981年版，第332页。

[2]《河南程氏遗书》卷十八，《二程集》，第187页。

解说，不成系统。

据文集记载，程颐也有修定礼书的计划：

> 问："先生曾定六礼，今已成未？"曰："旧日作此，已及七分，后来被召入朝，既在朝廷，则当行之朝廷，不当为私书，既而遭忧，又疾病数年，今始无事，更一二年可成也。"曰："闻有《五经解》，已成否？"曰："惟《易》须亲撰，诸经则关中诸公分去，以某说撰成之。《礼》之名数，陕西诸公删定，已送吕与叔，与叔今死矣，不知其书安在也？然所定只礼之名数，若礼之文，亦非亲作不可也。《礼记》之文，亦删定未了，盖其中有圣人格言，亦有俗儒乖谬之说。"①

程颐又说："某旧曾修六礼，将就后，被召入朝，今更一二年可成。家间多恋河北旧俗，未能遽更易，然大率渐使知义理，一二年书成，可皆如法。"② 程颐"被召入朝"是在元祐元年（1086）。按照程颐自己的说法，他修定六礼是在此之前。据上引程颐之言，程颐也有训解经典的完整的规划，只是由于各种原因而最终没有完成。今存的《周易程氏传》应是这项计划中的一部分。按照程颐本人所言，《周易传》是他亲自所作，三《礼》则是按照他的指导原则，由精于礼学的三吕等人分头完成。由于吕大临"寿不永"，这项计划也只能中断了。但是，由程颐所言可知，他依然没有放弃这项计划。程颐准备修定的六礼是指冠、昏、丧、祭、乡、相见。按照程颐的设想，虽然由于吕大临的早逝而影响到修定礼书的计划，但他认为，交付吕大临的工作只是具体的"礼之名数"，而具有指导性、原则性的"礼之文"，也就是礼的义理所在，还须由他亲自完成。言下之意，修定礼书的工作不会因吕大临的早亡而中断，吕大临的早亡也不会在根本上影响礼书的修定。但最终的结果是，程颐的修定六礼及《五经解》这样庞大的规划并没有完成。

就三《礼》来说，二程确实提出了一些精辟的看法。例如对于《周礼》，认为"《周礼》之书多讹阙，然周公致太平之法亦存焉，在学者审

---

① 《河南程氏遗书》卷十八，《二程集》，第239—240页。
② 同上书，第240页。

其是非而去取之尔"①。有门人问"《周礼》之书有讹缺否?"程颐回答曰:"甚多。周公致治之大法亦在其中,须知道者观之,可决是非也。"②这是说,虽然《周礼》也有讹缺之处,但其根本则是周公致太平之法,肯定了《周礼》在儒家经典中的神圣地位。

关于《仪礼》,有门人问程颐"如《仪礼》中礼制,可考而信否?"程颐回答曰:"信其可信。如言昏礼云,问名、纳吉、纳币皆须卜,岂有问名了而又卜?苟卜不吉,事可已邪?若此等处难信也。"③这都表现出对于经典不盲从的理性态度。

关于《礼记》,二程认为:

> 秦氏焚灭典籍,三代礼文大坏。汉兴购书,《礼记》四十九篇杂出诸儒传记,不能悉得圣人之旨。考其文义,时有抵牾。然而其文繁,其义博。学者观之,如适大通之肆,珠珍器帛随其所取;如游阿房之官,千门万户随其所入。博而约之,亦可以弗畔。盖其说也,粗在应对进退之间,而精在道德性命之要;始于童幼之习,而终于圣人之归。惟达于道者,然后能知其言;能知其言,然后能得于礼。然则礼之所以为礼,其则不远矣。④

这些都是相当有见地的看法,但惜之简略,没有把它们详细地贯彻到他的礼书训解当中。程颐在文集当中有《婚礼》《葬说》《葬法决疑》《记葬用柏棺事》《作式主》《祭礼》几篇,以及对《大学》文本的改正。⑤ 我们可以合理推想,如果程颐完成了他的礼经训解工作,其中必然会有对这些观点进一步的推演与发挥。

二程不仅在思想方面对儒家礼学多有创见,在现实生活中,他们也时刻谨守礼仪规范,保持了儒者的本色。据文献记载:

---

① 《河南程氏粹言》卷一,《二程集》,第1201页。
② 《河南程氏遗书》卷十八,《二程集》,第230页。
③ 《河南程氏遗书》卷二十二上,《二程集》,第286页。
④ 《河南程氏文集·遗文》,《二程集》,第669页。
⑤ 今本二程文集中还有《中庸解》一篇(见《河南程氏经说》卷八),朱子等已经指出系吕大临的作品。

> 有人劳正叔先生曰："先生谨于礼四五十年，应甚劳苦。"先生曰："吾日履安地，何劳何苦？它人日践危地，此乃劳苦也。"①
> 伊川主温公丧事，子瞻周视无阙礼，乃曰："正叔丧礼何其熟也？"又曰："轼闻居丧未葬读丧礼。太中康宁，何为读丧礼乎？"伊川不答。邹至完闻之曰："伊川之母先亡，独不可以治丧礼乎？"②

黄百家还指出，程颢"于兴造礼乐，制度文为，下及兵刑水利之事，无不悉心精炼。使先生而得志有为，三代之治不难几也"。③ 由这些记载可知，二程熟悉礼仪、典制在当时也是得到众人认可的。这再次提醒我们，对于道学应该有全面的认识，不能简单地认为理学与礼学是绝对对立的，不能认为道学家讲理就忽视了礼。

关于程颐的礼学著作，有一个问题需要稍加讨论。今中华书局《二程集》之《河南程氏文集》后附有"遗文"，其中收录有《礼序》一篇，同时还有《易序》一篇。在朱熹所编的二程文集、语录等著述中，并未提及《易序》与《礼序》二文，因此后人便怀疑这两篇文字并非程颐的作品。

《易序》与《礼序》原收录在宋人熊节编的《性理群书句解》当中。熊节为朱熹弟子，《四库全书总目》认为"是书采摭有宋诸儒遗文，分类编次"。④ 后元代谭善心所辑的《程子遗文》，收录了《易序》与《礼序》二文，以为程颐遗文。但是，今四库全书所收录的《性理群书》，于《易序》下署名为朱熹。《礼序》一文未署名，但置于《易序》和朱熹《诗集传序》之间，从这样的排序来看，也是以此篇为朱子所作。另，《易序》与《礼序》二文还见于程颐弟子周行己的《浮沚集》，名为《易讲义序》和《礼记讲义序》。由此可见，关于《礼序》一文的作者，有程颐所作、朱子所作和周行己所作等不同的看法。

今本《周行己集》的校点者周梦江先生认为，《易序》与《礼序》二文为程颐所作，"据估计，周行己当时传授洛学时，有可能将老师这两篇文章当作讲学授徒的教材，以后他身殁异乡，而整理周氏文集的人未加

---

① 《河南程氏遗书》卷一，《二程集》，第8页。
② 《河南程氏外书》卷十一，《二程集》，第416页。
③ 《宋元学案》卷十四《明道学案》下，中华书局1986年版，第580页。
④ 《四库全书总目》卷九十二，中华书局1965年影印本，第787页。

审察，遂将两文编入《浮沚集》"。① 但后来，周梦江先生又对这一说法有所修订，认为《易讲义序》可能为程颐作，而《礼记讲义序》则是周行己自著。② 周梦江先生两次提出了自己的观点，但是没有做进一步的论证。③ 认为《礼序》为程颐或周行己的作品，其实在文献上都没有其他坚实的证据，我们很难作出确切的判断。程颐、周行己为师弟，学术思想本身就有传承，由于思想的相似性，在编订二程文集的时候收入弟子的文章也不是没有可能，如《程氏经说》中就收录了本为吕大临所作的《中庸解》。这种类似情况出现在《礼序》《易序》这两篇文章上也有可能。

《礼序》一文约五百字，整体论说并未超出儒家礼学思想的范围，把它与程颐整体思想相比量，也没有提出更加新颖独到的看法。在程颐的礼学思想以及整体思想当中，增加或减少这样一篇文章，并不会影响我们对程颐思想的评价。因此，既然今本《二程集》中的《礼序》一文是否为程颐所作还有疑问，我们在研究二程的礼学时，暂且将这篇文章存疑。

二 二程的礼学思想

二程治经，首先明确主张要探讨经典当中的义理。二程说：

> 治经，实学也，譬诸草木，区以别矣。道之在经，大小远近，高下精粗，森列于其中。譬诸日月在上，有人不见者，一人指之，不如众人指之自见也。如《中庸》一卷书，自至理便推之于事。如国家有九经，及历代圣人之迹，莫非实学也。如登九层之台，自下而上为是。人患居常讲习空言无实者，盖不自得也。为学，治经最好。苟不自得，则尽治五经，亦是空言。今有人心得识违，所得多矣。有虽好读书，却患在空虚者，未免此弊。④

---

① 参见《周行己集》（温州文献丛书）校点者"前言"，上海社会科学院出版社2002年版，第13页。
② 参见《二郑集》（温州文献丛书）校点者"后记"，上海社会科学院出版社2006年版，第199页。
③ 也有学者考证《礼序》为周行己所作。参见石立善《〈礼序〉作者考》，收入彭林主编《中国经学》第六辑，广西师范大学出版社2010年版。
④ 《河南程氏遗书》卷一，《二程集》，第2页。

二程认为，经学为实学，但他们所理解的实学与汉人以训诂考证、疏解名物制度为主的实学相距甚远。他们所谓的"实"，是与佛老的"虚"相对应的，其实也就是儒学以及儒学的核心价值。二程认为，研究经典首先要识得儒家经典中的义理即道。他们指出：

> 如圣人作经，本欲明道。今人若不先明义理，不可治经，盖不得传授之意云尔。如《系辞》本欲明《易》，若不先求卦义，则看《系辞》不得。①

> 尝语学者，且先读《论语》、《孟子》，更读一经，然后看《春秋》。先识得个义理，方可看《春秋》。《春秋》以何为准？无如《中庸》。欲知《中庸》，无如权，须是时而为中。②

从这些语录可见，二程明确主张治经的目的是寻求义理。具体来说，这个理就是儒家的道理。程颐说："学者当以《论语》、《孟子》为本。《论语》、《孟子》既治，则《六经》可不治而明矣。……"③ 有门人问"穷经旨，当何所先？"二程回答："于《语》、《孟》二书知其要约所在，则可以观《五经》矣。"④

就三《礼》来说，由于去古久远，经典本身就有缺漏，礼书本身的特殊性质造成了礼学研究中对于名物典章训释的不断纷争，因此，为了从整体上理解与把握礼经，就更加突显出义理的重要性。"古之学者，先由经以识义理。盖始学时，尽是传授。后之学者，却先须识义理，方始看得经。"⑤ 二程认为："孟子之时，去先王为未远，其所学于古者，比后世为未却也，然而周室班爵禄之制，已不闻其详矣。今之礼书，皆掇拾秦火之余，汉儒所傅会者多矣，而欲句为之解，字为之训，固已不可，又况一一追故迹而行之乎？"⑥ 他们认为，通过训诂考证来恢复古代礼制的全貌并由此探寻三代圣王之治是不可能的，这其实从方法论和价值层面上根本否

---

① 《河南程氏遗书》卷二上，《二程集》，第13页。
② 《河南程氏遗书》卷十五，《二程集》，第164页。
③ 《河南程氏遗书》卷二十五，《二程集》，第322页。
④ 《河南程氏粹言》卷一，《二程集》，第1204页。
⑤ 《河南程氏遗书》卷十五，《二程集》，第164页。
⑥ 《河南程氏粹言》卷一，《二程集》，第1206页。

定了汉唐礼学。在他们看来，礼学的研究，探求义理更加重要，如程颐说："大凡礼，必须有义。礼之所尊，尊其义也。失其义，陈其数，祝史之事也。"①

传统儒家的专长在伦理制度方面，礼学研究的对名物制度的考证、礼仪制度的疏解，正是儒家所认为的规范社会的必要手段。而二程洛学则展开了对传统儒家并不看重的"性与天道"的讨论，将儒家的义理之学发展到空前的理论高度，并进而形成了以性命天道为主要内容的理学。儒家传统的礼学与新兴的理学是何关系？理学的兴起是否意味着对传统儒学的彻底超越？对于理学的进一步发展来说，这也是一个亟须解决的问题。二程对于这个问题的思考与解决，主要体现在礼与理的关系方面。

其实，早在春秋时期，人们就已经开始思索礼的形上依据与意义。据《左传》记载，子大叔曾引子产之言：

> 夫礼，天之经也，地之义也，民之行也。天地之经，而民实则之。则天之明，因地之性，生其六气，用其五行，气为五味……（《左传·昭公二十五年》）

子大叔也说：

> 礼，上下之际，天地之经纬也。（《左传·昭公二十五年》）

齐晏婴又说：

> 礼之可以为国也久矣，与天地并。（《左传·昭公二十六年》）

将礼与天地并列，认为礼是天地之经纬，这表明了早期思想家试图为中国古代文化当中最为重要的礼寻找一种超越性的依据。儒家不但继承、保存了周礼，同时也继承了上古时期将礼形上化的这种思路。至战国中后期，这种将礼哲学化的努力终于取得了阶段性的成就，阴阳五行的哲学图

---

① 《河南程氏遗书》卷十七，《二程集》，第177页。

式与礼学思想相结合。这在《礼记》当中有明确的反映。① 另外，儒家还一直认为礼来源于圣人的制作，但是圣人也是根据天地的法则来制定礼：

圣人因天秩而制五礼。(《汉书·刑法志》)
圣人能为之节而不能绝也，故象天地而制礼乐，所以通神明，立人伦，正情性，节万事者也。(《汉书·礼乐志》)

礼与天地并立，儒家所传承的礼的哲学依据就是战国时期流行的阴阳五行哲学范式。圣人因天地而制礼，本质上也是对这种思想的另一种表述。战国时期确立的礼与阴阳五行融合的思想一直是延续到汉唐礼学的哲学范式。宋代儒学的发展，一方面反对汉唐的注疏训诂学，同时也反对玄学、佛学的以虚空为本的本体论。二程天理论的建立，就是在这种思想背景之下完成的。同时在这种思想背景之下，二程又认为礼即天理，使礼具有本体论的意义，这对于礼学以及儒学的发展都是一个飞跃。

仅就文字训解来看，在《礼记》以及先秦文献当中对于礼与理的关系其实早已有明确的说明。例如：

《礼记·仲尼燕居》："子曰：礼也者，理也。"
《礼记·乐记》："礼也者，理之不可易者也。"
《礼记·礼器》："先王之立礼也，有本有文。忠信，礼之本也。义理，礼之文也。"
《礼记·礼器》："礼也者，合于天时，设于地财，顺于鬼神，合于人心，理万物者也。"
《礼记·乐记》："乐者，通伦理者也。"
《礼记·丧服四制》："夫礼，吉凶异道，不得相干，取之阴阳也。丧有四制，变而从宜，取之四时也。有恩，有理，有节，有权，取之人情也。恩者仁也，理者义也，节者礼也，权者知也。仁义礼知，人道具矣。"
《管子·心术上》："礼者，因人之情，缘义之理，而为之节文者也。故礼者，谓有理也。理也者，明分以谕义之意也。故礼出乎义，义出乎礼，理因乎宜者也。"

---

① 参见刘丰《先秦礼学思想与社会的整合》第二章，第60—99页。

这些文献当中所涉及的"理",其含义仅为事物之条理,如郑玄说:"理,犹事也"①。从战国后期到两汉经学,儒家礼学的哲学基础都是天地阴阳五行结构。这样,《礼记》以及先秦文献当中所说的"礼者理也",就不具有哲学本体论的意义。

孔颖达负责编修的《五经正义》是汉唐经学的集大成之作,其中的《礼记正义》更是集中地体现了以孔颖达为代表的唐代学者对于礼的看法与认识。孔颖达在《礼记正义序》中说:"夫礼者,经天纬地,本之则大一之初,原始要终,体之乃人情之欲。"又说:"夫礼者,经天地,理人伦。本其所起,在天地未分之前。故《礼运》云:'夫礼,必本于大一。'是天地未分之前已有礼也。礼者,理也。其用以治,则与天地俱兴。"②孔颖达认为礼与天地并,甚至在天地未分之前就有了礼。他的这些看法,一方面还是源于经注,尤其是纬书,另一方面,无论礼的历史有多么悠久,这也只是一种历史的、时间性的叙述。因此,他在下文接着就说:"尊卑之礼起于燧皇","嫁娶嘉礼始于伏羲"。我们认为,虽然孔颖达在《礼记正义》的一开篇就试图为礼确立一种更加超越的依据,但他能做的,只是在时间顺序上将礼无限地向前推移,甚至推移到天地未分之前。但是,这种历史性的先在性,并不能在逻辑上确保礼的优先性与至上性。孔颖达的看法依然没有超越汉代以来形成的礼学思想。孔颖达引皇侃:"礼有三起:礼理起于大一,礼事起于燧皇,礼名起于黄帝。"③孔颖达虽然认为"礼理起于大一""其义通也",但他所判定通与不通的标准依然是经文与史实。"礼理起于大一"的依据是《礼运》:"夫礼,必本于大一",皇、孔所说的"礼有三起",也相当于荀子说的"礼有三本",还是一种历史性的探源。另外,孔颖达的这些看法依然埋没于繁杂的经注当中,即使有一些有价值的、有可能进一步推演的见解,也都是包裹在厚重的经注当中而无出头之日。这也说明,儒学的进一步发展,一方面要批判、摆脱汉唐的经注学,另一方面,对于礼的超越性,要从历史性的论证转变为哲学性的论证。

---

① 《礼记正义》卷四十八《乐记》"礼也者,理之不可易者也"郑注,第1515页。
② 《礼记正义》卷一篇首,第1页。
③ 同上书,第2页。

在北宋道学的发展过程中，二程的老师周敦颐以及比二程年纪稍长的张载均明确提出了"礼者理也"的看法。周敦颐说："德：爱曰仁，宜曰义，理曰礼，通曰智，守曰信。"① 又说："礼，理也；乐，和也。"② 但是，周敦颐并未对这些说法作进一步的说明与解释，因此，仅凭这些论断来看，他所说的"礼，理也"还是在《礼记》的层次上，理还不具有作为本体的天理的含义。

张载说："礼者理也"③，"天子建国，诸侯建宗，亦天理也"。④ 张载还说："时措之宜便是礼，礼即时措时中见之事业者。"⑤ "时措""时义"既是天理，也是礼。总体上来说，张载的这些表述，其实都是礼即理也的不同说法。正如余敦康先生所指出的，"在儒学史上，把儒家所服膺之礼提到天道性命的哲学高度进行系统的论证，从而为礼学奠定了一个坚实的理论基础，应以张载为第一人"。⑥ 这个评价可谓公允。但是，张载的思想以气为本，天理在张载的思想中并不占主要地位，因此，张载虽然也认为礼者理也，但他并没有对这个命题作进一步的充分解说。

二程以天理作为最高的哲学范畴，他们共同创立了理学。二程虽然性格、思想均有异处，但是在这个根本问题上他们是一致的。程颐自己就说，"我之道与明道同"，他们对天理的体认与分析虽然有某些细微的差异，但是在总体上是一致的，均以理为最根本的哲学范畴与哲学本体。黄百家指出：

> 先生自道"天理二字，是我自家体贴出来"，而伊川亦云"性即理也"，又云"人只有个天理，却不能存得，更做甚人"，两先生之言，如出一口。此其为学之宗主，所以克嗣续洙泗而迥异乎异氏之灭绝天理者也。⑦

---

① 周敦颐：《通书·诚几德第三》，《周敦颐集》，中华书局2009年版，第16页。
② 周敦颐：《通书·礼乐第十三》，《周敦颐集》，第25页。
③ 张载：《张子语录·语录下》，《张载集》，中华书局1978年版，第326页。
④ 张载：《经学理窟·宗法》，《张载集》，第259页。
⑤ 张载：《经学理窟·礼乐》，《张载集》，第264页。
⑥ 余敦康：《内圣外王的贯通——北宋易学的现代阐释》，学林出版社1997年版，第348—349页。
⑦ 《宋元学案》卷十四《明道学案》下，第580页。

二程洛学之所以成为理学的奠基，在理学发展史上享有崇高的地位，就在于他们最终坚定地确立了理作为最高宇宙本体的权威。他们的天理不是佛教华严宗的理，也与中国传统道家、玄学划清了界线，根本就在于他们所确立的是"儒理"。对于儒学所传承的礼，他们都认为"礼者，理也"。程颢说：

> 礼者，理也，文也。理者，实也，本也。文者，华也，末也。理是一物，文是一物。文过则奢，实过则俭。奢自文所生，俭自实所出。故林放问礼之本，子曰："礼，与其奢也宁俭。"言俭近本也。（此与形影类矣。）①

二程在解释《论语》"克己复礼"时说："礼亦理也，有诸己则无不中于理。"②

正如"天理"虽然早在先秦文献中就已经出现，但程颢依然要说"吾学虽有所授受，天理二字却是自家体贴出来"一样，"礼者理也"同样在先秦就已出现，但二程的解释，却与先秦文献中的意义完全不同。黄百家在此句下面评论道：

> 《乐记》已有"灭天理而穷人欲"之语，至先生始发越大明于天下。盖吾儒之与佛氏异者，全在此二字。吾儒之学，一本乎天理。而佛氏以理为障，最恶天理。先生少时亦曾出入老、释者几十年，不为所染，卒能发明孔、孟正学于千四百年无传之后者，则以"天理"二字立其宗也。③

二程所说的"礼者理也"，这里的"理"的意义已经不是先秦文献如《礼记》当中的含义了，而且也与佛教不同，它是具有本体意义的天理。这就是二程将礼等同于理的思想史意义。对于张载、二程礼即天理的思想，过去一般认为这是将封建社会的等级名分转变"成为天经地义的永

---

① 《河南程氏遗书》卷十一，《二程集》，第 125 页。
② 《河南程氏外书》卷三，《二程集》，第 367 页。
③ 《宋元学案》卷十三《明道学案》上，第 569 页。

恒真理"①，"用'理'把作为当世社会政治经济制度和道德风俗的'礼'，从本质上规定为永恒不变的天道运行的客观规律"，"达到了使封建伦常本体化、永恒化的理学目的"②。这样的认识与评价固然有一定的道理，但是失之简略，缺少了理论层面的梳理，将复杂的思想史的问题简单化了。如果我们从礼学思想的发展及其与理学的关系的角度来看，"礼即理"在理论上具有以下三层含义。

首先，在二程的思想结构中，理与礼的关系可以理解为形而上与形而下的关系，理与气的关系。

在儒家传统思想当中，《易传》已经提出了形而上与形而下、道与器的区别，形而下、器是可见的现象世界，形而上、道是无形的本质。在二程的理学系统中，与这二对范畴类似的是理与气。理是最高的本体，有形之气是由无形之理所决定的。礼作为有形的礼器、礼制以及社会发展的文明形态是可见的，应当属于气的层面，但其本原则是理。程颐说："离了阴阳更无道，所以阴阳者是道也。阴阳，气也。气是形而下者，道是形而上者。"③ 道与气的关系、道与阴阳的关系，可以平行移至到理与礼的关系上。二程虽然重视理，但并没有忽视气，理气虽然有形上形下的区分，但二者是一贯的。同理，理与礼也应是一贯的，不能割裂。二程说："本末，一道也。父子主恩，必有严顺之礼；君臣主敬，必有承接之仪；礼逊有节，非威仪则不行；尊卑有序，非物采则无别。文之与质，相须而不可缺也。"④ 程颐又说："皆是一贯，不可道上面一段事，无形无兆，却待人旋安排引入来，教入涂辙。"⑤ 从哲学理论上说，这是对既往哲学，包括理学先驱人物邵雍、周敦颐等人的批评，认为他们将本末分为两截，只注重"上面一段"，即无形的本体，而忽视了人事，将形上形下分作两截，这就不是一贯的了。

理与礼的形上形下关系，还可以从二程对易理的解说中来看。张载曾指出："生有先后，所以为天序；小大、高下相并而相形焉，是谓天

---

① 参见侯外庐、邱汉生、张岂之主编《宋明理学史》上卷，人民出版社1984年版，第151页。
② 陈俊民：《张载哲学思想及关学学派》，人民出版社1986年版，第132页。
③ 《河南程氏遗书》卷十五，《二程集》，第162页。
④ 《河南程氏粹言》卷一，《二程集》，第1171页。
⑤ 《河南程氏遗书》卷十五，《二程集》，第153页。

秩。天之生物也有序，物之既形也有秩。知序然后经正，知秩然后礼行。"① 社会秩序是从天序天秩中推导出来的。二程将易理归结为天理。他们说：

> "生生之谓易"，是天之所以为道也。天只是以生为道，继此生理者，即是善也。②

大易的生化，是宇宙万物的流行，同时也是人类社会产生的本源。二程又说："所以谓万物一体者，皆有此理，只为从那里来。'生生之谓易'，生则一时生，皆完此理。"正因为如此，"天尊地卑，乾坤定矣。卑高以陈，贵贱位矣"，既是自然之理，同时也是社会秩序。程颐说：

> 夫物之聚，则有大小之别，高下之等，美恶之分，是物畜然后有礼，履所以继畜也。履，礼也。礼，人之所履也。为卦，天上泽下。天而在上，泽而处下，上下之分，尊卑之义，理之当也，礼之本也，常履之道也，故为履。履，践也，藉也。履物为践，履于物为藉。③
> 天在上，泽居下，上下之正理也。人之所履当如是，故取其象而为履。君子观履之象，以辨别上下之分，以定其民志。夫上下之分明，然后民志有定。民志定，然后可以言治。④

程颐在其《易传》中明确指出，人类社会的规则秩序之礼是自然之理的摹写与体现，二者在本质上是一致的。传统的儒家认为礼是圣人（如周公）制作的，但理学家将礼的本源提升到了天理的层面，这样就从本质上提升了礼的意义，人间的社会秩序也因此具有了本体的意义。

其次，理与礼的关系也是体用的关系。宋明理学成为儒学以及中国传统哲学的最高峰，其中一个原因（或表现）就在于理学家对于概念范畴的使用更加丰富，更加严谨。体用与理气、形上形下、道器等范畴相关，但又有所不同。体用是理学家表示本体与现象的一对范畴。理与礼的关系

---

① 张载：《正蒙·动物篇》，《张载集》，第19页。
② 《河南程氏遗书》卷二上，《二程集》，第29页。
③ 《周易程氏传》卷一，《二程集》，第749页。
④ 同上书，第750页。

是体用，也就是本体与现象的关系。

朱熹指出，周敦颐的《太极图说》已经包含了"体用一源，显微无间"的道理：

> 盖尝窃谓先生之言，其高极乎无极太极之妙，而其实不离乎日用之间；其幽探乎阴阳五行之赜，而其实不离乎仁义礼智刚柔善恶之际。其体用之一源，显微之无间，秦汉以下，诚未有臻斯理者。①

周敦颐描绘"太极动而生阳，动极而静，静而生阴"以至于"二气交感，化生万物"，包括人类的产生，都是宇宙万物的化生流行，是一个自然的过程。但是，人在万物之中"得其秀而最灵"，圣人又为人制定了道德与规则，"立天之道曰阴与阳，立地之道曰柔与刚，立人之道曰仁与义"，使人与动物以及其他万物有了本质的区别。周敦颐继承了传统儒家(《易传》)沟通天人关系的思路与精神，认为人以及人类社会与自然过程是一体的。周敦颐还对《太极图说》作了进一步的解释："二气五行，化生万物。五殊二实，二本则一。是万为一，一实万分。万一各正，小大有定。"② 从宇宙万物的生成这个角度来说，这一段话比《太极图说》更加抽象，且没有了容易引起歧义的"无极"，因此"二本则一"之"一"就是太极。太极通过二气五行的运作产生了万物，万物最终又反归于太极，这一过程周敦颐称之为"是万为一，一实万分"，万是现象，一是本体。本体与现象之间是畅通无碍的循环往复的过程。具体到人类社会的道德规范、社会制度与宇宙本体之间的关系来说，也是这个道理。程颐在《易传序》中把他的思想概括为"至微者理也，至著者象也，体用一源，显微无间"，这本来是程颐研究易学，就易之卦象、卦爻辞与卦象后面所蕴含的义理之关系而言的。在易学研究方面，王弼主张"得意忘象"，重视易学的义理而否定了象数。程颐则主张"因象以明理"，将义理与象数统一在一起。他说：

---

① 朱熹：《隆兴府学先生祠记》，《朱子文集》卷七十八，《朱子全书》第二十四册，上海古籍出版社、安徽教育出版社2002年版，第3748页。
② 周敦颐：《通书·理性命第二十二》，《周敦颐集》，第32页。

> 理无形也，故因象以明理。理既见乎辞矣，则可由辞以观象。故曰：得其义，则象数在其中矣。①

本来在易学传统当中就有《彖传》的取义说和《象传》的取象说两种解《易》的倾向。程颐综合了这两种解释，认为当"因象以明理"，"假象以显义"②。从易学方面来看，程颐认为探求《周易》的义理离不开易象，理与象，是微与显的关系，卦象与卦义是密切结合在一起的。从哲学的角度来看，程颐所讨论的也就是理与事的关系，也就是本质与现象的关系。他说：

> 至显者莫如事，至微者莫如理，而事理一致，微显一源。古之君子所谓善学者，以其能通于此而已。③

易学的体用一源也就是理事一致。世界万物皆有事与理两个方面，事是显现出来的现象，而理则是现象后面的本质。理与事之关系，也就是道与器、形而上与形而下之关系，它们虽然有微显之区别，但又是一致的。程颐说：

> 冲漠无朕，万象森然已具，未应不是先，已应不是后。如百尺之木，自根本至枝叶，皆是一贯，不可道上面一段事，无形无兆，却待人旋安排引入来，教入涂辙。既是涂辙，却只是一个涂辙。④

程颐认为，理与事之关系，犹如树之根本与枝叶，它们本是一体的，不可分离。

程颐提出的理事一致说，或"体用一源，显微无间"，从哲学的角度来说，是为了说明万象具于一理之中，即事而求理。人类社会的礼仪制度、父子君臣之伦作为"事"，它们同样也具有理，而且理与礼是一致的，是体用关系，"体用一源，显微无间"，因此是"一贯"的，"不

---

① 《河南程氏文集》卷九《答张闳中书》，《二程集》，第615页。
② 《周易程氏传》卷一，《二程集》，第695页。
③ 《河南程氏遗书》卷二十五，《二程集》，第323页。
④ 《河南程氏遗书》卷十五，《二程集》，第153页。

可分本末为两段事。洒扫应对是其然，必有所以然"①。作为社会规范与制度的礼是其然，它的后面必有其根本（所以然），这个"本"就是理。

二程认为，体用不可分离，"圣人，凡一言便全体用"。② 在二程看来，这是儒学的一个重要特征。作为礼仪规范、纲常名教与社会制度的礼与最高的哲学本体天理是贯通一体的，而且也不可分离。

程颐在《明道先生行状》中指出，明道为学，"明于庶物，察于人伦。知尽性至命，必本于孝悌；穷神知化，由通于礼乐"。③ 尽心知性、穷神知化，虽然是理学对形上学的努力追寻，但它依然本于儒学的孝悌、礼乐。程颐对"穷神知化，由通于礼乐"还有进一步的解释："此句须自家体认。人往往见礼坏乐崩，便谓礼乐亡，然不知礼乐未尝亡也。如国家一日存时，尚有一日之礼乐，盖由有上下尊卑之分也。除是礼乐亡尽，然后国家始亡。虽盗贼至所不为道者，然亦有礼乐。……礼乐无处无之，学者要须识得。"④ 礼乐普遍存在于现实社会当中，无处不在，因此需要在现实生活中去体认穷理、尽性以至于命。

《论语·子张》篇记载：

> 子游曰："子夏之门人小子，当洒扫应对进退则可矣，抑末也。本之则无，如之何？"子夏闻之，曰："噫！言游过矣！君子之道，孰先传焉？孰后倦焉？譬诸草木，区以别矣。君子之道，焉可诬也？有始有卒者，其惟圣人乎！"

子游与子夏虽然对洒扫应对有不同的看法，但他们都认为礼有本末、先后、大小等区分，洒扫、应对、进退仅仅是礼之末节。就《论语》以及先秦儒学的角度来看，这样的区分是合理的。但是，从理学的角度来看，这样的说法就有割裂本末的倾向与危险。程颢说："洒扫应对便是形而上者，理无大小故也。"⑤《粹言》又有："形而上者，存于洒扫应对之

---

① 《河南程氏遗书》卷十五，《二程集》，第 148 页。
② 《河南程氏外书》卷七，《二程集》，第 393 页。
③ 《河南程氏文集》卷十一，《二程集》，第 638 页。
④ 《河南程氏遗书》卷十八，《二程集》，第 225 页。
⑤ 《河南程氏遗书》卷十三，《二程集》，第 139 页。

间，理无大小故也。"① 程颐也说："圣人之道，更无精粗，从洒扫应对至精义入神，通贯只一理。虽洒扫应对，只看所以然者如何。"② 在二程看来，洒扫应对等仪节是礼的外在表现形式，其中同时也蕴含了形上之道与天理，上下本末是贯通一体的，不应有所偏废。所以程颐又说："洒扫应对至于穷理尽性，循循有序。"③

二程的这些解释被朱子收入《论语集注》当中。其实，从义理方面来看，二程的解释与《论语》原文已经有了差异，因此王夫之说，二程的解释"又别一理，非子夏之意，且不须看，未能了彻，徒增惑乱"。④但从二程的思想来看，他们将洒扫应对的礼仪实践同天理贯通起来，并且用"体用一源"的思想加以解释，这样一来，不仅具体的礼仪形式有了更高的本体的理论依据，而且也扩展、完善了二程本人的儒学思想，使他们的理论的一致性在更加宽泛的层面得以印证。

程颐还认为，洒扫应对的日常礼仪实践同时也是格物穷理的过程。他说："凡一物上有一理，须是穷致其理。穷理亦多端：或读书，讲明义理；或论古今人物，别其是非；或应接事物而处其当，皆穷理也。"⑤ 二程主张从日常洒扫应对的礼仪实践中体认天理，因此他们对《论语·乡党》篇十分推崇。《乡党》一篇在《论语》书中极为独特，全篇以记载孔子的日常生活为主要内容。孔子是主张"复周礼"的，他的日常生活的方方面面同时也正是周礼的体现。二程认为："《乡党》分明画出一个圣人出。"⑥《乡党》一篇所刻画的其实才是孔子之道。他们说：

> 孔子之道，发而为行，如《乡党》之所载者，自诚而明也。由《乡党》之所载而学之，以至于孔子者，自明而诚也。及其至焉，一也。⑦
>
> 学圣人者，必观其气象。《乡党》所载，善乎其形容也，读而味

---

① 《河南程氏粹言》卷一，《二程集》，第1175页。
② 《河南程氏遗书》卷十五，《二程集》，第152页。
③ 《河南程氏文集》卷十一，《二程集》，第638页。
④ 参见黄怀信《论语汇校集释》，上海古籍出版社2008年版，第1682页。
⑤ 《河南程氏遗书》卷十八，《二程集》，第188页。
⑥ 《河南程氏遗书》卷二十二上，《二程集》，第294页。
⑦ 《河南程氏遗书》卷二十五，《二程集》，第323—324页。

之,想而存之,如见乎其人。①

二程主张"体用一源,显微无间",孔子日常生活礼仪与孔子之道正是这个理论的一个完美诠释。理为体,礼为用,二者虽有分际,但又是上下贯通一体的,于日常礼仪中体认天理。也正是在这个意义上,儒家的日常礼仪实践获得了本体的意义。

第三,二程所说的"礼即理也",是形而上与形而下的关系,是体用一源的关系,这表明他们所体认的天理是儒理,天理具有明确的社会内涵,这样,理学的天理论就与释老二氏严格地划清了界限。

对于儒家学者来说,礼是儒家所尊崇的三代文明的象征与结晶。礼不仅表现为具体的名物制度与行为规范,而且还是社会形态与文明形态的体现。东汉后期直至魏晋南北朝时期,随着儒学的衰微,同时也是中国历史上又一个礼坏乐崩的时代。伴随着中唐以来的儒学复兴运动,北宋时期欧阳修大力辟佛,提出用儒家的礼义排佛,这在儒学复兴的过程中自然是很必要的,也有其思想史意义,但是另一方面,欧阳修坚决反对心性之学,对儒学的义理缺乏深入的体认,因此他所提倡的礼义还显得很空泛,没有在整体上对礼与礼学的发展有所推进。北宋时期重视儒家礼学的还有李觏和王安石。但是在二程看来,他们重视儒家的礼过于实用化,只是重视礼在现实社会政治中的功能,而没有为礼提供进一步的理论解释,如心性的或形上的基础,这样的礼还是不完善的。

二程提出"礼即理也",表明他们所竖立的天理是儒理。前人在论及中国古代易学的发展时曾指出:"王弼尽黜象数,说以老庄,一变而胡瑗、程子,始阐明儒理。"② 二程天理论的建立,深受佛教华严宗、禅宗等教义思想的影响,程颐借用华严宗的一些思维方法解释《周易》而提出的"至微者理也,至著者象也,体用一源,显微无间",连他的门人弟子都觉得"似太露天机也"③,这说明如果纯粹从理的角度来说,二程的天理论与佛教思想有时确实难以划清界限,程颐本人也承认"佛说直有

---

① 《河南程氏粹言》卷二,《二程集》,第1234页。
② 《四库全书总目提要》卷一"易类一",第1页。
③ 《河南程氏外书》卷十二,《二程集》,第430页。

高妙处"①,"未得道他不是"②。但是从整体上来说,二程的天理论又不是佛教理论的翻版。程颐通过易学的研究,体悟出来的是儒学的宇宙本体论与价值论。天理不是虚空、高悬在上的,而是充实的,也是真实的,与人间社会联系在一起,父子君臣等人伦关系建构了、同时也限定了天理的内涵。这样的天理符合儒学的要求,与佛教一些宗派有关理的思想有了本质的区别。

程颐说:"推本而言,礼只是一个序,乐只是一个和。只此两字,含畜多少义理。"又问:"礼莫是天地之序,乐莫是天地之和?"曰:"固是。天下无一物无礼乐。且置两只椅子,才不正便是无序,无序便乖,乖便不和。"又问:"如此,则礼乐却只是一事。"曰:"不然。如天地阴阳,其势高下甚相背,然必相须而为用也。有阴便有阳,有阳便有阴。"③ 这一段文字可以看作程颐礼学思想的一个简单概括。礼乐中蕴含了天地万物的普遍道理,程颐之所以有这样的看法,是在其理学思想背景之下才可以理解的。正是在其理学的照射之下,礼即理才具有了哲学意义,同时也成为礼学思想发展过程中的一次本质的飞跃。

在宋代儒学复兴的过程中,道学的兴起并最终成为主流的思想形态,除了社会政治等一些外在因素之外,道学在理论上所坚持的儒学本位立场以及其自身的理论成就,是根本的内在因素。理学天理论的建立,在理论上所针对的主要对象就是玄学以无为本的本体论和佛学以现实世界为虚空的世界观。程颐提出的理事一致说,理与礼是体用一源的关系,都是对玄学以及佛学的否定,并且从各个方面正面肯定了儒学的立场。他们将儒学的核心观念"礼"与"天理"等同起来,这就在哲学本体论上确立了礼的思想基础,是礼学发展史上的一个飞跃。

三 "克己复礼"的诠释与宋代儒学的发展

在儒学发展的历史上,自孔子开始,仁与礼一直是儒学的两个重要方面,处在相维相异的关系之中。人的内在德性与社会秩序、礼乐制度是儒学的两端。仁与礼之间的张力,恰好也是推动儒学发展的内在动因。

---

① 《河南程氏外书》卷十二,《二程集》,第 425 页。
② 《河南程氏遗书》卷十八,《二程集》,第 195 页。
③ 同上书,第 225 页。

理学是哲学化的、思辨化的儒学新形态。以天理作为哲学本体的理学体系的建立，是儒学发展过程中的一次重大飞跃。飞跃提升则有矣，但是儒学的本质并未改变。儒学以伦常日用、社会秩序为标识的礼，在天理论的体系当中如何安置，依然是理学以及儒学发展不可回避的重大问题。二程将礼与理联结贯通起来，"礼者理也"固然赋予了礼以本体的地位与意义，但另一方面，又出现了如清儒批评的"以理易礼"的思想倾向。如何平衡处理理与礼的关系，天理与社会秩序、本体与方法的问题，同时也影响甚至决定了宋明道学的发展。从某一方面来看，对《论语》"克己复礼为仁"一句的诠释，也展现了道学思想发展的路径。从二程发其端，历二程弟子的诠释与传承，直至朱子《论语集注》集其大成，展现了宋代理学关于天理及其落实与展开的思想历程。

《论语·颜渊》篇记载：

> 颜渊问仁。子曰："克己复礼为仁。一日克己复礼，天下归仁焉。为仁由己，而由人乎哉？"颜渊曰："请问其目。"子曰："非礼勿视，非礼勿听，非礼勿言，非礼勿动。"颜渊曰："回虽不敏，请事斯语矣！"

据《左传》记载，孔子曾说："古也有志，克己复礼，仁也。"（《昭公十二年》）从训诂上来说，对于此章"克己"和"复礼"的解释，一直是汉学、宋学争论的焦点。从义理上来说，二程以及朱子等人的诠释，又是我们理解理学的一个非常重要的视点。

在二程关于"克己复礼"的训解中，首先值得注意的是对"己"的解释。何晏《论语集解》引马融曰："克己，约身也。"皇侃《义疏》也认为，"克"训为"约"，"己"训为"身"："言若能自约俭己身，反返于礼中，则为仁也。"[①] 释"克己"为约身、修身，这是汉代学者一贯的解释。但汉代扬雄曾说"胜己之私之谓克"，隋刘炫又说："克，胜也。己，身也。身有嗜欲，当以礼仪齐之，嗜欲与礼仪战，使礼仪胜其嗜欲，身得复归于礼，如是乃为仁也。复，反也。言情为嗜欲所迫，

---

① 参见黄怀信《论语汇校集释》，第1061页。

已离礼而更归复之也。克己复礼，谓能胜去嗜欲，反复于礼也。"① 这个解释已经将"克己"解释为胜己之嗜欲，因此理学家对刘炫的这个解释评价颇高，朱熹说："炫言如此，虽若有未莹者，然章句之学及此者，亦已鲜矣。"

至二程，则明确将"己"解释为"私"。程颢说：

> 克己则私心去，自然能复礼。②

《遗书》记载程颐之言曰：

> 棣又问："克己复礼，如何是仁？"曰："非礼处便是私意。既是私意，如何得仁？凡人须是克尽己私后，只有礼，始是仁处。"③
>
> 克己之私既尽，一归于礼，此之谓得其本心。④

清毛奇龄《四书改错》指出："至程氏直以己为私，称曰己私，致朱注谓身之私欲，别以'己'上添'身'字，而专以'己'字属私欲。于是宋后字书皆注'己'作'私'"。⑤

从训诂上讲，如将"己"解释为"私欲"，那么下文的"为仁由己"该如何解释？阮元就指出："己字即是自己之己，与下文'为仁由己'相同。若以'克己'己字解为私欲，则下文'为仁由己'之'己'断不能再解为私，与上文辞气不相属矣。且克己不是胜己私也。"⑥ 戴震等人对此都有辩驳。这也成为汉宋争论的一个焦点问题。

其次，二程将"克己复礼"之"礼"解释为理。他们说：

> "礼"亦理也，有诸己则无不中于理。君子慎独，"敬以直内，

---

① 参见朱熹《论语或问》卷十二，《四书或问》，《朱子全书》第六册，第798页。
② 《河南程氏遗书》卷二上，《二程集》，第18页。
③ 《河南程氏遗书》卷二十二上，《二程集》，第286页。
④ 《河南程氏粹言》卷一，《二程集》，第1199页。
⑤ 参见黄怀信《论语汇校集释》，第1063页。
⑥ 同上书，第1064页。

义以方外",所以为"克己复礼"也。①

以理释礼,将礼等同于理,这是二程思想的一个重要特征,同时也是儒家礼学思想发展过程中的一次重要的理论飞跃。对此上文已有详细的论述。在这里需要注意的是二程理解上的差异。在"克己复礼"这个过程中,程颢比较看重克己。《遗书》记载:

> 持国尝论克己复礼,以谓克却不是道。伯淳曰:"克便是克之道。"②

程颢还指出,如果能做到克己,"自然能复礼,虽不学文,而礼意已得"。③ 又说:"克己最难。《中庸》曰:'天下国家可均也,爵禄可辞也,白刃可蹈也,中庸不可能也。'"④ 程颢引《中庸》的意思是要说明,克己有如中庸,是一个可望但不可及的、"不可能"达到的标准,所以说"克己最难"。

相较而言,伊川则重视复礼的过程。他说:"敬即便是礼,无己可克。"⑤《粹言》还说:"纯于敬,则己与理一,无可克者,无可复者。"⑥这一条没有记录为何人所言,联系上文来看,应当也是程颐的看法。

由于程颐训己为私,训礼为理,因此他很自然地将克己复礼转换为天理与人欲的对立。儒家经典《礼记·乐记》当中有"灭天理而穷人欲",将天理与人欲相对立。《古文尚书·大禹谟》有:"人心惟危,道心惟微,惟精惟一,允执厥中",程颐解释说:"人心私欲,故危殆。道心天理,故精微。灭私欲则天理明矣。"⑦ 程颐还说:

> 视听言动,非理不为,即是礼,礼即是理也。不是天理,便是私

---

① 《河南程氏外书》卷三,《二程集》,第367页。
② 《河南程氏遗书》卷二上,《二程集》,第28页。
③ 同上书,第18页。
④ 《河南程氏遗书》卷十一,《二程集》,第128页。
⑤ 《河南程氏遗书》卷十五,《二程集》,第143页。
⑥ 《河南程氏粹言》卷一,《二程集》,第1171页。
⑦ 《河南程氏遗书》卷二十四,《二程集》,第312页。

欲。人虽有意于为善，亦是非礼。无人欲即是天理。①

程颐将《论语》的"克己复礼"解释成为天理与人欲的对立，主张灭人欲而存天理，因此，通常便认为程颐的主张是禁欲主义。其实，对于这个问题，还应该作进一步的梳理。程颐曾分别儒佛的区别：

> 释氏多言定，圣人便言止。且如物之好，亦自在里。故圣人只言止。所谓止，如人君止于仁，人臣止于敬之类是也。《易》之《艮》言止之义曰："艮其止，止其所也。"言随其所止而止之，人多不能止。②

程颐特别重视《艮卦》。他说："看一部《华严经》，不如看一《艮》卦。"③ 在程颐看来，佛教才是主张抛弃一切欲望、情欲与人伦的彻底的禁欲主义，而儒学的规定是"止"，即止其所不当为。这其实就是礼的规定。因此，在天理人欲的问题上，我们还应当看到礼的调节作用，而不能简单地将之归结为禁欲主张。

从整体上来看，程颐将克己复礼用天理人欲做了重新解释，将儒学的传统问题转变为一个理学的问题，在这个转换当中，在某种程度上消解了礼，仅剩下了天理，这自然引起了许多争论与讨论，而且同样也反映出程颐在对于礼与理的问题上还有不周延的方面，还有待理学的进一步发展来弥补这个理论上的缺陷，从而更加完善儒学的理论体系。

第三，二程对"克己复礼为仁"的解释，在某种意义上扭转了儒学发展的方向。

孔子以仁释礼，将克己复礼看作是实践仁的具体途径与方法，传统的礼与新起的仁连结在了一起，仁与礼成为孔子思想的两个重要方面。由此而来的问题是，孔子的思想究竟以仁为主还是以礼为主？对此学者有不同的看法。就先秦儒学的发展来说，虽然一般而言，孟子继承了孔子的仁学，荀子继承了孔子的礼学，但是总体上，我们更加倾向于承

---

① 《河南程氏遗书》卷十五，《二程集》，第144页。
② 《河南程氏遗书》卷十八，《二程集》，第201页。
③ 《河南程氏遗书》卷六，《二程集》，第81页。

认，战国至两汉的儒学发展是以礼学也就是政治思想与政治哲学为主的。

在北宋儒学复兴的过程中，欧阳修、李觏等人提倡礼，但是由于现实社会政治的变化等各种原因，以仁为集中体现的儒家心性之学与道德哲学逐渐成为儒学继续深入发展的方向。王安石撰写的《淮南杂说》世人比之以孟子，由此开启了士人关于道德性命之学的研究。二程在解释"克己复礼为仁"的过程中，虽然对于"克己复礼"的解释有所偏重，但是也充分照顾到了儒学礼学的层面，将礼解释为天理，提升了礼的地位与意义，可是在整体上二程更加注重仁的价值与意义，如他们所说："克己复礼，乃所以为道也"①，克己复礼只是达到仁的手段和途径。儒学发展的重心开始倾斜了。

程颢说：

> 学者须先识仁。仁者浑然与物同体，义、礼、知、信皆仁也。识得此理，以诚敬存之而已，不须防检，不须穷索。②

程颢的这段话被后来的道学家们尊称为《识仁篇》。黄宗羲指出："明道之学，以识仁为主。"其实，程颐也有相近的看法。他曾说："学之大无如仁。"③ 又说："且如六经，则各有个蹊辙，及其造道，一也。仁义忠信只是一体事，若于一事上得之，其他皆通也。然仁是本。"④

二程以"先识仁"作为切入儒学的方法路径，体现了他们对于儒学本质特征的理解。二程虽然也说：" '非礼勿视，非礼勿听，非礼勿言，非礼勿动'，视听言动一于礼之谓仁，仁之与礼非有异也。"⑤ 但其实，他们更加重视的是仁。仁是根本。"仁义礼智信五者，性也。仁者，全体；四者，四支。"⑥ "仁载此四事，由行而宜之谓义，履此之谓礼，知此之谓

---

① 《河南程氏遗书》卷一，《二程集》，第3页。
② 《河南程氏遗书》卷二上，《二程集》，第16—17页。
③ 《河南程氏外书》卷十二，《二程集》，第433页。
④ 《河南程氏遗书》卷十八，《二程集》，第193页。
⑤ 《河南程氏遗书》卷二十五，《二程集》，第322页。
⑥ 《河南程氏遗书》卷二上，《二程集》，第14页。

智，诚此之谓信。"① 从这些解说可以看出，虽然儒家历来讲仁义礼智信五常，但在二程的理解当中，仁与其他四德的关系并非并列、同等的，而是超然于其他四者之上，是其他四德的根本。二程对仁如此重视，在他们的理解当中，儒学的本质应当是仁学。与先秦儒学相比，二程对儒学的理解与定位发生了某种偏离。对仁的重视与突出，使儒学在理论上逐步走上内在心性义理之路。

二程将儒学定位为仁学，虽然他们在理论上也明确肯定了礼的地位与意义，强调洒扫应对等礼仪实践的重要性，但是从整体上来说，他们还是更加突出了仁的优先性。二程后学对礼的解释表现出某种空虚化的倾向，也与此有一定的关系。直至朱子对于仁与礼一再诠释，并且通过晚年编订礼经，全面探讨了礼仪制度、礼学思想在理学以及在儒学中应有的位置与意义，这样，礼在理学内部最终有了较为坚实的基础，由此也显示出理学作为儒学新形态的最终完成。可以说，在相当程度上，这是以如何解释、摆放礼在儒学中的地位和意义来判断的。朱子最终完成了这个过程，而这个过程则是从二程开始的。这也是我们为何要探讨二程的礼学思想在儒家礼学的发展以及宋代理学形成过程中的意义了。

第四节　张载的礼学思想

张载及其关学是北宋儒学复兴过程当中兴起的一个非常重要且有特色的学派。史称张载的学问"尊礼贵德"，"以《易》为宗，以《中庸》为体，以孔孟为法"（《宋史·道学传一·张载传》）。张载的思想都是自己"苦心力索"，经过艰苦的思想探索独自创造出来的，在很多方面别开生面，其中"以礼立教"② 是张载关学一个重要的思想特征。据《宋史》的《张载传》记载："其家昏丧葬祭，率用先王之意，而傅以今礼。又论定井田、宅里、发敛、学校之法，皆欲条理成书，使可举而措诸事业。"张载的一生谨守礼教，其著述、讲学皆以礼为重要内容。张载曾说："关中学者，用礼渐成俗"③，黄宗羲也指出："关学世有渊源，皆以躬行礼教

---

① 《河南程氏外书》卷一，《二程集》，第352页。
② 《河南程氏粹言》卷一，《二程集》，第1195页。
③ 《河南程氏遗书》卷十《洛阳议论》，《二程集》，第114页。

为本"①，关学重礼的这个特征是从张载开始就确立了的。因此，研究张载及关学，无不以礼乐作为把握张载思想的一个重要层面。

一 "以易为宗"与"以礼立教"

前引《宋史》称张载的哲学思想"以《易》为宗，以《中庸》为体"，《周易》与《中庸》是张载建立哲学思想所依据的两部主要的儒家经典，其中《周易》奠定了张载哲学思想的主体结构。张载的易学著作主要有早期的《横渠易说》②，这是流传至今的张载唯一一部诠释儒家经典的著作，但全书较为简略，如《四库总目提要》所说："是书较《程传》为简，往往经文数十句中一无所说，末卷更不复全载经文，载其有说者而已"③。在张载的代表作《正蒙》中，有很多观点看法其实是对《易说》的进一步阐发。从整体上来看，《周易》是形成张载独特思想的基础。正如王夫之所指出的，张载的全部哲学思想都是建立在《周易》的结构之上的：

> 张子之学，无非《易》也，即无非《诗》之志，《书》之事，《礼》之节，《乐》之和，《春秋》之大法也，《论》、《孟》之要归也。……而张子言无非《易》，立天立地立人，反经研几，精义存神，以纲维三才，贞生而安死，则往圣之传，非张子其孰与归。④

张载对《诗》《书》《礼》《乐》的论说都可以归结到《周易》，易学

---

① 《明儒学案·师说》，中华书局2008年版，第11页。
② 关于《横渠易说》的成书时代，学术界还有不同的看法。张岱年先生曾认为"《易说》可能是早年著作"。近来有学者则指出："《易说》中至少有一些部分是写成于《正蒙》中那些较为成熟的思想资料之后的。"参见杨立华《气本与神化：张载哲学述论》，北京大学出版社2008年版，第162—163页。陈俊民先生则根据张载思想的形成过程，认为张载思想经历了《横渠易说》——《西铭》——《正蒙》这样的逻辑过程。若据此，《易说》也属于张载思想早期的著作。但陈先生又指出：《易说》标志着张载"从青年学习《庸》，经累年尽究释老之说，至中年坐虎皮讲《易》京师，自信'吾道自足'，理论已经成熟，是他确立关学主题，奠定全部思想理论基础的重要阶段"。依陈先生此见，则《横渠易说》属于张载早期的著作，这个"早期"并非年龄的早期，而是思想已臻成熟前的早期。参见陈俊民《张载哲学思想及关学学派》，人民出版社1986年版，第54—55页。
③ 《四库全书总目》卷二，第6页。
④ 王夫之：《张子正蒙注·序论》，中华书局1975年版，第4页。

是张载哲学的最终归宿。张载哲学中的主要概念，除"太虚"以外，诸如气、太极、一物两体、穷神知化等，都来源于《周易》，或是通过对《周易》的解释而表达出来的。① 但是张载研究儒学是从《中庸》开始的。张载与《中庸》的关系是哲学史上为人所熟知的一段"故事"。年轻时的张载血气方刚，追求儒家外王经世的理想，但是范仲淹"一见知其远器"，劝张载读《中庸》。张载"读其书，犹以为未足，又访诸释老，累年究极其说，知无所得，反而求之六经"（《宋史·道学传一·张载传》）。

在这段著名的文献当中，关键的一点是范仲淹所说的："儒者自有名教可乐，何事于兵！"范仲淹让张载去读《中庸》是为了探寻儒家的名教。

所谓名教，简单来说，就是儒家的纲常名教，是儒学有关社会制度的规范和社会价值理想，也就是儒家的礼教。范仲淹说"儒者自有名教可乐"，很容易让我们想到魏晋时期玄风正畅的时候乐广说的一句话："名教中自有乐地"（《世说新语·德行》）。乐广与范仲淹前后相距数百年，但他们说的这两句话含义非常接近，而且有一个共同的前提，即都是针对异学对儒学的挑战而言的。范仲淹被认为是宋学的真正的"开山"，一般认为，范仲淹说"儒者自有名教可乐"将张载引向了一条探索儒家内圣之学的路子。其实，范仲淹所说的与乐广的意思基本一样，都是说明，儒学是内外兼顾、本末并重的一个自足体。

《中庸》出自《礼记》，是儒家的一篇经典文献。近代自陈寅恪先生、钱穆先生以来，始着重论述自中唐以后儒学复兴的过程中，以《中庸》作为沟通儒佛，阐发并建立儒家性命之学的理论资源。近来余英时先生又在陈先生、钱先生研究的基础之上，更加详细地论证了"《中庸》在北宋是从释家回流而重入儒门的"②。但是也有学者对此有所质疑。姜鹏从政治史、文化史的角度，说明《中庸》是北宋"帝王之学"的重要内容，当时著名学者对皇帝的经筵讲座影响了士人士风，进而与道学的兴起也有

---

① "太虚"一词最早见于先秦时代的文献《庄子》和《内经》，虽然不是直接出自《周易》经文，但韩康伯的《系辞注》、胡瑗《周易口义》中均已提及"太虚"。因此，"太虚"也可以说是出自易学系统。参见杨立华《气本与神化：张载哲学述论》，第173—175页。

② 参见余英时《朱熹的历史世界》上册"绪说"，三联书店2004年版，引文见第86页。

某种内在的关系。① 这是一个较有启发性的视角。早在真宗时期，崇和殿的墙上就挂有《尚书》《礼记图》，当时的名儒邢昺"指《中庸篇》曰：'凡为天下国家有九经。'因陈其大义，上嘉纳之"。② 另外，北宋从太宗时就形成了赐新进士书卷的惯例，最早颁赐的是《礼记》的《儒行》篇。仁宗天圣五年（1027）又改赐《中庸》。《长编》记载：

> 辛卯，赐新及第人闻喜燕于琼林苑，遣中使赐御诗及《中庸篇》一轴。上先命中书录《中庸篇》，令张知白进读，至修身治人之道，必使反复陈之。③

这条材料非常重要，可与前引邢昺为真宗反复陈述的"凡为天下国家有九经"联系起来考察。在《礼记·中庸》篇中，"修身治人之道"与"凡为天下国家有九经"是在一起的，阐述的是儒家的修齐治平之道。真宗、仁宗都非常重视《中庸》篇中的这些内容，说明他们看重的正是儒学当中有关治国安民方面的道理，而且也希望天下士人在这方面多多用意。还有一点需要指出的是，仁宗皇帝始赐进士《中庸》的天圣五年，也正是范仲淹中进士的那一年。这更进一步说明范仲淹对《中庸》是格外关注的。前引余英时、姜鹏的研究也都注意到了这一点。但余著更加强调的是《中庸》在心性义理方面的由佛入儒，而姜著则是从帝王之学的角度说明北宋皇帝重视《中庸》，本来就在儒学的脉络当中，不必外求。我们不是将这两种观点简单地综合起来，而是说明，从《中庸》文本以及儒学的整体来看，心性义理与修齐治平原本就都在《中庸》当中，是儒学的应有之义。在这种整体的关照之下，前述观点的分歧，反而更好地说明《中庸》从《礼记》当中的一篇，逐渐成为宋代儒学的经典文献之一，《中庸》地位的变迁是出于各种原因、从不同的途径而共同形成的一个文化现象。

在这种思想文化背景之下，我们可以看出，范仲淹劝张载读《中庸》，不仅仅给张载指引的是儒家内圣学的路子，而且更为重要的，是要

---

① 参见姜鹏《北宋经筵与宋学的兴起》第四章"经筵讲学对经学的影响"，上海古籍出版社 2013 年版。尤其是书中关于《中庸》一节，见该书第 148—152 页。
② 《续资治通鉴长编》卷六十六真宗景德四年，中华书局 2004 年版，第 1483 页。
③ 《续资治通鉴长编》卷一百五仁宗天圣五年，第 2439 页。

进一步探求儒学内圣外王贯通的思想本质。张载在读了《中庸》之后，又返诸释老，经过多年的努力探索，最终返归六经，建立了"以《易》为宗"的哲学体系。张载思想的历程，在北宋时期儒家士人中是有普遍性的，代表了儒家士人普遍的思想历程。张载"以《易》为宗，以《中庸》为体"的思想体系，是北宋时期道学的一个主要流派。张载的哲学思想以《周易》为主体结构，张载在思想成熟以后，虽然再也没有意向亲自去带兵御敌，建功立业，但是他在思想方面为儒家的外王理想建立了坚实的思想基础，而且在更高的层次上回到了儒家内圣外王的主题上来了。从学术思想方面来看，张载的思想主体是易学，但其中处处蕴含着礼学。张载的礼学思想与他的易学思想是融为一体的。在北宋时期儒学复兴以及道学形成的过程当中，张载的这个思想特征是非常显著的，其中突出地体现了礼学与道学之间的关系，这也是我们在这里研究张载礼学思想的一个重要原因。

张载是一位真正的儒学思想家。《近思录》中列举的张载著作有《正蒙》《文集》《易说》《礼乐说》《论语说》《孟子说》《语录》。晁公武《郡斋读书志》所著录的张载著作有《横渠春秋说》一卷、《信闻记》、《横渠孟子解》十四卷、《正蒙书》十卷、《崇文集》十卷。赵希弁《郡斋读书志附志》及《后志》还有《语录》三卷、《经学理窟》一卷、《易说》十卷。陈振孙《直斋书录解题》中著录了《易说》三卷、《理窟》一卷、《正蒙书》十卷、《祭礼》一卷。魏了翁《为周二程张四先生请谥奏》中说："张载讲道关中，世所传《西铭》、《正蒙》、《理窟》、《礼说》诸书。"（《道命录》卷九）这些都是宋人有关张载著作的记述，其中除了《文集》中可能有一些关于礼的论述之外，张载的礼学著作主要有《礼乐说》《祭礼》《礼说》。

除此之外，张载的礼学著作还有《礼记说》《仪礼说》《周礼说》等，可惜也均已佚失。传世的《正蒙》中《乐器》《王禘》等篇，《经学理窟》中的《周礼》《宗法》《礼乐》《祭祀》《丧纪》等篇，都有比较集中的关于礼乐制度的探讨与论述。苏昞《正蒙序》中引张载言曰："吾之作是书也，譬之枯株，根本枝叶，莫不悉备，充荣之者，其在人功而已。又如晬盘示儿，百物具在，顾取者如何尔。"[1]《正蒙》是张载的代表

---

[1] 《张载集》，中华书局1978年版，第3页。

作，但是这部著作其实只是张载的言论或读书札记汇编，并无严格的体系或完整的篇章布局。书中散落了许多张载有关礼乐的思考与论述，由此也反映出张载平日的读书思考在很多层面是围绕着儒学中的礼乐而展开的。

张载的礼学著作当中，已佚失的《礼记说》三卷较为重要。卫湜《礼记集说》保存了张载《礼记说》的部分内容。清人王梓材、冯云濠编撰的《宋元学案补遗》也收录了《礼记说》的部分内容，计有：《曲礼》七条、《檀弓》十条、《王制》四条、《月令》二条、《曾子问》三条、《礼运》十一条、《礼器》一条、《郊特牲》三条、《内则》一条、《玉藻》一条、《明堂位》一条、《丧服小记》四条、《大传》四条、《学记》四条、《乐记》八条、《杂记》四条、《祭法》一条、《祭义》三条、《哀公问》一条、《孔子闲居》一条、《表记》四条、《服问》二条、《问传》一条、《儒行》一条、《昏义》一条、《乡饮酒义》一条。①

朱彝尊《经义考》著录了《礼记说》，并曰"未见"，但收录了魏了翁作的序。其序曰：

> 横渠张先生之书，行于世者，惟《正蒙》为全书，其次则《经学理窟》及《信闻录》，已不见于吕与叔所状先生之言行，至于《诗》、《书》、《礼》、《乐》、《春秋》之书，则方且条举大例，与学者绪正其说，而未及就。其在朝廷讲行冠、昏、丧、祭、郊庙之礼，乃以孤立，寡与议，卒不用。既移疾西归，欲与门人成其初志，亦未及为而卒于临潼。今《礼记说》一编，虽非全解，而四十九篇之目，大略固具，且又以《仪礼》之说附焉。然则是编也，果安所从得与？尝反复寻绎，则其说多出于《正蒙》、《理窟》、《信闻》诸书，或者先生虽未及定著为书，而门人会粹遗言，以成是编与？亦有二程先生之说，参错其间。盖先生之学，其源出于程氏，岂先生常常讽道之语，而门人并记之与？先生强学质行，于丧、祭之礼，尤谨且严。其教人必以礼为先，使人有所据守，若有问焉，则告之以知礼成性之道。其行之于家也，童子必使之执幼仪、亲洒扫，女子则观祭祀、纳酒浆，久以固其肌肤之会、筋骸之束，而养其良知良能之本。然其始

---

① 参见王梓材、冯云濠《宋元学案补遗》卷十七《横渠学案补遗上》，中华书局2012年版，第1348—1362页。

也，闻者莫不疑笑，久而后信其说之不我欺也。翕然丕变，以先生之从。呜呼！是乌可强而致然与？岂人心之所无，而可以袭而取之与？人受天地之中以生，莫不有仁义礼智之性具乎其心，故仁其体也，义其用也，知以知之，礼则所以节文，仁义者也。且自父坐而子立，君坐而臣立推之，凡升降上下，周旋裼袭之文，丧、祭、射、御、冠、昏、朝聘之典，夫孰非其性情所有，天理之自然，而为之品节者与？此所谓天秩天叙，此其是也。然出天理，则入人欲，故品节云："为者，又将以人情或纵之防限也。"孔孟教人，要必以是为先，今所谓《礼记》、《仪礼》诸书，虽曰去籍于周衰，煨烬于秦虐，淆乱于汉儒，然所谓经礼、曲礼者，错然于篇帙之中，其要言精义，则有可得而推寻者也。后生小子，自其幼学，因而从事乎此，不幸时过，而后知学者亦有以倍致其力焉。则将变化气质，有以复其性情之正，虽柔可强，虽颜子四勿之功，可体而自致之也。所谓忠信之薄，人情之伪者，亦将晓然知其为异端之说矣。此先生有功于礼乐之大意也，敢识篇末，以告同志，又以自儆云。①

从魏了翁的序中可知，魏对张载的《礼记说》已不甚了了，此书究竟是张载亲定，还是门人荟萃了张载遗言而编订成书，也不能肯定。此外，对魏了翁的这篇序，有几个问题需作简单的讨论。第一，张载《礼记说》虽然不是对《礼记》四十九篇的全部解释，但大略已备，且以《礼记》为本，而以《仪礼》附后，这是他与其他以《仪礼》为本的学者的主要区别。第二，魏了翁提出，张载《礼记说》中"亦有二程先生之说，参错其间。盖先生之学，其源出于程氏，岂先生常常讽道之语，而门人并记之与？"魏了翁判定张载《礼记说》中掺杂了二程的一些言论，是由于张载之学出于二程，对于这个因果判断，有必要加以辩证。

张载之学出于二程，这是从张载门人开始就讨论的问题，且古今学者多有辩论。其实，程颐本人对这个说法也不是认可的。《二程集》载：

吕与叔作《横渠行状》，有"见二程尽弃其学"之语。尹子言

---

① 朱彝尊：《经义考》卷一百四十一，《经义考新校》第六册，上海古籍出版社2010年版，第2607—2608页。

之，先生曰："表叔平生议论，谓颐兄弟有同处则可，若谓学于颐兄弟则无是事。顷年属与叔删去，不谓尚存斯言，几于无忌惮矣。"①

朱子《伊洛渊源录》对此也有判断：

案《行状》今有两本，一云"尽弃其学而学焉"，一云"尽弃异学，淳如也"。其他不同处亦多，要皆后本为胜。疑与叔后尝删改如此，今特据以为定。然《龟山集》中有《跋横渠与伊川简》云："横渠之学，其源出于程氏，而关中诸生尊其书，欲自为一家。故予录此简以示学者，使知横渠虽细务必资于二程，则其他固可知已。"按横渠有一简与伊川，问其叔父葬事，末有提耳恳激之言，疑龟山所跋，即此简也。然与伊川此言，盖退让不居之意，而横渠之学，实亦自成一家，但其源则自二先生发之耳。②

朱子虽然在整理道学的统序时，以二程为道学之源，但他还是承认张载关学自成一家，因此朱子对于关学与洛学关系之评判，几成定论，为当代学者所遵从。③ 魏了翁是遵从朱学的，何以竟不顾朱子已有明确的结论，而依然主张传统的张学出于程学之说？依我看，还是道统意识太强的缘故。既然魏了翁说的"先生（横渠）之学，其源出于程氏"这个前提并不能成立，那么他由此得出的判断，即张载《礼记说》中参错有二程的言论，是否可信呢？

张载与二程在学术上的交流是很广泛的，张载虚怀若谷的精神，也得到世人的认可。张载与二程于嘉祐二年在京城初次见面的时候，就对《易》学展开了讨论。据《河南程氏外书》记载：

横渠昔在京师，坐虎皮，说《周易》，听从甚众。一夕，二程先

---

① 《河南程氏外书》卷十一，《二程集》，第414—415页。
② 朱熹：《伊洛渊源录》卷六，《朱子全书》第十二册，第1002页。
③ 如张岱年《关于张载的思想和著作》，收入《张载集》，第1—18页；陈俊民：《张载哲学思想及关学学派》，第4—6页。陈先生力辨"横渠之学其源不出于二程"，明确指出："张程思想之间的相互影响，相互吸收是肯定的；但一定要说张源于程，显然这是在程朱思想日渐变成统治思想的趋势下，程门弟子高其学，神其道的门户之说。"

生至,论《易》。次日,横渠撤去虎皮,曰:"吾平日为诸公说者,皆乱道。有二程近到,深明《易》道,吾所弗及,汝辈可师之。"横渠乃归陕西。①

关于这则记载,历来有很多学者引用并讨论其疑点,但有一点是可以肯定的,张载与二程曾就《易》学进行了讨论与交流,尽管双方的理解有异,张载也不至于完全放弃自己的主张而师从二程,但张载推崇并吸收二程的看法也是有可能的。

张载与二程之间书信往来,讨论学问,也必定就礼学问题有过讨论与交流。如他们曾在书信中讨论"谢生佛祖礼乐之说"②,谢生当指二程弟子谢良佐,由于书信内容简略,虽然不能完全断定具体含义,但大致也应是儒佛之辨以及儒家礼乐制度的相关问题。流传至今的《洛阳议论》中还有一些礼制的讨论。据文集记载,程颐也有修定礼书的计划:

> 问:"先生曾定六礼,今已成未?"曰:"旧日作此,已及七分,后来被召入朝,既在朝廷,则当行之朝廷,不当为私书,既而遭忧,又疾病数年,今始无事,更一二年可成也。"曰:"闻有《五经解》,已成否?"曰:"惟《易》须亲撰,诸经则关中诸公分去,以某说撰成之。《礼》之名数,陕西诸公删定,已送吕与叔,与叔今死矣,不知其书安在也?然所定只礼之名数,若礼之文,亦非亲作不可也。《礼记》之文,亦删定未了,盖其中有圣人格言,亦有俗儒乖谬之说。"③

程颐"被召入朝"是在元祐元年(1086),此距张载去世(1077)已有数年。在这之前程颐有修定礼书的计划,并"已及七分",由此可以推想,程颐在与精于礼学的张载见面时,也必然会就礼学问题有所讨论。

既然张载与程颐之间就礼学问题有所交流讨论是可以确定的,那么,在张载的《礼记说》中是否就参错了程颐的一些看法或言论呢?由于张

---

① 《河南程氏外书》卷十二,《二程集》,第436—437页。
② 《河南程氏文集》卷九,《二程集》,第596页。
③ 《河南程氏遗书》卷十八,《二程集》,第239—240页。

载的《礼记说》至今只保留有片断,而二程也并未留下专门的礼学著作,因此对于魏了翁提出的张载《礼记说》中"亦有二程先生之说,参错其间"的看法,我们也并不能完全确信。

《宋元学案补遗》所收录的《礼记说》中有:

> 礼者理也。欲知礼必先学穷理。礼所以行其义,知理乃能制礼。①

这个观点与二程的思想是一致的,但是张载同样也有相同的主张。张载说:"礼即天地之德也"②,又明确说:"礼者理也,须是学穷理,礼则所以行其义,知理则能制礼,然则礼出于理之后。"③ 由此可见,《礼记说》中的观点符合张载的一贯思想,并不能断定"礼者理也"是程颐的看法杂入张载的书中。

《礼记说》虽然已经佚失,但与现存的《正蒙》《经学理窟》诸书还是可以相参看的。《正蒙》《理窟》书中的各个篇章是由内容大致相关的语录组成的,其间也可能保留有一些《礼记说》的遗存,如《正蒙·王禘》篇有解释《礼记·丧服小记》"庶子不祭殇与无后者"一条,注曰"见《曾子问注》"④,或许就是出自张载的《礼记说》当中对《曾子问》篇的说解中。

张载虽然极力遵信《礼记》中之《大学》《中庸》,认为"《中庸》《大学》出于圣门,无可疑者",但是整体上,张载对《礼记》的评价并不高。"学者信书,且须信《论语》《孟子》。《诗》《书》无舛杂。《礼》虽杂出诸儒,亦若无害义处","《礼记》则是诸儒杂记,至如礼文不可信,已之言礼未必胜如诸儒。如有前后所出且阙之,《记》有疑议亦且阙之,就有道而正焉"。⑤

张载《礼记说》也对后世学者有一些影响。如朱熹在《仪礼经传通解》中论及《学记》时说:此篇"言古者学校教人传道授业之次序与其

---

① 《宋元学案补遗》卷十七《横渠学案补遗上》,第1358页。
② 张载:《经学理窟·礼乐》,《张载集》,第264页。
③ 张载:《张子语录·语录下》,《张载集》,第326—327页。
④ 《张载集》,第60页。
⑤ 张载:《经学理窟·义理》,《张载集》,第277—278页。

得失兴废之所由，盖兼大小学而言之。旧注多失其指，今考横渠张氏之说，并附己意，以补其注云"①。这里所说"横渠张氏之说"，应该就是张载关于《礼记·学记》的解说。

在三《礼》书中，张载对于《周礼》一书是非常推崇的。他认为虽然《周礼》书中有一些后人添入的部分，如"盟诅之属"，但总体上认为"《周礼》是的当之书"②。张载还撰有《周礼说》《仪礼说》，可惜均已佚失，《宋元学案补遗》中也仅辑有数条。

二 张载礼学思想的三层含义

第一，张载的礼学蕴含在易学当中。

张载的哲学"以《易》为宗"，《横渠易说》不但是张载流传至今的唯一一部解经著作，而且也是集中反映他的思想的一部哲学著作。同时，张载"尊礼贵德"，关中学者"皆以躬行礼教为本"。易学着重天道性命的形上思考，而礼学更多关注的是经学中的名物制度与躬行践履。前文指出，张载的易学与礼学是融为一体、紧密相关的，但如何深入地分梳二者之间的关系，这是我们研究张载礼学首先需要探讨的问题。张载《答范巽之书》曾曰："朝廷以道学政术为二事，此正自古之可忧者。"③道学就是天道性命之学，而政术则是现实社会的礼乐制度。张载希望性命道德与礼乐刑政应该是一致的。当代学者余敦康先生在讨论张载的易学哲学时指出："张载的礼学实际上也就是易学"④，这是很有见地的看法，但是将张载的礼学直接等同于他的易学，容易忽视二者的分际。我们毋宁进一步说，张载的礼学思想其实就体现或贯穿在他的易学当中。张载的礼学不仅体现在他躬行礼教的礼学实践当中，更体现在他通过对大易的穷神知化的思考，从而对礼的本质有了更加深入的形上解释与论证。

《系辞》曰："《易》与天地准，故能弥纶天地之道。"张载认为这是孔子所言，"言'弥纶''范围'，此语必夫子所造"⑤。在张载看来，孔

---

① 朱熹：《仪礼经传通解·篇第目录》，《朱子全书》第二册，第38页。
② 张载：《经学理窟·周礼》，《张载集》，第248页。
③ 《文集佚存》，《张载集》，第349页。
④ 余敦康：《内圣外王的贯通——北宋易学的现代阐释》，学林出版社1997年版，第347页。
⑤ 张载：《横渠易说·系辞上》，《张载集》，第181页。

子的这句话已经揭示出了《周易》的本质，《易》道由阴阳二爻而演化出的无穷变幻，模拟或体现的其实是天道的变化。张载还指出：

> 《易》之为书与天地准。《易》即天道，独入于爻位系之以辞者，此则归于人事。盖卦本天道，三阴三阳一升一降而变成八卦，错综为六十四，分而有三百八十四爻也。因爻有吉凶动静，故系之以辞，存乎教戒，使人动则观其变而玩其占，其出入以度，内外使知惧，又明于忧患与故，无有师保，如临父母。圣人与人撰出一法律之书，使人知所向避，《易》之义也。①

天道与人道的结合，推天道以明人事，是中国古代哲学思维的一个显著特征。《易》道即天道，但同时又要"归于人事"，人类社会的秩序与规则其实就是对《易》道的模拟与效仿。在儒家看来，礼作为社会秩序与道德准则的典范，礼的精神就是《易》道的体现。礼与易本质上是相通的。

张载重视礼，对礼有很多的界说。如说："礼本天之自然"，"礼即天地之德也"②，"礼者理也"。在这些各种说法当中，我们首先需要指出的是这样一种说明：

> 时措之宜便是礼，礼即时措时中见之事业者……时中之义甚大，须是精义入神以致用，始得观其会通以行其典礼，此则真义理也；行其典礼而不达会通，则有非时中者矣。③

"时措之宜"出自《中庸》。《中庸》在先秦儒家的思想脉络当中属于礼学，故《中庸》也保存在《礼记》当中。《中庸》篇很重视"时"，说："君子之中庸也，君子而时中"。"时"是礼学思想当中非常重要的一层含义，因此《礼记·礼器》篇说："礼，时为大"。同时，"时"也是易学的一个重要观念。张载提出"时措之宜便是礼"，这是易学与礼学结合的一个命题，同时也说明张载的礼学是蕴含在易学当中的。

---

① 张载：《横渠易说·系辞上》，《张载集》，第181—182页。
② 张载：《经学理窟·礼乐》，《张载集》，第264页。
③ 同上。

就易学方面来说,《易传》在解释《周易》经文中的思想时,提出"时中"的概念。①《彖传》解释筮法,认为六爻的吉凶因所处的条件而不同,因时而变,所以把顺时、守时视为一种美德,②"应乎天而时行"(《大有·彖》)、"天下随时"(《随·彖》)、"与时偕行"(《损·彖》)的思想在《彖传》当中随处可见。此外,《象传》中也有:"含章可贞,以时发也"(《坤·象》),"君子以治历明时"(《革·象》);《乾·文言》:"乾乾因其时而惕,虽危无咎矣","君子进德修业,欲及时也","亢龙有悔,与时偕极";《坤·文言》:"坤道其顺乎?承天而时行";《系辞》:"君子藏器于身,待时而动,何不利之有","变通者,趋时者也"。所有这些都说明易学当中非常重视"时",重视变。

从礼学的角度来说,礼从来就不是僵化不变的教条,因时而变是礼的一个重要特征。儒家对礼的解释与把握也非常重视礼的这个特征。孟子说孔子是"圣之时者也"(《孟子·万章下》),这是孔子作为"集大成者"的主要原因。孟子又指出,"男女授受不亲"这样的礼是必须遵守的原则,但是在特殊的情况下也可以有所变化,如"嫂溺援之以手",这是"权"(《孟子·离娄上》)。

从孟子反驳淳于髡的论辩中可知,礼制虽然繁复,但它不可能涵盖社会生活的一切方面,在礼制的实施过程当中,会遇到许多具体的细节问题,这就要求根据礼的基本原则在具体问题上灵活处理,这就是所谓的"变礼"。在《礼记》当中记载了很多孔子与弟子们关于这些问题的探讨。明代黄乾行《礼记日录自序》指出,《礼记》诸篇内容各有偏重,"或独详变礼,如《檀弓》、《曾子问》是也"③。《礼记》书中集中讨论变礼的内容多在《檀弓》与《曾子问》两篇。④ 礼有经、有变,说明礼也有与时俱变的一面,这样在现实生活中便扩大了礼的运用范围,完善了礼的功能。

礼制有"变礼",反映在礼学思想上也是主张与时俱进,"礼,时为

---

① 《尚书》中就出现"时中"。《召诰》篇说:"其自时中乂"(《洛诰》同)。《释诂》:"时,是也"。因此这里的"时中"作"是中"解,意即"这个中心"(指洛邑),它还没有后来"时中"的意义。
② 参见朱伯崑《易学哲学史》上册,北京大学出版社1986年版,第41页。
③ 朱彝尊:《经义考》卷一百四十五,《经义考新校》第六册,第2665页。
④ 参见刘丰《先秦礼学思想与社会的整合》,第43—44页。

大"(《礼记·礼器》),既要坚持礼的基本原则,同时又不固守一隅,随时而变是礼的思想当中包含的一项重要内容,同时也是行礼所依据的一条重要原则。

张载指出:

> "非礼之礼,非义之义",但非时中者皆是也。大率时措之宜者即时中也。时中非易得,谓非时中而行礼义为非礼之礼、非义之义。又不可一概如此,如孔子丧出母,子思不丧出母,不可以子思为非也。又如制礼者小功不税,使曾子制礼又不知如何,以此不可易言。时中之义甚大,须是精义入神以致用,始得观其会通以行其典礼,此方是真义理也,行其典礼而不违会通,则有非时中者矣。今学者则须是执礼,盖礼亦是自会通制之者。然言不足以尽天下之事,守礼亦未为失,但大人见之,则为非礼非义不时中也。君子要多识前言往行以畜其德者,以其看前言往行熟,则自能比物丑类,亦能见得时中。[①]

张载这里所举的子思、曾子的例子,相当于《礼记》书中的变礼。这是说,礼以时中为原则。人们在执行、解释礼的时候不能固执地看待礼的原则,而是以变通为尚。张载说"会通以行其典礼",这与孟子所说的不但要守礼,还要懂得权变的原则,意思也是一致的。

由于礼书残缺,在现实的礼仪实践中有时无法根据礼经的原则来行礼,这就需要根据时义的原则进行取舍。张载指出:

> 礼文参校,是非去取,不待已自了当。盖礼者理也,须是学穷理,礼则所以行其义,知理则能制礼,然则礼出于理之后。今在上者未能穷,则在后者乌能尽!今礼文残缺,须是先求得礼之意然后观礼,合此理者即是圣人之制,不合者即是诸儒添入,可以去取。今学者所以宜先观礼者类聚一处,他日得理,以意参校。[②]

这应该是张载阅读礼典、修定礼书以及躬行礼教的一项指导原则,这

---

① 张载:《张子语录·语录下》,《张载集》,第328页。
② 同上书,第326—327页。

也就是"观其会通以行其典礼"。

礼固然需要因时而变,但同时礼在变化的同时还有不变的地方。孔子说:"殷因于夏礼,所损益,可知也;周因于殷礼,所损益,可知也。"(《论语·为政》)三代之礼的发展是因循与损益的结合。历代的注解者都认为,三代之礼所因者为三纲五常。朱子说:"三纲五常,礼之大体,三代相继,皆因之而不能变。"① 孔子说的三代之礼所因袭的未必就是三纲五常,但是历代的注解者所指出的"礼之大体"是因袭不变的,这一点是符合礼意的。《礼记·大传》说:

> 立权度量,考文章,改正朔,易服色,殊徽号,异器械,别衣服,此其所得与民变革者也。其不可得变革者则有矣,亲亲也,尊尊也,长长也,男女有别,此其不可得与民变革者也。

这已经把礼的可变与不可变者说得非常明确了。张载说:

> 礼亦有不须变者,如天序天秩,如何可变!礼不必皆出于人,至如无人,天地之礼自然而有,何假于人?天之生物便有尊卑大小之象,人顺之而已,此所以为礼也。学者有专以礼出于人,而不知礼本天之自然,告子专以义为外,而不知所以行义由内也,皆非也,当合内外之道。②

张载认为,礼的变与不变并非是矛盾的,"礼亦有不须变者,如天叙天秩之类,时中者不谓此"。③ 礼的"时中"与天叙天秩之类并非矛盾。

张载对礼的认识,是他钻研易学,精研礼学而综合提出的看法。礼的"时措之宜"其实同时也是天道变幻的体现。因此,张载说:"天理者,时义而已。君子教人,举天理以示之而已;其行己也,述天理而时措之也。"④ "惟君子为能与时消息,顺性命、躬天德而诚行之也。精义时措,

---

① 朱熹:《论语集注》卷一,《四书章句集注》,中华书局1983年版,第59页。
② 张载:《经学理窟·礼乐》,《张载集》,第264页。
③ 张载:《张子语录·语录下》,《张载集》,第328页。
④ 张载:《正蒙·诚明篇》,《张载集》,第23—24页。

故能保合太和，健利且贞，孟子所谓始终条理，集大成于圣智者与！"①张载从易学的角度与高度更加完满地说明了礼的变与不变之间的关系，用"时措之宜"解释了变礼，将前人对变礼的解释从经验的层面提升到大易流行的高度，这是对礼学思想的巨大推动与发展。

第二，张载认为，礼有体有用，体用合一。

从礼学思想的发展来看，早在春秋时期，人们就逐渐认识到，礼不仅仅是一套仪式，在进退揖让的仪式后面还应该有更为重要的意义和价值。据《左传》记载：

> 公如晋，自郊劳至于赠贿，无失礼。晋侯谓女叔齐曰："鲁侯不亦善于礼乎？"对曰："鲁侯焉知礼！"公曰："何为？自郊劳至于赠贿，礼无违者，何故不知？"对曰："是仪也，不可谓礼。礼，所以守其国、行其政令、无失其民者也。……礼之本末将于此乎在，而屑屑焉习仪以亟。言善于礼，不亦远乎？"君子谓叔侯于是乎知礼。（《左传·昭公五年》）

> 子大叔见赵简子，简子问揖让、周旋之礼焉。对曰："是仪也，非礼也。"简子曰："敢问，何谓礼？"对曰："吉也闻诸先大夫子产曰：夫礼，天之经也，地之义也，民之行也。天地之经，而民实则之。……"（《左传·昭公二十五年》）

从这两段著名的礼、仪之辨的史料可知，春秋时期人们已经认为，中规中矩的"揖让、周旋之礼"仅仅是仪，只是礼的末节，并不是真正的礼。女叔齐、子大叔所说的礼，经天纬地，是治国安民的大纲。这样的礼具有哲学意义与价值功能。孔子说："人而不仁，如礼何？人而不仁，如乐何？"（《论语·八佾》）这又是认为，礼有内容与形式的区分，如果没有仁德作为内容，礼仅仅只是一套空洞的形式。在这些认识的基础之上，《礼记》提出了一种更为普遍的看法，认为礼有义和数的区别："礼之所尊，尊其义也。失其义，陈其数，祝史之事也。故其数可陈也，其义难知也。"（《郊特牲》）《礼记》是对《左传》《论语》所载认识的进一步概括。礼的义和数的区别，相当于形而上与形而下、本质与形式的区别。这

---

① 张载：《正蒙·大易篇》，《张载集》，第51页。

说明在春秋战国时期，对礼的认识已经相当丰富、深刻了。

在中国古代哲学思想发展史上，北宋道学用体用这一对范畴将内容与形式的关系表述得更加圆融。

《易传·系辞》说："形而上者谓之道，形而下者谓之器"。在这里，形而下是指有形的卦象，形而上是无形的卦义，即易道。在《易传》看来，易道是通过卦象的无穷变化而显示出来的，但《系辞》重点讲述的是易道，书中将卦象中体现出来的易道抽象地概括为"一阴一阳之谓道"，这是将西周末年以来就已经出现的阴阳转换思想概括为一个完整而简洁的哲学命题，将《周易》书中随处可见的反映自然界与人类社会的奇偶、刚柔等现象综合整理为一个统一的命题，这在易学史以及哲学史上都是非常重要的，将原本为占筮用的《周易》解释为哲学义理之书。但是，这个命题在将卦爻辞哲理化的同时也将《周易》德义化了。《系辞》紧接着就说："继之者善也，成之者性也。仁者见之谓之仁，知者见之谓之知"，这就将《周易》当中用来总结说明宇宙间阴阳转变法则的哲学命题纳入儒学的德性论当中，而且将此德性化的解释作为了易学的重点。因此，《易传》当中的道器论虽然具有由器以见道、道在器中的思想，但并未将这种思想明确化。

王弼在解释《系辞》的"大衍之数五十"时说：

> 演天地之数，所赖者五十也。其用四十有九，则其一不用也。不用而以之通，非数而数以之成，斯易之太极也。四十有九，数之极也。夫无不可以无明，必因于有，故常于有物之极，而必明其所由之宗也。①

王弼是反对汉代易学的，他也将占筮时不用之"一"解释为太极，但此太极既非马融说的北辰，也非郑玄说的元气，而是王弼从解释《老子》书中得来的作为世界本原的"无"，因此这段文字也是王弼"以无为本"的思想在易学中的体现。接下来的问题是，作为占筮的四十九根蓍

---

① 原见于韩康伯《系辞注》。引自楼宇烈校释《王弼集校释》，中华书局 1980 年版，第 547—548 页。

草与不用之"一",或作为哲学本原的"一"或"太极"与世界万物的关系如何?在易学史上,不参与占筮的"一"居于四十九数之外,是不参与揲蓍数目的变化的。朱伯崑先生认为,从这段话中还不能得出王弼是主张本体只能存在于万事万物之中,或者"体用如一"的。这是因为,首先,王弼所说的太极本体也是居于天地万物之上的实体,自身并不依赖于天地万物而存在。其次,王弼说"无不可以无明,必因于有",这是就"无"的作用和人们对"无"的体认而说的,即"无"要通过"有"方能显示其成就万有的功绩,不是说"无"作为万有的本体,其存在必须依赖有。①

因此,从先秦时期《易传》中的道器、形上形下,以及王弼说的"无不可以无明,必因于有",我们可以看出,本体与现象的关系虽然也有本体寓于现象之中的看法,但这种思想还并不突出,也不成熟,正如朱伯崑先生所说:"把筮法中其一不用的'一',看成是一种整体观念,理解为'合一'或'混一',即以五十或四十九之数的总合为'一',那是后来的易学家的任务。"② 这个看法是非常准确的。从易学的研究中得出"体用一源"的看法是宋代程颐在传统儒学研究的基础上,并且受到佛教本体论思想影响而提出的新看法。

张载也精研易学,而且他的礼学思想是蕴含在易学当中的。张载认为,礼的内容与形式、义与数之区分,从更普遍的哲学角度来说,就是体与用的关系。张载是这样解释"礼器"与"礼运"的:

> 礼器则藏诸身,用无不利。礼运云者,语其达也;礼器云者,语其成也。达与成,体与用之道,合体与用,大人之事备矣。礼器不泥于小者,则无非礼之礼,非义之义,盖大者器则出入小者莫非时中也。③

张载认为,礼有"礼器"和"礼运"两个层面,如他又说:"礼,器则大矣,修性而非小成者与!运则化矣,达顺而乐亦至焉尔"④。礼器是

---

① 参见朱伯崑《易学哲学史》上册,第284—285页。
② 同上书,第285页。
③ 张载:《正蒙·至当篇》,《张载集》,第33页。
④ 同上。

名物制度，是礼的外在表现形式，这是礼之用；礼运是在具体的礼器当中所蕴含的礼的规则与意义，是形而上的，正如张载在其他地方所说的："运与无形之谓道，形而下者不足以言之"①。真正的礼体用皆备，是形而上与形而下的有机结合。程颐研究《周易》，提出了"体用一源，显微无间"的思想，这是道学发展过程中非常重要的理论收获之一，对日后理学的发展起到了至关重要的作用。张载虽然没有明确说明"体用一源"，但张载所说的礼运与礼器之关系，就是体与用之关系，"合体与用"，也就是体用合一，这与程颐的看法具有相似的理论意义。

张载体用合一的思想主要针对的是佛学的有体无用、体用殊绝的虚无哲学。儒学的复兴与理学的产生是在反对佛教的背景之下而兴起的，唐代柳宗元就有体用不离的主张，他说当时的言禅者往往"能言体而不及用者，不知二者之不可斯须离也。离之外矣，是世之所大患也"②，用以批评佛学"言体而不及用"的理论错误。理学初创阶段的范仲淹、三先生等人，也都有类似的主张。胡瑗将"明体达用"之学作为教学的重点，对北宋儒学的发展以及道学的兴起也都产生了深远的影响。张载、二程提出的体用合一、体用一源思想，就是对于之前的有关体用的各种说法的进一步提炼与概括。

另一方面，儒家的礼长期以来被认为仅仅是名物制度、纲常名教与社会政治制度。欧阳修看出了儒学与佛老的本质区别，主张用儒学的礼义来战胜佛教，但是他所主张的礼义还仅仅是儒学的伦理纲常，从理学家的角度来看，他所提倡的礼又是有用而无体。

从这两方面来看，张载认为礼有体有用，体用合一，就具有重要的理论意义。他一方面批评了佛学有体而无用的否定人伦秩序的虚无思想，另一方面也不认为礼仅仅是一套纲常名教，礼是体用皆备的。张载的理论贡献很多方面采用了"原儒"的方法，从孔孟以及先秦儒学那里找到了思想的源头活水。他的礼论也是如此。张载承袭了先秦以来所主张的礼有礼有仪、有义有数这样的区分，并把它提升表述为礼有体有用，体用皆备。

---

① 张载：《正蒙·至当篇》，《张载集》，第 14 页。
② 《柳宗元集》卷二十五《送琛上人南游序》，中华书局 1979 年版，第 680 页。

尽管自北宋以来就有人认为体用范畴来源于佛学，①但这丝毫不影响张载借用、发展了体用的思维且达到了批评佛学、弘扬儒学的目的。

第三，张载思想中的礼是有体有用、合体与用的，这样的思想与张载的"理一分殊"也是相通的。

"理一分殊"是理学家用来解释说明世界万物的统一性与多样性的一对重要范畴，最早是由程颐与杨时讨论张载《西铭》的思想主旨时提出来的。后来朱熹也赞同程颐的看法，认为《西铭》的主题就是"理一分殊"。由于《西铭》在理学史上占有崇高且重要的位置，因此，"理一分殊"也成为理学家共同使用的概念。《西铭》讲的是否就是"理一分殊"，学者还有不同的看法，如陈俊民先生就坚决主张"理一而分殊"非《西铭》本旨，认为这种看法其实是程朱理学的宇宙"理本论"在《西铭》机体上的绝妙附会。②《西铭》篇的主旨是否就是"理一分殊"还可以继续讨论，但不可否认的是，张载的思想中包含有"理一分殊"的思路。

就道学的发展来说，周敦颐已经具有了这样的认识。他认为，二气五行产生了世界万物，"五殊二实，二本则一。是万为一，一实万分。万一各正，小大有定"。③在周敦颐看来，"一"与"万"的关系，其实也就是"一理"与"分殊"，尽管他也没有使用这样的术语。张载说："游气纷扰，合而成质者，生人物之万殊；其阴阳两端循环不已者，立天地之大义。"④张载认为，世界万物虽然各不相同，但都由气构成，都根源于阴阳二气的循环不已，这也就是张载所说的"天地之大义"，这是世界统一性的根源。张载又说："阴阳之气，散则万殊，人莫知其一也；合则混然，人不见其殊也。"⑤由此可见，张载虽然没有明确使用"理一分殊"这一概念，但是在他的思想当中蕴含着"理一分殊"的理路。

在张载的礼学思想当中，也同样蕴含着非常显著的"理一分殊"的

---

① 如晁说之指出："体用所自，乃本乎释氏。"（《宋元学案》卷二十二《景迂学案》，第863页）南宋魏了翁也说："六经语孟发多少义理，不曾有体用二字，逮后世方有此字，先儒不以人废言，取之以明理，而二百年来才说性理，便见此二字不得，亦要别寻二字换，却中不得。"（《答李监丞》，《鹤山大全文集》卷三十六）
② 参见陈俊民《张载哲学思想及关学学派》，第85—89页。
③ 周敦颐：《通书·理性命第二十二》，《周敦颐集》，第32页。
④ 张载：《正蒙·太和篇》，《张载集》，第9页。
⑤ 张载：《正蒙·乾称篇》，《张载集》，第66页。

思想。一方面，礼表现为各种具体的仪式、规范以及社会制度，《礼记》说"经礼三百，曲礼三千"，"礼仪三百，威仪三千"，都表明了礼的繁多，这一点张载也是承认的。另一方面，张载又认为，"礼即天地之德也"①，"'礼仪三百，威仪三千'，无一物而非仁也"。② 名目繁多的礼节当中又蕴含着统一性。"礼即天地之德也"说明礼在本体论上是统一的，"'礼仪三百，威仪三千'，无一物而非仁也"，说明礼在道德价值方面是统一的。礼的统一性与多样性，用道器的思路来看，就是"理一"而"分殊"。

以上我们从三个方面分析了张载的礼学思想。关于张载的礼学思想，还有两点需要进一步指出。

第一，张载说礼就是"时措之宜"，这是对变礼思想的最为深刻的解释与说明。礼要适时而变，这是儒家一贯的认识。孔子就曾指出，历史上的礼总是在不断地"损益"变化，孟子也探讨了"礼"与"权"的辩证关系。在历史的发展过程中，无论是儒家学者，还是历代的统治阶层，都非常重视礼，同时也都认识到五帝殊制，三王异礼，礼要根据不同的时代、环境而做适当的变通。就儒家来说，张载之前儒家学者说的礼的因时而变更多是从历史发展、社会变革的角度来论说，而张载讲的礼的时中、时变，是从大易的生生变易推演而来的。笔者曾经讨论过易礼相通的问题，③ 但那主要是从先秦儒家思想以及儒家原典的角度来讨论的。在宋代儒学发展以及理学兴起的背景之下，张载作为北宋道学形成过程中重要的一位代表，他的思想以及他所创立的关学是以重礼而著称的。张载的哲学思想"以《易》为宗"，张载对礼的阐释也是依傍着易学而来的。这在更高的层次上说明了易礼相通，说明了作为社会秩序的礼是易道（也就是天道）的体现。

第二，张载的礼学思想与二程礼学的异同。

前文在讨论张载的礼学著作的时候曾涉及理学史上所谓的横渠之学出于二程的看法。无论是朱子，还是当代的大多数研究者都认为，张载与二程同是北宋儒学复兴过程当中的重要代表人物，由他们而形成的关学和

---

① 张载：《经学理窟·礼乐》，《张载集》，第264页。
② 张载：《正蒙·天道篇》，《张载集》，第13页。
③ 参见刘丰《先秦礼学思想与社会的整合》第一章，尤其是第53—59页。

洛学也是道学形成过程中重要的流派。他们共同的目标是儒学的振兴，在形而上的哲学思想方面将儒学推进到了新的高度。在礼学方面，他们都曾主张"礼者理也"，张载又说"礼本天之自然"，将儒家思想当中重要的礼与他们各自哲学当中的最高的本体思想连接在一起，将礼纳入他们各自的哲学体系中加以论证，极大地提升了礼的地位，推进了礼学思想的发展。

尽管张载与二程在论证礼学思想方面有很多思路是相同或相近的，对于礼在儒学当中的地位、意义和价值的论述也是相通的，但是从总体上来说，张载的礼学与二程的礼学还是有一些本质的区别的。从前文的论述可见，二程是将儒学中的礼纳入他们的理学思想当中一并来讲的，他们是从理与礼的关系方面来说礼的。理与礼无论是形上形下的关系，还是体用一源的关系，二程所说的礼都是天理观照下的礼，礼的地位是靠理的绝对性来保证的。但是在张载的礼学思想当中，礼本身就是有体有用、"合体与用"的。如果说二程论述"礼者理也"的时候还有某些佛教华严宗理事合一思维方式影响的痕迹，那么，张载说的礼体用兼备则完全是儒学的言说方式。

二程以理来说礼，在洛学后来的发展过程中，难免对二者关系的把握有偏颇，重理而轻礼，这样就有背离儒学而流于禅的危险。张载所说的礼体用兼备，关学以重礼而著称，这不仅是指关中学者躬行礼教，更重要的是，关学将儒学所重视的礼，将宋代学者作为划清儒佛界限的礼，提升到了极高的地位，从本体的角度说明了礼的地位与价值。王夫之曾说："吾儒步步有个礼在，充实光辉，壁立千仞。"① 这是对儒学之为儒学的一个非常精辟的界定。在北宋儒学复兴的过程中，张载肯定了礼，也就是再次明确地捍卫了儒学的价值与意义，从这个方面来看，张载关学极大地推动与提升了礼学与儒学的发展。

三 知礼成性

据吕大临《横渠先生行状》记载，张载教人，"多告以知礼成性变化

---

① 王夫之：《读四书大全说》卷六《论语·颜渊篇》，中华书局1975年版，第378页。

气质之道，学必如圣人而后已"。① 张载还主张"以礼成德"②。在这里，德与性同意，都是指人的德性，也就是张载所说的天命之性。"知礼成性"是张载以及关中礼学的一项重要内容。这里牵涉到张载关于知、礼以及性之间的关系。

《易·系辞》："知崇礼卑，崇效天，卑法地，天地设位而易行乎其中矣。成性存存，道义之门。"这是儒家经典当中关于知与礼之间关系的表述，即知与礼类似于天地，它们是德性产生的必要条件。张载说：

> 知崇，天也，形而上也。通昼夜之道而知，其知崇矣。知及之而不以礼性之，非己有也，故知礼成性而道义出，如天地设位而易行。③

吕大临与张载的看法完全一致。他说："知崇礼卑，至于成性，则道义皆从此出矣。"④"知崇者，所以致吾知也；礼卑者，所以笃吾行也。"⑤知与礼的关系，类似于形而上与形而下、天地的关系。从这个意义上来说，类似于形而上的、可以成性的知，当是德性之知。

在张载"知礼成性"的命题中，更为重要的是以礼成性这一层面的问题。在成性的过程中需要礼。这里关键的问题是礼何以能够成性？儒学对于这个问题的解决，还是从人性的角度来解释的。

礼与人性的关系是儒学史上一贯的问题。孔子在《论语》当中对人性问题并没有太多的说明，他更多谈到的是各种美德与礼的关系。《论语·泰伯》篇记载：

> 子曰："恭而无礼则劳，慎而无礼则葸，勇而无礼则乱，直而无礼则绞。"

《礼记·仲尼燕居》又引孔子之言曰："敬而不中礼谓之野，恭而不

---

① 《张载集》，第383页。
② 卫湜：《礼记集说》卷五十九引张载语，文渊阁四库全书本。
③ 张载：《横渠易说·系辞上》，《张载集》，第191页。
④ 吕大临：《易章句·系辞上》，《蓝田吕氏遗著辑校》，第179页。
⑤ 吕大临：《礼记解·中庸》，《蓝田吕氏遗著辑校》，第297页。

中礼谓之给，勇而不中礼谓之逆。"孔子认为，一个人如果只具有恭、慎、勇、直等品质，还不够完美；也就是说，"知及之，仁能守之，庄以莅之，动之不以礼，未善也"（《论语·卫灵公》）。在各种品德之上再加上礼，这样才能算"成人"。由此可见，礼在形成人的各种美德的过程当中起到了关键的调节作用，甚至是形成美德的必要条件。

《论语·八佾》篇又记载：

> 子夏问曰："'巧笑倩兮，美目盼兮，素以为绚兮。'何谓也？"子曰："绘事后素。"
> 曰："礼后乎？"子曰："起予者商也！始可与言《诗》已矣。"

子夏从《诗经》的几句诗中受到启发，认为"礼后"，得到了孔子的赞许。那么，"礼后"究竟为何意？历代有不同的解释。郑玄、孔安国、皇侃以及清人凌廷堪、刘宝楠等认为，"绘事"即绘画，先布众色，然后以素色分布其间，如郑玄说："喻美女虽有倩盼美质，亦须礼以成之也。"[①] 凌廷堪说，绘事犹绘画之先布众色，而素则是"后以粉勾勒之，则众色始绚然分明"[②]。以朱熹、全祖望为代表的另一派则认为，绘事后于素。程颐就说："'素'喻质，'绘'喻礼。凡绘，先施素地而加采，如有美质而更文之以礼。"[③] 朱熹解释说："素，粉地，画之质也。""谓先以粉地为质，而后施五采，犹人有美质，然后可加文饰。""礼必以忠信为质，犹绘事必以粉素为先。"[④] 全祖望《经史问答》说："忠信其素地也，节文度数之饰，是犹之绘事也，所谓绚也。"[⑤] 若依郑玄、孔安国等人的解释，"以素喻礼"（孔安国），"礼以自约束"（皇侃）[⑥]，若依朱子的解释，则是"忠信仁义为素"，礼为"绘事"。其实，这两种解释相反而相通。依郑玄等人的解释，仁义礼智信（即"绘事"）虽为五性，但它们还是不充分的，必须待礼（"素"）而后成。依朱熹的意见，仁义之性

---

① 参见黄怀信《论语汇校集释》，上海古籍出版社2008年版，第223页。
② 凌廷堪：《论语礼后说》，《校礼堂文集》卷十六，中华书局1998年版，第146页。
③ 《河南程氏外书》卷六，《二程集》，第380页。
④ 朱熹：《论语集注》卷二，《四书章句集注》，第63页。
⑤ 转引自程树德《论语集释》，中华书局1990年版，第158页。
⑥ 参见黄怀信《论语汇校集释》，第223页。

要有礼的节制，礼是仁义之性的文饰。这样，"礼后"就不仅是先后之意，它还说明礼对仁有成全的作用。因此，王夫之说："礼者，仁之实也"①，可谓抓住了孔子仁礼思想的核心。

《论语·宪问》又记载：

> 子路问成人。子曰："若臧武仲之知，公绰之不欲，卞庄子之勇，冉求之艺，文之以礼乐，亦可以为成人矣。"

《礼记·礼器》又说："礼也者，犹体也。体不备，君子谓之不成人。"

这里所说的成人也就是成仁，成性。从以上的论述可见，孔子虽然对人性的本性没有具体的说明，但是从他对德性与礼的关系的论述来看，礼是顺着人的内在德性并且对人的德性有进一步的成全作用，从这个方面来看，孔子基本上应该是承认人性善的。战国时期，儒家内部关于人性形成了不同的意见，因此对于礼与人性的关系，也就有不同的解释。具体来说，主要有两种基本的看法：

第一，以礼成性。孟子是明确主张性善论的，他说："君子所性，仁、义、礼、智根于心"（《孟子·尽心上》）。孟子所说的性善，是指仁义这种道德萌芽是先天地内在于人性当中的，所谓"根于心"。孟子又说："礼，门也"（《孟子·万章下》），礼就是实现人的善性的门户与路径。《礼记·曲礼上》说："道德仁义，非礼不成。"由此看来，以礼成性的看法是以人性善为理论前提的。这种以礼成性的看法应该是直接顺承了孔子的看法，而以孟子最为代表。

第二，以礼坊性。《左传·昭公二十五年》就有记载："民失其性，是故为礼以奉之。"《礼记·坊记》篇说："礼以坊德"，"礼者，因人之情而为之节文，以为民坊者也"，《大戴礼记·礼察》篇又说："礼者禁于将然之前，而法者禁于已然之后"，这都是突出了礼的防范作用。这种看法在理论上预设了人性恶，礼乐道德并不内在于人性之中。荀子说："礼者，断长续短，损有余，补不足，达爱敬之文，而滋成行义之美者也。"（《荀子·礼论》）荀子这里所说的长短、有余不足，都是指人的本性有所

---

① 王夫之：《周易外传》卷二《贲》，中华书局1962年版，第43页。

欠缺，因而需要礼进行调节、矫正，以达到"义之美者也"。荀子又说："起礼义，制法度，以矫饰人之情性而正之，以扰化人之情性而导之也。使皆出于治，合于道者也。"（《荀子·性恶》）

由此可见，"以礼成性"或"以礼坊性"是以儒学当中的性善或性恶为前提的两种看法。在宋代以前，儒学对于人性的这两种看法，在历史上均有很大的影响。就儒家人性理论来看，虽然性善性恶看似对立，但如果将人性与礼的规范结合起来，无论礼是人性本来所固有，还是礼源自外在的规范，最终的结果是殊途同归，通过礼的教化与规范，人都会在道德层次上有很大的提升，成为君子甚至圣人。当然，如果解释了礼本来就是人性所固有，同时又能够兼顾说明现实当中人性表现出来的诸种恶，那么就可以更好地解释礼存在的必要性与意义，同时也能提升礼的价值。

张载对于道学的一个重要贡献就是在坚持儒家性善的基础之上区分了天命之性与气质之性。这在理论上根本解决了儒学的基本信念人性本善与礼仪教化的必要性，成为道学关于人性的一个基本的理论预设。

张载对《论语》"礼后"章的解释：

> 礼因物取称，或文或质，居物之后而不可常也。他人之才未美，故宜饰之以文，庄姜才甚美，故宜素以为绚。……礼之用不必只以文为饰，但各物上各取其称。文太甚则反素，若衣锦尚絅，礼太甚则尚质，如祭天扫地。绘事以言其饰也，素以言其质也。素不必白，但五色未有文者皆曰素，犹人言素地也，素地所以施绘。子夏便解夫子之意，曰"礼后乎"，礼所以为饰者也。①

很显然，前引朱子的解释与张载这里的解释基本是一致的，尽管朱子对张载的解释还有很多批评。张载对于"成性"的理解，是以性善为前提的。成性，就是成全、显示人的善良光辉的本性，也就是成为圣人。张载主张以礼成性，这是因为人性本善，礼本身内在于人性，因此通过礼才可以扩充、彰显人的本性。

张载关于"成性"的思想，也是通过对《周易》的解释表达出来的。《系辞》说："一阴一阳之谓道，继之者善也，成之者性也"，张载解

---

① 张载：《语录下》，《张载集》，第333—334页；另参见《正蒙·乐器篇》。

释道：

> 一阴一阳是道也，能继继体而不已者，善也。善，犹言能继此者也；其成就之者，则必俟见性，是之谓圣。仁者不已其仁，姑谓之仁；知者不已其知，姑谓之知；是谓致曲，曲能有诚也，诚则有变，必仁知会合乃为圣人也。所谓圣人也，于一节上成性也。①
>
> 性未成则善恶混，故亹亹而继善者斯为善矣。恶尽去则善因以成，故舍曰善而曰"成之者性"。②

礼通过表现为各种仪节、规矩，对人的气质之性起到了纠偏、扶正的作用，这样既克服了人的气质之性，同时也使人本然的善性即"天命之性"完美地彰显出来。如张载所说："拂去旧日所为，使动作皆中礼，则气质自然全好。"③ 张载对于礼的这种认识也是通过对大《易》的领悟而阐释出的。张载说："礼即天地之德也"，又说："礼者圣人之成法也，除了礼天下更无道矣"④。具体来说，《周易·乾》卦从初九至九五，"潜龙勿用""见龙在田""或跃在渊"直至"飞龙在天"这一过程，张载认为也就是成性的过程。至九五"飞龙在天，利见大人"，张载认为"乃大人造位天德，成性跻圣者尔"⑤。从初九至上九的发展过程中，"时"是关键的因素。如颜回未成性，是为潜龙，"盖以其德其时则须当潜"。"九二、九三、九四至上九，皆是时也。九四曰：'上下无常，非为邪也。进退无恒，非离群也。君子进德修业，欲及时也。'此时可上可下，可进可退，'非为邪也'，即是直也。……位天德，大人成性也。九三、九四大体相似，此二时处危难之大，圣人则事天爱民，不恤其他，诞先登于岸。九五'大人造也'，造，成就也，或谓造为至义亦可。大人成性则圣化，化则纯是天德也"⑥。《易》本来反映的就是天地阴阳的运行以及万物的化生，在这种天地自然的变化运行中体现出来的正是礼，张载通过对《周易》

---

① 张载：《横渠易说·系辞上》，《张载集》，第187页。
② 同上书，第187—188页。
③ 张载：《经学理窟·气质》，《张载集》，第265页。
④ 张载：《经学理窟·礼乐》，《张载集》，第264页。
⑤ 张载：《横渠易说·上经·乾》，《张载集》，第71页。
⑥ 同上书，第75—76页。

的阐释而将礼提升到如此的高度，正如余敦康先生说："在儒学史上，把儒家所服膺之礼提到天道性命的哲学高度进行系统的论证，从而为礼学奠定了一个坚实的理论基础，应以张载为第一人。"① 这是从哲学史的角度对张载礼学思想的评价，但就其思想本身来说，正因为礼是大易的体现，是"天地之德"，这才从根本上保证了礼源于纯然至善的"天命之性"，从而也保证了以礼成性的必然性。

在知礼成性方面，张载的弟子吕大临继承了关学"知礼成性、变化气质"的思路，与张载的看法是一致的。吕大临注解的《礼记解》基本保存至今，我们可以从中看到，他比张载更详细地解释了知礼成性，因此我们把吕大临的这一思想放在这里一并讨论。

一方面，吕大临也坚持认为人性本善。"性与天道一也，天道降而在人，故谓之性。性者，生生之所固有也。"② 人性在本然上就是天道在人身上的体现，所以人性必然是善的。吕大临说："人性均善，其以同然理义而已。"③

另一方面，吕大临又认为，人在现实世界当中由于受到各种外在因素的影响、制约，不可避免地使人的天然本性受到遮蔽，"私意"有时会胜了天性。这就成为礼或"节"存在的前提。吕大临说：

> 性与天道，本无有异，但人虽受天地之中以生，而梏于蠢然之形体，常有私意小知，挠乎其间，故与天地不相似，所发遂至于出入不齐，而不中节，如使所得于天者不丧，则何患不中节乎？④

由此可见，吕大临对于人性的看法与张载是完全相同的。在关学区分了性的"天命之性"与"气质之性"的前提之下，礼作为外在的仪节，它存在的必要性与意义究竟在哪里？在这个问题上，吕大临依然本其师说，坚决认为，礼的最终的本源就在于人的本性当中。他说：

> 道虽本于天，行之者在人而已。妙道精义，常存乎君臣、父子、

---

① 余敦康：《内圣外王的贯通——北宋易学的现代阐释》，第348—349页。
② 吕大临：《礼记解·中庸》，《蓝田吕氏遗著辑校》，第271页。
③ 吕大临：《论语解·阳货》，《蓝田吕氏遗著辑校》，第463页。
④ 吕大临：《礼记解·中庸》，《蓝田吕氏遗著辑校》，第271页。

夫妇、朋友之间，不离乎交际、酬酢、应对之末，皆人心之所同然，未有不出于天者也。①

君臣、父子、长幼、夫妇之伦，吾性之所固有也。君子之所以学，先王之所以教，一出于是而已。故舜明于庶物，察于人伦，三代之学，皆所以明人伦也。人伦之大分，谓之"经"，其屈伸、进退、周旋、曲折之变，谓之"纪"。大德敦化，经也；小德川流，纪也。礼仪三百，经也；威仪三千，纪也。②

循性而行，无物挠之，虽无不中节，然人禀于天者，不能无厚薄昏明，则应于物者，亦不能无小过小不及，故"喜斯陶，陶斯咏，咏斯犹，犹斯舞，舞斯愠，愠斯戚，戚斯叹，叹斯辟，辟斯踊矣。品节斯，斯之谓礼。"③

兼天下而体之之谓"仁"，理之所当然之谓"义"，由仁义而之焉之谓"道"，有仁义于己之谓"德"，节文乎仁义之谓"礼"。仁、义、道、德，皆其性之所固有，本于是而行之，虽不中不远矣。④

从这几段引文当中可以清楚地看到，吕大临认为，礼作为"节文"，对于现实世界中人的气质之性起到了一种规劝、引导与匡正的作用，这是礼的现实功能，但由于礼的终极依据在天，在人的天命之性当中，因此，礼与法就完全不同，它在帮助人去掉气质之性的遮蔽，恢复人纯然至善的本性方面，就是极其自然、顺当的。也就是说，礼不是作为外在的强制规范来制约人，而是作为一种源自于人的本性当中的规范来引导人、规劝人。这就是张载及其关学对于"以礼成性"的基本看法。

"以礼成性"是张载及其关学的基本主张，除此之外，他们有时还说"以礼持性""以礼养性"。例如，张载说"以礼持性"：

礼所以持性，盖本出于性，持性，反本也。凡未成性，须礼以持之，能守礼已不畔道矣。⑤

---

① 吕大临：《礼记解·中庸》，《蓝田吕氏遗著辑校》，第281—282页。
② 吕大临：《礼记解·燕义》，《蓝田吕氏遗著辑校》，第411页。
③ 吕大临：《礼记解·中庸》，《蓝田吕氏遗著辑校》，第272页。
④ 吕大临：《礼记解·曲礼上》，《蓝田吕氏遗著辑校》，第191页。
⑤ 张载：《经学理窟·礼乐》，《张载集》，第264页。

立本既正，然后修持。修持之道，既须虚心，又须得礼，内外发明，此合内外之道也。①

张载和吕大临都说"以礼养性"：

学者且须观礼，盖礼者滋养人德性，又使人有常业，守得定，又可学便可行，又可集得义。养浩然之气须是集义，集义然后可以得浩然之气。严正刚大，必须得礼上下得。②

夫先王制礼，岂苟为繁文末节，使人难行哉？亦曰"以善养人而已"。盖君子之于天下，必无所不中节，然后成德，必力行而后有功。其四肢欲安佚也，苟恭敬之心不胜，则怠惰傲慢之气生；怠惰傲慢之气生，则动容周旋不能中乎节，体虽佚而心亦为之不安；于其所不安，则手足不知其所措，故放辟邪侈，逾分犯上，将无所不至，天下之乱自此始矣。圣人忧之，故常谨于繁文末节，以养人于无所事之时，使其习之而不惮烦，则不逊之行，亦无自而作，至于久而安之，则非法不行，无所往而非义矣。君子敬以直内，义以方外，敬义立而德不孤，则不疑其所行矣。故发而不中节者，常生乎不敬，所存乎内者敬，则所以形乎外者庄矣，内外交修，则发乎事者中矣。③

张载、吕大临在这里所说的"持性""养性"，与前文所说的"成性"意思是一样的，而且意思更为明确，如张载说的"持性，反本也"，吕大临说的礼"善养人而已"，都是对"以礼成性"的进一步说明与补充。另外，《大戴礼记·礼察》篇曾指出："礼者禁于将然之前，而法者禁于已然之后"，这是前人对于礼的实际功能的一个很有影响的说法。吕大临进一步解释说：

事豫则立，不豫则废，先王之制礼，以善养人于无事之际，多为

---

① 张载：《经学理窟·气质》，《张载集》，第270页。
② 张载：《经学理窟·学大原上》，《张载集》，第279页。
③ 吕大临：《礼记解·射义》，《蓝田吕氏遗著辑校》，第400页。

升降之文，酬酢之节，宾主有司不可胜行之忧，先王未之有改者，盖以养其德意，使之安于是而不惮也。故不安于偷惰，而安于行礼，不耻于相下，而耻于无礼，则忿争之心，暴慢之气，无所从而作，此天下之乱所以止于未萌也。①

吕大临在这里说的依然还是"以礼养性"的看法，但同时这也解释了过去所说的礼与法有"将然""已然"的区分。根据吕大临的解释，礼之所以可以禁恶于"将然之前"，将乱"止于未萌"，根本的原因还是在于礼的本质是上达于天道的。正因如此，无论是礼的"成性"，还是"持性"或"养性"，都是消除因人的气质之性而产生的对人天性的遮蔽，彰显人本然的善性，最终达到成圣成贤的目的。这也是传统儒学以及宋代道学的最终目的。张载对于礼与人性关系的深度解释，不但最终回归到儒学的主题上来，而且作出了完美的解释。张载是北宋时期道学形成过程中的一位重要奠基者，他将人性区分为"天命之性"与"气质之性"，克服了先秦时期"以生论性"的思想，因此张载说："以生为性，既不通昼夜之道，且人与物等，故告子之妄不可不诋"②，这样就在根本上确立了性善论在道学中的主导地位。同时，张载的思想又深深地根植于传统儒学当中，重礼是张载及其关学的重要特征，张载对于礼与人性关系的探讨，对"以礼成性"的阐释，非常典型地体现了关学的这个特征。张载的这个贡献，既奠定了他在儒学以及道学发展史上的地位，同时也成为宋代礼学思想当中的重要内容，是我们理解理学与礼学互动关系的一个非常典型的例证。

四 变化气质

在中国古代历史上，从魏晋以来，由于政治动荡、社会变迁而致古礼沦丧，世风衰败，张载生活的关中地区在唐末五代以来的政治动荡中更是经受了残酷的打击，礼文衰败尤其严重。宋代儒学的复兴，不但要在义理方面反对佛老，收拾人心，而且还要在社会层面全面振兴礼教。前文曾经指出，儒家礼教的衰微，不但有社会变革带来的古礼的衰落，还有佛老的

---

① 吕大临：《礼记解·射义》，《蓝田吕氏遗著辑校》，第415页。
② 张载：《正蒙·诚明》，《张载集》，第22页。

礼仪大量渗入从帝王至民间的社会生活当中。如果我们认为礼是儒学的本质特征，那么，儒学的真正、全面振兴需要从社会层面进行礼仪的全面"再儒家化"，北宋时期著名的儒家学者大都认识到了这一点，其中以关中的张载最为著名。张载曾说："古人凡礼，讲修已定，家家行之，皆得如此。今无定制，每家各定，此所谓家殊俗也。至如朝廷之礼，皆不中节。"① 张载作为道学的奠基者之一，不但在儒学义理方面对宋代的新儒学作出了重要的贡献，更为重要的是，他在理论上主张"以礼立教"，而且还将"躬行礼教"贯彻到讲学以及日常生活当中。吕大临《行状》记载：

> 近世丧祭无法，丧惟致隆三年，自期以下，未始有衰麻之变；祭先之礼，一用流俗节序，燕亵不严。先生继遭期功之丧，始治丧服，轻重如礼；家祭始行四时之荐，曲尽诚洁。闻者始或疑笑，终乃信而从之，一变从古者甚众，皆先生倡之。②

张载在关中恢复古礼，"躬行礼教"，是受到同时学者认可的。二程曾指出："关中学者正礼文，乃一时之事尔。必也修身立教，然后风化及乎后世。"③ 谢良佐曾指出："横渠教人，以礼为先。大要欲得正容谨节。其意谓世人汗漫无守，便当以礼为地，教他就上面做功夫。"（《上蔡语录》卷一，文渊阁四库全书本）张载也说："关中学者，用礼渐成俗。"④ 张载及其开创的关学在关中地区复兴古礼，振兴礼俗，使整个关中地区的社会风气有了很大的改变。这其实也就是张载在讲学的时候极力推行的"变化气质"。张载说：

> 某所以使学者先学礼者，只为学礼则便除去了世俗一副当世习熟缠绕。譬之延蔓之物，解缠绕即上去，上去即是理明矣，又何求！苟能除去了一副当世习，便自然脱洒也。又学礼则可以守得定。⑤

---

① 《河南程氏遗书》卷十《洛阳议论》，《二程集》，第113页。
② 《张载集》，第383页。
③ 《河南程氏粹言》卷一，《二程集》，第1221页。
④ 《河南程氏遗书》卷十《洛阳议论》，《二程集》，第114页。
⑤ 张载：《语录下》，《张载集》，第330页。

多闻见适足以长小人之气。"君子庄敬日强",始则须拳拳服膺,出于牵勉,至于中礼却从容,如此方是为己之学。《乡党》说孔子之形色之谨亦是敬,此皆变化气质之道也。①

《论语·乡党》篇主要记载的是孔子的日常生活仪式。全篇虽然文辞古奥,但并没有什么太多义理可言,可正是这一篇却受到宋代道学家的共同推崇。二程认为,"《乡党》分明画出一个圣人出"。② 张载也推崇《乡党》,但他与二程对《乡党》篇的理解稍有不同。二程是将《乡党》篇的洒扫应对作为体认天理的途径,而张载则主要是认为《乡党》篇所说的洒扫应对的礼仪实践是"变化气质之道"。张载又说:"世儒之学,正惟洒扫应对便是,从基本一节节实行去,然后制度文章从此而出。"③

程颐评价张载"道尽高,言尽醇,自孟子后儒者,都无他见识",这是从义理的角度来说的,但同时又说"子厚谨严,才谨严,便有迫切气象,无宽舒之气"。④ 张载及关中学者以躬行礼教为践履,严肃刻板有余而宽舒洒脱不足,也是能够理解的。

张载认为学礼可以做到变化气质,除了学习《乡党》篇中的孔子,从日常生活中的洒扫应对开始之外,张载还按照传统儒家"博文约礼"的要求,特别重视读书。张载在《正蒙·大心》篇中曾说:"德性之知,不萌于见闻",张载重德性之知而轻闻见之知,这是非常典型的理学家的看法。但是,张载同时又认为,读书也是变化气质的重要途径与方式。他说:

> 夫屈者所以求伸也,勤学所以修身也,博文所以崇德也,惟博文则可以力致。人平居又不可以全无思虑,须是考前言往行,观昔人制节,如此以行其事而已,故动焉而无不中理。⑤

博文约礼,由至著入至简,故可使不得叛而去。温故知新,多识前言往行以畜德,绎旧业而知新益,思昔未至而今至,缘旧所见闻而

---

① 张载:《经学理窟·气质》,《张载集》,第269页。
② 《河南程氏遗书》卷二十二上,《二程集》,第294页。
③ 张载:《经学理窟·学大原下》,《张载集》,第288页。
④ 《河南程氏遗书》卷十八,《二程集》,第196页。
⑤ 张载:《经学理窟·气质》,《张载集》,第269—270页。

察来，皆其义也。①

经籍亦需记得，虽有尧舜之智，唫而不言，不如声盲之指麾。故记得便说得，说得便行得，故始学亦不可无记诵。②

张载还讲他自己二十年来读《中庸》"每观每有义"，并认为"六经循环，年欲一观"③，"故唯六经则须着循环，能使昼夜不息，理会得六七年，则自无可得看"。④ 张载强调读的当然是儒家经典，对于其他书，则未必如此用心。他曾说过："观书且勿观史"，"医书虽圣人存此，亦不须大段学，不会亦不甚害事"，"如文集文选之类，看得数篇无所取，便可放下，如《道藏》《释典》，不看亦无害"。⑤

张载重视读书，读书重视记诵，这与二程适成对比。二程认为"记诵博识为玩物丧志"⑥。二程弟子谢良佐曾"录《五经》语录作一册，伯淳见，谓曰：'玩物丧志。'"⑦ 以"记诵博识为玩物丧志"更多应是程颢的看法，程颐对"博学多识"还是有所肯定⑧，但是整体上，二程洛学更加重视通过静坐等形式对义理的涵咏，他们主张"涵养须用敬，进学则在致知"，这与关学重视礼学、读书以求理的笃实的风气还是有根本的区别。后来王夫之在注解《正蒙》的时候，着力强调闻见之知，也可以说是对张载思想当中这一方面内容的有意发掘。

五 以礼立教的政治哲学

在儒家的思想文化传统中，礼不仅是一些仪节、制度，而且从更广阔的社会文化来看，礼还标示着社会秩序。在北宋儒学复兴、重建社会秩序的潮流中，"复二帝三代"是儒学的政治理想。同时，北宋政权自建立之初就面临着国内的经济、军事以及边患等一系列严重的社会问题。不论是从北宋儒学发展的角度来看，还是在道学的系谱当中，张载对于社会政治

---

① 张载：《正蒙·中正篇》，《张载集》，第30页。
② 张载：《经学理窟·义理》，《张载集》，第277页。
③ 同上。
④ 同上书，第278页。
⑤ 同上书，第276、278页。
⑥ 《河南程氏遗书》卷三，《二程集》，第60页。
⑦ 《河南程氏外书》卷十二，《二程集》，第427页。
⑧ 参见《河南程氏遗书》卷十八，《二程集》，第209页。

问题的关注，都是非常突出的。二程和张载有一段对话：

> 子谓子厚曰："关中之士，语学而及政，论政而及礼乐兵刑之学，庶几善学者。"子厚曰："如其诚然，则志不大为名，亦知学贵于有用也。学古道以待今，则后世之谬，不必屑屑而难之，举而措之可也。"①

程颐又说："某接人，治经论道者亦甚多，肯言及治体者，诚未有如子厚。"②

张载及关中学者对于礼学的关注主要是为了与当世的政治改革相结合。因此我们研究张载的礼学，不能不提到张载的政治主张与政治哲学。吕大临《行状》里对张载的政治主张有一段集中的叙述：

> 先生慨然有意三代之治，望道而欲见。论治人先务，未始不以经界为急，讲求法制，粲然备具，要之可以行于今，如有用我者，举而措之尔。尝曰："仁政必自经界始。贫富不均，教养无法，虽欲言治，皆苟而已。世之病难行者，未始不以亟夺富人之田为辞，然兹法之行，悦之者众，苟处之有术，期以数年，不刑一人而可复，所病者特上未知行尔。"乃言曰："纵不能行之天下，犹可验之一乡。"方与学者议古之法，共买田一方，画为数井，上不失公家之赋役，退以其私正经界，分宅里，立敛法，广储蓄，兴学校，成礼俗，救菑恤患，敦本抑末，足以推先王之遗法，明当今之可行。此皆有志未就。③

司马光又说张载平生用心之处在于"复三代之礼者也，汉魏以下盖不足法"④，也是对张载政治思想非常精确的概括。熙宁初年是一"合变时节"⑤，"神宗方一新百度，思得才哲士谋之，召见，问治道。对曰：'为政不法三代者，终苟道也。'"（《宋史·道学传一·张载传》）张载与

---

① 《河南程氏粹言》卷一，《二程集》，第1196页。
② 《河南程氏遗书》卷十，《二程集》，第110页。
③ 《张载集》，第384页。
④ 司马光：《论谥书》，见《张载集》，第387页。
⑤ 黎靖德编：《朱子语类》卷一百三十，第3097页。

当时大多数儒家士大夫的看法一样，认为政治变革的方向是恢复三代。在张载看来，所谓"三代之治"的基础，其实就是指礼乐制度，所以张载认为治国要"以礼乐为急"①。

正如前文所指出的，张载的礼学是蕴含在他的易学研究当中的。张载的政治哲学思想首先也蕴含在他的易学思想当中。自汉代以来易学就认为易有三义：简易、变易、不易。其中变易是《易》的最本质的含义。《周易》其实就是一种讲变易的哲学。同时，贯穿在《周易》各种爻位变化当中的是儒家的时中观念。《易传》里面一种重要的思想就是时中。因此，整体上，易学的变易思想是符合时中的适时而变。这不仅是一种思想，更是一种智慧了。

张载主张要适时而变。他说：

> 乾坤交通，因约裁其化而指别之，则名体各殊，故谓之变。推行其变，尽利而不遗，可谓通矣；举尽利之道而错诸天下之民以行其典礼，《易》之事业也。②

> 鸿荒之世，食足而用未备，尧舜而下，通其变而教之也。神而化之，使民不知所以然，运之无形以通其变，不顿革之，欲民宜之也。大抵立法须是过人者乃能之，若常人安能立法！凡变法须是通，"通其变使民不倦"，岂有圣人变法而不通也？③

张载认为《易》之事业就是"变通"，真可谓抓住了《周易》的本质，而且也完全符合时代的主题。因此，张载在思想上是倾向于认同、理解主张变革的王安石一派的。

张载针对北宋社会所面临的各种问题，提出的主张是要以《周礼》为指导，全面实行周礼当中的井田、封建、宗法制度。他曾指出：

> 学得《周礼》，他日有为却做得些实事。以某且求必复田制，只得一邑用法。若许试其所学，则《周礼》田中之制皆可举行，使民

---

① 张载：《语录中》，《张载集》，第317页。
② 张载：《横渠易说·系辞上》，《张载集》，第206—207页。
③ 张载：《横渠易说·系辞下》，《张载集》，第212页。

相趋如骨肉，上之人保之如赤子，谋人如己，谋众如家，则民自信。①

井田卒归于封建乃定。……所以必要封建者，天下之事，分得简则治之精，不简则不精，故圣人必以天下分之于人，则事无不治者。圣人立法，必计后世子孙，使周公当轴，虽揽天下之政，治之必精，后世安得如此！且为天下者，奚为纷纷必亲天下之事？今便封建，不肖者复逐之，有何害？岂有以天下之势不能正一百里之国，使诸侯得以交结以乱天下！自非朝廷大不能治，安得如此？而后世乃谓秦不封建为得策，此不知圣人之意也。②

管摄天下人心，收宗族，厚风俗，使人不忘本，须是明谱系世族与立宗子法。宗法不立，则人不知统系来处。③

从儒学的原则立场来看，张载的政治理想以《周礼》为蓝图，与王安石的变法原则并无大的冲突，他甚至还说："世学不明千五百年，大丞相言之于书，吾辈治之于己，圣人之言庶可期乎！"④ 对王安石及其新法充满了期许。在今存张载的文集资料中，也很少能够看到张载对王安石及新政的激烈批评。在《经学理窟》中，仅有一条资料涉及新法：

一市之博，百步之地可容万人，四方必有屋，市官皆居之，所以平物价，收滞货，禁争讼，是决不可阙。故市易之政，非官专欲取利，亦所以为民。百货亦有全不售时，亦有不可买时，官则出而卖之，官亦不失取利，民亦不失通其所滞而应其所急。故市易之政，止一市官之事耳，非王政之事也。⑤

这里明显是针对王安石新法之市易法而言的。张载认为，市易法虽然不是实现王政的根本，但是在现实当中也有一定的可取之处。从整体上来说，张载与当时的政治反对派司马光、二程等人不同，他对王安石新法予

---

① 张载：《经学理窟·学大原上》，《张载集》，第282页。
② 张载：《经学理窟·周礼》，《张载集》，第252页。
③ 张载：《经学理窟·宗法》，《张载集》，第258—259页。
④ 张载：《语录中》，《张载集》，第323页。
⑤ 张载：《经学理窟·周礼》，《张载集》，第249页。

以了更多的理解，这与他"时措之宜便是礼"的主张也是一贯的。当然，在具体的变法主张方面，张载也在很多方面并不同意王安石新法，"所语多不合"①。

张载肯定《周礼》所规划的政治原则，因此他赞同恢复井田、封建以及宗法等各项制度。他说："周道止是均平。"②"均平"既是张载理解的《周礼》的精神，同时也是张载的最高社会政治理想。所谓"均平"，其实就是亲亲与尊尊，秩序与和谐有机且完美的结合。张载说：

> "亲亲尊尊"，又曰"亲亲尊贤"，义虽各施，然而亲均则尊其尊，尊均则亲其亲为可矣。若亲均尊均，则齿不可以不先，此施于有亲者不疑。若尊贤之等，则于亲尊之杀必有权而后行。急亲贤为尧舜之道，然则亲之贤者得之于疏之贤者为必然。③

《礼记·丧服小记》说："亲亲、尊尊、长长、男女之有别，人道之大者也。"王国维曾经据此指出，周礼的精义是"尊尊、亲亲、贤贤、男女有别四者之结体"，"然尊尊、亲亲、贤贤，此三者治天下之通义也"。④亲亲、尊尊、贤贤的结合，就是周礼的完美体现。在这里，亲亲代表了宗法血缘关系，尊尊则是政统。贤代表了知识与道德，它也是礼所包含的一个层面。《中庸》说："亲亲之杀，尊贤之等，礼所生也。"贤贤的传统发展到后来就是道统。亲亲、尊尊、贤贤或长长的相维相异，亲统、政统与道统的结合，是西周礼治形成的中国古代政治的精神，也是后世儒家政治理念的核心内容。

《礼记·表记》篇记载：

> 子曰："夏道尊命，事鬼敬神而远之，近人而忠焉，先禄而后威，先赏而后罚，亲而不尊。其民之敝，蠢而愚，乔而野，朴而不文。殷人尊神，率民以事神，先鬼而后礼，先罚而后赏，尊而不亲。其民之敝，荡而不静，胜而无耻。周人尊礼尚施，事鬼敬神而远之，

---

① 吕大临：《横渠先生行状》，《张载集》，第382—383页。
② 张载：《经学理窟·周礼》，《张载集》，第248页。
③ 张载：《正蒙·乐器篇》，《张载集》，第58页。
④ 王国维：《观堂集林》卷十《殷周制度论》，中华书局1959年版，第477、472页。

近人而忠焉，其赏罚用爵列，亲而不尊。其民之敝，利而巧，文而不惭，贼而蔽。"

据《表记》篇，孔子还对虞夏商周四代的礼乐制度有进一步的比较，认为："虞夏之质，殷周之文，至矣。虞夏之文不胜其质，殷周之质不胜其文。"孔子在经过了比较以后认为："后世虽有作者，虞帝弗可及也已矣。君天下，生无私，死不厚其子，子民如父母，有憯怛之爱，有忠利之教，亲而尊，安而敬，威而爱，富而有礼，惠而能散。其君子尊仁畏义，耻费轻实，忠而不犯，义而顺，文而静，宽而有辨。"

又据《表记》，在现实生活当中亲与尊也各有偏重，如母亲而不尊，父尊而不亲；水亲而不尊，火尊而不亲；土亲而不尊，天尊而不亲，等等。历史的发展也是如此。三代在文质、亲尊方面也是各有所偏，夏道尊命，殷人尊神，周人尊礼，这种说法在某种程度上也符合历史文化演进的实际。《表记》篇最终认为虞礼将文质亲尊各方面最好地结合起来，这一方面是顺从了《论语》中孔子对尧舜的推崇，同时也是提出了一种文化价值理想，即礼的文质与亲亲尊尊完美地协调起来，因此我们不必将《表记》所说的孔子言论完全看成是一种复古的历史观。张载说："观《虞书》礼乐大备，然则礼乐之盛直自虞以来。"① 张载对虞舜时期礼乐的推崇，也应从这个角度来理解。张载的弟子吕大临所著《礼记解》对《表记》这一段的解释是：

> 三代之道，或亲而不尊，或尊而不亲，不免流于一偏，故其终不能无敝。若虞帝则子民如父母，有母之亲，故有憯怛之爱；有父之尊，故有忠利之教。……故尊亲之道，一主于德，并行而不废，则天下莫不尊亲矣。②

结合吕大临的解释我们可以看出，张载推崇虞舜时期的礼乐，正是因为它将礼的亲亲与尊尊结合在一起，并且避免了亲亲、尊尊的偏重而产生的弊端。这也正是张载"均平"的政治理想。在张载著名的《西铭》篇

---

① 张载：《语录上》，《张载集》，第312页。
② 吕大临：《礼记解·表记》，《蓝田吕氏遗著辑校》，第326—327页。

中，也集中反映了他的这种政治主张。

《西铭》全文仅有二百五十余字，且字字有来历，均出自儒家典籍，但是张载把它们集汇在一起，却完整地表达了自己的哲学思想与政治理念，受到理学各派的共同推崇，成为理学史上得到公认的几篇经典文献之一。关于《西铭》篇的主旨，程颐、朱熹等理学家认为是"理一分殊"，也有人认为是宗法模型的体现①。无论从哲学方面如何解释《西铭》，无可否认的是，张载是以宗法家族的形式表达了他的社会理想。张载说：

> 大君者，吾父母宗子；其大臣，宗子之家相也。尊高年，所以长其长；慈孤弱，所以幼吾幼。圣其合德，贤其秀也。凡天下疲癃残疾、独悖鳏寡，皆吾兄弟之颠连而无告者也。②

张载设想的这种"乾称父，坤称母"的天下为一家的政治理想，就是他所理解的周礼的"均平"。这与他的易学哲学也是相通的。张载在解释《周易》时体会到了天地的公正无私，如他说："如天地无私，则于道不离，然遗物而独化，又过乎大中之表也。"③ 这也就是"中正"："中正然后贯天下之道，此君子之所以大居正也。"④ 张载说的"中正"也来源于对《易传》的解释，这成为他解释《周礼》"均平"的哲学依据。另外，张载解释《论语》"三十而立"章时也说："三十器于礼，非强立之谓也；……七十与天同德，不思不勉，从容中道。"⑤ 无论是"中正"还是"中道"，都来源于传统儒家思想，尤其是易学哲学思想，张载将这些传统思想与礼学结合起来，将易学与礼学打通，因此张载说的"均平"，不仅是周礼传统中亲亲、尊尊与贤贤的有机结合，而且更是大易的中正、中道原则在人类社会中的体现。张载与王安石一样，都尊奉《周礼》，但不同的是，王安石对于《周礼》的理解比较实用，他看重的是《周礼》当中关于"理财"的设计与规定，并由此而引导出一系列的社会变革政

---

① 参见何炳棣《儒家宗法模式的宇宙本体论——从张载的〈西铭〉谈起》，《哲学研究》1998年第12期。
② 张载：《正蒙·乾称篇》，《张载集》，第62页。
③ 张载：《横渠易说·系辞上》，《张载集》，第185页。
④ 张载：《正蒙·中正篇》，《张载集》，第26页。
⑤ 张载：《正蒙·三十篇》，《张载集》，第40页。

策，因此，王安石是从现实政治的实际需要来理解并利用《周礼》的。与王安石相比，张载对于《周礼》的理解带有更多的理想色彩。张载主张依据《周礼》对社会进行全面的改革。在政治方面，张载主张实现封建，在经济领域，主张恢复井田制，在更大的社会范围内，主张实行宗法。从这些主张来看，张载对《周礼》是全面的肯定。前文曾经指出，面对北宋社会所出现的种种社会问题，张载依据《周礼》而提出的改革设想都是针对具体的社会问题的，也都具有深刻的理论意义，但由于张载只是一位纯粹的学者，因此他的全面复古的主张也仅是一种理论设想，在当时是毫无实行的可能的。例如反对意见集中的井田制，朱熹曾说："讲学时，且恁讲。若欲行之，须有机会。经大乱之后，天下无人，田尽归官，方可给与民。"[1] 朱子的看法是很清醒的。"大乱之后，天下无人"，这样的局面在历史上出现的可能性有多大？因此，如果仅从《周礼》中推导出的社会主张来看，张载的主张更为全面，更为激进，但这些看法也只是讲学时的见解，在现实中是毫无可能实行的。因此，我们对于张载"均平"的政治哲学，也仅能从理论上加以分析，以显示它在宋代儒学发展过程中的理论价值与意义。

第五节 吕大临的《礼记解》与宋代理学的发展

张载所创立的关学曾经兴盛一时，全祖望就曾指出："关学之盛，不下洛学"[2]，但张载之后，其传人则寥寥。明代冯从吾《关学编》也仅列有张戬、吕大忠、吕大钧、吕大临、苏昞、范育、侯仲良等七人。张载关学的衰微有其学术自身的原因，也有社会、政治局势的变迁等外在原因，如全祖望所说的"完颜之乱"，或如王夫之所指出的："当时巨公耆儒如富、文、司马诸公，张子皆以素位隐居而未由相为羽翼，是以其道之行，曾不得与邵康节之数学相与颉颃，而世之信从者寡"[3]，都值得深入探讨。关学衰微的一个重要原因，或一个主要表征，就是三吕在张载去世后转而投向二程求学，由此造成了关学学统的式微甚至中绝。

---

[1] 黎靖德编：《朱子语类》卷九十八，第2530页。
[2] 《宋元学案》卷三十一《吕范诸儒学案》，中华书局1986年版，第1094页。
[3] 王夫之：《张子正蒙注·序论》，中华书局1975年版，第3页。

吕氏兄弟共有六人，"其五登科"（《宋史·吕大防传》），见于《宋史》记载的有吕大忠、吕大防、吕大钧、吕大临四人，其中大忠、大钧、大临是张载门人。张载于熙宁三年（1070）辞官回乡，在家乡横渠镇研究讲学，吕氏兄弟于此时"遂执弟子礼"（冯从吾：《少墟集》卷十九，文渊阁四库全书本），跟随张载学习，直至张载于熙宁十年（1077）去世。吕氏兄弟中尤以吕大临为代表，他是张戬之婿，后来又成为二程门下的"四先生"之一，逐渐"涵泳义理"，成为程门的传人[1]。吕大临的思想虽然在一些方面被洛学所同化了，但大临及吕氏兄弟依然保持了关学"躬行礼教"、重视礼学的传统，从这一点来说，又可将其视作关中礼学的延续。吕大临的重要著作《礼记解》就反映了其思想的这两个方面。《礼记解》不仅在宋代注解《礼记》的历史上具有很重要的地位，而且对于宋代理学的发展也产生了重要的影响。在《礼记解》一书中我们可以看到礼学与理学的冲突与互动，而这也正是研究宋代理学与传统礼学之间关系的一个非常有意义的范本。学者研究理学发展与吕大临的思想多重视《中庸解》，相对来说对《礼记解》一书则重视不够。本节欲在学界已有研究的基础之上，对《礼记解》与《中庸解》之间的关系、《礼记解》的诠释特色与影响以及《礼记解》书中涉及的几个重要哲学范畴，做进一步的疏解。

一　吕大临的《礼记解》与《中庸解》

吕大临"通《六经》，尤邃于《礼》。每欲掇习三代遗文旧制，令可行，不为空言以拂世骇俗"（《宋史·吕大防传》）。晁公武《郡斋读书志》说："与叔师事程正叔，礼学甚精博，《中庸》《大学》，尤所之致意也。"[2] 吕大临的学术特点是重视礼学，这与他从学张载有密切关系。吕大临从学张载是从熙宁三年至熙宁十年之间，据考证，这是吕大临三十一岁至三十八岁之间，这正是一个学者的思想趋于成熟、定型的时期，因

---

[1] 关于吕大临的生平，陈来的《吕大临〈中庸解〉简论》第一节"吕大临其人"，有较为详细的论述，可参看，见陈来主编《早期道学话语的形成与演变》，安徽教育出版社2007年版，第63—68页。这篇文章对吕大临生平的考证，比通行的陈俊民在《蓝田吕氏遗著辑校》中的考证有所推进。本书对吕大临年龄的推断，就是以此文的考证为准。

[2] 晁公武：《郡斋读书志》卷二，孙猛：《郡斋读书志校正》，上海古籍出版社1990年版，第80页。

此，从学张载对于吕大临的思想指向与学术旨趣有决定性的影响。即使在转学二程以后，尤致思于《学》《庸》义理，吕大临也依然保持了重视礼学的传统，正因此故，他在很多方面与二程并不相合，如程颐所说："吕与叔守横渠学甚固，每横渠无说处皆相从，才有说了，便不肯回。"① 程颐所指出的张载"有说"之处，在很多方面应该指张载的礼学思想。在这个方面，大临是严守关学传统的。因此之故，牟宗三先生甚至认为，严格来说吕大临"不能算是二程门人"②，更是突出了关学对吕大临的决定性影响。

吕大临的著作主要有《易章句》《礼记解》《论语解》《孟子解》《中庸解》等。其中最能反映吕大临礼学思想的是《礼记解》与《中庸解》。这二篇在宋代理学的发展历程上均有重要价值。

吕大临《礼记解》，也称作《芸阁礼记解》，《郡斋读书志》作四卷，陈振孙《直斋书录解题》作十六卷，并指出：

> 案《馆阁书目》作一卷，止有《表记》、《冠》、《昏》、《乡》、《射》、《燕》、《聘义》、《丧服四制》凡八篇。今又有《曲礼》上下、《中庸》、《缁衣》、《大学》、《儒行》、《深衣》、《投壶》八篇。此晦庵朱氏所传本，刻之临漳射垛书坊称《芸阁吕氏解》者，即其书也。③

卫湜曰：

> 蓝田吕与叔《礼记解》，《中兴馆阁书目》止一卷。今书坊所刊十卷，有《礼记》（当为《曲礼》）上下、《孔子闲居》、《中庸》、《缁衣》、《深衣》、《儒行》、《大学》八篇。④

《文献通考·经籍考八》也著录了《礼记解》十六卷，但朱彝尊《经

---

① 《河南程氏遗书》卷十九，《二程集》，第265页。
② 牟宗三：《心体与性体》中册，上海古籍出版社1999年版，第1页。
③ 陈振孙：《直斋书录解题》卷二，上海古籍出版社1987年版，第47页。
④ 朱彝尊：《经义考》卷一百四十一，《经义考新校》第六册，上海古籍出版社2010年版，第2614页。

义考》引《通考》作十卷。

由这些记载可见，通行的《礼记解》作十六卷，但有的本子作十卷甚至一卷。其中所收篇目，各家所见也不一致，有一卷八篇的本子，也有十卷八篇的本子，朱熹于临漳所刻的本子，应是所见最为全面的，有十六卷十六篇。卫湜所说的当时通行的十卷本，收有八篇，篇目比《馆阁书目》的一卷本和朱熹刻的十六卷本要少，但多了其他本子不见的《孔子闲居》一篇。

现在通行的陈俊民先生辑校的《蓝田吕氏遗著辑校》当中的《礼记解》，是在清末牛兆濂辑录的基础之上，从卫湜《礼记集说》中将其所引的《礼记解》全部辑出，除了朱熹本的十六篇和《孔子闲居》之外，还有《檀弓》上下、《王制》《曾子问》《郊特牲》《内则》《丧服小记》《大传》《乐记》《杂记》上下、《丧大记》《祭法》《服问》《问传》十五篇，总计三十二篇。《礼记》总共四十九篇，今三十二篇有解说，吕大临《礼记解》的全貌大概可见。但是，需要指出的是，据陈俊民先生的辑校，《礼记解》辑本各篇内容多少不一，多者如《曲礼》上下计有一百五十三则，《中庸》三十九则，《缁衣》二十三则，而且《曲礼》《中庸》《大学》《缁衣》《表记》等篇几乎是全文详解，但是朱熹本的十六篇和《孔子闲居》之外的其他十五篇的解说，总共才有二十则。这说明朱熹所刊刻的《芸阁礼记解》应是吕大临《礼记解》一书的主体内容，后来的十卷本当是在朱熹本基础之上的一个节选本。因此，以"礼家之渊海"著称的《礼记集说》①在称引《礼记解》的时候，自然也是收录了它的主体内容。

从吕大临重点解说的这十七篇来看，他重视的是礼的义理。根据刘向《别录》对《礼记》各篇的分类，《表记》《中庸》《缁衣》《大学》《儒行》《孔子闲居》属于"通论"，《冠义》《昏义》《乡饮酒义》《射义》《燕义》《聘义》属于"吉事"，但显然是在解释冠昏丧祭等各种礼仪的含义，所以这些篇与"通论"类似，都是重在解说礼的意义。吕大临首先重点解释这些篇章，自然反映出他的礼学研究取向。

吕大临说："先王制礼，其本出于君臣、父子、尊卑、长幼之间，其详见于仪章、度数、周旋、曲折之际，皆义理之所当然。故礼之所尊，尊

---

① 《四库全书总目提要》卷二《礼记集说》，第169页。

其义也。失其义，陈其数，祝史之事也。知其义，则虽先王未之有，可以义起也；不知其义，则陷于非礼之礼，非义之义，大人弗为也。"① 吕大临认为，古人制礼的根据是父子君臣之义，因此，研究礼，就是要注重礼的意义，而不能局限于繁琐的仪节考证之中。古礼虽然有三百、三千之多，但是最为根本和重要的礼仪，古人概括为六礼、八礼或九礼。《礼记·王制》说："六礼：冠、昏、丧、祭、乡、相见。"《礼运》篇引孔子之言曰："是故夫礼，必本于天，敩于地，列于鬼神，达于丧、祭、射、御、冠、昏、朝、聘。"《昏义》："夫礼始于冠，本于昏，重于丧、祭，尊于朝、聘，和于乡、射。此礼之大体也。"《大戴礼记·本命》："冠、昏、朝、聘、丧、祭、宾主、乡饮酒、军旅，此之谓九礼也。"其中，《礼运》篇的"射、御"即"射、乡"之误。② 由此看来，上引这些看法基本是一致的，都认为冠、昏、丧、祭、乡、射、朝、聘这几种礼仪最为根本。吕大临也认为，这几种礼仪为"天下之达礼"③，是表达社会关系的重要礼仪，他说：

> 君臣上下，父子兄弟，人之大伦，由礼而后定也，故冠、昏、丧、祭、乡、射、朝、聘，所以明人伦而已。④

吕大临还指出，礼有体有用。礼之体即"人伦之谓也"，礼之用即冠、昏、丧、祭、射、乡、朝、聘各种礼仪。"二者皆本于天，此礼之所由生也。"⑤ 吕大临认为，"礼之所尊，尊其义也"。重要的是要明白冠昏丧祭各种礼仪的意义，这样就可以达到"化民成俗"的目的了。⑥

由此可见，吕大临解说《礼记》，除了"通论"部分之外，重点注解了《冠义》《昏义》等篇，并非是随意选择，而是他的礼学思想的体现。胡寅说：

---

① 吕大临：《礼记解·冠义》，《蓝田吕氏遗著辑校》，中华书局1993年版，第382页。
② 邵懿辰说。参见顾颉刚《〈仪礼〉和〈逸礼〉的出现与邵懿辰考辨的评价——〈礼经通论〉序》，载《文史》第三十八辑，中华书局1994年版。
③ 吕大临：《礼记解·冠义》，《蓝田吕氏遗著辑校》，第382页。
④ 吕大临：《礼记解·曲礼上》，《蓝田吕氏遗著辑校》，第191页。
⑤ 吕大临：《礼记解·丧服四制》，《蓝田吕氏遗著辑校》，第419页。
⑥ 吕大临：《礼记解·乡饮酒义》，《蓝田吕氏遗著辑校》，第396页。

《礼记》多出于孔氏弟子，然必去吕不韦之《月令》及汉儒之《王制》，仍传集名儒，择冠、婚、丧、祭、燕飨、相见之经，与《曲礼》以类相从，然后可以为一书。若《大学》《中庸》，则《孟子》之伦也，不可附之《礼》篇。至于《学记》《乐记》《闲居》《燕居》《缁衣》《表记》，格言甚多，非《经解》、《儒行》之比，当以为《大学》《中庸》之次也。《礼运》《礼器》《玉藻》《郊特牲》之类，又其次也。①

《礼记》是战国至汉初儒家文献的汇编，其中各篇性质、内容不一，宋儒胡寅将《礼记》四十九篇分为几个层次，这种看法与吕大临很类似，可以当作吕大临对《礼记》总体看法的一个注解。

《宋史·艺文志》著录有吕大临《易章句》一卷，晁公武《郡斋读书志》作十卷，并说："其解甚略，有《统论》数篇"②。《经义考》卷二十一《易章句》下引晁公武曰，还说"无诠次，未完也"，又引董真卿曰"无诠次，未成之书也"。由此可知，现存吕大临重要的著作《易章句》是未完成之作。从朱熹刊刻的十六篇《礼记解》与后人辑录的《礼记解》各篇内容的对比来看，吕大临《礼记解》虽然体现了他的礼学思想以及对《礼记》的认识，但总体来说也应是一部未完成之作。

《宋史·艺文志》还收有吕大临《礼记传》十六卷，《经义考》著录，作"未见"，并引张萱曰："吕氏《礼记传》十六卷，今阙第三卷。宋淳熙中，朱晦庵刻之临漳学官。"③ 朱熹所刊刻的即通行的《礼记解》，因此《宋志》和《经义考》所著录的《礼记传》当为《礼记解》。

吕大临的重要作品还有《中庸解》。据朱彝尊《经义考》："吕氏大临《中庸解》一卷。存。疑即《二程全书》中所载本。"④ 又《中庸后解》一卷，今佚，但是《宋文鉴》收有吕大临的《中庸后解序》。另据《宋史·艺文志》，程颐、吕大临、游酢、杨时还撰有《四先生中庸解义》一卷，这应是吕大临从学二程以后的著作。尤袤《遂初堂书目》还有"吕

---

① 马端临：《文献通考》卷一百七十四《经籍考一》，中华书局 2011 年版，第 5202—5203 页。
② 晁公武：《郡斋读书志》卷一，孙猛：《郡斋读书志校正》，第 41 页。
③ 朱彝尊：《经义考》卷一百四十一，《经义考新校》第六册，第 2614 页。
④ 朱彝尊：《经义考》卷一百五十一，第 2786 页。

与叔《中庸再解》"(《遂初堂书目·礼类》,文渊阁四库全书本)。由于这些著述均已佚失,所以现在我们已经无从判定《中庸后解》与《中庸再解》之间的关系了。

从现存资料来看,吕大临关于《中庸》的著作主要是《中庸解》以及《礼记解》当中的《中庸解》。今收入《河南程氏经说》卷八的《中庸解》,前人已经指出就是吕大临的《中庸解》。胡宏《题吕与叔〈中庸解〉》:

> 靖康元年,河南门人河东侯仲良师圣自三山避乱来荆州,某兄弟得从之游。议论圣学,必以《中庸》为至。有张焘者,携所藏明道先生《中庸解》以示之,师圣笑曰:"何传之误!此吕与叔晚年所为也。"焘亦笑曰:"焘得之江涛家,其子弟云然。"……后十年,某兄弟奉亲南止衡山,大梁向沈又出所传明道先生《解》,有莹中陈公所记,亦云此书得之涛。某反复究观词气,大类横渠《正蒙》书,而与叔乃横渠门人之肖者。征往日师圣之言,信以今日己之所见,此书与叔所著无可疑明甚,惜乎莹中不知其详,而有疑于《行状》所载,觉斯人明之书,皆未及之语耳。虽然,道一而已,言之是,虽阳虎之言,孟轲氏犹有取焉,况与叔亦游河南之门,大本不异者乎?尊信诵习,不敢须臾忘,勇哉。①

朱熹也指出:

> 问:"《明道行状》谓未及著书,而今有了翁所跋《中庸》,何如?"曰:"了翁初得此书,亦疑《行状》所未尝载,后乃谓非明道不能为此。了翁之侄幾叟,龟山之婿也。翁移书曰:'近得一异书,吾侄不可不见。'幾叟至,次日,翁冠带出此书。幾叟心知其书非是,未敢言。翁问曰:'何疑?'曰:'以某闻之龟山,乃与叔初年本也。'翁始觉,遂不复出。近日陆子静力主以为真明道之书。某云:'却不要与某争。某所闻甚的,自有源流,非强说也。'兼了翁所举

---

① 《胡宏集》,中华书局1987年版,第189页。

知仁勇之类，却是道得著；至子静所举，没意味也。"①

据朱子此处所说，《中庸解》为吕大临早年所作，这是杨时之婿几叟从杨时处得知的。从学脉的传承上来看，这一说法当然是非常可靠的。朱子还指出：

> 明道不及为书，今世所传陈忠肃公之所序者，乃蓝田吕氏所著之别本也。伊川虽尝自言《中庸》今已成书，然亦不传于学者。或以问于和靖尹公，则曰"先生自以不满其意而火之矣"。二夫子于此既皆无书，故今所传，特出于门人记平居问答之辞。而门人之说行于世者，唯吕氏、游氏、杨氏、侯氏为有成书。若横渠先生，若谢氏、尹氏，则亦或记其语之及此者耳，又皆别自为编，或颇杂出他记，盖学者欲观其聚而不可得，固不能有以考其异而会其同也。②

今《二程集》中的《中庸解》为吕大临所作，已无疑义。但《中庸解》与《礼记解·中庸》之关系，还值得深入探讨。朱子认为："二书详略虽或不同，然其语意实相表里，如人之形貌，昔腴今瘠，而其部位神采，初不异也，岂可不察而遽谓之两人哉？"③ 今有学者也认为，《礼记解》中之《中庸解》是吕大临早年所作，今本《中庸解》是吕大临"晚年所为"，这实际是吕大临将早年的《礼记解》中之《中庸解》"掇其要为解"而已。④

其实，如果将《礼记解·中庸》和《中庸解》加以对照，固然《中庸解》是将《礼记解》中之《中庸解》加以提炼、精简，仅保留了对《中庸》每一章主旨的解释，但是，吕大临后来完成的《中庸解》并非仅仅是对《礼记解·中庸》的缩编，吕大临所删掉的部分，有一些是具有思想史意义的。所以说，吕大临在后期完成的《中庸解》，其实放弃了一些他早年的主张，思想更加接近二程洛学。最典型的一个例子是，在《礼记解·中庸》中，他明确说："中者，道之所自出；庸者，由道而后

---

① 黎靖德编：《朱子语类》卷九十七，中华书局1994年版，第2494—2495页。
② 朱熹：《文集》卷七十五《中庸集解序》，《朱子全书》第二十四册，第3639页。
③ 朱熹：《中庸或问》上，《四书或问》，上海古籍出版社2001年版，第54页。
④ 参见文碧方《关洛之间——以吕大临思想为中心》，中华书局2011年版，第8—9页。

立。"但是这个说法受到二程的批评,认为"此语有病"。二程认为,如果如吕大临所说,"若谓道出于中,则道在中外,别为一物矣"①。显然二程是不能接受这样的主张的。又如吕大临说:"所谓中者,性与天道也。"这是将中与性等同起来。程颐则认为,这样的看法"极未安"。他认为,"中也者,所以状性之体段。如称天圆地方,遂谓方圆即天地可乎?"② 这是说,中仅是性的性状之一,而不可将性与中完全看作一体。吕大临虽然也依据《中庸》文本对自己的观点作了辩解,但后来还是放弃了这些说法,在《中庸解》中就没有这样的提法了。这应该是他从学二程以后思想逐渐向洛学靠拢的结果。③

吕大临在《礼记解·中庸》中认为:"实有是理,乃有是物。……皆无是理,虽有物象接于耳目,耳目犹不可信,谓之非物可也。"④ 有学者认为,吕大临的这个看法已经有了理在事先的意味,这是受到了程颐思想的影响。⑤ 其实,从文献来看,虽然吕大临的这个思想确实具有理在事先的含义,但这是他注解《礼记·中庸》时提出的观点,应该是他早期从学张载时期已经具有的认识。在后来转学二程以后,他的这个思想与程颐的思想自然是相合的,所以他没有放弃这个主张,在后期的《中庸解》中依然保存了这个观点。

二 吕大临《礼记解》的诠释特色及其影响

首先需要指出的是,吕大临的《礼记解》是在从学关中张载时期的著作,篇中有许多地方明显受到张载思想的影响,与张载的看法是一致的。这集中体现在吕大临与张载一样,也是气本论者,认为气是宇宙万物的本原。吕大临指出:

---

① 《河南程氏文集》卷九《与吕大临论中书》,《二程集》,第605、606页。
② 同上书,第606页。
③ 也有学者指出:"联系吕大临的求学经历,不难看出,两个注本反映了作者思想从礼学到理学的转变,《礼记解·中庸》是在从学于张载的时候所著,而《中庸解》是在入二程门下后对自己思想所做的修改,代表了吕大临思想的两个不同阶段。"笔者同意这种观点。参见陈来主编《早期道学话语的形成与演变》,第76—77页。
④ 吕大临:《礼记解·中庸》,《蓝田吕氏遗著辑校》,第300页。
⑤ 参见汤一介、李中华主编《中国儒学史·宋元卷》(陈来等著),北京大学出版社2011年版,第257页。

> 天生人物，流行虽异，同一气耳。人者，合一气以为体，本无物我之别，故孺子将入井，人皆有怵惕之心，非自外铄也。天下无一物非我，故天下无一物不爱，我体或伤，心则憯怛，理之自然，非人私智所能为也。①
>
> 理之所不得已者，是为化，气机开阖是已。②

在他的重要的哲学著作《易章句》中也有相同的看法：

> 大气本一，所以为阴阳者，阖辟而已。开阖二机，无时止息，则阴阳二气安得而离？阳极则阴生，阴胜则阳复；消长凌夺，无俄顷之间，此天道所以运行而不息。入于地道，则为刚柔；入于人道，则为仁义，才虽万而道则一，体虽两而用则一。③

关学的气本论是道学内部独具特色的一个派别，吕大临在这根本的一点上保持了关学的特色。这也是日后他与二程洛学在哲学思想上发生冲突的根源。

再从经学方面来看，吕大临在一些具体问题的解释上也承袭了张载的看法。如张载在《经学理窟》当中指出，《周礼》从整体上说是周公之书，但其中所载"盟诅"为战国时事，是"末世添入"《周礼》者，作为周公之书的《周礼》断不会有"盟诅"之事。吕大临对"盟诅"也有相同的看法，他指出：

> 盟诅之事，其起于衰世乎？先王之治诸侯，命方伯连帅以统制之，同志协虑，以勤王事，有不帅者，则奉王命以讨之，虽有盟诅，且将安用？及王政不行，大不字小，小不事大，天下解弛，不相维持，伯者于是假仁义之事，帅诸侯以事天子，约不深则情不齐，于是诅盟焉。……《周官》虽有司盟之官，疑非治世之事也。④

---

① 吕大临：《礼记解·缁衣》，《蓝田吕氏遗著辑校》，第349页。
② 吕大临：《礼记解·中庸》，《蓝田吕氏遗著辑校》，第307页。
③ 吕大临：《易章句·系辞上》，《蓝田吕氏遗著辑校》，第181—182页。
④ 吕大临：《礼记解·曲礼下》，《蓝田吕氏遗著辑校》，第240页。

但是需要指出的是，吕大临在经学方面也并非完全承袭张载的观点，在有些方面他们师弟也有不同的见解。张载也著有《礼记说》三卷，但已经佚失。据魏了翁序，"《礼记说》一编，虽非全解，而四十九篇之目，大略固具，且又以《仪礼》之说附焉"。① 据此，张载《礼记说》虽然不是对《礼记》四十九篇的全部解释，但大略已备。从魏了翁的序中还可以得知，张载对于《仪礼》与《礼记》的关系，是以《礼记》为本，以《仪礼》附后，这是礼学当中一个反传统的看法，但是吕大临则坚持传统观点，认为"《仪礼》所载，谓之礼者，礼之经也。《礼记》所载，谓之义者，训其经之义也"。② "今之所传《仪礼》者，经礼也。其篇末称'记'者，记礼之变节，则曲礼也。……《礼记》所载，皆孔子门人所传授之书，杂收于遗编断简者，皆经礼之变节也。"③ 吕大临的看法与传统礼学的看法相同，以《仪礼》为经，《礼记》为传，这是他与张载礼学的一处主要区别。

其次，宋学是在批驳汉唐注疏学的风气中发展起来的，注重义理是宋学的一个基本特征。吕大临作为关学的重要代表，秉承了宋学的精神，但是同时，吕大临又继承、保持了礼学以及关学朴实笃厚的学术传统。宋代的礼学受到理学的影响，也特别重视阐发礼的义理层面的含义，但礼毕竟还是首先表现为各种仪节、制度。完全离开具体的礼仪制度来空谈礼的义理，必然会使礼学流于空疏。清人批评宋代礼学的理学化，就是指此而言。但清人的"以礼代理"往往又有矫枉过正之嫌。我们对于宋代义理学的礼学当有恰当的评价。就吕大临的礼学来说，一方面，他从学于张载与二程之间，对于关学、洛学都有充分的理解与发挥，在礼学方面充分发展了礼的义理层面，但是另一方面，他还是尽量保持了与传统礼学的连续，兼顾了礼的义理与制度两个方面。现举数例以明之。

《礼记·曲礼》："夫礼者，所以定亲疏，决嫌疑，别同异，明是非也"。

孔颖达曰：此一节总明治身立行、交接得否，皆由于礼，故以礼为目。"定亲疏"者，五服之内，大功已上服粗者为亲，小功已下服精者为

---

① 朱彝尊：《经义考》卷一百四十一，《经义考新校》第六册，第2607页。
② 吕大临：《礼记解·冠义》，《蓝田吕氏遗著辑校》，第382页。
③ 吕大临：《礼记解·曲礼上》，《蓝田吕氏遗著辑校》，第187页。

疏，故《周礼》"小史掌定系世，辨昭穆"也。"决嫌疑"者，若妾为女君期，女君为妾，若报之则太重，降之则有舅姑为妇之嫌，故全不服，是决嫌疑者。孔子之丧，门人疑所服。子贡曰："昔者夫子丧颜回，若丧子而无服。丧子路亦然。请丧夫子若丧父而无服"。是决疑也。"别同异"者，贺玚云："本同今异，姑姊妹是也；本异今同，世母叔母及子妇是也"。"明是非"者，得礼为是，失礼为非。若主人未小敛，子游裼裘而吊，得礼是也；曾子袭裘而吊，失礼非也。但嫌疑、同异、是非之属，在礼甚众，各举一事为证。[①]

《曲礼》简要地说明了礼的功能，孔颖达的疏进而指出，礼的别异作用表现在很多方面，仅举丧服的例子以表明礼具有"定亲疏，决嫌疑，别同异，明是非"的作用。吕大临的解释是：

> 伯母叔母疏衰，踊不绝地，姑姊妹之大功，踊绝于地；为祖父母，齐衰期；为曾祖父母，齐衰三月，此所以定亲疏也。嫂叔不通问，嫂叔无服；君沐粱，大夫沐稷，士沐粱；燕不以公卿为宾，以大夫为宾，此所以决嫌疑也。己之子与兄弟之子异矣，引而进之，同服齐衰期；天子至于庶人，其贵贱异矣，而父母之丧，齐疏之服，饘粥之食，无贵贱一也；大夫为世父母、叔父母、众子、昆弟、昆弟之子，降服大功，尊同则不降，此所以别同异也。礼之所尊，尊其义也。其文是也，其义非也，君子不行也；其义是也，其文非也，君子行也，故"麻冕，礼也；今也纯，俭。吾从众。"男女不授受，礼也；嫂溺则援之以手，此所以明是非也。[②]

同为卫湜《礼记集说》所引的还有：

> 石林叶氏曰：亲疏，位也；嫌疑，情也。故言定言决。同异，事也，故言别。是非，理也，故言明。礼至于明，则礼之达也。（《礼记集说》卷一，文渊阁四库全书本）

> 费氏曰：乐统同，礼辨异，故礼主乎辨，所以辨天下之理，使之

---

① 《礼记正义》，上海古籍出版社 2008 年标点本，第13—14页。
② 吕大临：《礼记解·曲礼》，《蓝田吕氏遗著辑校》，第190页。

各得其当也。夫物理各有攸当，物理之自然也，圣人制礼，亦因其自然而辨之，使不乱耳。人不能无亲疏，理之自然也，圣人制礼以定之，而人处亲疏之间，无不得其当，如五服之制有精粗重轻之类是也。事不能无嫌疑，理之自然也，圣人制礼以决之，而人处嫌疑之际无不得其当，如男女不亲授受、嫂叔不通问之类是也。同异有自然之理，圣人制礼以别之，而同异判然得其当，如车服器用之有等杀、鼎俎笾豆之有奇耦之类是也。是非有自然之理，圣人制礼以明之，而是非昭然得其当，如"麻冕，礼也。今也纯。俭，吾从众"之类是也。夫亲疏、嫌疑、同异、是非，非圣人之所为也，特因其理之所在而定之、决之、别之、明之而已尔，故曰：礼者，理也。（《礼记集说》卷一，文渊阁四库全书本）

对比这几段引文我们可以明显发现，吕大临的解释与孔颖达的解释比较接近，注重从具体的服制义例的角度来说明礼"定亲疏，决嫌疑，别同异，明是非"的原则。而叶氏、费氏的解释，显然更加抽象，尤其叶氏的解释，全是从抽象的学理角度来说明《曲礼》所揭示的礼的原则。费氏的解释虽然也涉及车服器用等具体的层面，但最终落脚点还是"礼者，理也"，从天理的角度来关照现实的礼制，以此解释礼的别异原则。所以，总体来说，吕大临没有脱离具体的文献与制度去空谈礼的义理，他的解释还是延续了礼学本身的脉络。

又《礼记·丧服四制》："凡礼之大体，体天地，法四时，则阴阳，顺人情，故谓之礼。"

孔颖达曰："此一篇总论丧之大体有四种之制：初明恩制，次明理制，次明节制，次明权制。既明四制事毕，又明三年丧自古而行之，故引高宗之事。又明斩衰以下节制之差，结成仁义之事。'体天地'者，言礼之大纲之体，体于天地之间所生之物。言所生之物，皆礼以体定之。'法四时'者，则又下文云'丧有四制，变而从宜，取之四时'是也。'则阴阳'者，下文云'吉凶异道，不得相干，取之阴阳'是也。'顺人情'者，下文云'有恩有理，有节有权，取之人情'是也。'故谓之礼'者，以其无物不体，故谓之为礼。"[1]

---

[1] 《礼记正义》，第2250页。

吕大临曰："先王制礼之意，象法天地，以达天下之情而已。《书》曰'天叙有典'，体也，人伦之谓也；'天秩有礼'，用也，冠、昏、丧、祭、射、乡、朝、聘之类也。二者皆本于天，此礼之所由生也。礼之有吉凶，犹天之有阴阳，可异而不可相干也；礼有恩、有理、有节、有权，犹天之有四时，可变而不可执一也。仁义礼知，人道具矣，人道具则天道具，其实一也。"①

严陵方氏曰："恩则有所爱，故曰仁。理则有所宜，故曰义。节则有所制，故曰礼。权则有所明，故曰知。此四者，人之所由，废一不可也。取之者谓取，而法之故也，其所谓则也、顺也，盖亦若是而已。"（《礼记集说》卷一百六十，文渊阁四库全书本）

马氏曰："天地者，礼之本也；阴阳者，礼之端也；四时者，礼之柄也；人情者，礼之道也。恩、理，所以厚其死；节、权，所以存其生。厚其死者故为父斩衰三年，为君亦斩衰三年，存其生者，故曰毁不灭性，不以死伤生也。"（《礼记集说》卷一百六十，文渊阁四库全书本）

对比以上四段引文，可见吕大临礼学的特色。对于《礼记》当中一些比较概括的、具有理论总结的论断，吕大临没有作空泛的理论发挥，而是能够恪守传统，从具体的丧服义例来进行解说。对于《礼记》书中记载礼制仪节较多的篇目，如《曲礼》《冠义》《射义》等篇，吕大临都对具体的名物制度作了比较详细的解释说明。而《檀弓》《王制》《曾子问》《郊特牲》《内则》《丧服小记》《杂记》等篇，虽然保留下来的内容不多，每篇仅有一、两条，但内容全都是关于祭祀、丧服的，这也从另一个角度说明吕大临在这方面的注解受到了后人的重视，在《礼记》的注释史上是有贡献的。从这个方面来看，对于传统学术史上所说的汉宋对立，我们应该有全新的理解和评价。从吕大临的《礼记解》我们也可以看到宋代礼学的特色与成就，它并没有完全脱离礼学名物制度的传统脉络，因此不能仅以"理学化的礼学"而作泛泛的理解。

另一方面，我们也应该指出，吕大临对《礼记》名物制度的疏解，还是不同于汉唐时期的解经。具体来说，吕大临尤其重视从整体上对名物制度进行疏解，并且广泛称引经传、诸子以及史事，试图对经文作整体的理解与说明，而不是仅仅限于训诂考据的章句之学。这个特色在《礼记

---

① 吕大临：《礼记解·丧服四制》，《蓝田吕氏遗著辑校》，第419页。

解》全书当中体现得非常明显。因此，吕大临的这部书称作《解》，而不是《章句》，也是有道理的。试举一例以证之。

《礼记·檀弓上》："练：练衣黄里，縓缘，葛要绖，绳屦无绚，角瑱，鹿裘衡、长、袪。袪，裼之可也。"这是指在父母去世周年，孝子举行练祭的时候有关丧服的一项规定。郑注、孔疏都是逐字解释。吕大临的疏解是：

> 斩、疏、繐、大功、小功、缌、锡，皆曰"衰"，丧正服也。练、麻，皆曰"衣"，丧变服也。至亲以期断，加隆而三年，故加隆之服者，正服当除，有所不忍，故为之变服，以至于再期也。首绖除矣，七升之冠，六升之衰，皆易而练矣，屡易而绳矣，所不变者，要绖与杖而已。盖天地已易，四时已变，衰亦不可无节，故从而多变也。如宰予、齐宣王，皆欲短丧，盖疑于此。斩衰之冠，锻而勿灰，锡则缌而加灰，锡则事布而不事缕，服虽轻而衰在内。窃意，练衣之升，当如功衰，加灰事布，当如锡；有缘与里，当如衣。衰则无缘与里，故比功衰则轻；功衰卒哭所受，比麻衣则重。大祥，麻衣；麻衣，吉服也。情文之杀，义当然也。诸侯之丧慈母，公子为其母皆无服，使不可纯凶而占筮，除丧不当受吊，昔之人皆变用练冠以从事，则练冠者，非正服明矣。唯郑氏功衰为既练之服，功衰自是卒哭所受，六升之服。正服大功七升，则六升成布，所可为功，不可皆为练服。①

由此可见，吕大临既有具体名物的疏解，又有对丧服总体上的理解与把握；既有例证，有对前人疏解的说明，又有自己的理解与看法，这样的解释条理分明，在注解三《礼》这样比较专门的经典中是名物训诂与义理疏解把握结合得较好的范例，这也反映出宋代礼学与理学结合的整体特色。

第三，吕大临曾学于张载和二程，在北宋道学的历史上有重要的地位，他的《礼记解》也对后世理学的发展产生了很大的影响。

以《礼记解·中庸》和《中庸解》来说，朱子称作旧本和改本，虽

---

① 吕大临：《礼记解·檀弓上》，《蓝田吕氏遗著辑校》，第253—254页。

然他对吕大临的解释有一些批评，如说："吕氏旧本所论道不可离者得之，但专以过不及为道耳，则似未尽耳。"① 但总体上朱子对吕大临的评价还是很高的。如有学生问吕、游、杨、侯四子之说孰优？这是让朱子对四先生关于《中庸》的理解做出评判，朱子说："此非后学所敢言也。但以程子之言论之，则于吕称其深潜缜密。"② 还说："吕与叔文集煞有好处，他文字极是实，说得好处，如千兵万马，饱满沆状。"③ 朱子认同程颐对吕大临的评价，在他的《四书集注》中也多处吸取了吕大临的意见。例如，吕大临《中庸解》将"中"解释为"无过无不及"，而程颐则认为"中"是"不偏"，二者的理解有差异。朱子则综合了二者的解释，认为："中者，不偏不倚、无过无不及之名。"④ 朱子还对此作了进一步的解释：

> 中，一名而有二义，程子固言之矣。今以其说推之，不偏不倚云者，程子所谓在中之义，未发之前无所偏倚之名也；无过不及者，程子所谓中之道也，见诸行事各得其中之名也。……故于未发之大本，则取不偏不倚之名；于已发而时中，则取无过不及之义，语固各有当也。⑤

朱子辨名析理非常细致，他将中分为未发、已发两种状态，用程子之"不偏"来形容未发之中，用大临之"无过无不及"来形容已发之中，这样的理解更加充分、圆融，成为后来理学通行的解释。

再如，吕大临解释《大学》"亲民"：

> "在亲民"者，推吾明德，以明民之未明，所谓"先知觉后知，先觉觉后觉"者也。⑥

---

① 朱熹：《中庸或问》上，《四书或问》，第52—53页。
② 同上书，第50页。
③ 黎靖德编：《朱子语类》卷一百一，第2556页。
④ 朱熹：《中庸章句》，《四书章句集注》，中华书局1983年版，第17页。
⑤ 朱熹：《中庸或问》上，《四书或问》，第44页。
⑥ 吕大临：《礼记解·大学》，《蓝田吕氏遗著辑校》，第371页。

程颐认为"亲，当作新"，成为理学的共识。朱熹后来也解释说："又当推以及人，使之亦有以去其旧染之污也。"① 其实，吕大临释"亲民"就有"新民"之意，朱熹的注解中也包含了吕大临的解释。

吕大临还认为："'致知在格物'，格之为言至也，致知，穷理也。穷理者，必穷万物之理，同至于一而已，所谓'格物'也。"② 吕大临将"格"释为"至"，格物就是穷理。有学者指出："以'至'释'格'，在道学史上，是一个极大的贡献，对朱熹的《大学章句》产生了重要影响。"③ 这个评价是合乎实际的。

另外，吕大临在解释《大学》的时候还指出：

> 后之学者，穷一经至于皓其首，演五字至于数万言，沉没乎章句训诂之间，没世穷年，学不知所用，一身且不能治，况及天下国家哉。此不及乎大学之道者也。荒唐缪悠，出于范围之中，离于伦类之外，漫疏亲戚，上下等差，以天地万物为幻妄，视天下国家以为不足治，卒归于无所用而已，此过乎大学者也。此道之所以不明且不行。秦汉之弊，政薄俗陋，百世而不革；杨墨庄老之道肆行于天下，而莫知以为非，巍冠博带，高谈阔论，偃然自以为先生君子，诬周圣人，欺惑愚众，皆大学不传之故也。④

朱子《大学章句序》则说：

> 自是以来，俗儒记诵词章之习，其功倍于小学而无用；异端虚无寂灭之教，其高过于大学而无实。其他权谋术数，一切以就功名之说，与夫百家众技之流，所以惑世诬民、充塞仁义者，又纷然杂出乎其间。⑤

对照这两段文字，可以看出，其意思是完全一致的，即汉唐训诂章句

---

① 朱熹：《四书章句集注》，第3页。
② 吕大临：《礼记解·大学》，《蓝田吕氏遗著辑校》，第373页。
③ 汤一介、李中华主编：《中国儒学史·宋元卷》（陈来等著），第258页。
④ 吕大临：《礼记解·大学》，《蓝田吕氏遗著辑校》，第371页。
⑤ 朱熹：《四书章句集注》，第2页。

之学、佛老之道的流行以及杨墨老庄这些"百家众技之流",是导致圣人之道不传的主要原因。唯一的区别是朱子的说法比吕大临更加概括、凝练。

由以上几个方面可见,吕大临对《中庸》《大学》的解释,在很多方面为后世的道学所吸收,由此也可以显示出吕大临的《礼记解》在道学发展过程中的地位。

三 《礼记解》中的"敬"及其与二程的分歧

周礼是三代文明的结晶,是一套象征文化体系,在各种繁复的仪式当中也蕴含着德的理念与原则。王国维曾指出:"周之制度典礼,乃道德之器械,而尊尊亲亲贤贤男女有别四者之结体也。"① 郭沫若也说:

> 从《周书》和周彝看来,德字不仅包括着主观的修养,同时也包括着客观方面的规模——后人所谓的"礼"。礼字是后起的字,周初的彝铭中不见这个字。礼是由德的客观方面的节文蜕化下来的,古代有德者的一切正当行为的方式汇集了下面便成为后代的礼。德的客观上的节文,《周书》中说的很少,但德的精神上的推动,是明白地注重在一个"敬"字上的。②

郭老这个看法虽然在部分地方有可商榷之处,如认为"礼字是后起的字,周初的彝铭中不见这个字",其实在这之前王国维已经释读出了甲骨文中的"礼"字,从字源的角度来看,王国维的观点已经得到学术界的普遍认可;但是总体来说,郭老的这个看法是正确的。王国维、郭沫若都认为,礼包含有德的层面,德与礼是内外表里的关系,而且郭沫若更加明确地指出,礼的道德含义首先在于"敬"。

从字源上来说,礼起源于宗教祭祀仪式,这是自王国维以来近现代学者普遍承认的一种解释。在传统礼书当中也认为,"礼有五经,莫重于祭"(《礼记·祭统》)。祭祀鬼神应当是最为古老,也是最为重要的礼仪。礼主敬,恭敬是礼的重要的含义,就是强调在祭祀的时候对神灵充满敬畏

---

① 王国维:《观堂集林》卷十《殷周制度论》,第477页。
② 郭沫若:《先秦天道观的进展》,收入《青铜时代》,科学出版社1957年版,第22页。

虔诚的心理。在礼书当中，无处不在强调祭祀仪式要庄重恭敬。如：

> 孝子将祭祀，必有齐庄之心以虑事，以具服物，以修宫室，以治百事。及祭之日，颜色必温，行必恐，如惧不及爱然。其奠之也，容貌必温，身必诎，如语焉而未之然。宿者皆出，其立卑静以正，如将弗见然。及祭之后，陶陶遂遂，如将复入然。是故悫善不违身，耳目不违心，思虑不违亲。结诸心，形诸色，而术省之，孝子之志也。（《礼记·祭义》）

> 孝子之祭也，尽其悫而悫焉，尽其信而信焉，尽其敬而敬焉，尽其礼而不过失焉。进退必敬，如听亲命。（《礼记·祭义》）

> 身致其诚信，诚信之谓尽，尽之谓敬，敬尽然后可以事神明。此祭之道也。（《礼记·祭统》）

《礼记》的记载虽然很多是出自后来学者的追溯，但是我们也可以想见，敬是在举行祭祀仪式的时候内心的虔诚敬畏与外在的庄重神情的体现，这是在人类从最初举行祭祀的时候开始就有的一种情感。由此敬也发展成为一种重要的德目，如说："夫敬，德之恪也"（《国语·晋语五》），"敬，德之聚也。能敬必有德，德以治民"（《左传·僖公三十三年》）。《左传》又说："敬，礼之舆也。不敬则礼不行"（《左传·僖公十一年》），更是明确地将敬作为礼得以实行的重要德目。儒家继承了三代以来形成的礼仪及其相关的思想，不但认为要"敬鬼神"，而且对于其他的礼仪，也要保持恭敬的态度。如孔子说："居上不宽，为礼不敬，临丧不哀，吾何以观之哉？"（《论语·八佾》）有子说："恭近于礼"（《论语·学而》）[1]。《礼记》还进一步将此概括为："礼者，殊事合敬者也"（《乐记》）。

总之，敬作为一种重要的德性，最初是从祭祀礼仪当中演化而来的。在儒家思想当中，敬依然与行礼有关。

张载创立的关学重视礼学，恭行礼教。张载说："敬，礼之舆也，不

---

[1] 《说苑·修文》引此句，作孔子语。见向宗鲁《说苑校证》，中华书局1987年版，第481页。

敬则礼不行。"① 张载《正蒙》书中有很多内容是节抄自儒家经典,字字句句均有来历,对于古人来说,这种做法不能理解为简单的抄袭或摘抄,而是思想上的深度认同。如这里所说"敬,礼之舆也",内容出自《左传》,但它同时也表达了张载本人的思想,敬不但是礼得以实行、贯彻的要求与方法,而且还成为礼的本质内容。

吕大临精于礼学,他的思想在很多方面都是谨守传统礼学,认为在对待各种祭祀礼仪的时候,要保持恭敬之心。吕大临在《礼记解》中一再说:

> 君子之行,莫先于敬鬼神,诚不欺于鬼神,则于天下也何有？故言礼者,必以祭祀为先;……祭服所以接鬼神,衣之则亵,亵之,不敬也;丘木所以庇其宅兆,为宫室而斩之,是慢其先而济吾私也,是亦不敬也。②

吕大临进而认为,礼的本质就是敬:

> 礼者,敬而已矣,敬者,礼之常也。③
> 礼者,恭敬而已,君子恭敬,所以明礼之实也。④
> 礼者敬而已矣,明则敬于人,礼仪三百,威仪三千,敬人之事也。⑤

吕大临多次指出,礼的本质在于敬。敬不仅是内心的一种心理和道德意识,而且更重要的是应该体现在各种细微的仪节当中。《曲礼》有"毋侧听,毋噭应"等各种规定,吕大临解释说:

> 侍于君子,视听言动,无所不在于敬。头容欲直,故"毋侧听";声容欲静,故"毋噭应";目容欲端,故"毋淫视";气容欲

---

① 张载:《正蒙·至当篇》,《张载集》,第36页。
② 吕大临:《礼记解·曲礼下》,《蓝田吕氏遗著辑校》,第231页。
③ 吕大临:《礼记解·曲礼上》,《蓝田吕氏遗著辑校》,第189页。
④ 同上书,第192页。
⑤ 吕大临:《礼记解·表记》,《蓝田吕氏遗著辑校》,第336页。

肃，故"毋怠荒"；足容欲重，故"游毋倨"；立如齐，故"毋跛"；坐如尸，故"毋箕"；正其衣冠，故"敛发毋髢，冠毋免，劳毋袒，暑毋褰裳"。①

这种说法与孔子的"四毋"说相比较，更加具体、细微。

儒家主张敬长，对于长者，《曲礼》说："谋于长者，必操几杖以从之。长者问，不辞让而对，非礼也。"吕大临解释说：

> 二者，皆敬长之义也。坐有几，所以凭之也；行有杖，所以策之也，皆优老之具也。"操几杖以从之"，敬之至也。问者，皆以不能问能、以寡问多，则少当问长者也。今长者反问之，不辞让而对，则敬不足也。②

敬长的重要表现之一就是孝悌。就《礼记》而言，《曲礼》《内则》等篇有许多具体的礼仪规定。吕大临解释《曲礼》"凡为人子之礼，冬温而夏清，昏定而晨省，在丑夷不争"一句说：

> 温清定省，所以养体也。丑夷不争，所以养志也。一岁则有冬夏寒暑之适，一日则有晨昏兴寝之适，人子不可不知也。……③
>
> 盖古之教养之道，必本诸孝弟，入则事亲，出则事长；事亲孝也，事长弟也；孝弟之心，虽生于恻隐恭敬之端，孝弟之行，常在于洒埽应对、执事趋走之际。④

吕大临在《礼记解》当中对敬的解释，不仅是礼的一种思想含义，更为重要的是，敬要落实在日常生活的祭祀、敬老、敬长等生活仪节当中。这也反映出关学躬行礼教的特征。

二程理学也非常重视敬。他们所说的敬更多的是来源于《周易》系统。《周易》说"敬以直内，义以方外"，敬成为儒家品性修养的一种

---

① 吕大临：《礼记解·曲礼》，《蓝田吕氏遗著辑校》，第 204 页。
② 同上书，第 195 页。
③ 同上书，第 196 页。
④ 同上书，第 201 页。

德目。

二程洛学以敬作为重要的修养方法。如朱熹后来所说的，敬是"圣门之纲领，存养之要法"①，成为理学最为重要的一种修养方法，是从二程开始的。二程说：

> 识道以智为先，入道以敬为本。夫人测其心者，茫茫然也，将治心而不知其方者，寇贼然也。天下无一物非吾度内者，故敬为学之大要。②

对于二程以及理学家来说，敬是自我体验、自我修炼的涵养方法。程颢说："天地设位而易行乎其中，只是敬也。敬则无间断，体物而不可遗者，诚敬而已矣，不诚则无物也。"③ 程颢还以写字为例，形象地说明敬就是要思想专一，心无外物，因此他又说："人心不得有所系"。④

总之，敬是理学特别强调的一种修养方法。"涵养须用敬，进学则在致知"，这是对二程为学、修养的概括与总结。

吕大临在张载去世后转学二程，一般学术史的研究认为，关学的洛学化就是从此开始的。从史料记载可知，吕大临在从学二程以后，在很多方面还是持有以前的看法，与二程理学并不完全一致，如对于《中庸》之"中"的理解，就引起二程的批评。吕大临一方面严守关学的立场，但同时在某些思想方面也自觉不自觉地洛学化了。其实这两方面并不矛盾，这正是吕大临思想的两个侧面。有学者已经指出，吕大临思想中有一些方面是与二程理学相合的。正因如此，吕大临的洛学化才显得很自然，他后来也成为程门的四先生之一，成为程派的传人。从我们这里的论述来说，吕大临严守关中"以躬行礼教为本"的礼学传统，他始终特别强调礼主敬的思想。这一点恰好是关中礼学与二程理学能够相合的地方。

但是，另一方面，吕大临所强调的敬更多体现在躬行礼仪的实践中，在传统学术的脉络当中，与礼学更为密切，而二程认为敬的含义更加丰富，且与易学传统关系较深一些。钱穆说："大抵明道敬字只说得一个心

---

① 黎靖德编：《朱子语类》卷十二，第210页。
② 《河南程氏粹言》卷一，《二程集》，第1183—1184页。
③ 《河南程氏遗书》卷十一，《二程集》，第118页。
④ 同上书，第124页。

的境界，到伊川手里，便把他向外化了，说到仪貌上去。"① 程颐论敬也有从仪貌行为上去说的，如说："俨然正其衣冠、尊其瞻视，其中自有个敬处。"② "动容貌、整思虑，则自然生敬。"③ 衣冠、容貌、视听都要符合于礼的规范，这就是敬，否则，"言不庄不敬，则鄙诈之心生矣；貌不庄不敬，则怠慢之心生矣"。④ 但总的来说，二程论敬，第一是突出了敬的内在性，侧重于主观内在体验。程颐说："所谓敬者，主一之谓敬，所谓一者，无适之谓一。"⑤ 二程所说的主一为敬，与周敦颐的思想有关。周敦颐在道学内部可以说是"主静"的，他在《太极图说》中曾指出："圣人定之以中正仁义而主静，立人极也"，认为"主静"是心性修养的主要方法，而其内容则是吸取了道家的"无欲"思想。《通书》记载："'圣可学乎？'曰：'可。''有要乎？'曰：'有。''请闻焉。'曰：'一为要。一者无欲也，无欲则静虚动直。'"⑥ 二程将静换成了敬，程颢主张"以诚敬"来识得仁体，程颐提倡"涵养须用敬"，但他们同时又特别强调"敬"还有"静"的意思。

二程论敬，第二是与诚相关。二程重视《中庸》。二程自认为"天理"是"自家体贴出来"的。天理作为最高的形上本体，在《中庸》中就体现为诚。诚是理的伦理体现，敬是体认道、理的重要途径和方法。诚是本体，敬是工夫。诚与敬是体用、表里的关系。他们说："诚然后能敬，未及诚时，却须敬而后能诚。"⑦

由以上的论述可知，同样是儒家思想中的敬，吕大临与二程的理解与论述还是有一些分歧。在敬的问题上，既是吕大临转向二程洛学的一个思想契机，同时也是他不能与二程完全相容的一个主要原因。程颐曾批评张载"有苦心极力之象，而无宽裕温厚之气"⑧，又说吕大临："昔吕与叔六月来缑氏，闲居中，某尝窥之，必见其俨然危坐，可谓敦笃矣。学者须恭

---

① 钱穆：《二程学术述评》，《中国学术思想史论丛》（五），三联书店2009年版，第126—127页。
② 《河南程氏遗书》卷十八，《二程集》，第185页。
③ 《河南程氏遗书》卷十五，《二程集》，第149页。
④ 《河南程氏遗书》卷一，《二程集》，第7页。
⑤ 同上书，第169页。
⑥ 周敦颐：《通书·圣学》，《周敦颐集》卷二，中华书局2009年版，第31页。
⑦ 《河南程氏遗书》卷六，《二程集》，第92页。
⑧ 《河南程氏文集》卷九《答横渠先生书》，《二程集》，第596页。

敬，但不可令拘迫，拘迫则难久矣。"① 程颐批评张载大临"拘迫"，这些正是关学躬行礼教的体现，这也反映出他们对敬理解的分歧。简言之，二程重视敬的内在体验，而吕大临则更重视敬的实践性。

四 吕大临论"中"及其与二程的争论

"中"是中国传统哲学的一个重要范畴，也是儒家礼学思想当中的一项重要的内容与原则。吕大临对中有独特的认识，而且还与程颐有过争论，在理学发展过程中具有一定的学术意义。因此，研究吕大临的礼学思想以及他的理学转向，有必要对他的中论加以讨论。

在先秦经典《尚书》《周易》当中，就有丰富的关于中道、中和的思想。这些内容成为后来儒学发展过程中重要的思想资源。孔子非常重视中道。《论语·子路》篇记载孔子之言"不得中行而与之"，《孟子·尽心下》引为"不得中道而与之"，可知"中行"亦即"中道"。其实，"中道"也就是孔子的中庸思想。孔子说："中庸之为德也，其至矣乎，民鲜久矣。"（《论语·雍也》）后来子思所作的《中庸》对孔子的中庸思想作了进一步的发挥，盛赞中庸之道："中也者，天下之大本也；和也者，天下之达道也。"又引孔子之言曰："道之不行也，我知之矣，知者过之，愚者不及也；道之不明也，我知之矣，贤者过之，不肖者不及也。"《中庸》收入《礼记》，是战国时期学者论述礼义的一篇重要文章，说明"中"已经成为礼的重要思想了。《礼记·檀弓上》引子思之言曰："先王之制礼也，过之者，俯而就之；不至焉者，跂而及之"；引子夏之言曰："先王制礼，而弗敢过也"。这都是说制礼的原则要符合"中"。《礼记·仲尼燕居》引孔子之言："夫礼，所以制中也。"子贡问曰："敢问将何以为此中者也？"孔子曰："礼乎礼。"由此可见，孔子对礼与中作循环论证，说明礼与中在思想内涵上是一致的。

荀子是战国末期的大儒，在很多方面对儒家思想作了空前的阐发。荀子把礼学当中所蕴含的中道思想作了进一步的解释，认为礼的主要含义就是中。荀子明确说："曷为中？曰：礼义是也。"（《荀子·儒效》）又说："文理、情用相为内外表里，并行而杂，是礼之中流也。"（《荀子·礼论》）"中流"，杨注为："礼之中道也。"这是讲制礼要取得中之义，所

---

① 《河南程氏遗书》卷十八，《二程集》，第191页。

以"礼者断长续短，损有余，益不足，达爱敬之文，而滋成行义之美者也"。

在北宋儒学复兴的过程中兴起的各派思想中，重视礼学是张载关学的一个极为重要而鲜明的特征，礼的中和、中道思想也是张载哲学中的一个核心概念。《朱子语类》有记载：

> 吕与叔云："圣人以中者不易之理，故以为之教。"如此，则是以中为一好事，用以立教，非自然之理也。先生曰："此是横渠有此说。所以横渠没，门人以'明诚中子'谥之。"①

吕大临由于其关学的背景与立场，也特别重视"中"。吕大临认为，"无过不及之谓中"②。又说："时中，当其可而已，犹冬饮汤，夏饮水之谓。无忌惮，所以无取则也。不中不常，妄行而已。"③ 与传统的礼学一样，吕大临认为"中"是礼的原则与依据。他指出：

> 先王制礼，必立之中制，使贤者不敢过，不孝者不敢不勉，此道之所以行而无弊也。④

吕大临注解《礼记》，往往用传统儒学的典故来解释比较抽象的义理。他在注解《中庸》的时候也是如此，多次引用丧礼、丧服的义例来说明礼的中道原则。

> 闵子除丧而见孔子，予之琴而弹之，切切而哀，曰："先王制礼，不敢过也。"子夏除丧而见孔子，予之琴而弹之，侃侃而乐，曰："先王制礼，不敢不及也。"故心诚求之，虽不中不远矣。⑤
>
> 曾子执亲之丧，水浆不入口者七日，高柴泣血三年，未尝见齿，虽本于厚，而灭性伤生，无义以节之也；宰予以三年之丧为已久，食

---

① 黎靖德编：《朱子语类》卷一百一，第2561页。
② 吕大临：《礼记解·中庸》，《蓝田吕氏遗著辑校》，第273页。
③ 同上书，第275页。
④ 吕大临：《礼记解·丧服四制》，《蓝田吕氏遗著辑校》，第420页。
⑤ 吕大临：《礼记解·中庸》，《蓝田吕氏遗著辑校》，第272页。

稻衣锦而自以为安,墨子之治丧也,以薄为其道,既本于薄,及徇生逐末,不免于恩以厚之也;二者所行,一过一不及,天下欲择乎中庸而不得,此道之所以不明也。①

吕大临所举的这些孔门高弟的事例与《礼记·檀弓》篇的相关记载一致,都是说明礼要符合中道、中庸的原则。丧礼固然体现了人的悲哀之情,但是这种哀情过犹不及,因此,"君子之居丧,期合乎中者也,有如是之隆杀,圣人因隆杀而制其礼,所谓品节斯斯之谓礼者也。礼者所以教民之中,故三年之丧,贤者不得过,不肖者不敢不勉也"。②

吕大临从儒学的立场出发,认为"中"是礼的核心原则,任何真正的礼仪所体现的都应该是无过无不及的中道思想。吕大临还认为,这种中道的思想不仅体现在礼仪当中,它应该是一种普遍的原则,从学术的角度来说,诸子百家,各异其说,其过失都在于没有把握住"中"的原则。他说:

诸子百家,异端殊技,其设心非不欲义理之当然,卒不可以入尧舜之道者,所知有过不及之害也。③

吕大临认为,诸子百家,类似于孔子说的"过犹不及",有的太过,有的不及,均未能把握住中和之道。

吕大临精于礼学,他把礼的中道思想更加普遍化,认为"中"不仅仅是礼的思想原则,而且还是包容了性与天道的宇宙本体。他说:"所谓中者,性与天道也"④,"中者,天道也、天德也"⑤,由此他进而认为"礼仪、威仪,道也"⑥。从这些表述可见,"中"是吕大临哲学思想的一个核心概念。在转学二程以后,吕大临曾就"中"与程颐有过往返讨论,今《二程集》中还保留了《论中书》,从中可见程颐与吕大临就中与道、

---

① 吕大临:《礼记解·中庸》,《蓝田吕氏遗著辑校》,第 277 页。
② 吕大临:《礼记解·丧服四制》,《蓝田吕氏遗著辑校》,第 423 页。
③ 吕大临:《礼记解·中庸》,《蓝田吕氏遗著辑校》,第 276 页。
④ 同上书,第 273 页。
⑤ 同上书,第 271 页。
⑥ 同上书,第 304 页。

中与性、中与心以及由此涉及的动静、已发未发等问题展开的交流与争执。虽然记载简略，有所缺失，但这些问题涉及道学内部非常关键的一些问题，因此这篇文献也就成为道学史上重要的一篇史料，影响到后来理学各派关于中和说的讨论，尤其对朱熹的中和说影响更为深远。①

从《论中书》的记载来看，吕大临的主要观点有二：一是认为"中者道之所由出"，一是认为"中即性也"。这两个基本的观点在他的《礼记解·中庸》当中都有明确的体现，这也说明他在与程颐讨论的时候，依据的依然是他从学张载时期就已经形成甚至定型的观点和立场。

关于"中者道之所由出"，程颐认为"此语有病"。在程颐看来，如果承认吕大临的"中者道之所由出"，就等于肯定了在"道"外还有一个更为根本的本体"中"。很显然，按照吕大临的立场，"中"已经实体化、本体化了，而且比道（理）还要根本，这是二程的理学所不能接受的。所以程颐认为，"中即道也。若谓道出于中，则道在中外，别为一物"。

吕大临还认为"中即性也"，程颐立刻认为"此语极未安"。他指出：

> 中也者，所以状性之体段（若谓性有体段亦不可，姑假此以明彼）。如称天圆地方，遂谓方圆即天地可乎？方圆既不可谓之天地，则万物决非方圆之所出。如中既不可谓之性，则道何从称出于中？盖中之为义，无过不及而立名。若只以中为性，则中与性不合，与"率性之谓道"其义自异。

程颐还有类似的说明：

> 性道可以合一而言，中不可并性而一。中也者，状性与道之言也。犹称天圆地方，而不可谓方圆即天地。方圆不可谓之天地，则万物非出于方圆矣。中不可谓之性，则道非出于中矣。中之为义，自过与不及立名，而指中为性可乎？性不可容声而论也。率性之谓道，则无不中也，故称重所以形容之也。②

---

① 参见陈来主编《早期道学话语的形成与演变》中的"北宋道学的'中和'说"，第107—120页。这篇文章对吕大临与程颐就"中和"的争论有较为详细的述评。
② 《河南程氏粹言》卷一，《二程集》，第1183页。

程颐的意见非常明确，中与性不可以等同。中只是性的"状"，即一个特征，而不是性本身。也就是说，中只是一个形容词，而不是一个名词。后来朱子说得更加明确："中是虚字，理是实字"①，只承认理才是最根本的本体。

从根本上来说，吕大临和程颐的分歧在于是否承认中可以作为独立的本体。后来有关赤子之心、动静、已发未发等问题的讨论，都可以由此引发出去。吕大临重视中，将中看作本体，中就是天道，认为"圣人之学，以中为大本"，这与他重视礼学有密切的关系，也与他的关学背景是分不开的。而他与二程的分歧，也是吕大临的礼学背景与二程理学之间发生的思想冲突。

朱子曾指出：

> 吕与叔惜乎寿不永！如天假之年，必所见又别。程子称其"深潜缜密"，可见他资质好，又能涵养。某若只如吕年，亦不见得到此田地矣。"五福"说寿为先者，此也。②

从朱子的感慨来看，这段话应是朱子晚年学问已极精极博之时所说。由于吕大临英年早逝，他的学问还停留在生长期、形成期，还未成熟就过早地凋谢了。朱子的评价是我们给吕大临思想一个恰如其分的思想史定位的极好的指示，同时也是我们认识、评价他的礼学思想的重要尺度。

吕大临《礼记解》和《中庸解》当中的思想，以及他与二程之间的思想分歧，一方面是吕大临思想还没有完成的体现，但更为重要的，这正是理学在形成、发展过程中与传统儒家礼学之间的冲突与融合的体现。礼学曾是传统儒家的重点，也是儒学的重要特征，但在儒学的发展过程中，义理学的兴起逐渐改变了儒学，以程朱为代表的理学成为了儒学的新形态，但儒学的本质并未改变。因此，研究理学与传统礼学之间的关系，不能限于清代学者提出的"以礼代理"或对宋儒"以理代礼"的批判，而是应当深入探讨儒学这两个不同形态的发展演变及其内在的动因。吕大临由于特殊的学术背景，对礼学与二程理学均有深入的体会，是我们研究礼

---

① 黎靖德编：《朱子语类》卷六十二，第1512页。
② 黎靖德编：《朱子语类》卷一百一，第2560页。

学与理学的冲突以及儒学发展的非常有意义的一个范本。这也正是研究吕大临的思想史意义所在。

第六节　叶时《礼经会元》与宋代儒学的发展

前文曾引述过清代学者纳兰性德的一段话："宋之群儒，经义最富，独诠解《周礼》者寡，见于《志》者，仅二十有二家而已。盖自王安石当国，变常平为青苗，藉口《周官·泉府》之遗，作新经义，以所创新法尽傅著之，又废《春秋》，不立学官，于是与王氏异者，多说《春秋》而罢言《周礼》。若颖滨苏氏、五峰胡氏，殆攻王氏而并及于《周礼》者与？"[1] 这是说，由于王安石及其新法引起的党争以及由此导致的宋代士人群体的分化，在相当长的时间里影响了宋代儒学与经学的发展。新法的经典及其理论依据主要是《周礼》，新学"独行于世者六十年"，很多士大夫由于与王安石政见不合，因此对新法的依据《周礼》也多持批评、怀疑的态度，《周礼》成为学术界争论的焦点之一。理学家虽然尊崇《周礼》，在语录、讲谈中也有一些关于《周礼》的精辟见解，但是对这部经书并没有做完整的训解。南宋淳祐时期，赵汝腾曾奏曰："《周礼》又不幸遭王安石不善用以祸天下，学者望而疑之。虽程颢、颐、张载三先生尊信此书，仅有绪言见于语录，近世大儒朱熹辨明甚至，皆有意表章之，然亦未尝作为训义，以行于世。"[2] 这代表了从王安石新法之后直至朱熹的时代，理学家对《周礼》的普遍的态度。即使如此，在宋代学者有限的注释《周礼》的著作中，也有一些值得肯定之作。皮锡瑞指出：

> 宋时三《礼》之学，讲习亦盛。王安石以《周礼》取士，后有王昭禹、易袚之、叶时，皆可观。《仪礼》有李如圭《集释》、《释官》，张淳《识误》，并实事求是之学。[3]

---

[1] 朱彝尊：《经义考》卷一百二十四，《经义考新校》第五册，第2307页。
[2] 同上书，第2303页。
[3] 皮锡瑞：《经学历史》卷八《经学变古时代》，中华书局2004年版，第184页。

皮锡瑞对宋代礼学的整体评价不高，但他在这里提的这个看法还是较为公允的。虽然理学家对《周礼》普遍持怀疑态度，宋代有关《周礼》注疏的著作数量也不是很多，但还是有一些有价值的著述以及可取之处。在这些著述当中，南宋学者叶时的《礼经会元》是很有特色的一部著作。如《四库提要》所指出的，《礼经会元》一书"名曰释经，而实不随文笺疏，但举《周礼》中大指为目，凡一百篇，皆旁推交通，以畅其说"。与传统儒家经学大量的注疏体的经学著作不同，《礼经会元》其实是一部研究《周礼》的专题论文集。《礼经会元》共四卷，每卷二十五个细目，总计一百个细目：

> 礼经、注疏、民极、官名、兼官、相权、邦典、官法、都则、驭臣、驭民、任民、赋敛、式法（卷一上）、侯贡、系民、正朔、象法、考课、官刑、官叙、官属、官联、官成、朝仪（卷一下）、官卫、膳羞、燕礼、飨食、耕藉、同姓、医官、酒政、藏冰、盐政、财计、内帑、钱币（卷二上）、内政、门制、奄官、教化、王畿、封建、井田、荒政、乡遂、军赋、役法、选举（卷二下）、齿德、迁邑、社稷、教胄、谏官、和难、昏礼、市治、水利、重农、山泽、囿游、制禄（卷三上）、祭祀、郊庙、宾礼、礼命、瑞节、礼乐、天府、冕服、学校、祭乐、乐舞、诗乐（卷三下）、卜筮、史官、明堂、系世、名讳、天文、分星、车旗、兵政、将权、师田（卷四上）、功赏、马政、火禁、险固、射仪、久任、图籍、地理、刑罚、诅盟、鸟兽、遣使、夷狄、补亡（卷四下）。

从这一百条细目可以看出，《礼经会元》一书的议题涉及了《周礼》书中的大多数内容。叶时以这些议题为纲，纵论《周礼》以及古代社会的典章制度与学术思想。把叶时的这部经学著作以及他提出的一些看法放在宋代礼学与儒学的发展脉络当中来考察，可以看出其独特的思想史意义与价值。

一　叶时对于《周礼》的评价

《周礼》本名《周官》，是一部以官制为纲的著作。历代有很多学者据此认为《周礼》是讲官制的，且并非周公制礼作乐的产物，为"六国

阴谋之书",与西周礼制毫无关系。叶时认为,《周礼》一书虽然以官制为纲,但贯穿全书的主旨是礼。他说:

> 《周官》六典,总而谓之《周礼》。礼也者,岂特天地人之三礼,吉凶军宾嘉之五礼云乎哉?太宰之治,此礼也。司徒之教,此礼也。司马之政,司寇之刑,司空之事,皆此礼也。治非礼不制,教非礼不行,政非礼不立,刑无礼则淫,事无礼则乱,五典与礼典并行,五职与礼职并举,故《礼记》曰"经礼三百",是三百六十官之所掌者,礼也。(《礼经会元》卷一下《象法》,文渊阁四库全书本)

首先,叶时认为,《周礼》的主体结构不仅仅是吉凶军宾嘉五礼,《周礼》三百六十官所体现的制度、教化、刑罚,都是礼的具体表现。"是礼也,举本而不遗末,语精而不遗粗。周公以之相七年之治,成王以之致四十年之平,周家以之永八百年之命,即此一书,可以发育万物,峻极于天,非徒为三百礼文而已。"(《礼经会元》卷一上《礼经》)这样看来,《周礼》是一部真正的礼书。历史地来看,《周官》自从刘歆改称《周礼》、郑玄为之作注以来,成为三《礼》之首,是儒家礼学的重要经典,而且成为后世王朝典礼的依据。"自梁以来,始以其当时所行傅于《周官》五礼之名,各立一家之学。"(《新唐书·礼乐志一》)此后历代王朝制定礼典,都以《周礼》的吉礼、凶礼、宾礼、军礼和嘉礼五礼为准绳。《周礼》的五礼系统成为王朝礼典的原则,《周礼》在礼学经典当中也变得更加重要。从这个角度来看,把《周礼》看作礼书有着充分的历史依据。再从《周礼》本身的内容来看,它以六官为纲,但在其所属的许多官职的具体职掌中,又牵涉到礼制。正如贾公彦所言:"以设位言之,谓之《周官》;以制作言之,谓之《周礼》。"[1]《周礼》是寓礼制于官制当中的一部著作。无论这些礼制是三代礼制的实录,还是《周礼》作者的空想与创作,都表明它与礼还是有密切的关系。因此,叶时认为《周礼》的主旨是礼,把握住了《周礼》一书的本质。

其次,叶时认为《周礼》为周公之书。本来,周公作《周礼》是传统儒家的观点,这在文献上也有充足的依据。但是,自《周礼》在

---

[1] 武秀成、赵庶洋校正:《玉海艺文校证》卷五,凤凰出版社2013年版,第193页。

汉代出现以后，历来不断有人怀疑《周礼》是六国阴谋之书、末世渎乱不验之书。这种争论一直持续到宋代。宋代学者疑经风气甚浓，即使是尊崇《周礼》的张载，虽然肯定《周礼》是周公之书，但也依据理性的考察，认为"其间必有末世添入者"①，不可能完全是周公时代的实录。叶时对《周礼》的态度则回到了传统的立场上，完全肯定《周礼》是周公所作。他说："夫礼仪三百，经礼也，说者谓《周礼》是也。威仪三千，曲礼也，说者谓《仪礼》是也，二书皆周公所述也。"(《礼经会元》卷一上《礼经》)这个说法其实是从郑玄而来。郑玄注《礼记·礼器》"经礼三百，曲礼三千"一句说："经礼谓《周礼》也，《周礼》六篇，其官有三百六十。曲犹事也。事礼谓今《礼》也。"叶时继承了郑玄等人的看法，认为《周礼》是经礼，《仪礼》为曲礼，二者都是周公所作，这种说法其实并不准确，但是叶时肯定周公作《周礼》，一方面自然是笃信儒家经学传统，同时也有特定的思想史的背景。

自王安石据《周礼》实行新法，引起宋代学者的普遍不满。他们不但批评新法对《周礼》的曲解，而且从批评王安石《周官新义》进而到怀疑、批评《周礼》本身，认为《周礼》不但不是周公致太平之法，而且还是出于刘歆的伪造。这样就等于完全否定了新法的经典依据。

叶时虽然不承认《周礼》出自刘歆的伪造，但他对刘歆也有尖锐的批评。他说："刘歆者独识其书为周公致太平之迹，亦云幸矣，奈何身为国师，取之以辅王莽，乃为泉府理财之说，于是六干立法，则郡皆置市官，即此一说，可谓不知《周礼》矣。当时奏入学官，《周礼》虽存，汉儒訾之，以为六国阴谋之书，得非刘歆一法诬之乎？故曰诬《周礼》者刘歆也。"(《礼经会元》卷一上《注疏》)叶时认为，虽然刘歆认为《周礼》为周公致太平之迹，但是他以《周礼》而辅王莽改制，尤其借《周礼》"泉府"而敛财，这是致使人们贬低《周礼》，认为《周礼》为六国阴谋之书的主要原因。

叶时对郑玄也极为不满。本来两汉礼学以《仪礼》为经，但"自郑君则以《周礼》为经礼，《仪礼》为曲礼，于是汉代所尊为礼经者，反列

---

① 张载：《经学理窟·周礼》，《张载集》，第248页。

于后，而《周官》附于礼经者，反居于前"。① 自郑玄为《周礼》作注以来，《周礼》一跃成为三《礼》之首。郑玄对于提升《周礼》的历史地位是有功绩的。但是，叶时认为郑注《周礼》曲解了《周礼》。叶时以郑注《周礼·泉府》为例指出：

> 郑康成何据而谓"旅师以国服为息"，岂有以粟货民，而可以取息乎？刘歆谓周有"泉府"之官，收不售与欲得，遂使王莽下开赊贷之诏，月取钱三百，为害极矣。王安石又误此意，乃立青苗之法，春放十千，半年则出息二千，秋再放十千，年终又出息二千，岁息四千，是故周官一倍。而乃以国服为息，借口青苗之贷，不问其欲否，而概予之谓为旅师之平颁，不计其远近而强责之，谓为泉府之赊贷假。忠厚之法，以行侵渔之私，切赒恤之名，以济割剥之害，哀哉。（《礼经会元》卷三上《市治》）

按照叶时的看法，正因为郑玄注《周礼·泉府》时引用了郑司农"贷者，谓从官借本贾也，故有息"，并且进而认为"以国服为之息，以其于国服事之税为息也"，还以王莽为例，认为"王莽时民贷以治产业者，但计赢所得受息，无过岁什一"成为肯定征收高税收的经典依据，这才导致了后来王安石新法中的青苗法。王安石借机敛财的做法其实源于郑玄对《周礼》的误读。因此他批评郑玄"胡为不抱遗经，推究终始，而乃凭私臆，决旁据，曲证此《周礼》？所以不明而召后儒纷纭之议也"（《礼经会元》卷一上《注疏》）。叶时还指出郑玄注经有五失：一引纬书，二引《司马法》，三引《春秋传》，四引《左氏国语》，五引汉儒《礼记》，认为郑玄"不思汉儒纬书非圣人之书，穰苴兵法非圣人之法，左氏之语多诬，戴氏之记多杂，其可引援以证圣经邪？"（《礼经会元》卷一上《注疏》）他认为，自郑玄注通行之后，贾公彦疏一遵郑注，这样郑注贾疏便成为解释《周礼》的通行本，这就使汉儒之曲见以及纬书等并非周公之制混入《周礼》，致使人们对《周礼》产生怀疑，认为《周礼》并非周公之书，其根源实在郑玄，而不在《周礼》本身。

---

① 皮锡瑞：《经学通论》"三礼"之"论郑注礼器以周礼为经礼仪礼为曲礼有误臣瓒注汉志不误"，中华书局1954年版。

叶时对于《周礼》流传过程中三个重要人物河间献王刘德、刘歆以及郑玄，均有批评，尤其对于郑玄，批评更加严厉，"《周礼》之传自郑康成始，坏《周礼》者亦自郑康成始"（《礼经会元》卷一上《注疏》）。他将后世对《周礼》制度的许多是非争论、怀疑都归结为郑玄的误解。"苟如先儒传注之谬与后儒议论之惑，则《周礼》为非全书，而先王制度不可考矣。"（《礼经会元》卷三下《冕服》）《四库提要》认为叶时"过于非议古人，未免自立门户之习"。这个评价较为公允。叶时对郑玄的批评有失公平，这是我们应该注意到的，但同时我们也应该看到，他的意图其实是将汉儒对《周礼》的解释从《周礼》中剔除出去，还原《周礼》为周公之书、为先王制度之书的本意。在当时普遍认为《周礼》为刘歆伪造的情况下，这种看法对于维护《周礼》的价值是有意义的。当然，叶时对《周礼》为周公之书的全盘肯定，与朱熹等对《周礼》的态度相比较，还是缺少理性的分析。

第三，叶时认为，《周礼》虽然在后代的流传过程中有所缺，但不必补亡。汉代发现《周礼》时，《冬官》早已亡佚，因此才用《考工记》补《冬官》之缺。到了宋代，又有学者认为《冬官》其实并没有丢失，就在于《周礼》之中。后来又兴起了另一种辑补《冬官》的潮流，即认为《冬官》未亡，从其他五官之中可以补全《冬官》。这些近于"拼图"游戏性质的工作，激发了很多学者的兴趣。明丘濬指出：

> 自《周礼》出于汉，六官而亡其一，世儒以《考工记》补冬官亡，未始有异议者。宋淳熙中，俞庭椿始著《复古编》，谓司空之篇实杂出于五官之属，且因司空之复，而六官之讹误亦遂可以类考。嘉熙间，王次点复作《周官补遗》，元泰定中，丘葵又参订二家之说，以为成书。吴澄作《三礼考注》，首以是言，且谓冬官未尝亡，而地官之文实亡也。由是以观，则冬官本未尝亡，所亡者冬官首章所谓"惟王建国"至"以为民极"二十字，及"乃立冬官司空"至"邦国"二十字，及大司空之职、小司空之职二条，亦如《虞书》之舜典实未尝亡，特失其"曰若稽古"以下二十八字耳。……则是以冬官断乎未尝缺，而所缺者特四十字及两条耳。（《大学衍义补》卷七十五，文渊阁四库全书本）

丘濬的这番总结，代表了宋代以来学者的一种普遍的学术目的，即认为《周礼》为全经，在《周礼》文本之内可以找出缺失的《冬官》，而不必以《考工记》去补《周礼》之缺。

叶时认为，六经经秦火，多有损伤，不独《周礼》为然。后代所见《周礼》虽然缺少《冬官》，但"愈于尽亡"。汉代河间献王刘德以《考工记》补《周礼》之缺，叶时对此极为不满，认为刘德"不识《周礼》"，"司空一职岂《考工记》之事邪"？据此他认为刘德为"始累《周礼》者"（《礼经会元》卷一上《注疏》）叶时认为，其实"《周礼》无待于《考工记》，献王以此补之亦陋矣"，因为职官虽然可补，但"《周礼》设官之意"如何可补？叶时说：

> 冬官之书虽亡，冬官之意实未尝亡也。太宰事典以富邦国，以任百官，以生万民；小宰事职以富邦国，以养万民，以生百物，则事官之意在《周礼》可考也。《书》之《周官》亦曰："司空掌邦土，居四民，时地利"，则司空之意在《周官》可覆也。观此，则司空职虽亡而未尝亡，《考工记》不必补也。愚既以《考工记》为不必补，则区区百工之事，亦不必论也。（《礼经会元》卷四下《补亡》）

叶时认为，《冬官》一篇虽亡，但是《冬官》中的一些职官在其他篇中也有反映，或从其他篇也可以推测《冬官》，如"秋官有典瑞，玉人不必补可也。夏官有量人，匠人不必补可也。天官有染人，钟氏、㡛氏虽缺何害乎。地官有鼓人，鲍人、韗人虽亡何损乎。虽无车人，而巾车之职尚存，虽无弓人，而司弓矢之职犹在。匠人沟洫之制已见于遂人、鼓人，射侯之制已见于射人"（《礼经会元》卷四下《补亡》)，等等。其实，他的这种看法在某种程度上也暗含着《冬官》不亡而散于五官之中。因此陈基指出，叶时《补亡》一篇"以经补经，尽洗汉儒傅会之陋"[1]，这样的评价也是恰当的。

叶时的目的主要是反对汉代以《考工记》补《周礼》的做法，他认为《冬官》虽亡，但在其他职守中也有一定的反映，这种看法与当时颇有影响的俞庭椿等人的看法，交相呼应，成为《周礼》研究中的新说。

---

[1] 朱彝尊：《经义考》卷一百二十五，《经义考新校》第五册，第2313页。

正是由于对《周礼》的这种看法，叶时进而认为，儒家经典在整体上是完整的体系。针对后世认为的六经经秦火而失《乐经》一说，叶时指出：

> 世儒尝恨六经无《乐》书，愚谓乐不可以书传也。何则？乐有诗而无书，诗存则乐与之俱存，诗亡则乐与之俱亡。乐其可以书传乎？……乐之本乎诗也，乐由诗作，故可因诗以观乐，无诗则无乐。（《礼经会元》卷三下《诗乐》）

> 诗存则古乐传，诗亡则古乐废。今不以乐诗不存为憾，而徒以乐书不传为恨，岂先王作乐之本哉。（《礼经会元》卷三下《诗乐》）

历代有很多学者认为《乐经》未亡，有人认为《乐经》即《周礼》之《大司乐》，有人认为《乐经》即今本《乐记》，还有人认为礼乐本为一体，乐无独立的经书载体。本来，在古礼仪式当中，需有《诗》的配合。《诗》本为配乐的唱词，它本身就是乐的一部分。《通志》说："乐以《诗》为本，《诗》以声为用。"① 这说明了《诗》与乐的密切关系。《四库提要》也说："大抵乐之纲目具于《礼》，其歌词具于《诗》，其铿锵鼓舞则传在伶官。"② 因此，乐是曲调，《诗》是唱词，乐在《诗》中，二者本来就不可分。叶时就持这样的观点，认为《乐》并无独立的经典，乐存在于《诗》中。《诗》在上古流传过程中虽然有所缺失，但是后来依然能够看到三百篇，古乐就存于《诗》中。相比较而言，叶时等人对《乐经》的这种看法更为合理。

总之，针对北宋以来许多学者对《周礼》提出质疑，甚至认为《周礼》为刘歆伪造，在这种学术背景之下，叶时明确认为，《周礼》是周公所著的礼书，《周礼》的经典权威不容质疑。汉代以《考工记》补《周礼》之缺，至宋代又有人认为《冬官》未亡，并从《周礼》书中辑补《冬官》，叶时认为这种做法既无必要，也不可能。《周礼》一书虽然缺了一些职官，但是在总体上是完整的。这是他对《周礼》的整体评价。

---

① 郑樵：《通志》卷四十九《乐略·乐府总序》，中华书局1987年影印本，第625页。
② 《四库全书总目》卷三十八"经部三八·乐类"，第320页。

二 以《中庸》解《周礼》：理学与礼学的融合

《中庸》本为《礼记》之一篇。《中庸》在宋代理学的发展过程中成为理学家究研性理的主要经典。在理学家看来，《中庸》为性理之书，《周礼》为经世之书；《中庸》是子思所作，累圣相传，《周礼》则来历不明，虽然他们在总体上也承认《周礼》为周公之书，但是也指出其中有很多可疑之处，因此二者的性质迥然有别。总体来说，理学家虽然也尊崇《周礼》，但《周礼》并不是他们讲谈论说的重点。

叶时则将《周礼》与《中庸》这两部大相径庭的著作联系起来，"欲观《周礼》，必先观《中庸》"（《礼经会元》卷一上《礼经》）。《中庸》是《周礼》的原则与依据。

叶时认为，儒家所弘扬的道有圣人之道和圣人之法两个方面。"知有圣人之治法，当知有圣人之道法。离道于法，非深于《周礼》者也。"（《礼经会元》卷一上《礼经》）为了全面理解圣人之意，必须把圣人之道和圣人之法结合起来。具体来说，周公之道体现在《中庸》，而周公之法则在《周礼》。圣人之道洋洋乎峻极于天，发育万物，归根结底就是"中而不偏""庸而不易"的中庸、中和之道，这也是"尧以是传之舜，舜以是传之禹，禹以是传之汤，汤以是传之文、武、周公"的道。显然这种解释与理学家的看法是一致的。

中庸之道是礼的核心原则，也是周公之法的指导原则。以《周礼》一书来看，叶时认为，《周礼》虽然表现为具体的各种职官与制度，但《周礼》本身是礼书，《周礼》以及各种职官设置所体现的就是礼的中和原则。他指出：

> 尝观大司徒以五礼防万民之伪而教之中，以六乐防万民之情而教之和，又曰以刑教中，则民不暴，以乐教和，则民不争。至大宗伯亦曰以天产作阴德，以中礼防之，以地产作阳德，以和乐防之，一则曰中和，二则曰中和，皆所以建中和之极也。（《礼经会元》卷一上《民极》）

叶时对礼乐本质的认识，依据的就是传统儒家的礼学思想。

中和、中庸、中道是中国古代哲学中重要的思想观念，同时也是儒家礼学思想的主旨。《中庸》收入《礼记》，是战国时期学者论述礼义的一篇重要文章，说明"中"已经成为礼的重要思想了。《礼记·檀弓上》引子思之言曰："先王之制礼也，过之者，俯而就之；不至焉者，跂而及之"；引子夏之言曰："先王制礼，而弗敢过也"。这都是说制礼的原则要符合"中"。《礼记·仲尼燕居》引孔子之言："夫礼，所以制中也。"子贡问曰："敢问将何以为此中者也？"孔子曰："礼乎礼。"由此可见，孔子对礼与中作循环论证，说明礼与中在思想内涵上是一致的。后来荀子对礼学当中所蕴涵的思想精义作了空前的阐发，认为礼的主要涵义就是"中"，说："先王之道，仁之隆也，比中而行之。曷谓中？曰：礼义是也。"（《荀子·儒效》）

中道、中和是儒家礼学的核心思想。叶时在《礼经会元》一书中也极力强调《周礼》的思想主旨是中庸。如《周礼》六官首篇皆曰"惟王建国，辨方正位，体国经野，设官分职，以为民极"。叶时认为，这几句话是周公作《周礼》的总纲领。所谓"极"，"有中之义。圣人以中道立标准于天下，而使天下之人取中焉。"（《礼经会元》卷一上《民极》）《周礼》开篇的这几句话反映出《周礼》是以中道思想为核心而构建起来的。《周礼》所体现的就是《中庸》所宣扬的中道、中和思想。"《周礼》一书皆此道也。"《周礼》是圣人之法，全书所体现的价值原则就是中庸。

叶时还认为，不仅《周礼》所设具体职官体现的是中和思想，礼乐制度本身体现的也是中和的思想。他说：

> 礼乐之相为用，不容以偏废也。盖教人以礼，所以存养其未发之中。教人以乐，所以存养其已发之和。非中无以为和，非礼无以为乐，是故司徒则以中礼和乐而为教，宗伯则以中礼和乐而为防，礼之为教，与乐并行。（《礼经会元》卷三下《学校》）

由此可见，贯穿《周礼》以及礼乐制度的就是儒家所宣扬的中道、中庸思想。另一方面，中庸之道虽然优优大哉，但是最终还要回复到礼书上、落实到具体的礼制当中。"周公所书虽曰制度，文为之所在，而圣人所以生物不穷，与天并立者，实出于其中。"（《礼经会元》卷一上《礼经》）中庸之道虽然至大至高，但它其实还是出于周公所定立的制度。反过来，"《中庸》言圣道发育万物，复敛而归之礼仪、威仪之中"（《礼经会元》卷一上《礼经》),这是因为,圣人之道"洋洋乎极于至大而无外,优优乎入于至小而无间",弥漫于天地万物之间,但是它需要具体化,体现在具体的礼仪制度当中。这两方面是一致的。

更进一步说,为了实现中庸之道,达到中和的理想状态,就需要有礼乐的保证。礼乐是实现中道的途径与方法。叶时利用了传统儒家的思路,从人性的角度对这个问题作了解释。

叶时对子思的中和说作了这样的解释:"喜怒哀乐未发谓之中,性之正也,发而皆中节谓之和,情之正也。中者天下之大本,天下之理皆由此出,道之体也。和者天下之达道,天下古今之所共由,道之用也。致其中之至,则体立而天地位焉。致其和之至,则用行而万物育焉。此子思子之言中和也。"(《礼经会元》卷三下《礼乐》)这是对《中庸》中和说的进一步疏解。中和是人性的本然状态。但是,人性在现实世界由于受到各种现实环境的限制、制约,便展现为喜怒哀乐等各种情欲。为了使它们符合、达到本然的中和之性,就需要有礼乐的调节。

其实,以礼乐防民,这本是儒家礼学传统的看法。《礼记·坊记》篇中明确说:"礼者,因人之情而为之节文,以为民坊者也。""夫礼者,所以章疑别徵,以为民坊者也。"礼的功能就是防卫人性,最终使之达到至善。叶时也有同样的看法,认为礼乐的功能与作用就是达到人性的中和。他说:

> 然而喜怒哀乐不能不发,发而不能皆中节,是以不能无望于堤防之功,是故大宗伯以民物得于天之所产者,本属阳,以其冲漠无朕,阴之静也,故其德为阴。此乃未发之时,寂然不动者也,故以中礼防之。民物得于地之所产者本属阴,以其呈露毕见,阳之动也,故其德为阳,此乃既发之时,感而遂通者也,故以和乐防之。此二者因其自然之中和而堤防之,使不流于情伪,是宗伯有以导之于其内而制之于其外也。大司徒以民之易离其中而流于伪也,则失其性之正,故教以五礼而防其伪,所以存养其未发之中,以民之易乖其和而流于情也,则失其情之正,故教以六乐而防其情,所以省察其既发之和。此二者遏其未然之情伪,而堤防之使不失其中和,是司徒有以制之于其外,而养之于其内也。(《礼经会元》卷三下《礼乐》)

> 盖人生而静,天之性也,感于物而动,性之欲也,如欲内外交

制，堤防而教导之，舍礼乐何以哉。中和者，礼乐之本也。五礼六乐者，礼乐之文也。舍中和之本，无以为礼乐，舍礼乐之本，无以导中和。故曰礼以导中，乐以导和。（《礼经会元》卷三下《礼乐》）

这两段话将儒家的人性主张与以礼防民的看法结合在了一起。通过礼乐的教化与辅助，可以实现人性的中和。

从以上的论述可以看出，叶时认为中道与礼乐、《中庸》与《周礼》的关系是辩证的、互为表里的。一方面，中道是礼乐的依据，《中庸》是《周礼》的原则，另一方面，中庸之道又必须落实到具体的礼制仪节当中，礼乐制度可以促进实现中道的理想。这二者是密切联系在一起的。这一点符合孔子儒家思想的本旨。

叶时协调了《中庸》与《周礼》，其实是将儒学当中的性理之学与制度之学相结合。本来，"性与天道"与典章制度、仁与礼，是儒学中两个重要的方面，但是在儒学的发展中，这两方面还是有不同的偏重。宋代理学重视性理之学，对儒家的内圣之学做了充足的发展，但是相对来说礼学的发展则有些滞后，这就使后人对宋代儒学以及宋学产生了很大的误解。其实，即使在理学昌盛的时期，儒家经学依然保持了重视礼学的传统，并且力图将性理与制度相结合，叶时的《礼经会元》一书就体现了这种努力。虽然他的这部书由于学力、篇幅所限，没有将二者完全融会贯通，但他指出《中庸》与《周礼》、性理与制度二者必须结合、贯通才是儒学的整体，这对于全面认识宋代儒学，也还是有积极意义的。

三 《礼经会元》与宋代儒学的发展

前文已经指出，由于王安石借《周礼》而行新法，激起儒家士大夫的强烈反弹。在王安石《周官新义》之后，虽然也有几部遵从王学指导的《周礼》注疏，如王昭禹《周礼详解》、王与之《周礼订义》、林之奇《周礼讲义》等，但更多的是对王安石《周礼》学的批判。如"于新学极精"的杨时坚决反对新法，曾著《三经义辨》，专门指摘和批评《三经新义》中的错误，其中有《周礼义辨疑》一卷，朱彝尊《经义考》引晁公武《郡斋读书志》曰"此攻安石之书"。此外，王居正著有《周礼辨学》五卷，今佚。据《宋史·王居正传》记载：

其学根据《六经》，杨时器之，出所著《三经义辨》示居正曰："吾举其端，子成吾志。"居正感厉，首尾十载为《书辨学》十三卷，《诗辨学》二十卷，《周礼辨学》五卷，《辨学外集》一卷。居正既进其书七卷，而杨时《三经义辨》亦列秘府，二书既行，天下遂不复言王氏学。（《宋史》卷三八一）

王居正《周礼辨学》是杨时《周礼义辨疑》的进一步发挥。二书都是以反对王安石《周官新义》为目的的。叶时所在的南宋中后期，王学已经衰微，在政治上的影响也已经褪去，因此《礼经会元》一书不必专以攻击《周官新义》为目的。但是，叶时"深诋王安石新法"（《四库总目提要》），在书中还是不可避免对王学有严厉的批判。他指出："金陵王氏以儒学相熙宁，而尝一用《周礼》，奈何新经行而僻学兴，新法立而私意胜，末流之弊罪有浮于汉儒者。"（《礼经会元》卷一上《礼经》）把《礼经会元》一书放在王安石之后儒家经学的发展脉络当中，并与整个宋代儒学发展的脉络相联系，更能显示其思想史的意义。

首先，针对王安石所说的《周礼》一书"理财"居其半，叶时指出：

> 或曰《周礼》理财之书。今观太宰以九赋敛财贿，之后而继之以九式均节财用，未见其理财，先见其节财，则是周公之节财，乃所以理财也。何者？财非天雨鬼输，必取之民。民之所供有限，国之所用无穷，苟不于其经费之际而品节之，吾恐情窦既开，必至于泛用无度，欲壑不盈，必至于苛取无厌，如欲理之，不过椎肌剥髓以为理，而非正辞禁非以为理也。（《礼经会元》卷一上《式法》）

叶时不同意王安石对《周礼》一书性质的判断，反对将《周礼》的主旨归结为"理财"。王安石认定《周礼》是"理财"之书，而"理财"就是在现实社会当中借机敛财。这种做法遭到儒家士大夫的强烈反对。叶时认为，所谓"理财"，应该是节财。他认为，一个社会的财富并非从天而降，而是来源于民众。既然如此，社会财富总归是有限的，因此不能取之无度，一定要节俭使用，这样，节财也就是理财。这其实是从整体上推翻了王安石对《周礼》一书性质的判断。叶时又说："周人理财之道，非见于理财之日，而见于出纳之际；非见于颁财之顷，而见于会计之时。"

（《礼经会元》卷二上《财计》）这里所说的"出纳""会计"，是指在社会财富总量既定的前提之下，如何更好地分配、管理和使用，而不是通过盘剥民众而聚敛财富。叶时在《礼经会元》一书中讨论了财计、赋敛、式法、内帑、钱币等问题，详细说明了节财的重要性。他指出，节财的重要原则是均。"太宰以九式节财必曰均"，"周公节财必拳拳于均之一字"。（《礼经会元》卷一上《式法》）又说：

> 《易》曰"节亨苦节不可贞"，孔子象之曰"苦节不可贞，其道穷也"。节以制度，不伤财，不害民。盖天下之事，惟合乎制度而已。均则中，不均则或过不及。以一人而临四海，不以四海而奉一人，取之于民而公，用之于君而当，则财不伤而民不害，斯其所以为九式之法与。且《周官》立法秩叙必曰均，力政必曰均，贡赋必曰均，一制一度无所往而不为均也。（《礼经会元》卷一上《式法》）

叶时的这种看法在宋代士大夫中应是有代表性的。他们主张在不增加民众经济负担的前提下，通过节财的办法，进而以均平为原则，"节以制度"，来解决现实社会的财政、经济问题。这种主张与王安石的新法形成了鲜明的对比。

其次，叶时指出："程明道曰：有《关雎》《麟趾》之意，而后可行《周官》之法度，正为斯人发也。"（《礼经会元》卷一上《礼经》）"斯人"指王安石。又说："必有《关雎》《麟趾》之意，而后可以行《周官》之法度。不然则如刘歆之辅王莽。"（《礼经会元》卷三上《市治》）这个问题与理学家对《周礼》的看法相关。前文对此有所讨论（参见本书第二章第三节）。

叶时完全认同理学家的看法，认为修身齐家是治理国家天下的基础，内外贯通是儒学的本义。他说：

> 天下之治，闺门衽席之微而达之于朝廷表著之位，自朝廷表著之近而达于乡田井牧之间，未有内不理而外能顺，家不齐而国自治者。文王造周，由兄弟而家邦，自刑寡妻始，由邦国而乡人，自正夫妇始。成王、周公之守家法，其可不于王内政令致谨乎。（《礼经会元》卷二下《内政》）

齐家之道无以异于治国也。(《礼经会元》卷二下《内政》)

从程明道提出"必有《关雎》《麟趾》之意,然后可以行《周官》之法度",理学家们都认为在后世要实行周公之法,必须要从修身齐家这样的内圣功夫做起,这本是儒家内圣外王主张的共有之义,但是在宋代特定的政治、学术背景之下,明道此说又有了具体的含义,即他是针对王安石借《周礼》行新法而发的。在理学家看来,王安石割裂了内圣与外王之间的必然联系,由于他内圣学的不足,所以他借《周礼》而行的改制必然是失败的。

叶时并非理学家。潘元明在《礼经会元序》中指出,濂、洛诸儒对于《易》《诗》《书》《春秋》皆有成说,唯独对《周礼》没有训释,而叶时的《礼经会元》一书"实可缉濂洛之未备"[1]。叶时是南宋官僚型的士大夫,他"孝宗淳熙登进士甲科,事四朝"(见《至元嘉禾志》卷十三,文渊阁四库全书本),累官至宝文阁学士,但是他的这部经学著作是得到理学家认可的。尤其在儒家内外贯通这个问题上,叶时与理学家的看法完全一致,而且完全认同理学家对儒家内圣学的发展,这是很有意义的一点。余英时先生曾经指出,南宋时期的士人虽然可以大致分为理学家群体和官僚群体,且他们因为现实的政治权力也有相当激烈的冲突与矛盾,但是在儒家内圣之学方面、在内圣与外王的贯通方面,二者并无原则的分歧。相反,官僚群体大多具有理学背景,认可理学家的内圣之学,而且"往往争取一切可能的空隙进修'内圣'之学。这也是南宋政治文化一个极显著的特色"[2]。这是很有见地的看法。这说明理学家所倡导的心性义理之学已成为南宋时期儒学发展的主导,得到了多数士人的认可。叶时就是一个很好的佐证。叶时长期从政,但是作为一名士人、儒者,他认为内圣与外王的贯通是儒学的真谛,且儒学的内圣之学就是程朱之学。只有从程朱的内圣之学才能转出真正的外王。这是理学家与叶时共同批评王安石"有《关雎》《麟趾》之意,而后可行《周官》之法度"的真实原因。

---

[1] 朱彝尊:《经义考》卷一百二十五,《经义考新校》第五册,第2312页。
[2] 参见余英时《朱熹的历史世界:宋代士大夫政治文化的研究》下篇,三联书店2004年版,引文见第406页。

第三，叶时《礼经会元》虽然在整体上是反对王安石《周官新义》的，但是在某些具体的问题上，他的主张又与王安石的看法比较一致，而与当时大多数士人的观点相左。其中一例便是叶时重"和难"而轻复仇。

复仇本是儒家经学中的一个传统主题。见于礼书的说法就有：

父之雠，弗与共戴天。兄弟之雠，不反兵。交游之雠，不同国。（《礼记·曲礼上》）

子夏问于孔子曰："居父母之仇，如之何？"夫子曰："寝苫枕干，不仕，弗与共天下也。遇诸市朝，不反兵而斗。"（《礼记·檀弓上》）

父母之雠，不与同生；兄弟之雠，不与聚国；朋友之雠，不与聚乡；族人之雠，不与聚邻。（《大戴礼记·曾子制言上》）

王安石曾写有《复仇解》一文，反对传统经学的复仇说，认为复仇"非治世之道"，"故复仇之义见于《春秋传》，见于《礼记》，为乱世之为子弟者言之也"（《临川先生文集》卷七十《复仇解》）。王安石反对复仇的主张在北宋时期仅仅是经学研究中的一派观点，但是到了南宋，复仇说不仅仅是一个经学研究中争论不休的问题，更是与现实社会休戚相关的严肃的政治问题。"靖康耻"是南宋士人普遍的政治情结。南宋许多士大夫都力主复仇，收复失地。其中以理学家最为典型和积极。陈登原《国史旧闻》有"宋儒好言恢复"条，详细列举了胡安国、胡寅、张栻、吕祖谦、陆九渊、朱熹、真德秀以及陈傅良、叶适、陆游等人关于"恢复"的言论，可参看。① 如朱熹在绍兴三十二年（1162）孝宗即位后写的封事中说："金虏于我有不共戴天之雠，则其不可和也，义理明矣。"② 他认为当时国家的大政方针之所以摇摆不定，就是由于"讲和之说疑之也"。朱熹对议和派所提出的诸多理由作了严厉的批评，认为"非战无以复雠，非守无以制胜，是皆天理之自然，非人欲之私忿也"。③ 认为讲和之说不罢，"则天下之事无一可成之理"。④

---

① 陈登原：《国史旧闻》第二册，中华书局2000年版，第374—379页。
② 朱熹：《文集》卷十一《壬午应诏封事》，《朱子全书》第二十册，第573页.
③ 朱熹：《文集》卷十三《垂拱奏札二》，《朱子全书》第二十册，第634页。
④ 朱熹：《文集》卷十一《壬午应诏封事》，《朱子全书》第二十册，第574页。

朱子坚决主战,因此他对经学上的复仇说也极为推崇。他说:

> 夫《春秋》之法,君弑,贼不讨,则不书葬者,正以复雠之大义为重,而掩葬之常礼为轻,以示万世臣子,遭此非常之变,则必能讨贼复雠。
> 须知自治之心不可一日忘,而复雠之义不可一日缓,乃可与语今世之务矣。①

无论是从现实政治的角度,还是从儒家经学的立场,叶时对传统的复仇说并没有完全否定,但是显然,叶时并不是积极主张、赞同复仇说,而是肯定"和难"。他说:

> 复仇之说,汉唐儒者多驳之,至伊、洛门人亦惑之,五峰胡氏、三山林氏则疑之尤甚,然皆以复仇为言,不知周人设官谓之和难。(《礼经会元》卷三上《和难》)

《周礼·地官》有"调人"一职:"调人掌司万民之难而谐和之。""难",郑注:"相与为仇雠。"②《太平御览》引马融注曰:"难谓相与为仇也。"③郑注是从马融而来。所谓"和难",其实就是化解矛盾、消除仇恨。《周礼》:"凡和难,父之仇辟诸海外,兄弟之仇辟诸千里之外,从父兄弟之仇不同国"。据此,杀父、杀兄之仇,要使仇人远辟他乡,如郑玄所说:"不得就而仇之"④。这样的主张与《礼记》等其他经典当中所主张的不共戴天的复仇说有异。叶时说:"周人设官谓之和难,难者,犹灾眚之谓也。民有眚灾过尔,故从而谐和之以调人一职而继于司谏、司牧之后,正以消弭其仇忿之风而养成其浑厚之俗也。"(《礼经会元》卷三上《和难》)显然,从现实政治的角度来看,叶时的"和难"说与南宋朝廷以"和议""安静"为"国是"是一致的。儒家经学本来就是以通经致

---

① 朱熹:《文集》卷二十五《答张敬夫书一》,《朱子全书》第二十一册,第1107—1108、1110页。
② 《周礼注疏》卷十五,第505页。
③ 《太平御览》卷四百八十一《人事部》,中华书局1960年影印本,第2202页。
④ 《周礼注疏》卷十五,第506页。

用为目的，叶时这部《礼经会元》又是"颇有深切著明可以施于实用者"，他研究《周礼》是为了经世，"于经世之具尝究心焉，未可概以经生常业例也"（《四库提要》）。所以我们可以判断，叶时的"和难"说与当时的现实政治是相互配合的。

从经学的立场来说，《周礼》所谓的"和难"并非完全否定复仇，而是有特殊所指。江永说："若是杀人而义者，不当报，报之则死。如杀人而不义者，王法当讨，不当教之辟也。此辟雠者，皆是过失杀人，于法不当死，调人为之和难，而雠家必不肯解者，乃使之辟也。"（《周礼疑义举要》卷二，文渊阁四库全书本）据此，则《周礼》规定的"和难"是针对过失杀人而言。江永此说得到了孙诒让的肯定。

叶时当然也承认这一点，认为对于过失杀人者，先王出于仁民爱物之心，故制定"和难"之法来化解纠纷。但是整体上，他更强调在纠纷、仇恨面前和解的重要性。他说："考其官，无非讲解其难而开导其和，使之不得胥戕胥虐，其调伏人心、涵养风俗亦厚矣，故调人曰'掌司万民之难而谐和之'，官名曰调，民难曰谐，其意明甚，儒者尚何疑乎？"（《礼经会元》卷三上《和难》）针对《礼记》等经典中说的复仇说，叶时指出：

> 或者则曰：如《周礼》之说，则皆无仇可复矣，而记礼者胡为而有居父母之仇弗与共天下，居昆弟之仇弗与同国居，从父母兄弟之仇，主人能则执兵以陪其后，又胡为而有父之仇弗与共戴天，兄弟之仇弗反兵交，友之仇不同国？曰：记礼之言子孙复仇之心也，《周礼》之言国家和难之法也。为人子孙，诚不可忘复仇之义，而先王立法，终不忍开怨斗之门，和而辟之，则复仇之怨可以释，不辟而执之，则复仇之义可以伸。（《礼经会元》卷三上《和难》）

叶时这里的意思更加明确，对于国家来说，"和难"、化解矛盾更为重要。叶时曾指出："观《周官》之礼乐，不知有中和之本，而徒求详于玉帛钟鼓之文，未足与言礼乐。"（《礼经会元》卷三下《礼乐》）叶时推崇"和难"，这与他以《中庸》指导《周礼》、认同礼乐的中和思想是前后一致的。

正如朱熹所指出的，对于收复失地这个当时最为重要的政治议题，主要有三种主张，一曰战，一曰守，一曰和。朱子指出，天下之事，"利必有害，得必有失"，无论主战还是主守，都各有利弊，只有主和为最下策。① 虽然"战诚进取之势，而亦有轻举之失。守固自治之术，而亦有持久之难"②，这确实是理性的分析，但是总体来说，朱子还是积极主战的。《四库提要》说："惟函韩侂胄首以乞和，出时之谋"③，说明叶时是韩侂胄乞和的主谋。他的这种政治主张，与他在《礼经会元》中反复申论的"和难"的思想是完全一致的。正如邓广铭先生指出的，《宋史》中的《道学传》《儒林传》和《文苑传》合在一起，也不足以反映宋代儒学的全貌。这是由于有很大一批现实政治中的官员同时也是精通儒学经史之学的儒家学者。④ 叶时就是这样一位学者型官僚。叶时在《宋史》中无传，宋代史籍中对他的资料也保存不多，但他确实对儒家经典与经史之学有较为深入的钻研，他的学术见解与他的政治主张应该是有内在联系的。我们今天将叶时的这部经学著作和他的观点挖掘出来，目的是要尽可能地复原思想史的丰富性与复杂性，从是战是和这样尖锐的政治议题，可以看出当时士人群体的分化。

就目前的宋代儒学研究而论，叶时在南宋儒学的发展进程中几无影响，但是他的这部《礼经会元》后人评价颇高。《四库提要》说"其大旨醇正，多能阐发体国经野之深意"。⑤ 儒家经学历来主张通经致用。《礼经会元》一书与南宋中后期的学术、政治环境是一致的。他的经学观点配合着南宋学术、政治议题，因此对这部经学著作的研究，不但可以深入了解《周礼》学在南宋时期所发挥的实际学术、政治影响，而且对于认识理学与儒学的关系，都有一定的积极意义。

---

① 参见朱熹《文集》卷十三《垂拱奏札二》，《朱子全书》第二十册，第633页。
② 朱熹：《文集》卷十三《垂拱奏札二》，《朱子全书》第二十册，第633页。
③ 《四库全书总目》卷十九，第151页。
④ 参见邓广铭《论宋学的博大精深·北宋篇》，收入《新宋学》第二辑，上海辞书出版社2003年版。
⑤ 《四库全书总目》卷十九，第151页。

第五章　礼学与理学的互动

附：

文渊阁四库全书《礼经会元》书前提要与《四库全书总目》卷十九《礼经会元》提要文字有出入。本书对二篇提要均有征引。现将二篇提要全文附后。

文渊阁四库全书《礼经会元》提要：

《礼经会元》四卷。宋叶时撰。时字秀发，钱塘人，理宗朝龙图阁学士，光禄大夫致仕，卒谥文康。是书名曰释经，而实不随文笺疏，但举《周礼》中大指为目，凡一百篇，皆旁推交通，以畅其说，盖取镕经义，以自成一家言者。时与朱子友善，深诋王安石新法，谓程子所云"有《关雎》《麟趾》之意，而后可行《周官》之法度"，正为安石而发。是固然矣。至其言《冬官》不必补，而訾河间献王取《考工记》附《周礼》适以启武帝之忽略是经甚。且以为坏《周礼》自郑康成始，皆过于非议古人，未免自立门户之习。其他臆断之处，虽时有之，然亦颇有深切著名可以施于实用者。盖时于经世之具尝究心焉，未可概以经生常业例也。（文溯阁四库全书提要同。①）

《四库全书总目》卷十九《礼经会元》提要：

《礼经会元》四卷。宋叶时撰。时字秀发，自号竹埜愚叟，钱塘人。淳熙十一年进士及第。授奉国军节度推官，历官吏部尚书。理宗初以显谟阁学士出知建宁府。后以宝文阁学士提举崇福宫。卒谥文康。其立朝无大功过，惟函韩侂胄首以乞和，出时之谋。是书前有竹埜先生传，不著撰人名氏。称时奏侂胄专政无君，罔上不道，乞枭首置之淮甸，积尸丛冢之间以谢天下，上纳之云云。（案此传称宁宗为上，当出宋人之笔）曲讳其事，非实录也。其书括《周礼》以立论，凡一百篇。第一篇泛论礼经，乃其总序。第二篇驳汉儒之失。第一百篇补《冬官》之亡。其发挥经义者，实九十七篇。内朝仪、官卫、

---

① 参见金毓黻等编《文溯阁四库全书提要》卷十一，中华书局2014年版，370—371页。

王畿、祭乐、明堂、分星六篇，各系以图。其祭乐后所附之图，实乐舞之图。盖刊本舛伪，移于前幅。其说与郑伯谦《太平经国之书》体例略同，议论亦多相出入。时于伯谦为前辈，然《竹垞先生传》中称其晚居嘉兴，乃著此书，以授门人三山翁合。则二书之作，相去不远。或伯谦取时书而约之，或时因伯谦书而广之，均未可定。然伯谦所论或有驳杂，时则大体无疵。惟必欲复封建、井田、肉刑之类，颇迂阔尔。其《注疏》一篇，谓刘歆诬《周礼》，犹先儒旧论。至谓河间献王以《考工记》补《冬官》为累《周礼》，且谓汉武帝不信《周礼》由此一篇。其说凿空无据。又谓郑康成注深害《周礼》，诋其不当用纬书注"耀魄宝"等帝名，及用《国语》注"分野"，用《司马法》注"丘乘"，用《左传》注"冕服"九章，用《礼记》注"袆衣副编"。夫康成引纬，欧阳修《乞校正五经劄子》已专论之，无烦时之剿说。至于《国语》、《司马法》、《左传》、《礼记》，皆古书也。时乃谓不当引以证经，然则注《周礼》者当引何等书耶？其《补亡》一篇，谓《冬官》散见五官，亦俞庭椿之琐说。时不咎其乱经，阴相袭用，（案《补亡》用庭椿之说，而不言说出于庭椿。）反以读郑注为叛经，真又甚矣。传称其与紫阳朱文公相友善。然朱子于《诗》攻康成，于《礼》不攻康成。此足知朱子得于礼者深，时之得于礼者浅也。以其大旨醇正，多能阐发体国经野之深意，故数百年来，讲礼者犹有取焉。①

---

① 《四库全书总目》卷十九，第151页。

第 六 章

意义的呈现：礼制与思想的交融

无论在中国的历史文化传统当中，还是与其他文明体系作比较研究，礼都是中国文化当中的重要内容与显著特征。这一点应当是毋庸置疑的。中国文化当中的礼，从总体上来看，笔者曾经指出，"礼是一套象征体系"。这一看法是在深入研究中国古代的礼仪、礼制的基础上，结合现代学者的研究以及当代符号学的理论而得出的。[①] 具体来说，礼之所以是一套象征体系，是因为礼是有"意义"的，而且这个"意义"是人所赋予它的。这是我们认识、把握礼非常关键的一点。从文献来看，据《左传》记载，早在春秋时期，就有人已经明确地指出"仪"和"礼"的区别。郑臣子大叔引郑子产言曰："夫礼，天之经也，地之义也，民之行也。"（《左传·昭公二十五年》）晋臣女叔齐曰："礼，所以守其国家，行其政令，无失其民者也。"（《左传·昭公五年》）他们所认为的真正的礼，是国家制度以及整个社会的规则，而且这种制度、规则也是模仿天地自然的规则而创制的。显然，这样的认识主要是突出了礼的社会政治意义。后来在春秋末期礼坏乐崩的社会当中，孔子也认为，徒具形式的礼器、礼仪并不是真正的礼。孔子说："礼云礼云，玉帛云乎哉？乐云乐云，钟鼓云乎哉？"（《论语·阳货》）"人而不仁，如礼何？人而不仁，如乐何？"（《论语·八佾》）在孔子看来，只有内心具有仁德，这样的礼才是有意义的。从前人的这些论述来看，无论人们重视的是礼的政治意义，还是强调礼的道德意义（当然，这二者也是不可分离的），先秦时期人们已经普遍地认为，礼不是中规中矩的、僵化的仪式，礼是有意义的，只有将礼的意义贯穿在仪式当中，这样才是真正的礼。后来《礼记》说："礼之所

[①] 参见刘丰《先秦礼学思想与社会的整合》，中国人民大学出版社2003年版，第224—237页。

尊，尊其义也"（《郊特牲》），将上古以来的思想作了简要而准确的总结。

《礼记·中庸》说："礼仪三百，威仪三千"，《礼器》篇又说："经礼三百，曲礼三千"，无论三百三千，都是形容礼的种类是非常多的。具体来说，《礼记》书中有"六礼"："冠、昏、丧、祭、乡、相见"（《礼记·王制》），还有"八礼"，即"丧、祭、射、御、冠、昏、朝、聘"（《礼记·礼运》），清代学者邵懿辰指出，这里的"射、御"其实是"射、乡"之误。① 另外，《大戴礼记·本命》还有"九礼"的说法："冠、昏、朝、聘、丧、祭、宾主、乡饮酒、军旅，此之谓九礼也。"从这些说法来看，无论是六礼，还是八礼或九礼，其本质都是一样的，都是以人的日常生活为主，涵盖了周代贵族生活的主要方面。

在礼学内部，关于古礼还有另外一套分类标准。这就是《周礼》提出的"五礼"体系。《周礼·春官·大宗伯》：

> 大宗伯之职，掌建邦之天神、人鬼、地示之礼，以佐王建保邦国。
>
> 以吉礼事邦国之鬼神示：以禋祀祀昊天上帝，以实柴祀日、月、星、辰，以槱燎祀司中、司命、风师、雨师。以血祭祭社稷、五祀、五岳，以貍沈祭山林川泽，以疈辜祭四方百物，以肆献祼享先王，以馈食享先王，以祠春享先王，以礿夏享先王，以尝秋享先王，以烝冬享先王。
>
> 以凶礼哀邦国之忧：以丧礼哀死亡，以荒礼哀凶札，以吊礼哀祸灾，以禬礼哀围败，以恤礼哀寇乱。
>
> 以宾礼亲邦国：春见曰朝，夏见曰宗，秋见曰觐，冬见曰遇，时见曰会，殷见曰同，时聘曰问，殷覜曰视。
>
> 以军礼同邦国：大师之礼，用众也；大均之礼，恤众也；大田之礼，简众也；大役之礼，任众也；大封之礼，合众也。
>
> 以嘉礼亲万民：以饮食之礼亲宗族兄弟，以昏冠之礼亲成男女，以宾射之礼亲故旧朋友，以飨燕之礼亲四方之宾客，以脤膰之礼亲兄

---

① 参见顾颉刚《〈仪礼〉和〈逸礼〉的出现与邵懿辰考辨的评价——〈礼经通论〉序》，《文史》三十八辑，中华书局1994年版。

弟之国,以贺庆之礼亲异姓之国。

很显然,《周礼》提出的"五礼"是以国家为主体的。《周礼》虽然是儒家的理想设计,并不完全属实,但《周礼》的吉、凶、宾、军、嘉"五礼"框架却成为后世国家礼制的主体结构。按照梁满仓先生的研究,中国古代的五礼制度始于魏晋之际,至南朝萧梁时期臻于成熟。[①] 此后的国家礼典都采纳的是"五礼"体系,所有的礼制都被纳入"五礼"体系当中。

在五礼制度形成以后,尤其是隋唐以后,每个朝代都要制定大型的礼典,国家与社会生活的方方面面,都反映在礼典与礼制当中。正如自古以来就强调的,礼是有意义的,因此,从每个时代的礼制当中,从人们对礼制的解释、争论当中,也可以反映出特定时期的政治变革、社会发展以及宗教、思想等内容。深入分析礼制当中所蕴含的思想意义,将礼制变革与社会变革、思想争论相结合,应该是非常有意义的研究,同时也可以拓宽礼学研究的范围,推动礼学研究的深入发展。

当然,将礼制与思想史相结合,或者说,从思想史的角度研究礼制,又是有相当的难度的。从浩如烟海的礼典、礼制当中选择出具有思想史内涵的内容进行研究,本身就很困难。本章的几项个案研究,只是这方面的初步尝试。还需指出的是,由于礼的连贯性,有时并不以朝代的兴亡为界,尤其从儒学的角度来看,很多礼制所具有的意义是在历史上延续一贯的。因此,这里的研究并不完全限于北宋时期。另外,宋代还有一些值得关注的礼与思想史的交融与互动的内容,我们这里也没有涉及。因此,这一有意义的研究还有很大的拓展空间,值得作进一步的深入探讨。

第一节 战国时期儒家的变礼思想
——以国家政权转移的理论为中心

中国古代的礼范围极其宽泛,从饮食起居、舆服宫室,到宗教祭祀、国家制度,都包括在礼的范围之内,古人都笼统地称之以礼。但是,在礼

[①] 参见梁满仓《魏晋南北朝五礼制度考论》,社会科学文献出版社2009年版,第129—146页。

的内部是有区别的，简单划分，主要有礼俗、礼仪、礼制等几个层次。在三《礼》当中也有这种区别，有专讲仪节的《仪礼》，有侧重国家制度的《周礼》，也有阐发理论的《礼记》。古代礼学的发展，有学者指出，是从注重仪节的礼演变为注重国家政治制度的礼；也就是说，由重视《仪礼》发展到重视《周礼》。王葆玹先生认为，这个转变是从郑玄开始的。

王葆玹先生指出，郑玄庞大的经学体系是以三《礼》学为核心，而他的三《礼》之学又是以《周礼》为首。郑玄经学的权威在他身后逐渐提高，这种提高的过程也就是《周礼》在经学领域的地位的上升过程。《周礼》跃居三《礼》之首在经学内部以及思想史上有重要的意义："由于《周礼》是以官制为框架，讲述社会政治制度的系统，故而郑玄三《礼》之学获得权威地位，标志着中国礼学的巨大的转变，即由专讲典礼仪式及日常礼节的礼学，转变为讲述社会政治制度的礼学。"① 从整个经学史的角度来看，王葆玹先生的这个看法是正确的。但是，我们认为，从礼的发展来看，尤其是先秦礼的发展，也有一个从注重礼仪仪节的礼向重视国家政治制度的礼的转变，这个转变是在春秋战国时期。礼的这次转变，与当时的社会变革交织在一起，是一次礼的重大变革。与当时轰轰烈烈的变法运动相比，礼的这次转变也可以称为"变礼"。

周礼当然也包括重要的国家政治制度，如嫡长子继承制、分封制、宗法制等，而且这些国家制度又与周公的制礼作乐有关，但是从周礼的整体或西周礼乐文化的整体来看，《仪礼》所代表的一整套礼仪文化，更能反映周礼或三代之礼的特征。胡培翚《仪礼正义》曾说："三礼唯《仪礼》最古，亦唯《仪礼》最醇矣。《仪礼》有经有记有传，记传乃孔门七十子之徒所为，而经非周公莫能作。其间器物陈设之多、行礼节次之密、升降揖让裼袭之繁，读之无不条理秩然。"认为《仪礼》为周公所作，是古代经学家共同的看法，从今天的观点来看，把这段话理解为《仪礼》最能反映西周时期的礼乐文化，倒是与历史事实相符的。

春秋后期出现了"礼坏乐崩"的局面，一方面，原来的礼仪等级被打破，僭礼现象普遍发生；另一方面，由于社会的变动、战乱，原来的礼仪已不可能完全实行。这时，礼与仪分离了。礼的重心由仪节逐渐向礼制

---

① 参见姜广辉主编《中国经学思想史》第二卷，中国社会科学出版社2003年版，第230页。

转移。也就是说，春秋后期到战国时期，人们更加关注的是具体的礼仪后面所蕴涵的思想、理念，重视礼作为国家制度在实现社会整合方面的作用和功能。这样的记载在春秋战国时代的文献当中非常普遍：

> 礼，经国家，定社稷，序民人，利后嗣者也。(《左传·隐公十一年》)
>
> 礼，所以整民也。(《左传·庄公二十三年》)
>
> 礼，国之干也。(《左传·僖公十一年》)
>
> 是故礼者，君之大柄也。所以别嫌明微，傧鬼神，考制度，别仁义，所以治政安君也。(《礼记·礼运》)
>
> 礼之于正国也，犹衡之于轻重也，绳墨之于曲直也，规矩之于方圆也。故衡诚县，不可欺以轻重；绳墨诚陈，不可欺以曲直；规矩诚设，不可欺以方圆；君子审礼，不可诬以奸诈。(《礼记·经解》)
>
> 礼者何也？即事之治也。君子有其事必有其治。治国而无礼，譬犹瞽之无相与，伥伥乎其何之？譬如终夜有求于幽室之中，非烛何见？若无礼，则手足无所错，耳目无所加，进退、揖让无所制。(《礼记·仲尼燕居》)
>
> 人之命在天，国之命在礼。(《荀子·强国》)
>
> 礼者，所以御民也；辔者，所以御马也。无礼而能治国家者，晏未之闻也。(《晏子春秋·谏上》)

这是春秋后期以来人们对礼的一种普遍的看法。这里所着重强调的，是礼在建立国家制度方面的重要作用。当然，这个时期探讨的礼制，主要是一种理论上的探讨，或者说还停留在纸面上，由于当时的客观现实，这些制度还不可能在社会上得到实行。也可以说，这个时期人们所探讨的礼制，主要是为了未来的新社会而设计的。

对礼制的重视与强调，还有一个重要的标志，就是《周礼》的编纂与成书。《周礼》的成书时代是传统经学以及现代《周礼》研究中的大问题，从目前的研究来看，尽管还有不同的意见，但认为《周礼》成书于战国时期，已为学者所普遍接受。《仪礼》虽然也成书于战国时期，但它是儒家学者对古礼的叙述与整理，它所反映的时代依然是西周的；《周礼》虽然也保存了西周时期的部分礼制，但从整体上说，它是战国时代的学者对国家制度的设计，与当时重视礼制的潮流是一致的。

据此我们认为，春秋后期到战国，尤其是战国时期，礼发生了一次转变，即由重视礼仪转向重视礼制，更强调礼的社会政治意义。这个转变与当时在学术界重要的儒家学派发生了密切的关系。

战国秦汉时期的儒学是以政治为中心的。政治是孔子思想的一个重要方面，也是孔子思想在战国至秦汉时期发展的主要趋向。

《论语》记子贡之言曰："夫子之文章，可得而闻也。夫子之言性与天道，不可得而闻也。"（《论语·公冶长》）一般把这里的"文章"解释为历史文献。[①] 但钱穆先生指出，这里所谓的"文章"，"正指《诗》《书》礼乐，正指历史制度，正与文王之'文'，'郁郁乎文哉'之'文'，'文不在兹乎'之'文'，同一义蕴。"[②] 比较而言，钱穆先生的这个解释更恰当。孔子思想的重点是礼乐制度，这也是战国儒学的重点。战国时期的儒家学者"咸遵夫子之业而润色之"（《史记·儒林列传》），他们所关心、讨论的问题，重点是社会的变革。儒学的重点在礼，孔子认为礼是"损益"发展的，儒家希望通过礼制的"损益"变革，对礼作新的解释，实现社会的变革。

从广义的角度来看，战国时期的政治、经济、军事、法律等制度的变革，都是传统礼的变革，各诸侯国的变法其实就是变礼。本节要讨论的是儒家关于变礼的主张，尤其是儒家关于国家政权转移的理论，这是政治变革、礼制变革的最主要的方面。儒家虽然没有在现实的政治变革中发挥多少实际的作用，但儒家在这方面提出了许多有价值的理论，值得今天的儒学研究进一步深入探讨。

一　禅让

政权的转移形式应是礼制当中最为重要的一项内容。战国时期，儒家对这个问题作了相当深入的探讨，是儒家政治哲学的主题之一。《礼记·礼运》篇中有孔子关于大同、小康的论述，这是儒家关于政权转移、礼制变革最重要也是最经典的论述。这里的大同，指的就是禅让。冯友兰先生曾经指出："禅让说为一种说明君主政权权力来源之理论，亦可谓系一

[①] 杨伯峻：《论语译注》，中华书局1980年版，第46—47页。
[②] 钱穆：《孔子与春秋》，《两汉经学今古文平议》，商务印书馆2001年版，第316页。

种转移政权方式之纯形式之说明。""战国时之政治哲学,即所以说明此诸种政权转移方式之纯形式而为其理论的根据。"① 禅让是儒家关于政权转移首先提出的理论。

顾颉刚先生曾著《禅让传说起于墨家考》,详细梳理了先秦的相关文献,为禅让说正本清源,认为禅让说起源于墨家的尚贤尚同思想,儒家以及后来的史家所认为的尧舜禹禅让的故事,都是受墨家的影响而形成的。② 禅让究竟是出于墨家的思想还是上古的历史事实,儒家的禅让主张是否受墨家的影响而产生,这些问题暂且不论,但结合出土的竹简《唐虞之道》《子羔》等篇来看,战国时期的儒家曾积极地主张禅让,这也是事实。战国时期的礼制变革,儒家对于政权的转移首先是主张禅让的。禅让虽然据传在远古时期曾经实行过,但儒家在战国这样的时代强调禅让,则有着鲜明而深刻的时代意义。

郭店楚简《唐虞之道》说:

> 唐虞之道,禅而不传。尧舜之王,利天下而弗利也。禅而不传,圣之盛也。利天下而弗利也,仁之至也。……故唐虞之【道,禅】也。③
> 孝,仁之冕也;禅,义之至也。六帝兴于古,皆由此也。
> 禅也者,上德授贤之谓也。上德则天下有君而世明,授贤则民举效而化乎道。不禅而能化民者,自生民未之有也,如此也。

《唐虞之道》中的这几段文字主张"禅而不传",认为禅让是符合道义、理性的唯一可行的政权转移形式。

新近公布的上海简《子羔》篇中,也肯定了禅让。其文曰:

> 昔者而弗世也,善与善相授也,故能治天下,平万邦……

---

① 冯友兰:《中国政治哲学与中国历史中之实际政治》,《三松堂学术文集》,北京大学出版社1984年版,第401页。
② 顾颉刚:《禅让传说起于墨家考》,原载国立北平研究院《史学集刊》第一期,1936年4月;收入《古史辨》第七册;后收入《顾颉刚古史论文集》第一册,中华书局1988年版。
③ 释文据李零《郭店楚简校读记》(增订本),北京大学出版社2002年版,第95页。

"弗世"，据学者的解释，就是"不传"的意思。① 这段话的意思和《唐虞之道》是一致的，认为远古时期王位是不传子的，是"善与善相授"，这就是禅让。正因为如此，才能"治天下，平万邦"。上博简中另外一篇《容成氏》专讲古史，从尧之前的二十几位帝王"皆不授其子而授贤"讲起，一直讲到武王伐纣，所肯定的依然是禅让："尧以天下让于贤者，天下之贤者莫之能受也。万邦之君皆以其邦让于贤。"

现在一般把郭店楚简和上博竹简的时代定在孔孟之间，也就是战国前期。具体地说，如李零先生认为，郭店楚简十八篇"反映的主要是'七十子'的东西，或'七十子'时期的东西"。② 这些竹简的时代相当，它们所反映的思想也有内在的一致性。

在儒家传统文献当中，关于禅让最为典型的论述，是孟子的一段话。

> 万章问曰："人有言，'至于禹而德衰，不传于贤，而传于子。'有诸？"
> 孟子曰："否，不然也；天与贤，则与贤；天与子，则与子。昔者，舜荐禹于天，十有七年，舜崩，三年之丧毕，禹避舜之子于阳城，天下之民从之，若尧崩之后不从尧之子而从舜也。禹荐益于天，七年，禹崩，三年之丧毕，益避禹之子于箕山之阴。朝觐讼狱者不之益而之启，曰：'吾君之子也。'讴歌者不讴歌益而讴歌启，曰：'吾君之子也。'……孔子曰：'唐虞禅，夏后殷周继，其义一也。'"（《孟子·万章上》）

孟子的这段话，在禅与继之间持两可的态度，或者说是调和了禅与继。孟子把决定禅让还是传子的大权交给了天，"天与贤，则与贤；天与子，则与子"。在孟子看来，只要合乎仁义之道，顺乎民众之心，那么政权的转移无论是禅还是传，都是一样的。

顾颉刚先生认为，孟子本来是主张禅让的，但是当时燕王哙让国于子之，导致燕国大乱。孟子在禅与继之间持两可的态度，是以这样的历史事件为背景的，或者说，"这些话虽然讲的是尧、舜，其实是针对燕王哙让

---

① 孟蓬生：《上博竹书（二）字词箚记》，见简帛研究网。
② 李零：《郭店楚简校读记》（增订本）"前言"，第4页。

国的事说的"。① 李存山先生也指出："正是因为有了燕国的'让国'悲剧，而且孟子亲临其境，所以孟子要对理想与现实、禅让与传子进行新的整合，于是也就有了'天与贤，则与贤；天与子，则与子'的两可之说。"② 从这些论述可以看出，孟子其实是主张禅让的，但是由于现实政治的原因，他在理论与现实之间作了调和，即对禅与继持一种两可的态度。

战国时期儒家的禅让主张，与当时思想界普遍的风气是一致的。李存山先生还指出："实际上，崇尚'禅让'制曾经是先秦儒、墨、道等家一致的思想。"③ 这个判断是正确的。禅让的风气在当时的思想界确实是很浓厚的。

比较特殊的是荀子。荀子作为战国后期的大儒，却公然反对禅让。他说：

> 世俗之为说者曰："尧舜擅让。"是不然。……故曰：诸侯有老，天子无老，有擅国，无擅天下，古今一也。夫曰尧舜擅让，是虚言也，是浅者之传，陋者之说也，不知逆顺之理，小、大、至、不至之变者也，未可与及天下之大理者也。（《荀子·正论》）

荀子反对禅让，这是因为他太重礼，如他所说："礼义之分尽矣，擅让恶用矣哉！"（《荀子·正论》）荀子认为，禅让是与礼义相对立的。荀子隆礼重法，这里的"礼"应是与法相类的"今礼"。另外，荀子生活的战国晚期，天下统一的趋势已经非常明朗，对现实有清晰冷静认识的荀子，自然不会在这个时候再强调什么禅让了。

但是，如果仔细考察文献，那么可以看出，荀子也并不是完全反对禅让。例如他说："诸侯有老，天子无老，有擅国，无擅天下"，这又是承认诸侯是可以禅国的。《荀子·成相》篇还说："请成相，道圣王：尧舜尚贤身辞让。……尧让贤，以为民，泛利兼爱德施均。……尧授能，舜遇时，尚贤推德天下治。……舜授禹，以天下，尚得推贤不失序。外不避

---

① 顾颉刚：《禅让传说起于墨家考》，《顾颉刚古史论文集》第一册，第343页。
② 李存山：《反思经史关系：从"启攻益"说起》，《中国社会科学》2003年第3期。
③ 李存山：《读楚简〈忠信之道〉及其他》，《郭店楚简研究》（《中国哲学》第二十辑），辽宁教育出版社1999年版，第270页。

仇，内不阿亲贤者予。"这里所宣扬的尧舜禹禅让的故事，与《正论》篇不合，因此顾颉刚先生怀疑《成相》篇"恐非荀子之书"，"或出汉代他家之手"。① 无端怀疑文献是不可取的。这里的矛盾只能看作是荀子思想内部的矛盾，或荀子在不同的历史背景之下对禅让有或肯定或否定的说法。

总体来说，战国时期的儒家是肯定远古时期的禅让的。这股思潮一直持续到秦汉时期。儒家普遍的看法是，远古时期实行的是禅让，三代是世袭，历史由此而分为两个时期。

> 五帝官天下，三王家天下，家以传子，官以传贤，故自唐虞已上经传无太子称号，夏殷之王虽则传嗣，其文略矣，至周始见文王世子之制。(《韩诗外传》)②

> 五帝官天下，三王家天下，家以传子，官以传贤，若四时之运，功成者去，不得其人则不居其位。(《韩氏易传》，《汉书》卷七十七《盖宽饶传》引)

> 秦始皇帝既吞天下，乃召群臣而议曰："古者五帝禅贤，三王世继，孰是？"博士七十人未对。鲍白令之对曰："天下官则禅贤是也，天下家则世继是也。故五帝以天下为官，三王以天下为家。"(《说苑·至公》)

据蒙文通先生的考证，这里的鲍白是鲍丘之误，就是《盐铁论》中的包丘子，也就是传《诗》于申公的浮丘伯。③ 据此，则鲍白令之所依据的显然也是儒家的主张。

总之，主张禅让是战国时期儒家的一种普遍的主张。儒家主张复古，但是，在战国这样特殊的时代背景之下，儒家赞同远古的禅让，不是简单地崇古，而是具有明显的时代意义。儒家不认同因暴力而统一天下，而是主张选贤与能，把统一天下的大权交给最有能力、最能深得人心的圣贤，这是儒家对社会现实的一种深刻的批判，也是对未

---

① 顾颉刚：《禅让传说起于墨家考》，《顾颉刚古史论文集》第一册，第345页。
② 《太平御览》卷一四六，中华书局1960年影印本，第712页。
③ 蒙文通：《孔子和今文学》，《经史抉原》(《蒙文通文集》第三卷)，巴蜀书社1995年版，第186页。

来政治的理想。

二 革命

对于三代以上，儒家强调禅让是政权的合法的转移形式。而对于三代以来的易代变革，也就是所谓的"汤武革命"，儒家又从"顺乎天而应乎人"的角度作了肯定。

儒家对革命的肯定，并非肯定它的暴力性，而是肯定它的合乎道义性，也就是说，儒家之所以认为通过暴力而发生的政权转移形式是合法的、正当的，那是由于革命的一方是符合道义的，而被革命的一方则是与道义相违背的。这也就是"顺乎天而应乎人"。这里的"天"有自然之天和道义之天两层含义。依前一种解释，汤武的革命就如四时的运转，完全是符合自然的；依后一种解释，汤武的革命在价值上是合理的，是必然的。正是在这两种意义上，儒家肯定了汤放桀、武王伐纣是合法的。

《孟子》书中记载了孟子与齐宣王的一段对话：

> 齐宣王问曰："汤放桀，武王伐纣，有诸？"
> 孟子对曰："于传有之。"
> 曰："臣弑其君，可乎？"
> 曰："贼仁者谓之'贼'，贼义者谓之'残'。残贼之人谓之'一夫'。闻诛一夫纣矣，未闻弑君也。"（《孟子·梁惠王下》）

荀子也有相同的看法：

> 世俗之为说者曰："桀纣有天下，汤武篡而夺之。"是不然。……故桀纣无天下，而汤无不弑君，由此效之也。汤武者，民之父母也；桀纣者，民之怨贼也。（《荀子·正论》）

孟、荀在这里之所以肯定诛杀桀、纣不是弑君，就是因为桀、纣已经丧失了为君的合法性，因此汤武的革命才是顺天应人的，是建立在符合仁义、天道的基础之上的。在《孟子》书中，孟子在讲到汤武革命的时候，由于认定汤武的征伐是符合道义原则的，因此孟子就极力回避战争的残酷，渲染战争的容易。① 孟子说：

> "汤始征，自葛载"，十一征而无敌于天下。东面而征，西夷怨；南面而征，北狄怨，曰："奚为后我？"民之望之，若大旱之望雨也。归市者弗止，芸者不变，诛其君，吊其民，如时雨降。民大悦。（《孟子·滕文公下》）

依这里的描写，汤的征伐完全是顺天应人的正当之举。关于武王伐纣，孟子也持相同的看法。《尚书·武成》篇原本记述的是武王伐纣的历史，但孟子认为《武成》篇中记载的"血之流杵"是不可信的。孟子说：

> 尽信《书》，则不如无《书》。吾于《武成》，取二三策而已矣。仁人无敌于天下，以至仁伐至不仁，而何其血之流杵也？（《孟子·尽心下》）

《武成》篇虽然到东汉时期就已经亡失了，但我们仍然可以想见，篇中所记述的武王伐纣的战争是相当艰难、残酷的。但由于孟子认定"仁人无敌于天下"，而武王伐纣是"以至仁伐至不仁"，因此不可能出现"血之流杵"的现象。东汉王充说：

> 察《成武》之篇，牧野之战，血流浮杵，赤色千里。由此言之，周之取殷，与汉、秦一实也。而云取殷易，兵不血刃，美武王之德，增益其实也。（《论衡·语增》）

结合其他史料来看，王充的批判是有道理的。但孟子否认《武成》篇，认为武王的征伐是顺乎天意，合乎民心，不可能出现"血流浮杵"的局面，这是孟子从其特殊的立场得出的结论，即孟子赞同汤武革命，认为汤武革命是合理合法的。

把儒家的革命论放在战国混乱的现实中来看，我们便可以清楚地看出

---

① 李存山先生也研究了这个问题。参见李存山《反思经史关系：从"启攻益"说起》，《中国社会科学》2003 年第 3 期。本书对李存山先生的研究有所参考。

它的积极的现实意义。面对战国诸侯"一天下"的野心以及征伐不已的战争，儒家虽无能为力，但却在理论上极力强调战争必须具备合理性，即要"顺乎天而应乎人"，这样的革命才是正当的。显然，这是对当时无道现实的深刻批判。

秦末农民起义之时，鲁国诸儒积极参加陈涉的起义，"持孔氏之礼器往归陈王"，是战国以来儒家关于革命说在现实政治中的具体实践。《史记》解释说："然而缙绅先生之徒负孔子礼器往委质为臣者，何也？以秦焚其业，积怨而发愤于陈王也。"（《史记·儒林列传》）这个解释并不全面，鲁诸儒积极参加陈涉的起义，除了"积怨"于秦之外，重要的原因还是为了实现汤武革命的理想。《盐铁论》中"文学"的一段话，更明确地说明鲁国诸儒的行为是为了效仿汤武革命，是儒家学者在现实政治中实现理想的具体行动：

> 周室衰，礼乐坏，不能统理，天下诸侯交争，相灭亡，并为六国，兵革不休，民不得宁息。秦以虎狼之心，蚕食诸侯，并吞战国以为郡县，伐能矜功，自以为过尧、舜而羞与之同。弃仁义而尚刑罚，以为今时不师于文而决于武。赵高治狱于内，蒙恬用兵于外，百姓愁苦，同心而患秦。陈王赫然奋爪牙为天下首事，道虽凶而儒墨或干之者，以为无王之矣，道拥遏不得行，自孔子以至于兹，而秦复重禁之，故发愤于陈王也。孔子曰："如有用我者，吾其为东周乎！"庶几成汤、文、武之功，为百姓除残去贼，岂贪禄乐位哉？（《盐铁论·褒贤》）

战国时期儒家关于革命的思想，一直延续到汉代。只是由于统一的中央集权的专制帝国已经建立，在这个时候再宣扬革命主张，就显得不合时宜了。《史记·儒林列传》记载了汉景帝时辕固生与黄生的一次争论。它典型地反映了道义革命论和统一稳定的政权之间的矛盾，革命者在革命前和革命成功之后的矛盾，这也是儒家革命论的困境。在那次争论中，辕固生的主张和上文所讲到的《易传》、孟子、荀子是一致的，应该是战国儒家思想的延续。由于时移世易，现实的政治环境发生了翻天覆地的变化，面对新兴的马上得来的天下，这个时候再讲儒家的革命思想，新政权的稳定性就会受到质疑和挑战，因此景帝只得从中调和，"食肉不食马肝，不为不知味"。从此以后，"后学者莫敢明受命放杀者"，儒家关于革命的思想就逐渐湮没不传，只有在今文学的齐《诗》、焦《易》中有曲折的反映，而大多数的学者就不得而闻了。由于脱离了战国以来儒家思想的脉络，今文学的革命思想就变成了非常异议可怪之论。但是，我们把它还原到战国时期的思想语境当中，那么可以看出，革命与禅让虽然强调的重点不同，但都有具体的社会内容和社会批判意义。

三　王鲁

孔子王鲁说是汉代公羊学的主要内容之一，后来由于纬书大加提倡，以孔子为素王，另有素臣，俨然一个小朝廷，因此被后世学者视为奇谈怪论。其实，公羊学孔子王鲁说的思想源头依然在战国，是战国时期儒家关于政权转移而提出的一种新的、更加激进的理论。

孔子王鲁，和"素王"说是一致的。按照公羊家的解释，所谓"素王"，就是有德而无位的"空王"。公羊家认为，孔子就是这样的素王，孔子在现实政治中没有成为王，但他把他的政治理想寓于《春秋》之中，以《春秋》为万世之法。因此，孔子为素王也可以称为"《春秋》素王"。

素王说、《春秋》素王说和孔子王鲁说在本质上是一致的，即在王朝更迭的序列中，代周而起的应是孔子。孔子在继周之后而王天下。

关于王鲁说，董仲舒有明确的论述：

> 故《春秋》应天作新王之事，时正黑统。王鲁，尚黑，绌夏，亲周，故宋。……具存二王之后也。
> 《春秋》作新王之事，变周之制，当正黑统。而殷、周为王者之后，绌夏，改号禹谓之帝，录其后以小国，故曰绌夏存周。以《春秋》当新王。（《春秋繁露·三代改制质文》）

董仲舒的这些话，是以三统说为前提的。按照三统说，孔子作《春秋》，代表一王之法，以鲁为王，开始新一统的循环，故曰"王鲁"。据董仲舒在《春秋繁露》中所说，夏为正黑统，商为正白统，周为正赤统。代周而起的是鲁，又为正黑统。以鲁为新王的三统是商—周—鲁，夏退出三统，进入五帝的序列，故曰"绌夏"，这也就是"改号禹谓之帝"。每一个新王朝继起以后，还要封前二代之后：因为周离鲁接近，故曰"亲周"；殷离鲁较远，故曰"故宋"。总之，从董仲舒的这两段话中，按照王朝更迭的三统的循环，新受命的王朝是"以《春秋》当新王"。

公羊学的这种思想主张，并不是毫无根据，而是来源于先秦儒家，尤其是孟子关于孔子作《春秋》的一些解释。孟子明确说：

> 世衰道微，邪说暴行有作，臣弑其君者有之，子弑其父者有之。孔子惧，作《春秋》。《春秋》，天子之事也；是故孔子曰："知我者其惟《春秋》乎！罪我者其惟《春秋》乎！"……孔子成《春秋》而乱臣贼子惧。（《孟子·滕文公下》）

这是说，王道的崩坏而导致采《诗》制度的中止，而孔子创作的《春秋》则接续了这种传统的王道政治。孟子认为，晋国的《乘》、楚国的《梼杌》和鲁国的《春秋》，从表面上看都是历史书，但是《春秋》与《乘》和《梼杌》有本质的区别，那就是《春秋》中有孔子"窃取"的"义"（《孟子·离娄下》）。这个"义"就是孔子在《春秋》这部书中通过暗含褒贬来讲天子之事。

司马迁在《史记·孔子世家》中讲到孔子作《春秋》的时候，也是完全采纳了孟子和董仲舒的看法。这样看来，孔子作《春秋》以继周，把《春秋》与夏、商、周三代并举，是战国至汉代学者的共同的看法，如：

> 夏道不亡，商德不作；商德不亡，周德不作；周德不亡，《春秋》不作，《春秋》作而后君子知周道亡也。（《说苑·君道》）
> 殷变夏，周变殷，《春秋》变周。（《淮南子·氾论训》）
> 孔子之时，上无明君，下不得任用，故作《春秋》，垂空文以断礼义，当一王之法。（《史记·太史公自序》）

由于《春秋》是孔子为挽救时世而创作的经典，因此公羊学的《春秋》王鲁说，其实也就是孔子王鲁。许慎《五经异义》：

> 《公羊》说：哀十四年获麟，此受命之瑞，周亡失天下之异。
> 《左氏》说：麟是中央轩辕、大角兽，孔子修《春秋》者，礼修以致

其子,故麟来为孔子瑞。……许慎谨案:公议郎尹更始、待诏刘更生等议石渠,以为吉凶不并,瑞灾不兼,今麟为周亡天下之异,则不得为瑞以应孔子至。①

王葆玹先生在分析这段史料的时候,正确地指出:尹更始、刘向(刘更生)在石渠阁会议上所反对的,是公羊家的命题,即公羊家认为的"哀十四年获麟,此受命之瑞,周亡失天下之异"。这里的"此受命之瑞",显然是指孔子受命。左氏说"故麟来为孔子瑞"是沿袭公羊家"麟为孔子受命之瑞"的说法。② 这样看来,公羊学的主张是,孔子受命的祥瑞已经出现,因此继周而起的应是孔子。结合前面提到的王鲁说,公羊学的思想竟是,孔子在周亡之际,应据鲁而王。

公羊学的这种思想,王充的《论衡》中也有介绍:

《春秋》曰:"西狩获死麟。"人以示孔子,孔子曰:"孰为来哉?孰为来哉?"反袂拭面,泣涕沾襟。儒者说之,以为天以麟命孔子,孔子不王之圣也。(《论衡·指瑞篇》)

《论衡》这里所说的《春秋》,指的就是《公羊传》。《公羊传·哀公十四年》:"麟者,仁兽也,有王者则至,无王者则不至。有以告者,曰:'有麕而角者。'孔子曰:'孰为来哉?孰为来哉?'反袂拭面,涕沾袍。"王充所说几乎与此完全相同。但《论衡》说得更明确,"以为天以麟命孔子"。由此可见,儒家的主张是在战国中后期历史的剧变中,儒家应该应时而起。

上文所说的公羊学家的孔子王鲁说,也许并不是历史上真实的孔子,而只是公羊学的一种理论。我们在这里研究的,并不是要考究这种理论的历史真实性,而是要探明这种理论何以出现以及它的意义。战国时期,孔子已经去世,即使公羊家也明白,孔子王鲁已没有可能,所以这只是表明了公羊家的理想,也就是战国以来儒家的一种理想。

一般认为孔子王鲁是汉代公羊学的思想。但是,公羊思想的流传、成

---

① 《礼记正义》卷三十一《礼运》,上海古籍出版社2008年标点本,第935页。
② 王葆玹:《今古文经学新论》(增订版),中国社会科学出版社2004年版,第254页。

型有一个历史过程，董仲舒、司马迁的思想，也一定有深厚的历史渊源。因此，我们在很大程度上也可以把这些思想主张放在战国时期儒学的发展过程中来考察。孔子王鲁是战国以来儒家的一种政治理想，是儒家关于政治变革的一种主张，而且是儒家关于政权转移的政治学说中，最为激进的一种主张。正因为它如此激进，与社会现实格格不入，因此很快就湮没不传，只有一些片断还保存在公羊家的口耳相传中。

现在我们可以来看《礼记·明堂位》中的相关记载。《明堂位》篇主要叙述了鲁国的盛大礼乐。由于周公在周初功勋卓著，"成王以周公为有勋劳于天下，是以封周公于曲阜，地方七百里，革车千乘，命鲁公世世祀周公以天子之礼乐"（《礼记·明堂位》）。接着，《明堂位》篇在罗列了有虞氏、夏、商、周四代的礼乐制度之后，总结说："凡四代之服、器、官，鲁兼用之。是故鲁，王礼也，天下传之久矣，君臣未尝相弑也，礼乐、刑罚、政俗未尝相变也。天下以为有道之国，是故天下资礼乐焉。"考之其他典籍，《明堂位》的这些说法并没有什么历史依据，因此历代学者都认为这是夸张不实之词。如郑玄说："春秋时，鲁三君弑，又士之有诔由庄公始，妇人髽而吊始于台骀。云'君臣未尝相弑'，'政俗未尝相变'，亦近诬矣。"[①] 孙希旦也说："鲁用天子礼乐，盖东迁以后僭礼，惠公始请之，而僖公以后始行之者也。……记者不知其非，而反盛夸之以为美。且四代之尊，鲁用牺、象、山罍而已；三代之爵，鲁用玉琖仍雕而已；三代之灌尊，鲁用黄目而已；其余未尝用也，而《记》于鲁之所未尝用者亦备陈之。烝、尝、社、蜡，诸侯之常祀也，而以为天子之祭；振木铎，诸侯之常政也，而以为天子之政；分器，同姓诸侯之所同得也，而以为天子之器。其铺张失实如此。"[②] 孙希旦这里的解释非常详细。虽然周礼在鲁，鲁国本来由于是周公的封地而在诸侯中享有特殊的政治地位，但是，《明堂位》篇为什么会给鲁国编造出这些夸张不实的礼乐制度呢？这是我们关心的问题。结合战国以来的孔子王鲁说来考察，我们认为，《明堂位》篇给鲁国规定的天子礼乐制度，正是配合孔子王鲁说的。把它放在战国中后期儒家思想发展的脉络当中来考察，《明堂位》篇显然不是无意义的吹嘘，而是战国中后期的儒家配合孔子王鲁说而提出的新思想。

[①] 《礼记正义》卷四十一，第1269页。
[②] 孙希旦：《礼记集解》，中华书局1989年版，第839页。

蒙文通先生曾指出:"'革命'、'禅让'、'素王'本来就是三位一体的不可分割的学说。"① 我们在前面已经指出,革命、禅让、素王三者的具体含义各有不同,但蒙文通先生说它们是"三位一体的不可分割的学说",正是指它们首先是战国时期儒家就社会变革、礼制变革而提出的主张,是儒家对于社会现实深入思考、观察而得出的看法。其次,它们在战国的现实中虽然都不可能实现,甚至被视为奇谈怪论,但它们有深刻的批判意义,而且在儒家思想史上也有重要的理论价值。

四 选举

禅让、革命、王鲁是战国时期儒家关于社会变革、政权转移而提出的几种理论,儒家希望通过礼的变革来结束战国时期的混乱,实现社会的有序。与此相关的还有选举,即通过选贤,使之成为公卿大夫,甚至诸侯。这些主张虽然不是有关政权转移的理论,但还是与之有密切的关系,并且也是通过对礼的变革而阐发出来的,所以这里也有讨论的必要。

儒家本来就重视贤能,主张贤人政治,认为执政者只要成为君子、贤人,政治风气就会好转,社会也就和谐稳定了。孔子主张要选举贤才入仕。《论语》记载,仲弓问为政,孔子说:"先有司,赦小过,举贤才。"(《论语·子路》)子夏也说:"舜有天下,选于众,举皋陶,不仁者远矣。汤有天下,选于众,举伊尹,不仁者远矣。"(《论语·颜渊》)子夏的说法与孔子是一致的,应该也是反映了孔子的主张。到了战国时期,社会上弥漫着浓重的尊贤养士的风气,儒家处在这样的社会氛围中,更是积极地主张在现实政治中应该尊贤、任贤。孟子主张"贤者在位,能者在职"(《孟子·公孙丑上》),"尊贤使能,俊杰在位,则天下之士皆悦"(《孟子·公孙丑上》)。荀子还专门写了《致士》篇,集中阐述了尚贤使能的思想。在荀子看来,任用贤能是君主都明白的道理,而关键应该是体现在实际行动中,要"贤能不待次而举,罢不能不待须而废","王公大人之子孙不能礼义,则归之于庶人;庶人之子孙积文学,正身行,则归之于卿相士大夫"(《荀子·王制》)。

但是,战国时期的儒家还提出了一种比孔孟荀更加激进的主张,认为不但要选举贤能,使贤能成为卿相、士大夫,而且诸侯也要打破分封世

---

① 蒙文通:《孔子和今文学》,《经史抉原》(《蒙文通文集》第三卷),第172页。

袭，通过选举而产生。这是儒家通过对传统的射礼而阐发出的新思想。

射礼本为古代贵族的一种礼仪。杨宽先生《射礼新探》一文对射礼的起源及其形式有深入的研究。据杨宽的研究，射礼起源于"借用狩猎来进行的军事训练"①，这种礼仪在西周、春秋时早已形成。这种起源于田猎的射礼，还具有选拔人才的目的。《周礼》有"射人"，也就是《仪礼·大射仪》的"射人"，他们除了掌管射仪之外，还兼管重要的人事工作，在祭祀、朝聘、出征、大丧等重要礼仪中负有重要的职责。杨宽指出，国家大事中有关人事的事务都由射人安排调度，这是"因为射礼不仅在于军事训练和军事教练，还要从中选拔人才。原来许多重要的武官，都是通过比射选拔出来的。因此，掌管射仪的官兼有考选人才的责任，并有调排人事工作的职务"。② 杨宽还引《汉官仪》和《汉书·百官公卿表》，说明秦汉时期仆射的职掌还是沿袭古代"射人"的职务而来。

由此可见，射礼虽然具有选贤的目的，但是，《礼记·射义》对射礼的解释却是，通过射礼不但要选拔一般的人才，而且最主要的是，诸侯也要通过射礼来选拔。《礼记·射义》：

> 是故古者天子以射选诸侯、卿、大夫、士。
> 故天子之大射谓之射侯。射侯者，射为诸侯也。射中则得为诸侯，射不中则不得为诸侯。
> 是故古者天子之制，诸侯岁献，贡士于天子，天子试之于射宫。其容体比于礼，其节比于乐，而中多者，得与于祭；其容体不比于礼，其节不比于乐，而中少者，不得与于祭。数与于祭而君有庆，数不与于祭而君有让。数有庆而益地，数有让而削地。故曰：射者，射为诸侯也。是以诸侯君臣尽志于射以习礼乐。
> 是以天子制之，而诸侯务焉。此天子之所以养诸侯而兵不用，诸侯自为正之具也。

与我们这里的讨论直接相关的是"射侯者，射为诸侯也"这种对射礼的解释。也就是说，射礼当中射侯的"侯"（即箭靶子）与诸侯的

---

① 杨宽：《"射礼"新探》，《古史新探》，中华书局1965年版，第323页。
② 同上书，第332页。

"侯"之间的关系。

杨树达先生认为诸侯的"侯"就是由射箭用的"侯"而得名。杨树达先生指出，"侯"字在甲骨文中"盖象射侯张布著矢之形。盖草昧之世，禽兽逼人，又他族之人来相侵犯，其时以弓矢为武器，一群之中，如有强力善射之士能保卫其群者，则众必欣戴之以为雄长。古人质朴，能其事者即以其事或物名之，其人能发矢中侯，故谓之侯也。《礼记·射义》曰：'故天子之大射，谓之射侯。射侯者，射为诸侯也，射中则得为诸侯，射不中则不得为诸侯。'郑康成注《周礼·司裘》曰：'所射正谓之侯者，天子中之则能服诸侯，诸侯以下中之则得为诸侯。'此皆后世演变之说，非复初义，然诸侯之称源于射侯，则犹存古初命名之形影也"。① 这种说法肯定了诸侯与射侯之间的历史渊源关系。

徐中舒先生则认为，侯甸的"侯"起源于斥候，古代各国边疆有斥候的官叫"侯"，"侯"和"候"古通用。徐中舒先生说："侯为斥候，侯候古字通用，古代斥候，必在边疆。故《周语》单襄公见候不在疆而断陈之必亡。……最外边疆为侯服。侯田在边外，故《盂鼎》称'殷边侯田'。又甲骨所称周侯崇侯纪侯杞侯亦在边疆。"② 这种说法否定了诸侯与射侯之间的关系，认为诸侯之义起源于古代的斥候。

杨宽先生认为，这两种说法都有一定的道理，并对以上两种观点作了综合。杨宽认为，诸侯的侯应该是由"候人"的"候"发展扩大形成的。"候人"原是边疆上的侦查和守卫队长，他们带有全副武装，也兼任国宾的接待人员，负有边疆地区防守和治安的责任，因此实际上已成为边疆地区的统治者。诸侯的"侯"很可能就是由此发展而来的。这是采用了徐中舒的观点。杨宽又认为，这种"侯"原是边疆地区的侦查和守卫队长，是一种重要的武官，最初可能是通过射"侯"的比赛而挑选出来的。这个意思又与杨树达相同。③ 我们认为，杨宽的意见综合了杨树达和徐中舒两位学者的观点，更有说服力一些。他们的这些观点，探讨梳理了诸侯与射侯之间的历史渊源，对于我们这里的研究有很大的帮助。

据前辈学者的研究，诸侯的侯在字源上与古代射箭所用之侯有一定关

---

① 杨树达：《矢令彝三跋》，《积微居金文说》卷一，中国科学院1952年版，第24页。
② 徐中舒：《井田制度探源》，原载《中国文化研究汇刊》第四卷上册，1944年9月；收入《徐中舒历史论文选辑》，中华书局1998年版，第725—726页。
③ 参见杨宽《"射礼"新探》，《古史新探》，第331页。

系，但商周以来的诸侯，显然不是由射礼的"射为诸侯也，射中则得为诸侯"而来的。即使肯定射侯之侯与诸侯之侯二者有渊源关系的杨树达先生也指出，从射侯引申出选举诸侯之意，这是"后世演变之说，非复初义"。杨宽先生也认为《射义》所说的"天子以射选诸侯""该是一种夸大的说法"。但是，我们认为，《射义》对射礼的解释并不是简单的"夸大"或"误读"，而是一种在特定思想背景下的新的解释。如果单就射礼以及《射义》的解释来看，可能显得有些突兀，或者有些"夸大"，但是把它放在战国中后期儒家思想发展的脉络当中来看，那么它的思想史意义是显而易见的。

射礼的本义在于选贤。《射义》所说的通过射礼来选拔诸侯、卿大夫，就是由此发挥而来的。从商周历史来看，诸侯都是由于血缘或军功受封而得，从来没有通过"选"而成为诸侯、卿大夫的。中国古代实行的世官制，已是基本的历史常识。因此，《射义》所说，既不符合商周时期的历史，也不是远古氏族民主制的遗存。《射义》"天子以射选诸侯、卿、大夫、士"，是战国中后期儒家的新说，把这种观念放在战国中后期儒家思想发展的脉络当中，与前文所讲的禅让、革命说联系起来，就会明显地显示出它的积极意义。儒家并不主张废除分封诸侯制，秦统一后博士淳于越还依然主张要分封子弟为诸侯。但在战国时期，一些儒家学者在不废除分封制的前提下对它作了一些改革，把分封与尚贤相结合，创造出了通过选举而成为诸侯的新说。

按照《礼记·射义》的说法，卿大夫也应由选举而产生。而《公羊传》的"讥世卿"恰好也正反映了这种思想主张。

《春秋·隐公三年》："夏四月辛卯，尹氏卒。"《公羊传》："尹氏者何？天子之大夫也。其称尹氏何？贬。曷为贬？讥世卿。世卿非礼也。"

《春秋·宣公十年》："齐崔氏出奔卫。"《公羊传》："崔氏者何？齐大夫也。其称崔氏何？贬。曷为贬？讥世卿，世卿非礼也。"

《公羊传》的"讥世卿"即反对世卿世禄的官僚制度，也就是说，它主张应该通过选举让贤能之人担任卿大夫。《穀梁传》也有相同的主张。许慎《五经异义》佚文：

　　《公羊》、《穀梁》说：卿大夫世，则权并一姓，妨塞贤路，专政犯君，故经讥尹氏、齐崔氏也。《左氏》说：卿大夫得世禄，不得世位。父为大夫，死，子得食其故采，而有贤才，则复升父故位。故《传》曰："官有世功，则有官族。"①

世卿世禄曾是汉代今文学和古文学争论的一个焦点，这个问题和王莽的专权有很大的关系，因此又和汉代的政治斗争联系在一起，成为复杂的学术和政治问题。这个问题这里暂且不论。② 但《公羊传》和《穀梁传》所主张的"讥世卿"，和战国以来儒家的主张是一致的。换句话说，汉代经学中的今文一派所主张的"讥世卿"，除了有汉初特殊的时代背景（如汉初的"布衣将相之局"）之外，在思想传统上可以说是直接继承了战国以来的儒家思想。

五 余论

以上我们所论述的战国时期儒家关于变礼的思想，主要是关于政权转移的各种主张，如革命、禅让、王鲁等思想，以及通过射选而成为诸侯的选举说，都是很激进的主张，与过去通常所理解的儒家有很大的差别。战国时期的儒家对于社会变革，确实提出了一些特别的，甚至激进的看法，反映了儒家在那个特定历史时期的政治主张和政治哲学。我们把这些思想汇集在一起，可以看出儒家对于社会的变革、对于结束诸侯争霸的现实，的确是提出了许多新的理论。这些理论虽然没有一条在社会中变为现实，但它们都具有深刻的理论意义，对于重新认识儒家，有很大的价值。

上文所讨论的各种思想，过去一般都认为是汉代今文学的主张。但是，汉代的今文学是战国儒家思想的继承与发展，汉代今文学的思想与战国儒家思想在很大程度是不能分的，也是分不开的。钱穆先生说："西汉《公羊》家言，纵非一一是孔子当时口述相传真如此，但亦并不能说是全无踪影，都由汉儒凭空所捏造。……西汉《公羊》家言也是自有他们的来历。"③ 我们结合《礼记》，更可以明确地说明，战国时期儒家思想的新发展，就是汉代今文学的思想渊源。过去廖平作《今古学考》，划分了

---

① 《毛诗注疏》卷十六《大雅·文王疏》引，上海古籍出版社 2013 年标点本，第 1374 页。《魏书·礼志》也引了许慎的这段话，但文字简略。
② 王葆玹先生《今古文经学新论》第八章第三节"世卿与官僚制度"对此有详细的论述。
③ 钱穆：《孔子与春秋》，《两汉经学今古文平议》，第 316 页。

《礼记》当中属于今文学和古文学的篇章。这是非常有见地的看法。只是廖平是从汉代经学的角度来看《礼记》，而我们则是从《礼记》的角度来看汉代的今文学。依据现在对古文献的看法，尤其是郭店楚简对《礼记》书中各篇的年代有很大的改变，认为《礼记》基本成书于先秦，其中保存了许多七十子及其后学的东西。由此，战国时期儒家思想的新展开与汉代的今文学思想是密切联系在一起的，或者说，汉代的今文学其实是战国儒家思想的合理的展开与演进。因此，我们可以结合《礼记》，把儒家的变礼思想放在战国时代变革的社会中来考察，其中虽然涉及一些汉代今文学的思想，但总体上来说，它们的思想源头依然在战国，把它们与战国时代的儒家思想放在一起讨论应该是合理的，也是必要的，由此可以丰富我们对战国时期儒家思想的认识，把儒家提出的各种新主张，看成是一种社会批判理论，应作积极的评价；从而对今文学也应该作积极的评价。

第二节　周公"摄政称王"及其与儒家政治哲学的几个问题

周公"摄政称王"本是古史研究当中的一个重要问题。历代学者对此问题，基本有三种看法：一种是肯定周公"摄政称王"，认为这是西周初年的史实[1]；另一种则对周公"摄政称王"完全持否定的看法[2]。还有一种观点则认为，周公摄政是事实，但并未称王[3]。直至今日，依

---

[1]　持这种观点的有顾颉刚、刘起釪、金景芳、王玉哲等先生。参见顾颉刚《周公执政称王——周公东征史事考证之二》，《文史》第二十三辑，中华书局1984年版；刘起釪：《由周初诸〈诰〉的作者论"周公称王"的问题》，原载《人文杂志》1983年第3期，收入《古史续辨》，中国社会科学出版社1991年版；金景芳：《周公对巩固姬周政权所起的作用》，原载《吉林大学社会科学论丛》历史专集，1980年，后收入《古史论集》，齐鲁书社1981年版；王玉哲：《中华远古史》，上海人民出版社2000年版，第513—517页。

[2]　持这种观点的有崔述、杨筠如、陈梦家、马承源等先生。参见崔述《丰镐考信录》卷四，见顾颉刚编订《崔东壁遗书》，上海古籍出版社2013年版；杨筠如：《尚书覈诂》，陕西人民出版社1959年版；陈梦家：《西周年代考》，商务印书馆1955年版；马承源：《有关周初史实的几个问题》，《中华文史论丛》第六十四辑，上海古籍出版社2000年版。

[3]　持这种观点的有杨向奎、杨朝明等先生。参见杨向奎《宗周社会与礼乐文明》（修订版），人民出版社1997年版；杨朝明：《周公事迹研究》，中州古籍出版社2002年版。另外，郭伟川主编的《周公摄政称王与周初史事论集》（北京图书馆出版社1998年版）一书收集了持各种观点的相关论文十一篇。

然还有学者结合金文等新的资料，对这个问题作进一步的探讨。但是，综观以往学者的研究，无论对周公"摄政称王"这一问题持肯定还是否定的看法，基本都是一个事实的判断。究竟周公是否真的"摄政称王"，需要对《尚书》相关篇章以及有关周初历史的重要铭文作深入分析，需要对一些具体的历史问题（如西周王位继承制，成王即位时的年龄等）作深入研究，这个问题我们这里暂且不论。我们所关心的是，如何进一步深度解读记载周公"摄政称王"的一些战国至汉代的儒家文献？周公"摄政称王"在儒家思想的脉络当中有何意义？本节希望对这些问题提出一些初步的看法。

一　周公"摄政称王"与汉代今文学

首先，我们把战国时期记载周公"摄政称王"的文献列举出来：

《礼记·明堂位》："昔者周公朝诸侯于明堂之位：天子负斧依，南乡而立；……此周公明堂之位也。明堂也者，明诸侯之尊卑也。昔殷纣乱天下，脯鬼侯以飨诸侯，是以周公相武王以伐纣。武王崩，成王幼弱，周公践天子之位，以治天下。六年，朝诸侯于明堂，制礼作乐，颁度量，而天下大服。七年，致政于成王。成王以周公为有勋劳于天下，是以封周公于曲阜，地方七百里，革车千乘，命鲁公世世祀周公以天子之礼乐。"

《礼记·文王世子》："成王幼，不能莅阼。周公相，践阼而治。抗世子法于伯禽，欲令成王之知父子、君臣、长幼之道也。成王有过，则挞伯禽，所以示成王世子之道也。……仲尼曰：'昔者周公摄政，践阼而治，抗世子法于伯禽，所以善成王也。'"

《荀子·儒效》："大儒之效：武王崩，成王幼，周公屏成王而及武王，以属天下，恶天下之倍周也。履天子之籍，听天下之断，偃然如固有之，而天下不称贪焉。杀管叔，虚殷国，而天下不称戾焉。兼制天下，立七十一国，姬姓独居五十三人，而天下不称偏焉。教诲开导成王，使谕于道而能揍迹于文、武。周公归周，反籍于成王，而天下不辍事周，然而周公北面而朝之。天子也者，不可以少当也，不可以假摄为也；能则天下归之，不能则天下去之，是以周公屏成王而及武王，以属天下，恶天下之离周也。成王冠，成人，周公归周反籍焉，明不灭主之义也。周公无天下矣。乡有天下，今无天下，非擅也；成王乡无天下，今有天下，非夺也；

变埶次序节然也。故以枝代主而非越也；以弟诛兄而非暴也；君臣易位而非不顺也。因天下之和，遂文武之业，明主枝之义，抑亦变化矣，天下厌然犹一也。非圣人莫之能为。夫是之谓大儒之效。"

《荀子·儒效》："武王崩，成王幼，周公屏成王而及武王，履天子之籍，负扆而立，诸侯趋走堂下。"

《韩非子·难二》："周公旦假为天子七年。"

这些记载基本都是儒家的说法。韩非子为荀子弟子，他关于周公"摄政称王"的说法也可以理解为是承袭师说。除此之外，《逸周书》中的《度邑》《武儆》《明堂》等篇以及《尸子》等文献当中也有关于周公"摄政称王"的记载。《逸周书》的著作时代目前还不明确，但大体上出于战国。《尸子》据《汉书·艺文志》为杂家著作，尸子本人曾为商鞅的老师。从这些记载来看，周公曾经摄政，并且即天子位，这是战国时期儒家的一个普遍的看法，并且还影响到其他学派的学者。其中以《明堂位》和《荀子》的说法最为直接。

西汉经学直接承袭战国而来，其中荀子的影响尤为重要。清代学者汪中详细考察了汉代经学的传授系统之后，指出："荀卿之学，出于孔氏，而尤有功于诸经。""盖自七十子之徒既没，汉诸儒未兴，中更战国、暴秦之乱，《六艺》之传赖以不绝者，荀卿也。周公作之，孔子述之，荀卿传之，其揆一也。"[1] 这个看法是符合实际的。在周公"摄政称王"这个问题上，汉代学者主要也是继承了战国时期荀子等人的看法。例如：

《韩诗外传》卷三："周公践天子之位七年。"（第三十一章）

《韩诗外传》卷七："武王崩，成王幼，周公承文、武之业，履天子之位，听天下之政。"（第四章）

《韩诗外传》卷八："五帝既没，三王既衰，能行谦德者，其惟周公乎。周公以文王之子，武王之弟，成王之叔父，假天子之尊位七年。"（第三十一章）

《尚书大传》："周公摄政，一年救乱，二年克殷，三年践奄，四年建侯卫，五年营成周，六年制礼作乐，七年致政于成王。"（《通鉴外纪》卷三引）

《史记·周本纪》："成王少，周初定天下，周公恐诸侯畔，周公乃摄

---

[1] 汪中：《荀卿子通论》，见王先谦《荀子集解》，中华书局1988年版，第21、22页。

行政，当国。"

《史记·鲁周公世家》："武王既崩，成王少，在强葆之中。周公恐天下闻武王崩而畔，周公乃践阼代成王摄行政当国。……周公乃告太公望、召公奭曰：'我之所以弗辟而摄行政者，恐天下畔周，无以告我先王太王、王季、文王。三王之忧劳天下久矣，于今而后成。武王蚤终，成王少，将以成周，我所以为之若此。'于是卒相成王，而使其子伯禽代就封于鲁。"

《史记·管蔡世家》："武王既崩，成王少，周公旦专王室。"

以上所列举的《韩诗外传》和《尚书大传》都是西汉今文经学的代表作品。西汉今文学家都是主张周公摄政称王的。直到郑玄，虽然他混同了今古文，主古文学的立场，但在很多地方还是采取了今文说。如郑玄注《明堂位》，就说："周公摄王位，以明堂之礼仪朝诸侯也。""天子，周公也。"① 注《尚书·大诰》曰："王，周公也。周公居摄，命大事则权称王。"② 司马迁在《史记》当中关于儒学的许多看法都是继承了董仲舒，司马迁所说的周公摄政并"当国""践阼""专王室"，也明显的是肯定周公称王了的。所以，《史记》在这个问题上与今文学家的看法也是一致的。

直至近代廖平，把今文学的传统看法表述得更加明确，直接肯定周公称王：

> 周公、成王事，为经学一大疑。武王九十以后乃生子，成王尚有四弟，何以九十以前不一生？继乃知成王非幼，周公非摄，此《尚书》成周公之意，又有语增耳。武王克殷后，即以天下让周公，《逸周书》所言是也。当时周公直如鲁隐公、宋宣公兄终弟继，即位正名，故《金滕》称"余一人"、"余小子"，下称二公，《诰》称"王曰"。《檀弓》："文王舍伯邑考，而立武王。"盖商法：兄弟相及。武王老，周公立，常也。当时初得天下，犹用殷法。自周公政成以后，乃立周法，以传子为主。周家法度皆始于公，欲改传子之法，故归政

---

① 《礼记正义》卷四十一，第1258页。
② 《尚书正义》卷十二《大诰》孔疏引郑玄说。见《尚书正义》，上海古籍出版社2007年版，第507页。但郑玄注《尚书·康诰》篇的"周公咸勤，乃洪大诰制"一句，按孔疏，郑玄的意思是"周公代成王诰"，这样就把王解释为成王。参见《尚书正义》卷十三，第532页。

成王。问何以归政成王？则以初立为摄。问何以摄位？则以成王幼为词。一说成王幼则生在襁褓，不能践阼；或以为十岁，或以为二、三岁不等，皆《论衡》所谓"语增"，事实不如此也。①

廖平的这段话虽然还有一些问题②，但他明确指出，武王死后，周公直接继位为王，并无历史上所纠葛的摄政称王之事，却是历代今文学家关于这一问题的最为直接的表述。

此外，在《淮南子》《论衡》等其他汉代文献中，也有类似的说法：

> 武王既殁……周公践东宫，履乘石，摄天子之位，负扆而朝诸侯……七年而致政成王。（《淮南子·齐俗训》）

> 周公事文王也，行无专制，事无由己，身若不胜衣，言若不出口，有奉持于文王，洞洞属属，而将不能，恐失之，可谓能子矣。武王崩，成王幼少。周公继文王之业，履天子之籍，听天下之政，平夷狄之乱，诛管、蔡之罪，负扆而朝诸侯，诛赏制断，无所顾问，威动天地，声慑四海，可谓能武矣。成王既壮，周公属籍致政，北面委质而臣事之，请而后为，复而后行，无擅恣之志，无伐矜之色，可谓能臣矣。故一人之身而三变者，所以应时矣。（《淮南子·氾论训》）

> 说《尚书》者曰："周公居摄，带天子之绶，戴天子之冠，负扆南面而朝诸侯。"（《论衡·书虚》）

《淮南子》一书是由淮南王及其门客编纂而成的。书中融会了儒、道、法、阴阳等各家的思想。这里有关周公摄政并称王的说法，当是儒家的主张。《论衡》所引的"说《尚书》者曰"，显然也是儒家的看法。

总体来说，从战国至汉代的儒家，都肯定了周公"摄政称王"之事。如果历史上的周公并未称王，那么战国至汉代的儒家对周公形象的"夸张"有何意义？假使周公真的曾"摄政称王"，儒家对此事的肯定难道只是肯定了一个基本的历史事实？这个历史判断在儒家思想当中是否还有其

---

① 廖平：《经话》，《廖平选集》，巴蜀书社1998年版，第452页。
② 如顾颉刚先生所指出的，廖平对《金縢》篇"余一人"的解释，对西周王位继承制的看法，都有可商榷之处。参见顾颉刚《周公执政称王——周公东征史事考证之二》，《文史》第二十三辑，第21—22页。

他和特殊的意义？这是我们所关心的问题。

我们认为，儒家肯定的周公"摄政称王"，并不是一个简单的历史事实的判断，而是因为这是与儒家思想密切相关的一个深刻的理论问题。也就是说，在儒家看来，周公"摄政称王"并不是一个历史问题，而是一个哲学问题。具体来说，之所以儒家肯定周公"摄政称王"，是因为这是儒家"素王"说或"王鲁"说的理论前提。

孔子为"素王"或据鲁而王是西汉今文经学非常重要的政治主张。但是，我们曾经指出，汉代经学的这些看法，其实都可以上溯到战国时期的儒家。儒家的"王鲁"说主张在王朝的循环中，孔子作《春秋》以当新王，或据鲁而王，这样激进的主张如果单独来看，可能显得很突兀，但把它放在战国以来儒学的发展脉络当中，就容易理解了。儒家之所以认为孔子可以称王，是以周公曾经称王为前提的。周公在武王去世、成王年幼以及管、蔡、武庚等人即将发动武装叛乱这样特殊的情况下，曾以臣子的身份而即天子位，那么孔子也因有德，也可以以布衣而王。在《礼记·明堂位》中，开篇就讲"周公践天子之位，以治天下"，七年后致政于成王。因为有这样的经历，所以鲁国世代享有天子礼乐。然后篇中极力铺陈描述鲁国盛大的天子礼乐。前文曾经指出，《明堂位》篇给鲁国规定的天子礼乐制度，正是战国以来的儒家学者配合孔子王鲁说而提出来的。现在看来，《明堂位》篇内在的逻辑其实是非常清晰的。

今文学的孔子"王鲁"说（以及革命、禅让主张）是一种非常激进的理论，与现实的政治环境格格不入，因此很快就湮没不传了，只是在今文经师的口耳相传中还有一些保留。后代学者也只能从他们的片言只语中去发掘微言大义了。但是，在战国至汉代的儒家看来，周公称王与孔子称王是前后一贯的。既然孔子称王不能明确地宣扬，那么也就只能讲周公"摄政称王"，这也是一种权宜行事罢了。后人所看到的周公称王好像是一个历史问题，其实在他们看来，也是蕴涵着微言大义的。

儒家也被称作"周孔"之教，从我们上文的分析来看，"周孔"并称并不仅仅是指孔子与周公之间的历史渊源，而且还有着更加深入的、具体的政治含义。宋代以来，"孔孟"逐渐取代了"周孔"，这一转变，不仅意味着儒学心性论的转向，同时也表明，今文学激烈的政治性格逐渐被宋学温和的道德修养论所取代了。

二 北宋儒学发展中的周公"摄政称王"问题

儒家传统的观点认为,周公不但"摄政称王",而且在这期间还曾制礼作乐,西周重要的礼仪制度都由周公亲定。其中流传至后世的,便是《周礼》一书。

《周礼》至汉代才出现,当时就有学者认为《周礼》是"末世渎乱不验之书",或认为是"六国阴谋之书"。只有郑玄"遍览群经,知《周礼》者乃周公致太平之迹,故能答林硕之论难,使《周礼》义得条通。……是以《周礼》大行"。① 经过郑玄的努力,《周礼》成为三《礼》之首,《周礼》为"周公致太平之迹"的看法,也基本得到儒家学者的认可。

近代的经学研究,自廖平以来,很多今文学家主张以礼制判今古,认为《王制》为今文学的正宗,《周礼》为古文学的正宗。古文学家据《周礼》而讲的是西周旧制,今文学家据《王制》而讲的则是儒家的新说。②

我们认为,廖平等人的这种看法,在经学史上对于廓清今古学之争是有意义的。但是,依照这种看法,《周礼》是西周旧制,与今文学家的主张相比,《周礼》是保守的。然而,一个基本的历史事实却是,《周礼》一书在历史上常与重大的社会变革联系在一起。西汉时期就有两次模仿周公辅成王的事件发生(霍光辅政与王莽辅政),其中王莽因仿照周公而最终篡汉,使《周礼》与现实政治首次发生了密切的关系。但是,王莽的行为完全是一次政变,本身并不具有多少思想史的意义,仅因《周礼》的缘故,才成为经学史上今古文之争的焦点。

与王莽和《周礼》的关系相比,因王安石变法而引起的关于《周礼》的争论,更具有理论意义。宋代王安石变法的理论基础是《三经新义》,其中《周官新义》由王安石亲自撰写。王安石的变法之所以看重《周礼》,是因为王安石认为,"一部《周礼》,理财居其半"③,这与北宋当时的社会现状是密切相关的,也与王安石的变法主张相契合。晁公武《郡斋读书志》在讲到王安石《新经周礼义》时指出:"至于介甫,以其

---

① 贾公彦《序周礼废兴》,见《周礼注疏》,上海古籍出版社2010年标点本,第7页。
② 参见廖平《今古学考》,收入《廖平选集》;蒙文通:《孔子和今文学》,收入《经史抉原》(《蒙文通文集》第三卷),巴蜀书社1995年版。
③ 王安石:《答曾公立书》,《临川先生文集》卷七十三,中华书局1959年版,第773页。

书理财者居半，爱之，如行青苗之类，皆稽焉，所以自释其义者，盖以其所创新法尽傅著之，务塞异议者之口。后其党蔡卞、蔡京绍述介甫，期尽行之，圜土方田皆是也。"① 在宋人看来，新法的很多主张都是出自《周礼》。

王安石变法之所以重视《周礼》，是因为他认为《周礼》一书能够提供时代所需的理论问题。这就更加促使我们思考，一部关于西周官制的著作，何以能在千余年后，成为变法的理论指导？我们的看法是，在儒家托古改制的旗帜下，《周礼》能够成为后代变法的理论源泉，依然在于它是周公践天子位后制礼作乐的产物。《周礼》的这个性质，决定了它能够在历史上产生变革的意义。

从围绕王安石变法所展开的争论中我们可以看到，支持变法的一派一般都认为，周公曾经即天子位。而对变法持反对态度的，则旗帜鲜明地反对周公摄政称王的看法。这个有意义的现象使我们更进一步确认，周公"摄政称王"是《周礼》一书具有变革意义的理论前提。

被胡适称为"是王安石的先导"的李觏，曾在庆历年间就写成《周礼致太平论》。李觏认真研究了《周礼》，并借用《周礼》的一些职官和主张，阐发了他自己治国安民的政治理想。李觏在《周礼致太平论》的序中，开篇就说：

> 觏窃观《六典》之文，其用心至悉，如天焉有象者在，如地焉有形者载。非古聪明睿智，谁能及此？其曰周公致太平者，信矣。②

李觏批驳了林硕、何休这些"鄙儒俗士"的偏见，肯定了《周礼》出于周公，是周公致太平的大典。同时，李觏也肯定了周公摄天子之位的说法：

> 昔武王既崩，成王幼，不能莅阼，周公摄天子之位，作礼乐，朝诸侯，而天下大定。七年致政于成王。成王以周公为有勋劳于天下，

---

① 晁公武：《郡斋读书志》卷二，孙猛校证：《郡斋读书志校证》，上海古籍出版社1990年版，第81—82页。
② 李觏：《周礼致太平论》，《李觏集》卷五，中华书局2011年版，第70页。

于是封之曲阜。地方七百里，革车千乘，命鲁公世世祀周公以天子之礼乐。此盖成王谓周公有王者之德，摄王者之位，辅周室致太平者，周公之为也。①

这段文字出自《礼论》。《礼论》写于宋仁宗明道元年（1032），比《周礼致太平论》还要早十年。李觏后来也没有对此说有什么修正，可见这是他一贯的看法。李觏在这里采用了《礼记·明堂位》的说法，肯定了周公摄政称王。但李觏同时指出，成王因周公勋劳之大，命鲁公以天子之礼祭祀周公，则可；如果鲁公世代都享有天子礼乐，则非。因此他批评了鲁国后世僭用天子礼乐的现象。这样看来，李觏肯定的还是《明堂位》篇所讲的周公称王的那一部分。

王安石《临川文集》中有《周公》一篇，但其中并未讨论周公摄政称王之事。在其他地方，我们可以看出，王安石对周公摄政还是肯定的。在《答韩求仁书》中，王安石指出："管、蔡为乱，成王幼冲，周公作《鸱鸮》以遗王，非疾成王而刺之也，特以救乱而已，故不言刺乱也。"②《诗经·豳风·鸱鸮》孔颖达疏云："《毛》以为武王既崩，周公摄政，管、蔡流言以毁周公。又导武庚与淮夷叛而作乱，将危周室。周公东征而灭之，以救周室之乱也。于是之时，成王仍惑管、蔡之言，未知周公之志，疑其将篡，心益不悦。故公乃作诗，言不得不诛管、蔡之意。"③ 孔疏肯定的是周公摄政之事，但对称王与否没有评说。王安石这里说周公作《鸱鸮》以"救乱"，也是肯定了周公摄政并平管、蔡之乱。

我们认为，王安石没有明确肯定周公称王，与他在北宋时期特殊的政治地位有关。王安石与神宗君臣遇合，掀起了轰轰烈烈的变法，一时权倾朝野。但事实上，当时就已有人把王安石比作王莽。如大宦官张茂则斥责王安石的随从时说："相公亦人臣，岂可如此，得无为王莽者乎！"④ 神宗虽然一再迁就王安石，但同时又顾虑王安石权力过大而威胁皇权。如果王

---

① 李觏：《礼论》第七，《李觏集》卷二，第 21 页。
② 王安石：《答韩求仁书》，《临川先生文集》卷七十二，第 762 页。
③ 《毛诗注疏》卷八，第 732 页。
④ 《续资治通鉴长编》卷二百四十二注引林希《野史》。见《续资治通鉴长编》，中华书局 2004 年版，第 5901 页。又《宋元学案》引刘元城语："而诸人辄溢恶，谓其为卢杞、李林甫、王莽。"参见《宋元学案》卷九十八《荆公新学略》，中华书局 1986 年版，第 3248 页。

安石再对周公称王一事持积极的肯定态度,自然会使他在政治上的反对派以及神宗产生更多的历史联想,从而对他的变法造成不利的影响。我们可以合理地推想,王安石在理论上对周公称王一事应该是肯定的,只是由于现实政治的原因,他没有对此再作明确的说明。

与李觏等人肯定周公"摄政称王"的变法派不同,反对变法的一派则否定了周公"摄政称王"的传统看法。旧党党魁司马光指出:"尧、舜、禹、汤、文、武勤劳天下,周公辅相致太平。"[①] 司马光的意思很明确,周公与尧、舜、禹、汤、文、武的地位有着本质的区别,周公只有"辅相"的功劳。程颐在与门人讨论这个问题时,也明确地否定了周公称王之事:

> 问:"世传成王幼,周公摄政,荀卿亦曰:'履天下之籍,听天下之断。'周公果践天子之位,行天子之事乎?"
> 曰:"非也。周公位冢宰,百官总己以听之而已,安得践天子之位?"……
> 又问:"赐周公以天子之礼乐,当否?"
> 曰:"始乱周公之法度者,是赐也。人臣安得用天子之礼乐哉?成王之赐,伯禽之受,皆不能无过。《记》曰:'鲁郊非礼也,其周公之衰乎!'圣人尝讥之矣。说者乃云:周公有人臣不能为之功业,因赐以人臣所不得用之礼乐,则妄也。人臣岂有不能为之功业哉?借使功业有大于周公,亦是人臣所当为尔。人臣而不当为,其谁为之?岂不见孟子言'事亲若曾子可也',曾子之孝亦大矣,孟子才言可也。盖曰:子之事父,其孝虽过于曾子,毕竟是以父母之身做出来,岂是分外事?若曾子者,仅可以免责尔。臣之于君,犹子之于父也。臣之能立功业者,以君之人民也,以君之势位也。假如功业大周公,亦是以君之人民势位做出来,而谓人臣所不能为可乎?使人臣恃功而怀怏怏之心者,必此言矣。"[②]

程颐与门人的这段对话,当是旧党中否定周公称王的一段典型的表

---

① 《宋元学案》卷七《涑水学案上》,第279页。
② 《河南程氏遗书》卷十八,《二程集》,中华书局1981年版,第235—236页。

述。此外，苏轼也写了一篇《周公论》，明确认为"周公未尝践天子之位而称王也"。苏轼还进而论证道，如果周公称王，那么会使成王陷于两难的境地："周公称王，则成王宜何称，将亦称王耶，将不称耶？不称，则是废也。称王，则是二王也。而周公将何以安之？"① 苏轼认为，如果周公称王，那么会产生严重的政治后果："故凡以文王、周公为称王者，皆过也。是资后世之篡君而为之藉也"。②

二程门人杨时也认为，从《礼记·明堂位》可知，周公虽然曾使用过天子礼乐，但周公依然是人臣的地位，周公并未称王。他说：

> 周公之所为，皆人臣之所当为也。为人臣之所当为，是尽其职而已。若人臣所不当为而为之，是过也，岂足为周公哉！使人臣皆能为众人之所不能，即报之以众人所不得用之礼乐，则朝廷无复有等威矣。故《记》曰："鲁之郊也，周公其衰矣。"③

从这段引文可以看出，杨时不但否定周公称王的说法，而且还对《礼记》所说的周公使用天子礼乐颇为不满，认为这样会使朝廷上下没有等级尊严。及至南宋，胡宏因反对新法，以至对新法的理论基础《三经新义》也极力贬低，因此他力主《周礼》为王莽伪造，在这样的思想背景之下，他自然认为周公不可能称王并制礼作乐。胡宏说："周公承文、武之德，相成王为太师。"④ 胡宏肯定的是周公"太师"的地位。

与杨时、胡宏等人因反对新法而极力诋毁《周礼》不同，朱熹对《周礼》的看法就显得平实一些。朱熹指出："看来《周礼》规模皆是周公做，但其言语是他人做。""《周礼》毕竟出于一家。谓是周公亲笔做成，固不可，然大纲却是周公意思。某所疑者，但恐周公立下此法，却不曾行得尽。"⑤ 朱熹虽然基本肯定了周公作《周礼》的看法，但对周公称王一事，还是不能同意的。朱熹的这个看法，是通过讨论《尚书》而表达出来的：

---

① 苏轼：《周公论》，《苏轼文集》，中华书局1986年版，第86页。
② 同上。
③ 杨时：《辨一·神宗日录辨》，《龟山集》卷六，文渊阁四库全书本。
④ 胡宏：《极论周礼》，《胡宏集》，中华书局1987年版，第257页。
⑤ 黎靖德编：《朱子语类》卷八十六，中华书局1994年版，第2203页。

>《康诰》三篇，此是武王书无疑。其中分明说"王若曰'孟侯，朕其弟，小子封'"，岂有周公方以成王之命命康叔，而遽述己意而告之乎？决不解如此。五峰、吴老才皆说是武王书，只缘误以《洛诰》书首一段置在《康诰》之前，故叙其书于《大诰》、《微子之命》之后。
>
>问："如此则封康叔在武庚未叛之前矣？"曰："想是同时。"①

另外，朱熹在《与孙季和书》中，也有类似的看法：

>《书小序》又可考，但如《康诰》等篇，决是武王时书，却因"周公初基"以下错出数简，遂误以为成王时书。然其词以康叔为弟而自称寡兄，追诵文王而不及武王，其非周公、成王时语的甚。（吴材老、胡明仲皆尝言之。）至于《梓材》半篇，全是臣下告君之词，而亦误以为周公诰康叔而不之正也。②

受朱熹思想指导的蔡沈《书集传》也指出，《康诰》《酒诰》《梓材》三篇并非成王时书，而是武王封康叔的书。朱熹、蔡沈等人所讨论的，表面上是在考订《尚书》中一些篇章的成书时代，但其背后所关心的，依然是儒家思想当中的一个重要问题，即周公是否践阼称王的问题。他们将《康诰》等三篇的时代定在了武王时，这样就可以把篇中的"王若曰"的"王"解释成武王，从而便与周公没有什么关系了。这样一来，周公也就不可能称王了。

宋代这些儒家学者反对周公称王，首先与他们尊君的主张相关。③ 从孙复的《春秋尊王发微》开始，尊王就是北宋以来儒家的重要主张，这成为他们反对周公称王的一个重要原因。

---

① 黎靖德编：《朱子语类》卷七十九，第2054页。
② 朱熹：《与孙季和书》，《晦庵先生朱文公别集》卷三，《朱子全书》第二十五册，上海古籍出版社、安徽教育出版社2002年版，第4885—4886页。
③ 这也是历代学者反对周公称王的主要原因。如郑玄注《尚书·大诰》，认为王指周公，但孔颖达《正义》则认为："周公自称为王，则是不为臣矣。大圣作则，岂是是乎？"见《尚书正义》卷十二《大诰》，第507页。

但是，我们还应该看到，他们反对周公称王，还与他们具体的政治主张是一致的。与王安石激进的变法派相比，以二程、司马光等为首的旧党的政治主张是保守的。我们不必把宋代的变法派与保守派等同于汉代的今文学与古文学，但是从思想脉络上来看，主张或支持变法的一派其实继承了今文学社会变革的理论。王安石激进的变法主张，"天变不足畏，祖宗不足法，人言不足恤"的三不畏精神，在精神上与今文学激进的主张是暗合的。保守派反对激烈的社会变革，他们否定周公称王，正是要斩断周公称王与儒家激进的社会变革（如今文学所主张的）之间的理论联系。

以上我们以周公"摄政称王"问题为线索，考察了宋代变法派与保守派之间的理论分歧。需要指出的是，我们说北宋时期反对新法的旧党在政治上是保守的，这是相对于王安石激进的变法主张而言的。事实上，旧党也主张变革。正如余英时先生所指出的，"推明治道"，建立理想的社会秩序是宋代儒学共同的特征，在这一点上新党、旧党是一致的，但二者在变法的理论基础，变法的方法、策略上又有一些区别。

程颢、张载等人在变法初期也是新法积极的参与者。朱熹后来指出：

> 新法之行，诸公实共谋之。虽明道先生不以为不是，盖那时也是合变时节。
>
> 熙宁新法，亦是势当如此。凡荆公所变更者，初时东坡亦欲为之。及见荆公做得纷扰狼狈，遂不复言，却去攻他。如荆公初上底书，所言皆是，至后来却做得不是。自荆公以改法致天下之乱，人遂以因循为当然，天下之弊，所以未知所终也。①

朱子这里说得很恳切，实行变法是当时大家共同的愿望。但他们后来都成为新法的反对者，首先在于他们认为王安石的新法太激进。司马光的说法很有代表性："治天下譬如居室，弊则修之，非大坏不更造。"② 又如面对北宋政府窘迫的财政状况，司马光并非不懂得理财的重要，但他主张对财利要"养其本源而徐取之"③。钱穆先生指出："惟温公主节流，而荆

---

① 黎靖德编：《朱子语类》卷一百三十，第3097、3101页。
② 《三朝名臣言行录》卷七《司马文正公》。
③ 司马光：《论财利疏》，《温公集》卷二十三。

公似偏主开源，此则其异。温公亦非不知理财有开源一路，惟温公意开源不能急迫求之，当'养源而徐取'也。"① 司马光的这些说法非常典型地反映了反对派的主张，他们反对剧变，主张温和的渐变。因此，我们指出在周公"摄政称王"这个问题上新旧党的区别，只是从这一个角度指出双方的分歧，并试图说明旧党诸公反对周公称王的理论意义，而不是将双方看成绝然对立的两派。这一点是需要指明的。

三 周公"摄政称王"的政治哲学意义

从儒家关于周公"摄政称王"的讨论，还可以反映出儒家政治哲学中的几个重要问题。

第一，分封与郡县的争论。分封制与郡县制是中国历史上重要的两种政治制度，儒家对这两种政治体制的考量，反映出儒家政治哲学中有关政体的一些看法。

王国维《古诸侯称王说》一文指出："世疑文王受命称'王'，不知古诸侯于境内称'王'与称'君'、'公'无异。《诗》与《周语》、《楚辞》称契为'玄王'，其六世孙亦称'王亥'，此犹可曰后世追王也。汤伐桀誓师时已称'王'，《史记》又云'汤自立为武王'，此亦可云史家追纪也。然观古彝器铭识则诸侯称'王'者颇不止一二觏。"② 后顾颉刚又引用了更多的彝器铭文，以及《诗经》《左传》等文献，认为王国维"把彝器铭辞中的周代王臣在其国内称'王'之俗的事实揭露出来，可说是一个破天荒的发见。从此可以知道周公在执政时称'王'原是一件极平常的事情"。③

王国维等揭示出来的古代诸侯称王的史实，使我们对西周封建有更加明确的认识。战国至汉代的儒者肯定周公曾经称王，从历史的角度来看，其实就是如王国维、顾颉刚所指出的，王只是相当于诸侯的一个称谓，与天子那样的"王"的实际地位相差甚远。在当时封建的政治结构下，诸侯在其封国内皆称王，享有最高的政治地位。战国至秦汉的儒家肯定周公

---

① 钱穆：《明道温公对新法》，《中国学术思想史论丛》（五），《钱宾四先生全集》第20册，联经出版事业公司1998年版，第88页。
② 王国维：《古诸侯称王说》，《观堂别集》卷一，《王国维遗书》第三册，上海书店出版社2011年影印本，第48页。
③ 顾颉刚：《周公执政称王——周公东征史事考证之二》，《文史》第二十三辑，第25页。

称王之事，其实肯定的就是西周时期这种松散的封邦建国的制度。这是战国至秦汉儒家基本的政治主张，同时也表明儒家学者与现实政治体制的对抗。

汉代以后，虽然郡县制已成为政治制度的主体，但分封与郡县之争一直还是中国政治史上的重要问题，同时也是儒家政治哲学必须面对的一个现实问题。唐柳宗元著名的《封建论》，是历代讨论分封与郡县短长最为著名的一篇文字。柳宗元认为，周初的分封并非圣人之意，而是"势"，即历史发展的必然趋势，而封建为郡县所取代，也是历史发展之必然。这个看法成为后来学者讨论这个问题的基本前提。如苏轼说："宗元之论出，而诸子之论废矣。虽圣人复起，不能易也。故吾取其说而附益之，曰：凡有血气必争，争必以利，利莫大于封建。封建者，争之端而乱之始也。……近世无复封建，则此祸几绝。仁人君子，忍复开之欤！"① 宋代著名学者范祖禹也说："三代封国，后世郡县，时也；因时制宜，以便其民，顺也。古之法不可用于今，犹今之法不可用于古也。"② 这都是发挥了柳宗元的看法，从历史发展的大势来评判封建与郡县。

宋代理学家否定周公摄政称王，这是从后世的角度对"王"的理解，他们已经不完全明了古时称王的实际含义。但是从另外一个角度来看，他们否定周公称王之事，其实也就是对封建制的否定，以及对郡县制的肯定。与秦汉时期的儒家相比，宋儒的政治主张已经有了很大的变化。

从历史发展来看，虽然从秦开始废除封建，实行郡县，但历代均有一些对宗室子弟的分封，这可以说是分封的残余，并还酿成祸端。到宋代，分封作为一种政治制度，最终废除。马端临指出：

> 至宋则皇子之为王者，封爵仅止其身，而子孙无问嫡庶，不过承荫入仕为环卫官，廉车节钺，以序而迁，如庶姓贵官荫子入仕之例，必须历任年深，齿德稍尊，方特封以王爵，而其祖父所受之爵，则不袭也。③

---

① 苏轼：《论封建》，《苏轼文集》卷五，第158页。
② 范祖禹：《唐鉴》卷四，中国基本古籍库收明弘治刻本。
③ 马端临：《文献通考》卷二百七十七《封建考十八》，中华书局2011年版，第7589页。

宋代"封爵仅止其身",封爵只具有名义上的意义,且不世袭,这说明分封制彻底被废除了。与历史的发展相配合的是,宋代理学家关于分封与郡县的讨论,虽然也有部分学者主张恢复封建、井田(如张载、胡宏),但大多数学者对封建与郡县持一种历史的态度,认为封建与郡县各有利弊,而且郡县取代封建是历史发展的必然,在后世实行上古三代的分封制,既无可能,也无必要,只会徒生枝蔓。其中朱熹的看法很有代表性。朱熹说:

> 诸生论郡县封建之弊。曰:"大抵立法必有弊,未有无弊之法,其要只在得人。……且如说郡县不如封建,若封建非其人,且是世世相继,不能得他去;如郡县非其人,却只三两年任满便去,忽然换得好底来,亦无定。"①

> 柳子厚《封建论》则全以封建为非,胡明仲辈破其说,则专以封建为是。要之,天下制度,无全利而无害底道理,但看利害分数如何。封建则根本较固,国家可恃;郡县则截然易制,然来来去去,无长久之意,不可恃以为固也。②

这都是说郡县与封建各有利弊,要看具体的实行才能断其优劣。但在根本上朱子还是认为封建不可行:

> 封建实是不可行。③
> 封建只是历代循袭,势不容已,柳子厚亦说得是。④
> 因论封建,曰:"此亦难行。使膏粱之子弟不学而居士民上,其为害岂有涯哉!"⑤

从这些语录可以看出,朱子对于分封的态度是非常明确的。前文曾经指出,以朱熹为代表的理学家否定西周时期周公摄政称王一事,它的实际

---

① 黎靖德编:《朱子语类》卷一百八,第2680页。
② 同上。
③ 同上书,第2679页。
④ 同上。
⑤ 同上书,第2680页。

含义其实就是否定三代的分封，认为分封作为一种政治制度整体上在后世不可实行。而张载、胡宏等少数学者肯定封建，其实也不是要完全在后世照搬封建、井田，而是在郡县的体制下，来发挥封建的一些作用，以作为郡县体制下国家制度的补充。

总的来说，宋代学者的政治主张是要恢复"三代之治"，但从他们对周公称王这件事的态度来看，宋代理学家大多其实已经否定了作为"三代之治"最为根本的封建制，他们的面向三代，其实是在后世郡县制的国家政权的格局之下，部分地恢复三代礼乐的精义，从而能够更完满地实现儒家的理想。

第二，道统论。从宋儒道统论的发展来看，周公进入道统也是一个很有意义的问题。

韩愈为了反对佛教，构造了从尧、舜、禹、汤、文、武，直至周公、孔子、孟子这样一个圣圣相传的儒家道统序列，这是儒学赖以传承的谱系，由此来显示儒学在中国文化发展中之正统地位。

北宋儒学复兴，继承道统成为一面重要的旗帜。如石介所说："夫自伏羲、神农、黄帝、尧、舜、禹、汤、文、武、周公、孔子至于今，天下一君也，中国一教也，无他道也。"[①] 孙复说："吾之所谓道者，尧、舜、禹、汤、文、武、周公、孔子之道也，孟轲、荀卿、扬雄、王通、韩愈之道也。"[②] 此后理学家也都以继承道统自居。

由此可见，自从韩愈以来，儒学家以及理学家所谓的道统，指的就是伏羲、神农、黄帝、尧、舜、禹这些"上古圣神"相传的序列。但是，在这些孔子以前的圣人当中，伏羲、神农、黄帝、尧、舜、禹、汤、文、武都是德、位兼备，以圣人而即天子之位的"圣王"，因此他们才有资格传授道统。孔子又是以学而传承道统。只有周公的地位比较特别。在理学家看来，周公并未即天子位，实际也属于有德无位的情况。那么，周公何以能居于道统之中？而且还是在道统传授序列当中居于转折的位置？[③] 从我们现有的资料来看，只有朱子对这个问题做了细致的分梳。

朱熹有两处集中阐述了他的道统观：

[①] 石介：《上刘工部书》，《徂徕石先生文集》卷十三，中华书局1984年版，第153页。
[②] 《孙明复小集·信道堂记》，文渊阁四库全书本。
[③] 在韩愈建构的道统序列中，周公是一个转折。韩愈说："由周公而上，上而为君，故其事行；由周公而下，下而为臣，故其说长。"

所谓"人心惟危,道心惟微,惟精惟一,允执厥中"者,尧、舜、禹相传之密旨也。……夫尧、舜、禹之所以相传者既如此矣,至于汤、武,则闻而知之,而又反之以至于此者也。夫子之所以传之颜渊、曾参者此也,曾子之所以传之子思、孟轲者亦此也。……此其相传之妙,儒者相与谨守而共学焉,以为天下虽大,而所以治之者不外乎此。

夫人只是这个人,道只是这个道,岂有三代、汉唐之别?但以儒者之学不传,而尧、舜、禹、汤、文、武以来转相授受之心不明于天下。①

夫尧、舜、禹,天下之大圣也。以天下相传,天下之大事也。以天下之大圣,行天下之大事,而其授受之际,丁宁告戒,不过如此。则天下之理,岂有以加于此哉?自是以来,圣圣相承:若成汤、文、武之为君,皋陶、伊、傅、周、召之为臣,既皆以此而接夫道统之传。若吾夫子,则虽不得其位,而所以继往圣、开来学,其功反有贤于尧舜者。②

据余英时先生的考证,后一段《中庸章句序》的道统论是在前引《答陈同甫书》的基础之上进一步修订而成的,可以作为朱子道统论的最终定论。③ 在《答陈同甫书》中,朱子是总论儒家道统,未作细致的分梳,因此只提到了尧、舜、禹、汤、武以及孔子等人。而《中庸章句序》的道统序列则更井然有序,朱子作了明确的区分,周公位于道统的序列当中,但与尧、舜、禹、汤、文、武的地位迥然有别,他只是与皋陶、伊、傅、召这些贤臣并列,以臣子的身份而传承道统。

在理学家看来,尤其在朱熹看来,周公之所以能够入道统,正是由于他功勋巨大但并未称王即天子位。周公以人臣的身份而成就了周的基业,这是周公之德最主要的体现,也是儒家的最完美的理想人格。如陆九渊所

---

① 朱熹:《答陈同甫》,《朱子文集》卷三六,《朱子全书》第二十一册,第1586、1588页。
② 朱熹:《中庸章句序》,《四书章句集注》,中华书局1983年版,第14—15页。
③ 参见余英时《朱熹的历史世界——宋代士大夫政治文化的研究》上篇"绪说"之二,三联书店2004年版。

说："道术必为孔孟，勋绩必为伊周"①，这是儒家内圣外王之学最理想的体现。这也是理学家们称颂周公的真正原因。

第三节　　家礼中的政治意识及其政治作用
——以《礼记》为中心

众所周知，中国古代的家族制度特别发达，从商周以来，尽管历经不同形态，但它一直延续下来，对中国古代的历史发展和思想文化的演变产生了极其深远的影响。家族的维系，除了必要的政治、经济、法律等方面的支持和保障以外，还需有一套家族内部的伦理、礼仪规范，这就是中国古代的家礼。在一定意义上，家礼对家族制度的维系所产生的作用更为显著。

在中国古代历史上，影响最为深远的是朱子《家礼》。② 朱子编定的《文公家礼》是后来历代编定家礼的典范。从朱子《家礼》来看，其内容大都源于先秦儒家经典，其中主要是《仪礼》《礼记》和《大戴礼记》。朱子《家礼》的主要内容是：

1. 通礼：包括（1）祠堂，主要有祠堂制度，祭田、祭器，参祠堂之仪，服饰；（2）深衣制度；（3）居家杂仪，主要是君子平日居家之事，有：凡为家长，御群子弟及家众之道；凡诸卑幼，事家长之道；凡为子为妇者，事父母舅姑之道；凡为人子弟者，事父兄宗族之道；凡子，事父母之道；凡父母舅姑有疾之时，子妇之道；凡为宫室之道；凡卑幼于尊长之道；凡受女婿及外甥拜；凡节序及非时家宴；凡子始生，若为之求乳母以及教育之法；凡内外仆妾，事主人之道；主人赏罚男女仆之道。

2. 冠礼：包括（1）冠礼；（2）笄礼。

3. 昏礼：包括（1）议昏；（2）纳采；（3）纳币；（4）亲迎；（5）妇

---

① 陆九渊：《荆国王文公祠堂记》，《陆九渊集》卷十九，中华书局1980年版，第232页。
② 关于朱子《家礼》真伪的争论，历代学者均有论述。一些学者否认《家礼》为朱子所作。近来有学者又作了新的研究，认为至少《家礼》中最重要的"祭礼"部分是朱子所作。"考定今《家礼》一书中之祭礼部分确为朱子所作，虽然还不就是百分之百地证实了《家礼》全书为朱子所作，但在证实《家礼》为朱子之书方面进了一大步。"参见陈来《朱子〈家礼〉真伪考异》，《北京大学学报》（哲学社会科学版）1983年第3期；收入陈来《中国近世思想史研究》，商务印书馆2003年版，第162页。

见舅姑；（6）庙见；（7）婿见妇之父母。

4. 丧礼：丧礼最为繁复，总共包括丧礼21项以及丧礼之后的一些其他仪式：（1）初终；（2）沐浴、袭、奠、为位、饭含；（3）灵座、魂帛、铭旌；（4）小敛、袒、括发、免、髽、奠、代哭；（5）大敛；（6）成服；（7）朝夕哭奠、上食；（8）吊、奠、赗；（9）闻丧、奔丧；（10）治丧；（11）迁柩、朝祖、奠、赗、陈器、祖奠；（12）遣奠；（13）发引；（14）及墓、下棺、祠后土、题木主、成坟；（15）反哭；（16）虞祭；（17）卒哭；（18）祔；（19）小祥；（20）大祥；（21）禫；（22）居丧杂仪；（23）致赗奠状；（24）谢状；（25）慰人父母亡疏；（26）父母亡答人疏；（27）慰人祖父母亡启状；（28）祖父母亡答人启状。

5. 祭礼：包括（1）四时祭；（2）初祖；（3）先祖；（4）祢；（5）忌日；（6）墓祭。

从这些内容来看，朱子编定的《家礼》主要是对传统的《仪礼》以及《礼记》的简化和调整。因此，《仪礼》和《礼记》就成为后世家礼的主要来源。我们研究中国古代的家礼，其实在很大程度上，依据的资料依然是《仪礼》和《礼记》。

古礼内容繁多，所谓"经礼三百，曲礼三千"也并非毫无根据的夸张。《周礼》把古礼划分为吉、凶、军、宾、嘉五大类，但这种划分是以国家为主体的，与《周礼》一样，属于"王礼"或"官礼"。从普遍的社会生活层面来看，这种分类不在我们研究家礼之列。另外，礼书中还有"六礼""八礼"的说法。《礼记·王制》："六礼：冠、昏、丧、祭、乡、相见。"《礼运》篇引孔子之言曰："是故夫礼，必本于天，殽于地，列于鬼神，达于丧、祭、射、御、冠、昏、朝、聘。"《昏义》："夫礼始于冠，本于昏，重于丧、祭，尊于朝、聘，和于乡、射。此礼之大体也。"其中，《礼运》篇的"射、御"即"射、乡"之误。① 由此看来，这几种看法是一致的，"六礼"或"八礼"是以人的日常生活为主。"礼之大体"所包括的冠、昏、丧、祭、朝、聘、乡、射，前四项都是家礼的内容。而其他礼仪，或与家族活动有关，如乡饮酒礼、相见礼、燕礼、射礼，或是

---

① 邵懿辰说。参见顾颉刚《〈仪礼〉和〈逸礼〉的出现与邵懿辰考辨的评价——〈礼经通论〉序》，载《文史》第三十八辑，中华书局1994年版。

为了维护家族的利益和宗法制度，如聘礼、觐礼等，都与家礼有一定的关系。因此，"八礼"涵盖了古代家礼的各个方面，其中冠、昏、丧、祭更是家礼的主要内容，也是我们研究的重点。

春秋战国以来，家族主要是指大夫、士阶层的大家族；研究家礼，其实也就是研究大夫、士阶层的礼仪。因此，从某种意义上来说，《仪礼》也可以说是这个时期世家大族的家礼。古代就有学者认为："《周礼》皆天子之礼，为国礼，《仪礼》皆公卿大夫士庶人之礼，为家礼。"（《明史·儒林列传二·娄谅列传》）

正如胡培翚《仪礼正义》所说："三礼唯《仪礼》最古，亦唯《仪礼》最醇矣"。从我们研究的角度来看，《仪礼》应该最能反映古代的家礼。《仪礼》在汉代称为"士礼"。《史记·儒林列传》："诸学者多言《礼》，而鲁高堂生最本。《礼》固自孔子时而其经不具，及至秦焚书，书散亡益多，于今独有《士礼》，高堂生能言之。"《汉书·艺文志》："汉兴，鲁高堂生传《士礼》十七篇。"称《仪礼》为"士礼"应是准确的。把《仪礼》十七篇（实际只有十五篇）进行划分，属于士阶层的礼仪有《士冠礼》《士昏礼》《士相见礼》《士丧礼》《士虞礼》和《特牲馈食礼》六篇，属于士、大夫阶层的有《乡射礼》《乡饮酒礼》两篇，属于卿、大夫的有《少牢馈食礼》一篇，属于诸侯、卿、大夫的有《燕礼》《大射》《聘礼》《公食大夫礼》四篇，属于天子、诸侯的有《觐礼》一篇，通于上下（即从天子至士）的有《丧服》一篇。①

在周礼严格的等级制度下，士本为贵族的下层。但春秋以来，由于社会的激烈变动，社会等级关系出现了"活化"，诸侯、大夫败落降为士，庶人上升也可以为士，士阶层成为上下交汇之处。因此，战国时期的士应该广义地理解，它实际上包括了一部分没落的诸侯、大夫以及庶人在内。《仪礼》成书于战国时期，称《仪礼》为"士礼"，但实际又包括了一部分诸侯、大夫的礼仪在内，也应从这个角度来理解。

一般认为，《仪礼》为经，《礼记》为传。《礼记》不但保留了一些古礼仪式，更主要的是收录了很多战国学者对礼仪仪式中所蕴涵的深刻含义的论述。我们研究家礼中反映的思想观念及社会意识，《礼记》就更有

---

① 这一划分参见顾颉刚《〈仪礼〉和〈逸礼〉的出现与邵懿辰考辨的评价——〈礼经通论〉序》，载《文史》第三十八辑。

价值。因此本节以《礼记》为中心，从比较宏观、整体的角度来论述中国古代家礼中所反映的政治意识及其政治作用。

需要指出的是，由于社会成员的分化而形成了不同等级的家族；不同等级的家族有不同的形态，在政治、经济等方面也处于不同的地位，但其中也有一些共同性，尤其从观念的层次（即家礼中蕴涵的观念）来看，还是具有一定的普遍性。再者，由于材料的限制，现有材料多反映贵族家族的情况。因此，我们可以在较为一般的层次上讨论家礼，而不必过于计较不同等级家族形态的差异反映在家礼及思想意识上的差异。

一 家礼的实质

从《仪礼》的规定以及《礼记》的解释来看，家礼的实质就是将个人固定在家族的宗法关系之中。也就是说，家礼使人处在各种礼仪规范之中，由此维系家族关系的和谐与稳定。

家礼中的"冠礼"，本是由氏族社会的"成丁礼"演变而来，但它所具有的意义，却受到了中国古代特有文化的影响。美国著名文化人类学家露丝·本尼迪克特（Ruth Benedict）在其名著《文化模式》（*Patterns of Culture*）中指出，各民族的文化中都有关于成人的仪式，但是，"这种授予新的地位又委以新的义务的仪式就像地位和义务本身一样各有千秋且受着文化的制约"，因此"我们毋宁只需了解在不同的文化中人们把什么东西看成是成年的标志，以及他们承认这种新资格的方法"。[①] 在周礼当中，成年的意义主要在于由此进入了本家族的宗法序列当中。因此，它的各种仪式都围绕这一意义而展开。如嫡长子的冠礼要在阼阶上举行，《礼记·冠义》对此解释说："故冠于阼，以著代也"，意即"冠于阼阶之上，明其将代父而为主也"（孙希旦语[②]），因为他取得了"代父而为主"的资格，因此"见于母，母拜之，见于兄弟，兄弟拜之"，"玄冠、玄端，奠挚于君，遂以挚见于乡大夫、乡先生，以成人见也"。再如男女成年都要取"字"，《仪礼·士冠礼》说男子取字的方式是："曰：伯某甫，仲、叔、季，唯其所当。"在字前面冠以伯、仲、叔、季等行辈的称谓，表示成人以后就正式加入了宗族组织的序列，因此用它来区分大宗、小宗的行

[①] ［美］露丝·本尼迪克特：《文化模式》，王炜等译，三联书店1988年版，第27页。
[②] 孙希旦：《礼记集解》，中华书局1989年版，第1413页。

辈关系。① 由此可见，在古代的家礼仪式中，成年便意味着正式加入了本家族组织的序列，嫡长子还要承担起"代父而为主"的责任。举行冠礼以后，一个人便成为由礼联系起来的家族关系中的一员，因此，《礼记·冠义》又说："成人之者，将责成人礼焉也。责成人礼焉者，将责为人子、为人弟、为人臣、为人少者之礼行焉"。"为人少者"，孙希旦解释说："凡在宗族而属之尊于我，在乡党而齿之长于我，在朝廷而德位之先于我，皆我为之少，而当事之者也。"② 这样看来，冠礼的社会意义更大，它确认了人（主要是男子）由此可以正式进入社会关系之中。

家礼中的"昏礼"，在周礼当中，它不仅仅标志着男女两性的结合，而且具有更加深远的社会意义。《礼记·昏义》说："昏礼者，将合二姓之好，上以事宗庙，而下以继后世也。"昏礼不是个人的事，而是两个家族的结合，标志着宗族关系的延续，是其他社会关系的源泉。《礼记·昏义》说："男女有别，而后夫妇有义；夫妇有义，而后父子有亲；父子有亲，而后君臣有正。故曰：'昏礼者，礼之本也。'"昏礼具有如此大的意义，因此在古代受到极大的重视，反过来这也说明昏礼已经超出了个人的意义，而是把个人置于家族以至整个社会范围的关系之内。

此外，家礼中的丧礼、祭礼等各种礼仪，也都无不标识着人是处于家族关系中的人，人与人之间的关系是由各种礼仪联系起来的。丧礼中的丧服制度是通过不同的丧服来体现家族内人与人之间的亲疏远近的宗法关系。祭祀也体现出人的家族关系。祭祀先祖是为了"反古复始，不忘其所由生也"（《礼记·祭义》），"所以追养继孝也"（《礼记·祭统》）。《礼记·祭统》篇把祭祀的意义归结为十项："夫祭有十伦焉：见事鬼神之道焉，见君臣之义焉，见父子之伦焉，见贵贱之等焉，见亲疏之杀焉，见爵赏之施焉，见夫妇之别焉，见政事之均焉，见长幼之序焉，见上下之际焉。"这"十伦"之中体现的主要是父子、夫妇、长幼等家族关系。因此祭礼"上治祖、祢，尊尊也。下治子、孙，亲亲也。旁治昆弟，合族以食，序以昭缪，别之以礼义，人道竭矣"（《礼记·大传》）。这明确地说明，所谓"人道"，就是要处理好各种宗法关系。《祭统》篇还说："夫祭有昭穆。昭穆者，所以别父子、长幼、亲疏之序而无乱也。是故有事于

---

① 参见杨宽《"冠礼"新探》，《古史新探》，中华书局1965年版。
② 孙希旦：《礼记集解》，第1414页。

大庙，而群昭群穆咸在而不失其伦。此之谓亲疏之杀也。"祭祀中的昭穆制度也是为了区别父子、长幼、亲疏关系，说明人即使在死去以后，还处在宗法关系之中。

总之，在中国古代的家礼之中，人或为长，或为幼，或为贵，或为贱，处在各种家族关系之中，人的地位、价值是在与他人的相互关系中显示出来的。《左传·昭公二十六年》记载晏子之言曰："君令、臣共，父慈、子孝，兄爱、弟敬，夫和、妻柔，姑慈、妇听，礼也。"《礼记·文王世子》说："言父子、君臣、长幼之道，合德音之致，礼之大者也。"这里所谓礼，也就是家礼，是长幼、父子以及君臣之间的等级关系。《荀子·君道》篇又把各种关系概括为：人父应该"宽惠而有礼"，人子应该"敬爱而致恭"；人兄应该"慈爱而见友"，人弟应该"敬诎而不苟"；人夫应该"致和而不流，致临而有辨"，人妻应该"夫有礼则柔从听侍，夫无礼则恐惧而自竦也"。《大戴礼记·曾子立孝》篇也说："故为人子而不能孝其父者，不敢言人父不能畜其子者；为人弟而不能承其兄者，不敢言人兄不能顺其弟者；为人臣而不能事其君者，不敢言人君不能使其臣者也。故与父言，言畜子；与子言，言孝父；与兄言，言顺弟；与弟言，言承兄；与君言，言使臣；与臣言，言事君。"这些言论都说明，家礼的规定就是要使人处于一种等级地位的相互对待之中。《礼记·经解》说："礼之教化也微，其止邪也于未形，使人日徙善远罪而不自知也，是以先王隆之也。"家礼就是要在日常的生活细节中逐渐培养人遵循礼的意识，使人从小就学习与自己在家族中的身份与等级地位相符的各种礼仪规范。这也就是说，家礼的功用在于使人受到宗法礼仪规范的教养，它"润物细无声"，于细微处见奇效，最终使人自觉地服从礼的规范，养成一种生活的自觉。

二 家礼中的等级观念

家礼使人处于家族的宗法等级关系之中，这是家礼等级观念形成的基础。《礼记》指出："立权度量，考文章，改正朔，易服色，殊徽号，异器械，别衣服，此其所得与民变革者也。其不可得变革者则有矣，亲亲也，尊尊也，长长也，男女有别，此其不可得与民变革者也。"（《礼记·大传》）这是就礼的总体而言。其实，古代的家礼也是如此。亲亲、尊尊、长长、男女有别同时也是贯穿在家礼中的等级观念。

亲亲，主要是指孝敬父母，其核心思想是孝。《礼记》强调礼是"反其所自生"，"礼也者，反本修古，不忘其初也"（《礼记·礼器》），孝成为家礼的重要观念。《礼记》中有《内则》和《少仪》两篇，《内则》"记男女居室事父母舅姑之法"①，《少仪》记"少者事长者之节"②，专门记述对少年子弟培养的礼仪规范，涉及日常生活的各个方面。其主旨是孝敬父母。孝敬父母是家礼之本。具体来说，它又包括多方面的内容，对父母的日常起居、饮食冷暖等要谦卑尊让，而其根本则是不违背父母的意愿。从这些详细的行为规范中可以明显地看到，中国古代的家礼就是要把人训练成为谨遵家族礼仪的人，没有独立的意识，没有独立的选择权力，一切好恶是非判断都要以父母的意愿为准。

其一，子弟不能违背父母的意愿，这就是家礼所宣扬的"无违"。曾子曰："孝子之养老也，乐其心，不违其志。"（《礼记·内则》）《内则》篇又说："子妇孝者敬者，父母、舅姑之命勿逆勿怠。"

其二，子弟不能有私欲、私财。《礼记·内则》说："子有二妾，父母爱一人焉，子爱一人焉，由衣服饮食，由执事，毋敢视父母所爱，虽父母没不衰。子甚宜其妻，父母不说，出。子不宜其妻，父母曰'是善事我'，子行夫妇之礼焉，没身不衰。"这条材料有力地说明，即使在夫妻关系中，也要以父母的意愿为准。《内则》还说：

> 子妇无私货，无私畜，无私器，不敢私假，不敢私与。妇或赐之饮食、衣服、布帛、佩帨、茝兰，则受而献诸舅姑。舅姑受之，则喜，如新受赐；若反赐之，则辞；不得命，如更受赐，藏以待乏。妇若有私亲兄弟，将与之，则必复请其故，赐而后与之。

后来孟子也把"好财货，私妻子"作为不孝之一（《孟子·离娄下》）。

其三，父母有错也不能当面指出，只能顺从父母的意愿，子为父隐，父为子隐。这是儒家的一贯主张。《论语·子路》记载：

---

① 朱子引郑玄语。参见孙希旦《礼记集解》，第724页。
② 朱子语。参见孙希旦《礼记集解》，第919页。

> 叶公语孔子曰："吾党有直躬者，其父攘羊，而子证之。"孔子曰："吾党之直者异于是：父为子隐，子为父隐。——直在其中矣。"

《孟子·尽心上》也有类似的记载：舜的父亲瞽瞍杀了人，孟子认为舜"窃负而逃，遵海滨而处，终身欣然，乐而忘天下"。

孔、孟这里所说的这种父子宗法之情，其实质是礼，也就是孔子所说的"直"。因此父子相隐也是家礼的内容之一。《礼记》对此还有更详细的规定。《内则》篇指出：

> 父母有过，下气怡色柔声以谏。谏若不入，起敬起孝，说则复谏；不说，与其得罪于乡党州闾，宁孰谏。父母怒，不说，而挞之流血，不敢疾怨，起敬起孝。

这是说，父母有了过错，做儿子的虽然要规劝，但以不违背父母的意愿为限。如果把父母惹怒了，将自己鞭打得流血，还要越发对父母恭敬。这与孔、孟的主张是一致的。《孝经·谏诤章》则说，父母犯错，作儿子的要直言劝谏，"父有争子，则身不陷于不义。故当不义，则子不可以不争于父"，"从父之令，又焉得为孝乎！"显然，《孝经》这里所说的与孔、孟以及《礼记》的规定相矛盾。《孝经》虽然影响巨大，但从整体上来说，这里所说的与儒家主流思想并不一致。

其四，即使父母去世以后，也要终身对父母保持孝敬之心。"终身也者，非终父母之身，终其身也。"（《礼记·内则》）这里所谓的"终身"，不是指终于父母的一生，而是终于孝子本人的一生。这样才是"大孝"。孟子说"大孝终身慕父母"（《孟子·万章上》），就是指此而言。《内则》篇又说："父母虽没，将为善，思贻父母令名，必果；将为不善，思贻父母羞辱，必不果。"这是说，即使父母不在了，自己的言行也要时刻考虑到父母，不能玷污父母的名声。

总之，做儿女的一生都生活在父母的笼罩之下，从生活仪节到思想观念，都要以父母的意愿为准，这样才真正做到了孝，达到了家礼的要求。

尊尊、长长就是尊敬家族中的长者、贵者。在传统的宗法社会中，贵族的宗法制是以嫡庶、大宗小宗来区分等级贵贱的。嫡贵于庶，大宗高于小宗，是尊长、敬长的主旨。《公羊传·隐公元年》记载："立嫡以长不以贤，立子以贵不以长。"何休注："嫡，谓嫡夫人之子。尊无与敌，故以齿。子，谓左右媵及姪娣之子。位有贵贱，又防其同时而生，故以贵也。"① 这在原则上规定了古代的君位必须由嫡长子来继承。在王室诸子中，嫡长子的地位要明显高于其他王子。在一般的家族当中，嫡长子在宗法礼仪、财产继承等方面享有的权利也要高于其他庶子。这是宗法制度的本质。这在丧服制度中有明显的反映。

丧服是用不同的服饰来表示对死者的哀悼，从中反映出明显的宗法思想。按尊卑亲疏关系的不同，丧服分为斩衰、齐衰、大功、小功、缌麻五类。据《仪礼·丧服》篇，丧服的轻重反映在：衰（上衣）、裳、冠所用麻布精粗，即升数的不同；服期，即服丧的期限不同；用杖精粗不同，以及用杖不用杖的不同；屦用草、用麻、用布的不同；有受与无受的不同等方面。其具体规定十分繁琐，但其精神则十分简单，就是为了表示宗法观念中的尊卑等级。《礼记·大传》把这一思想又称为"服术"："服术有六：一曰亲亲，二曰尊尊，三曰名，四曰出入，五曰长幼，六曰从服"。这六项原则当中，亲亲、尊尊是核心。亲亲，就是辨别亲疏。血缘关系由亲至疏，丧服也由服重而减轻，至高祖之父而无服，这就是"五世则迁"。尊尊，就是辨别嫡庶。丧服中充分反映了嫡尊庶卑的等级思想。如"父为长子"斩衰三年，"为众子"不杖期；"为嫡孙"不杖期，"为庶孙"大功九月；"公为嫡子之长殇"（男子十六至十九岁为长殇），大功殇九月，"中殇"（十二至十五岁为中殇），大功殇七月，为"庶子之长殇"，小功殇五月。这都表示出为嫡者服重、为庶者服轻的原则。

在家族的宗法制度下，宗子的地位要贵于庶子，因此尊尊、长长也包括庶众对宗子的顺服。"家无二主"与"天无二日，土无二王"（《礼记·坊记》）一样，严格地维护了宗子的绝对地位。《仪礼·丧服传》说："诸侯之子称公子，公子不得祢先君。公子之子称公孙，公孙不得祖诸侯。此自卑别于尊者也。若公子之子孙有封为国君者，则世世祖是人也，不祖公子，此自尊别于卑者也。"这里明确地表明了周礼宗法制度中"重宗尊祖"的观念。

《礼记·曾子问》引曾子问曰："宗子为士，庶子为大夫，其祭也如之何？"孔疏对此作了详细的解释：

---

① 《春秋公羊传注疏》，上海古籍出版社2014年标点本，第18页。

用大夫之牲，是"贵禄"也；宗庙在宗子之家，是"重宗"也。此宗子谓小宗也，若大宗子为士，得有祖、祢二庙也。若庶子是宗子亲弟，则与宗子同祖、祢，得以上牲于宗子之家而祭祖、祢也。但庶子为大夫，得祭曾祖庙，已是庶子，不合自立曾祖之庙，崔氏云："当寄曾祖庙于宗子之家，亦得以上牲，宗子为祭也。若己是宗子从父庶子兄弟父之適子，则于其家自立祢庙，其祖及曾祖亦于宗子之家寄立之，亦以上牲，宗子为祭。若己是宗子从祖庶兄弟父祖之適，则立祖、祢庙于己家，则亦寄立曾祖之庙于宗子之家，已亦供上牲，宗子为祭也。"①

在严格的周礼等级制度下，宗子应该管理本族的共同财产，因此在本族中享有最高的经济地位。但春秋以来，社会变动剧烈，"'高岸为谷，深谷为陵。'三后之姓于今为庶"（《左传·昭公三十二年》）。大宗、小宗的经济、政治地位开始发生变化。孔疏这里详细列举了各种情况下宗子为士，庶子为大夫的祭祖礼仪，其核心就是"宗庙在宗子之家"。宗子也许在社会地位上低于庶子，但在最重要的家族祭祀礼仪中，宗子的地位依然要高于庶子。《礼记·内则》又说：

適子、庶子祇事宗子、宗妇，虽贵富，不敢以贵富入宗子之家；虽众车徒，舍于外，以寡约入。子弟犹归器、衣服、裘衾、车马，则必献其上，而后敢服用其次也。若非所献，则不敢以入于宗子之门，不敢以贵富加于父兄宗族。若富，则具二牲，献其贤者于宗子，夫妇皆齐而宗敬焉，终事而后敢私祭。

这些记载非常明确，说明宗子在家族祭祀中享有最高的权利和地位。

男女有别也是家礼中的一项重要原则。中国古代的家礼教育，把男女之间的交往降到了最低限度，认为男女有别才可以维持家族内部的稳定。《周易·家人·象传》说："家人，女正位乎内，男正位乎外。男女正，天地之大义也。"这是强调男女要各守其位，不要互相逾越，这才是符合

---

① 《礼记正义》卷二十七，第800—801页。

正道的。《礼记·内则》也说："礼始于谨夫妇，为宫室，辨外内，男子居外，女子居内。深宫固门，阍寺守之，男不入，女不出。"这里说男女之别是礼的起源。这并不一定是真正的礼的起源，但从中也说明了家礼对男女之防的重视。《礼记》对此有详尽的规定：

> 男女不杂坐，不同椸枷，不同巾栉，不亲授。嫂叔不通问，诸母不漱裳。外言不入于梱，内言不出于梱。女子许嫁，缨，非有大故，不入其门。姑、姊、妹、女子子，已嫁而反，兄弟弗与同席而坐，弗与同器而食。
>
> 男女非有行媒，不相知名；非受币，不交不亲。（《礼记·曲礼上》）
>
> 男不言内，女不言外。非祭非丧，不相授器。
>
> 外内不共井，不共湢浴，不通寝席，不通乞假。男女不通衣裳。内言不出，外言不入。男子入内，不啸不指，夜行以烛，无烛则止。女子出门，必拥蔽其面，夜行以烛，无烛则止。道路，男子由右，女子由左。（《礼记·内则》）

男女大防是家礼的重要内容，"男女授受不亲"成为家族内的一条普遍原则。但就史实而言，春秋时期，两性关系还很自由，甚至是混乱的。从《左传》可见，贵族中淫乱现象较为普遍。家庭中同辈男女可以再娶再嫁，女子也可以多嫁。在民间，《诗经·国风》反映出男女自由相见、恋爱、相思，男女交往没有什么戒律。《汉书·地理志》说郑国"男女亟聚会，故其俗淫。《郑诗》曰：'出其东门，有女如云。'又曰：'溱与洧方灌灌兮，士与女方秉菅兮。''恂盱且乐，惟士与女，伊其相谑。'此其风也。"卫国"有桑间濮上之阻（师古曰：'阻者，言其隐陉得肆淫僻之情也。'）男女亦亟聚会，声色生焉，故俗称郑卫之音。"燕国"宾客相过，以妇侍宿，嫁取之夕，男女无别，反以为荣。后稍颇止，然终未改"。由此可见，各地的民风习俗与礼书所规定的截然相反。这种矛盾现象并不能完全用礼书的后出来解释。一方面，这种现象与地域文化的差别有关。周礼在鲁，而受西周礼乐文化影响较少的地方还保留了许多古代遗风。同时，这也说明春秋以来，整个社会处在激烈的变动之中，这种变动触及包括家庭生活、社会习俗在内。一方面旧有的习俗依然存在，但另一方面，已经出现了新的礼仪规范，以此来匡正社会现实，使社会能够在一套思想观念的指导下发展。礼书中规定的家族内的男女大防就是这种变动的反映。

在男女有别的关系中，更进一层的是男尊女卑，因此男女有别依然是一种等级关系。《诗·小雅·斯干》："乃生男子，载寝之床，载衣之裳，载弄之璋。其泣喤喤，朱芾斯皇，室家君王。乃生女子，载寝之地，载衣之裼，载弄之瓦。无非无仪，唯酒食是议。无父母诒罹。"从诗中可见，家族中生男和生女有很大的不同，从婴儿开始，对待男女就有极大的区别，男子的地位要远远高于女子。在日后的家庭教育中，男女也有很大的区别。《礼记·内则》记载：

> 子能食食，教以右手；能言，男唯女俞。男鞶革，女鞶丝。六年，教之数与方名。七年，男女不同席，不共食。八年，出入门户即席饮食，必后长者，始教之让。九年，教之数日。十年，出就外傅，居宿于外，学书计。衣不帛襦袴。礼帅初，朝夕学幼仪，请肄简谅。十有三年，学乐、诵诗、舞《勺》。成童舞《象》，学射御。二十而冠，始学礼，可以衣裘帛，舞《大夏》，惇行孝弟，博学不教，内而不出。

> 女子十年不出，姆教婉、娩、听从；执麻枲，治丝茧，织纴、组、紃，学女事，以共衣服；观于祭祀，纳酒浆、笾豆、菹醢，礼相助奠。十有五年而笄，二十而嫁，有故，二十三年而嫁。

这种不同的教育，反映出家族中以男权为主的等级关系。这种等级规定贯穿在整个家礼中。

由以上可见，中国古代冠、昏、丧、祭的各种家礼中蕴涵的亲亲、尊尊、长长、男女有别的等级原则，是以维护父家长宗法等级关系为准则的。家礼所有的规范体系都是一种父家长宗法文化的体现。它反映的是家族的利益和秩序。周礼的冠、昏、丧、祭等重要礼仪都要在宗庙中举行，正好说明它们代表的都是家族的利益。

三 家礼中的政治意识

中国古代家礼的教育，就是使人处于家族的等级关系之中，由此形成家礼中的宗法等级观念。这种等级观念又成为支配社会等级结构的合法性观念，成为治理国家的社会意识。这说明家礼具有极强的社会政治意识。这在冠、昏、丧、祭等不同的礼仪中都有明确的反映。

《礼记·冠义》篇开宗明义就说：

> 凡人之所以为人者，礼义也。礼义之始，在于正容体，齐颜色，顺辞令。容体正，颜色齐，辞令顺，而后礼义备。以正君臣，亲父子，和长幼。君臣正，父子亲，长幼和，而后礼义立。故冠而后服备，服备而后容体正，颜色齐，辞令顺。故曰："冠者，礼之始也。"是故古者圣王重冠。

从这一番推演来看，冠礼是"正君臣，亲父子，和长幼"的基础。这说明，冠礼具有重要的社会意义，是实现社会统治的基础。

昏礼也是如此。《周易·序卦》说："有天地然后有万物，有万物然后有男女，有男女然后有夫妇，有夫妇然后有父子，有父子然后有君臣，有君臣然后有上下，有上下然后礼义有所错。"男女关系是君臣、上下等其他社会关系的渊源。《礼记·昏义》又说："敬慎重正而后亲之，礼之大体，而所以成男女之别而立夫妇之义也。男女有别而后夫妇有义，夫妇有义而后父子有亲，父子有亲而后君臣有正。故曰：'昏礼者，礼之本也。'"这里所说与《序卦》是一致的。

丧礼本应体现的是家族中的血缘关系，但周礼也把它纳入了社会政治的框架当中。《礼记·丧服四制》记载：

> 门内之治恩掩义，门外之治义断恩。资于事父以事君而敬同，贵贵尊尊，义之大者也。故为君亦斩衰三年，以义制者也。

这是说，要用事奉父亲的态度来事奉国君，因此也要为国君斩衰三年，这是符合道义的。《礼记·坊记》又说："孝以事君，弟以事长，示民不贰也。……丧父三年，丧君三年，示民不疑也。"这也是把家族内的礼仪扩大到社会政治领域的君臣关系上来，把丧礼中表现的血缘关系扩大到政治关系。"丧祭之礼，所以明臣子之恩也"（《礼记·经解》），就是这个意思。

祭祀是古礼中的重要内容，种类繁多，仪式烦琐。本节研究的家礼侧重从较为普遍的社会生活层面关注古代的礼仪，因此周礼中祭祀天地的仪式就不在我们关注的范围之内，而祭祀祖先的宗庙祭祀则是与家族生活有密切关系的一种礼仪，是古代家礼的重要组成部分。

祖先崇拜在原始宗教活动中就已经存在，但它在周礼中才得以系统地仪式化，并具有了丰富的社会政治含义。《穀梁传·僖公十五年》："天子至于士，皆有庙。"宗庙祭祀是在贵族中普遍实行的一种礼仪，"是大夫、士宗法大家族组织形成和赖以维持的精神支柱"。①

宗庙祭祀礼仪名目繁多，有日祭、月享、时类、岁祀等。其中较为隆重的是四时祭。它是"在荐新礼的基础上发展产生的，从不定期的、无一定次数的、礼节简单的荐新礼，发展成为定时的、每年四次的、礼节较隆重的四时祭"。②《礼记·祭统》中说："祭有四时：春祭曰礿，夏祭曰禘，秋祭曰尝，冬祭曰烝。"《尔雅·释天》又说："春祭曰祠，夏祭曰礿，秋祭曰尝，冬祭曰烝。"在这两种说法中春夏两祭的名称不一致，古代礼学家对此有详细的考辨，这种区分这里不论，但四时祭祀则是一致的。《礼记》中对天子、诸侯的四时祭有较为详细的记载，但对大夫、士阶层则记载较少。其实，尽管在具体的仪式方面有等级区别，但四时祭在贵族内部都举行。如《仪礼》记载的少牢馈食礼就是"诸侯之卿大夫，祭其祖祢于庙之礼"（《仪礼·少牢馈食礼》郑玄注③），特牲馈食礼是"诸侯之士以岁时，祭其祖庙之礼"（《仪礼·特牲馈食礼》郑玄注④）。《晏子春秋·内篇·谏上》也说："天子以下至士，祭以首时。"这说明四时祭是在大夫、士的大家族中普遍实行的一种宗庙祭祀仪式。《礼记》多次指出，祭祀先祖具有现实的政治作用，"明乎郊社之礼、禘尝之义，治国其如示诸掌乎！"（《礼记·中庸》）。《论语·八佾》篇也记载："或问禘之说。子曰：'不知也；知其说

---

① 张鹤泉：《周代祭祀研究》，台北：文津出版社1993年版，第180页。
② 钱玄：《三礼通论》，南京师范大学出版社1996年版，第466页。
③ 《仪礼注疏》，上海古籍出版社2008年标点本，第1443页。
④ 同上书，第1341页。

者之于天下也，其如示诸斯乎！'指其掌。")这主要是针对天子、诸侯的治理国家而言，但对大夫、士来说，其中也贯穿着鲜明的政治观念。如宗庙祭祀中要用"尸"来象征祖先的神灵，因此"尸"在祭祀中的地位很高。但祭礼同时又规定，"尸"的地位不能过高，以免侵犯到天子、国君的地位。"王者祭宗庙，以卿为尸，射以公为耦，不以公为尸何？避嫌也。三公尊近，天子亲稽首拜尸，故不以公为尸。"① "天子不以公为尸，诸侯不以卿为尸，为其太尊，嫌敌君。"② "卿大夫不以臣为尸，俱以孙者，避君也。"③ 这说明宗庙祭祀中的用"尸"原则"既防止了因'尸'的地位太尊，而侵犯了天子和国君的尊严。同时，又使大夫在用'尸'上，同天子、国君形成了明显的等级差别。所以周代的选'尸'，首先是把政治原则放在首位，不能因尊'尸'，而降低了天子、国君的政治地位"。④ 由此可见，宗庙祭祀中主要贯穿的是"尊尊"的政治原则，"不允许祭祀的礼仪侵害天子、国君的政治地位以及大夫、士在家族中的尊位"。⑤

宗庙祭祀礼仪与严格的政治等级制度相适应，它既由政治制度决定，同时也维护着政治等级制度。就祭礼的普遍意义而言，礼书认为，祭祀先祖是实行政治教化的根本。《礼记·祭统》说：

> 夫祭之为物大矣，其兴物备矣，顺以备者也，其教之本与！是故君子之教也，外则教之以尊其君长，内则教之以孝于其亲。是故明君在上，则诸臣服从；崇祀宗庙社稷，则子孙顺孝。尽其道，端其义，而教生焉。是故君子之事君也，必身行之。所不安于上，则不以使下；所恶于下，则不以事上。非诸人，行诸己，非教之道也。是故君子之教也，必由其本，顺之至也，祭其是与！故曰：祭者，教之本也已。

---

① 《白虎通义》引曾子说。见陈立《白虎通疏证》卷十二《阙文》，中华书局1994年版，第580页。
② 《通典》卷四十八《礼八》，中华书局1988年版，第1354页。
③ 同上。
④ 张鹤泉：《周代祭祀研究》，第160页。
⑤ 同上书，第162页。

这段论述明确说明，祭祀祖先就是通过孝亲来实现尊君的目的。《祭统》篇还指出，"祭有十伦"，其最终目的依然是"君臣之义"，"贵贱之等"，"上下之际"。

此外，乡饮酒礼是为了"明尊长"，"明养老"，但尊长、养老还是为了实现政治教化，达到"王道"的目的。《礼记·乡饮酒义》明确地说：

> 民知尊长养老，而后乃能入孝弟；民入孝弟，出尊长养老，而后成教；成教而后国可安也。君子之所谓孝者，非家至而日见之也，合诸乡射，教之乡饮酒礼，而孝弟之行立矣。孔子曰："吾观于乡而知王道之易易也。"

> 贵贱明，隆杀辨，和乐而不流，弟长而无遗，安燕而不乱，此五行者，足以正身安国矣。彼国安而天下安，故曰："吾观于乡而知王道之易易也。"

由以上论述可见，各种家礼的礼仪仪式都含有鲜明的社会政治意识，它们是"正君臣"，"治国"，实现"王道"的社会基础。家礼中贯穿的亲亲、尊尊、长长、男女有别的等级观念，也由此成为普遍的社会政治意识，成为维护古代社会宗法等级结构的思想支柱。《礼记·祭义》说：

> 先王之所以治天下者五：贵有德，贵贵，贵老，敬长，慈幼。此五者，先王之所以定天下也。贵有德何为也？为其近于道也。贵贵，为其近于君也。贵老，为其近于亲也。敬长，为其近于兄也。慈幼，为其近于子也。是故至孝近乎王，至弟近乎霸。至孝近乎王，虽天子必有父；至弟近乎霸，虽诸侯必有兄。先王之教，因而弗改，所以领天下国家也。

这又是从治理天下的角度说明亲亲、尊尊、长长具有重要作用和意义。《礼记·祭义》还说：

> 天下之礼，致反始也，致鬼神也，致和用也，致义也，致让也。致反始，以厚其本也。致鬼神，以尊上也。致物用，以立民纪也。致

义，则上下不悖逆矣。致让，以去争也。合此五者以治天下之礼也，虽有奇邪，而不治者则微矣。

这里所说的致反始、致鬼神、致和用、致义、致让"五者"都是家礼的内容，同时它们也都是治理天下的工具，由此也更进一步说明家礼中蕴含着明确而深刻的政治意识。

四　孝的政治意识和政治作用

家礼中贯穿的亲亲、尊尊、长长、男女有别的等级观念都具有鲜明的政治意识，在现实社会中也具有维护等级秩序的作用。从总体上来说，在家族关系中，亲亲又是最为基本的。亲亲是父子关系，在中国传统社会中，父子关系强调的是子对父的孝，孝是中国古代社会中最为普遍，影响最为深远的一种道德规范。因此，我们研究家礼中的政治意识及其政治作用，不能忽略对孝道中蕴含的政治意识及政治作用的探讨。

《尔雅·释训》："善父母为孝"。《说文》："孝，善事父母者。"这些训诂说明孝是子女对父母的一种道德规范。

"孝"字不见于甲骨文，但商代应该已有孝的观念。商代繁复的祭祖礼仪中贯穿的应该是孝的思想。《吕氏春秋·孝行览》："商书曰：刑三百，罪莫重于不孝。"说明商代已重视孝行。在西周金文中，"孝"字从老从子，"象老人扶子之形"。因此孝的初义是年轻人"参扶族中老者"。有学者指出，孝的本义"恐非限于父母，诸父诸祖亦应善事"。① 这种看法是正确的。在西周金文中，孝的对象包括父母、祖妣、兄弟、宗老等，说明孝是家族中对年老成员的尊重。由此也可以说明，周礼中贯穿的亲亲、尊尊、长长的观念，其实也都是孝的体现。因此，我们认为，孝是家礼中最为普遍和重要的道德意识和道德规范。

孝本为家族中的道德规范，但经过儒家学者的阐发，孝又具有了更为普遍的意义。孔子认为，孝应该是道德实践中的一种基本德行。《论语·子路》篇记载：

---

① 参见《金文诂林》卷八"孝"字条引张日升说。

> 子贡问曰:"何如斯可谓之士矣?"子曰:"行己有耻,使于四方,不辱君命,可谓士矣。"
> 曰:"敢问其次。"曰:"宗族称孝焉,乡党称弟焉。"

孔子在这里把孝作为士应有的一种基本德行,但不是最高的德行。孔子最高的伦理观念是"仁",因此孝还不是人们应当追求的最高标准。

孔子的弟子中,曾子以孝著称。今本《大戴礼记》中有《曾子本孝》《曾子立孝》《曾子大孝》《曾子事父母》等篇,《礼记》中也多有曾子行孝的故事。从这些记载可见,曾子把孝的观念扩大化了,把孝从一种家族中的伦理规范、一种基本的德行扩大为普遍的道德意识。《礼记·祭义》记载:

> 曾子曰:"夫孝,置之而塞乎天地,溥之而横乎四海,施诸后世而无朝夕,推而放诸东海而准,推而放诸西海而准,推而放诸南海而准,推而放诸北海而准。《诗》云:'自西自东,自南自北,无思不服。'此之谓也。"

显然,曾子把孝空前地扩大了,把孝等同为横贯宇宙的道德意识。孟子对此也有进一步的发挥。孟子说:"事,孰为大?事亲为大。"(《孟子·离娄上》)孔子弟子有子就指出孝为仁之本(《论语·学而》:"孝弟也者,其为仁之本与。"),孟子继承了这一思想,说:"亲亲,仁也;敬长,义也;无他,达之天下也。"(《孟子·尽心上》)把孝作为普遍的"仁"的基础,认为"仁之实,事亲是也;义之实,从兄是也;智之实,知斯二者弗去是也;礼之实,节文斯二者是也"(《孟子·离娄上》)。事亲的孝成为了儒家仁义之道的基础。孟子还认为,儒家所称道的尧舜之道,也就是孝悌之道:"尧舜之道,孝弟而已矣。"(《孟子·告子下》)

总之,先秦儒家从孔子至孟子,孝的思想有了很大的发展,从一种本为宗族之情的伦理意识发展成为普遍道德观念的基础。

那么,先秦儒家所称道的孝是否也具有政治意识?它在现实政治中有什么样的作用?这是我们这里关心的问题。

徐复观先生的一篇著名文章《中国孝道思想的形成、演变,及其在历史中的诸问题》,对这一问题作了否定的回答。徐复观先生认为,中国的专制主义形成于秦汉,先秦儒家一直是采取"抑君"而不是"尊君"的态度。在这个前提之下,说思孟是"孝治派",进而认为孝治派是专制制度的维护者,是错误的观点。先秦儒家"丝毫没有以孝为政的意思"。"仅就孝在社会上一般的作用说,依然与专制无关,依然正面的意义,大于负面的意义"。① 徐先生进而认为,孝道在现实政治中所发生的作用,"在消极方面,限制并隔离了专制政治的毒素,成为中华民族所以能一直延续保存下来的最基本的力量。在积极方面,可能在政治上为人类启示出一套新的道路。也即是最合理的民主政治的道路"。② 徐先生否定先秦儒家的孝道思想与社会政治之间有关系。这一观点在学术界有一定的影响。

我们认为,从现有资料来看,先秦儒家认为孝与社会政治之间是有密切关系的,孝敬父母是为政的基础和根本,家族内实行孝悌是维持社会等级有序的重要保障。《论语·为政》记载孔子之言:

或问孔子曰:"子奚不为政?"
子曰:"《书》云:'孝乎惟孝,友于兄弟,施于有政。'是亦为政,奚其为为政?"

孔子这里引用《尚书》,说孝敬父母,友爱兄弟,并把这种风气影响到政治上去,③ 这也是一种从政的方式。非常明显,孔子认为孝悌是为政的方式之一。因此孔子又说:"出则事公卿,入则事父兄"(《论语·子罕》),事亲与为政是密切联系在一起的,不能把二者截然分开。

孔子的弟子有子说:"其为人也孝弟,而好犯上者,鲜矣。"(《论语·学而》)子夏说:"事父母,能竭其力;事君,能致其身。"(《论语·学而》)曾子说:"慎终,追远,民德归厚矣。"(《论语·学而》)这些说法都是从孔子而来,说明在家族内孝悌父兄,这样的人在社会上便会服从上

---

① 徐复观:《中国孝道思想的形成、演变,及其在历史中的诸问题》,《中国思想史论集》,台湾学生书局1959年版,第166、167页。
② 同上书,第168页。
③ "施"作"延及"讲。从杨伯峻说。参见杨伯峻《论语译注》,中华书局1980年版,第21页。

级，不会犯上作乱，危害社会秩序。

孝悌也是孟子仁政主张中的一项重要内容，"谨庠序之教，申之以孝悌之义"（《孟子·梁惠王上》），是孟子多次提及的施行仁政的步骤之一。孟子还指出："老吾老，以及人之老；幼吾幼，以及人之幼，天下可运于掌。《诗》云：'刑于寡妻，至于兄弟，以御于家邦。'"（《孟子·梁惠王上》）这里明确地说，只要在家族内行孝悌之道，那么治理天下便会易如反掌。同样的思想还有："壮者以暇日修其孝悌忠信，入以事其父兄，出以事其长上"（《孟子·梁惠王上》），这样为政便可以"无敌"于天下。

儒家就是通过这种推己及人、"举斯心加诸彼"的办法，把家族中的孝悌之道扩大为治理天下的良策。孟子说："故推恩足以保四海，不推恩不足以保妻子"（《孟子·梁惠王上》），正说明孝在政治统治中具有重要的作用和意义。

由此我们认为，中国古代的孝道与政治之间有着密切的关系。"孝，礼之始也"（《左传·文公二年》），"孝，文之本也"（《国语·周语下》）。"文"即礼。这里的礼不仅是家礼，而且是一般的治国之礼。这都是说，孝是治国的基础。这也是儒家基本的看法。徐复观说先秦儒家"把事父母和事君的界线，是划分得很清楚的"[①]，是不正确的。

孝在社会政治中具有重要作用，因此确定父子关系便是维护正常统治秩序的前提。孔子认为，为政首先应该"正名"（《论语·子路》）。孔子在这里所说的"正名"有明确所指。据《史记·卫康叔世家》记载，卫太子蒯聩与灵公夫人南子有恶，欲杀南子。此事被南子觉察以后，"灵公怒，太子蒯聩奔宋，已而之晋赵氏"。灵公去世以后，卫立蒯聩之子辄为君，是为出公。"赵简子欲入蒯聩，乃令阳虎诈命卫十余人衰绖归，简子送蒯聩。卫人闻之，发兵击蒯聩。蒯聩不得入，入宿而保，卫人亦罢兵。"孔子所说的"正名"就是以这样的历史史实为背景的。《史记·孔子世家》又记载："是时，卫君辄父不得立，在外，诸侯数以为让。而孔子弟子多仕于卫，卫君欲得孔子为

---

① 徐复观：《中国孝道思想的形成、演变，及其在历史中的诸问题》，《中国思想史论集》，第176页。

政。"历代注解《论语》者此章均据《史记》立论。据刘宝楠《论语正义》,孔子"正名"首先是要正蒯聩的世子之名。其次,出公辄与父争位,父在而自立,这也是违反了父子君臣之礼。因此,孔子的"正名",既谴责了蒯聩和辄的行为,又可以理顺父子、君臣之礼,达到"两治"的目的。①

由此可见,孔子"正名"的含义首先是订正父子之名。确定父子之间的等级名分是治理国家社会的前提和重要内容。黄式三《论语后案》也说:"治国者,不正一家父子之名,而欲正一国之父子,无诸己而求诸人,则一己多忌讳之私,而事亦阻窒而不成矣。礼乐刑罚,事之大也。礼莫大于父子之序,乐莫大于父子之和,刑罚莫大于不孝。三者失,而事之不成甚矣。故治世之要务,在彝伦攸序。"② 父子之间的伦理规范便是子对父的孝。这些论说都说明了孝在政治中的重要作用。孟子也是从这个角度说明了父子之名的重要性。据孟子说,舜的父亲瞽瞍多次意图谋害舜(见《孟子·万章上》),但舜还是以父子之礼敬待瞽瞍。孟子认为:"舜尽事亲之道而瞽瞍厎豫,瞽瞍厎豫而天下化,瞽瞍厎豫而天下之为父子者定。"(《孟子·离娄上》)这是说,舜以父子之礼敬待瞽瞍,这样天下父子之礼的名分便确定了,由此便会"人人亲其亲,长其长,而天下平"(《孟子·离娄上》)。确定了等级名分,天下也就自然太平了。正因为如此,孟子认为"盛德之士,君不得而臣,父不得而子"这样的话是"齐东野人之语"(《孟子·万章上》),因为它违反了父子之名。礼书中随处可见的亲父子、正君臣,都是从这里而来。

孝在社会政治中具有重要作用,这在儒家经典《孝经》中更有明确的说明。徐复观先生否定孝的政治作用,反对孝与政治之间的关系,便说《孝经》是伪书,"是大一统的专制政治,压歪了孝道的结果","是汉武帝末年,由浅陋妄人,为了适应西汉的政治要求,社会要求,所伪造而成"。③ 为此首先有必要说明《孝经》的年代问题。

关于《孝经》的作者和著作年代,过去有不同的看法,主要有孔子

---

① 参见刘宝楠《论语正义》,中华书局1990年版,第517—519页。
② 同上书,第523页。
③ 徐复观:《中国孝道思想的形成、演变、及其在历史中的诸问题》,《中国思想史论集》,第176页。

说①、曾子说②、曾子门人说③、子思说④、孔子门人说⑤、孟子门人说⑥和汉儒说⑦等。

依今日对先秦文献的认识，以上各种说法，除了"汉儒说"以外，基本是一致的。先秦古籍大多非成于一时，出于一人。这些说法的共同性在于，都认为《孝经》是先秦儒家自孔子以来关于孝道论述的总结。就本书的研究来看，确定《孝经》成书于先秦就足够了。从文献中来看，《吕氏春秋·察微》篇明确引用《孝经》，《孝行览》中也有与《孝经》内容相近的文字。这样，断定《孝经》成书于先秦，我们就可以把它放在先秦儒家的序列中来考察它对于孝与政治关系的论述。

《四库全书总目提要》"孝经类"有这样的说法：

> 今观其文，去二戴所录为近，要为七十子徒之遗书。使河间献王采入一百三十一篇中，则亦《礼记》之一篇，与《儒行》、《缁衣》转从其类。惟其各出别行，称孔子所作，传录者又分章标目，自名一经。后儒遂以不类《系辞》、《论语》绳之，亦有由矣。⑧

我们认为，这个看法倒更接近真实。《孝经》为孔子后学的著作，性质类似于《礼记》，因此也可以把它并入《礼记》，与《礼记》一起来作

---

① 这是最通行的一种说法。《汉书·艺文志》："《孝经》者，孔子为曾子陈孝道也。"郑玄、何休、《隋书·经籍志》、皮锡瑞等都主此说。参见张心澂《伪书通考》所引诸说。

② 《史记·仲尼弟子列传》说曾子"孔子以为能通孝道，故授之业。作《孝经》"。

③ 朱彝尊《经义考》卷二百二十二引宋人胡寅说："曾子问孝于仲尼，退而与门弟子言之，门弟子类而成书。"见《经义考新校》第八册，上海古籍出版社2010年版，第4023页。朱熹、晁公武、姚鼐、崔述以及日本学者武内义雄等都主此说。参见张心澂《伪书通考》所引诸说。

④ 王应麟《困学纪闻》卷七引宋人冯椅说："子思作《中庸》，追述其祖之语乃称字，是书（《孝经》）当成于子思之手。"

⑤ 司马光《孝经直解》："孔子与曾参论孝，而门人书之，谓之《孝经》。"参见张心澂《伪书通考》，上海书店出版社1998年影印本，第419页。

⑥ 王正己说：《孝经》的内容"很接近孟子的思想，所以《孝经》大概可以断定是孟子门弟子所著的"。参见王正己《孝经今考》，收入《古史辨》第四册，上海古籍出版社1982年版。

⑦ 姚际恒说：《孝经》"出于汉儒，不惟非孔子作，并非周秦之言也。"（《古今伪书考》）梁启超认为，《孝经》非战国之书，而属汉代之书，最早亦不能过战国。（《古书真伪及其年代》）参见张心澂《伪书通考》，第422、429页。徐复观先生也主此说。

⑧ 《四库全书总目》卷三二，中华书局1965年影印本，第263页。

为讨论先秦儒家思想的依据。① 这也是我们在以《礼记》为中心讨论中国古代的家礼的核心观念——孝——的时候,不能忽视《孝经》的缘故。

《孝经》对先秦儒家自孔子以来就孝与政治的关系,作了明确、系统的表述,认为子对父的孝是政治统治的基础。《孝经·开宗明义章》首先明确地说:"夫孝,德之本也,教之所由生也。"孝是实行教化的基础。《孝经·圣治章》也说:"父子之道,天性也,君臣之义也。"父子之道是人的天生本性,但同时也体现了君臣之义,因此它是为政之本。《圣治章》又说:"圣人之教,不肃而成,其政不严而治,其所因者本也。"这个"本"就是父子之道,也就是孝。

《孝经》在先秦儒家思想史上最大的贡献,在于提出了移孝作忠的理论。《孝经·广扬名章》:

> 君子之事亲孝,故忠可移于君。事兄悌,故顺可移于长。居家理,故治可移于官。是以行成于内,而名立于后世矣。

《大戴礼记·曾子本孝》:"忠者,其孝之本与!"这与《孝经》的说法是一致的,也说明礼书与《孝经》有密切的关系。《孝经》明确地说,事父的孝和事君的忠是一致的。《孔传》说:"能孝于亲,则必能忠于君矣。求忠臣必于孝子之门也。"黄道周《孝经集传》也说:"所谓治国在齐其家者,其家不可教而能教人者无之,故君子不出家而成教于国。"②

《孝经》把孝推广到社会政治领域,但这种政治主张并没有增加新的特色,它与儒家传统的德治、礼治主张是一致的。《孝经·三才章》说:

> 夫孝,天之经也,地之义也,民之行也。天地之经,而民是则之。则天之明,因地之利,以顺天下。是以其教不肃而成,其政不严而治。先王见教之可以化民也,是故先之以博爱,而民莫遗其亲;陈之以德义,而民兴行。先之以敬让,而民不争;导之以礼乐,而民和

---

① 梁启超也有类似的看法。他在《古书真伪及其年代》中指出:《孝经》"非孔子所作,只可归入《礼记》,作孔门后学推衍孝字之书"。参见张心澂《伪书通考》,第429页。

② 参见胡平生《孝经译注》,中华书局1996年版,第31页。

睦；示之以好恶，而民知禁。《诗》云："赫赫师尹，民具尔瞻。"

《孝经·广至德章》又说：

> 君子之教以孝也，非家至而日见之也。教以孝，所以敬天下之为人父者也。教以悌，所以敬天下之为人兄者也。教以臣，所以敬天下之为人君者也。《诗》云："恺悌君子，民之父母。"非至德，其孰能顺民，如此其大者乎！

这里明确地说，以孝为治，就是要统治者以身作则，行孝悌之道，为天下人作表率，使他们都知道敬重父兄，这样就会实现天下大治。由此可见，《孝经》移孝作忠，把孝推行到社会政治中，依然是强调统治者的表率、楷模作用，这与儒家礼治"其身正，不令而行"的主张是一致的。因此，孝治与礼治在本质上是一致的，它们都是一种"典范政治"①。这种政治主张虽然不排斥刑罚的作用，但更强调为政者正面的引导作用，强调道德教化在现实政治中的作用。

五 家礼与社会秩序的稳定

家礼中的冠、昏、丧、祭都具有鲜明的政治意识，家礼的核心观念孝也在社会政治中具有重要作用，儒家移孝作忠的理论使得忠孝观念成为中国古代重要的政治伦理，成为维护社会等级制度的精神支柱。因此，家礼对于中国古代社会政治有着重要意义，家族的稳定也就是社会的和谐稳定。这种认识相当古老。

《尚书·舜典》记载：

---

① 有学者把儒家以身作则的君子楷模称为"典范个人"（Paradigmatic Individual）。参见 A. S. Cua: *Competence, Concern, and the Role of Paradigmatic Individuals (Chün-Tzu) in Moral Education*, Philosophy East and West, Vol. 42, No. 1, 1992. 柯雄文认为儒家的君子是"典范个人"，在道德教化方面具有示范、引导作用。其实，如果广义地来看，比君子更高级、更完善的"圣人"，同样也是"典范个人"。"典范政治"是常金仓在《周代礼俗研究》一书中提出的，其实质就是君子、圣人通过教化实现统治的政治方式。参见常金仓《周代礼俗研究》，台北：文津出版社1993年版，第272页。

帝曰:"契,百姓不亲,五品不逊,汝作司徒,敬敷五教,在宽。"

"五品",郑玄注:"谓五常。"孔疏曰:"即父、母、兄、弟、子是也。"① 孟子也说:"圣人有忧之,使契为司徒,教以人伦——父子有亲,君臣有义,夫妇有别,长幼有序,朋友有信。"(《孟子·滕文公上》)又《国语·郑语》:"史伯曰:商契能合和五教,以保于百姓者也。"注:"五教:父义、母慈、兄友、弟亲、子孝。"这说明,在远古时期人们就认为,搞好了家族内父母兄弟之间的关系,是治理国家、社会的关键。

《左传·文公十八年》也说:"父义、母慈、兄友、弟亲、子孝,内平外成。"杜注和《正义》均说:"内,诸夏;外,夷狄。"竹添光鸿《左传会笺》认为:"此以一家言,则内谓家,外谓乡党。"② 此说近是。依今日言,内谓家,外则指家以外包括乡党在内的社会。这些材料都说明,治家与治国在本质上是一致的,只有家族稳定,才会有社会的稳定,这也就是《左传》所说的"内平外成"。这些思想均为儒家所继承。《周易·家人·象传》指出:"父父,子子,兄兄,弟弟,夫夫,妇妇,而家道正也。正家,而天下定矣。"这是对齐家与治国关系的简明表述。对于这一思想,《礼记·大学》篇作了更加简明、系统的表述,这就是八条目当中的修身、齐家、治国、平天下。《大学》认为,只要治理好了家,也就是治理好了国家、天下。治家是治国理天下的基础。

在《大学》的八条目中,虽然"至天子以至于庶人,壹是皆以修身为本",孟子也说:"天下之本在国,国之本在家,家之本在身"(《孟子·离娄上》),修身是儒家的重要思想,但修身不能脱离家族,修身就是要按照礼的要求行事,《中庸》说"修身以道",这个"道"也就是《礼记·大传》所说的人道,更多地表现为家族内部的各种伦理规范,因此在八条目的程序当中,家依然居于核心地位。儒家一致认为,家是国的基础,治好了家也就治好了国。反过来,不能治家,也就不可能治国。《大学》明确地说:

---

① 《尚书正义》卷三,上海古籍出版社2007年标点本,第100页。
② 转引自杨伯峻《春秋左传注》(修订本),中华书局1990年版,第638页。

所谓治国必先齐其家者，其家不可教而能教人者，无之。故君子不出家而成教于国。孝者所以事君也，弟者所以事长也，慈者所以使众也。《康诰》曰："如保赤子。"心诚求之，虽不中不远矣。未有学养子而后嫁者也。一家仁，一国兴仁；一家让，一国兴让；一人贪戾，一国作乱。其机如此。此谓一言偾事，一人定国。尧舜帅天下以仁而民从之，桀纣帅天下以暴而民从之，其所令反其所好而民不从。是故君子有诸己而后求诸人，无诸己而后非诸人，所藏乎身不恕而能喻诸人者，未之有也。故治国在齐其家。《诗》云："桃之夭夭，其叶蓁蓁。之子于归，宜其家人。"宜其家人而后可以教国人。《诗》云："宜兄宜弟。"宜兄宜弟而后可以教国人。《诗》云："其仪不忒，正是四国。"其为父子兄弟足法，而后民法之也。此谓治国在齐其家。

这是儒家对齐家、治国与平天下的经典论述。儒家认为，在根本上，治家与治国是一致的，因为国只是家数量范围上的扩大，而本质是一致的。家族中的尊祖敬宗在国家统治中也同样需要，在家里知道孝敬父母，必然也就知道忠于君主。内则父子，外则君臣，这是古代普遍的社会认识。因此在古代实行的礼乐教化中，更重视对家族关系的协调，因为家是最基本的社会单位。

《礼记·大传》中说："上治祖、祢，尊尊也。下治子、孙，亲亲也。旁治昆弟，合族以食，序以昭穆，别之以礼义，人道竭矣。"这里所谓"人道"，就是家族中的各种伦常关系，儒家认为，只要协调好了这些关系，就可以实现社会政治的稳定，"圣人南面而治天下，必自人道始矣"（《礼记·大传》）。其实，《大传》篇的主旨就是由家族的亲亲之道推到治天下。《大传》还说："亲亲故尊祖，尊祖故敬宗，敬宗故收族，收族故宗庙严，宗庙严故重社稷，重社稷故爱百姓，爱百姓故刑罚中，刑罚中故庶民安，庶民安故财用足，财用足故百志成，百志成故礼俗刑，礼俗刑然后乐。"这一番推演也是从家族的亲亲说到了治理天下。后来顾炎武说："一家之中，父兄治之，一族之间，宗子治之，其有不善之萌，莫不自化于闺门之内……天下之宗子，各治其族，以辅人君之治，罔攸兼于庶狱，而民自不犯于有司，风俗之醇，科条之简，有自来矣。"孙希旦也说："盖治天下必始于人道，而人道不外于亲亲。先王治天下，必以治亲为先，使天下之人莫不有以亲其亲。"①

因为中国古代的家与国在本质上是一致的，因此古代还强调家国一体的观念。《礼记·礼运》篇中说："故圣人耐以天下为一家，以中国为一人者，非意之也，必知其情，辟于其义，明于其利，达于其患，然后能为之。"所谓"人义"，就是"父慈，子孝，兄良，弟弟，夫义，妇听，长惠，幼顺，君仁，臣忠"。对于这些关系，都要用礼来协调，"舍礼何以治之？"因此，儒家所称道的礼治，落实到现实社会层面，首先就是落实家礼，家族内实现了以礼治之，那么整个国家也就是礼治的社会了。

总而言之，从《礼记》反映出的中国古代的家礼可见，家礼的作用首先在于使人处于家族内的各种关系之中，从而也说明人是位于家族伦常关系中的人。其次，贯穿家礼的是亲亲、尊尊、长长、男女有别的等级思想，这种宗法等级观念对于维系整个社会的等级秩序有重要作用。家礼的各种仪式都有鲜明的政治意义，尤其是家礼的核心观念孝，与政治伦理忠是一致的，这也反映出古代家国同构的历史事实，齐家就可以治国。这样来看，家礼培养的就是孝父尊君的社会观念。这就是家礼的实质。

由此还引出一个问题，这就是中国古代的家族与君主专制社会的关系。对此问题需要另有专文论述，这里只是提出我们的看法。

徐复观先生指出："就中国的历史来说，家庭以及由家庭扩大的宗族，它尽到了一部分自治体的责任，因此，它才是独裁专制的真正敌人。""中国人生活的大部分，是在家庭及由家庭扩大的宗族的自治堡垒之内。"② 通过我们对中国古代家礼的研究，我们认为，徐复观先生的观点是不能成立的。虽然中国古代的家族制也在历史上有不同的演化形态，但总体上来说，贯穿其始终的家礼是一致的，而且家礼亲亲、尊尊的观念，维护的就是中国古代的等级制度，也就是专制君主制度。这样，家族也就必然是在专制制度的体制之内，它是专制制度稳定的社会基础，因此二者是一致的。认为家族是"自治"的，与专制王权相对立，这种看法与中国古代的历史实际不相符合。

---

① 参见孙希旦《礼记集解》，第917—918页。
② 徐复观：《中国孝道思想的形成、演变、及其在历史中的诸问题》，《中国思想史论集》，第170—171页。

第四节 "濮议"与北宋儒学的发展

"濮议"是发生在北宋英宗朝因皇位过继而引起的一场礼仪之争。仁宗嘉祐八年（1063），宋仁宗去世，无子，迎立仁宗异母弟濮安懿王第十三子赵曙为帝，是为英宗。英宗亲政以后，因讨论对濮王的礼仪问题，在朝廷引发了激烈的争论。以宰相韩琦、参知政事欧阳修为首的执政一派，主张尊英宗生父濮王为皇亲，称"皇考"，立庙以祭祀。以天章阁侍制司马光、翰林学士王珪为首的台谏一派则以为"为人后者为之子，不得顾私亲"，主张英宗应以仁宗为"皇考"，称濮王为"皇伯"，不称亲，不立庙。双方就此引经据典，展开了激烈的争论，并形成党争，史称"濮议"。

在北宋政治史上，"濮议"之前有庆历新政，后有熙宁变法，且英宗在位时间很短，仅有四年，"濮议"也因英宗的去世而结束。因此，"濮议"为庆历新政和熙宁变法这两次重大的政治事件和思想运动所掩盖，相对来说不为研究者所重视。

就学术界已有研究来看，有学者从北宋台谏与党争的角度来研究"濮议"，尤其对台谏一方颇执微词。如沈松勤指出："濮议本是皇族内事，台谏过于参与，发愤相争，已是失态，争之不得，又离争辩的主题，转攻韩琦'交中官'、欧阳修'盗甥女'，诬人私德，污辱人格，则更有失理性了。""濮议"虽以执政获胜，但其间却充分显示了"台谏习于诋评的政治品格"。[①] 北宋党争的激化，与台谏的参与密不可分。但也有学者认为宋代历代皇帝在"异论相搅"政策的指引下，台谏与执政互相牵制，互相制衡，这对于宋学的崛起，宋学自由议论的精神，有积极的作用。[②] 此说虽然没有直接涉及"濮议"，但对台谏作积极、正面的评价，有助于对"濮议"作重新的审视。

总之，综观学界对于"濮议"的研究，多是从制度史、政治史的角度展开，主要讨论"濮议"对宋代政局所造成的负面影响。中国台湾学

[①] 沈松勤：《北宋文人与党争——中国士大夫群体研究之一》，人民出版社1998年版，第97页。

[②] 参见陈植锷《北宋文化史述论》第一章第二节"北宋台谏制度和宋学的自由议论"，中国社会科学出版社1992年版，第35—59页。

者张寿安则从思想史的角度对"濮议"作了研究。张寿安在讨论礼的亲亲尊尊二系并列结构,以及清代礼学家对于"为人后"的特殊身份作出新的考证之时,也涉及了宋代的"濮议"和明代的大礼议,这是两次由于帝王的过继身份而引发的礼仪之争。张寿安没有局限于"濮议"本身的争论,而是由此引申到儒家礼学思想内部,探讨"濮议"争论的背后所蕴含的思想史问题,很有新意。[1] 但张著的重点在突出清代礼学家礼制考证背后的思想史意义,因此把"濮议"的思想史问题只是归结为"礼学天理化",是"天理观念下的名份礼秩"。这样的提法虽然不为错,但还是显得有些空泛,背后的一些环节还有待进一步的梳理。

其实,"濮议"并不如有些学者所认为的那样,只是皇帝家族内部的事情,它关系到帝统维系的合法性,在古代,这样重要的事情绝不是"私事",而是关系着国家社稷的大事。当时政界、学界的名流如欧阳修、司马光、程颐、曾巩等人都积极地参与其中,几十年以后朱熹还对此事有所评议,后来王夫之在《宋论》当中也对此事作了评价,这都说明他们并不是对皇家私事的意气之争,也不仅仅是不同政见的党争,"濮议"的背后关系着儒家仁与义、父子与君臣之间的矛盾,具有深刻的思想史的意义。本节将"濮议"所争论的问题,置于儒家思想史的脉络当中来考察,以此充分展现"濮议"背后所蕴含的思想史意义,并进一步把"濮议"之争放在北宋儒学发展的脉络当中展示它的思想史含义。

一 "濮议"中"亲亲"与"尊尊"的争论

"濮议"当中,司马光、王珪等人反对英宗尊濮王为皇考,主张称皇伯,而欧阳修等人则主张称亲立庙,双方争论的首先是对丧服义例的不同理解,以及丧服当中所蕴含的亲亲与尊尊的关系。

司马光首先指出:"为人后者为之子,不得顾私亲。王宜准封赠期亲尊属故事,称为皇伯,高官大国,极其尊荣。"(《宋史》卷三百三十六《司马光传》)

后来翰林学士王珪等也奏曰:

---

[1] 参见张寿安《十八世纪礼学考证的思想活力——礼教论争与礼秩重省》,北京大学出版社2005年版。

谨按《仪礼·丧服》："为人后者"，《传》曰："何以三年也？受重者必以尊服服之。""为所后者之祖父母妻，妻之父母昆弟，昆弟之子若子。"谓皆如亲子也。

　　又"为人后者为其父母报。"《传》曰："何以期？不贰斩。持重于大宗者，降其小宗也。"

　　"为人后者为其昆弟"，《传》曰："何以大功也？为人后者，降其昆弟也。"

　　先王制礼，尊无二上，若恭爱之心分于彼，则不得专于此故也。是以秦、汉以来，帝王有自旁支入承大统者，或推尊其父母以为帝、后，皆见非当时，取讥后世。臣等不敢引以为圣朝法。（《宋史》卷二百四十五《濮王允让传》。又《欧阳修全集》卷一百二十二《濮议》卷三也收有这篇奏章，但文字稍有出入。）

南宋吕祖谦编的《宋文鉴》收有司马光的一篇《濮安懿王典礼议》，与上引王珪等"奏曰"为同一篇文字。苏轼《司马温公行状》指出："珪即敕吏，以公手藁为案。"① 《续资治通鉴》也同此说。有学者据此认为，王珪等的奏章，其实出自司马光之手。② 此说可从。因此，王珪的这篇奏章也可以代表司马光的看法。司马光、王珪等人的意见非常明确，根据《仪礼·丧服传》，为人后者应该以其所后之父为尊，在丧服制度上，与子为父一样，服最高规格的丧服。而为其本生父的丧服应降为齐衰不杖期，这是因为"不贰斩"，即无贰尊。

欧阳修也是依据《仪礼》主张对待濮王虽可降服，但父母之名不可改。

　　谨按《仪礼·丧服记》曰："为人后者，为其父母报。"报者，齐衰期也。谓之降服，以明服可降，父母之名不可改也。又按开元、开宝《礼》、国朝《五服年月》、《丧服令》皆云："为人后者，为其所生父齐衰，不杖期。"盖以恩莫重于所生，故父母之名不可改；义莫重于所继，故宁抑而降其服。此圣人所制之礼，著之六经，以为万

---

① 《苏轼文集》卷十六，中华书局1986年版，第481页。
② 陈戍国：《中国礼制史·宋辽金夏卷》，湖南教育出版社2001年版，第9—10页。

世法者,是中书之议所据依也。①

由此可见,双方均同意古礼规定的为人后者为其所后之父服三年斩衰,为本生父降为齐衰服的丧服。但是,服制虽同,他们所理解的含义却不一样。欧阳修认为,父子亲情本来不可改变,但是,既已为人后,就要通过丧服这种外在的形式来区分彼此的关系。这里牵涉对服制义例的不同看法。欧阳修明确地说:

"为人后者,为其所生父母齐衰期",服虽降矣,必为正服者,示父母之道在也。"为所后父斩衰三年",服虽重矣,必为义服者,示以义制也。②

欧阳修据《开元礼》及《五服图》,认为子为父母的丧服是正服,为所后父的丧服是义服。所谓正服、义服、降服,是郑玄最早提出的服制义例。后来经过历代礼学家的补充和修订,成为各种复杂的丧服定制中所蕴含的义例原则。

虽然郑玄最早将《仪礼·丧服》所规定的各级丧服划分为正、义、降三种类型,但他并未对这三类丧服的具体含义作出说明。直到宋人车垓的《内外服制通释》和明人徐骏的《五服集证》才对正服、义服、降服三种丧服作了比较全面系统的说明。③

所谓正服,据车垓的解释: "正先祖之体,本族之正也。故曰正服。"④ 徐骏也说: "正者,先祖之正体,本族之正,故曰正服。"⑤ 由此可见,所谓正服,主要是指为本宗亲属所制定的标准的丧服,以及为与自己有血亲关系的外亲以及妻之父母等服丧对象而制定的标准丧服。为人后者为所后之父服斩衰三年,《开元礼》视之为义服,南宋黄榦《仪礼经传

---

① 欧阳修:《濮议》卷四《论议濮安懿王典礼箚子》,《欧阳修全集》卷一百二十三,中华书局 2001 年版,第 1867—1868 页。
② 欧阳修:《濮议》卷四《为后或问上》,《欧阳修全集》卷一百二十三,第 1872 页。
③ 参见丁鼎《〈仪礼·丧服〉考论》,社会科学文献出版社 2003 年版,第 200 页。以下对正服、义服、降服的解释,参考该书第 200—203 页。
④ 车垓:《内外服制通释》卷二,文渊阁四库全书本。
⑤ 徐乾学:《读礼通考》卷三十七《丧服八·通论》引,文渊阁四库全书本。

通解续·降正义服例》、杨复《仪礼图》、清盛世佐《仪礼集编·五服降正义图》、胡培翚《仪礼正义·降正义服图说》、夏炘《学礼管释·释丧服义例》则均归之为正服。

所谓义服，车垓曰："元非本族，以义相聚而为之服。如夫为妻，舅姑为子妇之类，名曰义服。"① 徐骏也说："义者，原非本族，因义共处而有服者，谓婿服缌麻、妻服期之类，故曰义服。"② 据他们的解释，义服是指依据一定的政治关系或间接的亲属关系而为一些没有血亲关系的服丧对象所制定的丧服。

所谓降服，据车垓的解释："降者，下也，减也。本服重而减之从轻。如子为父母本服三年，或为人后，则为本生服期年耳。若此之类，谓之降服。"③ 徐骏说："降者，下也，贬也。本服重而降之从轻。谓子为母本服三年之丧，其母被出或改嫁，子服期年之类，故曰降服。"④ 降服就是因各种原因而降低丧服规格。为人后者为其本生父母的丧服，黄榦、杨复、盛世佐、胡培翚、夏炘等人均视为降服。

从这些后世著名的礼学家的研究来看，欧阳修把为人后者为所后之父的丧服规定为义服，为本生父的丧服规定为正服，这种看法未必准确。司马光等人虽然没有明确将为人后者为所后之父和本生之父的丧服归结为正服、义服或降服，但从他们的主张可以推断出，为所后之父服的丧服应是正服，为本生之父的丧服是降服。

司马光、欧阳修等人争论的不仅仅是丧服的服制义例问题，这只是外在的形式，因为丧服制度的背后反映的是西周以来中国传统社会形成的并为儒家所认可的宗法观念和伦理秩序。《礼记·大传》从名目繁杂的各种丧服中归纳出六种原则："服术有六：一曰亲亲，二曰尊尊，三曰名，四曰出入，五曰长幼，六曰从服。"在这六项原则当中，亲亲和尊尊是核心。

《礼记·大传》又指出，在礼乐制度的变迁当中，正朔、服色、徽号、器械是可以变革的，而"亲亲也，尊尊也，长长也，男女有别也，此其不可得与民变革者也"。儒家认为，这是因为"亲亲，尊尊，长长，

---

① 车垓：《内外服制通释》卷二，文渊阁四库全书本。
② 徐乾学：《读礼通考》卷三十七《丧服八·通论》引，文渊阁四库全书本。
③ 车垓：《内外服制通释》卷二，文渊阁四库全书本。
④ 徐乾学：《读礼通考》卷三十七《丧服八·通论》引，文渊阁四库全书本。

男女有别，人道之大者也"(《礼记·丧服小记》)。

把这几种说法综合起来，我们可以看出，亲亲和尊尊不但是丧服的重要原则，也是宗法制度的核心精神。清代学者崔述曾指出："《丧服》一篇两言足以蔽之，曰亲亲、尊尊而已。……故服也者，纲纪名分之所系也。"① 崔述将各类丧服皆系之于亲亲、尊尊之下，用亲亲、尊尊来统领整个丧服制度，这种看法是有道理的。王国维进一步指出，亲亲与尊尊还是整个周礼的基本原则：

> 周制尚文者，盖兼综数义而不专主一义之谓。商人继统之法，不合尊尊之义，其祭法又无远迩尊卑之分，则于亲亲尊尊二义皆无当也。周人以尊尊之义，经亲亲之义，而立嫡庶之制。又以亲亲之义，经尊尊之义，而立庙制。此其所以为文也。②

由此可见，丧服绝非繁琐的礼文，它是宗法精神亲亲与尊尊的集中体现。按照郑玄的解释，"亲亲，父母为首。尊尊，君为首"(《礼记·大传》郑注③)。"亲亲"所重视的是血缘关系中的远近亲疏。而"尊尊"，不仅包括尊君这一政治内容，而且还含有"尊祖敬宗"这样的宗法内容，即尊大宗以及父、夫这样的尊者。④ 宋代"濮议"所争执的，其实就是宗法秩序当中亲亲与尊尊发生冲突时所引发的矛盾。

《仪礼·丧服》斩衰章"为人后者"，南朝刘宋雷次宗指出："但言为人后者，文似不足。下章有为人后者为其父母，当言'为人后者为所后之父。'"⑤ 这个补充为大多数礼学家所承认。《丧服传》解释说："何以三年也？受重者必以尊服服之。"为人后者为其所后之父斩衰三年，这是最隆重的一级丧服，与子为父的丧服相同。而为人后者为其本生父的丧服，则降为齐衰不杖期，《丧服传》解释说："何以期也？不贰斩也。何以不贰斩也？持重于大宗者，降其小宗也。""不贰斩"就是无二尊之义。既然已经为人后，对其本生父母则不能再服子为父母的丧服，以此来显示

---

① 崔述：《五服异同汇考》卷末《五服余论》，续修四库全书本。
② 王国维：《殷周制度论》，《观堂集林》卷十，中华书局1959年影印本，第468页。
③ 《礼记正义》卷四十四，第1360页。
④ 参见丁鼎《〈仪礼·丧服〉考论》，第189—190页。
⑤ 《通典》卷八十八《礼》四十八《凶礼》十"斩衰三年"条引，第1423页。

对大宗的尊重。从这里可以看出，为人后者与其所后之父以及本生父母之间的关系，就是要血缘的亲亲服从于宗法的尊尊。这也正是司马光等人的主张。而欧阳修等人则以亲亲为重。

亲亲和尊尊虽然同为丧服制度和宗法制度的重要原则，但它们之间的关系却相当复杂，很难厘定孰重孰轻。从《仪礼·丧服》规定的"为人后者"的丧服来看，显然更为突出的是尊尊的原则。"濮议"当中司马光等人的看法，经典的依据更加充足一些。

二 "濮议"中父子与君臣之间的矛盾

"濮议"当中更为特殊的是，血缘关系的亲亲所要服从的尊尊不但是宗法序列中的大宗，而且还是政治上的君主，也就是说，这里的尊尊是尊君和尊大宗合而为一的。"濮议"所争议的问题，又可以转变为，当父子关系和君臣关系发生冲突时，应当如何处理二者之间的关系。这是儒家关注的问题，也是儒家所困惑的、难以解决的难题。

《郭店楚简》当中有一段话，曾引起学者的讨论：

> 为父绝君，不为君绝父。为昆弟绝妻，不为妻绝昆弟。为宗族杀朋友，不为朋友杀宗族。（《郭店楚简·六德》）

有学者指出，这段话讲的是丧服问题，说明亲丧重于君丧。[1] 也有学者指出："从简文内容看，作者明显强调的是，'亲亲'重于'尊尊'，而不是服制规格。"[2] 我们认为，这段话表面上说的是丧服，但其中暗含的思想，则明显是亲亲重于尊尊，父子关系高于君臣关系。但是，把这种思想放在战国时期儒家思想发展的脉络当中来看，它又显得有些突兀。《礼记·丧服四制》记载：

> 其恩厚者其服重，故为父斩衰三年，以恩制者也。门内之治恩掩义，门外之治义断恩。资于事父以事君而敬同，贵贵尊尊，义之大者

---

[1] 彭林：《〈六德〉柬释》《再论郭店简〈六德〉"为父绝君"及相关问题》，"出土思想文物与文献研究丛书"第十辑《古墓新知》，台湾古籍出版有限公司2002年版；刘乐贤：《郭店楚简〈六德〉初探》，《郭店楚简国际学术研讨会论文集》。

[2] 李零：《郭店楚简校读记》（增订本），第138页。

也。故为君亦斩衰三年，以义制者也。……天无二日，土无二王，国无二君，家无二尊，以一治之也。

这段话又见于《大戴礼记·本命》篇。整段话的意思是说，事父与事君，丧服是相同的，一为"以恩制"，一为"以义制"，都要斩衰三年。但这里并没有明确说父丧与君丧孰重孰轻。宋代陈澔《礼记集说》则明确说，君丧重于父丧："门内主恩，故常掩蔽公义；门外主义，故常断绝私恩。父母之丧，三年不从政，恩掩义也；有君丧服于身，不敢私服，义断恩也。"（卷十，摛藻堂四库全书荟要本）君丧重于亲丧，是从丧服上讲；由此引申出来的观念，则是尊尊重于亲亲。李存山先生又从《礼记》当中找出其他一些关于丧服的材料，说明儒家认为，当亲丧与君丧同时发生的时候，应是君丧重于亲丧。对于"为父绝君，不为君绝父"，"从丧服的礼制上讲，'为父绝君，不为君绝父'并非古代丧服之通则，而是《六德》篇作者对古代丧服之制所持的一种特殊的立场"。由此抽象出来的亲亲重于尊尊的原则，先秦儒家或可接受，但这种说法并不是很多。[①]在先秦儒家思想当中，更为普遍的是主张尊尊重于亲亲，或君臣关系高于父子关系。

《史记·高祖本纪》记载刘邦与其父的一段故事更有代表性：

高祖五日一朝太公，如家人父子礼。太公家令说太公曰："天无二日，土无二王。今高祖虽子，人主也。太公虽父，人臣也。奈何令人主拜人臣。如此，则威重不行。"后高祖朝，太公拥篲，迎门却行。高祖大惊，下扶太公。太公曰："帝，人主也，奈何以我乱天下法。"于是高祖乃尊太公为太上皇。心善家令言，赐金五百斤。

这段记载很典型地说明在君臣关系面前，父子关系要退居其次。很难说高祖与其父亲是受到儒家或法家的影响，只能说这是当时人们的一种较为普遍的看法。

总之，一般来说，在父子与君臣关系上，或亲亲与尊尊的关系问题

[①] 李存山：《"为父绝君"并非古代丧服之"通则"》，《中国哲学》第二十五辑，辽宁教育出版社2004年版，第166页。

上，儒家虽然认为父子关系是基本的，但是，战国以来，尊尊的思想或尊君的影响逐渐扩大。汉代以后，随着现实政治领域大一统中央集权体制的建立，儒家对于父子君臣的关系也作了更加深入的探讨，即在尊君的基础之上，实现忠孝的统一。

宋代司马光在"濮议"当中就极力主张君臣关系的优先性与绝对性，这与他的整体思想是一致的。孟子曾对齐宣王说："君之视臣如手足，则臣视君如腹心；君之视臣如犬马，则臣视君如国人；君之视臣如土芥，则臣视君如寇仇。"（《孟子·离娄下》）司马光对孟子的说法大加攻击。他说："夫君臣之义，人之大伦也。孟子之德，孰与周公？其齿之长，孰与周公？……余惧后之人，挟其有以骄其君，无所事而贪禄位者，皆援孟子以自况，故不得不疑。"① 司马光对君臣大义的强调在北宋学者中也是有代表性的。从现实政治的角度来看，司马光批评孟子，在一定意义上是针对王安石抬高孟子而发的。但他讲的"君臣之义，人之大伦也"，是继承了战国以来儒家思想的传统，在北宋儒学发展中具有重要意义。

需要指出的是，欧阳修主张英宗应该尊濮王为皇亲，称皇考，他虽然强调父子关系的优先性与绝对性，但这种看法在现实中又与英宗的旨意相合，欧阳修是否有迎合英宗之嫌呢？我们认为，欧阳修的主张还是从儒家礼学思想本身或经典本身出发的，他的看法依然是书生之见。史称欧阳修"论事切直，人视之如仇，帝独奖其敢言"，"平生与人尽言无所隐"（《宋史》卷三百一十九《欧阳修传》）。《宋元学案》收录吕祖谦的一段话："欧阳公每以平心自许，《濮议》之成，盖在治平之后，辞气尚有余怒，以此知临事之难。"② 在吕祖谦看来，《濮议》文字虽有怒气，但欧阳修本人还是基本持有"平心"。因此我们认为，欧阳修的意见虽然与英宗暗合，但依然是直言，并不能说是迎合帝王的阿谀之见。另外，英宗虽有意尊濮王，但又犹豫不决，在双方观点之间动摇。当程颐上《论濮王典礼疏》，指出"濮王生陛下，而仁宗以陛下为嗣，是仁宗为皇考，而濮王于属为伯，此天地大义，生人大伦，如乾坤定位，不可得而变也"（《宋史》卷三百二十《彭思永传》），英宗看后又"感其切至，垂欲施行"（《宋

---

① 司马光：《疑孟》，见（宋）余允文《尊孟辨》卷上，文渊阁四库全书本。
② 《宋元学案》卷四《庐陵学案》，第202页。

史》卷三百二十《彭思永传》)。后因遭到中书的极力反对，最终不得实行。

三 何为"父子"?

"濮议"双方所争论的问题，其实还可以理解为如何对待中国传统思想中的父子关系。司马光、王珪等人的一个主要经典依据是《公羊传》"为人后者为之子"。《公羊传·成公十五年》：

> 仲婴齐者何？公孙婴齐也。公孙婴齐，则曷为谓之仲婴齐？为兄后也。为兄后则曷为谓之仲婴齐？为人后者为之子也。为人后者为其子，则其称仲何？孙以王父字为氏也。然则婴齐孰后？后归父也。归父使于晋而未反……鲁人徐伤归父之无后也，于是使婴齐后之也。

公孙婴齐本是归父之弟，归父死后无子，弟弟公孙婴齐便"为兄后"。因为"为人后者为之子"，所以公孙婴齐便在宗法秩序中成为归父之子。按照孙可以把祖的字作为氏的规定，便将原来他的父亲仲遂的字，作为自己的氏，所以就改称仲婴齐。这样的例子在古代也不为少数。又如鲁僖公原本是闵公之弟（《汉书·五行志》又谓为闵公之庶兄），闵公死后，僖公继位。按照"为人后者为之子"的宗法原则，僖公便成为闵公之子。可是僖公死后，他的儿子文公继位以后，却将僖公排在闵公之上，这在当时称为"跻僖公"，引起许多人的批评。《左传·文公二年》记载：

> 秋，八月丁卯，大事于大庙，跻僖公，逆祀也。于是夏父弗忌为宗伯，尊僖公，且明见曰："吾见新鬼大，故鬼小。先大后小，顺也。跻圣贤，明也。明、顺，礼也。"
> 君子以为失礼。礼无不顺。祀，国之大事也，而逆之，可谓礼乎？子虽齐圣，不先父食久矣。故禹不先鲧，汤不先契，文、武不先不窋。宋祖帝乙，郑祖厉王，犹上祖也。

《公羊传·文公二年》也说：

跻者何？升也。何言乎升僖公？讥。何讥尔？逆祀也。其逆祀奈何？先祢而后祖也。

文公逆祀僖公引起舆论的批评，后来在定公时改正，改逆祀为顺祀。此事还引起孔子的评论。臧文仲当时虽位居高位，但没有阻止文公的逆祀，因此遭到孔子的批评，《礼记·礼器》："孔子曰：'臧文仲安知礼？夏父弗綦逆祀尔弗止也。'"孔子还认为臧文仲"其不仁者三，不知者三"，其中就包括"纵逆祀"（《左传·文公二年》）。

从以上经典中所揭示的可知，在中国传统思想当中，父子关系其实更主要的是一种相互关系，是一种身份，而不仅仅是血缘意义上的父子亲情。例如在丧服制度上，为人后者为其本生父母的丧服已经与子为父母的丧服不同，而是与为伯父母、叔父母的丧服相同，这样的区别反映在宗法观念和宗法秩序中，很难说为人后者与其本生父母还维持着子与父母的名分。在"濮议"当中，司马光以及二程等人的主张其实就是据此而来。二程明确地说，既然已是为人后，便要断绝与本生父母的父子关系。他们说：

既是为人后者，便须将所后者呼之以为父，以为母。不如是，则不正也，却当甚为人后？后之立疑义者，只见礼不杖期内，有"为人后者为其父母报"，便道须是称亲。礼文盖言出为人后，则本父母反呼之以叔为伯也，故须著道"为其父母"以别之，非谓却将本父母亦称父母也。[①]

吕大防也认为，既然"为人后者为之子"，则"改亲之名正合典礼"。[②] 他们的这种主张，与儒家的礼学思想是一致的。儒家认为，礼固然是缘情而作，礼出于人情，但同时也要看到，礼对人情有巨大的制约作用。如果对人情不加限制，"直情而径行者，戎狄之道也"（《礼记·檀弓下》）。这也就是说，礼还是要以大义为重。虽然儒家重视父子亲情，但

---

① 《河南程氏遗书》卷二上，《二程集》，中华书局1981年版，第47—48页。
② 王偁：《东都事略》卷八十九《吕大防传》，文渊阁四库全书本。

如果把父子关系放在宗法的或社会的结构中，儒家更加看重的还是后者。这才是真正的礼。

程颐说："先王制礼，本缘人情。既明大义以正统绪，复存至情以尽人心。是故在丧服，恩义别其所生，盖明至重与伯叔不同也。此乃人情之顺，义理之正，行于父母之前，亦无嫌闲。至于名称，统绪所系，若其无别，斯乱大伦。"① 仔细阅读程颐这段话，我们可以看出，程颐虽然也主张礼缘人情，但还是认为应该以大义为先。从丧服来看，为人后者对其本生父母服齐衰期，这已经与其他叔伯不同了，这就是照顾到了人情。但按礼，缘人情也只能到此了。程颐认为，父母名称问题因为关系到统绪，是不能更改的。这里的"父母"，已是宗法秩序或礼秩中的"父母"，而不是指具有血缘关系的父母。所以，为人后者为人子，应该以所后者为其父母。程颐认为，顺人情以尽人心是私恩，是私，明大义以正统绪是大义，是公。这两个领域的问题不容混淆。"大义所当，典礼之正，天下之公论。"② 儒家的礼，不但要照顾到人的私情，更要考虑到天下之公义。人主行礼，就要把这两个方面结合起来，不能以私恩害公义，这才是真正的礼。因此，在"濮议"中程颐反对称亲，认为亲与父的意义是相同的，英宗既然入继仁宗，就应该称仁宗为父、为考、为亲，这是"天地大义，生人大伦，如乾坤定位，不可得而变易者也"。如果称濮王为亲，那么就是"有二亲"。"在于人伦，不可有贰。"这其中的"是非之理昭然自明，不待辩论而后见也"。③

后来王夫之、惠栋等人的看法更加极端，主张"天子绝期"。王夫之指出："天子绝期，不得于此而复制期服。盖天子者，皇天上帝明禋之所生，七庙先皇禘祫之所依，天下生民元后父母之所托。"④ 王夫之认为，天子为天之子，他所承继的是国家的大统，因而对于濮王的典礼，就不再参与。"天子弗与，则称谓已绝又何必致疑于名之何称，而徒滋聚讼哉?"⑤ 在王夫之看来，由于礼有"天子绝期"的说法，因此天子与本生

---

① 程颐：《代彭思永上英宗皇帝论濮王典礼疏》，《河南程氏文集》卷五，《二程集》，第516页。
② 同上。
③ 同上。
④ 王夫之：《宋论》卷五"英宗"，中华书局1964年版，第112页。
⑤ 同上书，第113页。

父母就应断绝关系。王夫之的看法,更是把儒家礼学思想推向了极端,但由此也更加清晰地显示出礼学的本义。

欧阳修则认为,《公羊传》所说的"为人后者为之子","此一切之论,非圣人之言也,是汉儒之说也,及众人之所能道也,质诸礼则不然"。① 欧阳修反对"为人后者为之子",认为这种说法从经典上说,出自汉儒,不足为凭,从思想上来说,他认为父母之名不可变。欧阳修认为,既然《丧服传》说为人后者为其生父服齐衰期,这表明圣人制礼的时候并没有断绝为人后者与本生父母的关系,因此在丧服上是"降而不绝"。他说:"昔者圣人之制礼也,为人后者,于其父母不以所后之父尊卑疏戚为别也,直自于其父子之间为降杀而。亲不可降,降者降其外物尔,丧服是也。其必降者,示有所别也,以其承大宗之重,尊祖而为之屈尔,屈于此而申于彼也。"② 欧阳修强调的是父子关系的绝对性。他说:

> 父母犹天地,其大恩至爱无以加者,以其生我也。
> 父子之道正也,所谓天性之至者,仁之道也。为人后者权也,权而适宜者,义之制也。恩莫重于所生,义莫重于所后,仁与义二者常相为用,而未尝相害也。故人情莫厚于其亲,抑而降其外物者,迫于大义也;降而不绝于其心者,存乎至仁也。抑而降,则仁不害乎义;降而不绝,则义不害乎仁。此圣人能以仁义而相为用也。③

与欧阳修同调的韩琦也认为:"缘于人情之谓礼。虽以义制事,因时适宜,而亲必主于恩,礼不忘其本,此古今不易之常道也。"④ 他们强调的是父子关系的绝对性。虽然已为人后,但血缘的父子关系却不能因此而改变。

---

① 欧阳修:《濮议》卷四《为后或问上》,《欧阳修全集》卷一百二十三,第1871页。
② 同上。
③ 同上书,第1873页。
④ 欧阳修:《濮议》卷三《中书请议濮王典礼奏状》,《欧阳修全集》卷一百二十二,第1861页。

四 "濮议"与宋代儒学的发展

由上文的论述可见，北宋"濮议"当中，以司马光和欧阳修为首的争论双方，他们所依据的，其实是儒家礼学思想当中固有的两种倾向，甚至可以说，是儒家思想当中本身具有的矛盾，在北宋时期的体现。我们在这里不必为古人断是非，只是指出双方争论的背后所关联的儒家思想的背景。

欧阳修重视礼意当中亲亲的一面，强调父子关系的绝对性，他的这些主张，是继承了礼学重亲亲的一面，而且与他的整体思想也是一致的。

我们知道，宋代儒学的复兴，是在与佛教的争论与冲突中逐步发展起来的。宋初学者关于灭佛的言论，实际上是唐代韩愈辟佛运动的进一步延续。韩愈认为，佛教与中国固有文化根本冲突，在于它违背了儒学所讲的伦理纲常。欧阳修继承了韩愈的灭佛思想，叶梦得说他"同出韩退之"[1]，他也被时人称为当代韩愈。

欧阳修认为，佛法为中国之患，既深且久，其中关键的原因就在于中国自身"王政阙，礼义废"[2]，佛教因此得以乘虚而入。欧阳修认为，要从根本上解决佛教问题，只有大力提倡儒家的仁义礼乐。这就譬如治病。医生首先要推断得病的原因，治其受病之处。但是，真正好的医生，"不攻其疾，而务养其气，气实则病去，此自然之效也"。[3] 欧阳修认为，对于佛教就要"修其本以胜之"[4]。这个"本"就是儒家的礼义："然则礼义者，胜佛之本也。"[5]

欧阳修曾在庆历年间写过《本论》三篇，其中的上篇针对当时内忧外患的社会现实，具体地提出了节财、用兵、立法、任贤、尊名等主张，"此五者相为用，有天下者之常务，当今之世所先，而执事者之所忽也。"[6] 但欧阳修在晚年时，却将《本论》上篇删去，收入《居士外集》。由此可见，欧阳修所谓之"本"，并不体现在节财、用兵、立法等具体的

---

[1] 叶梦得：《避暑录话》卷上，文渊阁四库全书本。
[2] 欧阳修：《居士集》卷十七《本论中》，《欧阳修全集》卷十七，第288页。
[3] 同上。
[4] 同上书，第290页。
[5] 同上。
[6] 欧阳修：《居士外集》卷十《本论上》，《欧阳修全集》卷六十，第861页。

事务上。他所保留的《本论》中、下两篇，集中论述的就是礼义。以此才可以战胜佛法，振兴儒学。这才是真正的"本"。

欧阳修批判佛教，最关键的一点就在于，"彼为佛者，弃其父子，绝其夫妇，于人之性甚戾"①。也就是说，佛法有悖于儒学所宣扬的人伦道德。这是欧阳修辟佛的关键。欧阳修在"濮议"中的所有主张，放在这样的思想背景之下，就很容易理解了。

但从宋代儒学发展的整体来看，批判佛教只是最初的一步。儒学要发展，还要进一步吸收佛教的思想，以建立儒学的心性内圣之学。在这一点上，欧阳修显然还有很大的不足。正是从这个角度，王安石批评欧阳修说："欧阳修文章于今诚为卓越，然不知经，不识义理，非《周礼》，毁《系辞》，中间学士为其所误，几至大坏。"②朱熹说："本朝欧阳公排佛，就礼法上论，二程就理上论。"③陆九渊说："欧公《本论》固好，然亦只说得皮肤。"④ 在他们看来，欧阳修还是沿袭了唐代韩愈的看法，对佛教的批判也还是外在的，没有进入到佛教内部"入室操戈"。

与欧阳修相比，司马光虽然也没有发展出一套新的儒学思想，但就"濮议"中他的主张来看，他的思想更接近儒家礼学思想的主体。他强调尊尊重于亲亲，主张君臣关系的绝对性，这一点更符合儒家礼学思想的精神，同时也与北宋时期儒学重建社会秩序的主张相一致。《资治通鉴》当中的一段话，能够充分代表他的思想：

> 臣光曰：臣闻天子之职莫大于礼，礼莫大于分，分莫大於于名。何谓礼？纪纲是也。何谓分？君臣是也。何谓名？公、侯、卿、大夫是也。夫以四海之广，兆民之众，受制于一人，虽有绝伦之力，高世之智，莫不奔走而服役者，岂非以礼为之纪纲哉。是故天子统三公，三公率诸侯，诸侯制卿大夫，卿大夫治士庶人。贵以临贱，贱以承贵。上之使下，犹心腹之运手足，根本之制支叶。下之事上，犹手足之卫心腹，支叶之庇本根，然后能上下相保而国家治安。故曰：天子之职莫大于礼也。文王序《易》以乾坤为首，孔子系之曰："天尊地

---

① 欧阳修：《居士集》卷十七《本论下》，《欧阳修全集》卷十七，第291页。
② 《续资治通鉴长编》卷二百十一熙宁三年，中华书局2004年版，5135页。
③ 黎靖德编：《朱子语类》卷一百二十六，第3038页。
④ 陆九渊：《语录上》，《陆九渊集》卷三十四，第408页。

卑，乾坤定矣。卑高以陈，贵贱位矣。"言君臣之位犹天地之不可易也。《春秋》抑诸侯，尊王室，王人虽微，序于诸侯之上，以是见圣人于君臣之际未尝不惓惓也。①

司马光的这段话对礼的强调与重视，对君臣关系绝对性的肯定，与儒家的礼学思想完全一致。在北宋时期，这其实也就是主张建立儒家所认可的理想社会秩序。正是在这一点上，二程等人能够赞同他的主张。与欧阳修相比，司马光对礼的强调与重视，更能切合北宋的历史实际，因此也更能得到儒学代表人物的认可。从这一点来看，他对于宋代儒学与宋代礼学思想的发展，也是起了积极的推动作用的。

---

① 《资治通鉴》卷一《周纪一》，中华书局1956年版，第2—3页。

主要参考书目

《仪礼注疏》,上海古籍出版社 2008 年版。
《礼记正义》,上海古籍出版社 2008 年版。
《周礼正义》,上海古籍出版社 2010 年版。
《毛诗注疏》,上海古籍出版社 2013 年版。
《尚书正义》,上海古籍出版社 2007 年版。
《春秋公羊传注疏》,上海古籍出版社 2014 年版。
阮元校刻:《十三经注疏》,中华书局 1980 年版。
严可均辑:《全上古三代秦汉三国六朝文》,中华书局 1958 年版。
孙诒让:《周礼正义》,中华书局 1987 年版。
孙希旦:《礼记集解》,中华书局 1989 年版。
黄以周:《礼书通故》,中华书局 2007 年版。
卫湜:《礼记集说》,清通志堂经解本、文渊阁四库全书本。
王聘珍:《大戴礼记解诂》,中华书局 1983 年版。
杨伯峻:《论语译注》,中华书局 1980 年版。
刘宝楠:《论语正义》,中华书局 1990 年版。
黄怀信:《论语汇校集释》,上海古籍出版社 2008 年版。
聂崇义:《新定三礼图》,清华大学出版社 2006 年版。
程元敏:《三经新义辑考汇评》,华东师范大学出版社 2011 年版。
晁公武撰,孙猛校正:《郡斋读书志校正》,上海古籍出版社 1990 年版。
陈振孙:《直斋书录解题》,上海古籍出版社 1987 年版。
《宋史艺文志·宋史艺文志补·宋史艺文志附编》,商务印书馆 1957
    年版。

黄宗羲原著、全祖望补修：《宋元学案》，中华书局 1986 年版。
王梓材、冯云濠：《宋元学案补遗》，中华书局 2012 年版。
朱彝尊：《经义考》，中华书局 1998 年版。
林庆彰等主编：《点校补正经义考》，中研院中国文哲研究所筹备处，1997 年。
林庆彰等主编：《经义考新校》，上海古籍出版社 2010 年版。
永瑢等：《四库全书总目》，中华书局 1965 年版。
胡平生：《孝经译注》，中华书局 1996 年版。
陈澧：《东塾读书记》，上海古籍出版社 2012 年版。
洪迈：《容斋随笔》，中华书局 2005 年版。
王应麟著，翁元圻等注：《困学纪闻》，上海古籍出版社 2008 年版。
王应麟：《玉海》，武秀成、赵庶洋校证：《玉海艺文校证》，凤凰出版社 2013 年版。
杜佑：《通典》，中华书局 1988 年版。
郑樵：《通志二十略》，中华书局 1995 年版。
郑樵：《通志》，中华书局 1987 年版。
马端临：《文献通考》，中华书局 2011 年版。
司马迁：《史记》，中华书局点校本。
司马迁：《史记》，中华书局点校二十四史修订本。
班固：《汉书》，中华书局点校本。
范晔：《后汉书》，中华书局点校本。
陈寿：《三国志》，中华书局点校本。
房玄龄等：《晋书》，中华书局点校本。
魏征等：《隋书》，中华书局点校本。
脱脱等：《宋史》，中华书局点校本。
李焘：《续资治通鉴长编》，中华书局 2004 年版。
陈邦瞻：《宋史纪事本末》，中华书局 1977 年版。
赵汝愚：《宋朝诸臣奏议》，上海古籍出版社 1999 年版。
余嘉锡：《世说新语笺疏》（修订本），上海古籍出版社 1993 年版。
韩愈著，刘真伦、岳珍校注：《韩愈文集汇校笺注》，中华书局 2010 年版。
柳宗元：《柳宗元集》，中华书局 1979 年版。

石介：《徂徕石先生文集》，中华书局1984年版。

范仲淹：《范仲淹全集》，凤凰出版社2004年版。

欧阳修：《欧阳修全集》，中华书局2001年版。

苏洵著，曾枣庄、金成礼笺注：《嘉祐集笺注》，上海古籍出版社1993年版。

苏轼：《苏轼文集》，中华书局1986年版。

苏辙：《栾城集》，中华书局2009年版。

李觏：《李觏集》，中华书局2011年版。

王安石：《临川先生文集》，中华书局1959年版。

王安石著，邱汉生辑校：《诗义钩沉》，中华书局1982年版。

王安石著，容肇祖辑：《王安石老子注辑本》，中华书局1979年版。

王安石著，罗家湘辑校：《王安石老子注辑佚会钞》，华东师范大学出版社2013年版。

程颢、程颐：《二程集》，中华书局1981年版。

周敦颐：《周敦颐集》，中华书局2009年版。

张载：《张载集》，中华书局1978年版。

陈俊民辑校：《蓝田吕氏遗著辑校》，中华书局1993年版。

胡宏：《胡宏集》，中华书局1987年版。

朱熹：《四书或问》，上海古籍出版社2001年版。

朱熹：《四书章句集注》，中华书局1983年版。

朱熹：《朱子全书》，上海古籍出版社、安徽教育出版社2002年版。

黎靖德编：《朱子语类》，中华书局1994年版。

吕祖谦：《吕祖谦全集》，浙江古籍出版社2008年版。

陈荣捷：《近思录详注集评》，华东师范大学出版社2007年版。

陆九渊：《陆九渊集》，中华书局1980年版。

叶适：《叶适集》，中华书局2010年版。

叶适：《习学记言序目》，中华书局1977年版。

陈亮：《陈亮集》，中华书局1974年版。

郑伯熊、郑伯谦著，周梦江校注：《二郑集》（温州文献丛书），上海社会科学院出版社2006年版。

蔡絛：《铁围山丛谈》，中华书局1983年版。

程大昌：《考古编　续考古编》，中华书局2008年版。

庄绰:《鸡肋编》,中华书局 1983 年版。

全祖望著,朱铸禹汇校集注:《全祖望集汇校集注》,上海古籍出版社 2000 年版。

赵翼:《陔余丛考》,上海古籍出版社 2011 年版。

赵翼著,王树民校正:《廿二史劄记校证》,中华书局 1984 年版。

王鸣盛:《蛾术编》,上海书店出版社 2012 年版。

孙诒让:《温州经籍志》,中华书局 2011 年版。

洪迈:《容斋随笔》,中华书局 2005 年版。

顾炎武著,黄汝成集释:《日知录集释》,上海古籍出版社 2006 年版。

顾炎武:《日知录》,"顾炎武全集"本,上海古籍出版社 2012 年版。

李昉等编:《太平御览》,中华书局 1960 年版。

凌廷堪:《礼经释例》,北京大学出版社 2012 年版。

曹元弼:《礼经学》,北京大学出版社 2012 年版。

廖平:《廖平选集》,巴蜀书社 1998 年版。

皮锡瑞:《经学历史》,中华书局 2004 年版。

皮锡瑞:《经学通论》,中华书局 1954 年版。

马宗霍:《中国经学史》,商务印书馆 1998 年影印版。

刘师培:《经学教科书》,上海古籍出版社 2006 年版。

钱基博:《经学通志》,上海古籍出版社 2011 年版。

钱玄:《三礼通论》,南京师范大学出版社 1996 年版。

高明:《礼学新探》,学生书局 1990 年版。

王利器:《郑康成年谱》,齐鲁书社 1983 年版。

周予同:《周予同经学史论著选集》(增订本),上海人民出版社 1996 年版。

蒙文通:《经史抉原》,《蒙文通文集》第三卷,巴蜀书社 1995 年版。

蒙文通:《儒学五论》,广西师范大学出版社 2007 年版。

洪业:《洪业论学集》,中华书局 1981 年版。

沈文倬:《宗周礼乐文明考论》(增补本),浙江大学出版社 2006 年版。

姜广辉主编:《中国经学思想史》(第三卷),中国社会科学出版社 2010 年版。

钱穆:《两汉经学今古文平议》,商务印书馆 2001 年版。

王葆玹:《今古文经学新论》(增订版),中国社会科学出版社 2004 年版。

徐复观：《徐复观论经学史二种》，上海书店出版社 2002 年版。
杨天宇：《经学探研录》，上海古籍出版社 2004 年版。
章权才：《两汉经学史》，万卷楼图书有限公司 1995 年版。
章权才：《魏晋南北朝隋唐经学史》，广东人民出版社 1996 年版。
范文澜：《范文澜历史论文选集》，中国社会科学出版社 1979 年版。
焦桂美：《南北朝经学史》，上海古籍出版社 2009 年版。
汪惠敏：《宋代经学之研究》，师大书苑有限公司 1989 年版。
张宝三：《五经正义研究》，华东师范大学出版社 2010 年版。
汤志钧、华有根、承载、钱杭：《西汉经学与政治》，上海古籍出版社 1994 年版。
梁满仓：《魏晋南北朝五礼制度考论》，社会科学文献出版社 2009 年版。
叶国良：《宋人疑经改经考》，台湾大学出版委员会 1980 年版。
向世陵：《宋代经学哲学研究·基本理论卷》，上海科学技术文献出版社 2014 年版。
蔡方鹿：《中国经学与宋明理学研究》，人民出版社 2011 年版。
彭林：《〈周礼〉主体思想与成书年代研究》，中国社会科学出版社 1991 年版。
金春峰：《周官之成书及其反映的文化与时代新考》，东大图书股份有限公司 1993 年版。
任铭善：《礼记目录后案》，齐鲁书社 1982 年版。
丁鼎：《〈仪礼·丧服〉考论》，社会科学文献出版社 2003 年版。
林存阳：《清初三礼学》，社会科学文献出版社 2002 年版。
陈戌国：《中国礼制史·宋辽金夏卷》，湖南教育出版社 2001 年版。
杨志刚：《中国礼仪制度研究》，华东师范大学出版社 2001 年版。
张寿安：《十八世纪礼学考证的思想活力——礼教论争与礼秩重省》，北京大学出版社 2005 年版。
甘怀真：《皇权、礼仪与经典诠释：中国古代政治史研究》，华东师范大学出版社 2008 年版。
阎步克：《服周之冕——〈周礼〉六冕礼制的兴衰变异》，中华书局 2009 年版。
张文昌：《制礼以教天下——唐宋礼书与国家社会》，台大出版中心 2012 年版。

李曰刚等：《三礼论文集》，黎明文化事业股份有限公司 1982 年版。
林庆彰：《清初的群经辨伪学》，华东师范大学出版社 2011 年版。
邹昌林：《中国古代国家宗教研究》，学习出版社 2004 年版。
陈登原：《国史旧闻》，中华书局 2000 年版。
姜义华主编：《胡适学术文集·中国哲学史》，中华书局 1991 年版。
刘泽华主编：《中国政治思想史》（三卷本），浙江人民出版社 1996 年版。
刘泽华主编：《中国传统政治哲学与社会整合》，中国社会科学出版社 2000 年版。
钱穆：《中国近三百年学术史》，商务印书馆 1997 年版。
钱穆：《中国学术思想史论丛》，三联书店 2009 年版。
钱穆：《朱子新学案》，巴蜀书社 1986 年版。
徐复观：《中国思想史论集》，台湾学生书局 1959 年版。
李存山：《气论与仁学》，中州古籍出版社 2009 年版。
李存山：《中国传统哲学纲要》，中国社会科学出版社 2008 年版。
刘克明：《中国图学思想史》，科学出版社 2008 年版。
刘汝霖：《汉晋学术编年》，华东师范大学出版社 2010 年版。
郑开：《德礼之间——前诸子时期的思想史》，三联书店 2009 年版。
刘丰：《先秦礼学思想与社会的整合》，中国人民大学出版社 2003 年版。
贺昌群：《魏晋清谈思想初论》，商务印书馆 2011 年版。
汤用彤：《汤用彤学术论文集》，中华书局 1983 年版。
汤一介：《郭象与魏晋玄学》（第三版），北京大学出版社 2009 年版。
余敦康：《魏晋玄学史》，北京大学出版社 2004 年版。
郝虹：《魏晋儒学新论——以王肃和"王学"为讨论的中心》，中国社会科学出版社 2011 年版。
侯外庐：《中国思想通史》（第四卷），人民出版社 1992 年版。
侯外庐、邱汉生、张岂之主编：《宋明理学史》上卷，人民出版社 1984 年版。
汤一介、李中华主编：《中国儒学史·魏晋南北朝卷》（李中华著），北京大学出版社 2011 年版。
汤一介、李中华主编：《中国儒学史·宋元卷》（陈来等著），北京大学出版社 2011 年版。
陈来：《古代宗教与伦理》，三联书店 1996 年版。

陈来主编:《早期道学话语的形成与演变》,安徽教育出版社 2007 年版。
陈来:《朱子书信编年考证》(增订本),三联书店 2007 年版。
陈来:《中国近世思想史研究》,商务印书馆 2003 年版。
漆侠:《宋学的发展和演变》,河北人民出版社 2002 年版。
刘子健:《中国转向内在:两宋之际的文化内向》,江苏人民出版社 2002 年版。
陈俊民:《张载哲学思想及关学学派》,人民出版社 1986 年版。
杨立华:《气本与神化:张载哲学述论》,北京大学出版社 2008 年版。
余英时:《士与中国文化》,上海人民出版社 1987 年版。
余英时:《朱熹的历史世界——宋代士大夫政治文化的研究》,三联书店 2004 年版。
陈植锷:《北宋文化史述论》,中国社会科学出版社 1992 年版。
卢国龙:《宋儒微言》,华夏出版社 2001 年版。
金中枢:《宋代学术思想研究》,幼狮文化事业公司 1989 年版。
李祥俊:《王安石学术思想研究》,北京师范大学出版社 2000 年版。
文碧方:《关洛之间——以吕大临思想为中心》,中华书局 2011 年版。
王宇根:《万卷:黄庭坚和北宋晚期诗学中的阅读与写作》,三联书店 2015 年版。
王国维:《观堂集林》,中华书局 1959 年版。
王国维:《王国维遗书》,上海书店出版社 2011 年版。
王国维:《王国维全集》,浙江教育出版社 2009 年版。
陈寅恪:《金明馆丛稿初编》,上海古籍出版社 1980 年版。
陈寅恪:《金明馆丛稿二编》,三联书店 2011 年版。
陈寅恪:《唐代政治史述论稿》,上海古籍出版社 1982 年版。
杨宽:《古史新探》,中华书局 1965 年版。
杨宽:《西周史》,上海人民出版社 1999 年版。
杨宽:《战国史》(增订本),上海人民出版社 1998 年版。
王玉哲:《中华远古史》,上海人民出版社 2000 年版。
顾颉刚:《顾颉刚古史论文集》(第一册),中华书局 1988 年版。
刘起釪:《古史续辨》,中国社会科学出版社 1991 年版。
张亚初、刘雨:《西周金文官制研究》,中华书局 1986 年版。
常金仓:《周代礼俗研究》,文津出版社 1993 年版。

张鹤泉：《周代祭祀研究》，文津出版社1993年版。
杨向奎：《绎史斋学术文集》，上海人民出版社1983年版。
牟润孙：《注史斋丛稿》（增订本），中华书局2009年版。
唐长孺：《魏晋南北朝史论丛》，三联书店1955年版。
唐长孺：《魏晋南北朝史论拾遗》，中华书局1983年版。
陈苏镇：《〈春秋〉与"汉道"——两汉政治与政治文化研究》，中华书局2011年版。
陈弱水：《唐代文士与中国思想的转型》，广西师范大学出版社2009年版。
陈弱水：《柳宗元与唐代思想变迁》，江苏教育出版社2010年版。
冯志弘：《北宋古文运动的形成》，上海古籍出版社2009年版。
邓广铭：《邓广铭治史丛稿》，北京大学出版社2010年版。
邓广铭：《北宋政治改革家王安石》，河北教育出版社2000年版。
邓小南：《祖宗之法：北宋前期政治述略》，三联书店2006年版。
黄进兴：《优入圣域》（修订本），中华书局2010年版。
张富祥：《宋代文献学研究》，上海古籍出版社2006年版。
杨新勋：《宋代疑经研究》，中华书局2007年版。
漆侠：《王安石变法》（增订本），河北人民出版社2001年版。
李华瑞：《王安石变法研究史》，人民出版社2004年版。
刘成国：《荆公新学研究》，上海古籍出版社2006年版。
王宇：《永嘉学派与温州区域文化》，社会科学文献出版社2007年版。

后 记

本书是我承担的中国社会科学院重点研究课题"宋代三礼学综合研究"的最终成果。课题于2011年底获得立项，但是在这之前，我就一直致力于礼学思想的研究，而且也开始对宋代的礼学有所涉及，因此本课题的申报并非另起炉灶，而是我多年来研究的延续与拓展。按照最初的研究计划，我打算以三《礼》为线索，对宋代的礼学做一整体的综合研究。但最终由于各种原因，本课题的研究还是以北宋时期的礼学为主。

经中国社会科学院哲学所学术委员会的推荐和社科院专家的评审，本书最终列入"中国社会科学院文库"，这对我来说是一个极大的荣誉和鼓舞。自从我进入社科院哲学所工作以来，曾先后获得中国社会科学院青年科研启动基金、中国社会科学院哲学研究所课题、人社部"留学人员科技活动择优资助"启动类项目以及中国社会科学院重点研究课题等资助。这些课题经费保障了基本的研究条件，也使我能够集中精力围绕着自己感兴趣的问题进行深入的探讨。因此，我要衷心感谢社科院哲学所的各位同仁、哲学所的学术委员会和社科院评审专家对我的研究的支持与肯定。另外，我还要感谢中国社会科学出版社的罗莉老师为本书的编校与出版付出的辛劳。

我在本书的绪论部分也对本书的成书过程作了简单的交代。书中的部分章节曾以论文单独发表过，从收入本书的最早一篇文章算起，至今已有十年。在这期间，我的研究工作也在逐渐推进，现在看来有些观点也还可以进一步推敲，有一些部分还有深入探讨的余地。在最后统编成书的时候，我只对其中的文字作了一些改动，其他基本保持原貌。我的看法是，本书涉及的所有学术问题，也不是在一本书之内就能全部圆满解决了的。

我已经注意到的问题,可以在日后的研究工作中继续深化。同时我也希望能够得到学界的批评与指正,这样我会从不同的观点看法中得到教益。

  2015年8月份将书稿交出版社之后,我就来到瑞典高等研究院做学术访问。研究院位于瑞典的文化名城乌普萨拉,和乌普萨拉大学毗邻。这里浓厚且活跃的学术氛围,便利的科研条件,使我顿失异乡之感,很快就融入了这里的各种学术活动之中,并且也展开了自己的阅读与写作。我要特别感谢瑞典高等研究院的资助,使我有机会来瑞典访学。本书最后的收尾工作以及核校,就是在这里完成的。

2016年1月19日于乌普萨拉林奈楼3422